기독교의
눈으로
고전 읽기

도스토옙스키 편

김회권 지음

기독교의 눈으로 고전 읽기

추천사

이 책이 분석하는 도스토옙스키의 세 작품은 모르는 사람이 없지만 꼼꼼하게 읽은 사람은 많지 않다는 점에서 전형적인 고전이라 할 수 있다. 설사 읽었다 해도 그 세세한 내용을 기억하거나 메시지의 핵심을 구별해내기란 여간 어려운 일이 아니다. 안내자가 필요한 것은 그 때문이다. 김회권 교수는 『죄와 벌』, 『백치』, 『카라마조프가의 형제들』이 탄생한 19세기 러시아의 상황을 세계사적 관점에서 살피는 동시에, 작품의 알짬인 동시에 배움이라 할 수 있는 러시아적 영성 혹은 종교적 사유를 정밀하게 천착한다. 저자는 또한 친절하게도 각 작품을 세세하게 요약해 준다. 텍스트를 공들여 반복하여 읽지 않고는 불가능한 일이다. 젊은 날부터 이 대작들을 여러 차례 읽었지만 막상 누군가에게 소개하려면 막막했던 기억이 난다. 이제 그런 걱정을 덜 수 있게 되었다. 언제라도 참조할 수 있는 지도가 내 곁에 있기 때문이다. 이 지도를 손에 들고 고전의 숲에 뛰어들 용기를 내야 할 때다. 그 숲을 통과하는 동안 우리 내면에 어지간한 충격에도 흔들리지 않는 보짱이 차오를 것이다. 파시스트적 속도로 변화하는 세상에서 이런 장편소설을 읽는다는 것은 시간의 독재에 대한 강력한 저항이다. 기독교 문화의 지평을 넓히려는 저자의 헌신이 아름다운 열매로 맺히기를 빈다.

_ 김기석(목사)

인류의 많은 A급 작가들은 성경을 인유(引喩)하여 고전을 남겼다. 도스토옙스키의 『죄와 벌』, 『백치』, 『카라마조프가의 형제들』을 죄의식과 구원의 시각에서 분석한 이 저서는 곁에 두고 평생 읽어야 할 연구서다. 대학원 시절에 김회권 선배와 장편소설을 읽고 토론한 적이 있다. 영문학을 공부한 선배의 글과 강연에는 '숨은 신'의 역동성이 울림을 준다. 그의 말과 글에 게으른 나의 영혼이 깨어 한 단계 융기(隆起)하는 체험을 여러 번 하곤 했다. 이 책은 분명 연구서지만, 그의 독특한 힘이 문장에 있어 흥미진진하게 읽힌다. 저 심오한 학술성과 큰 뜻의 거룩한 힘을, 쉽게 전해 주는 저자에게 감사하지 않을 수 없다. 저술가는 평생 공부가 녹아 있는 고전을 언젠가 남기는 바, 바로 이 책에 그의 평생 공부가 담겨 있다. 많은 그의 서작 중 이 책 또한 그가 독자에게 전하는 종요로운 선물로 남을 것이다.

_ 김응교(시인, 문학평론가, 숙명여대 교수)

저자 김회권 교수는 물론 뛰어난 목회자이지만, 문학 속에서 신학을 보는, 한국교회의 드문 목회자이자 신학자이다. 기독교와 문학은 구원의 미디어라는 점에서 같은 곳을 바라보고 있지만, 기독교는 그 푯대가 예수님이라는 점에서 절대 초월의 세계를 지향한다. 문학은, 그러나 보다 인간적이며, 인간이 창작한 작품을 통해서 구원을 경험한다. 문학은 말하자면 기독교의 작은 라이벌이다. 이 관계는 쉬운 듯하면서도 그 이해가 만만하지 않다. 신학자 한스 큉과 문학자 발터 옌스의 공저 『문학과 종교』 읽기가 쉽지 않은 이유다. 무엇보다 우리에게는 이 관계를 말해 줄 저자가 별로 눈에 띄지 않는다. 이즈음 출현한 김회권 교수의 이 저서는 하나님의 각별하신 배려임에 틀림없다. 우리도 이제 이 책과 더불어 기독교와 문학 사이를 어렵잖게 드나들 수 있다.

_ 김주연(문학평론가, 숙명여대 명예교수)

일러두기

1. 『죄와 벌』, 『카라마조프가의 형제들』: 대부분의 직접 인용문은 저자가 현대 러시아어판과 영어판을 읽고 직접 번역했음을 밝힌다. 한국어판을 읽는 독자들의 이해를 위해 본문에는 러시아어판이나 영어판, 한국어판(민음사 역본)의 페이지를 표기하였다.

2. 『백치』: 직접 인용문은 문학동네 역본을 따랐다. 『백치』 인용문 안의 이탤릭체 표기는 본 책 저자의 첨언이다.

  -표도르 도스토옙스키, 『백치 1, 2』, 김희숙 옮김(파주: 문학동네, 2023).

차례

추천사 4

저자 서문 8

1부
기독교 문학의 정수, 성경 16

2부
19세기 사회소설 : 도스토옙스키의 소설 배경 26

3부
죄와 벌 52

4부
백치 150

5부
카라마조프가의 형제들 270

6부
표도르 도스토옙스키의
기독교 고전소설과 그 품격 420

미주 542

참고문헌 563

저자 서문

문학은 말과 글의 직조물로서 과거와 현재를 성찰하고, 대안적 미래를 착상하는 상상력의 산물이다. 문학은 현실에서는 부서지고 파산된 인간 군상과 사건에 주목하면서, 현실의 파괴적인 위력을 중화시키는 미래적 대안세계를 상상한다. 이런 점에서 성경은 현실에서 가장 부조리한 고통과 존재 손상을 극심하게 겪었던 고대 히브리인들이 산출한 문학이다. 눈에 보이지 않는 미래를 마치 이미 당도한 현실처럼 확실하게 선취하면서 믿음으로 쓴 책이 성경이다. 역사의 중간기에 경험되는 세계 현실이 하나님의 성품과 의지, 계획과 비전을 충분히 드러내지 못하지만, 하나님이 이 세계를 창조하셨기에 종말에는 하나님이 꿈꾸시고 기획하신 것이 현실이 되리라는 믿음의 상상력으로 쓰여진 책이다. 성경은 역사적 사실(事實)을 바탕으로 착상되고 쓰인 문학이며, 아울러 창조주이자 인간 시간 속에 들어오신 역사의 동행자 야웨 하나님이 남기신 발자국을 증언하는 이스라엘 민족의 증언록이다. 신구약 성경 66권은 대부분 역사 속에서 일어난 사건들을 다루지만, 상당수는 하나님의 영에 추동된 예언자들의 상상력 넘치는 소망을 다루는 예언적 미래사회를 다루기도 한다. 성경은 과거 역사에서 드러난 하나님의 역사적 행적을 다층적으로 소환하고 상기함으로써 현재 하나님 없이 살아가도록 강요당하는 사람들을 지탱하고 위로하며, 아직 실현되지 않은 미래를 표준 삼아 현재의 삶을 조율할 것을 격려한다. 이런 점에서 성경은 현실에서 뿌리내리는 역사의 증언이자, 미래를 내다보는 상상력의 창이다. 성경은 믿음의 상상력이 끌고 가는 드라마이다. 성경은 그 자체가 문학이면서, 그것을 깊이 읽고 공부한 사람들에게 성경적 대안 미래를 상상하는 문학적 상상력을 점화시키는 영감의 책이기도 하다. 성경의 이런 미래 기투적인 상상력이 위대한 문학을 파생시킨 것은 우연이 아니다. 성경을 소설 속에 녹여 낸 위대한 작가 중 최고는 19세기 러시아 작가이자 기독교사상가인 표도르 도스토옙스키(Fyodor Dostoyevsky, 1821-1881)이다.

　　이 책은 도스토옙스키의 기독교 고전명작 장편소설 삼부작,『죄와 벌』,『백치』,『카라마조프가의 형제들』을 '성경의 빛' 아래에서 요약하고 해설하는 안내서이다. 여기서 이 세 작품을 '기독교 고전'으로 부르는 근거는 이 작품들 모두 기독교의 중심 교리인 "인간의 죄와 악, 인간의 곤경과 고통, 그리고 인간의 구원과 인간 갱생"을 중심서사로 설정하고 있기 때문이다. 본서는 성경의 빛 아래에서 세 작품을 읽는다. 즉, 인간의 죄와 비참함, 그리고 인간의 구원과 갱생 드라마의 요소에 주목하면서 세 작품을 '요약'하고 '해설'한다. 이것은 소설들을 이끌어 가는 중심 줄거리(plot)를 요약하고, 등장인물들의 말과 사상을 분석하는 작업을 수반한다. 이 과정에서 성경의 구원서사가 세 작품의 서사 전개에 어떻게 기여하는지 밝혀질 것이다. 세 작품의 핵심은 등장인물 중 주인공이 처한 비참한 곤경, 그 곤경을 벗어나려는 등장인물의 자가구원 시도와 좌절, 그리고 마침내 난파된 인간 실존들이 신적인 은총에 의해 예인되어 구원의 항구에 도달하는 이야기이거나 구원의 항구에 도달하기 전에 다시 침몰하는 반(反)구원 이야기이다. 세 작품 모두 구원에 대한 열망을 불러일으키며 끝이 난다. 안타깝게도 세 작품 어디에도 통쾌하고 감동이 휘몰아칠 정도의 풍성한 구원서사는 없다. 구원은 암시되어 있거나 유예된 채 주인공으로부터 멀어지고, 구원에 대한 갈망을 남긴 채 끝난다. 도스토옙스키의 이 작품들은 잡지에 실린 연재소설 형식으로 발표되었기에 문학적 전진감 면에서는 아쉬움이 있다. 중심 줄거리와 곁가지 에피소드들이 복잡하게 얽혀 있다. 따라서 중심 줄거리만 따로 떼어 요약하는 것은 작품 자체에 선입견을 줄 수 있기 때문에 조심해야 한다. 본서의 요약과 해설 시도에는 이 세 작품의 문학적 가치와 위엄에 누가 될 여지가 있다는 것이다. 그러므로 우리는 중심 줄거리 요약과 해설에 불과한 이 책이 세 명작을 대신하는 대체 서적이 아니라는 점을 거듭 강조하고자 한다. 이 세 명작은 감히 요약될 수 없다. 주제 중심 혹은 사건 중심으로 손쉽게 해설될 수 있는 책들이 아니기 때문이다. 그럼에도 이런 장편 대하소설들을 요약하고 해설하는 작업은 의미가 있다. 150여 년 전 러시아 작가가 쓴 러시아적 배경의 장편 대하소설은, 스마트폰의 짧은 글과 영상으로 소통하며 책을 통해서가 아니라 인터넷이나 AI를 이용한 검색으로 지식과 정보를 광속도로 획득하는 현대인에게 무겁고 복잡해 보인다. 끈기와 인내가 없으면 이런 책들을 독파해 내기도 힘들고 음미하기도 어렵다. 더욱 안타까운 것은 한국어로 번역되는 과정에서 러시아 원문에 담긴 문학적 화법들의 정미(精微)한 뉘앙스가 상실되고 간과된다는 점이다. 독자들이 한국어 번역서로 만나는 이 세 작품은 술술 읽어 내기가 어렵다. 여기가 바로 좀 더 친절한 안내서가 필요한 지점이다. 세 책을 아무 준비도 없이 바로 읽으려는 독자들에게, 이 책들은 해발 수천 미터의 고봉준령처럼 느껴진다. 왜 이렇게 좋고 위대한 명작들이 독자들에게는 위협적인 험산 준령으로 다가올까? 네 가지 장애물 때문이라고 생각한다.

첫째, 이 소설들을 생성시킨 19세기 전후의 유럽 역사, 더 구체적으로는 러시아 역사가 낯설기 때문이다. 19세기는 프랑스 대혁명과 나폴레옹의 등장으로 시작해서 니체와 프로이트의 등장으로 막을 내리는 세기이다. 19세기는 계몽주의 시대의 절정기이면서 찰스 다윈과 칼 마르크스 같은 세기적인 사상가들을 출현시킨 격변의 시대였다. 세 작품 모두 19세기 러시아 상트페테르부르크 지식인들의 마음속에서 요동치던 '전환기 러시아 역사'가 빈번하게 언급되거나 소환된다. 이와 관련하여 러시아 및 유럽의 작가, 정치가, 그리고 예술가의 이름이 다양한 맥락에서 빈번하게 언급된다. 학술서적이라면 각주가 필요한 부분이 많다는 뜻이다. 19세기 유럽 사상이 러시아에 유입될 때 처음 하역되던 도시인 상트페테르부르크의 위상, 19세기 중엽 러시아 지식인의 사상적 동요와 갈등, 유럽에 대한 당대 러시아인의 양가적 태도(선망하면서도 경계함.), 기독교에 대한 러시아인의 입장, 1812년 나폴레옹의 러시아 원정 전쟁의 충격, 그리고 쉽게 치유되기 힘들 정도로 사회를 분열시킨 수직적 위계가 지배하는 고독하고 자유로운 도시 풍경 등이 21세기 대한민국의 독자들에게는 다소 낯설다. 특히 시베리아 유형 선고, 마차가 쏘다니는 거리, 신대륙을 구원의 피난처로 간주하는 등장인물의 미국 동경 등도 현대 독자들에게 친숙한 풍경은 아닐 것이다.

둘째, 세 소설 모두 그 서사적 줄거리는 예상 외로 간단하고 단순하지만 등장인물들의 관계는 복잡하고, 그들이 내뱉는 대사는 대부분 길고 장황하기 때문이다. 독자는 등장인물의 대사와 대화를 끝까지 따라가려다가 길을 잃기 쉽다. 세 소설에 등장하는 인물이 다양할 뿐만 아니라, 자신들의 사상을 장황하게 발설하는 이념적 등장인물이 많이 나오기 때문이다. 등장인물의 이름도 낯설 뿐 아니라 같은 이름을 가진 인물의 역할이 소설마다 조금씩 달라지는 점 또한 다소 혼란을 준다.

셋째, 이 작품을 생성한 작가 도스토옙스키의 복잡한 개인서사가 낯설기 때문이다. 그의 가난한 생애, 사상편력과 이념적 전환, 시베리아 유형 경험, 그리고 종교적 경험 등이 한데 녹여져 세 작품에 다양하게 반영되어 있다. 도스토옙스키의 사상적 전환을 단순화시켜 말하자면, 〈한겨레신문〉이나 〈오마이뉴스〉 열혈구독자이자 기고가였던 진보주의자가 5년간의 시베리아 유형생활을 거친 후 〈조선일보〉 문화면 칼럼니스트로 변신한 것과 유사한 전환이다. 이 세 작품에는 작가의 사상편력과 변전(變轉)이 반영되어 있다. 따라서 이 작품 밖 작가의 삶을 모르면 소설을 제대로 음미하기 어렵다.

넷째, 『카라마조프가의 형제들』을 제외하고는 부별, 장별 제목이 없기 때문이다. 『죄와 벌』, 『백치』는 한국어판이나 영어판, 러시아 원서에도 아라비아 숫자로 부와 장을 구분할 뿐, 소제목이 전혀 붙어 있지 않다. 본서는 이 난점을 극복하기 위해 러시아어판에 아라비아 숫자로 표시된 부와 장에 소제목을 붙여 중심 줄거리를 따라가는 데서 느끼는 어려움을 가볍게 하려고 했다. 『카라마조프가의 형제들』의 경우 민음사 번역이나 기타 번역본이 러시아 판본이나 영어판에 있는 소제목을 붙여 두었다. 그런데 소제목 자체가 부정확하게 번역되었거나 어색하게 번역되었기에 우리는 줄거리를 따라가는 데 도움이 되기를 바라는 마음으로 이 책에서 부별 제목과 장별 소제목을 보다 정확하게 번역하거나 정확하게 요약해 민음사 역의 소제목과 부별 제목을 수정했다.

이 책은 이 네 가지 난점을 경감시키려고 노력했지만, 여전히 부족한 점이 많다. 그럼에도 본서가 이 세 작품을 처음 읽는 독자들을 위하여 친절한 길잡이가 되기를 기대한다. 본서는 비교적 상세한 줄거리 요약과 해설을 제공하고, 등장인물들의 말과 사상을 이해하기 쉽도록 역사적, 사상적 해설을 제공함으로써 독자들이 세 작품을 직접 읽어 보도록 격려한다. 무릇 명작은 속독해서는 안 된다. 천천히 긴 호흡으로 모든 장면 하나하나에 주목하고, 등장인물들의 언동의 의미를 추적하면서 정독해야 한다.

여기서 독자들에게 한 가지 질문이 떠오를 수 있다. 많은 기독교 고전명작 중 왜 하필 도스토옙스키 삼부작인가? 세 가지 답변이 가능할 것이다. 첫째, 세 작품은 주제와 소설의 서사를 이끌어 가는 줄거리 양면에서 기독교 신앙을 다루고 있기 때문이다. 이 세 작품은 기독교 신앙의 근본 주제인 인간의 곤경, 파산, 그리고 인간 갱생과 구원을 다루고 있다. 그것들은 인간, 역사, 그리고 하나님에 대한 감동적인 통찰을 선사하는 작품들이다. 독자들은 세계의 모든 문예평론가들이 도스토옙스키의 소설들이야말로 기독교 신앙의 진수를 가장 아름답고 감동적으로 표현했다는 데 이견이 없었던 이유를 어느 정도 납득할 수 있을 것이다. 도스토옙스키의 소설은 십자가에 달려 유기당한 하나님의 어린 양 예수께 바치는 찬미문학으로 볼 여지도 많다.

둘째, 앞에서 말했듯이, 도스토옙스키의 이 세 작품은 편협한 종교선전 문학이 아니라, 보편적 호소력을 가진 고전문학이기 때문이다. 종교 유무를 가리지 않고 일반 독자들에게 문학적 호소력을 갖는 작품이라는 것이다. 이 작품이 말하는 기독교 신앙은 교파 기독교나 개종자들을 얻기 위해 시장에 소구력을 과시하는 기독교가 아니라, 여러 가지 이유로 부서시고 망가진 인간의 심연을 피헤치고 어루만지며 문학적 치유력을 발산하는 기독교이다. 보편적인 인간 구원 문제를 신학, 문학, 그리고 철학의 관점으로 다루고 있다. 스위스의 개혁신학자 에두아르트 투르나이젠이 설파했듯이, 도스토옙스키의 소설 세계는 인간이 직면한 가장 근본적인 딜레마를 다루는 보편적인 문학이다.

셋째, 도스토옙스키의 소설들은 인간의 영혼을 해부하는 심리탐구 소설이면서, 거대한 역사를 조망하는 사회적 격변 추적 소설이기 때문이다. 도스토옙스키는 개인을 치유하고 구원하는 데 치중하는 '개인구원' 충분론자가 아니라, 사회를 치유하고 사회 전체가 갱생되는 거대조망을 가진 비저너리(visionary)이다. 이 작품들은 건강하고 평화로운 사회를 상상하는 데 영감을 고취한다.

본서는 이런 이유와 문제의식을 가지고 세 작품이 다루는 성경의 문학적 주제에 주목할 뿐 아니라, 어떤 면에서 이 작품들이 '보편적인 구원을 말하는 인문고전인가?'를 추적한다. 무릇 인문고전은 인간의 존엄과 자유를 옹호하는 예술과 철학을 담고 있다. 우리는 이 세 작품이 성경과 기독교 신앙의 주제들을 어떻게 다양한 방식으로 연동시키는지, 그리고 어떤 점에서 인류의 고전들이 다루는 인간 구원의 문제들을 다루는지 자세히 주목할 것이다. 특히 본서는 세 소설의 줄거리와 그 주제적 전개가 어떻게 기독교 신앙과 호응하는지를 부각하고자 한다. 『죄와 벌』은 인간 본성의 일부가 되어 버린 '죄'의 파괴적 권능을 다루고, 그 죄로부터 구원받고 갱생되는 희망 서사를 제시한다. 『백치』는 정직하고 바보스러운 성자의 미덕이 어느 정도까지 인간 구원에 위력을 발휘하는지 혹은 어떤 점에서 인간 구원에 좌절하는지를 보여준다. 『카라마조프가의 형제들』은 인간의 본성을 구성하는 이원적 요소(거룩한 자기승화의 욕망, 자기파괴적 욕망)의 길항을 추적하며, 어떻게 인간이 자신의 진토스러운 욕정을 이겨내고 구원에 이르는지를 보여준다. 세 작품 모두 자신의 죄와 존재론적 결함을 의식하며 자신의 병약함을 고통스럽게 경험하는 사람일수록 하나님의 구원과 갱생에 가깝다는 것을 보여준다. 또한 세 작품 모두 구원에 이르는 인간의 고통 서사를 중심 줄거리로 설정하고 있다.

저자는 2024년 1~2월에 한국장로교출판사 고전명작 출판 기획팀과 더불어 스무 명가량의 참가자들을 모아 8주간의 독서클럽을 열어 이 세 권의 책을 정독하고 해설하는 시간을 가졌다. 이 책은 그때 준비한 강의안과 구두 강의를 종합해 만들어졌다. 다만 저자 서문 바로 뒤에, 즉 세 작품의 해설 앞에 "기독교 문학의 정수, 성경"이라는 독립적 에세이를 배치했다. 이것은 감리교 월간지 『기독교세계』(2024)에 투고한 글을 본서의 의도에 맞춰 수정하고 보완한 글이다. 이 글은 '장편소설을 읽는 독서 행위'의 의미를 성찰한다. 소설을 읽는 행위는 우리의 인생을 소설 작품을 완성해 가듯이 진지하게 살아가는 '주인공' 역할 연습이라는 것이다. 이 글의 전제는 우리의 인생살이가 하나님과 인간 등장인물들이 같이 완성해 가는 우주 장편 대하드라마의 한 부분이라는 것이다. 그러나 문학 작품의 등장인물과 우리 사이에는 큰 차이가 있다. 소설의 등장인물과 달리, 우리가 써 내려가는 '인생살이'라는 책의 등장인물인 현재의 우리는 저자인 하나님과 더불어 자신의 '캐릭터'와 '역할'을 부단히 협의해 조정해 갈 수 있다. 작가 도스토옙스키는 『죄와 벌』 속에 들어가 라스콜니코프에게 말을 걸거나 충고할 수 없으나, 지금 하나님과 인간들이 써 내려가는 이 우주 장편 대하드라마에서는 저자이신 하나님이 책 속으로 들어오셔서 살아 있는 현실의 등장인물인 우리의 삶에 영향을 끼치실 수 있다는 것이다.

    이 책을 출간하기까지 본서를 기획하고 독서클럽을 운영해 준 이슬기 차장과 한국장로교출판사 편집진에게 감사드린다. 원고의 시종을 꼼꼼하게 읽고 오탈자 교정에 도움을 준 숭실대 대학원 제자 이하은에게 또한 감사드린다. 그리고 항상 그랬듯이, 이 책의 마지막 저자 교정 원고를 검토하고, 많은 유익한 논평과 제안을 제시한 아내 정선희에게 감사드린다. 아내는 8주간 독서클럽에 직접 참여해 본서의 기획의도를 누구보다 잘 알고 있기에 이 본서의 완성도를 높이는 데 크게 기여했다. 부디 이 책이 기독교 고전명작들을 읽어 볼 열망을 일으키는 작은 불꽃이 되기를 기대한다.

2025년 9월 살피재에서

저자 **김회권**

1부 기독교 문학의 정수, 성경[1]

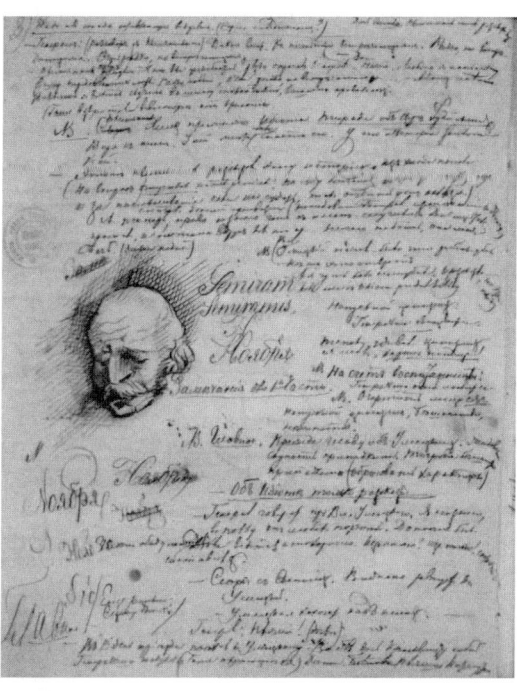

도스토옙스키의 소설 구상 노트[2]

성경이 문학의 정수라고 불리는 이유

기독교 문명권에서 생성된 위대한 문학의 원천은 성경이다. 노스럽 프라이(Northrop Frye)를 비롯하여 C. S. 루이스(C. S. Lewis)에 이르기까지 모든 서구문학가들에게 성경은 가장 위대한 예술법전이다.[3] 5세기 라틴 교부 아우구스티누스(Augustinus)의 기독교 변증문학의 진수인 『하나님의 도성』은 창세기부터 다니엘을 거쳐 요한계시록까지 이어지는 종말론적 세계 구원 드라마이다. 14세기 단테(Alighieri Dante)의 『신곡』, 17세기 존 밀턴(John Milton)의 『실낙원』과 셰익스피어의 연극들, 18세기 영국 시인 윌리엄 블레이크(William Blake)의 시, 19세기 초반 독일 낭만주의 시와 소설, 19세기 중엽 유럽 사회소설인 찰스 디킨스(Charles Dickens)의 소설, 빅토르 위고(Victor Hugo)의 『레미제라블』, 19세기 말 유럽 사회소설의 절정인 톨스토이(Lev Nikolayvich Tolstoy)와 도스토옙스키의 소설 모두 인간 갱생과 사회 구원을 희구하는 문학 작품들이다. 이 위대한 문학적 성취는 성경의 영감에서 비롯되었다.

단순화하자면 문학은 현실을 초극하는 대안적 세계에 대한 상상 속에 구축되는 메타버스이다. 문학은 현실 세계 너머에 있는 더 아름답고 완전한 세계를 향한 동경에 대한 응답이면서, 동시에 그 응답을 심화시킨다. 위대한 문학일수록 대안적 이상사회와 대안적 이상 인간에 대한 상상은 가멸차고 구체적이다. 대체로 문학은 불운하고 불행한 시대와 사회를 배경으로 착상되고 창조된다. 따라서 문학이 현실 초극적인 세계에 대한 동경과 상상에서 창조된다는 것이 순전히 공허한 망상이나 백일몽을 예찬한다는 의미는 아니다.

더 나아가 문학은 인간 갱생, 인간 구원, 그리고 세계 구원을 꿈꾸는 '밤'의 활동이다. '낮'은 생산성, 성과, 성취, 그리고 쟁취와 업적을 이루기 위한 강한 능동노동이 지배한다. 그러나 '밤'은 '낮'의 노동 몰입과 과잉능동성으로 소진된 영혼이 자기성찰 모드로 전환되는 시간이며, 수동적 민감성이 깨어나는 시간이다. 낮은 능동적 노동의 세계이며, 밤은 능동적 활동을 반성하고 성찰하는 수동적 노동의 시간이다. 이러한 면모 때문에 문학은 경제학과 경영학, 공학과 이학 지배의 세상에서 쓸모를 의심받는 사양학문으로 주변화되고 있다. 하지만 문학은 낮의 지배자들, 즉 현실 세계의 지배자들을 끝내 물리치고 승리를 거두는 주인공들을 등장시켜 더 나은 미래를 꿈꿀 수 있는 용기를 주는 고귀한 학문이다. 이러한 문학은 밤마다 욕망을 분출하고 타자를 지배하며 약탈하는 낮의 지배자들에게서는 도저히 기대할 수 없다.

이런 점에서 66권 신구약 성경은 문학의 원형이다. 성경은 고대문명을 지배한 세계 5대 제국(이집트, 앗수르, 바벨론, 페르시아, 그리스)의 압제에도 살아남은 '떨거지들', 즉 성경 용어로는 '남은 자들'의 마음에서 자란 상상의 나라, 그 나라를 희구했던 히브리인들의 유산이다. 여기서 '문학'은 지어낸 이야기를 의미하지 않는다. 현실에서 착상되었으나 현실 너머를 내다보는 기투적(企投的)인 상상활동을 가리키는 용어이다. 문학에서 말하는 상상을 성경에서는 '믿음'이라고 부른다. 믿음은 보이지 않는 것에 대한 확신을 의미하며, 보지 못하는 것을 생동감 있게 현실 안으로 끌어들이는 기투적인 활동이다. 아브라함은 하나님이 지으시고 경영하시는 나라를 꿈꾸며 정처 없이 방황했다(히 11 : 10). 이런 의미에서 그는 믿음의 원조이다. 하나님의 약속에 대한 아브라함의 신실한 믿음과 투신은 거룩한 영적 상상력에 근거한 의지적 활동이다. 성경은 현실 세계를 지배하는 이집트나 바벨론, 페르시아 사람들의 관점이 아니라, 그들에게 유린당한 히브리인들이 '밤'에 꿈꾸었던 인간 갱생과 세계 구원의 나라를 현재의 시간으로 앞당겨 보여준다. 야웨 하나님은 수레바퀴 아래 깔려 생존 위기에 몰린 히브리인들에게 영감을 주셔서 성경이라는 불멸의 문학을 산출하게 하셨다. 성경은 낡고 병든 세계의 희생자였기에 꿈꿀 수 있었던 히브리인들의 '넬라 판타지아'이다. 이집트의 피라미드나 중국의 만리장성을 다 합해도 66권 성경의 장엄함에 이를 수 없다. 66권 신구약 성경은 하나님께 도달하려는 히브리인들의 영적 상상력과 감수성이 창조한 인류 문명사의 금자탑이다.

성경은 장르와 형식 면에서도 문학이며, 주제와 내용 면에서도 줄거리와 등장인물들이 끌어가는 문학이다.[4]

장르와 형식 면에서도 문학인 성경

성경의 문학적 형식의 주류는 역사 이야기이자, 인물전이다. 창세기에서 열왕기하까지는 천지창조부터 이스라엘의 멸망과 바벨론 유수(幽囚)를 다루는 장편 드라마이다. 그중에서도 창세기 1~11장은 육하원칙에 따라 사건의 전개를 묘사하는 산문이 아니라, 시적 산문이다. 저자와 독자 사이에 이미 공유되는 메타내러티브(인류 고대문명의 발흥과 쇠락사)를 전제로 쓰인 서사시이다. 메타내러티브는 창세기 저자와 독자 사이에 공유되는 더 큰 이야기를 가리킨다. 창세기 저자와 독자 모두 낙원의 선악과, 유혹자 뱀, 홍수, 바벨탑 축조 미수 등 큰 사건의 줄거리를 이미 다 알고 있다고 전제된다. 그러므로 창세기 1~11장은 '인류 역사의 원초적 태생기에 무슨 일이 어떻게 일어났는지'를 조리 있게 설명하려고 하지 않는다. 하나님이 아브라함을 왜, 어떤 맥락에서 부르셨는가를 말하는 것이 주목적이었던 창세기 저자는 창세기 1~11장에서 현대 독자들의 궁금증과 질문들을 전혀 예상하지 못한 듯 일필휘지로 이야기를 전개해 나간다. 그래서 하나님의 창조로부터 인류가 적대적으로 분화되고 소외되는 과정을 기술한 창세기 1~11장의 스토리 전개에는 생략과 암시적 처리가 많이 발견된다. 그럼에도 이 열한 장의 중심주제는 구원을 요청하는 인류의 아우성이다. 노아 홍수 후 바벨탑 축조 과정에서 하나인 것처럼 보였던 인류는 말과 언어소통의 고통을 겪으면서 서로 타자화되어 간다. 형제들임에도 말의 소통 단절과 세월의 풍화침식 가운데 형제애는 마멸되고, 결국 형제들은 적이 되어 만난다. 가나안 땅에서 이스라엘이 숙적으로 맞이한 블레셋, 암몬, 모압, 에돔, 미디안 모두는 한때 형제 사이였다. 블레셋은 함의 아들 미스라임의 아들 가슬루힘(창 10 : 14)과 갑도림(암 9 : 7)에게서 나왔다. 신명기 이후부터 다윗 왕 때까지 가나안 땅을 놓고 이스라엘과 각축하던 가나인 일곱 부족은 함의 아들 가나안의 소생이다. 창세기 12장부터 요한계시록까지 이어지는 성경의 구원사는 한때는 형제지간이었지만, 상호 적대적 타자가 되어 버린 형제들이 다시 형제애를 회복해 가는 가족 화해 서사이다. 특히 창세기 12장부터 열왕기하는 육하원칙에 따라 서술된 이스라엘 역사의 압축서사이다. 이 역사 드라마 안에는 시, 춤, 풍자, 해학이 촘촘히 박혀 있다.

　이사야부터 말라기까지 열다섯 권의 예언서 대부분은 시문으로 된 이스라엘 탄핵시이며, 이스라엘의 파멸과 그 이후에 전개되는 이스라엘 민족 갱생, 부활 희구 드라마이다. 시편은 시문으로 된 기도와 찬양이며, 욥기는 희곡이다. 잠언은 보수적인 격언과 훈계문이며, 전도서는 행복 추구에 좌절하는 사람들을 위로하는 철학적 수상록이다. 예레미야애가는 비탄시이며, 아가는 남녀의 사랑, 하나님과 인간의 사랑을 우의적으로 표현하는 연애시이다. 룻기, 에스더, 다니엘은 이방인들을 통로로 삼아 이스라엘을 구원하시는 하나님의 기막힌 사랑을 예찬하는 단편문학이다.

　복음서는 전기문학의 형식을 띤 스토리이다. 바울서신을 비롯한 많은 신약성경은 서간문학이다. 사도행전은 초기 교회의 시작을 다루는 역사서이며, 요한계시록은 창세기부터 시작된 인류 구원사의 대파국적 전환을 다루는 장엄한 종말구원극이다. 선악의 최후 갈등을 통한 선과 정의의 승리를 다루는 C. S. 루이스의 『나니아 연대기』나 J. R. R. 톨킨(John Ronald Reuel Tolkien)의 『반지의 제왕』 시리즈 같은 장편우화의 원천이 바로 성경의 종말론적 구원 스토리이다.

주제와 내용 면에서도 문학인 성경

성경의 큰 문학적 주제는 '인간 구원과 세계 구원'이다. 이 큰 주제 아래 작은 주제들이 매우 유기적으로 응집되어 있다. 도스토엡스키의 문학은 창세기와 로마서를 필두로 인간의 절망적 타락성과 그 타락을 초극하는 하나님의 눈부신 은총을 예찬하는 데 바쳐져 있다. 톨스토이의 소설 주인공들은 이상화된 인류사회를 희구하고, 그것을 성취하기 위해 헌신하는 인물들이다. 1933년 미국 대공황기, 절망한 미국 노동자들을 돌보고 소생시키며 '미국 가톨릭 노동자 운동'을 주도한 도로시 데이(Dorothy Day)는 성경과 함께 19세기 사회소설들을 일생 동안 곁에 두고 읽으며 노동자들의 존엄, 안식, 행복 증진을 추구했다. 19세기 중반 미국 노예들의 비참한 상황을 다루었던 해리엇 비처 스토우(Harriet Beecher Stowe)는 『엉클 톰스 캐빈』에서 인간의 존엄을 위한 선한 그리스도인들의 분투를 앞세워 잔악한 노예제 지지자들의 양심을 질책한다. 1960년 미국 백인의 흑인 차별을 질타한 하퍼 리(Harper Lee)의 『앵무새 죽이기』는 버림받고 천대받은 흑인들을 위해 백인들의 박해를 자초했던 백인 변호사 애티커스 핀치의 고난을 다룬다. 찰스 디킨스의 『두 도시 이야기』나 『크리스마스 캐럴』, 『올리버 트위스트』

등 모든 소설은 산업혁명으로 존엄을 빼앗긴 도시 빈민들, 프랑스 대혁명기의 혼란 가운데 금수 같은 인간성이 득세한 세상을 꾸짖으며 그리스도적 궁극 선을 구현하려는 인물의 눈물겨운 분투를 그린다.

'인간 구원'이라는 큰 주제 안에 있는 하나님의 용서와 회개 또한 위대한 문학의 소재이다. 빅토르 위고의 『레미제라블』은 인간의 과오와 허물을 용서함으로써 인간을 갱생시키려는 하나님의 은총을 노래한다. 17세기의 존 밀턴의 『실낙원』과 『복낙원』도 인간에 대한 하나님의 무궁한 사랑은 끝내 인간의 회개를 촉발한다는 주제를 부각한다. 심지어 요한 볼프강 괴테(Johann Wolfgang von Goethe)의 최후 대작인 『파우스트』 역시 인간의 갱생과 구원을 주제로 한다.

결론 : 하나님과 인류가 함께 쓰는 우주 장편 대하드라마로서의 인류구속사

성경은 그 자체로 위대한 문학이지만, 또 다른 위대한 문학을 잉태하고 산파하는 장엄한 메타 문학이다. 여기에는 인간의 존엄을 옹호하려고 애쓰는 하나님과 그것을 파괴하려는 악의 갈등이 전개되며, 독자들은 어떤 모양으로든지 이 갈등과 각축에 참여하도록 요구받는다. 하나님의 우주 구원 드라마인 성경을 읽는 독자들은 이 우주적 드라마에서 자신이 맡을 역할을 스스로 정하며 그 속으로 뛰어든다.

이상에서 논의된 '문학적 영감의 원천'인 성경에 대한 이해를 바탕 삼아 본서는 인류의 고전인 성경의 인간 구원서사에서 착상된 고전명작을 다루되, 러시아 작가 도스토옙스키의 세 작품을 분석하려고 한다. 세 작품은 모두 개신교 신앙고백서들의 삼부작 구조를 반영하고 있다. 인간의 죄와 악행, 그것들이 초래한 파멸과 고통, 그리고 그로부터 구원받을 수 있다는 희망을 발견하는 희망 서사가 이 세 작품을 끌어간다.

    우리 인생과 역사는 하나님이 써 내려가시는 우주 장편 대하드라마이다. 작가인 하나님과 등장인물들이 소설 줄거리는 물론이요 등장인물들의 역할을 부단히 조율해 가면서 완성해 가는 문학이다. 마치 작가 도스토옙스키가 『죄와 벌』속으로 들어가 센나야 광장을 배회하는 라스콜니코프와 상의하고 협력해 다음 챕터(chapter)의 역할과 소설 줄거리를 조율해 가는 것과 같은 상황이다. 하나님의 우주 창조와 인간 창조는 하나님의 창작소설이다. 하나님은 하나님 나라를 상상하신 후에 우주 창조와 인간 창조를 통해 그 나라를 완성해 가실 초지일관한 의지와 열정을 갖고 계실 뿐 아니라, 나라, 공동체, 개인 각각의 역할에 대한 각본까지 갖고 계신다. 이 각본은 인간의 우발적이고 자유로운 선택에 의해 수정될 수 있는 가변적 각본이다. 성경은 이 하나님의 각본의 기본틀을 보여준다. 하나님의 자녀이자 백성의 역할을 맡을 사람들은 각본인 성경을 자세히 연구하고 주목해야 한다. 그런데 세상에는 하나님이 세계를 창조하시고 통치하시는 원리가 담긴 성경과 자연법을 무시하고 거부한 끝에 파멸과 고통을 자초하는 사람들이 많다. 그럼에도 하나님은 하나님의 비전에 저항하다가 부서지고 망가진 인간들을 갱생시켜 전혀 새로운 행복한 세계를 창조하시기 위해 사람들의 마음을 미세하고 겸손하며 은근한 방식으로 다스리신다. 인간의 주체성과 책임감, 자유와 결심의 숭고함을 조금도 손상시키지 않는 방식으로 극도로 겸허하게 우리를 통치하신다. 우리는 하나님의 이 겸손하고 고요한 영적 감화에 응답하면서 하나님의 다스림을 맛본다. 하나님이 써 가시는 이 우주적 드라마의 큰 서사를 이해하고 납득하면서 하나님의 행복, 즐거움, 그리고 평화에 참여한다. 오늘도 우리는 하나님과 우리가 함께 쓰는 우주 장편 대하드라마로서 책의 한 챕터를 완성한다.

기독교의
눈으로
고전 읽기

도스토옙스키 편

2부 19세기 사회소설: 도스토옙스키의 소설 배경

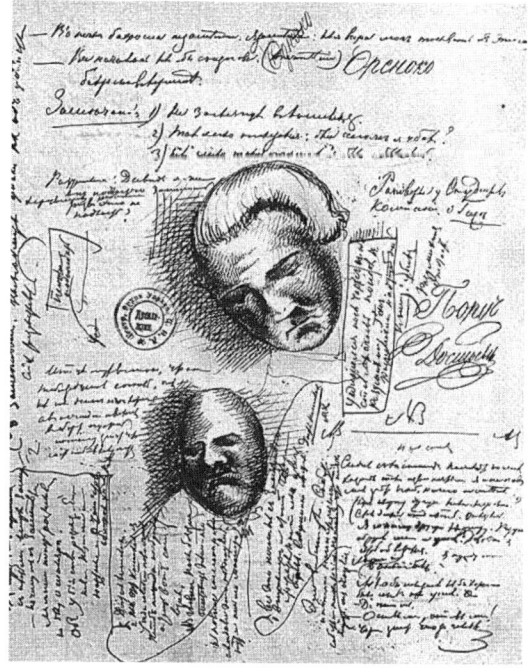

도스토옙스키가 소설을 구상하며 남긴 주인공 라스콜니코프의 얼굴

도스토옙스키의 사회소설을 촉발시킨 역사적 사건들의 연대기에 비추어 본 작가 연보[1]

1789년	프랑스 대혁명
1799년	알렉산드르 세르게예비치 푸시킨 출생(1799-1837)
	보나파르트 나폴레옹(1769-1821) 프랑스 제1공화국 제1통령 취임
	오노레 드 발자크 출생(1799-1850)
1802년	알렉상드르 뒤마 출생(1802-1870)
	빅토르 위고 출생(1802-1885)
1804년	나폴레옹 황제 취임
1805년	한스 크리스티안 안데르센 출생(1805-1875)
	12월 아우스터리츠 삼황제 회전(會戰), 프란츠 2세의 오스트리아 알렉산드르 1세 러시아 군대 패퇴(3차 프랑스 대항동맹 와해)
1809년	니콜라이 바실리예비치 고골 출생(1809-1852)
1812년	찰스 디킨스 출생(1812-1870)
	6월~1813년 1월 나폴레옹의 러시아 원정 좌절
1818년	이반 세르게예비치 투르게네프 출생(1818-1883)
1821년	표도르 미하일로비치 도스토옙스키 출생(1821-1881)
1825년	데카브리스트의 난
1828년	레프 니콜라예비치 톨스토이 출생(1828-1910)
1830년	7월 혁명 발발로 프랑스 부르봉 왕조 타격

	샤를 10세 퇴위, 루이 필리프 1세 등극
1832년	프랑스 6월 봉기 실패(『레미제라블』배경)
1838년	공병학교 입학(17세)
1840년	호머, 쉴러, 프랑스 고전비극 탐독
	11월 하사관 임명(19세)
1841년	육군 소위 임관(20세)
1846년	처녀작『가난한 사람들』단행본 출간(25세)
1848년	프랑스 2월 혁명 분출
	칼 마르크스(1818-1883)『공산당 선언』출간
1849년	푸리에의 공상적 사회주의를 따르는 페트라솁스키[2] 모임에서 절대 왕정을 신봉했다는 고골을 비난하는 벨린스키의 편지를 낭독한 혐의로 4월 23일 피체
	12월 22일 사형 언도(28세)
1850년	1월 23일부터 약 4년간 시베리아 옴스크 유형소 생활
1854년	2월 중순 출옥(33세), 시베리아 국경수비대 병사로 재입대
1855년	『죽음의 집의 기록』집필 시작(34세)
1857년	2월 6일 마리야 드미트리예브나 이사예바와 결혼
	극심한 간질 발작 경험

1859년	3월 18일 옛 장교계급 복구, 소위 퇴관, 상트페테르부르크 귀향(38세)
	찰스 다윈(1809-1882) 『종의 기원』 출간
1861년	알렉산드르 2세의 농노해방령
1862년	『죽음의 집의 기록』 출간(41세)
1864년	『지하생활자의 수기』 출간(43세)
1866년	『죄와 벌』〈러시아 통보〉 연재 시작(45세)
1867년	2월 15일 속기사 안나 스니트키나(20세)와 결혼(46세)
	바젤 미술관에서 홀바인의 〈무덤 속 그리스도의 주검〉 충격적 관람
	『죄와 벌』 단행본 출간
1868년	『백치』〈러시아 통보〉 연재 시작 및 출간(47세)
	무신론자(『카라마조프가의 형제들』) 구상
1871년	『악령』〈러시아 통보〉 연재 시작
1873년	『악령』 출간, 알렉산드르 2세 황제에게 헌정
	『작가의 일기』〈시민〉 1~50호 연재 시작
1876년	『작가의 일기』 알렉산드르 2세 황제에게 헌정
	황제 아들들의 교육 위탁
1878년	5월 16일 세 살배기 아들 알료샤 사망

	옵티나 수도원 방문, 암브로시 장로와의 면담(3회)[3]
1879년	『카라마조프가의 형제들』〈러시아 통보〉 연재 시작
1881년	1월 28일 향년 60세로 도스토옙스키 사망
	『카라마조프가의 형제들』 출간
1900년	프리드리히 니체 사망(1844-1900)
	지그문트 프로이트(1856-1939) 『꿈의 해석』 출간

도스토옙스키 작품 연보

1846년 1월	『가난한 사람들』〈페테르부르크 모음집〉
1846년 2월	『분신』〈조국 수기〉
1846년 10월	『프로하르친 씨』〈조국 수기〉
1848년 1월	『아홉 통의 편지로 된 소설』〈현대인〉
1847년 4~6월	에세이 "페테르부르크 연대기"(총 4편)〈상트-페테르부르크 통보〉
1847년 10~12월	『여주인』〈조국 수기〉
1848년	『약한 마음』,『폴준코프』,『정직한 도둑』,『크리스마스트리와 결혼식』,『백야』,『남의 아내와 침대 밑의 남편』 등 〈조국 수기〉
1849년 1~2월	『네토치카 네즈바노바』의 일부 〈조국 수기〉
1857년 8월	『꼬마 영웅』〈조국 수기〉
1859년 3월	『아저씨의 꿈』〈러시아의 말〉
1859년 11~12월	『스테판치코보 마을 사람들』〈조국 수기〉
1860년	『죽음의 집의 기록』초반부〈러시아 세계〉, 모스크바에서 첫 작품집(총 2권) 출간
1861년 1월	『학대받은 사람들-상』〈시대〉/〈시대〉: 형 미하일과 창간한 잡지
1861년	『학대받은 사람들-하』
1862년 1월	『죽음의 집의 기록』후반부〈시대〉
1862년 12월	『악몽 같은 이야기』〈시대〉

1863년 2~3월	『여름 인상에 대한 겨울 메모』〈시대〉
1864년 3월	『지하생활자의 수기』〈세기〉/〈세기〉: 형 미하일과 창간한 두 번째 잡지
1865년 6월	『악어』〈세기〉
1866년 1월	『죄와 벌』〈러시아 통보〉
1867년	『노름꾼』
1868년	『백치』〈러시아 통보〉
1870년	『영원한 남편』〈서광〉/초기작 『남의 아내와 침대 밑의 남편』을 토대로 한 작품
1871~1872년	『악령』〈러시아 통보〉
1873년	잡지 〈시민〉의 편집장이 되어 『작가의 일기』라는 지면을 통해 각종 시사 칼럼, 에세이, 단편 소설 등을 싣기 시작
1875년 1월	『미성년』〈조국 수기〉
1876년 1월	『작가의 일기』 단행본 형태의 월간 잡지로 출간
1876년 11월	『온순한 여자』〈작가의 일기〉
1877년 4월	『우스운 인간의 꿈』〈작가의 일기〉
1879년~1880년 11월	『카라마조프가의 형제들』〈러시아 통보〉

* 〈 〉 표기는 작품을 발표한 잡지명
* 연도는 발표된 해를 기준으로 함.

19세기 사회소설이란?

　브리태니커 백과사전에 따르면 사회소설은 사회 문제 소설, 사회적 저항소설로 알려진 소설로서, 남녀 불평등이나 인종 편견 혹은 계급 편견 등과 같은 지배적인 사회적 문제가 등장인물들에게 어떤 영향을 끼치는가를 보여주는 방식으로 극화되는 소설 장르이다. 이런 사회소설은 18세기 산업혁명기에 태동하여 19세기에 절정을 이룬다.[4] 그것들은 사회적 격변기에 다양한 계기와 수준으로 손상된 인간성, 빈부격차, 가난, 아동 노동, 여성에 대한 폭력, 전염병 등으로 손상된 사회와 그 구성원들의 행로를 추적하고 증언하는 사실주의 문학이다.

　사전적인 의미의 '19세기 사회소설'은 1801년부터 1899년 사이에 출간된 '사회'를 소재로 한 소설들로서, 말 그대로 '19세기 사회적 문제들'을 다루는 소설들을 통칭하는 단어이다. 하지만 문학과 예술사를 전공하는 학자들이 '19세기 사회소설'을 정의할 때의 '19세기'는 1830년부터 시작된다. 1830년은 프랑스 절대 왕정을 복위시킨 부르봉 왕가를 타도한 시민혁명('7월 혁명')이 일어난 연도이다. 1830년부터 마르크스(Karl Marx)의 『공산당 선언』이 발표된 1848년까지는 문학사적인 19세기를 규정하는 역사적 사건들이 폭발한 시대이다. 이 19세기는 부르주아 자유주의와 프롤레타리아 급진주의가 각축하며 불안정하게 공존하는 시대였다.[5] 프랑스의 스탕달(Stendhal, 1783-1842, 1830년『적과 흑』)과 오노레 드 발자크(Honore de Balzac, 1799-1850), 그리고 영국의 찰스 디킨스(1812-1870)는 19세기의 한복판에서 다양한 방식(유산, 결혼, 성실한 노동, 전쟁 공훈 등)으로 '신분 상승'을 기도하는 '가난한 사람들'을 주인공으로 내세우는 사회소설들을 쓰기 시작했다.[6] 19세기 사회소설은 이전 16~17세기 미겔 데 세르반테스(Miguel de Cervantes, 1547-1616)가 개척했던 우화적 희극문학과 인간의 비극적 본성을 심층 해부한 윌리엄 셰익스피어(1564-1616)의 연극과도 다르고, 18세기와 19세기 초반에 일시적으로 유행했던 질풍노도 낭만파 소설들과도 달랐다. 중심 소재의 관점에서 보면, 19세기 유럽 소설은 산업혁명이 초래한 '사회'라는 익명의 도회지 군중과 그들의 삶을 다룬 소설들이었다. 산업혁명을 가장 먼저 경험하여 전통 장원 체제가 무너지고, 익명의 도회지 군중들이 등장하던 1830~1840년대 영국과 1789년 프랑스 혁명으로 붕괴되었으나 우여곡절 끝에 회복된 왕정을 힘겹게 유지하던 프랑스에서 19세기 사회소설이 등장한 것은 이상한 일이 아니었다. 이런 역사적 격변기에 영국의 찰스 디킨스와 프랑스의 스탕달, 발자크, 그리고 빅토르 위고(1802-1885), 덴마크의 한스 크리스티안 안데르센(Hans Christian Andersen, 1805-1875) 등이 개척한 리얼리즘이 19세기 사회소설이었다. 바로 전 세대의 독일 대문호인 프리드리히 쉴러(Friedrich von Schiller, 1759-1805)와 요한 볼프강 괴테(1749-1832)의 문학적 분위기와 달랐으며, 찰스 디킨스의 『어려운 시기』, 『올리버 트위스트』, 『위대한 유산』과 발자크의 『고레오 영감』과 『으제니 그랑데』 등과 같은 리얼리즘 사회소설들, 빅토르 위고의 사회적 저항 소설 『레미제라블』을 통해 그 사회적 지향성을 표출했다. 특히 1862년 프랑스의 빅토르 위고가 쓴 『레미제라블』은 시민혁명의 발발과 실패를 배경으로 저작되었으며, 사회적 저항의 불을 작렬시킨 19세기 유럽 사회소설의 전형을 보여준다. 이런 19세기 유럽 사회소설의 미국 계승자인 업튼 싱클레어(Upton Beall Sinclair, 1878-1968)는 빅토르 위고가 『레미제라블』의 서문에서 밝힌 매니페스토에 주목하며, 그것의 문학사적 의의를 다음과 같이 말한다.[7]

문명의 면전에서도 법과 관습으로 인위적으로 땅에 지옥을 만들며 죽을 수밖에 없지만 성스러운 존재인 인간의 운명을 뒤엉키게 만드는 사회적 단죄와 형벌 체제가 존재하는 한, 우리 시대의 세 가지 문제들 — 인간 존엄을 박탈하는 가난, 굶어 죽어 가는 여인들, 신체적, 영적 흑암으로 인한 아동들의 왜소화 — 이 해결되지 않는 한, 어떤 지역들에서 사회적 질식이 여전히 자행되는 한, 다른 말로 해서 좀 더 넓은 관점에서 무지와 참혹한 불행이 이 땅에 존재하는 한, 이런 책들은 결코 무익한 책들로 폐기되지 않을 것이다.

이 같은 유럽 19세기 사회소설은 러시아의 도스토옙스키와 톨스토이를 통해 만개한다. 그들의 소설은 서유럽에서 꽃을 피운 19세기 리얼리즘 사회소설의 절정을 대표했다. 둘은 '사회'를 다룬 소설들을 썼지만 다소간 결이 달랐다. 도스토옙스키의 사회소설들이 사회주의와 공산주의 유혈혁명을 불길하게 예고하고 그것들을 미연에 막으려는 주제들을 드러낸 반면, 톨스토이의 사회소설들은 막심 고리키(Maxim Gorky) 등으로 대표되는 사회주의 리얼리즘의 선구자로 간주될 정도로 반자본주의적 이념을 대변하였으며, 상대적으로 진보적인 사상으로 떠오르는 사회주의에 우호적이었다. 특히 『부활』의 후반부는 사회주의자들에 의해 치유되고 갱생되는 주인공 카츄사의 변화를 우호적으로 묘사한다.

왜 문학사에서는 발자크, 디킨스, 위고, 도스토옙스키와 톨스토이 등의 작품을 '사회소설'이라고 칭할까? 앞서 언급했듯이 이 소설들은 '사회' 자체의 변동기를 다루고, 그 변동의 와중에 던져진 다양한 인물들과 그들이 전개하는 삶, 그리고 사건들을 다루기 때문이다. 그 소설들이 다루는 소재, 쟁점, 사건, 사상 및 소설 주인공들은 이전의 소설들(낭만주의)과 차이를 드러낸다. 대체로 19세기 이전 문학 작품들에서는 귀족의 취향에 맞는 인물, 적어도 귀족 또는 귀족에 가까운 고귀한 족속이 주인공으로 등장한다. 예를 들면, 왕, 왕족 혹은 천재, 용사 등이다. 셰익스피어의 연극들이나 세르반테스의 『돈키호테』를 보면 상인, 왕, 왕족, 장군과 같은 이들을 주인공으로 내세운다. 소설의 역사에서 볼 때 역사가 진행될수록 소설 주인공들의 신분은 계속 하강하거나 밑바닥으로 떨어진다. 19세기 사회소설에는 처음으로 익명의 죄수들, 창녀, 가난뱅이, 노숙자, 퇴역 군인 등 존재감이 없는 사람들이 주인공으로 등장한다. 그들의 매우 비참한 상황이 소설 속 주인공과 주제가 된 것이다. 현대문학으로 올수록 주인공들은 신분 하강을 당하고, 전체적으로 반(反)구원서사로 규정될 정도로 실패와 좌절로 점철된 비참한 인생을 살아가는 경향이 농후해졌다. 문학평론가 노스럽 프라이(1912-1991)의 『비평의 해부』는 이 점을 잘 지적했다. 그는 문학사 속에서 현대문학에 가까워질수록 주인공의 신분이 강등되고, 도덕적으로 열등한 사람들이 주인공으로 등상하는 것을 발견했다.[8] 프라이는 위의 책 첫 번째 에세이 "양식의 이론"에서 주인공의 행위 능력에 따라 문학을 다섯 가지 양식으로 구분했다. 신화, 영웅문학, 상위모방, 하위모방, 그리고 아이러니이다. 각각의 주인공은 첫째, 전능한 신적 존재, 반인반신(伴人半神)적 주인공, 둘째, 영웅, 셋째, 환경의 지배 아래 사는 보통 사람, 넷째, 환경에 의해 파괴되며 망가진 존재들, 마지막으로 인간 이하의 열등적 존재이다. 주인공이 관객이나 독자보다 우월한가 열등한가를 기준으로 비극과 희극을 구분했던 아리스토텔레스(Aristotle)의 이론을 기반으로 이 구분을 좀 더 자세히 살펴보면, 신화 양식의 주인공인 신적 존재는 인간과 세계 일반보다 질적으로 우월하고, 영웅문학 양식의 주인공은 환경의 제약을 어느 정도 초극할 능력을 가지고 있다는 점에서 보통 사람보다 우월하다. 상위모방 양식의 주인공은 다른 사람들보다는 우월하지만 환경보다는 열등하고, 하위모방 양식의 주인공은 환경의 지배 아래 놓여 있는 보통 사람 중의 하나이다. 마지막으로 아이러니 양식에서는 보통 사람보다도 열등한 인물이 주인공의 역할을 맡는다.

19세기 사회소설은 하위모방 양식이나 아이러니 양식의 주인공들을 내세우는 경향이 농후하다. 신과 인간 사이의 존재, 신적 영웅이나 귀족이 차지했던 주인공 역할을 비참한 사람들이 차지하게 된 이유는 무엇일까? 여러 가지 이유가 있을 수 있다.

첫째, 문학(소설)을 읽는 주독자층이 변화되었기 때문이다. 18세기부터 급격하게 도시로 몰려든 대중들에게는 연극을 즐길 여유가 없었다. 그들은 대신 소설을 읽는 시간을 가졌다. 그 외에 달리 문화적 소일거리가 없던 북위권에 가까운 나라들, 영국과 프랑스, 러시아 등의 도회지 대중들은 기꺼이 긴 소설들을 읽었다. 이처럼 19세기 사회소설은 연극을 보던 귀족이나 부유한 사람들을 대상으로 하지 않았다. 특히 여름철의 길고 긴 낮 시간을 보내는 일반 노동자 및 농민 대중을 주독자층으로 설정했다. 그렇기에 리얼리즘을 표방하는 19세기 사회소설에서 주독자들과 쉽게 동일시되는 주인공들이 등장하는 것은 이상하지 않다.

둘째, 18세기 산업혁명의 여파로 유럽은 전례 없는 '사회'의 출현에 직면했다. 문학 예술사의 관점에서 볼 때 19세기에는 노동하는 대중, 뿌리 뽑힌 민중이 대규모 사회 문제로 떠올랐다. 19세기 사회소설은 19세기라는 시대가 출현시킨 노동 대중, 극단적으로 가난한 사람, 삶의 뿌리가 뽑힌 사람, 삶의 좌표를 잃고 방황하는 사람을 문학적 주인공으로 삼아 그들의 삶을 사실적으로 보여준다.

이것은 단순히 삶을 사실적으로 보여주는 것에 그치지 않는다. 여기에는 가난한 사람들의 이야기에 주목해야 한다는 감정적인 당위성, 일종의 설교적인 호소가 들어 있다. 우리가 보는 드라마를 떠올려 보자. 작가들이 묘사하는 주인공이 일상에서 정상적으로 보인다고 말할 수 있을까? 도덕적 열등감이 크거나, 범죄를 저지르거나 심지어 목숨을 끊으려 하는 주인공도 있다. 그런데도 우리는 그런 주인공에게 빠져든다.

19세기 사회소설의 주인공을 바라볼 때도 마찬가지다. 우리는 병든 유기견과 같은 주인공을 보면서, 19세기 사회 산업혁명이 불러일으킨 존재, 곧 삶이 극도로 파열된 사람들의 비참함에 관한 작가적인 안목에 동참하는 것이다. 19세기 사회소설을 영감 받은 성경처럼 읽고, 20세기 가톨릭 노동자 운동을 주도했던 도로시 데이(1897-1980)는 19~20세기 초반 사회소설들이 사람들에게 끼친 영향력이 얼마나 컸는가를 예증한다.

1933년 대공황기에 미국 가톨릭 노동자 운동을 일으킨 도로시 데이는 『가톨릭 노동자 운동』(Catholic Worker Movement, 또는 가톨릭 노동자)이라는 신문을 발행하고, 가톨릭이 노동 계층에 뿌리를 내리는 데 크게 이바지했다.[9] 그녀는 저서 『고백』에서 19~20세기 사회소설 독서가 자신의 내면을 얼마나 의미 깊게 형성했는가를 여러 차례 말했다. 그 요지는 다음과 같다. "내가 성경 옆에 놓고 읽었던 책들은 디킨스, 싱클레어, 톨스토이, 도스토옙스키의 책들이었다. 이런 책들이 오늘의 나를 만들었다." 아래 문단은 도로시 데이의 말을 직접 인용한 것이다.

나는 언제나 사람들에게 디킨스나 톨스토이, 오웰이나 실로네를 읽으라고 말하지요. 내 비록 이러한 소설들을 뛰어나게 분석하지는 못해도 여러분의 선생이 되려고 하면 될 수도 있습니다. 하지만 선생이 되기보다는 이 소설들이 말하는 대로 살기를 원합니다! 그것이 [한 학생이 질문한] '내 삶의 의미'입니다. 말하자면 교회의 도덕적 이상에 따라, 내가 좋아하는 어떤 작가들의 도덕적 이상에 따라 사는 것이지요. 디킨스 선생이나 톨스토이 선생, 그리고 [그녀에게 깊이 영향을 끼친] 다른 몇몇 작가들을 만나지 못했다면 나의 삶은 훨씬 더 외로웠을 것입니다. 나는 『데이비드 코퍼필드』를 반세기 넘도록 내 친구로 삼았습니다. 늘 이 책의 어느 구절, 어느 문장을 뒤지며 살았습니다. 도스토옙스키와 톨스토이의 책들,

체호프의 단편들도 마찬가지입니다. …… 나는 하나님께 기도합니다. 교회에 가서 그분을 뵙지요. 나는 반 고흐나 디킨스와 대화의 시간을 갖습니다. 말하자면 나는 늘 내 책갈피로 이용하는 우편엽서의 복제 그림을 보거나 내 오래된 책 어느 한 권의 밑줄 친 문장들을 읽습니다. 그것으로 힘을 얻어 아침, 저녁나절을 견뎠습니다. 나 죽을 때 사람들이 내가 한 노력을 이야기했으면 좋겠어요. 나는 예수께서 우리에게 하신 말씀, 그분의 놀라운 이야기들을 마음에 새기려고 노력했습니다. 나는 그분의 모범을 따라 살고자 애썼습니다. 그리고 그러한 화가와 소설가들을 생각하며 그들의 지혜를 따라 살고자 했습니다(여러분[학생들]도 알겠지만 그들의 지혜 대부분은 예수에게서 온 것이지요. 디킨스와 도스토옙스키와 톨스토이는 평생 예수를 생각했습니다).[10]

이처럼 19세기 사회소설은 20세기 초중반에 태동된 미국 가톨릭 노동자 운동에 지대한 영향을 끼쳤다. 가톨릭은 19세기 사회소설이 묘사하는 인간을 보면서 집중적으로 노동사제를 양성하기 시작했다(필리핀 사탕수수 농장, 프랑스 조선소에도 많은 노동사제가 있었다). 이후 공산주의가 침투한 모든 곳에는 노동사제가 존재했다. 또한 가톨릭은 산업사회가 만들어낸 비참한 노동자들의 삶에 연대하기 위해 사회선교에 대한 교황의 회칙들을 발표한다. 1891년 교황 레오 13세가 노동자의 존엄과 노동의 고귀함을 강조한 "새로운 사태"(Rerum Novarum, 노동헌장)[11]를 발표한 후, 약 30년 주기로 사회적 사목헌장들을 연달아 선포했다. 1931년 비오 11세의 "40주년"(Quadragesimo Anno), 사회적 진보와 정의를 확장하는 일에 있어 교회의 역할을 다룬 1961년 요한 23세의 "어머니와 교사"(Mater et Magistra), 1891년 레오 13세의 사목헌장 "새로운 사태" 공포 100주년을 기리고 기념하는 1991년 요한 바오로 2세의 "100주년"(Centesimus Annus) 등이 있다. 이처럼 가톨릭 교회는 교황들의 중요한 사회적 사목헌장들을 통해 노동자 계층을 가톨릭에 정착시키는 데 힘을 쏟았다. 그 결과 공산주의 국가인 폴란드, 헝가리, 체코슬로바키아는 물론이요 중남미의 유일한 공산주의 국가였던 쿠바도 끝내 교황의 사회적 사목영성과 가톨릭 신앙을 꺾지 못했다. 그 이유가 무엇일까? 가톨릭교회가 노동자의 존엄과 노동의 존엄을 부단히 강조했을 뿐만 아니라, 노동자들을 공산당보다 더 저인망식(底引網式)으로 돌보았기 때문이다. 이를 몸소 경험한 노동자들은 공산당을 믿지 않고 교회를 믿은 것이다. 도로시 데이의 사회선교에 큰 영향을 준 로마가톨릭의 사회적 지향과 전회는 동유럽 공산주의 블록을 해체하는 데 가톨릭의 역할을 현저하게 증대시켰다.[12] 이처럼 19세기 로마가톨릭의 '사회선교적 전향'은 19세기 유럽의 사회소설들의 등장에 호응하거나 응답한 결과이다. 도로시 데이는 사회소설 독서자로 성장한 가톨릭 사회운동가와 사상가의 행로를 잘 보여준다.

　이런 관점에서 보면, 한국 기독교는 아직 기독교 신앙과 성서의 깊은 세계에 입문하지 못한 것처럼 보인다. 냉정하게 말하면 아직까지 한국교회의 현실은 구원공리주의자들이 '기독교'를 대변하고 있다. 대부분의 교회는 '죽어서 천당 가려는 사람들'의 놀이터이다. 성경과 기독교 신학이 제시하는 이 땅에서 이루어질 하나님 나라의 비전에 깊이 응답하는 교회와 그리스도인들은 극히 드물다. 성경은 이 땅에서부터 실현되는 하나님 나라, 즉 주 예수 그리스도의 성령 통치로 구체화되는 하나님 나라 비전을 제시한다.[13] 성경은 이 땅에서 어떻게 살 것인가에 대한 진리를 담고 있다. 하지만 교회 출석으로만 만족하는 그리스도인들은 '기독교 신앙에 입각한 자애롭고 평화로운 사회'를 건설하는 데는 무관심하고, 오히려 정치적으로 극우적 억압 세력과 쉽게 제휴한다. 그들은 죽기 전까지 물질적으로 부유하게 살다가 '죽어서 천당 가는' 미래를 꿈꿀 뿐, 병들고 부서진 세상을 고치려고 하지 않는다. 이런 기독교는 무신론적인 유물론에 가까운 병든 기독교, 아편 중독 기독교이다. 또한 이 땅에 하나님 나라를 세우시기 위해 지금 하나님 우편보좌에 앉아 통치하시는 예수의 성령감화 통치에 저항하는 기독교이다. 우리는 하나님 나라와 그 의를 추구하는 참된 기독교의 도래를 기다린다. 도로시 데이처럼 19세기 사회소설들을 깊이 공부하여 갈가리 찢기고 망가진 이 땅에 하나님 나라를 구현하려는 조시마 장로와 알료샤, 그리고 소냐와 므이쉬킨 공작 등이 일어나기를 바란다. 일찍이 게르하르트 로핑크(Gerhard Lohfink)와 존 스토트(John Stott)가 말했듯이, 교회는 병들고 부서진 세계에 주 예수 그리스도가 제시하는 대안적 사회, 대조적 사회, 대항적 사회이다. 우리는 교회의 사회선교를 촉진하는 데 기여하는 19세기 사회소설들이 이 땅의 그리스도인들 가운데 널리 읽히기를 고대한다.

도스토옙스키의 소설 세계[14]

1. 도스토옙스키의 탄생과 러시아 소설

19세기 사회소설은 찰스 디킨스의 소설들(『두 도시 이야기』, 『위대한 유산』, 『크리스마스 캐럴』, 『데이비드 코퍼필드』, 『어려운 시기』, 『올리버 트위스트』)에서 본격적으로 그 실체를 드러냈다가 프랑스의 발자크와 빅토르 위고를 통해 강렬하게 작렬한 후에 러시아의 도스토옙스키와 톨스토이에게서 그 절정에 이르렀다. 가난, 계층, 계급, 이념 대결, 신분 상승 시도들과 그 좌절, 혁명 화기(火氣)와 보수 냉기(冷氣)의 대결, 인간 파산과 구원, 민족주의와 보편주의 등이 이런 소설들의 중요 주제나 소재를 제공했다. 이 중에서도 단연 도스토옙스키의 작품들은 가장 비참한 주인공의 '끝판왕들'을 대거 창조해 독자들의 폐부를 찌른다.[15] 도스토옙스키는 그 자신이 비참한 삶을 살았기에 비참한 사람에 대한 친화적인 감수성을 가졌다.

장편 대하소설들을 읽을 때 작가에 대한 전기적 정보를 양손 가득 가지고 읽는 것과 무지한 상태에서 읽는 것은 큰 차이가 있다. 희귀한 일이긴 하지만, 작가에 대해 완전히 무지한 상태에서 처음 소설을 접하는 초보 독자가 장편 대하소설들에 내리는 해석이 더 빛을 발하기도 한다. 그러나 대체로 소설 작품 자체만 읽어서는 감상과 해석에 어려움을 겪을 수 있다. 작품의 내러티브를 생성시킨 작가의 인생서사와 그가 직면하고 경험한 사회상 전반에 대한 개괄적 파악은 작품 해석에 큰 도움이 된다. 도스토옙스키는 제정 러시아 로마노프 왕조가 마지막 숨을 몰아쉬며 격변을 통과한 전환기 시대의 아들이다. 도스토옙스키는 밀려오는 계몽주의, 자유주의, 급진주의, 반종교적 허무주의, 급진적 평등주의로 무장된 사회주의 물결로부터 제정 러시아의 신분사회를 지키려고 발버둥치는 구체제 세력의 반동이 일시적으로 위력을 떨치던 때에 태어나고 자라서 작가로 성장했다. 그는 소설과 산문 등의 문학 작품으로 시대와 대결하며 대화했고, 그 시대 너머를 내다보며 예언자적 함성을 질렀다. 19세기 전반기의 러시아는 서유럽 국가들의 진보에 비해 낙후된 농노제와 오작동 단계에 접어든 전제정치의 나라였다. 로마노프 왕조의 10대 황제인 알렉산드르 1세(1777-1825)는 표트르 1세(1672-1725)가 추구한 러시아 서구화 정치의 적폐를 처리하는 과정에서 반동노선을 취해 서구화로 인해 밀려오는 모든 문화적·사상적 물결을 봉쇄하고자 했다. 그는 1801년 나폴레옹의 유럽 정복 야심을 보고 영국 등과 함께 프랑스에 대항하는 연합전선을 형성했으나, 이어진 전쟁 참패로 프랑스의 대륙봉쇄령을 받아들였다. 하지만 이로 인해 러시아의 경제가 파탄나자 대륙봉쇄령을 깨뜨렸고, 이것은 나폴레옹의 러시아 원정(1812)을 촉발시킨다. 그러나 천신만고 끝에 미하일 쿠투조프(1745-1813) 총사령관과 러시아 민중의 저항으로 나폴레옹을 격퇴하고, 1814년에 파리에 입성하며 엘바 섬으로 나폴레옹을 유배 보내는 결정을 이끌어내는 등 나폴레옹 전쟁 전후 처리를 주도했다.

이처럼 알렉산드르 1세는 러시아 원정을 주도한 나폴레옹의 침략을 잘 막아냈으나 나폴레옹의 러시아 원정 후유증은 엄청났다. 나폴레옹의 러시아 원정은 군사적으로 실패했지만, 그것이 러시아 민중에게 준 충격은 매우 컸기 때문이다. 러시아는 나폴레옹의 침략으로 완전히 새로운 세계에 눈뜨게 되었다. 더 이상 제정 러시아의 정치 체제로는 다스릴 수 없는, 자유의 세례를 받은 민중들이 등장했다. 나폴레옹 원정을 봉쇄하고 나라를 지킨 국방력은 쿠투조프라는 영민한 야전군 사령관의 지도력과 그것을 뒷받침한 러시아 민중병사들이었다. 이들은 적과 싸우면서 '유럽 정세'에 개안하고 러시아의 실체를 만졌다. 로마노프 제정이나 황실, 귀족이 아니라, 민중이 나라를 지키는 근간임을 깨달았다. 나폴레옹 전쟁은 더 이상 러시아가 유럽의 고립된 변방으로 남는 것을 불가능하게 만들었다. 군사방어선은 뚫리지 않았을지 몰라도 이미 사상의 방어선이 뚫려 버렸기 때문이다. 19세기 초부터 서유럽의 자유주의, 진보주의, 민족주의, 국가주의 등 다양한 층위의 사조들이 고립된 러시아 제정 체제를 세차게 뒤흔들었다. 하지만 레닌(Vladimir Lenin)과 볼셰비키(Bolsheviki)가 100년 후에나 징발할 산업 예비군은 아직까지 출현하지 않았다. 이런 과도기 상황에서 러시아의 미래를 기획하고 디자인하려는 부르주아 지식인들의 백가쟁명이 터져 나왔다. 도스토옙스키는 이런 극도의 사상 혼란을 겪던 조국 러시아의 국가 갱생을, 그리고 그것을 가능하게 할 민중 갱생의 비전을 품은 비저너리 작가였다.

1825년 형 알렉산드르 1세의 급사 후 등장한 니콜라이 1세(1796-1855)는 즉위하던 해에, 나폴레옹 원정이 일으킨 변혁의 파도에 영향을 받아 서유럽과 같은 입헌군주공화제를 주창하며 일어난 청년장교들(약 3천 명)의 체제변혁적 무장시위였던 데카브리스트(12월 당원, Dekabrist)의 난에 직면했다. 니콜라이 1세도 나폴레옹 원정발 변혁 물결에 합류할 것인가? 그것을 봉쇄할 것인가? 서스펜스가 감도는 가운데 니콜라이 1세는 데카브리스트의 난을 처리하는 과정에서 극단적인 반동적 전제군주가 되어 갔다. 그는 유럽에 일어난 모든 진보적인 혁명들(1830년 프랑스 혁명 비난, 1848년 2월 유럽 혁명 비난, 1830년 폴란드 반란 진압, 1849년 헝가리 반란 진압)을 봉쇄하거나 진압하는 데 앞장선 반(反)나폴레옹 보수반동국가들의 헌병 노릇을 했다. 반동군주 니콜라이 1세가 죽자, 그의 아들 알렉산드르 2세(1818-1881)가 제위에 올라 자유주의 정책을 전개했지만 그 또한 좌초했다. 알렉산느르 2세는 아버지 니콜라이 1세가 벌였던 크림전쟁(1853-1856년 지중해 교역망 확보 전쟁)의 실패를 교훈 삼아 내정개혁에 착수하여 1861년 농노해방령을 단행하고, 1864년에 지방의회를 설치하였다. 이로써 러시아의 위상을 어느 정도 드높였지만, 그럼에도 불구하고 그의 대표적인 개혁정책인 농노해방령은 참다운 민중 해방으로 결실을 맺지 못했다. 농노는 신분상으로 해방되었을 뿐, 촌락에 매여 신체 및 거주 이전의 자유가 없고 경제적으로도 큰 혜택을 누리지 못했기 때문이다. 참된 자유가 아니라 더욱 비참한 가난이 해방된 농노들의 현실이 되었고, 해방된 농노들의 아사(餓死)가 일어났다. 농노로 있을 때는 주인에게 농노를 먹여 살릴 의무가 있었다. 그러나 농노해방과 동시에 지주가 농노를 고용하여 먹일 의무도 면제된 것이다. 이런 상황이 되자 농노들은 더 가난해졌고, 다시 옛 지주에게 돌아가기 시작했다. 어떤 이들은 도시로 몰려들어 도시빈민이 되었다. 그들은 자유로웠으나 가난의 속박에 더욱 고통스럽게 감금되었다. 절대군주하의 봉건계급 국가의 기초가 되었던 전통적 가부장적 봉건사회가 해체되고 부르주아 사회로 전환될 즈음, 전면에 등장한 사람들은 고립되고 단절되었다. 이들은 새로운 사회를 발견하지 못한 자율적 개인들이었다.[16] 특히 이들 중 가난한 지식인들은 허무주의자나 급진적인 혁명분자로 바뀔 가능성이 매우 농후했다.

더 불행한 사실은 알렉산드르 2세의 개혁노선이 역부족이었을 뿐만 아니라 또 다른 부작용을 초래했다는 것이다. 폭력이나 암살 등 과격한 수단으로 기존 질서를 파괴하려는 허무주의자들 혹은 무정부주의자들이 등장했다. 이에 맞서 알렉산드르 2세는 보다 철저한 개혁을 실시하려고 했지만, 그들에 의하여 암살되었다. 그 결과 그의 아들인 알렉산드르 3세(1845-1894)가 제위에 올라 다시 보수반동으로 회귀했다. 그는 전제정치를 더욱 강화했고, 그로 인해 러시아 민중들은 사회주의 사상에 무차별적으로 노출되기 시작했다. 이때부터 사회주의 사상이 19세기 말에 시작된 러시아의 산업혁명 속도만큼이나 빠르게 러시아 지식인들과 대중들에게 퍼지기 시작했다. 요약하면, 도스토옙스키가 살았던 러시아 제정 시대의 군주들은 알렉산드르 1세, 니콜라이 1세, 알렉산드르 2세, 알렉산드르 3세였다. 이 네 명의 황제의 치세 동안 일어난 러시아의 사회경제적 및 정치적 변동이 도스토옙스키 사회소설들에 다양한 방식과 수준으로 투영되어 있다.

2. 도스토옙스키의 시대와 그 응답

이처럼 1800년대 러시아의 상황은 도스토옙스키의 소설 세계에 지대한 영향을 주었다. 도스토옙스키는 1821년 러시아에서 태어났다. 앞에서 살펴보았듯이 러시아 인구를 이루는 대다수의 농민은 비참한 삶을 살았고, 이것은 작가들에게 영향을 끼쳐 사회소설을 탄생시키는 중요한 배경이 되었다.

여기서 '사회'는 무엇인가? 그것은 산업혁명 이래로 자기 고향을 떠나 자기 보호 수단 없이 살아가는 익명의 대중들의 무연결적인 군상이다. 액체적 유동성을 가진 가난한 자들의 고립된 이합집산 현상이 사회다. 일찍이 영국에서 이런 사회의 출현을 보고 놀라 사회선교를 하려고 했던 사람이 요한 웨슬리(John Wesley, 1703-1791)였다. 그로 인해 감리교는 1세기 이후 계급 투쟁이 발발할 위기였던 영국을 공산당 주도의 유혈혁명에서 구해냈다. 하지만 프랑스는 영국과 약간 다른 길을 걸었다. 찰스 디킨스의 『두 도시 이야기』가 잘 그려냈듯이, 파리는 급진적인 유혈혁명의 도시로 악명을 떨치며 대살상이 벌어지는 참혹한 사태를 목격했다. 프랑스는 영국보다 훨씬 무질서하고 폭력적인 사회로 전락했다. 프랑스 가톨릭은 영국 감리교도들과 달리 사회를 구성한 뿌리 뽑힌 군중들을 충분히 돌보지 못했으며, 프랑스 민중들은 유혈혁명에 매혹되었다. 그러나 프랑스의 대혁명도, 뒤따라 일어난 나폴레옹의 유럽 절대 왕정 타도 전쟁도 19세기 유럽 각 나라에 형성된 '사회'로 몰려든 난민들, 빈민들, 그리고 노동자들을 구원하지 못했다. 교회에서도, 씨족공동체에서도, 국가에서도 보호받지 못하고 자신을 보호할 만한 인간적 유대와 돌봄의 네트워크에서 배제된 사람들이 19세기 사회소설가들의 비상한 주목을 끌었다. 표류된 난파선처럼 도시에서 간신히 살아가는 익명의 대중들이 바로 19세기 사회소설가들이 주목하던 사람들이었다. 그래서 사회소설의 주인공은 도덕적으로 열등한 사람이 많지만, 드물게 자신의 생존 토대를 구축하기 위해 암중모색하는 사람 중에는 여전히 고귀함이 넘치고 인간다움을 유지하는 이들도 있다.

마지막으로 작품 요약과 해설에 들어가기에 앞서 한 가지 짚고 가야 할 것이 있다. 사회소설과 사회주의 소설의 관계이다. 둘은 비슷한 듯하면서도 다르다. 사회주의 소설은 19세기 사회소설 이후에 등장했다. 사회소설은 사유재산과 자유를 근거로 국가에 대해 자신의 권리를 주장했던 시민혁명(프랑스 대혁명)의 총아, 곧 부르주아 시민들의 관점을 반영한 리얼리즘 소설이다. 사회주의 소설은 부르주아 자유주의 시민사회에 대항한 프랑스 7월 혁명(1830)을 기점으로 터져 나온 것으로, 더 급진적인 프롤레타리아 노동자 계급을 옹호하는 문학이다. 도스토옙스키는 사회주의를 반대하는 사회소설을 썼지만, 그와 달리 톨스토이는 사회주의를 예고하는 사회소설을 썼다. 그의 장편소설『부활』은 타락한 귀족이 망쳐 버린 여자 카츄샤를 사회주의자의 집단생활이 구원하는 이야기를 다룬다. 카츄샤는 사회주의자들로 인해 시베리아행 열차에서 거듭나며 사회주의자와 결혼한다. 결국『부활』에는 사회주의자가 러시아 귀족의 성적 범죄로 망가진 러시아 민중을 구원한다는 메시지가 담겨 있다. 톨스토이 이후로는 사회주의 소설인『어머니』(1906)의 저자 막심 고리키(1868-1936)가 등장한다. 고리키부터 러시아 사회주의 소설이 그 세를 이루기 시작한다.

그렇다면 19세기 사회소설가 도스토옙스키를 사회에 눈을 뜨게 한 러시아의 문학적 선구자들은 누구일까? 알렉산드르 세르게예비치 푸시킨(Aleksandr Sergeevich Pushkin, 1799-1837),[17] 니콜라이 바실리예비치 고골(Nikolai Vasil'evich Gogol, 1809-1852), 이반 세르게예비치 투르게네프(Ivan Sergeevich Turgenev, 1818-1883)[18] 등이다. 그들은 출신 성분상 귀족이거나 부르주아 출신 작가들이다. 하지만 그들 모두는 귀족의 허위의식을 비판하고, 도덕적 파탄을 고발하며 사회적 리얼리즘을 추구한 작가들이다. 이들은 도스토옙스키뿐 아니라 톨스토이(1828-1910) 등 후대 작가들에게 지대한 영향을 끼쳤다. 그들은 병들고 늙은 제정 러시아 사회를 꿰뚫어 보는 공중보건의 같은 작가들이었다. 그들의 '사회적 관심'은 시와 소설 등 문학 작품들에서 나타났다. 국가나 교회, 심지어 지주에게도 보호받지 못하여 홀로 생계를 유지하는 익명의 대중들이 이 러시아 작가들의 상상력을 점화하며 문학 작품들(시, 평론, 소설)의 착상을 주도했다. 이들부터 톨스토이까지의 러시아 사회소설가들은 귀족 때문에 망가진 민중을 소설의 주인공으로 설정함으로써 문학적 복권을 시도했다.

이러한 사회소설의 마지막 완성자들이 바로 도스토옙스키와 톨스토이였다. 이 두 작가의 장편소설들은 굉장히 길다. 톨스토이의 경우 『전쟁과 평화』의 도입부만 70쪽 이상이다. 너무나 많은 등장인물들과 사건들이 실타래처럼 이리 얽히고 저리 얽혀 있다. 19세기 후반부터 러시아 소설이 매우 길어지게 된 것에는 몇 가지 이유가 있을 수 있으나 가장 중요한 요인은 소설 연재 방식과 연관이 있다. 도스토옙스키가 특히 그렇다. 소설가들은 잡지에 소설을 연재하고 그 원고료로 생계를 유지했다. 이런 이유 때문에 도스토옙스키의 사회소설들에는 엄청난 숫자의 등장인물과 중심서사 외에 숱하게 가지 뻗은 작은 이야기들, 때로는 무연결적으로 보이는 일화들, 비슷하게 들리는 이름을 가진 사람 및 사건들이 등장한다. 그렇다고 그의 소설들의 작품적 완성도가 떨어진다는 말은 아니다. 하지만 독자들이 이런 장편소설을 읽을 때 길을 잃기 쉽다는 점은 부인할 수 없다. 특별히 러시아 등장인물들의 긴 이름과 지명이 낯설다. 하지만 집중해서 책을 읽다 보면 큰 의미 없어 보이는 등장인물들, 사건들, 장면들 중 그 어떤 것도 무의미하다고 느낄 수 없을 만큼 정치(精緻)한 서사 구조를 보유하고 있다는 것을 깨닫게 된다.

특별히 도스토옙스키의 소설들 안에는 어느 정도의 자기완결성을 갖는 작은 이야기들이 많이 나온다. 곁가지로 보이는 이야기, 헛소리 혹은 독백, 빈정대기만 하고 잘 이어지지 않는 대화 등이 장황하게 펼쳐지는 듯 보인다. 그러나 이것이 바로 사람들이 사는 모습이 아닐까? 소설을 읽다 보면 소위 '막장'이라고 표현되는 드라마보다 더 과하고 극단적으로 보이는 요소가 많다. 드라마와 차이가 있다면, 드라마는 시각적 요소로 우리가 상상하는 폭을 제한하지만 도스토옙스키의 소설은 독자들에게 인생과 역사를 좀 더 깊이 음미하고 해석할 수 있는 다양한 각도와 관점을 제시해 준다. 수많은 인물 중 독자들이 애착을 갖는 등장인물들이 다를 수 있고, 그 이유 또한 다양할 수 있다.

이번에 우리가 읽게 될 도스토옙스키의 세 작품도 전형적인 19세기 사회소설이다. 이 작품들은 국가와 교회, 씨족 공동체, 부족 공동체, 마을 등 개인을 보호하고 인도하던 삶의 최소 안전장치가 붕괴된 시대를 다룬다. 그의 사회소설들은 대체로 법이 지배층, 지주, 고리대금업자의 탐욕을 제어하는 데 무기력하거나 생계형 범죄자들에게 지나치게 가혹한 시대를 탐색한다.

기독교의
눈으로
고전 읽기

도스토옙스키 편

3부 죄와 벌

"하나의 하찮은 범죄가 수천 개의 선한 일로 무마될 수는 없을까?"
_『죄와 벌』 중

미하일 페트로비치 클로드가 그린 "라스콜니코프와 마르멜라도프"(1874)[1]

"『죄와 벌』의 주인공 라스콜니코프의 마음 들여다보기"

· 스스로 지옥으로 추락한 청년들에게도 희망이 있는가?
· 자유라는 이름으로 행해지는 죄

메시지　　인간의 자유는 무한대로 넓은 선택지를 제공하지만, 그 자유를 행사하는 대가는 자유의 박탈을 초래한다.

질문　　라스콜니코프가 전당포 노파를 살해해도 된다고 여겼을 때 그 생각을 합리화한 사상은 무엇인가?

· 『죄와 벌』이 만들어내는 인간 갱생 드라마 : 회심, 징계와 정화, 그리고 새로운 피조물
· 지옥으로 추락한 영혼을 받아 품어 주시는 하나님

메시지　　인간이 만든 지옥은 하나님의 사랑과 긍휼이 불타는 천국이 될 수 있다.

질문　　라스콜니코프의 회심과 갱생을 가능하게 한 사람들은 누구이며, 그들의 사상은 무엇인가?

『죄와 벌』 작품 소개

『죄와 벌』의 원제는 *Преступление и наказание*(프레스투플레니예 이 나카자니예, Prestupleniye i nakazaniye)이다. 영문판으로는 *Crime and Punishment*이다. 이 책은 1866년 당시 보수적 잡지였던 〈러시아 통보〉에 1년간 연재된 장편소설(527쪽 분량)로, 도스토옙스키가 두 번째로 쓴 장편소설이자, 성숙한 시기에 처음 쓴 위대한 장편소설이다. 세계 문학사 가운데 가장 위대한 소설 중 하나인 『죄와 벌』은 에두아르트 투르나이젠(Eduard Thurneysen)[2]이나 칼 바르트(Karl Barth)에게 심대한 영향을 끼친 작품이다.

투르나이젠에 따르면 독자들은 도스토옙스키의 소설들 속에서 전혀 길들여지지 않은 야생의 짐승들을 만나 놀라는 경험을 하게 된다. 도스토옙스키가 창조한 등장인물들은 사육사에 의해 안전하게 제압되지도, 포획되지도, 갇히지도 않은 채 문명사회 속으로 위협적으로 육박해 오는 맹수 떼들이라는 것이다. 그들은 한결같이 인간이라는 명칭은 공유하지만 보통 우리가 거리에서 만나는 예측 가능하고 예의범절로 단련된 안전한 사람들이 아니다. '선과 악, 영리함과 우매함, 아름다움과 추함 너머의 인간'들이다.[3] 본 해설서를 읽는 독자들도 투르나이젠이 경고한 대로, 도스토옙스키의 세 작품이 그리는 세계와 그곳에 등장하는 인간들과 조우할 때 비밀스러운 공포와 전율이 일어나는 것을 경험하게 될 것이다.

투르나이젠은 도스토옙스키 사회소설들의 등장인물들을 조우하는 경험은 큰 후폭풍 같은 후유증을 남긴 '혼돈 속을 들여다보는 것'(Blick ins Chaos)이라고 묘사한다. 도스토옙스키가 그린 러시아인들은 불가사의한 인간성을 기묘한 방식으로 돌출시키고 있다.

도스토옙스키의 소설에 등장하는 주인공들은 완전히 허물어지고 부서진 상태로, 철저하게 파헤쳐지고 뒤흔들린 상태로 자신의 난파된 영혼을 대면하고 있다. 비유적으로 말하면 죽음과 해체의 순간에 포박되어 있다. 그런데 이 죽음, 해체, 파멸의 순간에 기묘한 갱생과 그리고 실낱같은 구원의 서광이 비쳐 온다. 『죄와 벌』에서는 그것을 '다시 태어남'이라고 한다. 주인공 라스콜니코프는 나폴레옹 같은 초인으로 행세하며 범용한 인간들의 도덕률을 무시하고 살겠다는 호기로 살인자가 되었으나, 그는 완전히 영락한 병든 벌레였음을 시인하는 지경으로 내몰린다. 이 지점에서 그는 이 초인들이 활극장을 이루는 세계에서 자신의 죄성과 인간 존재의 파산을 겸허히 인정하고 고백하는 사람들의 다른 세계로 넘어간다. 그는 더 이상 자신을 '신격화하고 올림포스 신전에 봄이 찾아온 양 신적인 환희를 누림으로써 자기 인생의 종말론적 긴장을 스스로 풀어 보려고' 하지 않는다.[4]

칼 바르트 또한 도스토옙스키의 작품들에서 제1차 세계대전 이후 폐허가 된 유럽인들에게 위로가 되는 복음을 발견한 투르나이젠으로부터 도스토옙스키를 소개받은 후 깊은 감동을 받았다. 바르트는 '파고들 수 없는 삶의 문제성', 위기에 처한 인간의 상황과 숨은 하나님의 해방적 은총을 이야기하면서(투르나이젠의 자극으로) 자주 도스토옙스키를 인용한다. 바르트는 사실 '파고들 수 없는 삶의 문제성'이 도스토옙스키의 중심 테마라고 보았다.[5]

발터 옌스(Walter Jens)와 한스 큉(Hans Küng)이 편저한 『문학과 종교』와 필립 얀시(Philip Yancey)의 『내 영혼의 스승들 1』도 도스토옙스키의 문학적 깊이와 영향력을 예찬하는 데 인색하지 않다. 발터 옌스는 도스토옙스키의 소설(특히 『카라마조프가의 형제들』)이 무종교적 계몽주의이자, 진보적이지만 무신론적인 사회혁명에 대한 안티테제를 제시했다고 평가한다.[6] 옌스는 도스토옙스키가 무신론적인 진보주의 사회 이데올로기에 감염된 유럽을 구하기 위해서는 러시아의 영성, 십자가의 보혈로 구원받은 화해의 영성이 필요하다고 외쳤다고 본다.

1854년 2월 시베리아 옴스크에서 쓴 편지는 그의 새로운 태도 변화를 이해하는 데 중요한 문서다. …… 나는 나 자신에 관해 이렇게 말하겠습니다. 나는 이 시대의 자식, 불신과 회의의 자식입니다. 그리고 이는 아마도 죽을 때까지 변치 않을 것입니다. 그러나 나는 신앙을 갈구합니다. 신앙에 대한 반증이 늘어날수록 그만큼 강렬해지는 신앙에의 열망이 얼마나 혹독하게 나를 괴롭혔는지 모릅니다(지금도 마찬가지입니다).[7]
나는 예수보다 더 아름답고 심오하고 동정심 있고 이성적이고 인간적이고 완전한 존재는 없다고 믿습니다. …… 나는 또 말하고 싶습니다. 누군가 나에게 예수가 진실 밖에 있다는 것을 입증한다면, 그 진실이 참으로 예수 밖에 있다면, 나는 차라리 진실이 아니라 예수와 함께 남는 쪽을 선택하겠습니다(서한집, 86쪽 이하).[8]

필립 얀시 또한 도스토옙스키의 작품들을 보며 로마서의 죄사함의 복음을 가장 강렬하게 느꼈던 독자 중 한 사람이었다.

나는 도스토옙스키의 글에서 이런 기쁨의 물결을 기대하지 않았다. 실존주의 소설들을 섭렵한 지 얼마 안 되는 시점에서 그의 소설들을 읽게 되었던 것이다. 정서적으로는 광활한 초원에 사는 한 마리 짐승 같았다. 항상 남들과 얼마쯤 거리를 두고 살면서 그들을 판단했으며, 낯선 친구들에게 접근할 때는 경계를 늦추지 않았다. 누구라도 나를 짓밟을 수 있었다. 아니 정확하게 말해서 지금 짓밟혀 가는 중이었다. ……
처음에는 저주스럽게만 여겨지던 수형 생활은 그에게 독특한 기회가 되었다. 그는 감옥이라는 닫힌 공간에서 절도범, 살인범, 알코올 중독에 걸린 농노들과 같이 살았다. 훗날 도스토옙스키는 감옥에서 견뎌내야 했던 가장 큰 고통은 농노 출신 죄수들이 자신을 그들이 경멸하는 상류층으로 여기고 드러내던 원색적 증오였다고 회상했다. 감옥에서 농노 출신 죄수들과 함께 지냈던 경험은 나중에 소설을 쓰면서 『죄와 벌』의 라스콜니코프처럼 세상에 적응하지 못하는 인물을 묘사할 때 사용되었다.

인간은 천부적으로 선하다는 도스토옙스키의 자유주의적 관점으로는 감방 동료들에게서 보았던 원색적 악을 설명할 수 없었으며, 이제 새로운 현실에 맞게 그의 신학을 수정할 필요가 있었다. 그러나 세월이 흐르면서 도스토옙스키는 천하고 천한 죄수들 속에서 하나님의 형상을 감지했다. 톨스토이처럼 도스토옙스키도 농노 출신 죄수들에게 전통적 기독교의 흔적이 남아 있다는 사실을 발견했던 것이다. 도스토옙스키는 그것이야말로 천한 죄수들이 새롭게 출발할 수 있는 유일한 희망이라고 생각하기 시작했다. 사랑을 받아 본 사람만이 사랑할 줄 아는 사람을 길러낼 수 있다고 믿게 된 것이다. 그는 하층민을 '일으켜 세우는 것'을 자기 과업의 일부로 여겼다. 도스토옙스키는 재기발랄하고 복잡한 소설들을 계속 발표하면서 교육받은 러시아인의 관점으로 비천한 농노 계급과 버림받은 죄인들을 구제하는 과업을 수행해 나갔다.

고향에서 멀리 떨어진 촌에서 천박하고 야비한 인간 군상들 속에 섞여 살면서 도스토옙스키는 자신을 탕자라고 생각하기 시작했다. 그리고 모든 죄수들이 고향을 떠나 낯선 땅에 와 있는 탕자의 처지에 공감할 것이라고 결론지었다. 희망, 감옥을 둘러싼 울타리 너머에 무언가가 기다리고 있는 것 같아서 '묘한 조바심과 열정으로 달뜨게 만드는' 희망이야말로 죄수들이 목숨을 부지하게 만드는 진정한 힘이었다. 도스토옙스키에게 창살 너머를 향한 희망은 곧 지난날 광장 한복판에서 사형선고를 듣는 순간 언뜻 눈앞을 스쳐 지나갔던 영원한 소망의 상징이었다. 목전에 닥친 죽음 앞에서 그는 나란히 선 친구에게 본능적으로 속삭였었다. "우리는 그리스도와 함께 있게 될 걸세!" 무신론자였던 친구의 대꾸는 짧고 분명했다. "흥, 한 줌 흙이 될 뿐이겠지." 도스토옙스키는 영원한 생명을 믿게 됐다. 사실 그렇게 믿을 때만 이 땅에서의 삶은 결코 무가치하지 않다고 생각할 수 있다.

……

반면, 그의 작품들은 항상 은혜의 소리에 예민한 반응을 보인다. 사실 내가 신학적 개념으로서가 아니라 율법이 지배하는 세상 속에 생생하게 살아 움직이는 현실로서 은혜를 이해할 수 있게 해 준 것은 도스토옙스키의 작품이었다. 『죄와 벌』은 끔찍한 죄를 저지른 비열한 인간을 그려내고 있다. 하지만 회개한 매춘부 소냐라는 인물을 통해 그처럼 망가진 라스콜니코프의 삶에도 은혜의 치료제가 주입된다. 소냐는 주인공의 시베리아 유형 길을 끝까지 따라가서 결국 그를 구원으로 이끌었던 것이다. 도스토옙스키는 이렇게 썼다. "그들을 부활시킨 것은 사랑이었고, 한 사람의 마음속에 다른 사람의 마음을 위한 삶의 무한한 원천이 간직되어 있었다."[9]

위에서 여러 명의 독자들이 평가했듯이, 『죄와 벌』은 살인죄를 짓고도 자기 의를 내세우다 유죄평결로 시베리아 유형을 받은 청년의 느린 인간 갱생 스토리이다. 창세기 3장에서 시작해서 로마서 3장을 거쳐 로마서 3~6장의 대단원 갱생으로 발전하는 인간 구원서사이다. 놀랍게도 죄인 라스콜니코프는 너무나 더디고 비틀거리면서 구원의 진리에 눈을 떠 간다. 소설 끝에서도 그가 전적으로 구원받은 새로운 피조물이 된 것은 아니다. 하지만 그는 그렇게 변화될 희망을 독자들에게 나눠 준다.

『죄와 벌』은 상트페테르부르크[10]를 배경으로 한다. 도스토옙스키가 살았던 시대의 상트페테르부르크에는 1613년에 시작된 로마노프 왕조가 있었다. 이 왕조는 모스크바에 있던 뿌리 깊은 대귀족으로,[11] 페테르부르크에 와서 왕조를 세웠다. 로마노프 왕조의 핵심 세력은 프로이센 사람들이었다. 유명한 로마노프 왕조 군주들 중 하나인 표트르 대제(재위 1682-1725)는 러시아 제국의 서구화에 성공했으며, 이후 즉위한 예카테리나 2세 여왕(재위 1762-1796)은 절대 왕정을 완성했다. 그녀의 아들 파벨 1세가 암살된 후에 왕이 된 알렉산드르 1세(재위 1801-1825), 니콜라이 1세(재위 1825-1855, 도스토옙스키에게 사형을 선고했다가 살려 준 황제), 알렉산드르 2세(재위 1855-1881), 알렉산드르 3세(재위 1881-1894), 니콜라이 2세(재위 1894-1917) 순서로 러시아 절대 왕정을 무기력하게 유지했다. 예카테리나 2세의 손자뻘인 니콜라이 1세부터 본격적으로 톨스토이와 도스토옙스키의 시대에 들어온다.

19세기 러시아 사회소설은 1917년에 멸망한 로마노프 왕조의 마지막 네 명의 황제 시대 때에 꽃을 피웠다. 이 시대는 농노가 러시아 인구의 90%를 차지했다. 귀족들의 도박 판돈에 농노가 걸릴 정도로 러시아는 온전한 시민혁명을 거치지 못했다. 시민혁명을 위한 데카브리스트의 난, 러시아판 갑신정변은 성공하지 못했다. 1861년에 아무 준비도 없이 농노해방이 일어나 농노는 더 비참해졌다. 농노를 해방하면 민주주의가 일어나고, 평등해질 줄 알았는데 반대로 농노들은 급진적인 공산주의자의 밥이 되어 버렸다. 1861년부터 1917년까지 약 50년간 레닌의 피핀 혁명을 위한 예비군들이 육성된다. 러시아 역사는 이와 같이 너무 좋지 않은 방식으로 흘러갔다. 이렇게 사회가 변화될 것의 불가피성을 감지하고 사회주의를 우호적으로 바라본 사람이 톨스토이고, 사회주의를 반대하며 유혈혁명은 조국의 파면이라고 무섭게 다그치면서 기독교가 사랑으로 일어나야 된다고 주장한 사람은 도스토옙스키이다. 이 두 작가의 사상은 비슷한 듯하면서도 결이 달랐다.

앞서 말했듯『죄와 벌』은 러시아의 제정 도시 상트페테르부르크의 가난한 23세 미남 청년 대학생 라스콜니코프의 이념주도형 살인죄와 그 사상의 배후, 그리고 그의 고뇌와 갱생 과정을 그린 심리소설이자 사회소설이다. 그는 1부 1장에서부터 살인을 계획하지만, 1부 7장에 이르러서야 살인을 실행한다. 그러고 나서 살인을 고백한 때는 언제인가? 6부 8장, 그러니까 에필로그 직전에 자수하고 수갑을 찬다. 이 과정에서 살인자인 라스콜니코프를 향한 가족의 기대, 연인의 기대, 사회의 기대 등 이 모든 기대가 그를 압박한다. 이미 살인을 해 버린 그는 특히 어머니와 여동생이 자기를 바라보는 눈빛을 볼 때마다 점점 더 깊은 섬망증[12]에 빠진다. 섬망증에 빠져서 귀신을 보는 것은 찰스 디킨스에게서 온 것인데, 디킨스의 희곡과 『크리스마스 캐럴』 등의 소설에는 왕왕 귀신이 주인공들에게 나타난다. 라스콜니코프의 꿈에 노파가 나타나서 도끼로 내리쳐도 죽지 않고 웃기만 한다. 그러니까 이 소설은 죄를 짓고 나서 사람이 당하는 고통을 집중적으로 보여주고 있다.

『죄와 벌』의 등장인물

라스콜니코프

『죄와 벌』의 주인공 로지온 로마노비치 라스콜니코프는 법학 전공 대학생으로, 가난으로 휴학 중인 고독한 청년이다. 그는 나폴레옹의 역설적 위상에 충격을 받았는데, 비범한 지도자형 인물이 살인을 통해 인류의 구세주로 부상하는 현실을 보고 점차 변해 간다. 그는 돈을 의미 없이 쌓아 두는 무가치한 전당포 주인 노파를 살인할 계획을 세웠다. 그는 노파의 돈으로 가난에서 벗어난 자신이 사회공익을 위해 위대한 일들을 감행할 수 있다면 살인도 정당하다고 믿었다. '살인효능론주의'라는 급진적 사상의 신봉자였던 것이다. 라스콜니코프는 말한다. "나폴레옹은 유럽의 도살자이지만 온 유럽 민중의 해방자라고 칭송되지 않는가?", "역사의 대의를 위한 비범한 초인들의 살인은 살인이 아니라, 사회 진보의 견인차가 아닌가?" 이것이 그의 급진적 사상이었다. 여기서 이미 사회주의를 비판하는 내용이 나온다. '비범한 사람들의 보다 고결한 목표'의 성취를 방해하는 장애물들을 제거하기 위해서 어떤 살인 행위도 정당화될 수 있다고 믿었던 그는 '이'(蝨)와 같이 경멸스러운 전당포 노파를 살인했다. 하지만 살인이 끝나자마자 그는 죄책감, 공포감에 시달리며 붕괴되어 간다.

이 장면은 창세기 3장을 오마주하고 있다. 아담은 자신이 신처럼 격상될 것을 기대하며 선악과를 따 먹자마자 죄책감으로 점점 존재가 위축되어 간다. 라스콜니코프의 범죄 논리는 여기에서 창세기 3장을 직접 인용하지는 않지만, 내용을 보면 그 구조를 그대로 따라가고 있음을 볼 수 있다. 그뿐만 아니라 여기에는 시편 1편이 보인다. 악인의 꾀를 좇고 죄인의 길에 들어서며 오만한 자의 확신의 보좌에 앉아서 오만한 자가 되는 과정을 쭉 따라간다.

소설의 서술은 대부분 라스콜니코프의 관점으로 이야기가 전개되다가 이따금 스비드리가일로프, 라주미힌, 그리고 두냐의 관점으로 전개된다. 1부에서 라스콜니코프는 전당포 노파 살해를 심리적으로 예행 연습하는 데 많은 시간을 보낸다. '라스콜니코프'라는 이름은 '분열된'을 의미하는 러시아어 라스콜니크(raskolnik)에서 파생되었다. 그는 보통 사람들의 사회로부터 분열되었으며, 그의 자아 자체 역시 분열되어 있다. 그의 마음속에서 자신의 살인범죄를 정당화하는 완고한 나폴레옹적 자아(초인적 자아)와 양심의 가책으로 괴로워하는 자아가 갈등하고 있다. 그의 자만심(자긍심)과 지성우월감은 인류종을 퍼뜨리는 것 외에는 아무 데도 쓸데없는 인류 대다수를 경멸하는 것을 정당화한다. 그는 자신이 인간의 도덕률을 초월하는 우월한 인류(echelon)에 속하며 공리주의적 선을 위해서는 통용 도덕을 위반할 수 있다고 믿는 자이다. 하지만 예상 외의 복병을 만난다. 아무 데도 쓸모없는 전당포 노파인 알료나 이바노브나와 그녀의 이복동생 리자베타를 죽이자 양심이 자신을 단죄하기 시작했다. 그를 고문하는 죄책감은 스스로를 극도로 쇠약하게 한다. 노파 살해 사건에 대해 누가 말을 꺼내기만 해도 거의 기절할 것 같은 히스테리 반응이 일어난다. 이것은 그 자신이 나폴레옹 같은 초인이 아님을 새삼 고통스럽게 자각하게 한다. 이후 소설 대부분은 그가 자수할 결심에 이르는 과정을 다룬다. 점차 그는 스스로 범용성, 평범성을 인정하기 시작한다. 그러나 노파 살해는 여전히 정당화된다고 확신하는 데 머문다. 그가 소냐를 사랑한다는 궁극적인 자각은 인류에 대한 그의 뿌리 깊은 경멸감을 극복하는 데 추동력을 제공한다. 그러면서도 그는 자신을 돌보는 친구 라주미힌, 어머니, 여동생에게 충분히 감사하지 않는다.

요약하자면, 『죄와 벌』은 보통 사람들의 사회로부터 유리된 라스콜니코프의 죄와 벌의 심리학을 심층적으로 탐색한다. 그의 내면은 전쟁터이다. "사회적 해충 같은 전당포 노파를 죽여 귀금속을 훔칠 것인가, 말 것인가? 살인죄를 자수하고 인류애적 문명사회로 합류할 것인가, 말 것인가?" 그는 끊임없이 질문하며 갈등한다. 라스콜니코프는 소설 내내 아픈 병자로 묘사된다. 소외감, 자기혐오감에 압도되고 섬망증에 빠지기도 한다.

라주미힌

라스콜니코프의 절친이자 가난한 자퇴생인 라주미힌은 가난을 극복하기 위하여 부자의 돈을 훔치기보다는 더 열심히 일하려고 하는 건전한 상식의 소유자이다. 인간 문명에서 점점 소외되는 친구 라스콜니코프를 인간 사회 안에 머물도록 돕기 위하여 상식적인 수준의 선과 우정을 보여준다. 라주미힌은 라스콜니코프의 또 다른 자아이다. 그는 친절함과 우정을 통하여 라스콜니코프가 얼마나 보통 사람들의 사회와 유리되었는가를 예시한다. 그는 라스콜니코프의 절친 보좌관으로서 그의 가정사에 적절하게 끼어들어 충고하기도 하고, 라스콜니코프의 어머니 풀헤리야 알렉산드로브나와 두냐를 보호하기도 한다.

라스콜니코프와 라주미힌의 이름은 공통된 뿌리에서 기원하나 기착지가 다르다. 라스콜니코프와 라주미힌 이름의 공통어근은 'razum'(라줌)이다. 라줌은 라틴어로는 'ratio'(라티오)이다. 영어로는 'rational'로, 이성적인(reasonable) 혹은 이지적인(intelligent) 것을 가리킨다.[13] 러시아어로 '라줌'은 이성 또는 지성을 의미한다. 이러한 어원에서 라주미힌의 이름은 '이성적인 사람'이라는 의미이다. 이에 반해 라스콜니코프의 이름은 '이성이 일탈한 사람'이라는 의미이다. 이성이 살아 있는 사람이 라주미힌이라면, 라스콜니코프는 이성이 분열 및 파열 중에 있는 사람이다.

소냐

라스콜니코프의 연인이자 마르멜라도프의 딸 소냐는 자신과 가족 생계를 위해 몸을 파는 창녀로 전락한다. 온순하고 쉽게 당혹해하지만 강한 종교적 신앙의 소유자이기도 하다. 라스콜니코프가 자신의 속생각을 의미 있게 공유하며 의미 깊은 관계를 맺는 유일한 사람이다. 인간의 심장을 뜨겁게 살아가게 만드는 성녀 같은 자비의 사람이다.

두냐

라스콜니코프의 누이로서, 이지적이며 자부심 강한 미모를 가진 여성이다. 도덕적이며 선량하고, 동정심이 많으며 단호하고 용감하다. 자신의 가족을 모욕하는 약혼남 루쥔과 스스로 파약을 감행한다. 또한 자신을 덮치려고 육박하는 스비드리가일로프에게 권총을 발사하는 용맹을 발휘한다.

스비드리가일로프

두냐의 타락한 전 고용주. 처음에 그는 두냐가 자신을 사랑하도록 만들 수 있다고 믿었던 것처럼 보인다. 그는 소설 내내 두냐의 사랑을 확보할 수 있다고 자신하는 것처럼 보인다. 그런데 그의 아내 마르파 페트로브나가 죽고 나서부터 그는 기꺼이 남을 위해서 돈을 의미 있게 쓰기도 한다. 그렇지만 전반적으로 두냐와 라스콜니코프에게 위협적인 존재이다.

포르피리 페트로비치

포르피리는 전당포 노파 살해 사건의 수사책임자이다. 그는 범죄심리학에 대한 깊은 이해를 갖고 있으며, 라스콜니코프의 정신 상태에 대하여 상당한 관심을 보인다. 그는 범죄가 일어난 순간부터 라스콜니코프가 자수할 때까지 모든 단계마다 그의 정신상태를 꿰뚫어 본다. 형식상 그는 라스콜니코프에게 일종의 대적자이며, 소설에서 자주 나타나지는 않아도 그 존재감은 항상 독자들에게 감지되고 있다.

카체리나

카체리나는 마르멜라도프의 폐병 걸린 아내이자, 소냐의 양어머니이다. 소냐를 생계형 창녀로 몰아가는 데 일조하기도 한다. 그녀는 폐병 때문에 항상 홍조 띤 얼굴을 하고 있으며, 지속적으로 각혈을 한다. 그는 영락한 과부이지만 매우 자부심이 크며, 자신이 귀족 가문의 혈통임을 자랑한다(과장일 가능성이 많다. 집주인 독일 여자와 싸울 때마다 "우리 아버지는 귀족이었어!"라고 소리친다).

마르멜라도프

소냐의 아버지. 전직 9등관 공무원 출신으로서 알코올 의존자이다. 선술집에서 라스콜니코프를 만나 자기의 기구한 인생과 가정사를 마구 쏟아낸다. 그는 자신의 알코올 의존이 그의 인생과 가족을 파괴하고 있다는 것을 의식하면서도 술을 끊지 못한다. 독자들은 마차에 치여 죽은 그의 죽음이 술에 취해 생긴 사고였는지, 자살인지 상상해야 한다.

풀헤리야 알렉산드로브나

라스콜니코프의 어머니인 풀헤리야는 아들에게 깊이 헌신된 어머니이며, 아들을 위해서라면 모든 것을 희생할 준비가 되어 있다. 아들만 성공시킬 수 있다면, 그녀의 인생과 딸의 행복마저도 희생할 태세를 갖추고 있다. 심지어 그녀는 라스콜니코프가 스스로 살인범이라고 자수한 이후에도 아들이 살인범일 리가 없다고 주장하며 믿으려 하지 않는다.

루쥔

돈으로 두냐를 사다시피 하여 두냐와 약혼하는 데 성공한 45세 남자. 탱탱한 몸을 가진 다소 잘생긴 속물 남자. 루쥔은 인색하며 옹졸하고 자폐적 자기만족에 빠진 인물이다. 그의 가장 깊은 소원은 돈을 써서라도 아름답고 지성적이며 남편에게 복종할 준비가 되어 있는, 그러나 절망적으로 가난한 처녀를 만나 결혼하는 것이다. 이런 여자가 아내가 되면 평생 자기에게 빚진 자처럼 굽신거릴 것이라고 믿기 때문이다. 그가 보기에 두냐는 이 모든 조건을 갖춘 여자이다.

레베쟈트니코프

루쥔의 룸메이트로, 루쥔과 많은 대화를 하면서도 루쥔을 존경하거나 사랑하지는 않는다. 그는 새로운 철학들의 타당성을 확신하는 젊은이로서, 당시의 페테르부르크 일대에 퍼지던 급진적 허무주의 사상의 신봉자이다. 그는 자기중심적이고 스스로 혼란 가운데 있으며 미성숙하지만, 그럼에도 불구하고 인간성의 토대인 양심 가책 정도는 느낄 만한 도덕성을 갖추고 있는 것처럼 보인다. 그는 결정적 순간에 루쥔의 거짓된 고소로부터 소냐를 구출하는 데 쓰임받는다.

알료나 이바노브나

라스콜니코프의 하숙집 가까운 곳에 있는 전당포 주인으로서, 늙고 생기가 없는 인색한 사람이었다. 당시의 전당포는 고리대금업을 운영하는 사금융기관이었다. 라스콜니코프는 그녀를 사회에 해로운 해충(이)이라고 경멸하는데, 가난한 자들의 불행을 이용하여 더러운 이익을 추구함으로 부자가 된 노파라고 생각했기 때문이다. 심지어 그녀는 이복동생 리자베타를 노예처럼 부려 먹으면서도 감사할 줄 모른다. 하지만 이 인색한 전당포 노파는 자신의 유산을 수도원에 기증하기로 약속해 놓은 모순적 인간성의 소유자이기도 하다.

리자베타 이바노브나
알료나의 이복 여동생으로서 복잡한 사유를 하지 못하는, 거의 백치에 가까운 인물이다. 그녀는 알료나에게 종처럼 부림을 당하며 살고 있다. 그런데 사실, 그녀는 바보가 아니라 단순한 사람일 뿐이다. 소냐와 절친한 관계다.

조시모프
라스콜니코프를 돌보는 의사로서 라주미힌의 친구이다. 그는 환자(라스콜니코프)의 병 상태에 대한 통찰이 거의 없는, 다소 실력 없는 자기 예찬적인 젊은 의사이다. 그럼에도 그가 라스콜니코프가 정신적으로 앓고 있다고 판단한 점은 옳다.

나스타시야
라스콜니코프가 세 들어 사는 집 전체의 허드렛일을 한다. 집 여주인의 하녀로서 라스콜니코프가 부탁할 때마다 차와 음식을 가져다주는 생명의 은인이다. 라스콜니코프가 전당포 노파를 살해하고 섬망증 같은 정신적 질병을 앓고 있을 때 그를 정성껏 돌보아 주는 착한 인물이다. 전체적으로 보면 라스콜니코프에게 가장 가까이 다가

간 사람으로서 사람을 살리는 생명의 보양자이다. 그녀의 이름은 '생명'이라는 의미이다.

일리야 페트로비치
전당포 노파를 살해한 라스콜니코프가 길에서 부딪힌 경찰관이다. 그는 소설 마지막에 가서야 라스콜니코프의 자수를 직접 받아낸다. 포르피리 페트로비치와는 달리 그는 경찰관 치고는 건망증이 심하며, 갑자기 욱하여 분노를 터트리거나 흥분하는 기질적 약점을 가지고 있다. 이런 그의 별명은 '화약'이다.

자묘토프
라스콜니코프가 살인 사건을 저지른 도시 관할 경찰서의 신참이다. 라스콜니코프가 살인 사건에 지대한 관심을 갖는 것을 보고 '혹시 그가 범인이 아닐까?'라고 생각했다가도 그럴 리 없다고 헷갈려 하는 서툰 수사관이다.

니콜라이
살인 사건이 일어난 날 알료나의 아파트 바로 옆의 빈 아파트에서 페인트칠을 하던 페인트공이다. 나중에 노파 살해범으로 억울하게 오해를 받아 감옥에 갇히기도 한다. 그는 강압수사를 받던 중 자신이 살해했다고 거짓 자백을 해 버린다.

폴리나
카체리나 이바노브나의 맏딸로서, 의붓아버지 마르멜라도프가 죽고 가난해진 집안 살림살이를 엄마와 함께 걱정하며 어린 두 동생의 보호자 역할을 자임하는 조숙한 소녀이다. 라스콜니코프의 마음에 선량한 양심이 작동하도록 말을 거는 10세 소녀이다.

『죄와 벌』 줄거리 요약

이 소설은 여섯 부와 에필로그로 구성되어 있다. 주인공은 가난한 대학생으로, 돈을 의미 없이 쌓아 두는 무가치한 전당포 주인 노파를 살인할 계획을 세우고 더 큰 자유의 이념을 위해 그 살인 행위는 정당하다고 믿고 살인을 실행했다. 그는 노파의 돈으로 자신을 가난에서 해방시키고, 가난에서 벗어난 자신이 사회공익을 위해 위대한 일들을 감행할 수 있다면 살인도 정당화된다고 믿었다. 그는 '살인 공리주의'라는 급진적 사상의 신봉자였다. 말하자면, "나폴레옹은 유럽의 도살자이지만 온 유럽 민중의 해방자라고 칭송되지 않는가?", "역사의 대의를 위한 초인들의 살인은 살인이 아니라, 사회 진보가 아니었던가?" 등이 그의 급진적 사상이었다. 그래서 라스콜니코프는 '비범한 사람들의 보다 더 고결한 목표들'의 성취를 방해하는 장애물들을 제거하기 위해서 어떤 살인 행위는 정당화될 수 있다고 믿으며 살인을 실행했다. 하지만 살인 행위가 완료되자마자 주인공 라스콜니코프는 죄책감, 공포감에 시달리며 붕괴되어 간다.

이 소설은 그 제목이 주는 기대와는 달리 '죄'와 '벌'을 거의 다루지 않고 라스콜니코프의 내적 갈등을 부각시켜 집중적으로 묘사한다. 그를 정죄하고 그의 영혼을 압박하는 것은 세상 법정이 아니라, 그의 양심이다. 시베리아 유형이 주는 고통보다 그의 양심이 느끼는 고통이 더 심대하고 지속적이다. 죄는 하나님의 용서와 그리스도의 속량 없이는 도저히 잠들지 않고 소리 지르는 야수와 같다. 죄를 지은 인간은 죄인된 자아의 양심이 내지르는 포효로 그 삶이 엉망이 되고 가인처럼 황야를 유리방황하게 된다. 『죄와 벌』은 죄의 권세와 그 존재파괴적 권능을 잘 드러낸다. 이 소설에 나오는 다른 악인들과 달리, 라스콜니코프는 죄의 권세 아래 그 영혼이 갈가리 찢기며 갱생의 기회를 얻는다. 오히려 그는 국가 형벌을 감수하면서 영혼의 자유를 맛보기 시작한다. 하나님의 죄 용서는 징벌 없는 용서 혹은 징벌 면피의 용서가 아니라, 징벌을 거친 정화를 동반한 용서이기 때문이다. 이 과정에서 가난에 못 이겨 창녀가 된 순결한 여인 소냐가 그리스도의 사랑을 화육해 라스콜니코프를 속량하는 데 귀히 쓰임받는다.

자신의 죄악 때문에 허무하게 파괴되고 붕괴되면서도, 자신의 양심 파열 때문에 더욱 고뇌하는 주인공은 신실한 친구와 사랑하는 사람들의 옹위를 받으며 시베리아로 간다. 거기서 우리는 장엄하게 재생되는 인간을 목격한다. '이성적이며 오만하고 자기확신에 찼던 라스콜니코프'는 '자기성찰적인 라스콜니코프'로 거듭난다. 이 안에는 로마서 3~6장의 진실이 작동하고 있으며, 그리스 비극과 히브리적 부활 드라마가 면밀하게 교직되어 있다.

1부

시편 1편의 악인 여정을 따라 악인다움을 구현하는 라스콜니코프 (죄, 행동, 옹호)

1부에서는 소설의 중심 줄거리가 제시된다. 주인공과 소설을 이끌어 가는 중심인물들이 모두 등장하며 갈등의 종축과 횡축이 다 도입된다. 갈등의 종횡축 모두 부와 가난의 갈등이다. 이 중심 갈등이 한편으로는 반사회적 은둔 청년과 사회의 갈등으로 나타난다. 또 다른 한편으로는 인간을 도구화하는 자들과 인간의 존엄을 지키려는 자의 힘겨운 갈등으로 나타나기도 한다. 1부의 마지막 7장은 주인공 라스콜니코프가 오랫동안 계획했던 이념주도적 살인 사건을 범하는 장면을 다룬다. 극단적인 가난뱅이이자 고립적인 청년 라스콜니코프는 가난한 자신의 가정과 여동생 두냐에 관한 불행한 소식을 담은 어머니의 편지를 받고 가난과 무기력에 절망한 나머지, 도끼로 전당포 노파를 죽인 후 훔친 돈과 귀중품을 숨겨 두고 자신의 쪽방으로 돌아간다. 이 쪽방은 제대로 된 방이 아니라 영혼을 감금하는 감옥 같은 방이다. 여기서 이미 주인공의 방이 감방과 같이 묘사된다. 저자는 이를 통해 라스콜니코프의 미래를 암시하는 듯하다. 주인공은 전당포 노파를 사회적 해충으로 간주하고, 그녀를 살해한 뒤 그녀의 부를 챙겨 사회적 진보를 이루는 것이 전체적으로 '공공선'이 된다고 생각하여 그녀를 죽였지만, 오히려 넋이 나간 채로 인격 붕괴를 겪기 시작한다.

1장. 키 큰 미남 청년 라스콜니코프의 전당포 노파 알료나 살인 계획

23세 법학과 휴학생 라스콜니코프는 상트페테르부르크의 낡은 아파트 꼭대기 층에 사는 가난한 청년이다. 남루한 옷차림의 그는 병약해 보이지만, 잘생기고 자존심이 강하며 똑똑하다. 하지만 그는 고립되어 살며 반사회적이고 자신의 생계를 해결할 모든 시도를 포기해 버린 청년이다. 그는 대의명분 추구를 위해 전당포 노파 알료나 이바노브나를 살인할 계획을 세운다. 사실 그는 오랫동안 살인을 계획했고, 그것을 위한 동선을 점검하고자 그녀의 전당포에 맡길 물건(시계)을 가져갔다. 그는 시계를 맡기며 노파에게 좀 더 많은 돈을 꾸어 달라고 흥정했다. 하지만 노파는 쉽게 흥정해 주지 않았다.

"자, 신사 양반, 1루블에서 한 달에 이자가 10코페이카이니 맡길 시계 값 1루블 50코페이카에 대해서는 한 달치 이자 15코페이카를 미리 받아야 되겠어요. 지난번 빌려 간 2루블에 대해서도 이런 식으로 계산하면 20코페이카의 이자를 미리 냈어야 해요. 그러니까 다 합쳐서 이자 35페이카를 받아야 합니다. 지금 당신은 시계 값으로 돈 1루블 15코페이카를 받아야 합니다. 자, 받으세요"(러시아어판 11/민음사 1권 21).[14]

라스콜니코프는 이바노브나에게 4루블을 요구했지만, 그녀는 1루블 50코페이카로 후려치고 선이자까지 계산하여 1루블 15코페이카만 주었다.[15] 돈을 3만 원가량만 준 것이다. 라스콜니코프가 자신의 살의를 더욱 날카롭게 벼르는 순간이었다. 그 순간 그는 노파를 악당으로 규정했다. 노파는 고리대금업자였기 때문이다. 모든 가난한 자들의 공공의 적은 고리대금업자가 아닌가! 라스콜니코프는 그 고리내금업자를 '어떻게 죽일까' 생각하면서 낮에 술집으로 갔다.

2장. 불행한 사람들과의 조우 : 술주정뱅이 마르멜라도프, 그의 아내 카체리나, 전처 소생 딸 소냐

그는 직장을 버리고 술집에서 닷새째 술을 퍼마시며 가족에게 돌아가기를 두려워하는 사회적인 낙오자 마르멜라도프를 우연히 만나게 되었다. 마르멜라도프가 이 낯선 청년에게 장광설 형식의 자신의 전기를 구술하자, 라스콜니코프는 성의를 다해 경청한다. 하지만 듣고 싶어서 들은 것이 아니라 딱히 할 일이 없었기에 들어 준 것이다. 처음으로 자기 이야기를 들어 주는 사람을 만난 마르멜라도프는 이야기를 계속 이어 간다. 어렵게 구한 공무원 일자리를 잃고 닷새째 네바 강의 건초더미 운반 선박에서 잠을 잔 마르멜라도프의 슬프고 굴곡진 인생 스토리는 그 자체로 19세기 러시아 사회의 어두운 단면을 보여준다.

그가 하는 이야기 중 독자의 흥미를 끄는 부분은 그의 병약한 아내 카체리나 이바노브나의 비극사와 가난한 가족 부양을 위해 십 대 후반에 창녀가 된 소냐(황색감찰 착용 창녀)이다. 라스콜니코프는 마르멜라도프를 그의 아파트에 데려다주면서 그 가족의 남루한 살림살이를 목격한다. 이 가난한 집을 부양하는 주 수입원은 소냐가 몸을 팔아 얻은 화대(花代)였다. 가난한 처자가 성실한 노동을 통해 벌 수 있는 돈이 얼마나 되겠는가? 하루에 15코페이카밖에 벌지 못한다. 오후 5시부터 9시까지 소냐가 벌어 온 돈은 30루블이다. 폐병 걸린 계모와 세 명의 이복동생을 위해서 창녀가 된 소냐의 운명에 대한 막연한 동정심을 품은 라스콜니코프는 그녀를 이용하는 술주정꾼 마르멜라도프와 소냐의 양어머니 카체리나 등에 대한 분노를 마음속으로 터뜨리며 그 방을 나온다.

"아! 대단하다! 소냐! 그들은 거기서 어떤 우물을 파냈는가! 그리고 그들은 그 우물을 최대한 이용해 먹는구나. 그렇다. 그들은 그것을 최대한 이용해 먹고 있어. 그것 때문에 그들은 울기도 했지. 그러나 그러다가 익숙해져 버렸어. 인간이라는 악당은 다 모든 것에 익숙해진다니까"(러시아어판 15/민음사 1권 54).

2장 마지막의 라스콜니코프의 중얼거림은 소설의 향방을 짐작하는 데 작은 실마리를 던져 주는 것처럼 보인다.

그는 갑자기 무의식적으로 외쳤다, "만약 정말 인간이 악당이 아니라면, 즉 인간 전체, 인간 종족 전체가 다 악하지 않다면, 그리고 나머지 모든 것은 — 편견일 뿐, 단지 공포를 부추기는 것일 뿐이면, 어떤 장애물들도 없고, 마땅히 그렇게 되어야 한다면 어떻게 되지……!"(러시아어판 15/영어판 24/민음사 1권 55)

비열한 인간이 있고, 죽여야 될 인간이 있다고 믿었던 라스콜니코프의 확신에 소냐가 걸림돌이 된다. 소냐를 이용하려는 사람들, 약자를 이용하여 악행을 계속함에도 저지받지 않는 인간들에 대한 혐오도 피력하지만(그는 그런 비열한 인류 일부를 제거하려고 마음먹고 있다. 그런 사람들이 소냐를 이용하고 있다.) 소냐는 라스콜니코프의 이런 '비열한 인류 전체' 가설에 들어맞지 않는 인물로, 그의 전당포 노파 살해를 저지하는 장애물이다. 이런 장애물이 없다면 전당포 노파 살인 행위는 정당화될 수 있다. 그러나 인류 전체가 비열한 것이 아니라면, 그는 지나치게 과장된 어떤 증오심을 더러운 인류의 대표자인 노파에게 폭발시키는 것뿐이다. 그런데 인류 중에서 이런 비열한 인간이 있다면 자기의 행동은 정당해진다. 이 중얼거림은 소냐를 만난 라스콜니코프에게 생긴 자기성찰적 의심의 일단을 보여준다.

3장. 어머니(풀헤리야)로부터 온 슬픈 편지 : 라스콜니코프의 누이 두냐, 두냐를 괴롭히는 스비드리가일로프, 루쥔의 청혼을 응낙하는 두냐

전날 밤 라스콜니코프는 마르멜라도프와 소냐가 살아가는 남루한 삶의 처지를 동정하며 인간의 비열성에 분노하다가 다음 날 늦게 일어난다. 그런데 하녀 나스타시야는 비열한 인간성에서 예외적인 인물이다. 그녀는 자신의 몫이었던 양배춧국을 라스콜니코프에게 가져다주며 일상의 수다를 떤다. 시골 출신인 나스타시야는 라스콜니코프에게 일상적으로 가까운 인물이다. 라스콜니코프의 집주인 프라스코비야 파블로브나가 라스콜니코프를 경찰에 고발한 일을 일러 준 사람도 나스타시야이다. 그녀는 라스콜니코프의 친척 고모가 되는 듯, 라스콜니코프가 무위도식하며 빈둥거리는 모습을 보고 핀잔을 준다. 이에 라스콜니코프는 자신은 '생각하는 일'을 하고 있다고 응수한다. 그녀는 그 '생각' 끝에 돈이 나왔느냐고 재차 묻고, 라스콜니코프는 벌이가 시원찮은 과외 일보다 한몫 크게 버는 일을 하고 있다고 둘러댄다. 이 대화 중간에 나스타시야는 라스콜니코프에게 R도에서 온 어머니의 편지를 전해 준다. 이 편지는 비열한 인간에 대한 라스콜니코프의 편견을 극단적으로 악화시킨다.

편지에는 여동생 두냐의 약혼 사실과 임박한 결혼 예정이 담겼다. 편지는 두냐가 스비드리가일로프의 집에서 일하면서 당한 곤경과 그것으로부터 벗어난 이야기가 자세하게 적혀 있다. 그리고 어머니 풀헤리야는 주인이었던 스비드리가일로프의 경멸스러운 치근덕거림 때문에 두냐가 그의 아내 마르파 페트로브나에게 오해받았던 일, 그리고 그녀가 오해를 풀고 두냐의 명예를 회복해 준 일, 두냐가 스비드리가일로프 집의 일을 그만두고 마침내 루쥔이라는 공무원과 약혼한 사실 등을 빼곡히 편지에 적어 보냈다. 그런데 누이의 남편이 될 자가 라스콜니코프를 근심하게 만든다. 여동생 두냐가 공무원 루쥔(지금으로 치면 5급 공무원, 법무사 정도)과 약혼했으며, 그들 모두 상트페테르부르크로 이사할 것이라는 소식은 그의 근심을 더한다.

표트르 페트로비치 루쥔과 스비드리가일로프는 이 소설에서 악인으로 등장한다. 루쥔은 45세, 스비드리가일로프는 50세로 추정된다. 루쥔은 7등관으로 법무사 정도의 지위다. 스비드리가일로프는 진정한 악인이 되고자 하지만, 성공하지 못한다. 스비드리가일로프는 악당 됨됨이의 일관성을 유지하는 데 실패한다. 그는 자기경멸, 자기파괴적 자책을 하며 착한 일을 하다가 장렬하게 자살한다. 반면에 루쥔은 아무 방해 없이 완전한 악인으로 자기 인생을 완성해 간다. 그래서 독자들은 루쥔에 대한 라스콜니코프의 분노에 몰입하게 된다. 문제는 두냐가 이 두 사람 사이에서 시달렸다는 것이다. 두냐의 처지를 중심으로 보면, 편지의 요지는 "음흉한 스비드리가일로프의 집에서 가정교사로 일했던 두냐가 가족의 생계와 오빠를 돕고 싶은 마음에 부유한 구혼자 루쥔에게 결혼을 약속했다."라는 것이다. 두냐는 성격이 굉장히 괄괄하지만, 조숙하고 조신하며 주관이 뚜렷한 사람인데도 중년의 루쥔과 결혼하려고 한다. 라스콜니코프는 이 편지를 받을 때까지만 해도 아직 사람을 죽이지 않았고, 죽일 계획만 하고 있었다. 스비드리가일로프에게 시달리던 두냐가 가난에서 탈출하기 위해 거만하고 자기애적인 루쥔과 결혼하기로 결단하며 자기포기적 가족 사랑을 보여주는 모습에 라스콜니코프는 더욱 고뇌하기 시작한다. 가난이 서서히 그를 무너뜨린다. 어머니의 편지 또한 라스콜니코프의 전당포 노파 살해를 실행하게 만드는 하나의 계기가 되었는지도 모른다.

4장. 두냐와 루쥔의 결혼을 막겠다는 상념으로 거리를 헤매다 친구 라주미힌의 집으로 가려고 마음먹은 라스콜니코프

4장에는 어머니의 편지를 읽고, 자신을 위해 희생하는 두냐의 결혼을 결사반대하기로 한 라스콜니코프의 내면이 잘 묘사된다. 어머니로부터 온 편지를 통해 라스콜니코프는 루쥔과 결혼하는 자기희생을 감행함으로써 오빠를 도우려는 두냐의 결심을 알게 되고, 단호하게 반대하며 두 사람의 약혼을 전혀 인정하지 않는다. 루쥔은 20킬로미터나 되는 거리임에도 어머니와 누이를 농부의 짐마차에 태워 보냈을 뿐만 아니라, 1,000킬로미터나 되는 먼 거리를 삼등칸에 태워 보냈기 때문에 라스콜니코프는 루쥔을 야비하고 인색한 인간이라고 경멸했다. 두냐의 자기파괴적 희생을 생각하며 괴로워하던 라스콜니코프는 거리를 배회하다가 술에 취한 듯 혹은 약물에 취한 듯 비틀적거리며 거리를 내려오는 소녀(15세 정도로 보임.)를 목격한다. 놀랍게도 통통하고 혈색이 좋아 보이며 옷차림도 근사해 보이는

30세가량의 남자가 그녀를 뒤따라오고 있는 것이 아닌가! 그의 미행 의도는 분명해 보였다. 라스콜니코프는 갑자기 소녀를 미행한 이 낯선 남자를 향해 고함을 지른다.

"야! 당신 스비드리가일로프! 여기서 무얼 하려고 해?"(러시아어판 26/민음사 1권 91)

어머니의 편지에 적힌 스비드리가일로프의 행각이 생각난 라스콜니코프는 이 술 취한 어린 창녀를 두냐와 동일시하며 소리를 질렀던 것이다. 겉으로 볼 때 이 술 취한 소녀 창녀를 지키려는 수호천사처럼 행세하지만, 실은 스비드리가일로프와 루쥔으로부터 누이 두냐를 지켜내려고 발버둥을 친 것이다. 라스콜니코프가 그 건달 같은 남자와 실랑이를 벌이는 사이에 순경(방범대원)이 도착했고, 라스콜니코프와 순경은 그녀를 마차에 태워 보내려고 한다. 라스콜니코프는 마차비로 순경에게 20코페이카를 주지만, 소녀는 오히려 그들이 창녀에게 추근거리는 나쁜 남자들이라고 생각하며 돈을 받지 않고 다시 거리를 배회한다. 라스콜니코프는 공연한 일에 참견하느라고 20코페이카를 날린 것을 은근히 후회한다. 라스콜니코프는 속으로 '그 소녀도 3년 정도 포주 밑에서 학대당하고 착취당하다가 18세 정도가 되면 인생 종장을 맞이할 것이다.'라고 생각하며 걷는다. '자신을 위해 루쥔과 결혼하려는 자신의 누이 두냐도 그 소녀 신세랑 별다를 것이 없지 않을까?' 이런 생각도 라스콜니코프의 뇌리를 스쳤다. 4장 끝부분은 바실리예프스키 섬에 사는 라주미힌을 찾아가는 라스콜니코프의 외출을 다룬다. 거리 소녀를 도우려다가 퇴짜를 맞은 에피소드를 겪은 그는 넉 달 동안 만나지 못한 라주미힌의 집으로 가기로 결심한다. 라주미힌은 요즘 라스콜니코프와 유일하게 어울리는 절친한 친구이다. 라주미힌은 다음과 같이 묘사된다.

> 그는 이례적일 정도로 명랑쾌활하고 사교적인 청년이었다. 단순하다 싶을 만큼 친절했다. 그러나 이 단순함 밑에는 인격적 깊이와 품위가 깔려 있었다. …… 외모도 강렬한 인상을 주었다. 키는 크고 말랐는데 검은 머리카락에 항상 면도가 형편없었다(всегда худо выбрит). …… 어떤 불운도 그를 전혀 당혹스럽게 하지 못했다는 것과 어떤 역경도 그를 쓰러뜨리지 못했던 것처럼 보였다는 점에서 라주미힌이 또한 인상적이었다. 그는 지붕 위에서 살 수 있었고 지옥 같은 굶주림과 이례적인 추위도 견뎌낼 수 있었다. 그는 매우 가난했다. 그래도 온갖 이상한 일들을 해서라도 돈을 벌어 꿋꿋하게 홀로 생계를 꾸려 나갔다(러시아어판 28/민음사 1권 98-99).

5장. 학대당하다가 죽임 당한 암말 꿈을 꾸며 자신의 살인 계획에 위축되는 라스콜니코프

5장은 라주미힌의 집으로 가려다가 결국 자기 집으로 되돌아가는 라스콜니코프의 횡보를 그린다. 수완 좋은 라주미힌에게 과외 자리를 하나 얻어 볼까 생각하는 등 번쇄한 상념에 시달리며 라주미힌의 집이 있는 바실리예프스키 섬으로 걸어가던 라스콜니코프는 보드카 한 잔과 피로그(만두) 하나를 사 먹고 취기를 느끼다가, 라주미힌의 집이 아니라 자기 집으로 발걸음을 돌렸다. 가는 도중 취기에 몸을 가누지 못한 그는 길에서 벗어난 관목 숲으로 들어가 잠이 들어 버렸다. 그는 고향 소도시에 살던 시절의 꿈을 꾸었다. 미콜카라는 사람에 의해 쇠 지렛대에 맞아 죽어 가는 암말의 비극적 모습을 보는 악몽이었다. 충격적인 암말 꿈은 여러 페이지에 걸쳐서 장황하게 묘사된다.

꿈에서 7세의 라스콜니코프는 축제일을 맞아 저녁 무렵에 아버지와 함께 교외를 산책하고 있다. 그때 한 미치광이 농민이 움직이지도 못하는 말을 때리고 그것이 끄는 수레에 사람을 태운다. 그 미치광이 농민이 바로 미콜카이다. 미콜카의 마차를 끌어야 하는 말은 매를 맞아도 움직이지 못한다. 그래서 그는 말에게 달려간다. 이를 본 어린 라스콜니코프의 가슴이 울컥하면서 눈물이 쏟아진다. 후려치는 채찍 하나가 그의 얼굴을 스치지만 느끼지도 못한 채 손을 비비고 울부짖으면서, 고개를 내저으며 이 모든 작태를 꾸짖는 턱수염을 허옇게 기른 노인에게 달려간다. 한 아낙네가 그의 손을 붙잡고 데려가려 하지만 뿌리치고 다시 말에게 달려간다. 말은 이미 마지막 남은 힘을 한껏 모아 한 번 더 뒷발질한다. 미콜카는 계속해서 말을 때린다. 하지만 말의 숨통을 끊지 못한 미콜카는 미쳐 날뛰며 쇠 지렛대를 가져온다. 암말은 얼굴을 앞으로 뻗은 채 괴롭게 숨을 내쉬며 죽는다. 숨통을 완전히 끊어 놓자 군중이 외친다. "그런데 왜 이 암말은 걷지 못했을까!"(러시아어판 31) 손에 쇠 지렛대를 들고 눈에 핏발을 잔뜩 세운 채 미콜카가 소리친다. "내 재산(Мое добро)이라니까!" 이에 군중이 외친다. "자네에겐 정말 양심도 없군!"(러시아어판 31)[16] 흥분과 외침, 책망이 가득한 분위기 가운데 라스콜니코프는 땀에 흠뻑 젖어 숨을 헐떡이면서, 공포에 사로잡혀 잠에서 깬다. 이것을 프로이트 식으로 분석하면 암말은 일차적으로는 라스콜니코프 자신을 의미하는 것처럼 보인다. 쇠 지렛대에 계속 양심의 가책을 받는 그는 숨을 헐떡이는 암말과 자기 자신을 동일시하고 있는 것이다.

5장 마지막에는 노파의 이복동생인 35세 리자베타가 등장한다. 5장 마지막 장면에서 라스콜니코프는 헌 옷을 파는 리자베타, 그리고 그녀와 거래하는 한 부부의 대화를 듣고, 내일 저녁 7시에 리자베타가 집을 비워 노파가 혼자 있게 된다는 것을 알게 된다. 이에 라스콜니코프는 내일 저녁 7시를 살인 시간으로 정한다. 달리 생각하면, 작품 속 암말은 소냐, 두냐, 리자베타와 같이 희생당하는 여성의 표상으로도 볼 수 있다. 소냐와 두냐는 가정을 위해 몸을 팔거나 자신을 헌신하는 인물이다. 35세의 리자베타에 대한 묘사에서도 저항하지 못하고 학대당하는 여성상이 보인다. 라스콜니코프가 본 암말은 짐을 많이 지고 가다가 끝내 쓰러지고 마는 존재이다. 그에게는 암말에 대한 동정심과 함께 노파를 죽이려는 희귀한 살인의도가 공존하고 있다.

6장. 공공의 적이 된 전당포 노파 살해를 정당화하는 라스콜니코프의 심리

6장 초반부에는 노파가 얼마나 악한 여자인지 기록되어 있다. 여기서 작가는 전당포 노파에 대한 이웃 사람들의 평판, 인심 등을 예거한다. 라스콜니코프는 술집에서 '폐병쟁이에 멍청하고 못된 노파', '해로운 존재니까 이나 바퀴벌레의 목숨'과 같다고 말하는 대학생과 그의 친구 장교의 대화를 엿듣고 이 말을 여러 번 곱씹는다. 그들은 전당포 노파 알료나가 죽는다면, 더 좋은 세상이 올 것이라고 말한다. 라스콜니코프는 노파 살해를 더욱 정당화하며 결심한다.

라스콜니코프는 극심하게 격동되었다. 물론 이런 말들은 이전에도 그가 수없이 들었던 지극히 평범하고 가장 흔하디 흔한 젊은이들의 대화들이며 생각들이었다. 오직 형식들과 화제들만 달랐을 뿐이었다. 그러나 왜 그가 우연히도 이런 대화와 이런 생각을 듣게 되었을까? 그의 머릿속에서도 똑같은 생각들이 막 생겨나고 있던 바로 그 순간에 듣게 되었을까? 왜 그가 그 전당포 노파로부터 비롯된 생각의 씨앗을 막 품었던 바로 그 순간에, 때마침 그가 그 노파에 관한 대화를 엿듣게 되었을까? …… 그에게는 이런 우연의 일치가 항상 기이하게 느껴졌다. 그가 엿들었던 이 하찮은 술집 대화는 장차 그의 계획이 진척되는 과정에 그에게 엄청난 영향을 미쳤다. 정말로 여기에는 어떤 예정이, 어떤 계시가 있는 것처럼 여겨졌다……(러시아어판 35/민음사 1권 124).

이런 어지러운 상념에 몰입한 채 라스콜니코프는 그날 늦은 오후 센나야 광장에서 다시 자기의 좁은 방으로 되돌아온다. 납덩이처럼 무거운 잠이 그를 덮쳤다. 그는 다음 날 오전 10시, 나스타시야가 빵과 차를 가져와 깨울 때까지 잤다. 그녀의 성화에도 라스콜니코프는 오후 2시까지 줄창 잠에 빠졌다가 스프를 가져온 나스타시야가 "어디 아프냐?"고 묻자 간신히 일어나 숟가락을 든다. 독자들은 나스타시야의 이 일상의 친절, 돌봄, 그리고 우호적 간섭에 따뜻함을 느낀다. 나스타시야가 소설에 자주 등장하는 데 비해, 그녀에게 주목하는 문학 평론가들은 거의 없다. 나스타시야는 낙천적이다. 식모인 자신의 처지보다 더 비참한 라스콜니코프와 라주미힌을 남동생과 같이 대한다. 라스콜니코프라는 남자의 방을 무시로 드나드는 그녀는 중성적 여성으로 다루어진다. 나스타시야의 뜻은 '생명'이다.[17]

나스타시야는 인류의 문명사회와 라스콜니코프의 폐쇄적 고립병동 사이를 오가는 소통 중개자이다. 그녀는 라스콜니코프에게 필요한 모든 중요한 정보를 우호적으로 전달하면서, 또한 어머니, 여동생, 라주미힌에게 라스콜니코프에 관한 알맞은 정보를 제공한다. 실제로 굶어 죽어 가는 라스콜니코프를 먹인 사람 역시 나스타시야이다. 그녀의 근면한 직무의 노동, 이 일상적인 건조한 노동이야말로 생명의 원천이다.

라스콜니코프는 다음 날 잠을 설치고 일어나 도끼를 마련해 담보물로 꾸민 물건을 들고 전당포 노파의 아파트로 간다. 저녁 7시경 노파가 혼자 있는 시간대에 잠입하듯이 노파의 아파트로 접근해 설령을 잡아당긴다.

7장. 전당포 노파와 그녀의 이복동생 리자베타 살해

그날 밤 오랫동안 심리적으로 예행 연습했던 대로 라스콜니코프는 전당포 노파를 죽인다. 돈을 찾기 위해 노파의 침대 밑 궤짝을 뒤지는 사이에 노파의 이복동생 리자베타가 들어오자 그녀 또한 살해한다. 죽이는 장면은 3페이지에 걸쳐 비교적 간단하게 서술되지만, 살인을 결심하는 마음, 살인 후 자기가 살인을 했다는 것을 생각하며 혼잣말하는 장면이 계속해서 나온다. 실제 사건보다 라스콜니코프의 마음속에서 쉴 새 없이 샘솟는 생각과 문장들이 연신 쏟아져 나온다.

전당포 노파를 살해한 라스콜니코프는 은신하고 있다. 그때 두 사람이 노파를 찾아온다. 전당포 물건 중 찾아가지 않은 물건을 싼값에 인수하러 온 젊은이와 일을 부탁받은 늙은이가 약속한 저녁 7시에 문을 두드렸는데, 문이 안에서 잠겨 있던 것을 발견한다. 또한 그 건물의 2층에서 작업하던 페인트공 중 한 명인 니콜라이가 라스콜니코프가 가까스로 그 현장을 빠져나가며 떨어뜨린 장물을 주워 술을 마시다가 오후에 왔다. 라스콜니코프가 그 현장을 빠져나간 시각에 니콜라이가 소리치며 몇 사람과 장난을 치고 있었다.

라스콜니코프는 극도의 두려움 속에 숨어 있다가 발각될 위험을 간신히 넘기고 도끼를 문지기의 의자 밑에 다시 갖다 놓는 데 성공한다. 자신의 방에 돌아온 라스콜니코프는 소파에 퍽 쓰러진다. 범죄 행위는 성공한 것처럼 보였으나 라스콜니코프는 자신이 서서히 미쳐 가는 것을 감지하는 듯 그 인격적 중심이 무너져 내리기 시작했다. 넋이 나간 것이다. 결국 라스콜니코프는 선악과를 따 먹고 도망치고 은신하고 피하려는 아담의 모습을 방불케 한다.

2부
양심 법정에 소환되는 라스콜니코프

2부는 모두 일곱 장으로 구성되어 있는데, 대부분 라스콜니코프의 양심에서 일어난 죄책감의 후폭풍과 후유증을 세밀하게 추적한다. 엉뚱한 문제로 경찰서에 출두하라는 소환장을 받은 라스콜니코프의 정신은 서서히 파열을 내며 여기저기서 인격적 일관성을 상실해 가기 시작한다. 채무불이행으로 집주인에게 고발당하고 경찰서 조사를 받고 돌아온 주인공 라스콜니코프는 죄책감, 공포, 무기력감에 의해 긴 섬망증에 빠진다. 더 이상 빠져나갈 탈출구가 전혀 보이지 않는 형국에 우연찮게 선술집에서 만난 또 다른 망가진 영혼 마르멜라도프의 죽음과 그로 인한 그의 딸 소냐와의 만남이 성사된다. 철저하게 자기 속에 유폐된 오만한 청년이 초래한 비참한 곤경에 전혀 다른 상극의 인물이 접근한다. 라스콜니코프는 자존감이 유린당한 소녀 창녀, 이미 자신도 망가져 버린 그 소녀의 입에서 예기치 않았던 차분하고 정돈된 인간의 고결함을 엿보며 또 다른 의미에서 동요하기 시작한다.

1장. 집주인에게 채무불이행으로 고발당하는 라스콜니코프 : 시작되는 양심의 진동

넋이 나간 상황에서 소파에 몸을 던진 라스콜니코프는 새벽 2시경 일어난다. 전당포 노파를 살해한 다음 날 라스콜니코프는 살인 흔적을 지우기 위해 자신의 옷을 샅샅이 살핀다. 그 사이 경찰서에 출두하라는 소환장이 왔다. 라스콜니코프의 집주인이 그에게 빚을 받기 위해 독촉하는 계고장이었다. 라스콜니코프가 옛집 여주인(자신의 장모가 될 뻔한 여인, 1년 전에 자신의 아내가 될 뻔한 여자는 장티푸스로 사망)에게 한때 빌린 방세에 해당되는 150루블 어음 면제 각서를 작성해 준 일이 있었는데, 그것 때문에 소환장을 받은 것이다. 라스콜니코프는 경찰서에서 매우 힘든 시간을 보낸다. 책에는 경찰서의 조사 장면들이 어지럽게 묘사된다. 소설의 중심서사를 기준으로 보면, 여기서 길게 곁길로 빠진다. 조사받으러 온 라스콜니코프는 앞에 앉아 있는 두 사람의 이야기를 엿듣는다. 독일 여자 루이자 이바노브나라는 술집 여인이 경찰서에서 조사받는 사건이다.[18] 어음 면제 각서 건에 관한 조사를 받는 중 라스콜니코프가 범죄하기 전 얼마나 가난했는지가 간접적으로 묘사된다. 이 과정에서 라스콜니코프는 신파조로 자신의 신세를 동정해 달라고 말하는 스스로에게 경악한다. 또한 여기서 라스콜니코프는 엄청난 모욕감을 느꼈다. 자신의 어음부채가 발생한 경위를 들은 경찰 서기가 자신을 천대했기 때문이다. 그리고 이에 맞서는 자신은 신파조의 변명을 늘어놓았다가 퇴짜를 맞은 것이다.

"당신은 이 어음에 대한 답변서와 약정서를 제출해야 하오. 당신이 거기서 사랑에 빠졌던 사정 혹은 그 모든 비극적인 상황들에 대해서 우리는 관심이 없소"(러시아어판 52/민음사 1권 187).
고통스럽고 끝없는 고독과 소외라는 음울한 감각이 갑자기 그의 영혼에 느껴졌다(러시아어판 52). …… 가장 고통스러운 것은 의식적 생각이나 개념이라기보다는 감각 같은 것이었다. …… 그것은 직접적인 감각이었는데, 그가 지금껏 인생에서 경험한 모든 감각 중 가장 고통스러운 감각이었다 (러시아어판 53/민음사 1권 188).

이런 기진맥진한 상황에서 라스콜니코프는 전당포 노파 살인 사건 이야기가 오가는 것을 듣고 기절한다. 이에 경찰은 그를 의심하기 시작한다. 경찰관 일리야 페트로비치는 라스콜니코프에게 그가 언제부터 아팠는지 묻고, 어젯밤 어디서 무엇을 했느냐고 기습적으로 묻는다. 집으로 돌아오는 라스콜니코프는 이제 '수색'이 시작될 것이라고 중얼거리면서 압도적인 두려움에 사로잡힌다.

2장. 라주미힌을 만났지만 방황하는 라스콜니코프의 악몽

첫 장면은 수색당할 것이라는 생각으로 잠들었으나 일어나 보니 아무도 자신을 찾아오지 않았고, 자신이 훔친 물건들이 그대로 있는 것을 발견한 후 묘하게 안도하는 라스콜니코프를 보여준다. 라스콜니코프는 전당포에서 훔친 귀중품을 외진 길의 어느 집 마당 바위 밑에 숨긴다. 그는 "증거가 인멸됐다."고 안도하면서도 또 다른 한편 극심한 자기혐오에 시달리며 바실리예프스키 섬의 라주미힌의 집으로 간다.

> 어떻게든 그는 이 문제에서 뭔가 벗어나고 싶은 강렬한 갈망을 가졌지만, 무엇을 해야 할지, 무엇을 시도해야 할지 알지 못했다. 한 가지 새롭고 압도적인 느낌이 시시각각으로 그를 옥죄어 오고 있었다. 그것은 그를 둘러싸고 있는 모든 것을 향한 가늠할 수 없는, 거의 신체적인 반감이었다. 그것은 어떤 집요하고도 악한 혐오감정이었다(영어판 82/민음사 1권 201).

그는 "그 일을 한 후 라주미힌에게 가리라."고 결심한 것을 상기하며 넉 달 만에 라주미힌을 만나러 간다. 2장의 나머지 부분은 라스콜니코프가 라주미힌과 만나는 장면과 섬망으로 방황하면서 그의 정신이 부서지는 과정을 점묘법으로 묘사한다. 라주미힌은 넉 달 만에 만나는 병색 완연한 친구 라스콜니코프를 보자 적잖이 놀란다. 라주미힌은 라스콜니코프에게 톨쿠치 시장의 헤루비모프라는 서적상에게 가서 번역 일자리를 알아보라고 제안했으나 라스콜니코프는 거절한다. 라스콜니코프는 친구가 번역해 보라고 준 독일어 논문과 번역료 선불 3루블을 들고 집을 나왔다가 다시 돌아와 그것들을 되돌려주고는 정신없이 거리로 나왔다. 이 사이에 정신이 박약해진 라스콜니코프가 마차 밑으로 자해성 교통사고를 일으키는 장면이 나온다. 집으로 가는 도중 니콜라예프스키 다리에서 마차에 깔릴 기세로 마차길을 가로질러 가던 그는 마부의 채찍에 등짝을 세차게 맞고 정신이 번쩍 들었다. 자신을 걸인으로 본 나이 지긋한 여자 상인이 그의 손에 20코페이카 은화를 쥐여 주었다. 라스콜니코프가 거지처럼 남루해 보였기 때문이다. 그는 은화를 강물에 던지고 집으로 간다. 꼬박 6시간 동안 거리를 배회하다가 땅꺼미가 깔렸을 무렵에 집으로 간 그는 경찰 중위 일리야 페트로비치가 집 여주인을 구타하는 소리를 들었다. 이제 그 경찰이 자신의 방에 와서 자신을 괴롭힐 것이라는 두려움이 라스콜니코프를 사로잡았다. 라스콜니코프는 이 공포스러운 분위기에 압도되어 소파에 쓰러졌다.

> 그는 반 시간 동안 그런 고통, 이전에 결코 경험해 본 적 없는 그런 참을 수 없는 무한한 공포감에 시달리며 누워 있었다(러시아어판 59/민음사 1권 211).

어두운 방을 환하게 비추는 빛, 나스타시야가 먹을 것을 챙겨오자 라스콜니코프는 일리야 페트로비치가 집 여주인을 구타한 이유를 묻고, 나스타시야는 놀란다. 그런 일은 없었기 때문이다. 라스콜니코프가 환청을 겪고 있었던 것이다. 라스콜니코프의 병증은 심해졌다.

3장. 오랜 혼수상태 같은 잠에서 깨어난 라스콜니코프를 돌보는 라주미힌
깊은 잠에 빠져 산발적인 악몽에 시달리며 나흘간 열과 섬망증을 앓았던 라스콜니코프는 그간 하녀 나스타시야와 라주미힌이 자신을 돌봐 주었음을 알게 된다. 또한 그는 의사 조시모프와 젊은 경찰관 자묘토프가 자신을 여러 차례 방문했음을 알게 된다. 의식불명과 의식각성 사이를 오가는 라스콜니코프의 병증은 다음 날 오전 10시경 정상으로 돌아온다. 조합원 남자 한 명이 어머니 풀헤리야가 라스콜니코프에게 전해 달라고 한 35루블을 그에게 준다.

마흔 살 되는 집 여주인 프라스코비야는 심성이 좋은 여인으로 그려진다. 라주미힌은 귀족 출신이지만 나스타시야와 집 여주인과 맥주를 한 잔 하는 소탈하고 오지랖이 넓은 청년이다. 그는 라스콜니코프를 나흘간 돌보면서 그의 주변 모든 인물들과 통성명하며 지내는 사이가 되었다. 라주미힌은 집 여주인 프라스코비야가 체바로프라는 7등관에게 양도한 150루블 어음 차용증을 10루블을 주고 되찾았다. 라스콜니코프의 채무 문제를 해결해 준 것이다. 라주미힌은 라스콜니코프의 어머니로부터 온 35루블 중 10루블을 가지고 중고시장에 가서 라스콜니코프를 위한 모자와 신발, 그리고 옷을 사 왔다. 그가 라스콜니코프의 낡은 셔츠를 벗기고 새로 사 온 셔츠로 갈아입히는 사이, 라주미힌의 친구인 27세 청년 의사 조시모프가 들어왔다.

4장. 전당포 노파 살해범으로 의심받는 칠장이 니콜라이를 변호하는 라주미힌
4장은 조시모프를 좀 더 자세하게 소개하고, 억울하게 전당포 노파 살해범으로 체포되어 수사받는 칠장이[19] 니콜라이의 결백을 믿으며 그를 살인혐의로부터 구출하려는 라주미힌의 단호한 의지를 보여 준다. 중간 부분에서 작가는 라주미힌의 입을 통해 1부 7장에 전당포 노파를 살해하고 라스콜니코프가 일시적으로 은닉했던 상황을 재구성하여 기술한다.

조시모프는 숨기려고 애를 써도 자만심이 엿보이는 젊은 의사이다. 라주미힌이 조시모프를 라스콜니코프의 집에 보내 수시로 그의 병세를 체크하도록 주선했다. 조시모프의 걱정스러운 진단(아직 정상적으로 활동하기 힘든 상태이다.)에도 불구하고 라스콜니코프는 자신의 건강이 완전히 회복되었다고 과장적으로 말한다. 라주미힌은 자신의 집들이가 곧 있을 것이며 자신의 숙부, 그리고 먼 친척 포르피리 페트로비치도 온다고 말한다. 이런 수다가 오가는 사이에 라주미힌은 조시모프에게 칠장이 한 사람이 전당포 노파 살해 용의자로 수사를 받고 있다고 귀띔한다. 이 사이에 나스타시야가 들어와 자기 친구 리자베타도 살해당했다고 말한다. 라스콜니코프는 경악한다. 그들 모두 전당포 노파와 이복 여동생 살해 사건이 언급될 때마다 극단적으로 불안해하는 라스콜니코프의 모습을 지켜본다. 심지어 라주미힌은 라스콜니코프가 전당포 노파 살해 사건이 막 언급되자마자 졸도했다는 사실을 상기시켜 준다. 이 말 이후 라주미힌의 말은 대부분 조시모프에게 들려주는 말이다. 라스콜니코프는 아직 신열이 가시지 않았지만 라주미힌과 조시모프가 살인 사건에 대해 나누는 내용을 자세히 듣는다. 이웃 집에서 일하던 칠장이 니콜라이가 구류되었으며, 노파의 다른 고객들 역시 수사선상에 올랐다는 것을 듣게 된다. 여기서 라주미힌은 어떤 일이 있더라도 억울한 용의자인 니콜라이를 구출해낼 것이라는 단호한 의지를 피력한다. 라주미힌은 그가 강압수사 중 거짓자백을 했으며, 그의 결백을 믿는다고 말한다. 라주미힌은 전당포 노파 살해범이 칠장이들이 아래층에서 일할 때 어떻게 숨어 있었는지에 대해 그럴 듯한 재구성을 한다. 라스콜니코프는 라주미힌에 의해 펼쳐지는 이 생생한 살인범 은신 재구성 스토리를 들어야 했다.

5장. 돈으로 아름답고 순결한 두냐를 아내로 삼으려는 속물 루쥔

5장의 첫 장면은 라스콜니코프의 비루한 방과 그 안에 누워 있는 라스콜니코프, 그를 돌보는 라주미힌과 조시모프를 이리저리 관찰하는 루쥔의 기습적인 등장을 다룬다. 루쥔은 45세로서 다섯 살 정도 어려 보이는 잘생긴 중년 남자이다. 어머니와 동생을 허름한 여관에서 투숙시켰다는 오해를 불식시키기 위해 실없는 변명을 늘어놓는 그에게 라주미힌과 라스콜니코프는 냉소적으로 호응한다. 루쥔은 자신도 그의 피후견인인 리베쟈트니코프 집에 세 들어 산다고 말하면서 자신이 젊은이들의 진보적 사상에 얼마나 우호적인가를 지루하게 예시한다. 아주 거창한 자기소개를 하는 루쥔을 향해 라스콜니코프는 조롱한다.

"승인합니다! 추천합니다!"(러시아어판 75/민음사 1권 269)[20]

루쥔이 남존여비 사상을 옹호하자 이번에도 라스콜니코프는 조롱한다. 라스콜니코프, 라주미힌, 조시모프의 냉담한 반응을 눈치챈 루쥔은 자리를 떠나려고 한다. 루쥔이 본격적으로 악인다운 요소를 드러내는 계기는 두냐와의 관계를 말할 때다. 루쥔은 두냐에게 "오빠냐 연인이냐, 양자택일하라."라고 압박 중이다.
루쥔이라는 인물의 특징은 무엇인가? 그는 스스로 전환기의 새로운 사상에 개방적이라고 말하는 사람이다. 자기는 라스콜니코프같이 어린 사람도 감당할 수 있다며, 겉으로는 슬슬 자랑을 하면서 개방적인 척하나 행동은 꼰대 같은 모습을 보인다. 루쥔은 사이비 신세대적 어른으로서, 정신은 낡고 병들었으나 두냐를 얻기 위하여 라스콜니코프에게 잘 보이고자 신사상의 전도사인 것처럼 말한다. 하지만 그는 자기를 이롭게 하고 이기적으로 행동할수록 공익도 더 증대

된다는 일종의 자본주의 초기 사상을 옹호한다. 그래서 루쥔의 인생관은 '개인주의, 자유주의, 과학 옹호, 남존여비, 개인 노력주의, 개인이 부를 추구할수록 사회는 더 유리하다.'라는 사상으로 특징 지을 수 있다. 루쥔의 불쾌하고도 기습적인 등장에 비위가 상한 라스콜니코프는 이제 라주미힌과 조시모프에게도 자신을 떠나 달라고 요청한다.

"나 혼자 있게 해 줘. 날 좀 혼자 있게 해 줘, 다들!"(영어판 111/민음사 1권 277)

조시모프와 라주미힌은 라스콜니코프에게서 한 가지 이상한 점을 발견하고 자리를 뜬다. 조시모프가 전당포 노파 살인 사건 이야기만 나오면 라스콜니코프가 발끈한다고 말하자, 라주미힌이 맞장구를 친다.

"나도 알아챘어. 그는 전당포 노파 살인 사건에 흥미를 느끼면서도 두려워하고 있었어. 그가 경찰서에서 아팠던 그날도 그 사건이 그에게 충격을 줬어. 그는 기절했어"(영어판 111/민음사 1권 279).

이러는 중에도 나스타시야만 라스콜니코프의 병상을 지켰으나 자신을 내버려두라는 간청에 그녀도 나간다.

6장. 정신없이 거리를 쏘다니다가 선술집에서 자묘토프를 만나 전당포 노파 살해 사건에 대해 말하는 라스콜니코프

모두 나가자 라스콜니코프는 라주미힌이 사 온 옷을 입고 평온한 기분으로 거리로 나갔다. 저녁 8시경이었다. 루쥔의 기습적인 방문을 받고 기분이 상한 라스콜니코프는 조시모프, 라주미힌, 나스타시야가 다 나가자 갑자기 평온한 기분이 되어 밖으로 나가 센나야 광장의 도심거리를 쏘다니기 시작한다. 그는 지나가는 사람들에게 아무 의미없는 질문을 던지는가 하더니 수정궁이라고 불리는 선술집으로 들어가 차와 신문을 주문한다. 거기서 전당포 노파 살인 사건을 수사 중인 수사관 자묘토프를 만난다. 라스콜니코프는 자묘토프에게 자신이 살인 사건들과 범죄 전반에 대해 정통한 사람인 것처럼 말하며 전당포 노파 살인 사건에 대해 성가실 정도로 꼬치꼬치 캐묻는다. 이 대화에 스스로 너무 깊이 몰입한 라스콜니코프는 거의 자수하기 직전까지 고백적이 되어 자묘토프의 의심을 사기에 이른다. 라스콜니코프가 '자신이 살인범이라고 털어놓는' 것처럼 보일 정도로 자묘토프에게 전당포 노파 살인 사건의 내막을 물었기 때문이다. 그러나 자묘토프는 라스콜니코프가 좀 자아 과몰입형 괴짜 같은 젊은이라는 인상을 받는 데 그친다. 급히 이 어색한 분위기에서 벗어나 나가던 도중 라주미힌과 마주친 라스콜니코프는 "왜 몸과 마음도 성치 않은 사람이 이렇게 밖으로 싸돌아 다니느냐?"라는 잔소리를 듣는다. 라주미힌은 라스콜니코프에게 자신이 여는 집들이 파티에 가자고 초청하지만, 라스콜니코프는 거절하고 홀로 거리를 배회한다. 그는 다리를 건너던 중 어떤 여자의 강물 투신 시도를 목격한다. 그렇게 목적지도 없이 거리를 배회하던 라스콜니코프는 충동적으로 자신의 범죄 현장에 가 본다. 알료나 이바노브나, 전당포 노파 집까지 가게 된 것이다. 그는 돌발적으로 그녀의 아파트로 쑥 들어가 집 내부 실내장식 등을 수리하는 두 명의 일꾼을 만나 이 집에 웅덩이처럼 고여 있던 피는 '어떻게 소제되었는지' 등 기이한 질문세례들을 퍼붓는다. 두 일꾼은 문지기를 불러 라스콜니코프를 끌어내도록 요청한다. 문지기에게 끌려 나온 라스콜니코프는 다시 홀로 거리를 걷는다. 거리 한복판에는 군중이 모여 있었다. 무언가 심각한 사태가 벌어진 풍경이다. 그러나 라스콜니코프, 그는 철저히 혼자이다. 이처럼 6장은 철저히 홀로 남게 된 라스콜니코프의 내면을 정밀하게 탐조한다.

7장. 선술집에서 만나 대화를 나눴던 마르멜라도프의 교통사고사를 계기로 그의 딸 소냐를 만나게 되는 라스콜니코프

7장은 마차에 치여 죽은 마르멜라도프를 통해 라스콜니코프가 소냐의 가족들을 만나는 과정을 다룬다. 7장 첫 장면은 전직 9등관 마르멜라도프의 사고사를 다룬다. 고독한 길거리 배회의 마지막 사건은 라스콜니코프가 선술집에서 만나 잠시 이야기를 나눴던 마르멜라도프의 마차 사고였다. 이 사고는 라스콜니코프가 소냐를 만나는 계기를 제공한다. 소냐의 아버지인 마르멜라도프는 5등관 대령(거의 도지사와 다름없는 위세당당한 5등관)의 딸과 결혼해서 살다가 주정뱅이가 되었다. 라스콜니코프는 자기파괴적으로 술에 취해 길거리 한복판에서 마차에 치여 치명상을 입은 마르멜라도프를 보자마자, 급히 그를 들쳐 업고 그의 집으로 데려간다. 마르멜라도프의 부인 카체리나는 슬픔과 충격 속에서도 남편을 정성껏 간호해 보지만 의사는 마르멜라도프가 살 가망이 없다는 진단을 내린다. 곧장 사제가 와서 종부성사(고해성사)를 마치고 돌아가려는 순간, 사제는 카체리나에게 죽어 가는 남편을 용서하라고 말한다. 하지만 카체리나는 단박에 거절하고, 술에 취해 스스로 마차 밑으로 기어들어가 죽음을 자초한 마르멜라도프를 원망한다. 마지막 힘을 다해 정신을 차린 마르멜라도프는 소냐를 알아보고 용서를 구한다.

그는 갑자기 수치심과 화려한 옷차림에 짓눌린 채 부끄러워하며, 죽어 가는 아버지와 작별 인사를 할 차례를 순순히 기다리고 있던 딸을 알아보았다(영어판 132/민음사 1권 335).

마르멜라도프의 얼굴에는 한없는 고뇌가 보였다. 그는 딸 소냐에게 용서를 구하며 소냐의 팔에 안겨 숨을 거둔다. 자기 딸을 창녀로 내몰았던 무능한 술주정뱅이 아버지, 인생을 스스로 망쳐 버린 아버지가 딸에게 용서를 구한 것이다.

"소냐! 내 딸아! 용서해다오!"(영어판 132/민음사 1권 335)

2부 7장에는 소냐의 외형에 대한 묘사가 나온다. 키가 작고 말랐지만, 푸른 눈이 돋보이는 상당히 예쁜 금발 아가씨이다. 라스콜니코프의 마음이 소냐에게 쏠리고 있다. 라스콜니코프는 자신이 마르멜라도프와 친구가 되었고, 그 본분을 다하는 차원이라며 20루블을 카체리나에게 건네고, 다음에 또 돕겠다고 약속하면서 자리를 떠난다. 집으로 가며 경찰서장 니코짐 포미치를 만난 그는 마르멜라도프의 사건을 잘 처리해 달라고 부탁한다. 기이하게도 이 순간에 라스콜니코프는 정신적·심리적 소생을 일시 맛본다.

그는 천천히 그리고 의도적으로 걸어 내려갔다. 열감은 있었지만 의식하지 못했는데, 갑자기 자신 안에서 용솟음치는 새로운 압도적인 생명력과 원기에 완전히 젖어 있었다. 이 감각은 사형선고를 받았던 사람이 갑자기 사면받았을 때 느끼는 감각과 비교될 수 있을 것이다(영어판 133/민음사 1권 337).

이런 희열과 안도를 경험하며 계단을 내려오던 라스콜니코프는 자신을 따라오는 다급한 발걸음 소리를 듣는다. 소냐의 이복동생 중

맏딸 10세인 폴리나가 그에게 달려와 이름과 주소를 물어본다(어머니와 소냐를 대신해). 두 어린 동생(콜랴, 리도치카)을 돌보는 폴리나는 라스콜니코프를 껴안고 울며 죽은 아버지를 애도한다. 라스콜니코프는 자신의 이름을 '로지온'이라고 소개하고, '주님의 종 로지온'을 위해서도 기도해 달라고 부탁하며 헤어진다. 라스콜니코프는 폴리나와 대화하면서 이복동생 세 명과 소냐의 가정에 대한 큰 연민을 느끼고 돌아오게 된다. 폴리나와 헤어진 그는 속량받은 사람처럼 심리적 쇠약증이나 양심가책적 불안의 족쇄를 반쯤 벗어던진 후, 이성과 빛의 왕국, 의지와 힘의 왕국에 들어온 자처럼 오만과 자부심으로 무장한 채 파티로 흥건히 취한 라주미힌의 집을 찾아간다.

라주미힌은 라스콜니코프에게 조시모프가 그를 미친 상태로 진단하고 있다는 사실을 말해 준다. 조시모프는 라스콜니코프가 자묘토프와 나눈 살인과 범죄심리에 대한 대화를 듣고 이 확신을 굳히게 되었다는 것이다. 이 말을 들은 라스콜니코프는 다시 기운이 쭉 빠져 라주미힌의 부축을 받으며 자신의 집으로 돌아간다. 그런데 놀랍게도 어머니 풀헤리야와 누이 두냐가 한 시간 반이나 그를 기다리고 있는 것이 아닌가! 자신을 껴안는 어머니와 여동생을 만난 라스콜니코프는 또다시 기절한다. 이미 두 모녀는 하숙집 하녀 나스타시야로부터 라스콜니코프의 심각한 병증을 듣고 근심에 사로잡혀 있었다. 라주미힌이 그를 돌보기 시작한다.

3부
양심의 고발을 회피하다가 자아분열적 고통에 빠져드는 라스콜니코프

3부에서는 어머니 풀헤리야와 두냐의 예기치 않은 방문으로 라스콜니코프의 긴장감이 극도로 심화된다. 한편으로는 스비드리가일로프의 거짓된 애정 공세로 누이 두냐가 반강제적 결혼에 내몰린다. 또 다른 한편, 여기서 자신을 노파 살해범으로 의심하는 수사관[21] 포르피리의 성가시고 자극적인 수사 방식에 평정을 잃는 라스콜니코프의 내적 갈등이 선명하게 드러난다. 3부 끝에 그는 자신을 노파 살인범으로 의심하고 추적하는 형사의 의심을 받으면서도(자신이 쓴 '범죄' 관련 기고문이 실마리) 범행을 부인하다가 자신의 살인 행위를 안다고 주장하는 한 사람의 등장에 충격을 금치 못한다.

1장. 3년 만에 이루어진 가족 상봉 : 라스콜니코프, 풀헤리야, 그리고 두냐

1장 첫 부분은 3년 만에 만난 아들에게 박대당하며 루쥔을 두고 아들과 갈등하는 어머니 풀헤리야의 모습을 보여준다. 두냐의 결혼이 가족 갈등의 원인이 되는 과정이 나온다.

> "두냐! 나는 이 결혼을 원하지 않는다. 너는 내일 가장 빠른 기회에 루쥔을 거절해. 그놈 존재조차 느껴지지 않도록"(러시아어판 99/민음사 1권 355).
> "나야! 혹은 루쥔이야! 그만 가……"(러시아어판 99/민음사 1권 356).

라주미힌은 두냐를 매몰차게 대하는 라스콜니코프를 질책한다.

> "너 아주 미쳤어! 독재자 같으니!"(러시아어판 99/민음사 1권 356)

이 과정에서 풀헤리야와 두냐는 라주미힌의 매력에 마음이 끌린다. 특히 라주미힌에 대한 나스타시야의 칭찬을 들었던 두냐는 라주미힌에게 무한한 신뢰감을 갖기 시작한다. 1장 나머지 부분은 형편없는 여관에 약혼녀와 장모 될 여인을 투숙시킨 루쥔을 비난하고, 두냐와 풀헤리야의 미모를 칭찬하면서 라스콜니코프의 가정사에 개입하는 라주미힌과 라스콜니코프의 병증을 진단하는 조시모프를 묘사한다. 라주미힌은 1장 마지막 부분에서 취중에 두냐를 향한 사랑을 고백한다. 여기서 처음으로 라주미힌이 매력적인 개성을 가진 인물로 부각된다.

1장의 분위기는 전체적으로 어둡고 애처롭다. 3년 만에 만난 아들을 엄마와 여동생이 막 얼싸안고 있는데, 그는 섬망에 빠진 반신불수가 되었기 때문이다. 엄마와 누이가 기억하던 총명하고 전도유망한 청년 라스콜니코프는 온데간데없이 사라지고 정신적으로 완전히 붕괴되어 가는, 병색이 완연한 라스콜니코프만 두 모녀를 맞이했다. 아들은 완전히 사람이 낯선 사람이 되어 있었다. 그렇다면 언제 아들로 보이는가? 병들어 누워 있는 모습은 아들인데, 말할 때는 아들이 아닌 깃같이 느껴진다. 이에 가족은 큰 충격을 받는다. 여기서 라주미힌이 어머니와 여동생의 충격과 당혹을 중재하는데, 그의 매력이 발산된다. 몰골은 헝클어져 있지만, 심성 자체가 매우 착한 그는, 이 과정에서 어머니와 여동생, 정신이 오락가락하는 친구 라스콜니코프의 사이를 최선의 언어와 최선의 선의로 중재한다.

이후 두냐의 외모에 대한 묘사가 나오고, 라주미힌은 그녀에게 반한다. 이어 마흔세 살이 된 풀헤리야 알렉산드로브나의 아름다움에 대한 묘사가 나온다.

> 풀헤리야 알렉산드로브나는 43세였지만, 젊은 날의 아름다움의 흔적이 그녀 얼굴에 여전히 남아 있었다. …… 이는 정신의 평온함, 감수성, 그리고 순수하고 진심 어린 마음의 따뜻함을 노년까지 유지하는 여성들에게 거의 항상 발견되는 아름다움이다(영어판 145/민음사 1권 370).

풀헤리야는 바로 이런 아름다운 사람이다. 여기서 도스토옙스키가 보는 미인상에 대해 알 수 있다. 라주미힌의 수다와 정신없는 취중 망언을 들은 모녀는 이렇게 생각한다.

"참 유능하고…… 헌신적인 청년이야!"(영어판 146/민음사 1권 371)

여기서 라주미힌 외에 두냐를 보고 정신을 잃은 또 한 명의 남자가 있는데, 피아노를 잘 치고 살찐 27세 청년 의사 조시모프이다. 두냐의 환상적인 외모에 감탄하며 이를 언급하는 조시모프와 그의 관심과 언급에 분개하는 라주미힌은 서로 은근히 암투를 벌인다.

이 장에서 라주미힌과 조시모프의 됨됨이가 사실적이고 구체적으로 드러난다. 두냐에 대한 라주미힌의 연정은 무모하고 급발진적이다. 그것은 그의 정직함과 직설적인 외향성과 관련된다. 라스콜니코프에 대한 라주미힌의 충성스러운 우정과 그의 여동생을 향한 라주미힌의 불타는 연정은 동전의 양면이다. 라주미힌의 밝고 쾌활하며 무모한 수다스러움은 라스콜니코프의 음울하고 자기폐쇄적인 오만함에 질린 독자들을 잠시 이완시켜 준다. 두냐의 건전한 상식과 예의범절, 그리고 매력적 자부심도 라스콜니코프를 둘러싼 부정적인 공기를 정화시킨다.

의사 조시모프도 진지하기만 한 사람은 아니다. 약간 재미없는 유머를 구사하며 자부심이 강한 청년인 그는 라주미힌의 한 수 아래 연적으로 암시된다. 그는 풀헤리야와 두냐에게 깊은 인상을 남기려고 라스콜니코프의 정신병증 진단과 회복 판단 등에 권위자다운 위세를 드러낸다. 라스콜니코프가 정신적인 질환을 앓고 있다고 진단하는 조시모프는 라스콜니코프가 잡지에 기고한 논문을 보고 그를 살인자로 확신하는 포르피리 페트로비치와 다른 입장을 대변한다.

2장. 두냐를 오빠 라스콜니코프에게서 떼어 놓으려는 루쥔과 오누이를 붙여 두

려고 애쓰는 라주미힌

2장은 전날 취중에 두냐에게 흑심을 품고 지껄였던 말들을 후회하는 라주미힌과 라스콜니코프 가족 일에 필요 이상으로 참견하는 라주미힌을 은근히 비꼬는 조시모프, 그리고 1년 반 전에 시작된 라스콜니코프와 라주미힌의 우정, 라스콜니코프에게 루쥔이 모욕당한 상황을 전해 들은 두냐, 그리고 저녁 8시에 라스콜니코프를 배제하고 두 모녀와 만나고 싶다는 전갈을 보낸 루쥔의 무리한 시도를 보여준다.

아침 7시경 깨어난 라주미힌은 전날의 취중 주사를 후회하며 두냐를 향한 연모의 마음을 어리석은 짓이라고 탓한다. 그래도 단정한 옷차림으로 두 모녀가 투숙한 여관으로 가서 자신이 그동안 보아 온 라스콜니코프의 생활 방식, 정신적 상태를 자세히 말해 준다. 그는 라스콜니코프가 보여준 자아과몰입과 잔혹한 고립 심리를 강조한다.

> "그는 음울하고 음침하며 자존심이 강하고 오만합니다. 최근에는 — 그리고 아마도 그보다 훨씬 전부터 — 뭔가에 대해 의심이 많아졌고 공상에 자주 빠졌습니다. 그는 또한 고귀한 성품과 친절한 마음도 지니고 있지요. …… 마치 두 가지 성격 사이를 오가는 것처럼 보입니다. 그는 때로는 두려울 정도로 내성적입니다! …… 그는 자신에 대해 아주 높이 평가하며, 아마도 그가 옳을 수도 있습니다"(영어판 152/민음사 1권 386-387).

라주미힌은 두냐와 어머니 풀헤리야에게 라스콜니코프의 성격을 나름대로 분석하며 그의 행동을 납득시키려고 애쓴다. 이러한 과정에서 두냐를 향한 라주미힌의 속마음이 드러난다. 라주미힌의 수다가 끝나자 풀헤리야와 두냐는 루쥔으로부터 온 쪽지를 보여준다. 거기서 루쥔은 병들어 정신이 온전치 않은 라스콜니코프를 다시는 보고 싶지 않으니 자신이 두 모녀를 만나는 자리에 그를 동석시키지 말아 달라고 요구한다. 더 나아가 그는 라스콜니코프가 품행이 나쁜 소냐에게 풀헤리야가 준 돈을 줘 버렸다며 모함한다. 라주미힌은 난처해하는 풀헤리야에게 이 문제에 대해서는 딸의 의사를 존중하라고 충고한다. 두냐는 루쥔의 요구에도 불구하고 라스콜니코프가 자신의 약혼자를 만나야 한다고 생각한다. 풀헤리야가 라주미힌을 믿어 주자 라주미힌은 기뻐한다. 세 사람은 라스콜니코프의 집으로 간다.

3장. 극도의 정서불안 증세 중에도 두냐와 루쥔의 결혼을 반대하는 라스콜니코프
라스콜니코프의 집에 먼저 와 있던 조시모프가 이 세 사람을 영접하고, 그의 상태가 많이 호전되었다고 일러 준다. 라스콜니코프도 한결 기분이 나아진 것처럼 행세하며 조시모프와 라주미힌에게 감사하는 마음을 표현하는 데 인색한 것에 충분히 사과한다. 또한 전날 무모하고 생각 없이 무례하게 군 것에 대해서 어머니께 사과하며 누이 두냐에게도 손을 뻗어 위로한다. 방 안의 모든 사람을 감동시키기에 충분한 변화였다. 라스콜니코프는 어머니가 준 돈을 마르멜라도프 가족들에게 다 줘 버렸음을 실토하고, 어머니는 용서한다. 하지만 라스콜니코프가 다시 초조해하며 번뇌에 빠지는 태도를 보이자, 금세 분위기는 냉각된다. 그는 다시 성을 내고, 짜증을 내며 두냐와 루쥔의 약혼은 더럽고 '비루한' 일이라고 선언하면서 두냐에게 제발 루쥔과 결혼하지 말라고 다그친다. 하지만 두냐는 자신이 루쥔과 결혼해야만 하는 동기들을 맹렬히 옹호한다. 루쥔은 여성을 대상화하는 사람이다. 가난한 집에서 태어난 온순한 사람의 남편이 되어 아내를 지배하겠다는 의지가 큰 그는 뒤틀린 남성 에고를 갖고 있다. 곧 파괴적이고 공격적인 남성성을 상징하는 인물이다. 독자들이 누이를 아내로 삼겠다고 도발하는 루쥔을 참지 못하는 라스콜니코프를 동정하지 않을 수 없을 정도로 그는 비열한 인간이다. 그럼에도 불구하고 두냐는 루쥔과의 결혼 의사를 철회하지 않는다. 그것이 두냐 방식의 가족 사랑이다. 그녀는 자신은 아무것도 잘못한 것이 없다고 오빠의 결혼 반대 논리를 반박한다. 라스콜니코프는 이 말을 듣고 잠시 기절했다가 이내 회복되었다. 그녀는 라스콜니코프에게 루쥔의 편지를 보여주며 그의 약혼자의 진심이 어떤지 테스트해 보려는 자신의 계획을 알려 준다. 오빠 라스콜니코프를 자신과 만날 때 동석시키지 말라는 루쥔의 요구를 거절할 계획도 일러 준다. 두냐 자신은 비록 라스콜니코프가 반대할지라도 루쥔을 만날 것이라 말하며, 또한 루쥔이 라스콜니코프의 동석을 거부할지라도 오빠에게 그 자리에 함께 가 줄 것을 요구한다. 루쥔의 요구(라스콜니코프의 동석 반대 제안)를 거절했을 때 보이는 그의 반응이 자신을 향한 루쥔의 진정한 감정을 드러내는 계기가 될 것이라는 말도 덧붙인다. 라스콜니코프는 그날 어머니와 누이와 함께 루쥔을 만나 보겠다고 동의한다. 바로 그 순간에 소냐가 들어오고, 라스콜니코프의 가족 모두 당황하는 장면이 4장에서 이어진다.

4장. 아버지 마르멜라도프의 장례식과 저녁식사에 라스콜니코프를 초대하는 소냐

세 사람이 대화를 나누는 상황에 소냐가 다소 두려워하는 모습으로 들어와 세 가족과 라주미힌의 대화를 중단시킨다. 그녀는 아버지의 장례식과 카체리나가 장례식 조문객들을 위해 준비하는 식사에 참여해 달라고 벌벌 떨며 라스콜니코프를 초청한다. 라스콜니코프는 소냐를 유심히 살펴본다.

그녀의 얼굴은 말랐고, 매우 마르고 창백했다. 불규칙하고 각진 얼굴에 작은 코와 턱도 날카로웠다. 그녀는 예쁘다고 할 수 없었지만, 그녀의 파란 눈은 매우 맑았고, 눈이 빛나면 그녀의 표정에 친절함과 단순함이 넘쳐나서 누구나 끌리지 않을 수 없었다. …… 18세의 나이에도 불구하고, 그녀는 거의 어린 소녀 — 거의 아이처럼 보였다(영어판 168/민음사 1권 429).

그러는 사이 소냐는 라스콜니코프의 방 구석구석을 유심히 살피고, 라스콜니코프의 숨길 수 없는 궁벽한 처지에 놀란다.

두냐 모녀는 공손히 자리를 떠나고 라스콜니코프는 라주미힌에게 알료나 이바노브나에게 귀중한 시계를 맡겼는데, 그것을 되찾고 싶다고 말한다. 그는 라주미힌에게 그의 친척이자 전당포 노파 살인 사건의 수사관이며, 잃어버린 물건들에 관한 책임을 지고 있는 포르피리 페트로비치를 만나 이 문제를 의논해 볼 수 있는지 묻는다. 라주미힌은 포르피리와의 면담을 주선해 주겠노라고 말하며 자리를 떠나는데, 소냐도 함께 나간다. 라스콜니코프는 소냐에게 오늘 그녀의 집에 들르겠다고 말한다. 세 사람은 모두 자리를 떠난다.

소냐가 자기 집으로 돌아오는 도중에 50세가량의 이상한 중년 남자(스비드리가일로프)가 그녀의 뒤를 따라온다.

그는 쉰 살 정도의 남자로, 키가 크고 체격이 튼튼했으며, 넓고 높은 어깨 때문에 약간 구부정한 모습이었다. …… 그는 넓고 친근한 얼굴에 높은 광대뼈와 생기 있는 피부색을 가지고 있었는데, 페테르부르크에서는 흔히 볼 수 없는 인상이었다. …… 그의 푸른색 두 눈은 차갑고 생각 깊은 표정을 지니고 있었으며, 입술은 붉은색이었다. 그는 놀랍도록 건강 관리가 잘된 남자로, 나이보다 훨씬 젊어 보였다(영어판 172/민음사 1권 440).

그는 소녀의 옆방에 묵고 있는 사람으로, 전에 두냐를 고용했던 음탕한(거머리 같은, lecherous) 스비드리가일로프임이 곧 드러난다.

그는 두냐에게 집착적으로 애정을 드러내는 악인이다. 그러는 사이에 라주미힌과 라스콜니코프는 포르피리의 집으로 간다. 도중에 라스콜니코프는 라주미힌이 두냐에게 급속하게 반해 연정을 품은 상황을 거론하며 그를 놀린다. 라스콜니코프는 큰 소리로 웃으며 최대한 편안하게 보이려고 하면서 심란한 마음으로 포르피리의 집으로 들어간다.

5장. 라스콜니코프의 잡지 <정간 논평>에 실린 "범죄론"을 꼬투리 잡아 라스콜니코프를 압박하는 주임수사관 포르피리

포르피리의 집으로 들어가는 도중에 라주미힌은 자신을 보고 웃음을 터뜨리는 라스콜니코프에 의해 당혹감을 느낀다. 라스콜니코프는 포르피리 앞에서 침착하고 자신만만해 보이려고 애를 쓰지만 이상하게 주체할 수 없는 헛웃음이 터져 나온다. 그는 자묘토프도 포르피리의 집에 와 있는 것을 보고 더욱 불안해지기 시작한다. 라주미힌이 라스콜니코프는 노파 살해 사건을 언급만 해도 극심한 스트레스를 받는다고 떠벌리는 바람에, 그는 더욱 난처한 지경에 빠진다. 라스콜니코프는 포르피리가 자신을 의심하고 있는지도 모른다고 상상하다가 포르피리가 '라스콜니코프 당신이 전당포 노파 살해 사건 직후에 저당 잡힌 물건을 즉시 찾으러 오지 않았던 유일한 고객'이라고 말하는 순간 자제력을 잃을 뻔했다. 라스콜니코프는 그가 전날 밤 정신없이 거리를 쏘다닌 일을 주저리주저리 늘어놓는 동안 엄청 흥분하고 있었다. 그는 포르피리가 자신을 갖고 놀고 있다고 느끼기 시작했다. 라스콜니코프는 자신이 전날 범죄 현장에 방문한 사실에 대해 포르피리가 들었는지 혼자 곰곰이 생각하며 자수해 버릴까 하는 마음을 먹기도 한다. 라스콜니코프의 마음 안에는 극도의 심리적 동요가 일고 있다. 놀랍게도 포르피리는 이 심리적 동요를 꿰뚫고 있는 것처럼 보인다. 이윽고 둘은 범죄론에 대한 토론을 벌이기 시작하고, 포르피리는 라스콜니코프가 쓴 논문 "범죄론"에 대해 언급한다. 그 논문은 두 달 전, 라스콜니코프도 모르는 사이에 잡지에 실렸다. 〈정간 논평〉이라는 잡지에 실린 라스콜니코프의 논문에는 범죄 실행 동기에 관한 그의 사상이 나온다. 다시 말해서 "세상은 두 재료, 두 부류의 인간으로 되어 있다. 재료가 되는 군중이 있고, 그 재료를 가지고 세계를 조성하는 초인적인 비범한 지도자가 있다. 즉, 평범한 인간들은 재료일 뿐이며, 세계를 보존한다. 그러나 이 평범한 사람들의 역할을 가지고 세계를 변형하고 역사를 창조하는 비범한 천재가 있다. 이 비범한 천재는 사람을 죽일 수 있다."라는 식의 논문을 쓴 것이다.

포르피리는 라스콜니코프가 쓴 이 논문의 이론을 좀 더 정교하게 주장해 보라며 라스콜니코프를 유도심문한다. 이 유도심문 방식을 두고 둘은 옥신각신한다. 죄를 범한 자의 양심이 있는지 묻는 포르피리의 질문에 라스콜니코프는 대답한다.

> "양심이 있는 자는, 자신의 오류 때문에 괴로워하겠죠. 감옥살이뿐만 아니라, 이것도 징벌이겠지요"(영어판 186/민음사 1권 476).

이 말을 들은 라주미힌이 끼어든다. 라스콜니코프와 포르피리의 길고 산만한 대화를 들은 그는 오히려 라스콜니코프에게 질문을 하고 싶어졌다.

> "대의를 위해 살인할 권리가 있다는 그 비범한 자들은 자신들이 흘린 피에 대해 전혀 괴로워하지 말아야 된단 말이야?"(영어판 186/ 민음사 1권 476-477)

라주미힌은 라스콜니코프가 인류 역사의 진보라는 대의를 위해 살인을 한 자는 양심의 고통을 느끼지 말아야 한다는 식으로 주장한다고 오해하며 이 가시 돋친 질문을 던졌다. 라주미힌은 라스콜니코프가 그러한 범죄론에 대한 견해를 잡지 기고 논문에서 피력했으리라고는 상상하지 못했다. 라스콜니코프가 떠나기 전, 포르피리는 또다시 기습적으로 질문을 던진다. 살인 사건이 일어나기 사흘 전 알료나의 집에 마지막으로 방문했을 때 거기서 일하던 칠장이들을 본 적이 있는지 물었다. 라스콜니코프는 살인 사건 사흘 전이 아니라, 살인죄를 범한 그날 칠장이들이 일하고 있었다는 사실을 회상한다. 그는 포르피리가 자신에게 덫을 놨다고 느끼며 "아니요."라고 대답한다.

6장. 자신을 가리키며 "너는 살인범이야!"라고 소리치는 낯선 사람(소시민)을 보고 다시 악몽에 시달리는 라스콜니코프

6장은 풀헤리야와 두냐가 기다리고 있는 바칼라예프 여관을 향하는 라스콜니코프와 라주미힌의 대화로 시작한다. 라주미힌은 라스콜니코프가 말하는 범죄론의 논리를 이해할 수 없다고 말하며 흥분한다. 라주미힌은 자신을 의심하는 포르피리의 유도심문을 받고 기분을 망친 라스콜니코프를 위로한답시고 장광설을 펼친다. 라주미힌은 라스콜니코프의 범죄론을 빈곤에 치이고 경찰서에서 모욕적인 조사를 받은 반폐인이 된 청년의 허망한 사상이라고 폄하하며, 그의 사상이 병증의 일부라고 본다. 이 장광설에는 라스콜니코프에 대한 라주미힌의 평가와 그의 남루한 삶에 대한 동정적인 시선이 엿보인다. 라주미힌에게 라스콜니코프의 범죄론은 그를 둘러싼 삶의 악조건들이 만들어낸 일시적 과대망상이다. 여섯 달째 방구석에 틀어박혀 있던 데다, 빈곤과 우울증에 시달리다 반폐인이 된 가난한 대학생이 혼미한 상태가 될 만큼 병을 얻기 전날 밤 어중이떠중이 경찰들 앞에서 거친 폭언을 들어야 했던 처지를 고려하면, 라스콜니코프가 기괴한 범죄론을 잡지에 투고했다고 하더라도 동정의 여지가 있다는 것이다. 묘하게도 라스콜니코프의 남루한 삶에 대한 라주미힌의 동정적인 묘사는 독자들에게 라스콜니코프가 실제로 병 중에 살인을 했을 것이라고 짐작케 한다.

실제로 후일의 재판에서 라스콜니코프의 형이 경감된 이유는, 재판부가 이런 라주미힌의 진단과 유사한 입장을 취했기 때문이다. 라스콜니코프가 스스로 고의를 갖고 살인했다고 보지만, 법적으로 라스콜니코프의 살인은 병리학적인 관점에서 설명될 여지를 남긴다고 본다. 그 때문에 라스콜니코프는 범죄의 참혹성에 비해 상대적으로 가벼운 형을 선고받게 된다. 6개월간 은둔한 채 누더기를 걸치고 밑창도 없는 구두를 신고 다닌 삶, 하숙비가 밀려서 경찰의 계고장을 받는 삶, 이틀 동안 아무것도 먹지 못하고 고리대금업자에게 시계를 맡겨야만 하는 비참한 삶을 사는 사람들에게 자유의지가 있다고 볼 수 있는가? 아니면 병리학적인 상태가 범행을 저지르는 사람의 자유의지 위에 있었다고 볼 수 있는가? 설령 라스콜니코프의 반사회적 은둔생활이 자신의 자유의지로 시작된 것이라고 치자. 하지만 6개월이나 제대로 먹지도, 입지도 못하는 극도의 빈곤한 삶을 살면 어떻게 될까? 그의 입장에서는 본인의 행동이 자유로운 행위지만, 다른 사람이 볼 때는 병리학적인 결과를 유발한 원인이 된다. 그러므로 타인의 관점에서 라스콜니코프는 빈곤과 우울증에 시달리다 혼미한 상태로 죄를 저지른 것으로 보인다.

6장에는 이 외에도 소설의 중심 줄거리와 상관없어 보이는 듯한 소주제들이 라주미힌의 수다에 마구 등장한다. 거기에는 기독교적인 소재와 러시아의 남루한 사회상에 대한 팽팽한 묘사가 나온다. 수많은 사람이 살아가는 다양하고 비참한 백태가 등장한다. 작가가 가난한 사람들의 사연을 듣고 그것을 기록할 정도로 관심이 많았다는 것은 무엇을 의미하는가? 도스토옙스키의 가난한 사람들의 삶에 대한 근접 관찰, 따뜻한 시선 등이 우리에게 주는 도전은 참 크다. 이런 사연을 자세히 묘사하는 것 자체가 이들에 대한 옹호이자 이들에 대한 연대의 표현으로 볼 수 있다. 라스콜니코프의 가난한 어머니의 연봉은 125유로로, 한 달에 10유로가량 버는 것이다. 이런 어머니와 오빠를 둔 20세의 두냐가 가정을 구원하기 위해 하루에 20코페이카밖에 주지 않는 인색한 루쥔과 결혼하겠다는 것 자체가 너무 슬픈 이야기이다.

전체적으로 4~6장, 세 장에서는 라스콜니코프의 내적 갈등이 격화 일로를 걷는다. 그는 포르피리 페트로비치의 의심도 불식시켜야 하고, 양심의 갈등과 폭풍도 진정시켜야 하는 이중적 과업에 시달린다. 포르피리의 집에서 자신의 감정을 통제하는 데 실패한 라스콜니코프의 정신적 붕괴와 6장의 끝에서 노파를 다시 죽이는 악몽을 꾸는 라스콜니코프의 정신상태는 정신적 자아붕괴와 분열이 이제 막바지 단계로 질주하고 있음을 보여준다. 포르피리의 의심을 피하고 싶은 열망과 곧장 자수하고 싶은 강박 사이에서 지속적인 갈등에 시달리던 그는 포르피리 앞에서 일탈적으로 오만하거나 포르피리를 비웃는 냉소적 태도를 보이는가 하면, 때로는 건강하고 정상적이면서 심지어 순진한 청년처럼 보이려고 애쓴다. 또 어떤 때에는 자신의 속마음을 대담하게 드러낼 정도로 무모해 보이기까지 한다.

〈정간 논평〉에 실린 라스콜니코프의 초인사상은 어떤 소수의 비상한 초인은 대중들보다 더 고상한 초도덕률에 따라 행동하는데, 살인까지 해서라도 더 큰 대의를 실천함으로써 보통 사람들의 도덕률을 위반할 권리가 있다는 것이다.

"모든 것이 허용되는 그 현실의 통치자는 툴롱을 공격하고 파리에서 대학살을 자행하고 이집트에서 병든 군대(1801년-역자주)를 방치하고 모스크바 원정에서 오십만 명을 잃고 빌나(리투아니아 도시-역자주)에서 말장난 하나로 일을 마무리한다(해방자로 환영받았으나 약탈자로 전락한 나폴레옹 군대-역자주). 그런 그를 위해 사후에 숭배의 제단들이 세워진다. 그에게는 모든 것이 허용된 것이다. 아니, 그런 사람들은 몸이 아니라, 청동으로 만들어진 모양이다!"(영어판 193/민음사 1권 494)

라주미힌은 이 초인적 권리사상에 즉각 반발한다. 반면 5장에서 포르피리는 속마음을 숨긴 채 이 사상에 큰 흥미를 보인다. 동의해서가 아니라, 이것이 라스콜니코프의 살인죄책을 확신하게 만드는 작은 심리적 증거의 실마리를 제공한다고 보기 때문이다. 포르피리와 라스콜니코프의 논쟁은 이론적인 수준에서 벌어지지만, 라스콜니코프가 실제로 자신의 이론을 따라 행동해 왔다는 사실과 포르피리가 그를 의심한다는 사실은 자칫하면 추상적인 토론이 되었을 법한 둘의 토론에 강렬한 감정을 불러일으킨다. 이 대화는 도덕적 경계들을 넘는 것에 대해 말하는 것과 실제로 그것을 넘는 것 사이에 있는 거대한 간극을 예해한다. 라스콜니코프의 내적 폭풍 갈등은 그의 이상화된 '초인'이 범죄를 행할 때 동반되는 우월감과 자기 의(義)가 얼마나 거짓된 허위의식인가를 은근히 노정한다. 자신이 전당포 노파보다 더 '해롭고 혐오스러운 이'일지도 모른다는 예감이 그를 옥죄어 왔다. 라스콜니코프가 그의 잡지 기고 논문에서 기고한 사상들은 1850~1860년대 러시아 지식인들 사이에 유행했던 허무주의와 깊은 관련이 있다. 허무주의는 옳고 그름에 대한 절대적이고 초월적인 근거를 인정하지 않고, 특정 행동의 결과와 효용을 중심으로 그 정당성 여부를 판단하는 사조이다. 허무주의는 물리자연적 세계 밖에 존재하는 정신이나 영혼은 없다는 사상을 옹호하는 극심한 유물론적 사상을 선호해, 감정적이고 미학적 관심들은 물론이요 전통적인 가족이나 사회적 유대들을 배척하는 사상이다. 허무주의의 중심 취지는 공리주의이다. 공리주의는 최대 다수의 행복 증진에 기여하기만 하면 어떤 행동들도 도덕적이라고 주장하는 사상이다. 6장에 나오는 라스콜니코프의 논문에서 분명히 드러나듯이, 알료나 살해를 정당화하는 라스콜니코프의 논리들은 극도로 공리주의적이며 허무주의적이다.

라스콜니코프의 노파 살해가 초인사상의 실천이 아니라, 단지 범죄에 불과하다는 것을 결정적으로 각인시키는 것은 6장이 묘사하는 라스콜니코프의 악몽이다. 전당포 노파를 다시 살해하는 라스콜니코프의 악몽은 그의 죄책감들을 반영한다기보다, 그가 실제로 그의 이론으로 구축된 '초인'에 미치지 못하며 따라서 그의 행동들은 결코 정당화될 수 없다는 그의 두려움을 반영한다. 심지어 라스콜니코프가 이런 악몽을 꾸기 전에 자신을 가리키며 "당신은 살인자야!"라고 낙인찍는 낯선 소시민의 외침이 그가 스스로에게 부여한 그 거창한 존재감('초인')이 무너지도록 압력을 넣었다. 그가 스스로에게 부여한 그 거창한 정체성을 부서뜨리는 사태에 맞서, 그가 내세우는 방어 논리는 그 낯선 소시민이 자신에게 부여한 '천박한 정체성'을 향한 대항인 셈이다. 알료나의 생명을 무가치하다고 깎아내리는 라스콜니코프는 자신의 가치와 그녀의 무가치성을 대조함으로써 살인 행위의 범죄성을 완화시켜 보려고 애쓴다. 하지만 악몽에 시달리면서 더 이상 알료나를 죽일 때 '초인'으로 행동했던 것처럼 스스로를 속일 수 없다. 살해당한 노파가 다시 살아나 자신을 비웃는 모습을 보고, 노파를 다시 살해하는 악몽을 꾼 라스콜니코프는 자신의 천박한 범용성에 직면하지 않을 수 없다. 꿈에서 그 노파를 죽이려고 시도할 때 알료나가 그를 비웃는다는 사실은 자신이 얼마나 무능하며 모자라는 존재인가를 드러낸다.

이 세 장(4-6장)에서 서스펜스가 고조되는 이유 중 하나는 4장 끝에서 소냐를 따라온 것처럼 보이다가 6장 끝에서 라스콜니코프의 방 문간에 나타난 낯선 남자의 등장 때문이다. 라스콜니코프의 인생에 낯선 자들이 많이 등장하면 할수록 그의 인생은 더 복잡하게 꼬인다. 낯선 자가 등장할 때마다 라스콜니코프는 그들을 몰아낸다. 그것은 부분적으로 자신이 경멸하는 인간성으로부터 자신을 분리시키는 한편, 처음으로 알료나를 살해할 계획을 세울 때 그가 취했던 추상적이고 고독한 입장을 유지하려는 시도이다. 우리가 나중에 알게 되겠지만 이 낯선 등장인물은 스비드리가일로프이다. 그 낯선 자는 자신의 역할에 대한 라스콜니코프의 이해를 위협하며, 라스콜니코프의 감정과 상관없이 그가 사회와 다시 어울리기 위해 한 걸음 더 나가도록 압박한다.

4부
자수로 가는 어렵고 고단한 여정

4부에서 라스콜니코프는 자신이 전당포 노파와 함께 살해한 그녀의 이복동생 리자베타가 이제 막 알게 된 소냐의 친구임을 알고 양심의 가책을 느끼기 시작한다. 4부에서는 주인공의 친구 라주미힌의 선한 인간성이 독자들의 산란한 마음을 지탱한다. 라스콜니코프는 자신을 수사하는 수사관 포르피리에게 죄책을 고백하러 갔다가 엉뚱한 자의 범행고백으로 혐의를 벗고 풀려나는 상황에 직면한다. 하지만 이보다 일찍 주인공의 살인 현장을 진짜로 목격한 사람이 나타나 포르피리에게 라스콜니코프의 범행혐의를 짙게 만드는 무언가를 이미 말해 두었기에, 그의 석방이 혐의에서 완전히 자유케 된 것은 아님이 곧 드러난다.

1장. 라스콜니코프에게 두냐를 돕게 해 달라고 간청하는 스비드리가일로프
3부 6장 마지막 장면은 한 낯선 방문객이 깊은 잠에 빠진 라스콜니코프의 방에서 그를 기다리고 있는 장면이다. 낯선 방문객인 스비드리가일로프는 4부 1장의 주요 발화자이다. 1부 3장의 어머니가 보낸 편지에 스비드리가일로프가 처음 언급된다. 편지를 읽은 라스콜니코프에게 스비드리가일로프는 여자를 스토킹하는 비열한 인간으로 각인되었다. 한 번도 만난 적이 없는데도 말이다. 그래서인지 1부 4장에서 벤치에 앉아 있던 라스콜니코프는 한 여성에게 추근거리며 스토킹하는 남자를 보고 이렇게 외친다.

"야! 당신 스비드리가일로프! 여기서 무얼 하려고 해?"(러시아어판 26/민음사 1권 91)

이 대사는 편지를 읽고, 그대로 튀어나온 것이었다. 성추행범을 스비드리가일로프로 명명해 버린 것이다. 이를 통해 라스콜니코프의 정신, 어떤 면에서 상상력이 비범한 것을 알 수 있다.
스비드리가일로프는 라스콜니코프를 찾아온 두 가지 이유를 말한다. 첫째, 자신은 오래전부터 라스콜니코프에 대한 이야기를 들었고 그와 개인적인 친분을 쌓기 위해서 왔으며, 둘째, 두냐에 대한 계획을 털어놓기 위해서 왔다는 것이다. 스비드리가일로프의 말에 따르면 그와 두냐 사이에 모종의 연애 감정이 진전되다가 좌초되었다고 한다. 그는 어느 날 그가 정원에서 두냐와 대화를 나누고 있었고, 그 모습을 본 아내 마르파 페트로브나에게 오해를 샀던 일을 언급한다. 또한 그는 두냐에게 아메리카나 스위스로 도망가자고 제안했다가 거절당한 일도 언급한다. 이어서 그는 자신을 도박 빚 7만 루블에서 속량해 준 자신의 아내와 결혼해 7년간 시골에서 살다가 자기 집 가정교사로 일하게 된 두냐를 연모하게 된 과정을 순차적으로 말한다. 그의 이야기는 산만하기 짝이 없다. 갑자기 석연치 않은 이유로 죽은 아내의 유령이 세 번이나 자기에게 나타났다고 말하는 스비드리가일로프는 느닷없이 자신과 라스콜니코프 사이에 공통점이 있다고 주장하기까지 한다.

"이 자가 바로 그 사람이다!"(영어판 201/민음사 2권 23)

누워 잠자는 시늉을 하는 라스콜니코프를 보고 스비드리가일로프가 혼자 중얼거린 말이다. 스비드리가일로프는 아내의 유령 외에 자기 집의 종복이었던 필립(필카)의 장례 후 유령을 본 경험도 이야기하면서 의미심장한 말을 던진다.

"유령들은 말하자면 다른 세계의 조각이자 파편이며, 그 다른 세계의 입구입니다. 건강한 사람은 당연히 그것들을 볼 이유가 없지요……. 하지만 병에 걸리자마자, 유기체의 정상적인 지상적 질서가 깨지자마자, 병든 사람은 그 다른 세계의 가능성을 깨닫기 시작합니다. 병이 더 심각해질수록 그 다른 세계와의 접촉이 더 가까워지며, 결국 그 아픈 사람은 죽자마자 그 세계로 곧바로 들어갑니다"(영어판 202/민음사 2권 26-27).

이것은 나폴레옹의 세계관, 메타버스와 같다. 나폴레옹은 1793년 툴롱 전투에서 여단 부관으로 공을 세우며 이름을 알렸다. 1796년경에는 이탈리아 원정군 총사령관으로 승진하고, 1804년에는 황제가 된다. 나폴레옹은 1805년, 체코의 모라비안 지역 아우스터리츠 전투에서 러시아-오스트리아 연합군에게 대승을 거둔다. 이에 나폴레옹 동상이 프랑스 주요 도시와 유럽 내 일부 지역 곳곳에 세워졌다. 나폴레옹이 전 유럽의 구세주로 추앙받듯, 살인을 정당화하고 영웅으로 칭송하는 세계가 도스토옙스키가 비판하는 '유령의 세계'이다. 라스콜니코프는 이 세계에 완전히 매료되었다. 그래서 19세기 사회소설에는 나폴레옹의 이야기가 계속해서 나온다. 툴롱 전투, 아우스터리츠 전투 등 나폴레옹과 관련된 전쟁을 모르면 이 소설을 읽기가 어렵다.

스비드리가일로프는 친근하고 뚝뚝 끊어지는 독백을 중얼거리다가 라스콜니코프가 짧은 질문들을 할 때만 독백을 멈추며 대화를 주도한다. 그는 처가 쪽 친척인 루쥔이 두냐의 약혼 대상으로 등장하게 된 연유를 말한다. 마르파 페트로브나가 스비드리가일로프와 두냐의 관계 진전을 멈추게 하려고 급히 주선한 것이다.

마지막으로 스비드리가일로프 자신은 더 이상 두냐에게 연애 감정을 품고 있지 않다고 주장한다. 다만 그는 루쥔이 두냐를 차지할 만한 가치가 있는 사람이 아니기 때문에 두냐가 루쥔과 파약했으면 좋겠다고 말한다. 그러고는 두냐를 한 번이라도 만나고 싶은 열망을 드러내며 느닷없이 두냐에게 1만 루블을 줄 용의가 있다고 제안한다. 또한 고인이 된 자신의 아내 마르파 페트로브나가 두냐에게 3천 루블이라는 거금을 유산으로 남겼다는 말도 덧붙인다. 그녀는 두냐를 오해했다가 진실을 알게 된 이후 사죄의 의미로 유산을 남긴 것이다.

라스콜니코프는 스비드리가일로프의 제안을 일언지하에 거절하는데, 자신이 마르파의 유령을 봤다고 말하는 그를 미쳤다고 생각했기 때문이다. 여기서부터 스비드리가일로프의 자살이 '여행'이라는 상징어를 통해 복선처럼 등장한다(스비드리가일로프는 6부 6장에 가서야 죽는다). 1장 마지막에서 스비드리가일로프는 다시금 의미심장한 말을 덧붙인다.

> "나는 당신에게는 어떤 면에서 나와 비슷한 구석이 있다는 생각을 쭉 해왔습니다……"(영어판 205/민음사 2권 34).

라스콜니코프와 스비드리가일로프는 둘 다 '다른 세계'를 더 리얼하게 느끼는 급진적이고 비현실적인 망상의 덫에 허우적거리고 있다.[22]
스비드리가일로프는 '유령이 된' 자기 아내를 보고 있으며, 라스콜니코프는 나폴레옹을 유령으로 만나고 그 유령의 세계 속으로 빠져든다. 나폴레옹의 유령에 시달리는 라스콜니코프는 자신을 나폴레옹과 동일시하고 있는 것이다.[23] 스비드리가일로프는 애욕의 덫, 라스콜니코프는 이념적 낭만주의의 덫에 걸려 파닥거린다. 스비드리가일로프가 "당신은 쉴러야."[24]라고 말하는 장면이 나온다. 이렇게 말한 이유는 쉴러가 낭만적 급진주의자이기 때문이다. 19세기 중반 독일 청년 작가 쉴러는 새로운 질서를 산파하기 위해 윤리와 도덕을 뛰어넘는 질풍노도적 낭만을 가졌다.

2장. 두냐를 차지하려고 스비드리가일로프까지 비방하는 루쥔을 물리치는 오누이

2장은 바칼레예프의 허름한 여관에서 이루어지는 루쥔 대(對) 4인(두냐, 풀헤리야, 라스콜니코프, 라주미힌)의 회동을 다룬다. 스비드리가일로프가 떠난 후 라스콜니코프와 라주미힌은 두냐와 풀헤리야, 그리고 루쥔을 만나기 위해 여관으로 간다. 이때 라주미힌은 라스콜니코프에게 경찰이 그를 의심하는 것이 확실하다고 말해 준다.

루쥔 대 네 사람의 회동은 처음부터 끝까지 파열음을 내며 파약으로 마무리된다. 루쥔은 자신의 의지와 반대로 라스콜니코프가 자신과 두 모녀와의 만남에 동석하여 모욕을 느꼈다고 한다. 한편 라스콜니코프 일행은 스비드리가일로프가 페테르부르크에 도착한 것과 두냐에게 제시된 거금의 돈에 대해 의논한다. 루쥔과 라스콜니코프는 논쟁을 벌이는데, 이 과정에서 루쥔은 약혼녀와 그 가족 모두의 기분을 상하게 한다. 남편을 향한 사랑이 오빠를 향한 사랑보다 더 커야 하고, 우선시되어야 한다는 루쥔의 말에 격분한 두냐는 파약한다. 루쥔은 겉으로는 청년 신세대의 진보적 사고에 개방적인 것처럼 자신을 선전하면서도, 가부장적인 여성관, 아내관을 유감없이 피력한다. 그는 자신의 재력과 신분으로 두냐의 미모와 덕성을 매입하려고 한다. 그는 아름답지만 빈천한 두냐와 시혜적 결혼을 하여 평생토록 두냐의 존경을 확보하려고 한다. 이런 사고방식을 가진 루쥔은 두냐와 라스콜니코프의 극단적인 혐오감을 불러일으키고 스스로 파약을 초래한다. 파약을 선언한 두냐는 루쥔에게 즉시 꺼지라고 요구한다.

3장. 자수를 결심하며 라주미힌, 두냐 그리고 어머니와 작별하는 라스콜니코프
3장은 돈 숭배자 루쥔의 됨됨이를 묘사하고, 그가 두냐를 아내로 차지하려고 하는 배경을 자세히 설명한다. 파약을 수습하려는 루쥔에게 스비드리가일로프는 걸림돌이 된다. 루쥔에 대한 묘사가 끝나고 라스콜니코프는 자신이 스비드리가일로프와 나눈 대화를 두냐에게 전한다(마르파 페트로브나의 3천 루블 유산상속, 스비드리가일로프의 1만 루블 희사 제안). 3루블밖에 남아 있지 않은 풀헤리야에게 3천 루블은 충격적 거금이다. 두 모녀는 다시 1,000킬로미터 거리의 소도시로 떠나려고 한다. 그러나 뜬금없이 라주미힌은 가족 사업으로 출판사를 시작해 보자고 제안하며 횡설수설한다. 이런 상황에서 라스콜니코프는 영원한 작별 인사 분위기를 연출하여 라주미힌이 간신히 살려 놓은 분위기를 다시 급랭시킨다.

> "아마 이번이 우리가 서로를 마지막으로 보는 것일지도 모르죠." …… "안녕히 계세요!"(영어판 218-219/민음사 2권 68-69)

라스콜니코프는 이제 가족이나 라주미힌 등 모든 사람을 더 이상 보고 싶지 않다고 말해 버림으로써 세 사람을 망연자실하게 한다. 라스콜니코프는 당황한 라주미힌에게 자신의 가족을 돌봐 달라고 부탁하고 자리를 뜬다.

> "마지막으로 말할게. 나에 대해서는 결코 묻지 말아 줘. 네게 더 해 줄 말이 없어…… 하지만 저들은 내버려두지 마"(영어판 219/민음사 2권 71).

라스콜니코프가 이런 이상한 말을 남기고 식당을 떠나자 라주미힌은 그가 범인임을 어느 정도 깨닫는다. 라주미힌은 두냐와 풀헤리야에게 급히 돌아가 어떤 난관이 오더라도 자신이 그들을 돕겠다고 말한다.

4장. 소냐에게 요한복음 11장 나사로의 부활장을 읽어 달라고 요청하며 범죄 사실을 고백하는 라스콜니코프와 그 대화를 엿듣는 스비드리가일로프

4장은 늦은 밤인 11시경 소냐의 아파트로 가는 라스콜니코프를 묘사한다. 라스콜니코프의 남루한 행색과 방문한 이유를 암시하는 분위기에 소냐는 놀란다.

> "이게 내 마지막 방문입니다…… 아마 당신을 다시는 못 볼지도 몰라요."

"어디…… 가시는데요?"(영어판 222/민음사 2권 75)

라스콜니코프는 소냐의 마른 손을 잡는다. 그러고는 소냐와 계모 카체리나 이바노브나와 그녀의 자녀들의 참혹한 가난에 관한 여러 가지 질문을 쏟아내며 모든 복잡한 사정들을 듣는다. 공상의 날개를 펼치면서도 심한 기침을 해 대는 폐병 환자인 계모를 옹호하는 소냐를 보고 라스콜니코프는 그녀의 발에 입을 맞춘다. 그것은 모든 인류의 고통에 입 맞추는 의식이었다. 라스콜니코프는 한없이 착한 연민과 선량함의 화신인 소냐에게 거룩하게 매혹되며, 소냐가 하나님에 대한 믿음으로 이 모든 고난을 견뎌내고 있음을 깨닫는다. 라스콜니코프는 소냐의 내면에 있는 고결함과 고상함을 보았으며, 창녀이지만 그녀에게는 단 한 방울의 음탕함도 스며들지 않은 순결함이 있음을 보았다. 거룩한 성 바보, '유로지브이'[25] 성(聖) 소냐를 본 것이다.

대화 도중 라스콜니코프는 놀라운 사실을 알게 된다. 자신이 죽인 리자베타(유로지브이)가 소냐의 각별한 친구였다는 것이다. 그는 리자베타가 소냐에게 신약성경을 주었다는 것도 알게 되었다. 그는 소냐에게 요한복음 11장 나사로의 이야기를 읽어 달라고 강청한다. 이렇게 강청한 이유는 오히려 자신이 소냐에게 나사로의 부활 스토리를 읽어 주고 싶었기 때문이다. 작가는 이 장면을 이렇게 묘사한다.

> 낡아빠진 촛대 위에서 촛불 끝이 꺼질 듯이 깜박거리고 있었고, 가난에 찌든 방 안에서 이 영원한 책을 몹시도 기이하게 함께 읽고 있는 살인자와 창녀를 희미하게 비춰 주고 있었다(영어판 231/민음사 2권 98).

라스콜니코프는 소냐와 자신을 동일시한다. 둘 다 선을 넘었다는 점에서 같다는 것이다. 자신은 살인자이며, 소냐는 자신의 삶을 파멸시킨 자살자라는 것이다. 소냐에게 매혹된 라스콜니코프는 소냐와 미래를 함께하면 좋겠다는 결심을 품고 이런저런 대화를 나눈다.

"그래서 우리는 함께 똑같은 길을 가야만 해요. 함께 가요!"(영어판 231/민음사 2권 100)

이 말 끝에 라스콜니코프는 마태복음 19 : 14[26]을 인용해 아이야말로 그리스도의 형상이며 하나님 나라가 그들의 것이라고 말한다. 소냐의 이복동생들의 장래를 걱정하는 라스콜니코프가 횡설수설 중에 한 말이다. 라스콜니코프는 자리를 떠나며 내일 자신이 다시 온다면, 그때는 리자베타를 죽인 사람이 누군지 알려 주겠다고 말한다. 이때 스비드리가일로프가 옆집에서 두 사람의 대화를 엿듣고 있었다.

5장. 포르피리 페트로비치에게 심문을 받으면서도 자수에 저항하는 라스콜니코프
다음 날 라스콜니코프는 저당 잡힌 물건을 찾기 위한 청구서를 제출하는 척하면서(사실은 전당포 노파 살해 용의선상에 자신이 포함되어 있는지를 확인하기 위해) 포르피리를 만나러 경찰서로 간다. 여기서 라스콜니코프와 포르피리 사이의 긴 대화가 수수된다. 포르피리의 심문 같지 않은 심문이 이어지며 그의 심문 방식이 라스콜니코프에게 얼마나 자극적이며 고문적인지 묘사된다. 그것은 용의자의 긴장을 이완시킨 후 기습 공격을 하거나 에둘러 말하는 방식이다. 포르피리의 횡설수설 자체가 라스콜니코프의 혼을 빼놓는 수사 방식이요 심문이다. 포르피리의 이상한 수사 방식의 늪에 빠지기 시작한 라스콜니코프는 자제력을 잃고 차라리 정식으로 형식을 갖추어 심문해 달라고 요구한다. 포르피리는 그의 거친 항의에 더욱 성가시게 응대한다. 혐의와 증거는 있지만, 더 빨리 상대를 괴롭혀 자유롭게 할 의향이 없다며 비아냥댄다. 포르피리의 수사 방식은 죄인을 추적하고 압박하는 법의 권능과 위력을 잘 예시한다. 그것은 시편 139 : 7 이하에서 묘사되는 범인의 가망 없는 도피심리가 다다른 절망감을 고조시키는 수사법이다. "내가 주의 영을 떠나 어디로 가며 주의 앞에서 어디로 피하리이까"(시 139 : 7).

포르피리는 촛불 앞을 맴돌다가 스스로 불꽃에 뛰어드는 나방 신세가 되도록 용의자를 압박해 간다. 라스콜니코프는 고조된 분노를 참지 못하고 "용납하지 못하겠습니다."를 여섯 번 외친다. 분위기가 고조되자, 포르피리는 라스콜니코프를 한 단계 더 자극한다. 그가 자신을 덫에 빠뜨리려고 시도하는 것을 느낀 라스콜니코프는 마침내 심리적 압박을 견디다 못해 무너지고, 포르피리에게 심리 게임을 하며 자신을 갖고 논다며 비난한다. 죄인이 아니면 이렇게 흥분할 필요가 없는데, 라스콜니코프는 완전히 붕괴되었다. 포르피리는 라스콜니코프를 직접적으로 살인자라고 지목하지는 않았으나 암시적으로 압박하는 일을 멈추지 않을 것이라고 말한다. 아니나 다를까 한술 더 떠 자신이 라스콜니코프를 위해 '깜짝쇼'를 자기 방 너머의 작은 공간에 준비해 두었음을 암시한다.

6장. 엉뚱한 자칭 살인범의 등장으로 자수에 실패하는 라스콜니코프

6장도 같은 장소에서 일어나는 상황 묘사로 시작한다. 포르피리가 작은 '깜짝쇼'를 보여주겠다고 호언하는 바로 그 순간, 수사실(취조실) 문 밖에서 작은 소동이 일어난다. 포르피리가 라스콜니코프를 궁지에 몰아넣고 압박을 강화해 가는 상황에서 또 다른 살인용의자 니콜라이가 갑자기 수사실로 들어와 자신이 살인자라고 고백해 버린 것이다. 거리에서 느닷없이 "살인자!"라고 소리치다가 도망친 낯선 사나이가 포르피리의 수사실 너머에서 대기하고 있는 것을 알고 불안해하던 라스콜니코프와 '깜짝쇼'를 보여주겠다고 호언하던 포르피리 모두에게 경악스러운 반전이 일어난 것이다. 포르피리는 그의 말을 믿지 않았지만, 자신이 범인이라고 하는 마당에 라스콜니코프를 집으로 돌려보내지 않을 수 없었다.

라스콜니코프는 적어도 '하루는 자유다.'라고 안도하며 집으로 돌아간다. 집으로 돌아간 그는 늙은 모피 장사 소시민이 갑자기 나타난 것을 보고 경악한다. 그는 포르피리가 준비했던 '깜짝쇼'의 주인공이었다. 그 사람은 라스콜니코프에게 고개를 숙이며 용서를 구한다. 니콜라이가 고백하는 말을 듣고 자신이 모함했다는 생각에 라스콜니코프에게 용서를 구하러 온 것이다. 그는 라스콜니코프가 살인 현장에 다시 방문했을 때 거기에 있었던 인물 중 한 명으로, 그 사실을 포르피리에게 고자질했다. 라스콜니코프는 니콜라이의 등장과 사과하러 온 소시민의 방문이 동시에 발생한 이 상황이야말로 자신에게 '양날의 칼'이라고 규정한다. 자수하자니 상황이 자기에게 매우 유리하게 흘러가고, 자수하지 않자니 불안과 심리적 압박감이 더 연장되기 때문이리라. 라스콜니코프는 어느 칼날에 자신을 맡기게 될 것인가? 독자들은 서스펜스에 빠진다.

"자, 이제 우리는 다시 싸우게 될 거야"(영어판 250/민음사 2권 153).

이 말은 라스콜니코프가 포르피리와의 심리 게임에서 무너지지 않으리라고 결심하는 것처럼 들린다. 자수하고 형벌을 받는 것보다 자수하지 않고 법망을 피해 보려는 마음의 일단을 비춘 것처럼 보인다. 하지만 문제는 다른 곳에서 터진다.

5부
라스콜니코프의 고해사제 : 창녀 소냐

5부에서 소냐는 두냐와 억지로 결혼하려고 온갖 악행을 마다하지 않는 루쥔으로 인해 큰 고난을 겪는다. 루쥔은 소냐가 자신의 100루블을 훔쳐 갔다고 거짓말을 하면서까지 소냐를 장악하며 파괴하려고 한다. 하지만 루쥔의 룸메이트 레베쟈트니코프의 증언으로 소냐는 가까스로 절도혐의를 벗는다. 5부 끝에서 라스콜니코프는 소냐의 자수권고를 받는다.

> "지금 곧 지금 당장 나가서 네거리에 서서 절하고, 당신이 피로 더럽힌 이 대지(大地)에 입 맞추세요. 그리고 온 세상을 향하여 고개를 숙이고 모두에게 들릴 정도로 '나는 사람을 죽였습니다.' 하고 외치세요. 그렇게 하면 하나님은 당신에게 새로운 생명을 주실 거예요. …… 고통을 감수하고, 그로써 자신의 죄과를 속죄하는 거예요."[27]

이런 권고로 인해 라스콜니코프는 경찰에 출두해 자신의 범행을 고백하고 자수하려고 점차 마음을 굳혀 간다.

1장. 루쥔의 끈질긴 망상 : 10루블의 의미

5부 1장은 어제 파약을 초래한 자신의 처신을 후회하는 루쥔의 멘탈 붕괴를 묘사하면서 시작된다. 두냐의 파약이 라스콜니코프의 탓이라고 생각해 그에 대한 증오심을 품고 있던 루쥔은 그를 곤경에 빠트리기 위해 흉계를 꾸민다. 마르멜라도프의 장례식과 추도 식사에 초청받은 사람들의 면면이 소개된다. 등장인물들은 이런저런 관계 때문에 별로 중요하지도 않은 등장인물의 장례식과 추도 식사에 초청받았다. 루쥔 역시 마르멜라도프의 아파트 주인과 같은 주인의 집에 묵고 있었기에 카체리나의 초청을 받았지만, 참석을 거절한다. 루쥔은 한때 자신의 피후견인이었다가 지금은 같은 방을 나눠 쓰는 젊은 진보주의 청년 레베쟈트니코프와의 과거 인연과 관계의 역정을 소개한다. 레베쟈트니코프는 도스토옙스키가 가담했던 페트라셉스키 주도의 금요회 같은 진보주의 폭로 클럽, 코뮌주의자 동아리의 회원이다. 그는 프랑스의 공상적 사회주의자 푸리에와 영국의 찰스 다윈을 '알고 있다고 자부하는' '앞서가는' 청년 지식인 호소인이다. 독자들은 루쥔과의 논쟁을 통해 레베쟈트니코프의 사상을 간접적으로 알게 된다. 그는 자신의 코뮌에 참여하는 두 신여성의 파격적인, 그리고 가정파괴적이고 주도적인 이혼 혹은 동거를 예시하며 자신이 이상화하는 새로운 문명의 방향성(저항, 선전, 진보주의)을 선전한다. 기존 체제에 대한 저항이 레베쟈트니코프의 폭로 클럽의 구호이다.

그는 창녀 소냐의 매춘 행위를 사회 체제에 맞서는 정신적 저항의 도구라고 본다. 그는 소냐까지 그 클럽에 들게 하려고 한다. 당시의 진보적인 문학인이었던 벨린스키나 도브롤류보프 같은 진보주의자들보다 자신의 코뮌이 더 급진적이고 진보적임을 자랑스러워한다. 벨린스키(Vissarion Belinsky, 1811-1848)와 도브롤류보프(Nikolay Dobrolyubov, 1836-1861)는 실존 인물(톨스토이보다 10-20세 정도 많음.)이다. 벨린스키는 위대한 러시아 작가 니콜라이 고골에게 편지를 보냈는데, 그 편지는 진보주의 사상을 선전하는 편지였다. 실제로 도스토옙스키는 페트라셉스키 독서 모임에서 고골 비판 내용인 '고골에게 보내는 편지'를 낭독했다는 이유로 체포되어, 1849년 12월 22일에 사형선고를 받아 사형대에 섰다. 당시 그의 나이 28세였다. 사형되기 직전, 황제의 사면 명령이 도착했고, 시베리아로 보내진다. 당시의 극적 연출(사형 직전 사면령 도착)은 고의적인 것이었다고 전해진다. 어떤 평론가는 이 사건 이후 도스토옙스키가 사회적 진보를 의심하는 보수주의자가 되었다고 말한다. 도스토옙스키가 사형, 즉 죽을 고비를 겪지 않았다면 톨스토이처럼 사회주의에 대해 우호적이었을지도 모른다. 하지만 그가 사회주의를 비판하고 진보주의를 조롱하는 러시아 정교의 영성주의자가 되어 버린 이유는 이 경험 때문이라는 것이다. 돌이켜 보면 그가 보수적인 사상을 대변하는 것이 늦게라도 정당화될 수 있었던 이유는 이후 20세기 초, 혁명적 폭력을 합리화한 레닌의 급진적인 사회주의 이념이 대량 학살을 야기했기 때문이다.

도스토옙스키는 보수주의로 회귀한 이후 내내 이 어설픈 진보주의에 대힌 경계를 놓치지 않는다. 각기기 소설 속에서 레베쟈트니고프를 희화화하는 맥락은 젊은 시절 자신의 사상편력을 비판적으로 회고하기 위함일 것이다. 그래서 소설 속에서 레베쟈트니코프가 자신이 한때 속했던 모임(페트라셉스키 독서 모임)과 비슷한 모임에 속해 있는 것이다.

레베쟈트니코프와의 긴 사상 논쟁과 토론이 파한 후 루쥔은 레베쟈트니코프의 주선으로 소냐를 만난다. 그는 아버지 마르멜라도프의 장례식 비용에 보태라고 10루블의 조의금을 그녀에게 주었다. 이 과정에서 루쥔은 남편 추도식을 너무 거창하게 준비하려는 낭비벽이 심한 카체리나를 비난한다. 그러나 소냐는 계모를 옹호한다.

> "글쎄 전 잘 모르겠어요…… 오늘 하루뿐인데, 그녀 생애 단 한 번뿐인 날인데…… 그녀는 그 남편의 영예를 기리고, 그 기억을 기념하고 싶어 안달이 났어요"(영어판 260/민음사 2권 183).

창가와 방을 서성거리며 그 둘의 대화를 전부 듣고 지켜본 레베쟈트니코프는 예기치 못한 루쥔의 관대함에 놀라 칭찬하는 한편, 합법적으로 결혼하여 아내(여성)를 소유하려는 가부장적 결혼관을 고집하는 루쥔을 조롱하며 동거주의를 옹호한다.

2장. 소냐의 계모 카체리나 이바노브나의 허영심

2장은 마르멜라도프의 장례식과 그날 저녁 추도 식사 준비 상황, 그리고 추도 식사에서 벌어진 일들을 묘사한다. 앞부분은 가난한 자 특유의 자존심을 보유한 카체리나의 남편 장례식 및 추도 식사 준비에 대한 조롱과 논평을 담고 있다. 카체리나는 저녁식사를 집주인 독일 여자 아말리야 이바노브나에게 위임했으면서도 그녀의 비귀족적인 음식 준비, 초청자 선정 등에 대해 불만을 가득 품었다. 장례식 추모 음식은 형편없었다. 지극히 비참하게 영락했으나 자존심은 하늘을 찌르는 여인이었던 카체리나는 참석한 사람이 거의 없는 상황에 분노와 좌절감을 느낀다. 더욱 비참한 것은 참석자 중 라스콜니코프를 제외한 대부분이 술에 취하였고, 거친 자들이었다는 것이다. 카체리나에 따르면 자신의 아버지에게 은덕을 입은 루쥔(이것은 카체리나의 망상이 만든 허구)도, 그의 룸메이트 레베쟈트니코프도 불참했다. 카체리나가 보기에 중요한 사람은 남편의 친구인 라스콜니코프였는데, 그 역시 장례식에는 오지 않고 추도 식사만 참석했다. 하지만 사실 마르멜라도프와 라스콜니코프는 친구도 아니었다. 하룻밤 성의 없이 술을 마시며, 영혼 없는 대화를 나눴던 사이였을 뿐이다. 카체리나는 이 굴욕적인 상황을 집주인 독일 여자 아말리야의 탓이라며 비난한다. 그러자 아말리야도 분노 어린 맞대응을 시작한다. 분위기가 점차 험악해져 양자는 육탄전을 벌일 기세로 서로에 대한 적의를 불태운다. 고요한 틈새에 카체리나는 망상 어린 미래 계획을 선포한다. 이로써 추도 식사를 희화화한 사람은 카체리나가 되었다. 이것은 카체리나가 현실로부터 정신적으로 탈구되는 경험을 하고 있음을 보여주는 첫 징후였다. 요지는 카체리나가 자신의 고향 소녀들을 위한 기숙학교를 지을 것이며, 소냐도 중용될 것이라는 계획이었다. 이때 아말리야가 말을 덧붙이며 망상 대결을 펼친다. 급기야 아말리야는 품행교육을 제대로 시켜야 한다고 충고함으로써 의붓딸의 매춘을 방조하는 카체리나의 약점을 자극한다. 여기서부터 아말리야의 거짓말(자기의 아버지가 시장이라는 말)과 카체리나의 망상이 차전놀이처럼 극고점으로 치달으며 적의를 내뿜는다. 그때 갑자기 루쥔이 나타나 이 분위기를 일시에 진정시키는 폭탄을 던진다.

3장. 소냐를 도둑으로 몰아가려다가 실패하는 루쥔

3장은 소냐에게 닥친 위기와 반전을 다룬다. 일단 루쥔을 보고 기뻐하는 카체리나는 장례식 만찬 참석자들에게 루쥔을 한때 자기 아버지의 은덕을 입은 지인으로 둔갑시킨다. 그러나 루쥔은 냉담한 반응을 보인 뒤, 다짜고짜 100루블을 도난당했다며 용의자를 소냐로 지목하고, 그녀에게 자백을 강요한다. 이에 소냐는 부인하고, 루쥔은 조사해 보면 알게 될 것이라고 호언한다. 화가 치민 카체리나가 소냐의 옷을 미친 듯이 뒤진다. 소냐의 호주머니에서 100루블 지폐가 나오자 카체리나는 망연자실하면서도 소냐의 결백을 믿었지만, 다른 사람들은 그렇지 않았다. 그렇게 모두가 소냐를 의심할 찰나에 레베쟈트니코프가 들어와 소냐의 호주머니에 돈을 넣은 자는 루쥔이라는 사실을 알려 준다. 루쥔과 소냐의 만남, 대화의 모든 과정을 지켜본 그가 루쥔의 음흉한 속임수를 고발하고 폭로한 것이다. 레베쟈트니코프의 장광설은 루쥔을 단죄하기에 충분했다. 레베쟈트니코프의 폭로가 끝나자 라스콜니코프는 루쥔이 자신의 누이 두냐와의 혼담이 좌초된 상황이었고, 그 복수를 위해 소냐를 파렴치한 절도범으로 몰아 그녀를 애호하는 자신을 궁지에 몰아넣으려는 악심이 100루블 도난 사건의 배경이라고 설명한다. 자신과 누이 두냐, 그리고 모친 풀헤리야를 이간시킬 목적으로 100루블 도난 사건을 날조했다는 것이다. 궁지에 몰린 루쥔은 형사소송을 추진할 의향을 내비치고, 라스콜니코프와 레베쟈트니코프를 무신론자, 자유주의자, 선동가라고 비난하며 자리를 떠난다.

루쥔이 자리를 떠나자 카체리나와 아말리야의 육탄전이 본격적으로 시작되었고, 이 싸움은 또 다른 파국을 초래한다. 아말리야는 카체리나에게 즉시 방을 빼라고 요구하기에 이른다. 이러한 상황에 충격을 받은 소냐는 히스테리 반응을 보이며 자기 집으로 달려 나가고, 라스콜니코프는 그녀를 뒤따라간다. 이 상황에서 카체리나는 거리로 뛰쳐나가 정의와 진리를 찾으려고 광분했다. 정신착란적 광기가 카체리나를 사로잡기 시작했다.

4장. 나폴레옹 영웅 콤플렉스에 걸린 라스콜니코프의 자백 : 소냐의 공개적 회개 촉구

4장은 3장의 장소와 상황을 이어받는다. 저녁을 먹은 후 라스콜니코프는 히스테리 반응을 보이고 뛰쳐나간 소냐의 방으로 찾아간다. 루쥔 사태를 수습하는 과정에서 라스콜니코프는 소냐와 가벼운 말다툼을 하지만, 자신을 향한 소냐의 애정을 감지한다. 라스콜니코프는 소냐에게 자신이 리자베타를 살해한 사람의 친한 친구라고 말하며, 리자베타의 죽음에 상당한 정보를 보유하고 있음을 말한다. 그 순간 소냐의 얼굴과 리자베타의 얼굴이 겹쳐 보이는 현상을 경험한 라스콜니코프는 사실상 자신이 살인범임을 자백한다.

소냐는 이런 고백을 하는 라스콜니코프의 목을 껴안고 입을 맞추며,

유형지라도 함께 가겠다고 말한다. 그리고 그에게 광장의 거리에 나가 대지에 입 맞추고 죄를 자백하라고 강권한다. 그 말에 뒤이어 라스콜니코프는 자신의 살해 동기를 장황하게 설명한다.

"나는 나폴레옹이 되고 싶었어요! 그래서 내가 그녀를 죽였어요⋯⋯ 자, 이제 이해가 되나요?"(영어판 287/민음사 2권 255)

1793~1804년, 약 10년간은 유럽 전체가 나폴레옹에 사로잡혔던 시기이다. 그래서 베토벤은 "황제"를 작곡했고, 괴테도 나폴레옹을 '시대를 대표하는 남자'라고 불렀다. 모든 사람이 나폴레옹을 찬미했다. 나폴레옹은 전쟁을 하긴 했지만, 부패한 귀족들을 부수고 농민들을 해방시켰다. 농민들의 해방으로 귀족들은 나폴레옹을 싫어했지만, 일반 민중은 그를 환영했다. 라스콜니코프는 이러한 나폴레옹의 세계를 현실보다 더 리얼하게 경험했다. 법과대학의 가난한 23세 대학생이 나폴레옹이라는 메타버스로 비약하여, 나폴레옹과 같은 영웅이 되고자 한다. 그가 영웅이 되고 싶어 하는 마음이 소설에 잘 그려져 있다. 이는 현대의 아바타 현상 혹은 메타버스 도피 현상과 같은 증상이다. 이처럼 라스콜니코프는 강한 자가 지배하는 세상을 이상화하는 자신의 사상을 설파한다. 그는 나폴레옹에 완전히 빠져 있다. 소냐는 강한 자가 입법자이자 지배자라고 주장하는 라스콜니코프를 정면으로 책망한다.

"당신은 하나님을 떠났고 하나님이 그런 당신을 치셔서 악마에게 넘겨 버리셨어요"(영어판 289/민음사 2권 261).

라스콜니코프도 정직하게 응대하며 고백한다.

"내가 그 늙은 여자를 죽였을까? 나는 그녀가 아니라 나 자신을 죽였어요. 나는 내 자신을 영단번에 으스러뜨려 버렸던 겁니다!"(영어판 290/민음사 2권 264)

라스콜니코프는 노파 살해가 자신을 살해한 행위임을 인정한다. 라스콜니코프의 도착(倒錯)된 살인 동기에 관한 긴 이론을 들은 소냐는 그의 말에 전혀 동의하지 않고, 아무런 반응도 하지 않는다. 그저 경찰에 자수할 것을 설득한다. 왜냐하면 라스콜니코프는 책을 읽었기 때문에 나폴레옹에 대해서 알고 있지만, 소냐는 나폴레옹을 들어 본 적도 없기 때문이다. 소냐는 그에게 자수하기 전에 먼저 사통팔달 대로에 나가 대지에 입 맞추고 회개하라고 권고한다. 소냐는 자신의 삼나무 십자가를 그에게 주며, 고통을 지고 함께 나가자고 설득한다.

"우리 함께 가서 고통을 당해요. 함께 우리의 십자가를 지고 가요!"(영어판 292/민음사 2권 268)

죄를 용서받으려면 고통을 받아야 한다는 이러한 보속(補贖)적 원리는 가톨릭과 러시아 정교의 영성에 있어 중요한 것이다. 이는 용서받았다는 확신을 강조하는 개신교와는 다른 모습이다. 보속론은 죄를 용서받았지만, 죄를 영구적으로 이기기 위해서는 육체의 고통을 당해야 한다는 것이다. '보속' 과정은 영화 〈미션〉(Mission)에서 볼 수 있는데, 제레미 아이언스와 로버트 드 니로가 죄를 짓고 그 죄를 이기려고 고통을 당하는 사람으로 등장한다. 죄를 용서받는 것은 보속을 통해 가능하다는 것이다.
그때 레베쟈트니코프가 들어와 카체리나가 미쳐 버린 것 같다고 말하는 장면이 5장에 이어진다.

5장. 귀족 출신 가난한 자 카체리나 이바노브나의 광인 행각과 죽음, 스비드리가일로프의 협박

5장은 카체리나의 정신적·인격적 자존감 붕괴와 라스콜니코프에게 겨누어진 스비드리가일로프의 협박을 다룬다. 레베쟈트니코프의 전언에 따르면 카체리나의 실성은 집주인 아말리야가 카체리나 가족을 집에서 쫓아내 버렸기 때문에 촉발되었다. 카체리나는 귀족들에게 러시아 귀족의 몰락상을 자극적으로 보여 동정을 사기 위해 손풍금을 든 자신의 음악에 맞춰 세 자녀에게 춤을 추라고 강요했다. 자녀들에게 춤꾼 옷을 입혀 거리를 행진하고 구걸하게 하는 연극적 행동을 감행한 것이다. 이 사태를 말리려고 소냐가 거리로 뛰쳐나간 사이에 라스콜니코프는 자신의 방으로 돌아온다. 그때 두냐가 라스콜니코프를 찾아왔다. 두냐는 라주미힌으로부터 경찰서 수사 상황에 대한 정보를 듣고 불안에 떠는 오빠를 위로하려고 한다. 잠시 후 떠나는 두냐에게 라스콜니코프는 라주미힌을 의미심장하게 소개한다. 두냐를 떠나보낸 라스콜니코프는 다시 목적 없이 거리를 배회하고 돌아오다가 미친 듯이 춤추며 노래하는 카체리나를 목격한다. 소냐의 애원과 라스콜니코프의 호소에도 카체리나의 광인 행진은 멈추지 않는다. 마침내 그녀는 경찰의 제지를 받아 쓰러져 각혈했고, 얼마 지나지 않아 자기 방에서 죽는다. 카체리나를 안고 있는 소냐의 모습을 본 라스콜니코프는 소냐에게서 '여윈 암말'을 본다(1부 5장 학대당하다가 죽임당한 '암말 꿈' 참조).

카체리나의 죽음을 알게 된 라스콜니코프에게 스비드리가일로프가 나타났다. 갑자기 등장한 스비드리가일로프는 카체리나의 장례식 비용을 지불할 것을 제의하고 아이들을 돌보겠다고 말한다. 그는 라스콜니코프에게 소냐가 장례식을 치르고 이복동생들을 좋은 고아원에 보낼 수 있도록 1만 루블을 제공하겠다고 제안한다. 하지만 돈을 주겠다는 말만 할 뿐, 돈을 주는 장면은 나오지 않는다. 라스콜니코프가 스비드리가일로프에게 동기가 무엇이냐고 묻자, 그는 라스콜니코프가 노파 살해를 정당화할 때 했던 말들을 축자적으로 인용해 대답한다.

> "당신은 내가 카체리나의 세 딸을 위해 돈을 쓴 것이 단지 인도적인 차원에서 이뤄진 일임을 인정하지 않을 겁니까? 당신도 알다시피, 그녀(카체리나)는 무슨 전당포 노파 같은 '이'(蝨) 같은 존재는 아니었습니다"(러시아어판 219/영어판 301/민음사 2권 294).

이를 통해 그가 소냐에게 털어놓은 라스콜니코프의 노파 살해 자백을 엿들었음을 알 수 있다. 그는 노파 살인범의 정체를 알고 있다고 넌지시 말한 후 사라진다.

6부

두 가지 다른 길, 자포자기적 집착과 갱생 : 스비드리가일로프와 라스콜니코프

6부에서는 반전에 반전이 거듭된다. 자신을 강력한 살해 용의자로 의심하던 포르피리가 오히려 라스콜니코프에게 해명하며 사과하는 것처럼 태도를 바꾼다. 이 장면에서 라스콜니코프는 잠시 혼란에 빠진다. 하지만 포르피리는 그가 무죄라고 생각해서가 아니라, 살인범이지만 그 안에 있는 고귀한 무언가를 보고 존중했기에 그를 잔혹하게 다루지 않는다. 그럼에도 포르피리는 라스콜니코프가 살인범이라는 확신을 더욱 굳히지만 라스콜니코프를 직접 체포하기보다 그가 스스로 자백하기를 종용한다. 또 다른 한편 라스콜니코프의 살해 사실을 알고 있는 스비드리가일로프는 두냐를 얻기 위해 그녀를 위협한다. 두냐는 그에게 두 번이나 총을 쏘지만 오발탄과 불발탄이 되었다. 두냐의 사랑을 얻지 못한 채 절망하던 스비드리가일로프는 자살하고 만다. 자신의 범행을 아는 자의 죽음으로 자백의사를 거의 철회할 듯했던 라스콜니코프는 마침내 자신의 범행을 자백하고, 8년간의 시베리아 유형을 선고받는다. 그의 누이 두냐는 선하고 헌신적인 우정의 사람 라주미힌과 결혼하여 시베리아로 같이 갈 계획을 세운다. 그 사이에 라스콜니코프의 어머니는 병사한다. 라스콜니코프는 자신을 따라 시베리아로 함께 가는 소냐의 감화력 넘치는 사랑으로 속량과 갱생을 맛본다.

1장. 라스콜니코프의 광인 행보를 보며 인내심을 잃어 가는 라주미힌
1장은 스비드리가일로프의 예기치 않은 변전을 다룬다. 두냐에 대한 애욕과 집착을 포기한 듯한 스비드리가일로프는 카체리나의 장례식과 그녀의 세 자녀를 고아원에 맡기는 과정에서 재정적인 관대함을 과시한다. 예기치 않은 그의 선량함이 독자들의 마음을 혼란하게 한다. 그는 애욕의 족쇄에 매여 있으면서도 재정적인 희사에 관대한 것처럼 자신을 분식한다. 그는 사악하고 음흉하면서도 악의 완성에 이르지 못했다. 어둠의 자식이었지만, 그 어둠 안에 빛의 소질이 아직도 남아 있음을 드러내려고 했다. 그럼에도 애욕의 악을 도모함에 있어서는 전혀 다른 면모를 보인다. 그는 라스콜니코프의 진실을 인질로 삼아 두냐에게 최후 담판을 시도한다. 소냐에게 바친 라스콜니코프의 고해성사를 다 들은 스비드리가일로프는 라스콜니코프의 공황과 불안의 원인으로 남아 있다. 카체리나의 추모 미사를 마친 소냐는 라스콜니코프에게 더 가깝게 다가온다. 이러한 전개에 라스콜니코프는 놀란다. 그는 소냐에게 자백한 후 정신적인 방황을 거듭하고 있었기 때문에 소냐가 자신에게 살갑게 다가올 것을 기대하지 못했다. 자신은 소냐가 기댈 만한 존재가 아니었다. 특히 카체리나가 죽은 후 미친 듯이 거리를 헤매고 다녔던 그는 기진맥진한 상태였다.

라스콜니코프는 카체리나의 장례식에 불참하고 자기 방에서 나스타시야의 돌봄을 받는다. 그때 문을 열고 들어온 라주미힌은 그에게 미쳤다는 것이 사실인지 다그치며, 그가 어머니와 여동생을 얼마나 고통스럽게 했는지를 질책하며 따진다. 특히 두냐가 어떤 사람에게 익명의 편지를 받은 후부터 더욱 고통스러워한다는 점을 강조한다. 이 상황에서 라스콜니코프는 어머니가 아프다는 통보까지 받는다. 그는 어머니와 누이를 내팽개친 자신을 책망하는 라주미힌에게 자신의 가족을 돌봐 달라고 부탁하며 라주미힌과 두냐를 결합시키려는 의사를 피력한다.

대화를 마치고 방을 나서던 라주미힌은 진범(니콜라이)이 잡혔다는 소식을 전해 준다. (아마도 포르피리가 라주미힌을 통해 라스콜니코프를 시험해 보려고 정보를 유출한 것으로 추측된다.) 따라서 포르피리가 더 이상 라스콜니코프를 살인 용의자로 간주하지 않는다는 점을 알려 준다. 다만 라주미힌은 자신에게 가족을 돌봐 달라고 부탁하며 어딘가로 떠날 기미를 보이는 라스콜니코프가 모종의 정치적 음모에 가담했을 것이라고 짐작할 뿐이다.[28] 그는 심지어 라스콜니코프가 여동생까지 가담시켰다고 판단한다. 라주미힌이 떠난 후 다시 출구가 생긴 라스콜니코프는 생기를 되찾았다.

남은 것은 스비드리가일로프뿐이다. 라주미힌과의 대화를 마친 라스콜니코프는 도청 문제를 담판 짓기 위해 스비드리가일로프를 찾아가려고 한다. 그런데 바로 그 순간 갑자기 포르피리가 등장한다.

2장. 라스콜니코프에게 자백을 종용하는 포르피리와 저항하며 동요하는 라스콜니코프

2장 첫 장면에서 라스콜니코프의 집을 기습 방문한 포르피리는 담배를 한 대 피우면서 그것을 끊지 못하는 자신의 처지를 주저리주저리 늘어놓는다. 라스콜니코프는 엉뚱한 담배 이야기를 하면서 갑자기 본론을 꺼내는 관청식 수사법이 작동하고 있음을 느끼며 불쾌해한다. 그런데 놀랍게도 포르피리는 얼마 전 경찰서에서 라스콜니코프를 용의자 취급했던 태도에 대해 해명하며 형식적인 용서를 구한다. 포르피리는 라스콜니코프의 무죄를 확신해서가 아니라, 자수를 유도하기 위해 인간적 면모에 기대어 심리적 압박을 가한다. 그는 라스콜니코프의 논문에 표출된 '청춘의 내면에 깃든 오만한 열정의 위험성'에 대해 경고한다. 이 과정에서 자신의 수사 과정을 묘사하는 포르피리의 장광설은 라스콜니코프의 신경을 고통스럽게 자극한다. 한 문장, 한 문장이 포르피리의 입에서 나올수록 라스콜니코프는 그가 자신을 살인범으로 확신하고 있음을 느끼며 압박을 받는다. 쇠 수갑보다 더 무서운 것이 포르피리의 예리한 말이다.

아니나 다를까 포르피리는 스스로 고통을 감수하는 종파에 속한 니콜라이의 자백을 불신한다고 말한다. 한 걸음 더 나아가 포르피리는 니콜라이를 용의선상에서 탈락시키고 오히려 라스콜니코프를 살인 용의자로 확정하려고 시도한다. 포르피리는 라스콜니코프가 죽였다고 말하며 그의 자수를 종용한다. 여기서 포르피리는 라스콜니코프의 살인을 정신착란 중 자행된 범죄로 정리하려는 의도를 내비친다. 그는 마지막으로 라스콜니코프에게 자수를 종용하며 몇 가지 조건이 충족되면 가벼운 형을 받게 될 것이라고 알려 준다.

"당신은 오랫동안 공기를 바꿀 필요가 있었어요. 고통 또한 좋은 것입니다.

3부 죄와 벌

> 너무 지혜로운 자가 되려고 하지 말고 사변에 몰입도 하지 말고 당신 자신을 삶의 한복판으로 집어던져 보시오⋯⋯ 지금 당신에게 필요한 것은 신선한 공기, 신선한 공기, 신선한 공기뿐입니다!"(영어판 318/민음사 2권 338)

포르피리 페트로비치는 '골방에 갇혀' 초인 이데올로기의 망상에 매몰된 라스콜니코프에게 징벌 - 고난의 현실을 받아들여 새롭게 출발하라고 권고한 것이다. 수사관은 관 같은 방에 처박혀 반세상적인 혁명 열정에 매몰된 라스콜니코프를 탁 트인 광장의 삶으로 불러낸다.[29] 광장의 공기를 마시라는 것이다.
여기서 공기라는 말은 '생기'를 의미한다. 즉, 새 삶을 받으라는 뜻이라고 볼 수 있다. 하지만 포르피리의 말은 라스콜니코프에게 거대한 감옥 담벼락처럼 느껴진다. 포르피리에게 격분한 라스콜니코프는 반발한다.

> "당신은 나를 언제 체포하려고 계획하고 있습니까?"(영어판 318/민음사 2권 339)

놀랍게도 포르피리는 아직 그를 체포할 수 있는 충분한 증거를 확보하지 못했음을 순순히 인정한다. 그러나 곧 라스콜니코프를 체포할 수 있을 것이라고 말한다.

3장. 스비드리가일로프를 찾아가 자신의 자백을 악용하지 말라고 위협하는 라스콜니코프

3장은 비교적 짧다. 3장은 스비드리가일로프를 찾아가 담판을 지으려는 라스콜니코프의 시도를 묘사하며, 둘의 마지막 정신적 결투가 일어난다. 자신을 맴도는 스비드리가일로프를 찾아 나선 라스콜니코프는 음식점에서 그와 조우한다. 라스콜니코프는 그에게 두냐에게 계속 접근하면 죽여 버릴 것이라고 위협한다. 자신의 약점을 쥐고 있는 스비드리가일로프에 대한 적의를 유감없이 드러낸 것이다. 그래도 스비드리가일로프는 위축되지 않는다. 이에 대한 답변으로 스비드리가일로프는 자신의 욕망 담론을 장광설로 전개한다. 여기에는 욕망의 영속성 사상이 등장한다. "욕망은 죽지 않는다." 이 말은 굉장히 프로이트적이다. 프로이트(Sigmund Freud)는 인간의 모든 행위를 심층자아에 작동하는 욕망들의 작용과 반작용으로 해명하려고 했기 때문이다. 프로이트는 1900년대에 글을 썼는데, 도스토옙스키는 프로이트보다 약 한 세대 먼저 이런 말을 쓴 것이다.

라스콜니코프와 스비드리가일로프의 산만한 대화가 길게 펼쳐진다. 스비드리가일로프는 자신을 음탕한 사람이라고 비난하는 라스콜니코프에게 두냐에 대한 자신의 연모는 순수하고 지속적인 사랑이라고 강변한다.

"이 음탕이라는 악덕에는 적어도 항구적인 뭔가가 있습니다. 그것은 본성 안에 뿌리를 내리고 있으며, 환상 따위에 종속되지 않습니다. 그것은 피 속에서 영원히 타오르는 불씨처럼, 끊임없이 사람들을 불붙게 하며, 아무리 세월이 흘러도 쉽게 꺼지지 않는 그 무엇이지요"(영어판 325/민음사 2권 357).

'음탕'이라는 단어는 음욕, 성욕으로 번역할 수 있다. 환상 따위에 종속되지 않는 본성적인 것이다. 도스토옙스키는 음탕이 옳다고 본 것이 아니라 인간의 존재가 이러하다고 보았다. 왜냐하면 『카라마조프가의 형제들』에서 아버지와 아들이 한 여성을 두고 다투는 장면을 보면, 이 정욕과 성욕의 항구성, 불멸성 같은 것이 진짜 존재하는 것처럼 보이기 때문이다. 프로이트의 범성욕주의(pansexualism)는 비판을 받지만, 쉽게 부정하지 못하는 사상이다.

두냐가 자신을 구원했으며 자신을 궁극적으로 구원할 것이라고 말하는 스비드리가일로프는 조금도 자신의 이론에서 후퇴하지 않는다. 그는 두냐에 대해 말한다.

"아브도치야 로마노브나는 심지어 나처럼 품격 없고 천한 사람에게도 오직 가장 깊은 존경만 불러일으킬 수 있습니다"(영어판 326/민음사 2권 360).

스비드리가일로프의 눈에 비친 라스콜니코프는 쉴러 같은 이상주의자이자 낭만주의자이다. 반면에 스비드리가일로프는 아름다운 여성에 의한 괴테적 구원론을 설파한다. "아름다운 여성이 구원한다." 이것은 괴테의 『파우스트』가 외치는 예술적 모토이다. 헬레나가 파우스트를 구원하듯이 아름다운 여성이 타락한 인류를 구원할 수 있다는 이야기에 비추어 스비드리가일로프는 두냐가 자신의 애욕의 대상이 아니라, 자신을 구원할 자라고 치켜세우는 셈이다.

4장. 두냐를 아직도 연모한다고 고백하는 스비드리가일로프

4장은 여전히 3장의 무대와 같다. 스비드리가일로프 숙소 근처의 음식점이다. 4장은 스비드리가일로프의 짧은 자서전적 담화로 시작한다. 그는 막대한 채무로부터 자신을 속량해 주고 남편으로 맞아 준 마르파 페트로브나와의 결혼생활을 유지하기 위해 자신과 아내 사이에 체결된 여섯 가지 세부조항(여섯 번째 조항은 스비드리가일로프에게 애인이나 정부가 생기면 아내에게 보고해 승낙을 받아야 한다는 내용이다.)을 들려준다.

이어 스비드리가일로프는 자신의 집에서 가정교사로 일하게 된 두냐에게 푹 빠지게 된 과정을 설명한다. 여기서 아내 마르파가 자신에게 두냐에 관한 정보를 세세하게 제공하여 오히려 두냐에 대한 관심을 불러일으켰음을 강조한다. 그는 두냐에 대한 자신의 집착을 저항할 수 없이 예쁜 두냐의 탓으로 돌린다.

"아 제기랄, 왜 그녀는 그렇게 아름답지요? 그녀에게 매혹된 것은 내 잘못이 아니라는 말입니다. 사실, 내 편에서 보면 그것은 도저히 억누를 수 없는 육체적 욕망에서 시작됐습니다. 아브도치야 로마노브나는 무섭도록, 믿기 힘들 만큼 두드러지게 순결합니다"(영어판 328/민음사 2권 366).

이 소설에서 라스콜니코프 다음으로 자기 해명적인 대사와 분량이 제일 많은 사람이 스비드리가일로프이다. 그러니까 이 사람이 2대 주인공, 작가의 2대 분신인 것이다. 이런 점에서 그에게 작가적인 정체성이 가장 잘 드러난다고 볼 수 있다.

이어 스비드리가일로프는 아첨을 통해 두냐의 마음을 조금 움직였다고 실토한다. 자신은 두냐의 원피스가 사각거리는 소리만 들어도 참을 수 없을 정도였기에, 두냐에게 3만 루블을 가지고 페테르부르크로 도망치자고 제안했다고도 말한다. 그러나 루쥔의 혼담이 끼어들어 두냐를 연모하던 마음이 중단되었다고 말한다. 그는 아직도 두냐에게 끌리는 마음이 있지만, 최근에 16세 소녀와 약혼했다고 말한다. 이미 약혼녀에게 1천 5백 루블 상당의 물건을 사 주었으며, 더 이상 두냐를 연모하지 않는다며 호언한다. 이야기의 끝에서 그는 술집에서 캉캉춤을 추는 13세 소녀와 그 어머니를 구출한 일화도 들려준다. 아이들을 좋아하는 자신의 순수한 면모를 과시하기 위한 일화였을 것이다. 이런 맥락에서 보면 카체리나의 세 자녀를 고아원에 보내기 위해 거금을 쓴 스비드리가일로프의 행위가 설명된다.

4장의 마지막은 두 사람의 가시 돋친 말의 대전이 끝나고 둘 다 술집을 떠나 센나야 광장으로 가는 장면이다. 더 정확하게 말하면 최근 들어 라스콜니코프는 자신을 이전보다 더 거칠고 냉소적으로 대하는 스비드리가일로프를 추적하기로 한다.

5장. 라스콜니코프의 고백을 빌미 삼아 두냐를 위협하는 스비드리가일로프

5장은 4장의 상황을 이어받는다. 스비드리가일로프를 뒤따라가는 라스콜니코프에게 스비드리가일로프는 왜 따라오느냐고 묻는다. 라스콜니코프는 두냐에 대한 '당신의 비열한 속셈이 여전히 현재진행형임을 간파했기 때문'이라고 대답한다. 이런 이유로 라스콜니코프는 스비드리가일로프의 동선을 놓치지 않았다. 스비드리가일로프는 마차를 타고 다른 곳으로 갈 것처럼 라스콜니코프를 속이고는 어떻게든 두냐를 만나기 위해 머리를 썼다. 스비드리가일로프는 두냐에게 "나는 당신의 오라버니 라스콜니코프의 비밀을 안다."라는 편지를 보내 일단 그녀를 협박했다. 자신을 만나 주지 않으면 오빠를 경찰에 신고해 버리겠다는 식으로 위협했다. 이렇게 해서 스비드리가일로프는 마침내 두냐를 자신이 묵고 있는 방으로 유인하는 데 성공한다. 오빠의 신변을 걱정한 두냐는 길거리에서 오빠를 보았음에도 그에게 알리지 않고 스비드리가일로프의 방으로 간다. 스비드리가일로프는 두냐에게 자신이 라스콜니코프와 소냐의 대화를 엿듣게 된 경위, 조건, 상황을 자세히 설명한다. 라스콜니코프를 살인범으로 단정하고 확신하는 스비드리가일로프의 말에 두냐는 반발한다. 스비드리가일로프는 라스콜니코프가 전당포 노파를 살해하게 된 과정을 이야기하면서, 라스콜니코프의 살인 이론을 재론함으로써 자신의 말에 대한 두냐의 의심을 불식시키고자 했다. 그는 인간을

'재료'에 해당되는 평범한 대중들, 그들을 인도하고 법의 경계를 넘는 '나폴레옹적인 비범자'로 나눈 라스콜니코프의 이론을 반복한다. 두냐는 라스콜니코프의 살인 이론과 전당포 노파 살인 행위를 연결하는 스비드리가일로프의 논리적인 설명에 큰 충격을 받고 의자에 기절하듯 쓰러진다. 이때 그는 두냐를 덮치려는 동시에 마지막 승부수를 던진다. 자신과 함께 라스콜니코프를 데리고 외국으로 도피하자고 제안한 것이다. 자신의 재력과 수완, 인맥으로 해외 도주가 가능함을 호언한다.

『카라마조프가의 형제들』에서도 드미트리에게 그의 친구들이 아메리카로 가라고 길을 열어 주는 장면이 나온다. 이것은 19세기 중반 아메리카로 이주하던 러시아 사람들이 많았음을 보여준다.

자신을 덮치려는 스비드리가일로프의 위협적인 시도에 기겁하여 문을 열고 나가려고 했던 두냐는 잠겨 있는 문 때문에 더욱 공포에 질린다. 그때부터 스비드리가일로프는 두냐를 폭력적으로 위협한다. 이때 두냐는 마르파에게 받았던 권총을 뽑아 스비드리가일로프를 향해 격발한다. 탄환은 스비드리가일로프의 관자놀이를 스쳐 그의 머리에서 피가 흐른다. 두냐가 스비드리가일로프를 향해 한 번 더 발사했지만, 그것은 불발탄이었다. 결국 스비드리가일로프를 향한 두냐의 권총 발사 응징은 무위로 끝난다. 그러는 사이에 스비드리가일로프는 강제로 두냐를 껴안는다. 하지만 두냐는 그의 사랑을 영구적으로 단호하게 배척하고 부정한다. 스비드리가일로프는 두냐가 끝내 그의 사랑을 받아 주지 않자 결국 두냐를 풀어 준다.

6장. 착한 재정 회사를 한 후 자살하는 스비드리가일로프

6장은 두냐에게 배척당한 스비드리가일로프가 자살하는 에피소드를 다룬다. 두냐가 자신을 얼마나 싫어하는지를 알게 된 스비드리가일로프는 그녀가 두고 간 권총을 들고 목적 없이 거리를 쏘다닌다. 거리로 나간 그는 술집, 유흥업소(유곽)에 나가 사람들에게 한턱내는 관대함을 보인다. 밤늦게 유곽을 다녀온 그는 소냐를 만나 자신은 아메리카로 떠날 것이라고 말한다. 그는 3천 루블을 소냐에게 주고(나중에 라스콜니코프가 유형지에 갈 때 소용될 비용) 흠뻑 비를 맞은 채 바실리예프스키 섬에 있는 약혼녀의 집에 찾아가 지참금 1만 5천 루블을 준다. 다시 허름한 호텔에 투숙한 스비드리가일로프는 상념, 망상, 추념에 빠지고, 아내 마르파의 유령이라도 나타나기를 기대할 정도로 극도의 고립과 고독에 처한다. 반수면상태에 빠진 그는 자신에 의해 능욕당해 자살해 버린 14세 소녀가 나타나는 악몽에 이어 강물이 범람하는 악몽을 꾼다(프로이트적 심층심리[30]/무의식의 범람?). 새벽 3시쯤 잠에서 깬 그는 다시 악몽을 꾼다. 자신이 구해 준 5세 소녀가 성숙한 여자, 창녀처럼 변해 자신에게 덤비고 있었다. 그가 손을 들어 아이를 후려치려고 할 때 잠이 깼다. 반수면상태에서 꾼 악몽의 절정인 소녀 창녀의 꿈은 자신의 욕망을 폭로한 꿈이었다. 애욕의 격발에 좌우되고 애욕의 사슬에 매여 사는 자신의 부서진 실존을 집약한 악몽이었다. 생에 대한 그의 의욕을 꺾어 놓은 환멸이었다. 스비드리가일로프가 그 자신의 존재에 절망해 버린 이 장면은 참 슬프다. 그는 아침에 일어나 아메리카로 떠나는 여행을 감행하겠다고 호언했지만, 새벽 일찍 소방망루 근처에서 권총으로 자살한다.

7장. 마지막까지 자수를 미루는 라스콜니코프의 자아분열적 갈등 : 살인의 정당화? 혹은 죄책 심화?

7장은 스비드리가일로프의 자살이 결행된 지 약 12시간 정도 지난 후, 라스콜니코프가 어머니와 두냐를 만나는 장면부터 묘사한다. 라스콜니코프는 라주미힌이 어머니와 누이를 위해 바칼레예프 섬에 마련해 준 집에 도착한다. 거기서 그는 어머니를 다정하게 맞이하며 자신의 사랑을 확신시키려고 애쓴다. 어머니 풀헤리야는 아들의 〈정간 논평〉 기고 논문 "범죄론"을 읽었으면서도, 여전히 아들의 장래를 낙관적으로 전망한다.

이런 상황에서 라스콜니코프는 갑자기 어머니에게 "나에게 어떤 일이 일어나더라도 나를 사랑해 줄 것이냐?"라고 묻는다. 영문을 모르는 어머니는 아들의 이상한 작별 인사를 듣고 '아들이 멀리 떠나는가 보다.'라고만 이해한다. 모자는 서로 부둥켜안고 운다. 끝으로 라스콜니코프는 언제나 어머니를 사랑할 것이라고 말하며 자기 방으로 되돌아가고, 거기서 자신을 기다리고 있는 두냐를 본다. 하루 종일 소냐의 집에서 그를 기다리다가 혹시 몰라 지나가는 길에 오빠 집에 들렀다는 두냐에게 라스콜니코프는 자수 계획을 알려 준다. 하지만 그는 자신이 행한 일이 죄라고 생각하지 않았다. 그는 오히려 자신을 죄인이라고 단죄하는 사회의 사법 시스템 자체를 아예 부정하는 논리를 편다.

> "저 사악하고 해로운 벌레, 누구에게도 도움이 못 되는 한 늙은 전당포 여자를 내가 죽였어…… 그녀를 죽인 것은 마흔 가지 죄들을 위한 속죄야. 그녀는 가난한 자들의 피를 빨아먹는 중이었어. 그런데 그것이 죄라고?"(영어판 357/민음사 2권 443)

그는 자신을 가리켜 죄인이 아니라, '실패한' 사람이라고 말한다. 그는 자기가 저지른 살인 행위가 실패로 끝나서 줄리어스 시저처럼 월계수를 대접받지 못했다고 생각한다. 자신은 '성공하지 못한 살인자'일 뿐이라는 것이다. 이런 호언장담에도 불구하고 그는 자신 안에 똬리를 틀고 있는 이 오만한 확신의 노도 광풍이 언제쯤 잠잠해 질지 스스로 의아해한다.

> 그는 상념에 잠겼다. '어떤 과정을 거쳐야, 내가 무조건적으로 신념에 의해 저 모든 사람들 앞에서 겸비케 될 수 있을까?'(영어판 359/민음사 2권 448)

이러한 생각의 줄기가 그의 오만하고 당당한 확신에 균열을 내는 것처럼 보인다. 어떤 과정을 거쳐야 라스콜니코프의 이 오만하고 강포한 자신감과 확신의 물결이 잠잠해지고, 얌전해질 수 있을까? 과연 라스콜니코프는 자신의 신념에서 해방될 수 있을까? 라스콜니코프는 자신의 신념에 병적으로 사로잡힌 것처럼 보인다. 그는 신념에 봉쇄당한 죄수 같다. 이는 자기 정신을 깊이 들여다본 사람만이 알 수 있다.

8장. 스비드리가일로프의 자살 소식을 듣고 경찰서를 빠져나갔다가, 다시 돌아와 자수하는 라스콜니코프

자신의 집에서 두냐를 배웅한 라스콜니코프는 마지막으로 소냐를 찾아간다. 라스콜니코프의 자살을 염려하던 소냐는 그의 등장에 적이 안도한다. 소냐는 그에게 무엇보다도 먼저 센나야 광장에 가서 엎드려 대지에 입 맞추고 석고대죄하라고 권유한다. 경찰서로 가는 길에 라스콜니코프는 장터에 멈춰 대지에 입을 맞춘다. 다만 그는 포르피리가 아니라, 자신의 친구 일리야 페트로비치에게 자수하러 간다.

경찰서에 도착하자 라스콜니코프가 살인범임을 알고 있던 스비드리가일로프의 자살 소식이 전해진다. 자수할 차례를 기다리던 라스콜니코프는 갑자기 동요한다. 놀랍게도 그는 자백을 철회하기로 마음먹고 황급히 경찰서를 빠져나갔다가 멀지 않은 곳에 서 있던 소냐를 보고 다시 경찰서로 가서 일리야 페트로비치에게 자백한다. 소냐가 두 손을 탁 마주치자 라스콜니코프의 양심이 순식간에 회복되었다.

"바로 내가 그 전당포 노파와 그 여동생 리자베타를 도끼로 살해하고 금품을 강탈했습니다"(영어판 366/민음사 2권 467).

7부
에필로그

에필로그는 약 2년간의 일을 기록한다. 작가는 앞의 1~6부에서는 2주간에 걸쳐 일어난 일들을 서술하는 데 수백 쪽의 분량을 할애했음에도, 에필로그에서 2년간에 걸쳐 라스콜니코프에게 일어난 일은 너무 압축적으로 정리한다.[31] 에필로그는 사법적 처분과 그것이 주인공에게 일으킨 느린 변화를 담는다. 자신의 범행을 아는 자의 죽음으로 자백의사를 철회할 듯했던 라스콜니코프는 마침내 자신의 범행을 자백하고, 시베리아 8년 유형을 선고받는다. 그의 누이 두냐는 선하고 헌신적인 우정의 사람 라주미힌과 결혼하여 시베리아로 같이 갈 계획을 세운다. 그 사이에 라스콜니코프의 어머니는 병사한다. 라스콜니코프를 따라 시베리아로 함께 가는 소냐의 감화력 넘치는 사랑으로 그는 속량과 갱생을 맛본다.

1장. 라스콜니코프의 시베리아 강제 노동교화 유형 8년 선고, 소냐의 시베리아 동행, 라주미힌과 두냐의 결혼

1장은 라스콜니코프에 대한 재판 결과, 이미 시베리아 유형수로 1년을 복역한 라스콜니코프의 최신 동향을 보도한다. 당시 형법체계에서 시베리아 유형은 극형이었다. 왜 19세기 제정 러시아는 살인범을 대도시의 감옥에 보내지 않고, 이렇게 멀리 보냈을까? 멀리 보내는 것 자체가 이미 형벌이기 때문이다. 시베리아 유형지는 절해고도보다 더 혹독한 비인간화를 맛보는 인생막장의 자리였다. 그곳에서는 도망쳐도 살 곳이 없다. 먼 길을 걸어가는 도중 죽음을 맞이하였기 때문이다. 당시 제정 러시아는 살인범을 교화시켜 갱생시킬 복지교정을 실행하기에는 교정사상도, 그리고 교정행정을 집행할 예산도 없었다.

재판에서 정신병리학적인 요인을 고려하여 2급 살인죄로 기소된 라스콜니코프는 시베리아 8년 유형을 선고받았다. 피 끓는 청년의 혈기를 꺾기에 충분한 복역 기간이다. 하지만 살인을 둘러싼 환경, 라스콜니코프의 정신적 쇠약함, 그의 과거 선행 등에 대한 유리한 증언 덕분에 죄에 비해 가벼운 형벌을 선고받은 것이다. 정신박약증 외에 라스콜니코프의 숨은 선행과 방정하고 의로운 품행에 관한 증언이 재판부에 제출되었다. 포르피리의 자수 유도 수사도 그의 감형에 기여했으며, 순수한 자백 태도, 자기에게 불리한 정직한 고백 등도 정상참작에 이바지했다. 범행이 일어난 1년 반 후에도 라스콜니코프는 시베리아 감옥에서 유형생활을 감내하고 있다. 재판이 끝난 시점을 기준으로는 아홉 달째 시베리아에서 유형생활을 하고 있다. 소냐는 라스콜니코프를 따라 시베리아로 이주했으며, 감옥이 있는 도시 외곽에 거처를 잡았다. 그녀는 라스콜니코프를 정기적으로 방문하면서 그의 양심의 짐을 벗기기 위해 애쓴다. 이 감옥은 옴스크 감옥이다. 상트페테르부르크에서 옴스크까지는 3,200킬로미터 정도의 거리가 있다. 옴스크는 황량한 무인광야 유형지였다.

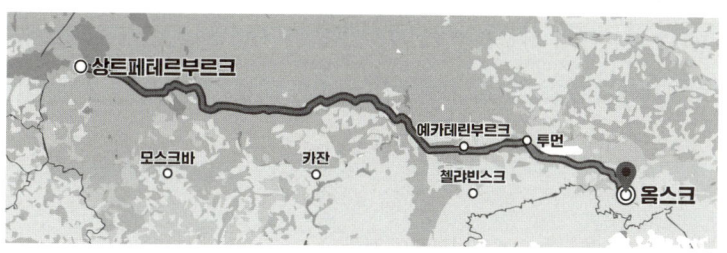

이 즈음에 라스콜니코프의 어머니 풀헤리야의 정신적 이상증세가 수면 위로 떠올랐다. 라스콜니코프와 소냐가 시베리아로 떠난 지 두 달 만에 두냐는 라주미힌과 결혼했으며, 그들은 라스콜니코프의 유형살이를 노골적으로 언급하지 않았다. 이런 상황에서 풀헤리야는 아들의 어떤 상황도 캐묻지 않고 상상만 했다. 그러면서도 때로는 아들의 장래에 대한 과도한 장밋빛 망상을 전개하기도 했다. 정신의 분열과 붕괴 조짐이 나타났기 때문이다. 아들의 선행과 논문을 자랑하는 일을 즐기던 어느 날 갑자기, 그녀는 아들이 돌아온다면서 그를 맞이할 채비를 하다가 2주 후에 죽음을 맞이한다. 환상, 기쁜 망상, 눈물이 그녀의 최후 세계였다. 그녀는 아들이 잘못됐을 것이라는 의심에 시달렸음이 틀림없다.

시베리아 유형지에서 온 소냐의 지극히 사실적이고 간략한 정보 제공적 편지에 따르면 라스콜니코프는 항상 우울하고 비사교적이며 침묵하는 편이었다. 그는 페테르부르크에서 온 소식은 물론, 어머니의 병세 소식에도 무감각한 반응을 보였다. 처음에는 소냐의 면회도 성가셔 하며 무감동, 무반응했다. 이처럼 한동안 라스콜니코프는 자수 이전의 오만한 인간의 모습으로, 인간성이 손상된 채 지냈다. 하지만 유형지에서 삯바느질로 유명해진 소냐는 조금씩 라스콜니코프의 얼어붙은 동토 심장을 녹이기 시작했다. 그럼에도 한동안 라스콜니코프는 동료 유형수들에게 비호감 대접을 받으며 답답한 유형생활을 하다가 위중한 병에 걸려 병동생활을 하게 되었다. 그는 어느 날 병동에서 자신을 바라보던 감옥 밖 소냐를 보고 마음이 녹아내리는 것을 경험한다. 진짜 기독교적인 화해는 2장에서 볼 수 있다. 그렇지만 노파에 대한 유감 표명은 끝내 나오지 않는다.

2장. 어렵고 복잡한 라스콜니코프의 갱생

에필로그 2장은 마침내 '기세'가 꺾인 라스콜니코프를 보여준다. 자존심에 난 상처, 그 때문에 생긴 병이 나았기 때문이다. 그는 이제 자신의 실책을 인정하되, 자신의 죄를 인정하지 않던 단계에서 벗어났다. 한동안 '맹목적 선고의 어처구니없음과 타협하고, 그것에 굴복해야 하는 것이 수치스럽다.'라고 생각하던 라스콜니코프는 상당 기간 자신의 범죄를 뉘우치지 않았다. 자신의 전당포 노파 살인을 악행이라고 단죄하는 것에 오히려 저항했다. 저항의 신음이 그의 주조음이었다.

그는 법을 파괴하고도 인류의 은인이 된 자들의 성공과 자신의 실패를 비교했을 뿐, 악행을 뉘우치지 않았다. 성공한 법 파괴자들은 긴장을 견뎠고, 자신은 긴장을 견디지 못하여 실패했을 뿐이라고 평가했다. 성공한 이들은 어떻게 긴장을 견뎠는가? 법을 파괴했지만 "법 파괴는 인류 진보를 견인한다."라고 확신했기 때문이다. 법을 파괴하고도 역사의 진보를 견인했다고 추앙받은 '초인들'은 이렇게 믿고 끝까지 밀고 나갔다는 것이다. 그런 이들은 대개 사람을 많이 죽일수록 '초인'으로 기려지고 존경받으며 기억된다. 자신도 한때는 이 '초인'의 반열에 선 살인자로 추앙받기를 열망했다. 하지만 라스콜니코프는 한 명밖에 죽이지 못한 채 무너지고 말았다.

라스콜니코프 자신은 '본능의 둔중한 중압감' 때문에 견디지 못했다고 생각했다. 양심의 고통을 본능의 둔중한 중압감이라고 해석했다. 그는 스비드리가일로프도 감행한 자살을 자신이 감행하지 못한 것을 인정해야 했다. 그는 초인이 되어 병든 세상을 고치려고 하다가 부자유의 쇠창살에 갇혔다. 이런 자각이 진행될수록 라스콜니코프는 자신과 동료 유형수들 사이에 심연이 존재하는 것을 조금씩 더 분명하게 인지했다. 라스콜니코프는 점차 자신과 달리 삶을 아끼고 사랑하는 동료 유형수들을 보고 놀랐다. 동시에 자신을 불신자, 무신론자라고 비난하는 동료 유형수들로부터 비호감, 미움을 사는 자신을 응시했다. 그런 상황에서 동료 유형수들은 소냐에게 감화를 받고 라스콜니코프까지 사랑하게 된다. 서로에 대한 따뜻한 시선의 상호적인 교환이 라스콜니코프와 동료 유형수들 사이의 거리를 좁혔다.

이처럼 여러 감정이 엎치락뒤치락하는 상황에서 사순절 후 어느 날, 라스콜니코프는 문명 파괴적인 대파국적 돌림병, '선모충' 악몽을 꾸게 된다. 사순절 다음에 부활절이 오는데, '사순절이 끝날 무렵'이란 말은 교회의 절기를 절묘하게 배치한 것이다. 인류의 대다수를 습격하여 죽이는 선모충 돌림병에 걸리는 자는 로마서 1 : 20~24[32] 증상이 나타난다. (이 성경 구절은 필자가 해석한 것이다.) 스스로 현명한 자, 진리에 있어서 확고부동한 자, 극단적으로 자기만 옳다고 주장하는 독설주의자, 선악 판단을 자신이 독점하는 자가 된다. 선모충은 바로 죄 곧 로마서 7 : 21~24[33]이 말하는 죄다.

병에서 치유된 라스콜니코프는 감옥 밖 강기슭 노역장에 나간다. 그는 거기서 아브라함과 양 떼의 정경을 상상한다. '아브라함과 양 떼' 풍경은 단순히 목가적 풍경이 아니다.[34] 상트페테르부르크의 자본주의적 분업노동의 사회가 아니라, 야생적 자유가 향유되는 사회이다. 아브라함은 하나님이 지으시고 경영하는 성에 들어가기까지 양 떼들을 따라 야생적인 자유를 만끽했다(히 11 : 10[35]). 아브라함과 그 양 떼의 정경에는 목초지를 따라 옮겨다니며 사는 유목민의 자유가 있다.

노역장에 조용히 나타난 소냐가 라스콜니코프 옆에 앉는다. 라스콜니코프는 소냐의 손을 잡는다. 마침내 그는 자신이 소냐를 진심으로 사랑한다는 것을 깨닫고, 자신의 죄책을 진심으로 뉘우치며 소냐의 무릎을 끌어안고 운다. 소냐는 라스콜니코프의 사랑을 확신한다.

> 그들은 말을 하고 싶었지만 말할 수가 없었다. 그들의 눈에는 눈물이 맺혔다. 그들 둘 다 창백하고 여위었다. 하지만 그들의 병들고 창백한 얼굴들은 새로운 미래의 새벽, 즉 새로운 삶을 가져올 충만한 부활의 새벽이 동터 오자 빛났다. 그들은 사랑에 의해 갱생되었다. 한 사람의 마음이 또 다른 한 사람의 마음을 위해 무한한 생명의 원천을 지탱해 주었다(영어판 375/민음사 2권 496).
>
> 사변적인 변증법 대신에 삶이 그 자리에 들어섰다. 전혀 다른 그 무엇이 이제 그의 지성 안에서 뭔가를 이루게 될 것이었다(영어판 376/민음사 2권 498).

여기서 말하는 변증법은 초인의 탈도덕적인 업적을 칭송하는 논리였다. 라스콜니코프가 신봉한 변증법은 나폴레옹적인 악행이 선을 가져오고, 나폴레옹적인 법 파괴가 인류 진보를 가져온다고 보는 변증법이다. 라스콜니코프는 이러한 변증법의 허황된 논리 대신에 동료 유형수들이 보인 아브라함과 양 떼 같은 삶을 선택했다. 평범하고 반복적인 일상생활의 리듬이 참된 삶의 진면목임을 깨달은 것이다.

서서히 기독교 복음의 감화력에 노출되어 가는 라스콜니코프의 베개 밑에는 복음서가 놓여 있었다. '겨우 칠 년!' 둘 다 이 7년을 7일처럼 바라볼 준비가 되어 있었다. 이 구절에서 창세기 29장을 떠올릴 수 있다(7년을 며칠같이 여긴 야곱의 이야기). 살인범 청년은 악행을 통한 선의 구현이라는 희한한 변증법의 신봉자였으나, 이제는 고통을 감수하고, 죗값을 치르는 유형살이를 통해 선의 가능성, 부활을 소망할 수 있었다. 몰락과 고통을 경험하고, 오히려 생명을 경험하는 삶의 변증법을 경험한 것이다.

3부 죄와 벌

4부 백치

"그런데 공작, 당신이 언젠가,
'아름다움'이 세상을 구할 것이라고 말했다는데, 정말인가요? ……
공작은 아름다움이 세상을 구할 것이라고 주장하고 있어요!"
_『백치』중

도스토옙스키의 『백치』 스케치

"『백치』의 주인공 므이쉬킨의 마음 들여다보기"

- 므이쉬킨 공작을 이해하고 몰이해하는 페테르부르크 사람들
- 백치를 견디지 못하고 학대하고 따돌리는 똑똑한 자들의 난파와 몰락

메시지　　진리의 길을 걷는 자는 '거룩한 바보'라는 굴욕을 감수할 수밖에 없다.

질문　　므이쉬킨 공작의 어떤 사람됨이 그를 '거룩하고 매력적인 백치'로 만드는가?

- 다시 스위스로 영구 추방되는 므이쉬킨 공작의 고난
- 끝내 이해받지 못하는 거룩한 바보의 좌절과 비극

메시지　　기독교 신앙은 하나님의 사랑과 진리 때문에 바보가 된 자들의 인간 승리 드라마이다.

질문　　므이쉬킨은 왜 사랑을 얻는 데 실패하고 진짜 백치가 되어 버리는가?

『백치』 작품 소개

소설가 황석영이 쓴 『손님』은 1950년 10~11월 약 45일간에 걸쳐 일어난 황해도 신천군 양민 학살 사건을 다룬다. 이 양민 학살 사건은 미군, 공산주의 맹종 좌익청년들, 그리고 기독교회의 청년들이 자행한 사건이다. 이 소설의 요지는 이것이다. "공산주의가 그렇듯이 기독교 또한 아직까지 우리 한국 민중에게 손님일 뿐이지, 가슴속에 와 있는 고향 사람이 아니다. 기독교는 우리 겨레에게 손님일 뿐이다." 372년 소수림왕 때 고구려에 불교가 전해졌다. 반면 신라는 527년 법흥왕 때 이차돈의 순교로 불교가 공인되었다. 불교는 우리 겨레의 마음에 영접된 종교가 되어 2천 년 가까이 민중의 가슴속 종교로 자리 잡고 있다. 불교는 이 긴 시간 동안 숱한 불교사상가들, 고승들, 그리고 문화유적을 남겼다. 그런데 기독교는 아직도 민중들 가슴에 자리 잡지 못한 채 배척받고 있다. 150여 년의 선교 역사를 가졌음에도 여전히 한국교회의 기독교 담론은 유급 성직자들이 주도하고 있다. 유급 성직자들의 기독교 옹호와 선전에는 일종의 이해 관계가 담겨 있다. 이러한 이해 관계가 없이 순수하게 기독교 신앙을 영접하고, 이것을 자기의 말로, 예술과 문학으로 풀어내는 이는 찾기 어렵다. 정치적인 입법 과정을 통해 기독교 신앙을 옹호하는 사람도 아직은 거의 존재하지 않는다. 기독교를 논하는 주도 세력이 직업으로서의 성직자 집단이라는 사실은, 우리나라가 아직까지 신앙에는 한참 어린 단계에 머물러 있음을 반증한다.

유럽의 상황은 달랐다. 18세기 유럽 기독교 문명권에서 자라난 헨델(Georg Friedrich Händel)과 바흐(Johann Sebastian Bach)의 그 유명한 곡들이 탄생한 배경에는 동시대 사람들에게 깊은 영향을 미친 기독교의 존재가 있었다. 양질의 기독교회의 존재, 기독교 신앙을 삶으로 살아내는 신자들의 존재야말로 기독교 문학과 예술을 배태시키는 영감의 원천이 된다. 음악으로 큰 성공을 거두었지만 흥청망청 수준으로 살다가 거의 파산 직전에 이르렀던 헨델은 찰스 제넨스(Charles Jennens)에게 마태복음 26~27장 중심의 오라토리오 대본을 받고 "메시야"(Messiah)를 작곡했고, 바흐는 마태복음 26~27장을 깊이 묵상한 끝에 "마태 수난곡"(Matthäuspassion BWV. 244)을 작곡했다. 마태 수난곡과 메시야는 사순절 시기에 전 세계 사람들에게 큰 감동을 준다. 18세기 유럽의 그리스도인이었던 음악가 바흐는 독일 라이프치히의 토마스교회에서 어떤 감동을 받았기에 그토록 엄청난 음악을 작곡할 수 있었을까? 어떤 설교들을 듣고 어떤 기독교 책들을 읽었기에, 그렇게 위대한 음악의 영감이 바흐에게 가득 차게 되었는지 궁금해진다.

    스승 치마부에(Cimabue, 1240-1302)의 그림에 파리 한 마리를 매우 생생하게 그려 넣었던 지오토(Giotto, 1267-1337)가 14세기 초에 그린 "애도"(그리스도의 비탄)는 입체감을 물씬 풍기는 평면 성화로 영구적인 예술적 가치를 갖는다. 미켈란젤로 역시 마찬가지다. 이렇게 유럽의 기독교는 민중의 예술 속에 깊이 뿌리내렸다. 그래서 우리는 미켈란젤로의 "천지창조"를 보기 위해 먼 나라로 간다. 반면 아직 우리에게는 민중 속에 뿌리내린 기독교가 없다. 그렇기 때문에, 기독교가 보통 시민의 가슴속에 스며들기 위해서는 너무나 긴 시간이 걸릴지도 모른다.

    토머스 머튼(Thomas Merton)은 『칠층산』이라는 그의 저서 앞부분에서 유럽 민중의 마음속에 뿌리내린 기독교를 논하며 이런 말을 한다.

> "세상의 찌꺼기들은 서유럽에 모였다고 해도 지나친 말이 아니다. 고트족, 프랑크족, 노르만족, 롬바르드족이 옛 로마의 썩은 뿌리와 뒤섞어 잡동사니 종족을 만들어냈다. 그 종족들은 하나같이 난폭하고 증오심이 강하며, 우둔하고 간교하며,

야수적 종족들로 유명하다. 그런데 이들에게 어떻게 그레고리 성가, 수도원들, 대성당들, 프루덴티우스의 시, 베다의 역사책과 주해서들, 그레고리 대교황의 『윤리론』, 성 아우구스티누스의 『신국론』과 『삼위일체론』…… 단테 같은 성인들, 성 토마스의 『신학대전』, 둔스 스코투스의 『옥소니엔세』 같은 책이 나올 수 있었을까."[1]

토머스 머튼의 감탄에 우리도 동참하고 싶으나, 한국 기독교는 아직도 이 감탄을 자아내기에는 너무 피상적이다. 오늘날 성직자의 입에 머무는 한국 기독교는 그 진정성이 검증됐다고 보기 어렵다. 우리 겨레의 가슴속의 기독교가 아닌 것이다.

우리는 1862년에 쓰인 『레미제라블』을 보면서 빅토르 위고에게 기독교 신앙이 어떻게 영향을 끼쳤는지 곰곰이 생각해 본다. 프랑스 가톨릭은 어떤 점에서 그에게 구원의 서광을 비추었을까? 하나님에 대한 목마름을 심화시킨 번지르르한 사막의 종교성만 풍겼을까? 그가 기독교를 어떻게 이해하고 『레미제라블』을 썼는지 궁금해진다. 그는 어떻게 위대한 미리엘 신부나 장발장이란 인물을 창조했을까? 진짜 그런 사람이 살았을까? 아니면 그런 사람이 살았으면 좋겠다고 생각했기 때문에 그런 인물을 지어냈을까? 도스토옙스키는 기독교의 어떤 모습을 보았길래 조시마 장로, 알료샤, 소냐, 므이쉬킨 등과 같은 등장인물들을 창조할 수 있었을까? 그들이 접촉하고 경험한 기독교 신앙은 얼마나 역동적이고 생기가 넘쳤을까? 도스토옙스키가 경험한 러시아 정교회는 얼마나 위대했기에 그는 조시마 장로가 대변하는 기독교를 문학적으로 그려냈을까? 독일 루터교회는 얼마나 위대했기에 헨델과 바흐를 만들어냈을까? 참 궁금하다. 유럽 역사가 이렇게 위대한 기독교 문학과 예술을 창조했다는 것은 눈으로 그 결과들을 보면서도 놀랍다. 이런 상상력을 작품으로 육화시킨 작가들은 적어도 혼자 성경을 읽을 때나 다른 누군가에 의해 멋있는 인물을 창조해낼 수 있는 예술적 영감을 받았을 가능성이 크다. 당시의 세상에 살아 움직이던 기독교 신앙을 맛보았기에 이런 작품들을 남길 수 있었던 것이다. 한국교회와 기독교는 언제쯤 위대한 예술가들이나 작가들에게 예술적 영감을 고취할 수 있을까? 불행히도 한국의 기독교는 생계를 유지하기 위해 신학을 하고 목사의 일을 하는 유급 성직자들의 손에 장악되고 있다. 생계와 직업을 위해 성직자가 된 사람들이 기독교를 대표하는 한, 우리나라 민중의 가슴속에 스며드는 기독교가 되는 길은 멀 수밖에 없다.

『죄와 벌』에 비하면 『백치』는 굉장히 명랑·쾌활하면서도 슬픈 소설로 희비극이 뒤엉켜 있다. 다른 의미에서 이 책은 읽어 내기가 쉽지 않다. 등장인물의 관계를 파악하기 어렵고, 등장인물의 장광설이 소설의 서사적 전진감을 방해한다. 그뿐만 아니라, 그들이 내뱉는 장광설의 요지 역시 파악하기 어렵다. 또 다른 한편 독자들이 『백치』에 대해서 느끼는 거북한 감정은 번역문체의 생경함과 한계 때문일 수도 있다. 더 근본적으로는 주인공들의 행동이 낯설고, 그 논리가 우리의 감성과 잘 맞지 않기 때문일 수 있다.

『백치』의 영어 제목은 *The Idiot*이며 러시아어 제목도 이와 유사한 *Идиот*(이디오트/Idiót)이다. 이 소설은 1868년 〈러시아 통보〉에 연재되었다. 『백치』는 19세기 러시아 사회를 종단면으로 가로지르며 당대 사람들의 의식을 다채롭게 드러낸다. 1812년 나폴레옹 전쟁부터 1860년대까지 당시에 주목을 끌던 쟁점들과 등장인물들을 언급한다. 1812년 나폴레옹의 러시아 원정, 1853년 크림전쟁 등이 이 소설의 메타내러티브를 구성하고 있다. 이 작품은 19세기 중반기의 상트페테르부르크, 파블롭스크, 모스크바 세 지역을 주요 무대로 설정하고 있다. 상트페테르부르크는 유럽에 가까운 도시이며, 700킬로미터 떨어져 있는 모스크바는 러시아적인 광활함, 러시아의 원시적인 모든 전통을 보지한 곳이다. 상트페테르부르크에서 멀지 않은 곳에 파블롭스크라는 작은 별장 도시가 있다. 가장 중심적인 무대로 등장하는 상트페테르부르크는 도스토옙스키의 작품 세계에서 유럽의 허영과 러시아의 갈망이 충돌하는 곳이다. 『백치』는 주인공 레프 니콜라예비치 므이쉬킨이 스스로 자기의식을 드러내는 호칭이면서 페테르부르크 출신 등장인물들이 므이쉬킨을 부르거나 규정하는 반어적 칭호이다. 그러나 이 용어는 경멸의 의미뿐 아니라 마태복음 11 : 25^{2}이 말하는 어린아이, 즉 사회적 악행 지능이 지극히 낮고 선량한 됨됨이를 가리키는 예찬의 의미를 동시에 담고 있다. 또한 "악에는 어린아이가 되라"(고전 14 : 20)는 바울의 말을 의미하는 용어이기도 하다.

    도스토옙스키는 적극적으로 선하고 아름다운 사람의 전형을 창조하기 위해 백치를 주인공으로 내세웠다고 말했다. 주인공 므이쉬킨 공작은 모든 사람들(악한 자들, 교활한 자들, 인간성이 파괴되어 사회적으로 매장된 자들) 안에 있는 존엄하고 귀한 됨됨이를 알아보고, 발견하고, 인정하며, 격려하는 사람으로, 백치화법의 창시자이다.

    백치의 특징은 쉽게 단죄하지 않는 것이다. 악에 어린아이가 된다는 것은 판단 지능이 매우 낮아야 함을 의미한다. 선악 판단에 있어서 병적일 정도로 자신감이 넘쳤던 라스콜니코프와 정반대인 인물이 므이쉬킨이다. 선악 판단에서 가장 지혜로운 사람은 '더디게' 판단하는 사람이다. 즉, 선악의 문제에 관한 한 신속하게 판단하지 말아야 한다는 것이다. 백치는 사회적 악행 도모 지능이 떨어져 바보처럼 보이지만 한번 말을 시작하면 철학자처럼 길게 말한다. 그는 사회적 악행이 득세한 세상에서 적응하지 못하고(예브게니 파블로비치 라돔스키 등 극소수를 제외하고는 그의 본질을 모른다.), 의학적인 면에서도 세 번의 뇌전증적 발작 때문에 끝내 백치로 판정받아 스위스로 영구 추방된다.

『백치』의 등장인물

므이쉬킨

소설의 주인공(26-27세)으로 므이쉬킨 가문의 공작이다. 4년간 스위스에서 뇌전증 같은 신경질환 치료를 받고 어느 정도 치유되어 러시아로 돌아왔다가 다시 간질병 치유를 위해 스위스 병원으로 돌아간다. 어떤 면에서 그는 정신적, 심리적인 결핍/결손을 갖고 있으며, 다른 의미에서 정직함, 솔직함, 선량함을 보유하고 있다. 등장인물 대부분이 한두 번은 그를 '백치'라고 부르거나 속으로 그렇게 규정한다. 그러나 대부분이 그에게 감동을 받거나 영향을 받는다. 진실로 그는 매우 이지적이고, 자기의식적이며, 직관적인 통찰력과 감정이입적 공감능력이 많은 사람이다. 그는 인간의 본성, 도덕성, 그리고 영적 차원(영성)에 관해 깊이 숙고하는 사람이며, 그것들에 대한 자신의 사상, 생각을 대단히 명료하게 표현할 수 있는 능력을 갖고 있다. 귀족으로 태어났지만 현실에서는 처절하게 천대를 받았던 백치공작은 망가지고 파괴된 인간의 외형 너머에 있는 고결한 면모를 발견하는 따뜻한 심성을 빈번히 드러낸다.

나스타시야 필립포브나

여주인공이다. 섬뜩할 정도로 아름답고(darkly beautiful), 지적이며, 사납고, 조소에 능하다. 그녀는 다른 등장인물들 대부분에게 무섭고 위협적인 인물이다. 귀족의 가문에서 태어났으나 일곱 살에 고아가 된 그녀는 자신의 양육자이자 후견인이요 호색한인 토츠키에게 성노예처럼 취급당하는 처지로 전락했다. 그녀의 망가진 순결함과 수치에 대한 사회적 주시가 그녀를 아주 격렬하게 감정적이고 파괴적인 인간으로 변화시킨다. 공작은 그녀의 아름다움과 그녀가 당한 고통에 매혹되며, 그녀가 실성했다고 느끼면서도 그녀에게 헌신적이다. 그녀는 공작의 동정/연민과 로고진의 집착적 애욕 사이에서 방황한다.

로고진
상인이었던 부친으로부터 막대한 유산을 상속받은 애욕 집착적인 인물로, 나스타시야 필립포브나를 손에 넣기 위해 무모하게 돈을 쓰는 소유형 청년이다. 그는 처음부터 므이쉬킨 공작을 좋아하고 신뢰하지만 그에게 의미 깊게 영향받지는 않는다. 필립포브나를 사이에 두고 공작을 연적으로 여기며 증오하기도 한다. 동정과 연민에 근거한 므이쉬킨 공작과 달리 집착적, 지배적 사랑의 추구자이다. 그럼에도 그는 공작에게서 우정을 느끼며 속마음을 털어놓기도 한다. 전체적으로 로고진은 19세기 이전의 낭만주의 시대, 질풍노도 시대의 유형의 인물로서 사실주의 시대에 적응을 못 하는 시대착오적 지진아 같은 데가 있다. 혐오감을 주지만, 역겹지 않은 인물이기도 하다.

아글라야
므이쉬킨의 먼 친척 리자베타 프로코피예브나와 예판친 장군의 막내딸이며 광채를 발하는 아름다운 처녀이다. 자부심이 강하고, 사태를 주도하는 적극적인 성격의 소유자이나 참을성이 다소 부족하다. 유머, 웃음기, 그리고 순진무구한 단순성의 소유자이기도 하다. 필립포브나와 로고진의 관계에서 깊은 어둠을 경험한 후에 아글라야에게서 빛을 본 공작은 그녀에게 끌린다. 그는 아글라야를 보며 필립포브나에게 끌리는 마음과는 전혀 다른 연애 감정을 느낀다. 하지만 아글라야는 필립포브나에게 집착하며 그녀를 돌보려고 하는 공작의 감정 논리를 이해하지 못하고, 결국 므이쉬킨과의 사랑의 결실을 이루지 못한다.

입폴리트

폐병의 마지막 단계에 도달해 시한부 선고(6개월부터 2주까지)를 받은 18세 허무주의적 청년이며, 소설에서 가장 길게 말하는 장본인이다. 청소년/청년다운 이상주의에 가득 찬 입폴리트는 사랑과 타인의 인정을 애타게 갈망한다. 그러나 주변 어른들, 지인들은 냉담하다. 그럴수록 그는 자기폐쇄적 신념에 더욱 고착되어 극단적인 냉소주의와 저항적 태도(저항적 무신론)를 마구 내보인다. 그의 성격은 므이쉬킨과 정반대의 유형이다. 전체적으로 입폴리트는 가난하며 폐병에 걸렸다고, 그리고 어리다고 냉대받거나 사회적으로 무시당했다고 느끼는 19세기 러시아 사회의 통속적 대중을 대변한다. 반면에 어린이 같은 순수함을 간직하고 하나님의 사랑과 선을 믿는 므이쉬킨은 자신이야말로 자연의 냉대(질병)를 받고 무시당했다(백치)는 사실을 은근히 암시하며 입폴리트의 가시 돋친 논리를 중화시키려고 했다. 입폴리트는 므이쉬킨의 한없는 관대함, 사랑, 친절을 경멸하고, 공작의 사납지 못한 처신을 비난한다. 그러나 공작은 입폴리트가 죽는 순간까지 그를 경멸하지 않고 돌보는 사랑을 보인다. 공작은 심판을 하지 않거나 심판을 유보하는 데 비해 보통 사람들은 너무 빨리 남을 심판한다. 남을 빨리 심판해 버리는 사람들은 그만큼 인간에 대해 더 절망적이고 경박해지기 쉽다.

가냐

부친 살해적 충동으로 아버지를 경멸하며, 스스로 재부가 되어 출세하려는 이볼긴 장군의 아들이다. 그는 유능하지만 허영심 많고 탐욕스러운 청년이다. 가냐는 그를 비서로 고용한 예판친 장군과 그의 친구 토츠키의 꾐에 빠져 자신이 미워하는 필립포브나와 결혼을 결심한다. 토츠키가 한때 자신의 정부(情婦)이자 오점 같은 존재이며 피후견인인 나스타시야 필립포브나에게 부를 약속한 것을 보고 그것을 노려 필립포브나와 기꺼이 결혼하려고 한다. 그는 포커 게임에서 자신의 패를 남의 시선에 노출시키는 어리석고 범용한 (mediocre, 어중간한) 청년이다. 필립포브나는 자신과 결혼하겠다는 가냐의 패를 이미 꿰뚫어 보고 그의 진정성을 테스트하기 위해 예고 없이 가냐의 집에 찾아가 그의 가족들에게 자신의 위악적이고 도발적인 성격을 공공연히 드러낸다. 그녀는 끝내 그를 거부하고 모욕한다. 그는 또한 아글라야의 애정을 놓고 므이쉬킨과 경쟁하다가 중도 탈락한다. 자신의 독창성이 부족한 것에 분개하는 평범한 남자인 가냐는 자신의 허영심을 충족시키는 수단으로 사랑을 선택하는 인물이다. 그런 점에서 순수한 사랑을 추구하는 므이쉬킨과도 구별되고, 아예 동물적인 애욕을 사랑이라고 믿으며 돌진하는 로고진과도 구별된다.

레베제프

끊임없는 호기심과 사소한 야망으로 인해 스스로를 일종의 사교 정보 저장소로 만든 악당이자 술꾼이다. 레베제프는 이를 이용하여 자신보다 약간이라도 높은 자(재산이든, 신분이든 상관없이)의 환심을 사거나 그를 위해 스스로 다양한 계략과 음모를 꾸며 댄다. 모든 불쾌한 사태들에는 그의 역할이 작용한다. 이런 불쾌감을 일으키는 성질도 장난스러운 유머 감각, 예리한 지성, 가끔 나타나는 비참한 자기비하와 보통 수준의 타인에 대한 연민으로 인해 어느 정도 상쇄된다.

예판친

이반 표도로비치 예판친은 56세의 퇴역 장군이다. 페테르부르크 사교계에서는 대체로 존경받는 인물이지만 호색한다운 면모도 드러내 아내의 기세에 다소 눌려 지낸다. 소설 초반부에는 나스타시야 필립포브나에게 구애하기 위해 비싼 귀금속 선물을 몰래 건넸다가 아내 리자베타 프로코피예브나에게 엄정 감시를 받는 처지이지만, 대체로 퇴역 장군의 체모를 잃지는 않는다. 전체적으로 예판친은 중도 노선의 달인이다. 절대로 무리하지 않으며, 아내를 사랑하지만, 아내를 속이고 또 두려워한다. 또한 하나님도 두려워한다. 그럼에도 마음씨가 착하기 때문에 아내의 화를 받아 주는 역할을 떠맡는다. 백치 공작에 대해서 비교적 호의적이며 그의 매력 포인트를 인정해 준다.

리자베타

아글라야의 어머니이자 므이쉬킨의 먼 친척이다. 즉흥적인 감정 표출에는 어린아이 같지만, 특히 명예와 도덕 문제에 있어서는 의지가 강하고 다소 오만한 태도를 취한다. 므이쉬킨은 그녀와 아글라야가 매우 유사하다고 생각한다. 딸들의 혼사 문제로 늘 불안해하는 전형적인 어머니다운 면이 있으며, 섬약한 신경망에 자주 지배당한다.

S공작

아젤라이다와 결혼하는 자유주의적이고 개방적인 귀족 청년이다. 입폴리트와 쓸데없는 논쟁을 하는 것 외에는 미미한 역할을 맡은 인물이다.

라돔스키

예판친 가족들의 절친한 친구이자 잘생긴 군 장교(시종무관, 여자관계가 복잡함.)이다. 아글라야와 결혼하고 싶어 하지만, 아글라야를 므이쉬킨 공작의 아내로 연결시켜 주려는 나스타시야 필립포브나가 그의 평판을 흠집 낸다. 필립포브나는 자신만이 아는 그의 어둡고 칙칙한 사생활 일부를 공개적으로 폭로한다. 라돔스키는 필립포브나의 방해 때문에 예판친 가족들의 신뢰를 잃게 되고 아글라야와의 사랑도 결실하지 못한다. 그럼에도 불구하고 그와 므이쉬킨 공작은 친구가 되고, 서로의 지성을 상호 존중하게 된다. 그는 등장인물 중에서 공작을 제일 잘 이해하는 사람이다. 특히 공작이 왜 필립포브나에게 그토록 집착하는지 탁월한 심리분석을 시도하고, 이는 독자들의 공감을 자아낸다. 그는 스위스 요양병원에 재입원한 므이쉬킨을 찾아가 그의 근황을 페테르부르크 지인들에게 전해 주는 메신저로, 마지막까지 공작의 신실한 친구로 남는다.

토츠키

부유한 귀족이자 호색한으로, 예판친 장군의 친구이자 사업 동료이다. 그는 자신이 아는 귀족 친구의 딸 필립포브나를 양육하는 데 돈을 썼으나 한동안 필립포브나를 성노리개로 대해 그녀의 자존감을 영구적으로 손상시킨 인격살인범이다. 약 서른 살의 나이차를 극복하고 친구 예판친 장군의 맏딸과 결혼하려고 했으나 좌절당한다.

이볼긴

가냐와 바랴, 콜랴의 아버지로, 퇴역 장군이다. 명예를 소중히 여기는 사람이지만 술고래이자 과거사 날조를 식은 죽 먹듯 하는 문학적 재능이 많은 거짓말쟁이다. 자신이 지어낸 이야기에 스스로 감동을 받는 자기도취적인 인물이며, 끝내 가족으로부터 버림받는 인물이다.

니나 알렉산드로브나
이볼긴 장군의 아내이자, 가냐, 바랴, 콜랴의 어머니이다. 오래 참음의 아이콘이다.

부르돕스키
교활한 변호사에게 속아 자신이 므이쉬킨의 후원자 파블리셰프의 사생아라고 주장하며 므이쉬킨에게 금전 보상을 요구하다가 진실이 드러나 회개한 인물이다. 처음에는 므이쉬킨 공작에게 공격적으로 돈을 요구하는 무뢰배로 등장하지만, 나중에는 공작의 추종자가 된다.

켈레르
처음에는 로고진의 패거리였다가 회개하는 인물이다. 은퇴한 군인으로서 입폴리트, 부르돕스키와 합세하여 므이쉬킨 공작의 명예를 더럽히는 중상모략적 기사를 썼다. 나중에는 잘못을 뉘우치며, 공작에 대한 큰 존경심을 품고 그를 옹위하려고 노력한다.

독토렌코
입폴리트와 함께 므이쉬킨 공작에 대한 부르돕스키의 공격을 이끄는 허무주의자 청년이다. 레베제프의 조카지만 삼촌을 향한 가시 돋친 조롱과 야유를 퍼붓는다.

베라
레베제프의 딸로서 콜랴와 더불어 므이쉬킨 공작과 마음으로 소통하는 청소년 세대이다.

프치츤인

고리대금업을 통해 큰 재산을 모은 서른도 안 된 속물 같은 데가 있는 청년이며 처세에 능하다. 이볼긴 장군의 집에 식객처럼 살다가 이볼긴 장군의 딸 바랴와 결혼해 몰락해 가는 이볼긴 가문의 완전 몰락을 막아 주는 버팀목 역할을 하게 된다. 그는 백치 공작에 대해서는 시종일관 멸시하고 몰이해하는 페테르부르크 사람의 전형이기도 하다. 하지만 그도 아내가 된 바랴의 불같은 성미를 두려워하는 면을 보인다.

바랴

이볼긴 장군의 딸이자 가냐의 여동생인 바랴는 23세의 처녀로서, 예판친의 딸들이나 나스타시야 필립포브나만큼 예쁘지는 않지만 호감을 주는 얼굴의 소유자이다. 그녀는 불같은 성격의 소유자로서 제한적 조건에서 자신의 뜻을 이루려고 애쓰는 평범한 사람이다. 그녀는 때로는 오빠 가냐와 으르렁거리며 갈등하지만 그를 아끼며, 가냐가 필립포브나와 결혼하는 것에 격렬하게 반대한다. 오히려 예판친의 막내딸 아글라야와 오빠 가냐의 혼사를 성사시키기 위해 예판친 가정을 들락거리며 예판친의 딸들과 친하게 지낸다.

콜랴

이볼긴 장군의 막내아들로서 모든 사람에게 사랑받고, 모든 사람을 백치 공작처럼 품는 아름다운 13세 소년이다. 그는 형 가냐와 누나 바랴와 달리 알코올 의존증으로 서서히 망가져 가는 아버지 이볼긴의 도덕적·정신적 붕괴 과정을 애타는 마음으로 지켜보며 끝까지 아버지를 사랑한다. 콜랴는 페테르부르크 사람들 중 백치 공작을 가장 잘 이해하고 그에게 공감해 주는 인물이면서도 동시에 폐병으로 죽어

가는 동네 형 같은 입폴리트까지 다정하게 돌보는 인물이다. 소설 결미에 가서 그가 백치 공작의 분신으로 묘사되는 장면이 등장한다.

『백치』 줄거리 요약

1부

나스타시야 필립포브나를 얻으려는 세 남자 : 로고진, 가냐, 그리고 므이쉬킨 공작

『백치』는 총 네 부 마흔 장으로 구성되어 있다. 열여섯 장으로 구성된 1부의 첫 장면은 스위스발 러시아행 기차 안에서의 대화이다. 26~27세쯤 된 므이쉬킨 공작은 4년간 스위스 정신병원 시설에서 요양하다 페테르부르크로 돌아오는 길이다. 그는 기차 안에서 소설의 다른 두 주인공이 될 악한(惡漢) 로고진과 자아분열적인 협잡꾼이자 공무원인 레베제프를 만난다. 로고진은 우연한 기회에 악하지만 사망한 아버지로부터 엄청난 재산을 상속받은 인물이다. 주인공 므이쉬킨 공작은 로고진이 연모하는 절세미인 나스타시야 필립포브나의 사진을 보고, 그 비극적인 아름다움에 정신에 금이 가는 경험을 한다. 이 여인을 두고 로고진과 벌이는 경쟁, 사랑, 우정의 드라마가 6부까지 이어진다. 로고진은 돈은 많으나 귀족이 아니며, 속물적인 인간성을 가진 이로, 처음부터 망가진 인물로 나온다. 그는 필립포브나에 대한 지배적 사랑, 탐욕적 소유욕으로 점철된 사랑 때문에 돈을 아까워하지 않는 직진적 저돌형 인간이다. 기차에서 나눈 세 사람의 대화에서 므이쉬킨 공작은 두 사람 모두에게 호감을 얻는다. 그는 페테르부르크에 돌아가도 머리 둘 곳이 없는 빈털터리였기에 자신의 집에 와서 지내라는 로고진의 호의를 고마워한다. 므이쉬킨 공작이 페테르부르크에 방문한 목적은 먼 친척으로 알려진 리자베타를 만나는 것이었다. 그녀는 예판친 장군의 아내로서 세 딸의 어머니이다. 예판친의 비서는 그의 친구인 이볼긴 장군의 아들 가냐이다. 예판친 장군은 고아였던 필립포브나의 양육자이자 그녀를 정부(情婦)처럼 이용했던 토츠키의 사업 파트너이다. 토츠키와 예판친은 이볼긴의 아들 청년 가냐를 필립포브나와 혼인시키려고 하지만, 여러 가지 사정으로 그 과정이 순탄하지 않았다. 토츠키는 성년이 된 필립포브나를 가냐와 혼인시키고, 자신은 예판친의 큰딸 알렉산드라와 혼인하려고 한다. 50대 남자가 20대인 딸과 결혼을 하려고 하는데도 딸의 아버지 예판친은 찬성한다. 토츠키는 7만 5천 루블의 지참금을 주리라 약속하고 예판친의 장녀를 아내로 취하려고 한다. 귀족이 되지 못한 예판친은 자신의 장녀가 귀족 출신인 토츠키와 결혼하면 신분 상승이 될 것을 기대하며 이 결혼을 추진했다. 다만 그의 어머니 리자베타는 반대한다. 이런 상황에서 공작이 예판친의 집을 방문한다.

예판친과 그의 비서 가냐가 대화하는 도중, 우연히 공작은 로고진이 연모하던 그 여인과 가냐가 결혼하려는 여인이 같은 여자인 나스타시야 필립포브나임을 알고 충격을 받는다. 그녀의 어둠의 아름다움을 보고 기겁했던 공작은 자신의 관상학적 통찰에 스스로 놀란 것처럼 보인다. 우여곡절 끝에 공작은 예판친 가족 모두와 통성명하며 친해지기 시작한다. 자신의 병력(病歷)과 스위스 요양생활을 기탄없이 나누는 모습에 예판친 가족들은 놀란다. 갈 곳이 없는 므이쉬킨 공작은 예판친의 주선으로 작은 급료의 임시직을 얻고, 가냐의 집에 하숙하게 되었다. 이볼긴 장군의 딸이자 가냐의 여동생인 바랴는 아름다운 여인이지만 오빠와 으르렁거리는 까칠한 여동생이다. 그녀를 노리고 눌러앉을 태세로 그 가정에 자주 출입하는 수완 좋은

4부 백치

고리대금업자 청년 프치츠인은 세상 물정 통달자로서 이볼긴 집안의 컨설턴트처럼 내왕한다. 그 집의 가장인 퇴역 장군 이볼긴은 거짓말, 임기응변의 달인이며, 솔직하고 투명하게 망가진 인물이었다. 술과 도박으로 망가져 있으며, 늘 빈궁하다. 군 동료였으나 전사한 대위(위관급 시절 친구)의 부인을 정부(情婦)처럼 여기며 그녀의 집에 자주 출입하는 자이다. 이볼긴은 자기도취에 빠진 채 거짓말하는 재능이 탁월하며 자신이 지어낸 거짓말에 스스로 감동하는 인물이다. 소설 전체에서 그를 필적하는 협잡꾼은 레베제프이다. 이볼긴이 은밀하게 어울리는 대위의 미망인에게는 18세 된 입폴리트라는 풋내기 사상가 아들이 있는데, 폐병으로 시한부 인생을 살면서도 자기 사상을 가진 인물로 설정되며 어른들과의 말싸움에서 밀리지 않는다. 이러는 사이 로고진은 10만 달러의 지참금을 약속하며 필립포브나의 마음을 도둑질하려고 시도한다. 이 과정에서 가냐와 필립포브나의 혼사는 좌초된다. 가냐와의 결혼이 가능한지를 검증하기 위해 가냐의 집을 방문한 필립포브나는 가냐에게 모욕을 주며 그녀 스스로를 그 가정 전체 구성원들에게 비호감 인물로 만들어 버린 후 떠나 버린다. 공작은 이 과정을 세심하게 지켜본다. 필립포브나는 자신의 영혼을 직관하며 통찰하는 공작에게 가냐와의 결혼 추진에 관한 조언을 구하기에 이른다. 공작은 "결혼하지 말라."고 충고하며 오히려 자신이 필립포브나에게 결혼할 마음을 드러낸다. 공작은 사랑이 아니라 연민 때문에 필립포브나와 결혼하려고 한다. 하지만 필립포브나는 자신이 긴 시간 토츠키의 정부(情婦)로 살았던 이력 때문에 자신을 스스로 파괴하고, 로고진에게나 어울리는 사람이라고 자기를 비하하며 로고진의 결혼 제의를 받아들인다. 로고진은 필립포브나를 데리고 나가고 공작은 뒤따라간다.

1장. 스위스에서 페테르부르크로 돌아가는 므이쉬킨과 기차 여행길의 두 말벗

므이쉬킨 공작

11월 말 안개가 자욱한 아침, 바르샤바에서 출발한 기차가 상트페테르부르크에 도착한다. 3등석에 앉은 두 남자가 대화를 나눈다. 한 명은 흰 수염과 파란 눈, 아주 밝은 금발의 레프 니콜라예비치 므이쉬킨 공작이요, 다른 한 명은 키가 작고 검은 머리에 작은 잿빛 눈을 가진 파르푠 세묘노비치 로고진이다. 얼마 지나지 않아 억센 체격에 빨간 코를 가진 세 번째 남자가 대화에 합류한다. 하급 공무원 레베제프이다. 그는 상트페테르부르크 사람들에 대해 모든 것을 알고 있는 듯하다(오지랖 넓은 팔달대로 소문쟁이). 로고진은 레베제프를 다소 경멸적으로 대한다. 이 여행길의 의미는 러시아 사람치고는 옷차림이 다소 이상하고, 소지품은 작은 가방뿐인 므이쉬킨 공작이 4년 만에 스위스에서 러시아로 돌아오는 고독한 귀향길이라는 것이다. 그는 일종의 간질과 결합된 '백치'라는 질병으로 인해 러시아를 떠났다. 백치는 어른들이 사회에 적응하는 데 어려움을 겪는 '적절 처신 지능 장애'다. 이것은 적절하게 처신할 줄 모르는 장애이다. 므이쉬킨의 적절 처신 실패 사례는 소설에 여러 번 등장한다. 행동함에 있어서, 그리고 어떤 감정이나 의견을 피력함에 있어서도 적정선에 대한 감각이 결여되어 있다. 지나친 솔직함 때문에 적절하게 처신을 하지 못하는 경우가 빈번하다.

그의 후원자인 니콜라이 안드레이예비치 파블리셰프는 2년 전 사망할 때까지 므이쉬킨의 치료비를 지원했다. 그가 사망한 후, 공작의 주치의 슈나이더 박사가 스위스에 있는 요양병원에 환자가 머물 수 있도록 자금을 지원했다. 므이쉬킨은 편지를 쓰고도 답장을 받지 못한 먼 친척 부인을 만나고 싶어 상트페테르부르크로 왔다. 그녀는 예판친 장군의 아내이자, 마지막 공작인 므이쉬킨처럼 그 귀족 계보의 마지막 공녀였다.

명문가였던 므이쉬킨의 집안은 몰락하여 최후의 두 사람만 남아 있다. 므이쉬킨은 이제 자기의 뿌리를 찾으러 오는 것이다. 므이쉬킨 공작은 허접한 차림새로 귀족의 풍모를 보이는 데는 실패했으나 자신이 공작 신분임을 의식한다. 여기에 러시아 귀족 사회에 대한 일종의 노스텔지어가 나타난다. 작가 도스토옙스키도 므이쉬킨의 태도 묘사를 통해 자신이 귀족 사회를 완전히 부정하지는 않았음을 암시한다.

로고진

양가죽으로 안감을 댄 커다란 코트를 입은 로고진은 최근 아버지의 사망 후 250만 루블의 유산을 받기 위해 러시아 프스코프에서 페테르부르크로 돌아오던 중이었다. 이 돈은 압도적으로 큰돈이다. 아파나시 이바노비치 토츠키라는 55세의 부유한 귀족의 피후견인이었다가 나중에 정부(情婦)로 이용당한 나스타시야 필립포브나 바라쉬코바(로고진은 그녀에게 결혼하자며 막대한 귀중품을 선사)와 관련된 사건으로 아버지의 분노를 산 로고진은 5주 전에 상트페테르부르크를 떠나 시골로 도피했던 인물이다. 로고진은 나스타시야 필립포브나에 대해 듣고 발레 극장에서 그녀를 한 번 본 후, 그녀를 향한 깊은 열정을 품기 시작했다. 그는 아버지가 가족의 빚을 갚기 위해 그에게 여러 채권을 주자, 그 채권을 팔아 나스타시야 필립포브나를 위해 1만 루블 상당의 다이아몬드 귀걸이를 산다. 아버지가 이 사실을 알게 되자 로고진은 프스코프에 있는 이모에게로 도망쳤고, 그곳에서 갑자기 열이 나 쓰러졌다.

기차가 역에 정차하자 로고진은 공작을 집으로 초대하고 새 옷을 만들어 주겠다고 약속한 후, 나스타시야 필립포브나의 집으로 간다.

므이쉬킨은 로고진에게 감사하며 초대를 수락한다. 로고진이 므이쉬킨에게 여자에 대해 질문하자, 그는 자신은 병 때문에 여자를 알지 못한다고 대답한다.

레베제프
레베제프는 모든 일에 관심을 갖고 의견을 말할 수 있을 정도로 사발통문형 인물이다. 그가 어떤 목적으로 이 두 사람의 일행이 되었는지는 분명하지 않다. 레베제프는 대부분의 상황에 등장해 모든 악행을 도맡아 한다. (그의 딸은 좋은 사람이다.) 그는 주로 로고진의 말에 맞장구를 치고, 공작의 정체를 알고 나서부터는 그에게도 비상한 관심을 보인다. 그는 허름한 인상착의인 므이쉬킨을 무시하다가 공작이라는 말을 듣고 처신을 달리한다. 므이쉬킨과 정반대의 사람이다.
레베제프는 인격적 지향성, 심리적 일관성, 그리고 방향 잡힌 가치관에 따라 행동하는 인물이 아니라, 주변 환경에 따라 자신의 생각, 기분, 태도를 언제든지 바꿀 수 있는 인물이다. 그는 희극적인 악행을 보이거나 착한 주인공에게 호의와 환대를 베풀기도 하지만, 므이쉬킨을 곤경에 빠트리는 일에 연루되기도 한다. 레베제프는 공작을 정신병원에 보내고 그의 유산을 가로채기 위해 공작을 한정치산자 혹은 금치산자로 만들고자 의사를 데려온다. 레베제프는 참된 악인으로, 진실에 대한 추구, 인격적 항구여일성에 대한 관심이 없다.
레베제프는 요한계시록 전문 해석자로 자처하며 당대의 진보적이고 낙관주의적인 기독교를 은근히 비판한다. 사기꾼 이볼긴 장군과 레베제프가 하나님에 대해서 가장 많이 말하고 무신론자를 가장 미워한다. 이 두 사람은 기독교를 희화화하는 것이다. 레베제프의 입이 하나님의 옹호를 맡기 때문에 기독교는 속절 없이 희화화된다.

2장. 예판친네 사람들 : 장군과 세 딸, 그리고 젊은 비서 가냐

다음 날 페테르부르크에 도착한 일행은 기차역에서 헤어진다. 공작은 곧장 예판친 장군의 집으로 향한다. 예판친 장군은 군인의 아들이었지만 처신의 달인이라 할 정도로 사람들과 어울릴 줄 알았기 때문에 출세할 수 있었으며, 지금도 부유하다. 56세인 예판친과 그의 부인 사이에는 25세, 23세, 20세의 세 딸이 있다. 알렉산드라, 아젤라이다, 아글라야다. 교양과 지성을 갖춘 세 딸들은 예술을 전공했으며, 특히 막내 아글라야는 매우 예쁘다.

예판친 장군 저택에 도착하자마자 므이쉬킨은 하인과 장군의 손님의 내방 소식을 전하는 또 다른 하인을 만났는데, 두 사람 모두 공작의 인상착의를 보고 냉대한다. 므이쉬킨을 예판친에게 돈이나 부탁하러 온 수상한 사람으로 생각한 것이다. 하지만 므이쉬킨은 자신의 유일한 의도는 장군에게 자신을 소개하는 것뿐이라며 하인을 안심시킨다. 장군을 기다리는 동안, 공작은 아주 뜬금없이 하인에게 프랑스에서 공개 처형을 목격했을 때의 이야기를 들려준다. 이것이 바로 적절 처신 지능 장애다. 상대와 아무런 상관이 없고 묻지도 않은 이야기를 하는 것이다. 그는 사형수가 도둑에게 살해당할 때보다 훨씬 더 큰 고통을 받는다고 말하며 사형제도의 잔인함에 대한 자신의 신념을 이야기한다. 사형집행은 희망을 앗아 가는 고통을 주기 때문에 자신은 사형제도에 반대한다고 말한다. 이 신나는 이야기를 듣고 심리적 무장해제를 당한 하인은 공작에게 갑자기 친절해져서 금지하던 공작의 흡연도 허락한다.

그러는 사이에 갑자기 한 청년이 나타나 자신을 가브릴라 아르달리오노비치 또는 가냐라고 소개한다. 금발에 중간 키, 세련된 미소를 가진 그는 므이쉬킨에게 예판친 장군을 만나러 가자고 말한다.

3장. 예판친 장군, 비서 가냐, 그리고 필립포브나의 사진을 훔쳐본 공작

예판친 장군은 므이쉬킨 공작을 처음 만났을 때 공작이 자신에게 무언가를 원한다고 확신했다. 그런데 므이쉬킨은 장군에게 자신의 방문 목적은 장군과 상트페테르부르크의 유일한 친척(추정되는 친척)인 예판친 부인과 친분을 쌓기 위해서라고 말하며 일단 장군을 안심시킨다. 장군은 므이쉬킨의 솔직함과 친근함에 안심하고, 그러자 므이쉬킨은 더욱 유쾌해진다. 그런 다음 공작은 예판친과 가냐(이 시점에서 방에 있는)에게 묻지 않았는데도 자신의 스위스 요양에 대해 말하기 시작한다. 특히 파블리셰프와 슈나이더 박사가 2년 동안 자신을 어떻게 지원했는지 지나치게 자세히 이야기한다(5년 전 파블리셰프의 지원으로 스위스 요양병원에 갔고, 그가 죽은 후에도 2년간 슈나이더의 치료를 받았다). 이 또한 적절 처신을 하지 못한 것이다. 므이쉬킨은 자신의 '백치병'을 치료하기 위해 스위스의 병원에 보내졌다고 말한다. 대화가 어느 정도 진전되자 장군은 공작에게 관리직에 적합한 능력이 있는지 묻는다. 므이쉬킨은 자신은 불규칙한 교육을 받아서 별다른 기술이 없다고 말하지만, 곧 "겸손한 수도원장 파푸누치가 서명하다."라는 문구를 아름다운 붓글씨로 써 내려가면서 뛰어난 필체의 소유자임을 드러낸다. 14세기 중세 수도원장의 이름을 안다는 것은 "내가 책을 많이 읽었다."라는 의미로, 일종의 과시다. 공작은 서체의 아름다움을 섬세하게 평가하는 안목을 과시하기도 하고, 다양한 서체로 글씨를 써서 자신의 실력을 천진난만하게 자랑하기도 한다. 그는 "열정이 모든 것을 이긴다."(영어번역본/문학동네, "노력은 모든 것을 극복한다.")라는 글귀를 써 놓고 세밀하게 자랑한다. 예판친은 그 서체의 특징과 미학에 대한 공작의 조예를 보고 깊은 인상을 받아 므이쉬킨에게 적당한 직책을 제안한다. 또한 공작에게 가냐의 아파트 방 하나를 빌리라고 제안한다.

한편 가냐는 나스타시야 필립포브나의 사진을 꺼내 장군에게 보여준다. 므이쉬킨은 글을 쓰면서 예판친과 가냐의 다소 개인적인 대화를 엿듣는다. 예판친은 나스타시야 필립포브나가 자신의 스물다섯 번째 생일인 오늘 저녁 파티에서 가냐와의 결혼 여부를 발표하기로 마침내 약속했다고 말한다. 가냐는 오히려 이것에 대해 약간 주저하는 것처럼 보이지만, 장군은 그녀가 결혼하기로 결정하면 기뻐해야 한다고 말하며 가냐의 결혼을 지지하는 입장을 드러낸다. 하지만 가냐의 가족, 특히 그의 어머니와 여동생은 나스타시야 필립포브나가 결혼 전에 처녀성을 잃고 토츠키와 동거했던 '타락한 여자'라는 사실 때문에 결혼을 극렬히 반대한다.
므이쉬킨은 갑자기 나스타시야 필립포브나의 사진을 발견하고, 그녀의 비범한 아름다움에 대해 논평한다.

"놀랄 만큼 아름답군요!"(1권 57)

예판친과 가냐는 므이쉬킨이 이미 로고진으로부터 그녀에 대해 들었다는 것을 알고 깜짝 놀란다. 공작은 로고진의 이야기와 나스타시야 필립포브나에 관한 로고진의 계획을 짧게 전언하고, 장군과 가냐의 반응은 엇갈린다. 나스타시야 필립포브나의 사진을 다시 한번 본 공작은 그녀의 아름다움에 감탄하며 그녀가 매우 고통스러운 세월을 보냈을 것이라고 판단한다.
필립포브나와의 결혼을 망설이던 가냐가 공작에게 "로고진이라면 필립포브나와 결혼할 것 같으냐?"라고 묻자, 므이쉬킨은 "로고진은 확실히 그녀와 결혼할 것이지만 몇 주 후에 그녀를 죽일지도 모른다."라고 대답한다. 므이쉬킨의 대답은 실로 비의하고 의미심장한 예지력을 드러내는 것처럼 들린다. 두 사람의 대화는 므이쉬킨이 장군의 아내를 만나러 가자는 초대에 응함으로써 중단된다.

4장. 필립포브나의 곡절 많은 인생사에 노출되는 공작
4장의 중심 관심사는 필립포브나의 굴곡진 인생사이지만, 예판친 장군의 세 딸을 특징적으로 소개하면서 시작된다. 예판친의 세 딸은 오랫동안 결혼할 준비가 되어 있었지만, 장군과 그의 아내는 오래 전에 딸들이 원하지 않는 결혼을 강요하지 않기로 결정했다. 그 시대의 결혼관과는 매우 다른 생각으로, 어머니 리자베타 프로코피예브나는 굉장히 주관이 뚜렷하다.
그러나 당시 여성의 결혼 연령이 18세가량이었음을 생각해 보면, 25세인 맏딸 알렉산드라의 결혼 시기는 상당히 늦어졌음을 알 수 있다. 거의 같은 시기에 장군의 친구이자 매우 부유한 귀족인 아파나시 토츠키는 결혼 계획을 밝혔다. 예판친의 가장 예쁜 딸은 아글라야지만, 토츠키는 그녀를 얻을 수 없었기 때문에 대신 맏딸 알렉산드라와 결혼할 계획을 세웠다.
하지만 토츠키의 결혼을 방해하는 인물이 있었으니, 바로 나스타시야 필립포브나였다. 나스타시야 필립포브나는 18년 전 집과 마을이 불타 아내를 잃고 미쳐 버린 가난한 귀족(토츠키의 이웃 소지주 필립 알렉산드로비치 바라쉬코프)의 딸로, 토츠키의 지원으로 성장하고 교육받았다. 어린 시절 그녀의 아름다움을 눈여겨본 토츠키는 그녀가 살던 마을에서 몇 차례 여름을 보냈고, 일방적으로 그녀와 성적인 관계를 맺은 것으로 추정된다. 얼마 후 상트페테르부르크로 돌아온 토츠키가 그곳의 한 미녀와 결혼한다는 소식이 나스타시야 필립포브나의 귀에 들렸고, 그녀는 토츠키의 집으로 찾아와 스캔들을 일으켰다. 자신을 노리개로 취급하던 토츠키가 예고도 없이 결혼한다고 하니, 그를 사랑하지 않음에도 결혼을 반대한다. 그녀 자신에게 일종의 기득권이 있다는 것이다.

토츠키에게 예기치 않게 나타난 나스타시야 필립포브나는 수줍은 시골 소녀에서 성숙하고 악의에 찬 여성으로 변해 있었다. 그녀는 자신의 평판에 어떤 영향을 끼칠 것인가에 관계없이 순수한 복수 감정을 품고 무엇이든 토츠키를 해롭게 할 야생마 같은 성격을 유감없이 드러낸다. 그녀는 토츠키의 이 결혼을 결단코 용납하지 않겠다고 선언했고, 결국 토츠키의 결혼 계획은 성사되지 못했다. 토츠키는 지난 5년 동안 돈이나 사치품으로 그녀를 유혹해 달래려고 했다. 그러나 나스타시야 필립포브나는 토츠키의 예상과 달리 자아존중감 면에서는 어엿한 성인이 되어 있었으며 검소한 생활을 유지했다. 토츠키가 20세 이전까지는 필립포브나를 성적으로 학대했는데, 20세 이후부터 약 5년 동안은 그녀를 두려워했던 것 같다. 그래서 토츠키는 끊임없는 두려움 속에서 살았고, 이 두려움을 끝내는 길은 나스타시야 필립포브나가 다른 남자와 결혼하는 것뿐이라고 생각하기에 이르렀다. 그는 자신은 예판친의 맏딸과, 필립포브나는 예판친의 비서 가냐와 혼인하는 길이 최선이라고 생각했다.

특히 가브릴라 아르달리오노비치라는 청년이 나스타시야 필립포브나와 사랑에 빠진 것처럼 보이자 토츠키는 재빨리 그 기회를 포착했다. 토츠키는 가냐의 운명에 관심이 많았고, 나스타시야 필립포브나에 대한 열정을 키워 온 예판친 장군이 그녀의 생일선물로 진주 패물을 준비한 것을 계기로(예판친의 호색한적 면모를 보여주며, 부인의 분노를 산다.) 그와 함께 그녀에게 간다. 그러고는 그녀가 가냐와의 결혼을 통해 새로운 삶을 시작할 가능성이 있는지 탐색하며 결혼을 제안했다.

그리고 그동안의 악행(회개불능적 호색한의 악행)을 뉘우치고 미안해하는 마음으로 7만 5천 루블을 그녀에게 주겠다고 제안한다. 세 사람은 솔직하고 투명하게 속마음을 나누는 대화를 길게 이어 간다. 어쨌든 토츠키는 여기서 진심으로 자기 경험을 말하는데, 잘못했다 말하지 않고 괴롭다고 말한다. 결론적으로 나스타시야 필립포브나는 그의 제안에 동의하긴 하지만, 토츠키의 기대와는 달리 약혼이 양측을 구속하지 않는다는 조건으로 동의했다. 그러므로 가냐와의 약혼은 파약 가능성이 있는 약혼일 뿐, 반드시 결혼으로 직진하는 약혼이 아니다.

토츠키는 가냐가 돈 때문에 그녀와 결혼하려 한다는 사실과 결혼식 직후 가냐가 '그 타락한 여자'에게 복수하기로 맹세했다는 사실에 대해 깊이 두려워했다. 나스타시야 필립포브나가 자신의 최종 의사를 자기 생일날 통보하겠다고 말함으로써 세 사람의 대화는 일단락되었다.

가냐는 한 번도 직접적으로 필립포브나를 향한 사랑을 고백하거나 아름다움에 대해서 말한 적이 없다. 그는 결혼이라는 구체적인 실무 계획에만 집착할 뿐이다. 작가는 가냐의 입에 필립포브나를 향한 어떤 감미로운 말도 맡기지 않는다.

한편 필립포브나에게 값비싼 진주 패물을 준비한 남편 예판친 장군에게 극도의 분노를 장전한 리자베타 프로코피예브나는 아침식탁에서 그를 향해 분노를 폭발시킬 기세다. 바로 이런 긴장된 국면에 그녀는 예기치 않은 손님을 맞이한다.

5장. 예판친 부인과 세 딸에게 자신을 소개하는 공작

예판친 장군은 아내의 관심을 피하려고 공작을 주목의 대상으로 대신 내세운다. 그래서 장군은 아내에게 '어린애'와 '바보'(백치)라고 부르는 공작을 한번 만나 보라고 간청한다. 이렇게 공작은 예판친 부인과 딸들에게 빠르게 소개된다.

4부 백치

아침식사 중 예판친 부인과 딸들은 므이쉬킨이 상당히 매력적이라는 것을 알게 되고, 그에게 관심을 보인다. 식사 후 공작은 자신의 스위스 생활부터 자기 신상에 관한 일들을 두서없이 늘어놓기 시작한다. 그는 듣는 사람이 준비되는 것과 상관없이 만나자마자 아무도 묻지 않은 이야기를 늘어놓는다.

그는 처음 해외여행에서 스위스 바젤 장터의 당나귀를 볼 때까지는 매우 슬펐다고 말한다. 그런데 당나귀 때문에 자신의 우울증이 치료되었다고 말한다. 그가 당나귀를 좋아하게 된 이유가 특이하다. 당나귀는 일을 잘하고, 힘이 세며, 참을성이 강하고, 값이 싸며, 지구력이 강해 아주 유익한 동물이기 때문이다.

"나는 이 당나귀 때문에 갑자기 스위스 전체가 좋아지기 시작했고, 이전의 우울한 마음도 완전히 사라져 버렸습니다"(1권 101).

예판친의 딸들은 이 뚱딴지 같은 당나귀 예찬을 듣고 폭소를 터뜨리는데, 공작은 그들이 자신을 비웃고 있다는 사실에 신경 쓰지 않고 그들과 함께 폭소한다.

므이쉬킨은 자신의 이야기에 흥미를 보이기 시작한 예판친 아가씨들에게 또 다른 이야기, 즉 사형 선고를 받았지만 집행 직전에 사면된 한 남자의 이야기를 들려준다. 공작은 그 남자가 죽기 전 5분 동안 했던 생각에 깊이 매료되었다고 말한다. 그런 다음 그는 네 사람에게 프랑스 리옹에서 공개 처형을 목격했던 이야기를 들려준다. 그는 죽음을 1분 앞둔 사형수의 얼굴을 아젤라이다의 그림 소재로 삼아 보면 어떻겠냐고 제안하기도 한다. 공작은 아라비안 나이트의 주인공처럼 닥치는 대로, 분위기가 흘러가는 대로 이야기를 술술 풀어낸다. 그의 화법은 묘하게도 다음에는 더 재미있는 이야기가 나올 것이라고 기대하게 만드는 매력을 드러낸다. 이번에는 세 아가씨들이 므이쉬킨에게 그의 연애 경험을 말해 달라고 간청하자, 그는 자신은 사랑에 빠진 적이 없다고 부인한다.

"나는 연애를 해 본 적이 없습니다.", "나는…… 다른 방식으로 행복했습니다"(1권 120).

6장. 스위스의 불행한 소녀 마리와 스위스 어린이들의 친구 므이쉬킨 공작

6장은 5장과 같은 무대에서 벌어지는 상황을 다룬다. 공작은 연애 경험담 대신, 자신이 살던 스위스 마을의 소녀 '마리' 이야기를 들려준다(한 편의 자기완결적 단편소설로 공작의 천진난만함, 아동 같은 순수함을 보여준다. 마태복음 11 : 25, 19 : 14³의 아동 예찬 구절을 떠올릴 수 있다). 마리는 떠돌이 상인에게 유혹당했다가 버림받은 후 자신의 어머니와 목사를 비롯한 마을 사람들로부터 비난을 받았던 불행한 소녀였다. 므이쉬킨은 자기와 같은 의사에게 치료를 받았던 마리를 위로하고 동정심을 표현하기 위해, 그녀에게 돈을 가져다주고 키스도 해 줬다. 얼마 지나지 않아 마리는 마을 아이들과 친구가 되었다. 아이들은 공작이 그녀를 연애 감정으로 사랑한다고 믿었지만, 실제로 므이쉬킨은 그녀에게 큰 동정심을 느꼈을 뿐이지 연애 감정을 발전시키지 않았다. 마을 사람들은 공작을 마뜩잖게 생각했고, 심지어 공작이 아이들을 타락시켰다고 수군거리며 공작을 싫어하기 시작했다(교사 쥘 티보, 목사). 얼마 지나지 않아 마리는 폐병으로 사망했지만, 아이들은 계속해서 그녀의 무덤을 돌보았다. 끝으로 므이쉬킨은 예판친 가족에게 자신은 아이들을 사랑한다고 말한다.

"나는 그들(어린아이들)과 마주칠 때마다 더할 나위 없는 어떤 강렬한 행복감을 느꼈어요"(1권 134).

사실 자신은 어른들 사이에서는 어떻게 행동해야 할지 모르기 때문에 백치로 보이지만, 아이들 가운데서는 처신에 어려움이 없다는 말도 덧붙인다. 이것이 백치를 나타내는 말이다. 스위스 아이들이 자신을 얼마나 좋아하고 사랑했는지를 주저리주저리 말한 공작은 네 사람의 얼굴을 상대로 갑자기 관상가, 얼굴 비평가 노릇을 자임하며 짧은 얼굴평을 시도한다. 므이쉬킨은 자신이 사람들의 얼굴을 읽을 수 있다고 말한다. 그는 아젤라이다에게서 행복한 얼굴, 호감을 주는 얼굴을 발견한다. 알렉산드라의 얼굴에서는 아름답고 매우 다정하지만 남모르는 슬픔을 읽어낸다(홀바인의 〈다름슈타트 마돈나〉처럼 특별한 음영이 깃든 얼굴). 그는 예판친 부인의 얼굴을 좋은 의미든 나쁜 의미든 모든 면에서 어린아이의 얼굴이라고 평가한다.

7장. 자타공인 '백치' 므이쉬킨 공작의 정체? : 좌절과 분노를 느끼지 못하는 백치?

7장도 므이쉬킨과 예판친의 세 딸의 아슬아슬한 대화 상황을 다룬다. 아글라야의 얼굴 인상평을 해 달라는 요청을 들은 공작은 놀랍게도 주저한다. 그는 아글라야의 특별한 아름다움을 인정한다. 전혀 다른 얼굴이지만, 거의 나스타시야 필립포브나만큼 아름답다고 말한다. 공작은 몇 시간 전에 나스타시야 필립포브나의 초상화를 보았다고 말했기에 딸들은 이제 그녀의 초상화를 보여 달라고 요구한다. 가냐에게 그녀의 초상화를 좀 빌려 가도 되는지 부탁하러 간 므이쉬킨에게 가냐는 공작이 그날 아침 목격한 일을 예판친네 숙녀들에게 말한 것에 대해 화를 낸다. 갑자기 가냐는 므이쉬킨에게 아글라야에게 비밀 쪽지를 전달해 달라고 부탁한다. 공작은 그의 부탁을 들어 주기로 하고 네 사람에게 돌아온다. 돌아오는 길에 그는 나스타시야 필립포브나의 초상화를 다시 한번 본다. 그는 그녀의 아름다움에 놀라며 동정심에 사로잡힌다.

창백한 얼굴빛, 거의 푹 꺼진 듯한 두 볼, 불타는 것 같은 두 눈, 이것들이 가진 아름다움, 정말로 기이한 아름다움이었다!(1권 144)

그는 그 사진에 입 맞춘다. 딸들이 필립포브나의 사진을 보며 얼굴 품평을 하는 사이에, 예판친 부인은 서재에 있는 가냐를 불러 필립포브나와 결혼할 계획이 있는지 묻는다. 가냐는 "그렇지 않다."고 거짓말하며 매우 흥분한 듯 아글라야를 힐끔힐끔 쳐다본다. 나중에 아글라야는 공작에게 가냐의 쪽지를 읽어 달라고 부탁한다. 쪽지에서 가냐는 아글라야가 자신과 나스타시야 필립포브나와의 결혼에 반대하는 말을 한마디라도 하면 자신은 필립포브나와의 결혼 계획을 취소하겠다고 약속한다.

"한마디, 당신의 단 한 마디면 — 저는 구원받습니다"(1권 151).

이것은 스스로 결정하지 못하는 결정 장애로 볼 수 있다. 아글라야는 가냐의 우유부단함과 결정 부담을 자신에게 전가하려는 그의 태도에 역겨움을 느낀다. 아글라야가 므이쉬킨에게 그 쪽지를 가냐에게 되돌려 주라고 부탁하자, 므이쉬킨은 가냐에게 쪽지를 다시 돌려준다. 공작은 가냐에게 아글라야의 부탁으로 그 쪽지를 읽어 봤다고도 말한다. 가냐는 화를 내며 공작에게 아글라야의 반응을 듣는다. 가냐는 므이쉬킨을 두고 "백치 주제에."라고 중얼거린다. 주요 인물

중 일곱 명이 적어도 한 번씩은 므이쉬킨을 '백치'라고 생각하거나 말한다.

가냐는 분노에 휩싸여 공작에게 백치 주제에 어떻게 순식간에 아글라야의 신임을 얻어 이런 은밀한 심부름까지 하게 되었는지 따지는데, 공작은 침착하게 대응한다. 가냐가 자신에게 가한 모욕이 마음에 들지 않는다고 말하며 각자의 길을 가자고 제안한다. 갑자기 정신을 차린 가냐는 공작에게 용서를 구하고, 그를 자신의 아파트로 초대한다.

8장. 이볼긴 장군네 사람들 : 우스꽝스러운 성인 아이 이볼긴 장군

8장은 『백치』의 중심 줄거리를 이끌어 가는 또 다른 가족인 이볼긴 장군의 가족들을 소개한다. 이볼긴 장군은 자신이 바라는 만큼 대우받지 못하여 늘 마음이 위축되어 있다. 그는 상담학적으로 보면 자라지 못한 성인 아이(adult child)이다. 이볼긴 가족은 이볼긴 장군(55세), 그의 아내 니나 알렉산드로브나(50세 정도, 기품 있는 여인, 병색과 수심 있는 얼굴, 검소한 여인), 가냐(28세), 가냐의 여동생 바랴(23세가량, 빼어나게 아름답지는 않으나 호감형 얼굴, 불같은 성미), 동생 콜랴, 하숙생 페르드이셴코(서른 안팎의 사내, 평퍼짐하고 납작한 코, 상당히 뻔뻔한 인상의 소유자), 사실상 동거인 수준으로 항시 같이 있는 프치츠인(바랴의 약혼예정자, 바랴의 성격에 두려움을 느끼는 서른 안짝의 젊은 고리대금업자) 등으로 구성되어 있다. 그녀의 아내 니나 알렉산드로브나는 고상하고 헌신적이다. 그의 아들 가냐는 폭군적 지배자 유형의 출세 지향적 청년이지만, 결정적인 순간마다 좌절을 맛본다. 가냐에게는 그에게 대드는 직진형의 솔직한 여동생 바랴와 어리고 착한 막냇동생 콜랴가 있다. 그 외에도 다른 하숙인들과 이볼긴 가족의 친구들이 늘 부산하게 이볼긴 장군의 집을 들락거린다.

온 가족이 한 아파트에 살고 있는데, 그 규모는 가냐가 감당할 수 없는 수준으로 비좁다. 가냐는 하숙생을 받아들이는 것이 부끄럽지만, 가정의 재정 상황 때문에 어쩔 수 없다고 받아들인다. 므이쉬킨 공작은 그의 집에서 방을 빌리라는 예판친 장군의 조언에 따른다. 가냐의 아파트에 도착한 므이쉬킨은 그 집의 모든 주민들을 만난다. 가냐의 여동생과 어머니는 단정한 옷차림에 품위 있어 보였고, 가냐의 남동생 콜랴는 성격 좋은 십 대 소년이었다. 므이쉬킨이 방에 들어가자 붉은 머리와 붉은 얼굴을 한 페르드이셴코가 찾아와 자신을 소개하며 자신은 물론이요 이볼긴에게는 돈을 빌려주지 말아 달라는 부탁을 덧붙인다.

가냐의 아버지 이볼긴 장군은 므이쉬킨의 방에 들러 자신이 공작의 부모님과 오랜 인연이 있다고 말하지만, 그는 인연을 날조했다. 이볼긴의 기억과 공작이 알고 있는 아버지에 관한 정보는 미세한 차이가 있다. 여하튼 이볼긴은 거짓말의 달인이자, 공상의 달인이다. 장군은 공작에게 경제적인 문제도 있지만 곧 있을 가냐와 불명예스러운 여자 곧 나스타시야 필립포브나의 결혼으로 인해 집안이 곤경에 처했다고 말한다. 장군은 결혼에 단호하게 반대하고 있으며, 자신이 요즘 이 문제로 아들 가냐와 말이 통하지 않는 상황에 처했음도 덧붙인다. 한편 응접실에서 가냐의 친구 프치츠인은 니나 알렉산드로브나와 바랴에게 그날 밤 가냐와 필립포브나의 결혼성사 여부가 결정될 것임을 알려 준다. 이때 가냐는 갑자기 들어와 필립포브나와의 결혼에 대한 집안 사람들의 대화를 듣고 짜증을 낸다. 그는 다시 공작이 주제넘게 말을 너무 많이 해서 이런 분위기가 조성되었다며 공작을 비난한다.

"입 좀 다물고 있을 순 없소? …… 공작 나리……"(1권 178-179).

4부 백치

그러나 프치츠인이 다가오는 결혼 추진 여부의 결정에 대해 가냐의 가족에게 세세히 알려 준 사람이 공작이 아니라 자신이라고 인정함으로써 가냐의 공작 비난은 중단된다.

"그건 내가 얘기한 거야, 가냐, 다른 사람이 아니라"(1권 179).

니나 알렉산드로브나는 가냐에게 나스타시야 필립포브나가 "왜 너를 사랑하지 않는데 너와 결혼하는 것에 동의하겠느냐?"라고 묻는다. 어머니의 이 질문은 아들이 자신을 속이고 있음을 암시한다. 이렇듯 가냐의 결혼 문제로 가족 간의 다툼이 계속되면서 가냐의 분노는 걷잡을 수 없이 커져만 간다. 이 가냐 집안의 갈등 분위기를 피하기 위해 므이쉬킨은 복도로 잠시 물러난다. 그런데 갑자기 초인종이 울린다. 전혀 예상 밖의 방문객, 나스타시야 필립포브나. 공작은 자신을 하인으로 오해하는 나스타시야 필립포브나를 가만히 쳐다본다. 그녀는 화가 나서 소리친다.

"무슨 이런 백치가 다 있어?"(1권 183)

하인으로 오해받은 공작은 가족 방에 들어가 외쳤다.

"나스타시야 필립포브나가 왔습니다!"(1권 184)

그녀의 갑작스러운 방문은 가냐의 가족들이 자기를 어떻게 보는지 테스트하기 위한 것이다.

9장. 가냐의 집에 갑자기 쳐들어와 무례하게 구는 필립포브나

나스타시야 필립포브나가 이볼긴의 집에 온 적이 없었기 때문에 모두 대단히 놀란다. 가냐는 그녀가 상류사회를 출입할 때 그를 모욕하는 데 사용할 수 있는 가족 정보를 수집할 수 있다는 생각에 두려움을 느꼈다. 나스타시야 필립포브나는 자신에 대한 가냐 가족의 적대감을 깨닫지 못한다는 듯 농담하고 행동함으로써 그 순간의 어색함을 감추려고 노력한다. 므이쉬킨이 그녀에게 소개되고, 그녀는 그를 하인으로 생각한 자신의 실수에 깜짝 놀란다.

갑자기 이볼긴 장군이 응접실로 들어와 나스타시야 필립포브나에게 자신을 소개한다. 가냐는 거짓말에 한계를 모르는 아버지로부터 자신의 야망과 허영심이 깊은 위협을 받자 동요한다. 장군의 아내와 자식들은 이볼긴에게 이 자리를 떠나 달라고 요청하지만 그는 거부하고, 자신의 과거에 대한 이야기를 계속한다. 이 사람은 다른 의미로 백치적인 짓을 하는데, 좌중에 있는 사람들이 전혀 원하지 않는 자신에 관한 정보를 연신 늘어놓는다. 시한폭탄 같은 그의 말은 다 거짓이기 때문에, 그 수습은 가족들의 몫이다. 이볼긴 장군이 들려주는 이야기 중 하나는 개를 키우는 한 여성과 자신이 같은 기차를 탔을 때 일어난 일이다. 그는 신문에서 읽은 이야기를 자신의 이야기로 둔갑시킨다.

이야기의 줄거리는 이렇다. '이볼긴이 기차에서 시가를 꺼내자 여인이 그 시가를 집어 창 밖으로 던졌고, 그 순간 장군은 여인의 개도 함께 창 밖으로 던졌다. 그러자 그 여자가 이볼긴의 뺨을 내리쳤고 그는 욕으로 그녀에게 맞대응했다.' 나스타시야 필립포브나는 신문에서 똑같은 이야기를 읽었다며 장군이 지금 거짓말을 하고 있음을 금세 알아차린다. 가냐는 이런 절망적인 어색함이 강요하는 고통에서 벗어나지 못한다. 증오심에 가득 찬 가냐는 아버지를 억지로 밖으로 끌고 나가려고 한다. 그런데 일단의 무례한 방문자들이 가냐의 집으

4부 백치

로 난입한다.

10장. 필립포브나의 진정성을 꿰뚫어 보는 '어린 양' 므이쉬킨 공작과 '뿔' 사나이 로고진

로고진 패거리들이 이볼긴 장군의 집, 즉 가냐의 집에 들이닥친다. 로고진은 가냐의 집에 와 있는 나스타시야 필립포브나의 모습에 충격을 받고, 므이쉬킨이 그곳에 있는 상황에도 약간 놀란다. 가냐의 집은 갑자기 로고진이 이끄는 약간 취한 남성들로 붐비게 된다. 로고진은 죽음을 선고받은 사람의 얼굴로 가냐와 협상을 하러 왔다고 선언한다. 여기서 필립포브나를 차지하기 위한 준결승전이 벌어진다. (공작은 이미 결승전에 올라가 있다. 준결승전에서 이긴 자가 공작과 결승전을 벌이게 된다.) 로고진은 나스타시야 필립포브나에게 가냐와 결혼할 계획이 있는지 묻고, 그녀는 그럴 계획이 없다고 침착하게 대답한다. 로고진은 나스타시야 필립포브나를 위해 가냐와 흥정을 시도하며 1만 8천 루블을 테이블 위에 올려놓는다. 이런 로고진의 태도를 경멸하며 필립포브나가 가려고 일어나자 로고진은 다시 4만 루블을 주겠다고 말한다. 여전히 비웃는 필립포브나를 바라보며 로고진은 필립포브나를 놓아 주면 가냐에게 10만 루블을 주겠다고 약속한다(로고진은 프치츠인에게 변통을 요청한다). 가냐는 증오와 분노로 심히 격동된다. 이볼긴은 로고진을 격하게 책망하고, 콜랴는 분한 마음에 눈물을 쏟으며 "정말 야비해!"라고 외친다. 바랴는 "저 파렴치한 여자를 여기서 끌어내라."고 외친다. 나스타시야 필립포브나를 모욕하는 바랴에게 분노한 가냐는 바랴를 붙들고 질책하지만, 바랴는 오히려 그의 얼굴에 침을 뱉으며 대든다. 가냐는 동생을 때릴 뻔했지만 므이쉬킨이 갑자기 그를 막자, 대신 공작의 얼굴을 때린다. 공작은 가냐에게 자신의 행동을 금방 부끄러워할 것이라고 말한다. 모두가 가냐를 비난하는 눈초리로 바라보는데, 로고진도 '양' 같은 공작을 때렸다며 가냐를 비난한다. 가냐의 돌발적인 타격에도 화를 내지 않고 차분하게 응대하는 공작을 보고 필립포브나는 다소 놀란다. 그녀는 자신도 어디선가 공작을 본 적이 있다고 중얼거리며 친근감을 품기 시작한다. 이러는 사이 므이쉬킨은 갑자기 나스타시야 필립포브나에게도 한마디 충고를 건넨다. 그녀의 행동이 그녀가 누구인지 정확하게 반영하지 않는다는 점에서 필립포브나 역시 자신의 행동을 부끄러워해야 한다는 것이다. 그는 처음으로 필립포브나의 겉과 속을 직감적으로 알아낸 후 정곡을 찌르는 말을 한다.

"그래 당신은 부끄럽지도 않으십니까! 당신은 정말 지금 보여주신 그런 사람인가요? 아니, 절대 그럴 리가 없습니다!"(1권 211)

공작의 촌철살인의 질책을 듣고 다소 놀란 나스타시야 필립포브나는 그 자리를 떠나면서 가냐의 어머니 니나 알렉산드로브나에게 다가가서 므이쉬킨의 말이 맞다고 속삭인다.

"나는 정말로 그런 사람이 아니에요, 저분이 잘 맞혔어요"(1권 212).

방문객들이 가냐의 아파트를 떠나는 가운데 로고진은 끈질기게 같은 말을 되풀이했다.

"네가 졌다, 간카!"(1권 213)

일단 준결승에서는 로고진이 가냐를 이겼다. 이제 가냐는 필립포브나의 남편 후보자 명단에서 탈락한다. 예상 외 다크호스는 므이쉬킨 공작이다.

11장. 고리대금업으로 부자가 된 사람들의 나라에서 부자가 되기로 결심하는 청년 가냐

11장의 무대도 여전히 10장과 같은 이볼긴 장군의 아파트다. 로고진 패거리들의 기습적 출현에 놀란 므이쉬킨 공작은 콜랴와 함께 거실에서 방으로 물러난다. 어린 콜랴는 공작을 위로하기 위해 공작과 함께 방으로 들어간다. 이 어린 소년은 므이쉬킨 공작이 자기 형에게 결투를 요구하지도 않고, 뺨도 때리지 않은 것은 옳은 일이었다고 말하며 공작을 위로하고 안심시킨다(당시에는 공격당하면 결투를 신청하는 것이 관행이었다). 그런 다음 콜랴는 나스타시야 필립포브나가 왜 그들을 방문하기로 결정했는지에 대해 이해가 잘 안 된다는 반응을 보인다. 혼란스럽다는 것이다. 그녀가 '우리 집안을 모욕할 의도가 있었다면 왜 우리를 자기 집에 초대하려고 했으며', '왜 떠나기 직전에 우리 어머니에게 경건하게 행동했는지', 그리고 '그녀가 왜 자기를 존중하지 않는 방식으로 말하고 행동하는지' 잘 이해가 안 된다는 반응을 공작에게 보인다. 콜랴가 방을 나가자 바랴는 공작에게 감사의 인사를 전하고, 마지막에 그의 말을 듣고 다소 곳하게 반응했던 나스타시야 필립포브나를 이전부터 알고 있었는지 묻는다. 므이쉬킨은 그날 이전에 그녀를 알지 못했다고 부인한다. 그때 가냐가 갑자기 들어와 공작의 뺨을 때리고 그를 백치라고 생각한 것에 대해 진심으로 사과한다. 그러나 공작은 가냐가 용서를 구해야 할 사람은 자신이 아니라 바랴라고 말하며, 그녀에게 사과하라고 부탁한다. 가냐는 집안 사람들이 진정한 용서를 모른다며 거부하지만, 바랴는 오빠를 용서한다고 말하며 다만 오늘 저녁에 나스타시야 필립포브나의 집에 가지 말라고 간청한다. 가냐는 공작과 바랴에게 필립포브나의 오늘 행동은 연극적인 것으로, 가냐 자신의 중심을 떠보는 시험이라고 말하며 필립포브나를 두둔한다. 그리고 그녀와의 결혼도 계속 추진할 것임을 말한다. 바랴는 괴로워하며 방을 나갔다.

가냐와 단둘이 남겨진 므이쉬킨은 가냐에게 나스타시야 필립포브나와 결혼하려는 이유를 설명해 달라고 부탁한다. 공작은 나스타시야 필립포브나가 가냐와 결혼할지 망설이고 있다는 것과 가냐가 결혼을 결심하더라도 로고진이 약속한 그 돈을 실제로 받을 수 있을지 의심스럽다고 판단한다. 가냐는 돈에 대한 집착이 매우 강하지만, 귀족이 아닌 데다 기득권이 없기 때문에 신분 상승과 동일한 효과를 내기 위해 돈을 벌기로 작정한다. 자신은 부자가 되면 사회적 지위가 높아질 뿐만 아니라 자신을 더 독창적으로 만들 수 있기 때문에, 더 많은 돈을 벌고 싶다는 목표에 사로잡혀 있다고 말한다. 프치츠인은 이미 이런 방식으로 부자가 되었다. 그는 일종의 고리대금업자이다. 신분제 사회가 와해된 19세기 러시아 사회는 혈통으로 귀족이 될 수 없으면 돈으로라도 지위를 얻었다. 그래서 돈에 집착하는 프치츠인이나 가냐와 같은 젊은이가 등장하는 것이다.

긴 대화를 마무리하면서, 므이쉬킨은 자신에게 느닷없이 나스타시야 필립포브나가 마음에 드는지 묻는 가냐의 질문에는 긍정하지만, 반했는지 묻는 질문에는 부정한다. 그러나 가냐는 얼굴이 빨개진 므이쉬킨을 보면서 '필립포브나에게 반하지 않았다'는 공작의 말을 믿지 않는 것처럼 보인다. 그러면서 가냐는 므이쉬킨이 생각하는 것과 달리 나스타시야 필립포브나는 지배욕이 강하긴 하지만 '정숙한' 여성이라고 덧붙인다. 토츠키의 정부로 살았던 일도 오래전의 일임을 강조한다. 가냐는 들어올 때에 비해 기분이 좋아져 공작과 헤어진다. 그 사이에 콜랴는 돈이 필요한 이볼긴 장군의 쪽지를 므이쉬킨에게 건넨다. 그 쪽지는 이볼긴 장군의 공작 면담 요청을 담고 있다. 공작은 콜랴와 함께 이볼긴 장군을 만나러 가기로 결심한다.

12장. 15세 청소년 콜랴와 므이쉬킨 공작 사이에 싹트는 우정
12장은 므이쉬킨이 이볼긴 장군을 만나러 가는 장면부터 시작한다. 공작은 이볼긴이 술병을 앞에 두고 앉아 있는 카페에 도착해, 예판친 장군이 자신에게 준 25루블 지폐를 이볼긴에게 건네며 15루블은 꼭 돌려 달라고 말한다. 대신 공작은 이볼긴 장군에게 나스타시야 필립포브나의 집으로 자신을 데려가 달라고 부탁한다. 장군은 동의하지만 먼저 공작을 장군의 정부(情婦)인 체렌치예프 대위의 미망인(입폴리트의 어머니)의 집으로 끌고 간다.

그들이 도착하자 체렌치예바 부인(마르파 보리소브나)은 차용증에 대해 따지고, 이볼긴은 므이쉬킨이 자신에게 준 25루블을 그녀에게 준다. 미망인의 아파트에서 공작은 과부의 아들 입폴리트를 병문안하러 온 콜랴를 발견한다. 콜랴는 입폴리트에게 이볼긴의 집에서 있었던 일(가냐에게 공격당했는데도 결투 신청을 하지 않은 공작의 태도)을 말했는데, 입폴리트는 콜랴와 달리 자신은 므이쉬킨이 가냐의 결투에 도전하지 않은 비열한 인간이라고 생각했다는 말을 공작에게 전한다. 술에 취한 이볼긴 장군이 자신을 나스타시야 필립포브나의 집으로 데려다줄 것이라는 희망을 잃은 공작은, 대신 콜랴에게 데려다 달라고 부탁한다. 소년은 므이쉬킨이 초대받지도 않고 차려 입지도 않은 채 저녁 파티에 간다는 사실에 놀랐지만, 그녀의 집으로 데려다준다. 콜랴는 돈과 옷으로 입폴리트를 도와주는 자기 어머니가 불쌍하다고 말한다. 공작은 콜랴를 위로한다.

"그런 환경에서도 남을 돕는다는 건, 도덕적 힘을 보여주는 증거가 아닐까?"(1권 242)

13장. 필립포브나 모임의 불청객이 되기로 결심한 므이쉬킨 공작

므이쉬킨 공작은 콜랴의 도움으로 필립포브나의 집에 가는 데 성공한다. 그는 나스타시야 필립포브나의 아파트 계단을 올라가면서 초대장이 없음에도 왜 자신이 그녀의 생일파티에 가는지에 대해 곰곰이 생각한다. 그가 생각할 수 있는 유일한 이유는 필립포브나에게 이렇게 말해 주기 위해서였다. "그 사람(가냐)은 당신을 사랑하는 것이 아니라, 당신의 돈을 사랑합니다. 가냐와 결혼하지 마세요." 작지만 가구가 매우 잘 갖추어져 있는 나스타시야 필립포브나의 아파트는 전체적으로 검소하고 기품이 있어 보인다. 그녀가 처음 페테르부르크에서 살기 시작했을 때 토츠키는 사치품으로 그녀를 유혹하려고 시도했다. 그녀는 사치를 즐겼지만 결코 사치에 의존하지는 않았다. 실제로 그녀는 자신은 사치품에 지배당할 수 없다는 사실을 보여주기 위해 종종 노력했다. 토츠키는 나스타시야 필립포브나의 이러한 성격을 인정하지 않았고, 그녀와 자주 모이는 사교계 인사들도 좋아하지 않았다. 토츠키는 그녀에 대해 싫어하는 면이 있음에도 불구하고 그녀의 독창성과 힘에 매료되는 것을 멈출 수 없었다.

이미 공작이 도착하기 전부터 나스타시야 필립포브나의 응접실에는 초대받은 손님들이 모여들었다. 토츠키, 예판친 장군, 가냐, 프치츠인, 페르드이솅코, 늙은 학교 교사, 젊은 남자, 배우인 40대 여성, 그리고 매우 아름다운 젊은 여성이 모였다. 이 중 기분이 좋은 유일한 사람은 페르드이솅코뿐이었다. 므이쉬킨이 도착하자 나스타시야 필립포브나가 그를 맞이하러 간다. 그녀는 그날 아침 파티에 그를 초대하지 않은 것에 대해 사과하고 스스로 알아서 와 준 것에 박수를 보낸다. 그녀가 그를 응접실로 안내하자, 그는 긴장한 목소리로 이렇게 말했다.

"당신에게 있는 것은 모두가 완벽합니다…… 너무도 오고 싶어서…… 나는…… 용서하십시오……"(1권 252).

그녀는 이는 사실이 아니며 파티에서 그녀가 보여줄 행동이 그녀가 완벽하지 않다는 것을 증명할 것이라고 말한다. 모인 사람들 사이에는 활기가 고조된다. 많은 사람들이 필립포브나의 이야기가 나올 때마다 얼굴이 빨개지는 공작의 표정을 보고, 공작이 예고 없이 파티에 온 이유가 무엇인지 궁금해하기 시작한다. 공작이 나스타시야 필립포브나를 좋아하기 때문일 것이라고 추측하는 분위기가 조성된다. 이런 상황에서 갑자기 페르드이셴코는 자신이 저지른 최악의 일을 털어놓는 게임을 하자고 제안한다. 실제로 누구도 그 제안을 좋아하지 않지만, 그 게임을 매우 좋아하는 것처럼 보이는 나스타시야 필립포브나를 기쁘게 하기 위해 모두 그 제안에 동의한다. 여성은 제외하고 남성은 제비를 뽑아 순서를 정한다. 페르드이셴코, 프치츠인, 예판친 장군, 토츠키, 공작, 가냐 순이다. 나스타시야 필립포브나는 점점 열이 오르고 흥분하기 시작한다. 이 장면은 메인 스토리와는 크게 상관이 없지만, 개인의 성격을 약간씩 드러낸다.

14장. 해방과 자유의 사람으로 살겠다고 선언하는 필립포브나 : 가냐와의 혼담 파탄

14장은 13장과 같은 무대, 같은 상황을 이어받는다. 필립포브나 집의 만찬 자리이다. 느슨하고 산만하게 모인 사람들의 지루한 '재미 있는 이야기' 들려주기 게임(자신이 범한 최악의 일 고백하기)이 이어진다. 처음으로 페르드이셴코가 자신이 저지른 최악의 일을 말한다. 그것은 자신이 어느 저녁 파티에서 3루블을 훔친 후 파티를 연 집주인이 하녀를 의심하도록 내버려두었고, 그 결과 그녀가 해고당한 일이라고 말한다. 도둑질뿐만 아니라 하녀가 연루되도록 방치한 페르드이셴코에게 모두가 혐오감을 느낀다. 페르드이셴코의 차례가 끝나자 프치츠인의 차례가 되었는데, 그는 게임을 거부한다. 그러자 예판친 장군의 차례가 되었다.

예판친 장군이 스스로 꼽은 최악의 행동은 그가 소위였을 때의 일이다. 그는 주둔 도시의 배정받은 숙소에서 나올 때 접시를 내어 주지 않은 여든 살 노파에게 달려가 욕을 퍼부었다. 그러나 그 노파는 반응하지 않았는데, 알고 보니 그녀는 이미 죽어 있었다. 그는 죽어 있는 노파에게 소란을 피운 것이었다.

예판친 장군은 그 일로 죽은 노파에 대한 죄책감을 경감시켜 보려고 만성질환을 앓고 있는 두 명의 노파를 부양하기로 결심했다고 술회했다. 페르드이셴코는 장군이 표면적으로는 최악의 행동에 대한 이야기를 하는 듯하면서 실은 자신의 선행을 은근히 늘어놓았다고 놀린다. 나스타시야 필립포브나는 예판친의 착한(?) 마음씨를 보고 실망한 듯 보인다.

그런 다음 토츠키(키가 크고 뚱뚱하며 조금 벗겨진 머리, 외모가 좋으며 틀니) 차례였다. 그는 자신이 범한 최악의 일로 20년 전 사건을 들려준다. 아는 한 젊은 부부(플라톤 오르드인체프와 안피사 알렉세예브나)와 그 남편의 아내를 필사적으로 사랑했던 또 다른 젊은 남성(페챠 보르홉스코이)의 이야기이다. 마침 그날은 플라톤 아내의 생일이었는데, 당시 알렉상드르 뒤마(Alexandre Dumas)의 소설 『동백꽃 여인(椿姬)』이 유행하던 때라 그녀는 생일선물과 무도회를 위해 붉은 동백꽃 다발을 원했다. 하지만 이 꽃은 어디에서도 찾을 수가 없었다. 그러던 중 페챠가 꽃을 구할 수 있는 한 노인에 대한 정보를 젊은 토츠키에게 알려 줬다. 토츠키는 페챠보다 먼저 그 노인의 집에 도착해 붉은 동백꽃을 사서 플라톤의 아내에게 주었고, 친구 플라톤은 토츠키의 가슴에 얼굴을 파묻고 울 정도로 감동을 받았다. 다만 이 사건으로 큰 충격을 받은 청년 페챠는 정신이 혼미해져 크림반도로 떠났고, 얼마 지나지 않아 전사했다.

토츠키의 이야기를 듣자마자 나스타시야 필립포브나의 눈이 번쩍인다. 그녀는 예판친과 토츠키가 자신과 가냐의 혼사를 무리하게 추진한다고 불평하면서 느닷없이 므이쉬킨 공작에게 가냐와 결혼해야 하는지 묻는다. 그녀는 그가 말하는 것은 무엇이든 할 것이라고 덧붙인다. 공작은 그녀가 가냐와 "결혼해서는 안 된다."라고 대답한다. 필립포브나는 공작의 권고를 받아들여 가냐와의 결혼은 더 이상 추진하지 않겠다고 선언한다.

> "공작은 진심으로 나를 위해 온 힘을 바치시는 분으로 내 일생을 통해 처음으로 신뢰하게 된 분이에요. 저분은 첫눈에 나를 믿어 주셨고, 나도 저분을 믿어요"(1권 280).

토츠키와 예판친 장군은 항의하지만 소용이 없다. 나스타시야 필립포브나는 자신이 생일선물로 받은 진주 패물을 예판친 장군에게 다시 돌려주고 자신이 토츠키를 거저 풀어 준다고 생각하라며 다시 7만 5천 루블을 돌려주겠다고 말한다. 그리고 자신은 이제 토츠키의 곁을 영원히 떠날 것이며, 내일 이 집에서 완전히 나갈 것이라고 말한다. 그때 갑자기 대문 초인종이 울린다. 밤 11시 30분경이었다. 프치츠인은 그날 아침 약속한 10만 루블을 가지고 온 로고진과 그 일당일 것이라고 추측한다.

15장. 10만 루블로 필립포브나를 사려는 로고진과 순결한 필립포브나를 지켜주려고 청혼하는 공작

로고진 일당이 늦은 밤 필립포브나의 집을 기습 방문한다. 이것이 로고진이 살아가는 법이다. 그는 무엇이든 기습적이고 상상을 초월하는 기행을 행함으로써 자신의 왜곡되고 오도된 욕망을 드러낸다. 나스타시야 필립포브나는 하녀에게 로고진과 그의 일행을 응접실로 초대하라고 말한다. 손님들은 놀라움에 서로를 바라본다. 예판친 장군은 나가려고 하지만 나스타시야 필립포브나가 남아 있으라고 설득한다. 예판친 장군과 토츠키는 그녀가 미쳐 가는 것 같다는 의견을 짧게 주고받는다. 로고진의 소란스러운 하층민 패거리는 주먹 무사, 전직 도색폭로지 편집인(영감), 다른 사람들이 '비렁뱅이'라고 부르는 퇴역 군인(켈레르) 등이다. 그중에서도 레베제프는 근거리 호위무사처럼 로고진을 옹위하며 들어온다.[4] 집에 들어서는 순간부터 나스타시야 필립포브나에 대한 존경심에 사로잡힌 로고진은 10만 루블이 들어 있다며 테이블 위에 두툼한 소포 하나를 올려놓는다. 나스타시야 필립포브나는 감정적으로 격앙된 채 로고진의 10만 루블 마련 행각의 의미에 대해 긴 연설을 시작한다. 핵심은 가냐 비난과 조롱에 치우친 연설로 그와의 혼담을 파탄 내는 연설이었다. 그녀는 예판친 장군의 진주 패물을 받고 로고진의 흥정대상이 된 자신을 가냐가 원할 수 있다는 사실에 불신을 표시한다. 그리고 가냐에게 분노하며 외친다.

"그런데 정말 나를 당신 집안에 들일 생각이었어? 이 나를, 로고진의 여자를! ……"(1권 292).

이처럼 필립포브나는 자신이 이미 로고진의 여자가 된 것처럼 말하기도 했다.

그녀는 자신이 가냐와 같은 훌륭한 가정에 들어갈 수 있다고 생각한 것이 어리석었다고 말한다. 가냐는 돈만 있으면 거의 모든 일을 할 수 있기 때문에 그녀를 아내로 맞아들일 생각을 기꺼이 했다는 것이다. 나스타시야 필립포브나는 토츠키를 향해 자신이 그에 대한 분노와 증오 속에 살아왔다고 말한다. 그녀는 토츠키가 어렸을 때 자신을 찾아와서 잠자리를 같이하고 떠났던 일들을 말한다. 그녀는 토츠키와 결혼할 수도 있었지만(5년 동안 은근히 토츠키의 기대를 조장했음을 인정한다.) 이제는 그 동백꽃 사나이를 분노할 가치가 없는 인간으로 결론 내렸다고 말한다. 그녀는 차라리 자신과 같은 여성에게 더 적합한 장소인 거리에서 살기로 결심했다고 선언한다. 그녀는 이제 아무도 자신을 받아 주지 않을 것이라고 외친다. 이 격정적인 필립포브나의 말머리를 중단시키려고 끼어든 사람이 공작과 필립포브나의 비서격인 친구 다리야 알렉세예브나이다. 둘 다 필립포브나가 로고진의 돈에 팔려 가서는 안 된다고 훈계한다. 필립포브나는 가냐를 실컷 조롱하고, 토츠키도 꾸짖고 조롱한 후 가냐에게 "이래도 나를 아내로 맞아들이겠느냐?"고 묻는다. 페르드이셴코는 가냐는 데려가지 않을 것이며, 오히려 므이쉬킨 공작이 그녀를 데려갈 것이라고 말했다. 공작은 그럴 것이라고 동의했다. 공작은 일어나서 그녀에게 청혼하고, 그녀를 순결한 여성이라고 부르며 그녀가 받은 모든 비난은 부당하다는 점을 분명히 말한다.

"나는 순결한 당신을 모셔 가는 것이지, 로고진의 여자를 데려가는 게 아닙니다, ······", "그럼 내가 순결하다고요?", "당신은 순결하십니다.", "당신 자신도 유모가 필요한 상황인데, 혼인까지 해서 대체 어쩌시려고요!", "나는 나스타시야 필립포브나…… 당신을…… 사랑합니다. 나는 당신을 위해 죽어도 좋습니다, …… 만약 우리가 가난해지면, 그때는 내가 일을 하겠습니다, 나스타시야 필립포브나……"(1권 296-297).

필립포브나에 대한 므이쉬킨의 돌발적 사랑 고백은 푸시킨의 "가난한 기사"에서 성모 마리아에게 모든 것을 바치는 가난한 기사를 방불케 한다. (아글라야가 나중에 "가난한 기사"를 읽는다.) 여기저기서 비웃는 소리가 들려온다. 그 사이에 공작은 더욱 충격적인 소식을 전한다. 자신은 큰 재산을 상속받게 되었다는 소식을 받았기 때문에(스위스에서 이미 모스크바의 살라즈킨 변호사로부터 편지를 받았다.) 그녀를 부양할 돈이 있다고 선언한다. 손님들은 깜짝 놀란다.

16장. 로고진이 준 10만 루블로 가냐를 모욕하는 필립포브나(이모의 재산 상속자 공작)

16장은 로고진의 등장으로 조성된 극도의 긴장 상황을 다룬다. 이것은 가냐에게 닥쳤던 극도의 모욕적 긴장이다. 토츠키와 프치츠인은 15장에서 기습적으로 실연당한 가냐와 필립포브나의 복수극이 갖는 의미를 간략하게 논의한다. 프치츠인은 나스타시야 필립포브나의 행동을 피해자가 가해자의 얼굴 바로 앞에서 자살함으로써 그를 처벌하는 일본의 오래된 관습과 비교한다. 예를 들어서 폭행을 당했다면 폭행당한 사람이 폭행범 앞에서 자기 배를 가르는 행위를 하는 것이다. 이것은 상대를 영구적으로 죄책감에 묶어 놓으려는 행위이다. 토츠키는 나스타시야 필립포브나의 아름다움과 비범한 성격을 생각하면 모든 것을 잃은 것이 안타깝다고 대답한다. 아주 독특한 캐릭터다.

프치츠인이 므이쉬킨 공작이 막대한 상속을 물려받게 되었다는 변호사 살라즈킨의 편지가 진본임을 확증하자, 모든 사람들은 이 소식에 너무 충격을 받아 나스타시야 필립포브나를 거의 잊어버렸다. 이 상황이 그녀를 완전히 정신착란 상태로 몰아넣는다. 그녀는 자신과 토츠키 사이에 일어난 일에 대해 자신을 비난해서는 안 된다고 확신하는 므이쉬킨과의 결혼에 동의한다. 필립포브나는 장난기 가득 찬 말투로 자신이 이제 '공작 부인'이 될 것이라고 자랑하며 으스대듯이 행동한다. 그러자 로고진이 나서서 공작에게 물러서라며 다그치고, 다리야 알렉세예브나는 이런 로고진을 꾸짖는다. 필립포브나는 공작에게 자신의 수치스러운 과거를 알고도 자신과 결혼할 수 있느냐고 진지하게 묻기도 한다. 공작은 차분하게 그녀의 마음을 어루만지듯 확신을 준다.

> "당신이…… 로고진과 함께 가려고 했던 것은 병적인 발작 상태에서 결정한 겁니다. …… 당신에겐 긍지가 있습니다, …… 하지만 당신은 이미 너무나 불행한 탓에 자신에게 정말 잘못이 있다고 여기는 것 같습니다. 당신에겐 많은 보살핌이 필요합니다, …… 내가 당신을 보살피겠습니다. ……"(1권 305).

그러나 공작의 이 고결한 바보 같은 화법이 이어질수록 필립포브나는 격렬하게 의심하며 부정한다. 자신은 토츠키의 첩이었다고 소리치며 오히려 공작은 존경할 만한 여성인 아글라야 예판친 같은 사람과 결혼할 자격이 있고, 자신에게는 로고진이 더 어울리기에 그와 함께 떠날 것이라고 말한다. 그녀는 로고진을 향해 외친다.

> "로고진, 대체 뭣하고 있어? 어서 채비해. 우린 떠나는 거야!"(1권 308)

기뻐 광분한 로고진이 외친다.

"내 여자다! 몽땅 내 거야! 내 여왕이야! 이제 끝났어!"(1권 309)

나스타시야 필립포브나는 떠나기 전에 가냐가 자신에게 준 모든 고통을 갚기로 결심한다. 그녀는 10만 루블 꾸러미를 벽난로에 던져 불을 붙인 뒤 가냐가 원하기만 한다면 가져갈 수 있다고 말한다. 너무 큰 모욕을 당한 가냐는 충격을 받은 나머지 자리를 떠나며 끝내 기절하고 만다. 나스타시야 필립포브나는 가냐의 허영심이 그의 탐욕보다 더 강하고, 돈을 되찾으면 그 돈은 가냐의 것이라고 말하며 자리를 떠난다. 필립포브나는 하녀들의 울음을 뒤로하고 로고진 패거리들과 함께 마차를 타고 사라진다. 공작은 예판친 장군의 만류에도 불구하고 마차를 타고 그들을 뒤쫓아 간다.

1부에서 우리는 도스토옙스키의 입체적인 인물 표현의 섬세한 기법을 발견한다. 그는 인간의 이중성, 즉 양극단을 오가는 경계선적 성향을 포착한다. 므이쉬킨 공작은 어떻게 보면 백치 같고, 어떻게 보면 철학자 같기도 하다. 굉장히 모자라는 사람인데 충만한 사람처럼 보이고, 허점이 많은데 오히려 사람들을 채워 준다. 레베제프는 악인이지만 찰나적인 친절을 베푼다. 고리대금업자인 프치츠인은 안정감을 주면서 불안감도 심어 준다.

2부
자신을 몰이해하는 사람들 한복판에 에워싸인 백치, 므이쉬킨 공작

1부에서 2부로 넘어가는 사이 6개월의 시간이 지난다. 그 사이에 공작은 먼 친척의 유산상속인이 되어 재산을 갖게 되고, 공작 신분을 인정받게 되었다. 필립포브나와 로고진이 함께하는 생활이 불행과 고통의 연속임을 알게 된 공작은 더욱더 필립포브나에 대한 마음을 떨치지 못한다. 로고진은 필립포브나의 마음이 공작에게 기울어진 것을 알고 고통받는다. 이런 사이에 로고진과 공작의 관계는 묘한 우정의 관계로 발전한다. 두 사람은 필립포브나를 사랑하는 방식은 다르지만, 그녀에 대한 집착과 사랑으로 매여 있는 친구가 된다. 그러면서도 로고진은 자신의 연적이 된 공작을 죽이려고 시도한다. 로고진이 칼로 찌르려는 바로 그 순간에 공작은 뇌전증 발작을 일으킨다.

회복 후 공작은 레베제프의 여름 별장이 있는 파블롭스크로 거처를 옮긴다. 예판친 가족들과 그들의 친구인 장교 에브게니 파블로비치 라돔스키(아글라야에게 마음을 둔 부자 청년이자 미남 장교)가 공작을 위문하러 온다. 여기서 갑자기 아글라야가 푸시킨의 "가난한 기사"라는 시를 읊는다. 나스타시야 필립포브나를 구하려고 애쓰는 공작을 놀리려는 의도가 있는 것처럼 보이는 낭독이었다. 이때 모스크바에서 공작에게 재산을 남기고 죽었던 파블리셰프의 사생아라고 주장하는 부르돕스키가 일련의 난폭한 또래들을 데리고 와서 공작에게 상속받은 재산을 내놓으라며 위협했다. 이 곤경에서 공작을 건져 준 사람이 가냐이다. 공작은 오히려 이 일을 계기로 자신을 대적했던 라돔스키와 그의 패거리들인 입폴리트, 켈레르 등을 친구로 만드는 데 성공한다. 예판친 가족들은 이 소동을 보고 실망하고 화가 나서 돌아가지만, 라돔스키만은 공작의 진가를 알아보며 온유하게 이별한다. 이 작별의 순간에 필립포브나가 갑자기 나타나 소리를 지른다.

1장. 여섯 달 동안 떨어져 지냈던 공작과 페테르부르크 사람들, 아글라야에게 보낸 공작의 편지

2부는 나스타시야 필립포브나의 희한한 생일파티가 끝난 지 6개월 후의 상황에서 시작된다. 그해 11월 저녁 이틀 후, 므이쉬킨 공작은 페테르부르크를 떠나 모스크바로 갔다. 일부 소문에 따르면 그가 받은 유산은 처음 예상보다 적은 것으로 판명되었다. 또한 많은 채권자가 갑자기 나타났고, 공작이 그들의 모든 청구를 충족시켰기 때문에 상속재산이 상당히 줄어들었다는 것이다. 야회(夜會)를 떠난 나스타시야 필립포브나와 로고진은 예카체린고프 북스알(유원지)로 가 만취한 상태로 난장판을 만들었다. 일주일 동안 그렇게 지내던 나스타시야 필립포브나가 모스크바로 도망치자 로고진과 그의 패거리도 그녀를 뒤쫓아 갔다. 파티가 끝난 후 가냐는 한 달간 병고를 겪었고, 일터와 사교계에도 자의반 타의반 발길을 끊었다. 자기가 결혼하려고 했던 여자의 생일파티에서 집중 공격을 받은 탓이다. 그해 겨울 바랴와 프치츠인이 혼인했다. 나스타시야와 로고진 일행이 예카체린고프 유원지로 간 다음 날 새벽 5시경, 공작이 예카체린고프에서 돌아왔을 때 가냐는 병상에 누워 있었다. 그는 나스타시야 필립포브나가 남긴 돈 꾸러미를 므이쉬킨에게 주며 그 돈을 꼭 그녀에게 돌려주라고 신신당부했다. 가냐는 오열했다.

  그는 그때부터 공작의 방에 두 시간이나 눌러앉아 줄곧 쓰라리게 흐느껴 울었다(1권 327).

공작이 떠날 때 그와 가냐는 친구가 되어 헤어졌다. 한편 예판친의 가족들은 가냐에 대해 큰 실망을 표했고, 공작에 대해서는 "사람을 잘못 봐도 한참 잘못 봤다."는 식으로 공작의 좌충우돌 행태에 대한 실망을 피력했다. 그러던 어느 날 예판친 부인은 친척 중 지체 높은 벨로콘스카야 할머니로부터 온 편지를 통해 모스크바에서 므이쉬킨 공작의 평판이 좋다는 소식을 듣게 되었다. 나스타시야 필립포브나에 대한 청혼사태를 일으키기 전까지 공작은 분명히 예판친 가문에 깊은 인상을 남겼지만, 그 사건이 있고 나서는 공작에 대한 집안 사람들의 실망이 컸던 차에 벨로콘스카야가 전해 준 소식은 예상 밖이었다.

예판친 부인은 벨로콘스카야의 편지를 통해 다시 한번 므이쉬킨에 대해 이야기할 이유가 생겼다. 예판친 부부는 로고진이 모스크바에서 나스타시야 필립포브나를 찾았다는 사실도 알게 되었다. 그녀는 다시 도망쳤지만 돌아와서 로고진과 결혼하겠다고 약속했다는 소식도 들었다. 그런 다음 그녀가 결혼식 직전에 갑자기 세 번째 가출을 했다는 소식도 연이어 들었다. 나중에 드러나겠지만 이번 세 번째 가출은 므이쉬킨 공작과 함께 지내기 위한 가출(1개월)임이 드러났다.

이런 흉흉한 소문들이 자자한 겨울이 가고 봄이 왔다. 예판친 부부는 해외에서 여름을 보낼 계획을 세웠다. 단, 그 사이에 물밑 작업으로 진행되던 알렉산드라와 토츠키의 약혼은 여차여차해서 성사되지 못했다. 또한 정작 가족의 해외여행 계획은 아젤라이다에게 관심을 갖게 된 S공작의 등장(35세 정도)으로 인해 좌절되었다. 둘의 결혼식은 내년 봄으로 예정되었다. 또 다른 한편, S공작이 자신의 먼 친척뻘 되는 예브게니 파블로비치 R(라돔스키)이라는 28세의 늠름한 청년을 예판친 가정에 데려왔다. 그는 명문가 출신의 시종무관으로, 학식과 재산을 갖춘 신세대 미남 청년이다(단 한 가지 흠은 여자관계가 복잡하다는 것이다. 불행한 여심정복자). 이 청년은 아글라야에게 관심을 보이기 시작했고, 이로써 예판친 가족의 해외여행이 연기되는 또 하나의 원인이 추가된 셈이다. 딸들의 신랑감 후보들이 들이닥치는 사이 예판친 가족에게 므이쉬킨은 거의 잊혀진 존재가 되어 버렸다.

6개월 동안 이볼긴 부부 가정에도 많은 변화가 있었다. 바랴는 프치츠인과 결혼했지만, 빈털터리가 된 이볼긴 가족들은 프치츠인의 집에 식객으로 붙어 사는 신세로 전락했다. 이볼긴 장군은 체렌치예프 대위의 미망인 여주인에게 써 준 2천 루블가량의 채무증서 때문에 채무자 구치소에 갇혔다("인간의 고결한 마음에 대한 지나친 신뢰의 희생양"〈1권 337〉).

체렌치예프 대위 미망인에게 채무가 없던 이볼긴이 그녀에게 채무증서를 써 준 이유는 아마도 그녀가 이볼긴에게 경제적 지원을 요구했기 때문이었을 것이다. 그는 자신이 쓴 채무증서가 그녀가 다른 사람에게 팔 수 있는 유가증권 같은 효력을 가질 수 있다는 것을 예상하지 못했던 것이다.

가족 모두가 이볼긴의 구치소 구류를 고소하지만, 아내 니나 알렉산드로브나는 눈물을 흘리며 다른 가족들 몰래 감옥에 갇힌 남편을 방문했다. 콜랴는 어머니와 다른 차원에서 아버지를 면회하고 위로한다. 이 시점부터 우울증에 걸린 27세의 형 가냐와 15세의 늦둥이 동생 콜랴는 친구처럼 가깝게 지내기 시작했다. 급속하게 조숙해진 콜랴는 공작이 모스크바로 떠난 지 석 달 정도 지나서 마침내 예판친 가족들과도 친구가 되었는데(예판친 가족들은 아부할 줄 모르는 솔직한 성격 때문에 콜랴를 귀여워함.), 그 가족 중 그를 좋아하지 않는 유일한 구성원은 아글라야였다. 어느 날 콜랴는 아글라야에게 므이쉬킨이 보낸 편지를 가져왔는데, 공작은 그 편지에서 그녀의 안부를 묻고, 그녀의 행복을 기원한다는 정식 인사를 전했다. 어린애에게 이런 편지를 부탁하는 공작에게 실망한 아글라야는 콜랴를 어린애 취급해서 그의 기분을 상하게 했다.

4부 백치

2장. 파블롭스크의 레베제프 별장에서 기숙하는 공작 : 예판친 가족, 필립포브나의 지인, 공작

예판친 부부는 페테르부르크 근처의 작은 마을 파블롭스크에 있는 여름 별장으로 휴가를 떠났다. 이삼일 후에 6개월간의 모스크바 체류를 끝낸 므이쉬킨이 페테르부르크 기차역에 도착한다. 그는 자신을 지켜보는 한 쌍의 눈을 의식하지만 그 눈의 주인을 알아볼 수 없었다. 여관에 자리 잡은 공작은 나스타시야 필립포브나의 행방을 찾기 위해 레베제프의 집으로 간다. 최근 레베제프의 아내가 출산으로 사망하여(5주 전) 레베제프와 그의 아이들(15세가량 아들, 20세가량 처녀, 13세가량 아들)은 상복을 입은 채 애도 중이었다. 므이쉬킨은 마음에 들지 않는 레베제프의 조카(20세가량)를 만난다. 조카에 따르면 레베제프는 고리대금업자와 같은 자들을 위한 변호업을 하려고 웅변연습 중이다. 레베제프는 단두대에 오른 루이 15세의 정부인 마담 뒤바리(Madame du Barry)의 전기를 읽었다며 그녀가 단두대에서 처형당하는 장면을 읽을 때 그녀를 위해 기도까지 했다는 둥 공작에게 전혀 쓸모없는 수다를 떤다. 레베제프의 조카는 미리 공작에게 레베제프가 습관적으로 거짓말을 자주 한다고 일러둔다. 조카는 처음 만난 공작에게 레베제프의 찌질하고 추한 인간성을 다 발기듯이 일러바친다. 지루할 정도로 자세한 조카의 장광설이 독자들을 힘들게 한다.

므이쉬킨과 레베제프, 둘만 남았을 때, 공작은 자신이 최근 레베제프에게 보낸 편지(나스타시야 필립포브나의 행방 문의 편지)에 대한 답장을 받으러 왔다고 말한다. 므이쉬킨은 페테르부르크에 나타난 나스타시야 필립포브나에 대해 묻는다. 공작은 레베제프가 여기에 나타난 필립포브나를 로고진에게 팔아넘겼을 것이라고 짐작하며 그녀 소식을 레베제프에게 캐묻는다. 레베제프는 그녀가 모스크바에서 결혼식을 올리기 전에 로고진을 떠나 페테르부르크로 왔다고 말한다. 결혼이 무산된 것은 총 네 번(로고진과는 세 번)이다. 레베제프는 그녀가 로고진보다 공작을 더 두려워한다고 덧붙인다. 레베제프는 공작에게 시골에서 시간을 보내자고 하며 자신의 전원 별장에 와서 묵을 것을 제안한다.

3장. 로고진과 해후하는 공작 : 필립포브나의 미친 애정행각을 각각 다르게 해석하는 두 사람

밤 11시가 지난 늦은 시간에 레베제프의 집을 떠난 므이쉬킨 공작은 매우 어둡고 음침한 로고진을 만나러 간다. 로고진은 문을 열고 공작을 안으로 초대한다. 므이쉬킨은 이두운 집이 로고진의 생활 방식과 얼마나 비슷한지에 대해 언급한 후, 나스타시야 필립포브나와 로고진의 관계 진전을 방해할 의도가 전혀 없다는 말부터 한다. 다만 모스크바에서 일어난 일처럼 그녀가 스스로 로고진으로부터 도망치기로 결정하면 므이쉬킨 자신은 그녀를 받아 줄 것이라고 말한다. 공작은 로고진과 나스타시야 필립포브나의 결혼이 상호 파멸을 초래할 것이라는 자신의 의견을 숨기지 않는다. 므이쉬킨은 그녀를 동정심으로 사랑하며, 로고진 또한 친구로서 좋아한다.

로고진은 므이쉬킨에게 나스타시야 필립포브나가 다른 남자(모스크바의 한 장교 젬츄쥐니코프)와 어울렸기 때문에 그녀를 심하게 때린 적이 있다는 말을 덧붙인다. 필립포브나가 로고진과 멀어지기 위해서 의도적으로 바람을 피운 척했을 가능성이 많다. 그 후 로고진은 그녀가 자신을 용서할 때까지 먹거나 마시기를 거부하기도 했다. 공작은 로고진에게 나스타시야 필립포브나에 대한 로고진의 사랑은 증오에 가깝다고 진단하며, 두 사람이 결혼한다고 하더라도 그녀가 로고진에게 준 모든 고통 때문에 로고진이 끝내 그녀를 용서하지 않을 것이라고 말한다. 므이쉬킨은 그녀가 왜 로고진과 결혼하는지 이해할 수 없다고 말한다. 로고진은 자신이 그녀를 죽일 가능성이 높다는 것을 알기 때문에, 필립포브나가 그렇게 행동하는 것이라고 대답한다. 로고진에게 자신을 맡기는 필립포브나의 행위는 자살적 충동 표현으로 볼 수 있다. 로고진에 따르면 필립포브나는 므이쉬킨을 정말 사랑하지만 그의 인생을 망치고 싶지 않아서 므이쉬킨과 결혼할 수 없다고 말했다. 그녀의 양심이 공작과의 결혼을 막아 다시 로고진 자신에게 돌아왔다는 것이다. 악하지만 정직한 로고진의 면모를 보여준다. 공작에게서 로고진에게로 도망쳐 온 필립포브나는 미친 듯이 로고진에게 "날을 잡아! 나는 언제라도 좋아!"라고 외쳤다. 3장에서 로고진과 공작이 나누는 이 긴 대화는 필립포브나의 미치광이 행보를 바라보는 두 사람의 차이를 잘 보여준다. 므이쉬킨은 로고진과 긴 대화를 하던 중 그의 책 속에 커다란 정원용 칼이 숨겨져 있는 것을 발견하고 놀란다. 이것은 책의 후반에 발생하는 사건에 관한 복선이다.

4장. 로고진의 금 십자가와 공작의 주석 십자가를 서로 교환하며 친구가 되는 두 사람

로고진이 공작을 자기 집으로 안내하는 동안 두 사람은 한스 홀바인(Hans Holbein the Younger)이 그린 〈무덤 속 그리스도의 주검〉이라는 그림 옆을 지나간다. 므이쉬킨은 이 그림을 한참 동안 바라볼 수밖에 없었다. 그때 로고진은 그에게 신을 믿느냐고 묻는다. 이에 대해 공작은 네 가지 이야기를 들려주고, 그중 네 번째 이야기가 자신이 이해하는 종교의 본질을 설명한다고 말한다. 이 이야기는 갓 태어난 아기를 기뻐하는 젊은 엄마의 이야기이다. 공작은 어머니가 자식을 보고 기뻐하는 것처럼, 하나님도 자신의 피조물을 보고 기뻐하신다고 생각한다. 입폴리트와 정반대다. 입폴리트는 세상의 부조리를 보고 신을 부정하는데, 공작은 자연이 자신을 냉대하고 자연 때문에 24년 동안 간질병을 앓았으면서도 여전히 하나님의 선하심을 믿고 있다. 슬프고 아름답다. 므이쉬킨과 로고진은 십자가를 교환하며 형제의 의를 맺는다. 로고진은 공작을 그의 어머니에게 데려가고, 로고진의 어머니는 공작을 축복한다. 이 부분은 로고진의 전혀 다른 면모를 보여준다. 작품 속 로고진의 행위는 대부분 악하지만, 공작과 함께 있는 순간에는 착한 모습을 보인다. 로고진이 공작과 함께할 때는 정상적인 인간성과 양심을 보이며 사과도 하는 등 솔직한 면이 나타난다. 공작의 인격적인 힘이 얼마나 컸는지 알 수 있는 대목이다.

5장. 므이쉬킨 공작의 대발작

로고진의 집을 떠난 므이쉬킨은 예판친 부부를 찾아가지만 만나지 못하고 쪽지를 남긴다. 이후 그는 콜랴의 여관으로 가기로 결심하지만 소년도 거기에 없다. 몇 시간 동안 콜랴를 기다리던 므이쉬킨은 도시를 돌아다닌다. 그는 아글라야를 만나기 위해 파블롭스크로 가는 기차표를 샀지만 갑자기 마음이 바뀌어 기차역을 떠난다. 그는 매우 심란하며 정서적으로 불안한 상태에 있다. 그의 마음은 이 주제에서 다른 주제로 방황하며 생각의 소재들을 쉼 없이 교체한다. 그는 자신의 간질 발작이 어떤 것인지 생각하며 정신이 어둠 속으로 빠져들기 전 순간적으로 명료함을 엿볼 수 있는 순간이라고 묘사한다. 므이쉬킨은 나스타시야 필립포브나를 보고 싶은 욕망에 사로잡힌다. 그는 로고진에게 약속한 것과는 반대로 그녀가 머물던 페테르부르크의 집으로 간다. 그녀가 집에 없었기 때문에 공작은 하녀에게 그의 이름을 남긴다. 그는 돌아오는 길에 길 건너편에 있는 로고진을 발견했지만, 그를 보지 못한 척했다. 여관으로 돌아온 므이쉬킨은 점점 더 간질 발작에 가까워짐을 느끼고 긴장한다(묘사는 너무 강렬하고 적확하다). 로고진과 마찬가지로 므이쉬킨 또한 순간적 욕망에 충동당한다. 필립포브나에 대한 로고진의 집착적 사랑과는 다르지만, 공작 또한 필립포브나에 대한 깊은 욕망을 느낀다는 점에서 겉보기보다 둘은 서로 닮았다. 로고진과 필립포브나가 자기파괴적 죽음 충동의 일부로 행동하는 데 비해, 공작은 필립포브나를 구원하려는 이타적인 동기로 사랑의 충동을 느낀다. 그러나 므이쉬킨은 아주 위험한 필립포브나-로고진의 소용돌이 속으로 뛰어들어 필립포브나를 구원하려고 시도하다가 견딜 수 없는 긴장의 강도를 넘는 스트레스를 자신에게 강요한다. 이 또한 자기파괴적이다. 도스토옙스키는 프로이트보다 한 세대 앞서 인간정신의 복합적 갈등상을 간파했던 것처럼 보인다.

필립포브나에 대한 집착적 생각에 몰두한 공작은 계단을 올라가는 순간 자신을 찌르려는 로고진을 보게 된다. 하지만 그 순간 므이쉬킨의 몸이 뒤틀리면서 마침내 간질 발작을 일으킨다.

> 그의 의식은 순식간에 꺼지고 완전한 암흑이 들이닥쳤다(1권 423).

로고진은 도망치고, 공작은 계단 아래로 떨어진다. 다행히 므이쉬킨의 쪽지를 받고 공작이 묵고 있는 여관으로 찾아온 콜랴가 공작을 방으로 옮기고 의사를 불렀다. 이후 므이쉬킨과 콜랴는 레베제프의 집으로 간다. 사흘 만에 그들 모두는 파블롭스크 레베제프의 별장에 와 있었다.

6장. 다시 예판친 가족들을 만나는 공작 : 아글라야의 "가난한 기사" 낭독 시작

분위기 조성

므이쉬킨 공작은 파블롭스크에 있는 레베제프의 여름 별장에 빠르게 정착한다. 레베제프는 공작 외에는 방문객을 거의 받지 않지만, 다른 많은 인물들도 파블롭스크에 머물고 있음이 곧 밝혀진다. 바랴와 프치츠인은 그 마을에 여름 별장을 소유하고 있고, 이볼긴 장군, 가냐, 예판친 가문도 그곳에 있다. 프치츠인, 가냐, 이볼긴도 때마침 므이쉬킨을 위문하러 방문한다. 므이쉬킨이 파블롭스크에 머문 지 셋째 날, 공작이 임종 침상에 누워 있다고 확신한 예판친 부인과 세 딸, S공작이 그를 찾아온다. 콜랴는 도착 직전에 방문객들의 도착을 알려 준다. 레베제프 별장과 프치츠인 별장의 거리는 300보도 안 될 정도로 가깝다. 방문객 일행 전체는 레베제프 별장의 넓은 베란다에 자리를 잡는다. 이런저런 말들이 오가는 도중, 대뜸 리자베타가 공작에게 필립포브나와 결혼했는지를 묻는데 공작은 "아뇨, 아직."이라고 대답한다. 그녀는 다소 차분하고 공손해진 공작의 변한 모습을 보고 적이 안심했다. 아글라야도 변화된 공작의 모습이 마음에 들었다. 대체로 이 베란다 모임은 잡담, 한담, 농담, 진담이 마구 뒤섞인 정신없는 회동 분위기를 자아냈다. 이처럼 분위기가 어수선한 중에 아글라야는 지나가는 말로 15년째 요한계시록 해석 전문가 행세를 해 온 레베제프에게 요한계시록을 풀이해 달라고 말한다. 이 와중에 거짓말의 명수 이볼긴이 끼어들어 갑자기 자신이 어린 시절의 아글라야를 안아 준 적이 있다며 그녀와의 친근성을 무리하게 과시한다. 이런저런 수다들이 오가는 사이에 가냐가 슬그머니 자리를 뜨자 사람들은 그의 변모된(좋은 방향으로!) 모습에 놀란 기색을 보인다. 이때 바랴가 오빠의 최근 병력(病歷)을 말해 주며 이해를 구한다. 콜랴는 형이 "가난한 기사"가 되었다는 식으로 말한다. 콜랴는 돈키호테를 훑어보던 아글라야가 아젤라이다의 그림 소재로 "가난한 기사"

보다 더 좋은 것은 없다고 말했음을 상기시킨다. 이 맥락에서 "가난한 기사"가 누구를 가리키는지는 분명하지 않으나 독자들은 이 등장인물들의 가난한 기사 관련 농담에 지친다. 예판친 부인은 그들이 므이쉬킨에 대해 이야기하고 있다는 암시를 이런 모양, 저런 모양으로 드러낸다고 생각해 약간 짜증을 낸다. 아글라야는 마침내 공작 앞에 서서 시를 낭독할 태세를 갖춘다. 아글라야가 시를 낭송하려고 한 순간에 예판친 장군과 한 명의 청년이 찾아왔다. 이 시 속에서 '순결한 아름다움의 형상'에 온 마음과 삶을 바친 기사의 행동은 필립포브나 앞에서 "사랑합니다. 나는 당신을 사랑합니다. 죽도록 사랑합니다."라고 외쳤던 공작의 행동을 연상시킨다. 그러므로 "가난한 기사"는 므이쉬킨을 조롱하는 시로 해석될 여지가 많다.

7장. 시 낭송 중 들어오는 예브게니 파블로비치 라돔스키

예판친 장군과 아글라야에게 구혼할 열망을 가진 예브게니 파블로비치 라돔스키가 합류한다. 아글라야는 예수 그리스도의 어머니 마리아를 이상화하는 기사에 관한 푸시킨의 시 "가난한 기사"를 낭송한다. 아글라야는 "아베, 마테르 데이"("오 신의 어머니")의 이니셜인 A. M. D. 대신 N. F. B., 즉 나스타시야 필립포브나 바라쉬코프라고 말하며 므이쉬킨이 자신의 이상향으로 나스타시야 필립포브나를 선택했음을 암시한다.

아글라야는 다소 조롱하는 어조로 시 낭송을 시작하지만, 곧 매우 진지하게 임한다. 예판친 장군과 예판친 부인을 제외한 대부분의 참석자들은 가난한 기사의 충성 대상이 A. M. D.에서 N. F. B.로 바뀐 사실을 알아차린다. 시 낭송이 마무리될 즈음에 예판친 장군은 공작과 예브게니 파블로비치 라돔스키를 서로에게 소개한다. 이러는 사이에 므이쉬킨을 찾아온 다른 다섯 명의 방문객이 등장한다. 이볼긴 장군, 로고진 패거리의 일원으로 퇴역 군인인 켈레르, 므이쉬킨 공작의 은인이자 후견인(지금은 고인이 된)이었던 파블리셰프의 아들이라고 주장하는 안치프 부르돕스키, 입폴리트 체렌치예프, 레베제프의 조카 독토렌코다. 이 일행은 다소 무례하게 행동하며 레베제프의 별장에 난입한다.

이볼긴 장군을 제외한 이 4명의 방문객은 공작이 받은 유산의 상당 부분을 차지할 권리가 있는 부르돕스키의 명분을 살리고 공작을 폄하하는 주간지 기사를 가져와 공작에게 따진다.

8장. 므이쉬킨 공작 음해 주간지 기사를 공개적으로 낭독하는 패거리들

레베제프는 예판친 부인에게 므이쉬킨과 새로 도착한 손님들에 관한 신문 기사를 건넨다. 그런데 공작은 이 모임이 있기 한 달 전에 이미 가냐에게 4명의 방문객이 제기하는 이 문제를 조사해서 처리해 달라고 부탁했었다. 하지만 사태는 공작에게 불리하게 흘러간다. 콜랴는 예판친 부인의 지시에 따라 기사를 읽는다. 켈레르가 쓴 이 기사는 므이쉬킨의 가족과 므이쉬킨 공작의 역사, 특히 그의 백치병과 그의 후견인인 파블리셰프에 대한 비방과 모욕적인 내용을 담고 있다. 이 기사는 또한 부르돕스키가 파블리셰프의 사생아이며, 따라서 공작이 부르돕스키에게 자신이 상속한 유산의 일부를 주어야 한다고 주장한다. 모두가 이 기사에 충격을 받았고, 므이쉬킨은 그 앞에서 모욕적인 기사가 큰 소리로 낭독되는 것을 듣고 그 누구보다 부끄러움을 느꼈다. 부르돕스키와 그의 일행의 무례한 요구에 대한 므이쉬킨의 일차적 대응은 "그 기사가 거짓과 비방으로 가득 차 있다."라는 말이었다.

공작의 말에 나서서 맞서는 입폴리트는 니힐리스트(Nihilist)다. 다시 말해 세상의 부조리를 되갚기 위해서 저항적 무신론을 신봉하고, 모든 선행을 냉소주의적으로 바라보며 선행의 제한적 가치만 인정하는 사람이다. 그리고 자기는 이제 죽을 날이 얼마 남지 않았기 때문에 콜랴 같은 사람을 통해서 자기사상을 남김으로써 사는 길을 택했다고 말한다. 다시 말해서 좌절된 지식인인 그는 저항적 무신론으로 무장했고, 세상의 부조리함에 지나치게 많은 영향을 받아 선한 인간성의 아름다움이 세상을 구원할 수 있다는 공작의 세계관을 조롱하는 사람이다. 하지만 그렇기 때문에 공작에게 가장 영향을 받지 않는 인물이기도 하다. 입폴리트는 이제 막 떠오르는 자유주의 사상에 물든 신세대의 무신론을 작가 도스토옙스키가 조롱하기 위해 배치한 인물로 볼 수 있다. 부르돕스키 일당이 조성한 이 위기 상황을 독파하는 데 공을 세운 인물은 공작의 친구가 된 가냐이다. 가냐는 부르돕스키의 어머니를 찾아가 부르돕스키가 실제로 파블리셰프의 아들이 아니라는 사실을 알아낸다. 공작은 부르돕스키의 변호사(체바로프)가 의뢰인(부르돕스키)을 속여 파블리셰프의 아들이라고 믿게 만들어 그 문제를 일으키도록 촉구했다고 믿기 때문에 부르돕스키에게는 화를 내지 않는다. 므이쉬킨은 오히려 부르돕스키를 불쌍히 여기고, 파블리셰프를 기리기 위해 불행한 부르돕스키에게 1만 루블을 희사하겠다고 약속한다. 그런 다음 공작은 가냐로 하여금 이 사태에 대해 조사하고 발견한 사실들에 대해 더 자세히 이야기하도록 부탁한다.

9장. 므이쉬킨 공작이 받은 유산을 차지하려고 중상모략하는 패거리의 음모에 맞서는 공작과 가냐

가냐는 파블리셰프가 부르돕스키가 태어나기 1년 반 전에 러시아를 떠났기 때문에 부르돕스키가 파블리셰프의 아들일 가능성은 없다고 발표한다. 파블리셰프는 실제로 부르돕스키와 그의 어머니를 도왔지만, 이는 그가 오래전부터 농노 소녀였던 부르돕스키의 이모와 사랑에 빠졌기 때문이라는 것이다. 이 진실이 드러나자 정작 부르돕스키는 재빨리 1만 루블에 대한 청구를 포기하고 어서 이 어색한 자리를 떠나고 싶다고 말한다. 그러기 전에 부르돕스키는 공작이 변호사 체바로프를 통해 보낸 250루블이 든 봉투를 돌려준다. 콜랴는 기사에는 금액이 250루블이 아니라 50루블이라고 적혀 있었다고 말한다. 가냐는 봉투를 살펴보고는 100루블밖에 들어 있지 않다는 것을 알게 된다.

부르돕스키의 친구들은 므이쉬킨이 자선금으로 돈을 보냈다고 비난한다. 그들은 잃어버린 150루블은 변호사에게 지불했다고 말하며 공동으로 돈을 마련해 공작에게 갚겠다고 한다. 켈레르가 쓴 기사가 오류로 가득 찼음이 밝혀졌는데도 부르돕스키 일행은 계속해서 무례하게 행동하며 거만하게 므이쉬킨을 모욕한다. 갑자기 예판친 부인이 일어나서 부르돕스키와 그의 일행에게 화를 내며 비난한다. 또한 그녀는 부르돕스키의 중상모략에도 불구하고 기꺼이 그에게 돈을 주고 우정을 베풀려는 공작도 비난한다. 이후 예판친 부인이 떠나려 하지만 입폴리트는 그녀와 모두에게 작별 인사일지도 모를 자신과의 대화를 권한다. 늦은 밤(11시)인데도 모두가 죽어 가는 청년의 청을 들어주기로 결심한다. 입폴리트의 지루한 스토리가 예고된다.

10장. 패거리들을 감화·감동시키는 공작과 여전히 공작에게 분노를 풀지 않는 입폴리트

10장은 공작에 대한 입폴리트의 분노가 대폭발하는 장이다. 입폴리트는 악의 공격을 받고도 충분히 보복하거나 응대하지 않고, 분노를 표현해야 할 때도 하지 않는 공작의 무능함에 분개한다. 악해질 수 없는 므이쉬킨의 병약한 선량함을 조롱한 것이다. 입폴리트는 세상의 방식으로 살지 않으며, 세상 사람들의 행복 추구 방식대로 살지 않는 공작의 선함에 대해 분노한다. 그의 논리를 조금 연장하면, 입폴리트는 하나님의 자비에 대해서도 분노하는 셈이다.

차(茶)가 제공된 후 입폴리트는 간혹 격렬한 기침의 방해를 받으면서 말하기 시작한다. 먼저 그는 예판친 부인에게 레베제프가 켈레르의 기사를 고쳐 줬다고 말한다. 이 이유 때문에 그녀는 레베제프와 그의 가족을 비난한다. 공작에게는 이런 비열한 레제베프 같은 인간들과 왜 어울려 다니냐는 핀잔을 준다. 입폴리트는 예판친 부인이 레베제프를 비난하는 것을 보고 부인을 존경하게 됐다고까지 말한다. 그러자 리자베타는 차갑게 대꾸한다.

"자, 꼬마야, 네 얘긴 그만 됐다. 끝낼 때야!"(1권 525)

그러면서도 리자베타는 심한 폐병을 앓고 있는 입폴리트를 돌봐 줘야겠다는 생각을 하기에 이른다. 이런 상황에서 입폴리트는 쉴새없이 이러저런 횡설수설로 들리는 말을 좌충우돌 식으로 내뱉는다. 예브게니 파블로비치도 입폴리트의 장황한 사설에 짜증을 내며 무시한다. 이 사람은 제일 교양 있는 사람으로 묘사되고 있는데, 그가 화를 냈다는 것은 입폴리트의 장광설이 얼마나 황당했는지를 보여준다. 좌중 가운데 일부는 입폴리트의 이야기를 더 이상 듣고 싶지 않다며 자리를 뜨려고 한다. 그러자 입폴리트는 자신이 살날이 2주밖에 남지 않았으며, 세상을 변화시키거나 추억을 남기지 못하고 죽게 되었다며 한탄한다.

자정이 되자 손님들이 떠나기 시작한다. 므이쉬킨 공작은 입폴리트에게 하룻밤 자고 가라고 제안하지만, 청년은 친구들과 함께 떠난다. 그전에 입폴리트는 자신은 공작을 미워한다며 열정적으로 울부짖는다.

"(나는 당신들 모두를, 모두를 증오해요!) — 하지만 당신, 바로 당신, 예수회원의 영혼을 가진 자, 당밀 영혼을 가진 자, 백치에, 백만장자에, 자선가인 당신을 이 세상 누구보다, 그 무엇보다 가장 증오해요! …… 당신의 선행 따윈 필요 없어요, ……"(1권 539).

이것이 입폴리트가 가진 '선행 허무주의' 사상이다. 이런 입폴리트의 장황한 울분이 토설되는 동안, 리자베타는 경멸과 호기심이 가득 찬 눈으로 여기에 모인 '건달들'을 지켜보았다. 그리고 이들을 불러들여 어울리는 공작에게 조롱기 넘치는 작별 인사를 한다. 오랜 시간 그들의 행위를 참고 진정시키는 공작에게도 답답함을 느낀 것이다. 그런데 이때 돌발사태가 벌어진다. 예판친과 라돔스키가 베란다 계단을 내려오고 리자베타가 계단에서 한 길로 미처 내려가기도 전에 두 귀부인을 태운 마차가 지나간다. 그 두 여자 중 한 명(필립포브나)은 라돔스키에게 "로고진이 당신의 채무증서(어음)를 사들였으니 걱정하지 말라."는 말을 남기곤 쏜살같이 사라진다. 놀라고 화가 치민 라돔스키는 리자베타 앞에서 자신은 그 여성을 알지 못하며 그녀와 아무 관련이 없다고 부인한다. 라돔스키는 오히려 므이쉬킨 공작에게 3만 루블 어음에 대해 아는 것이 있느냐고 물었으나 공작 또한 전혀 모르는 일이라고 답변한다.

라돔스키는 아글라야와의 결혼을 위해 틈을 노리는 사람이다. 그러므로 아글라야가 므이쉬킨 공작과 결혼하는 것을 도모하는 필립포브나로서는 아글라야와 라돔스키가 가까워지는 것을 막기 위해서 라돔스키의 평판을 애매모호하게 만들어야 한다. 다시 말해서 행실이 나쁜 사람이 갑자기 나를 찾아와서 가까운 사람인 체한다면 당황하듯, 필립포브나는 라돔스키에게 친근하게 말을 건넴으로써 그를 추문이 있는 자신과 관련이 있는 인물로 보이게 한 것이다. 그 오해로 아글라야 가족들이 라돔스키를 멀리할 것이기 때문이다.

11장. 자신을 중상하는 켈레르를 돕는 공작과 그의 치유적 백치화법

사흘째 되는 날에야 공작에 대한 예판친 가족들의 마음(분노, 실망)이 풀어졌다. 공작은 자신의 실수(부르돕스키에게 자선심을 과시한 것, 입폴리트의 말이 난폭하게 흘러나오도록 방치한 것, 그 이상한 자들과 어울려 다닌 일 등)에 대해 후회를 하면서도, 예판친 가족과 자신 사이에 있는 적대관계가 쉽게 해소되지 않는 것 때문에 애를 태우던 터였다. 공작은 자신의 내면에 작동하는 두 가지 성향(끈질기게 남을 믿는 마음, 그리고 동시에 의심하는 마음) 때문에 괴로워했다. 이런 서글픈 상념에 사로잡혀 있던 므이쉬킨은 '난장판 저녁'(9장의 부르돕스키 유산 요구 기사 낭독 저녁)의 바로 다음 날 아젤라이다와 S공작의 방문을 받는다. S공작은 므이쉬킨에게 마차에 타고 있던 여자의 정체를 아는지 묻는다. 예판친 부인이 라돔스키에게 가졌을지도 모르는 의심을 불식시키려고 던진 질문이었다. 므이쉬킨은 그 여자가 '나스타시야 필립포브나'라고 대답한다. 그러자 S공작은 라돔스키가 그녀를 잘 알지 못하며, 재산이 많기 때문에 채무증서(어음)를 남발했을 리가 없으므로 그녀의 말은 거짓말일 것이라고 말한다. 혼자 남겨진 므이쉬킨은 슬픔을 느끼고, 나스타시야 필립포브나가 왜 라돔스키에게 그런 말을 했는지 그 이유를 이해할 수 없어 답답해한다. 공작은 이 외에도 처리해야 할 일들이 많아 우울한 분위기에 휩싸였으나, 레베제프의 자녀들에 대한 호감이 증가한 것에 대해서는 좋게 생각했다.

그날 오후 6시가 조금 넘어 가냐가 공작을 방문했다. 오늘 꼭 들르기로 한 가냐의 방문을 초조하게 기다리던 공작의 마음속 짐이 벗겨진 셈이다. 가냐는 므이쉬킨을 찾아가 나스타시야 필립포브나가 파블롭스크에 나흘간 머물렀고, 나흘 전에 라돔스키를 만났다고 말한다. 둘이 아주 친한 사이일 리는 없지만 채무증서에 관해서는 뭔가 진실이 있을지도 모른다고 귀띔해 준다. 가냐는 또한 공작에게 아글라야가 그녀의 가족과 싸웠다는 말도 덧붙인다. 이 소식은 므이쉬킨을 번민하게 했음에 틀림없다.

혼자 남게 된 공작은 무척 기뻐했다. 하지만 혼자 공원 산책을 나간 공작은 어디론가 훌쩍 떠나고 싶지만 해결해야 할 산적한 과제들 때문에 떠나지 못하는 자신의 상황을 답답해한다. 15분도 안 되는 산책에서 돌아오자 가냐가 떠난 자리를 켈레르기 치지힌다. 레베제프가 없는 틈을 타 공작의 방에 들어온 켈레르는 공작을 찾아가 갑자기 자신의 절도죄를 자백하고 공작에게 돈을 빌려 달라고 요구한다.

>(오로지 신에 대한 불신에서) '도덕의 모든 환영(幻影)'을 잃어버리고 마침내 도둑질까지 하기에 이르렀노라고 선언했다(1권 554).

공작은 켈레르에게 백치화법으로 응대하며 격려한다.

>"당신에겐 어린아이 같은 신뢰와 놀랄 만큼 정직한 면이 있군요, …….", "그것만으로도 상당한 속죄가 된다는 걸 아십니까?"(1권 556)

켈레르에게 건네는 공작의 치유화법이다. 치유화법은 다른 사람의 악을 바라보는 데 빠른 것이 아니라 다른 사람의 선을 포착하는 데 빠른 백치의 화법이다. 다른 사람의 악을 침소봉대하면서 과장하는 것보다 다른 사람에게 있는 선(善)의 작은 가능성을 말함으로 치유하는 것이다. 이런 모습은 예수님이 부정하다고 여겨지던 사마리아 여인에게 행한 대화법과 같다. 당시 유대인은 사마리아인이 만진 물건을 만지지 않았고, 상종하지도 않았다. 더러워진다고 여겼기 때문이다. 그러나 예수님은 사마리아 여인에게 물을 달라고 하셨다. 사마리아인을 부정하다고 여긴 유대인의 편견을 깨고 사마리아 여인을 안심시키셨던 것이다. 므이쉬킨이 켈레르에게 25루블을 주자 그 남자는 떠난다. 때마침 레베제프가 들어와 그것을 보고 눈살을 찌푸리며 켈레르에 대한 험담을 하기 시작한다. 대신 공작은 레베제프에게 전날 밤 마차 사건에 대해 묻는다. 레베제프는 나스타시야 필립포브나에게 므이쉬킨의 손님(라돔스키)이 누구인지 말했음을 인정한다. 공작은 나스타시야 필립포브나가 왜 라돔스키의 명성을 깎아내리려 하는지 이해할 수 없다고 말한다. 레베제프는 '아글라야 이바노브나'라는 말로 설명을 시작하지만 공작은 그를 방해한다. 레베제프는 라돔스키의 평판에 흠을 내면서까지 그와 아글라야의 결혼을 막으려는 이가 있다고 암시한다. 그 사람은 필립포브나였다. 아마도 필립포브나는 아글라야가 라돔스키에게 빠져 결혼해 버리는 사태를 저지하려고 했던 것으로 짐작된다. 필립포브나는 아글라야와 공작이 결혼하기를 원하기 때문에 공작의 잠재적 경쟁자인 라돔스키의 이미지를 흐리게 하려고 했던 것이다.

그날 저녁 늦게 도착한 콜랴는 공작에게 예판친 가문의 스캔들 중 하나에 가냐가 연루된 사건을 말했고, 그 결과 바랴가 예판친 가문의 출입금지령을 받게 되었음을 알려 준다. 가냐에 대한 동정을 표하는 콜랴에게 공작은 가냐가 아글라야에게 여전히 좋은 마음(결혼)을 품고 있을 수도 있음을 암시했다. 그러자 콜랴는 공작을 질투쟁이라고 놀리며, 공작이 아글라야를 좋아하는 가냐를 질투한다고 생각한다.

공작은 다음 날 페테르부르크로 갔다가 파블롭스크로 돌아가는 길에 예판친 장군을 만나 함께 기차를 타게 된다. 장군은 라돔스키의 말을 굳게 믿고 나스타시야 필립포브나가 소설 1부(예판친이 필립포브나에게 진주 패물을 생일선물로 준 일)에서 일어난 사건 때문에 장군에게 복수하기 위해 채무증서 문제를 만들어냈다고 생각한다. 장군은 그 채무증서 건에 공작이 연루되지 않은 것은 알겠지만, 공작에게 자신의 집 출입을 자제해 달라고 부탁한다. 예판친은 기차 안 독백식 대화라고 볼 수 있는 자신의 향방 없는 횡설수설 끝에, 파블로비치 라돔스키가 곧 죽게 될 백부가 남기는 막대한 유산을 차지할 것이라는 객담을 덧붙인다.

12장. 므이쉬킨의 진심(필립포브나에 대한 애정)의 실체를 다그쳐 묻는 리자베타
같은 날 오후 7시, 테라스에 머물고 있던 예판친 부인이 저녁 산책을 나가려던 중인 공작에게 다가온다. 그녀는 그에게 왜 아글라야에게 편지를 썼는지 묻고, 그가 아직도 아글라야를 사랑하는지 알고 싶다는 의향을 피력한다. 므이쉬킨은 자신이 왜 아글라야에게 편지를 썼는지 모르겠다고 하며 오빠로서 누이동생에게 쓰는 마음으로 편지를 보냈다고 대답한다. 예판친 부인은 아글라야와 공작의 결혼을 절대 허락하지 않겠다고 말하며, 아글라야는 변덕스러운 소녀이며 라돔스키와도 결혼하지 않을 것이라고 말한다. 이 말 가운데 그녀는 공작이 필립포브나와 결혼했는지, 그리고 앞으로 결혼할 의향이 있는지도 따져 물었다. 또한 예판친 부인은 가냐가 아글라야의 애정을 얻기 위해 음모를 꾸미고 있으며, 바랴가 그를 돕고 있다고 말한다. 필립포브나는 아글라야와 므이쉬킨 공작을 결합시키려 하고, 바랴는 그녀의 오빠인 가냐와 아글라야가 결혼하길 원한다. 이 양방향의 혼인성사 시도 전에 어떤 계기로 아글라야가 필립포브나와 서로 만났을 것이라고 짐작한 리자베타는 가냐 혹은 바랴가 아글라야를 나스타시야 필립포브나와 연결해 줬다고 본다. 예판친 부인은 므이쉬킨이 가냐가 그에게 진실하지 않았다는 소식을 듣고도 침착하게 반응하는 이유를 이해할 수 없다고 개탄하며, 왜 공작은 모든 사람이 그를 속이는 것을 허용하는지 이해하지 못하겠다고 소리친다. 심지어 그녀는 공작이 부르돕스키에게 찾아가 1만 루블을 받아 달라고 빌었을 것이라고 예단하면서까지 그를 비난한다.

공작은 이런 판단을 부인하고, 오히려 부르돕스키가 자신의 과오를 인정하는 편지를 보냈다면서 그것을 그녀에게 보여준다. 리자베타는 이 속절없이 착해 빠진 공작을 질타하며 다시는 자기 집에 오지 말라고 소리친다. 그러자 공작은 약간 놀리는 투로 "당신이 나를 먼저 초청하실 겁니다."라고 응수한다. 그러나 리자베타는 "죽어도 당신을 초대하지 않아요!"라고 강수를 둔다. 그 말이 나오기가 무섭게 므이쉬킨은 "그렇잖아도 나는 당신의 집에 출입금지가 된 몸입니다."라고 응대한다. 그는 예판친 부인에게 아글라야가 자신에게 먼저 편지를 써서 집에 오지 말라는 요청을 했다고 말한다. 이 말을 들은 예판친 부인은 분노하며 돌발적으로 공작의 손을 잡고 자기 집으로 데려간다. 가는 도중 그녀는 공작을 향해 '백치'라며 중얼거리다가, 공작이 그 말을 들었다는 것을 알아차리자 급히 '어릿광대'라고 바꿔 말한다.

공작은 때가 묻지 않은 인물이다. 페테르부르크를 4년 동안 떠나 있었기 때문에 페테르부르크를 지배했던 무신론의 영향을 받지 않았다. 그가 순수성을 유지할 수 있었던 이유다. 작품 안에는 기독교 신앙의 희화화와 일종의 사대주의에 대한 비판이 나온다. 술에 취한 채 은 십자가를 팔아 술을 마시러 간 병사는 환복한 사제였으며, 시계를 빼앗고자 친구를 죽인 사람이 살인 직전에 성호를 그었다는 이야기도 나온다. 그럼에도 페테르부르크에는 당시 서구 기독교의 타락 때문에 하나님을 믿지 못하겠다며 하나님에 대해 거친 언어를 쏟아내지만 오히려 하나님에 대한 신앙을 끝내 포기하지 못한 무신론자들이 많았다. 이와 달리 아주 때가 묻지 않은, 파괴되지 않은 감수성으로 하나님의 사랑을 의심 없이 믿는 한 아이의 엄마의 신앙도 언급된다. 작가는 이것이 러시아적 기독교의 본질이 되어야 한다고 본다. 이것이 이 책의 핵심이다. 그러니까 백치적 아름다움, 백치적 천진난만함, 백치적 아동스러움이 세계를 구하고 러시아를 구한다는 것이다.

3부
파블롭스크에서 일어난 사건들과 그 의미 :
아글라야에게 감정적으로 기울어지는 므이쉬킨 공작

3부의 주요 무대는 여전히 파블롭스크 레베제프의 별장, 예판친의 집과 인근 공원 등이다. 날씨가 습하고 공기가 탁한 1부, 2부의 페테르부르크와 달리 파블롭스크는 자연의 아름다움을 감상할 수 있는 열린 공간이다. 3부는 2부와 마찬가지로 객관적인 거리감을 가진 건조한 어조로 시작하지만, 이번에는 화자(話者)가 실제적인 사람들에 대한 총론에서 그들을 특정하는 각론으로 신속하게 옮겨 간다. 즉, 예판친 가문에 대한 묘사로 넘어간다.

3부는 아글라야에 대한 공작의 사랑이 진전되는 과정을 추적하며, 두 사람이 결혼하기로 결심하는 장면이 중심 무대인 것처럼 설정한다. 역설적이게도 이 결혼을 추진하게 만든 사람은 나스타시야 필립포브나였음이 드러난다. 그녀는 아글라야에게 세 번이나 편지를 보내 공작과 결혼해 달라고 간청한다. 이 편지를 받기 전, 이미 공작에게 마음이 끌렸던 아글라야는 자신과 공작의 결혼 추진에 개입하는 필립포브나에게 불안과 위협을 느낀다. 필립포브나의 편지를 받고 그녀가 여전히 공작을 사랑하고 있다는 의심을 떨치지 못하던 아글라야는 공작에게 필립포브나와 공작의 관계의 본질이 무엇이냐고 다그친다. "당신의 사랑의 감정이 누구에게 쏠려 있느냐? 나에게냐? 필립포브나에게냐?" 공작은 대답한다. "나는 필립포브나를 동정할 뿐 사랑하지는 않는다. 그녀는 병들어 미쳐 있다. 내가 그녀 때문에 파블롭스크에 온 것은 인정한다." 아글라야는 분노 중에 필립포브나가 쓴 편지들을 공작에게 던지고 떠나 버린다.

1장. 아글라야에게 편지를 써 보내는 나스타시야 필립포브나

3부 1장은 '실제적(실용적)인 사람들'과 그들의 결손, 그리고 결여된 부분에 대한 설명으로 시작한다. 여기서 실제적인 사람들은 현실적인 타산에 따라 행동하는 기회주의자들을 가리킨다. 화자는 어떤 상황을 돌파하는 독창성이나 주도성이 부족한 사람을 실제적인 사람이라고 정의한다. 실제적인 사람들이란 불확실한 상황에 대처하거나 그것을 돌파하는 창발성(創發性)이 모자라기에 어떤 정해진 틀에 따라 처신하는 사람들이다. 결과적으로 실용 중시의 러시아 같은 사회에서는 발명가나 천재보다 장군이 되는 것이 훨씬 더 명예로운 일이다. 장군이 된다는 것은 안정되고 조용한 삶의 표지이기 때문이다. 그러나 예판친 가족들은 평범하고 실제적인 사람들의 가족이 아니다. 비록 주변 사람들은 그들을 존경하고 특히 리자베타를 높이 평가하지만, 그녀 자신은 행복한 실용적인 사람이 되기에는 무언가 다른 면이 있다. 그녀는 자신이 보기에도, 그리고 다른 사람들이 보기에도 괴짜 기질(기이함/문학동네 '괴짜')을 갖고 있다. 리자베타는 스스로 그것에 대해 의식하면서도 세 딸의 결혼 문제로 인해 끊임없이 불안에 시달리고 있으며, 그로 인해 자주 짜증을 내는 등

수시로 기분 변화를 겪는다(심리적 강박, 의심, 불안 강박). 이 불안감은 으레 남편에 대한 분노와 실망감으로 표출되는데, 남편을 존경하며 좋아했다가도 비난하는 일을 하루에 몇 번씩 되풀이한다. 그녀는 2부 마지막 장면에서 공작 므이쉬킨을 취조하려는 마음을 단단히 먹고 출입금지 대상자였던 공작을 끌고 집으로 간다. 리자베타의 화나고 불안에 시달리는 모습에 독자들도 답답해진다.

딸들이 결혼하지 않았다는 사실을 괴로워하는 리자베타는 특히 자신처럼 유치하고 성급하며 좋아하는 대로 행동하는 아글라야의 미래를 제일 걱정한다. 어머니의 관점에서 아글라야의 캐릭터를 소개하는 것은 아글라야가 소설의 중심 무대로 이동하는 길을 열어 준다.

최근 아젤라이다와 S공작의 결혼 추진 생각과 아글라야와 라돔스키의 결혼을 예상하면서부터 그녀의 불안이 다소 진정되었다. 그런데 '그 너절한' 백치 공작이 나타나면서 또다시 뒤죽박죽되어 버렸다. 또한 최근 며칠 사이에 예판친 집안은 다른 사태로 소란에 빠졌다. 아글라야가 3일 동안 히스테리 상태였기 때문이다. 예판친 부인은 아글라야가 나스타시야 필립포브나와 통신하고 있다는 익명의 편지를 받은 이후 계속 아글라야의 미래를 걱정한다. 이제 예판친 부인은 므이쉬킨 공작을 집으로 끌고 가서 그것에 대해 이야기한 것마저 후회한다.

므이쉬킨이 예판친의 집에 갔을 때는 S공작 등이 뭔가 사상 논쟁을 하고 있었다. 공작이 도착했는데도 그 논쟁은 이어졌다. 둘째 딸 아젤라이다에게 마음을 품은 S공작은 집에 와서 살다가 결혼하기로 되어 있다. 또 라돔스키라는 28세의 청년은 막내딸을 바라보고 있는 S공작의 친척이다. 그런데 이 라돔스키는 모스크바에 있을 때 필립포브나와 염문이 있었던 것으로 보인다. 필립포브나가 모스크바에서 군 장교들과 바람을 피웠다는 로고진의 말이 나오는데, 그중 한

명이 라돔스키임을 작가는 은근히 암시하고 있다. 그럼에도 라돔스키와 필립포브나는 서로 전혀 모르는 것처럼 행동하다가 필립포브나에 의해 라돔스키의 여성 편력 행각이 암시된다. 처음에 라돔스키는 여자관계가 복잡한 인물로 등장하지만 점점 공작과의 연관 가운데 선한 면모를 드러낸다.

공작, 예판친 부인, 예판친의 세 딸, S공작, 라돔스키가 모두 예판친 별장의 베란다에 앉아 논쟁을 듣고 있다. 라돔스키는 자주 조롱하는 어조로 말하는 잘생기고 지적인 청년이다. 므이쉬킨은 라돔스키가 진지하다고 순진하게 생각하며 매우 엄숙한 어조로 말을 받아 주기도 하고, 라돔스키의 견해와 약간 다른 자신의 견해도 말해 준다. 전체적으로 라돔스키는 문명 질서보다는 러시아 자체를 공격하는 듯한데, 러시아 자유주의(신세대의 도덕적 왜곡)를 농담으로 비판한다. 므이쉬킨은 라돔스키와는 약간 다른 각도에서 젊은이들의 도덕적 왜곡에 대한 자신의 의견을 개진한다. 므이쉬킨은 자신들의 범죄를 범죄로 여기지 않고 훌륭한 일을 했다고 주장하는 젊은이(참조. 『죄와 벌』의 라스콜니코프)들의 도덕적 왜곡을 문제시한다. 청년들은 이런 사상 왜곡에 무방비하게 빠져들 수 있는 연령대라는 것이다. 라돔스키는 도덕적 타락에 분노하기보다 지나치게 객관적으로 접근하는 므이쉬킨의 태도에 당황하며 그의 논리에 일관성이 모자란다고 생각해, 공작 자신도 신세대의 도덕적 왜곡에 대해 불평하면서도 정작 부르돕스키와 그 패거리들이 범한 도덕적 왜곡을 왜 눈치채지 못했는지 질문한다. 라돔스키는 므이쉬킨이 이러한 청년들의 기만을 예리하게 포착할 도덕적·지적 감수성이 부족하다고 생각했던 것이다. 리자베타는 공작을 음해했던 부르돕스키가 공작에게 사죄 요청 편지를 보낸 것을 보고 뉘우치는 젊은이가 전혀 없다는 S공작이나 라돔스키의 입장에 다소 다른 의견을 드러낸다. 이런 토론이

오갈 때 콜랴가 와서 입폴리트도 공작에게 미안함을 표현했으며, 심지어 입폴리트 역시 공작이 묵고 있는 레베제프의 별장으로 이사했다고 말한다. 한편 S공작은 므이쉬킨이 지상 낙원을 달성하는 것이 쉽다고 생각하는 것에 대해 그런 믿음은 순진하다고 논평한다. 이 논평은 낙천주의와 연민을 통해 다른 사람들을 파멸로부터 구할 수 있다는 므이쉬킨 공작의 신념과 낙천주의에 대해 비판적으로 촌평한 것이다.

S공작과 라돔스키, 두 사람은 자유주의적 귀족인데, 신세대에 대해서 그것과 약간 거리를 두면서, 신세대 젊은이들은 도덕적으로 패역질을 하면서도 그 어떤 죄책감도 없이 사는 놈들이라 평한다. 그와 달리 므이쉬킨에게 영향을 받은 리사베타는 잘못을 뉘우치는 섦은 이도 꽤 있다고 말하며 신세대에 대해서 도덕적 왜곡은 있지만, 그 가운데 도덕적 회개도 있음에 주목한다. 이에 대해 콜랴는 어제 입폴리트가 미안함을 표하기 위해 므이쉬킨의 손에 키스까지 했다고 강조한다. 이 모든 대화가 끝난 후, 리자베타와 일행은 음악을 들으러 공원에 가기로 결정한다.

2장. 나스타시야 필립포브나의 광기 어린 돌발행동에 경악하는 사람들

그전에 므이쉬킨은 앞에서(1장) 라돔스키의 사상을 우스꽝스러운 사상으로 들리게 만든 것에 대해 그에게 사과한다. 공작은 자신의 병력(病歷)을 말하며 적절하지 못한 자신의 처신에 대해 변명한다.

"내가…… 자연에 학대당한 불운한 인간임을 잘 압니다. …… 태어나서 스물네 살이 될 때까지 줄곧 병자였습니다. …… 하지만 사회에서 나는 쓸모없는 존재입니다…… 사상들, 드높은 사상들이 있지만, 내가 그런 것을 말하려 들면 안 되는데, 내가 입을 열어 봤자 여러분 모두를 그저 웃게 할 게 틀림없기 때문입니다. …… 나에겐 예의 바른 제스처가 없고, 절도감(節度感)이라는 게 없습니다. 내가 하는 말은 내가 말하고자 하는 사상에 부합되지 않는 엉뚱한 게 돼 버리는데, 이것은 그 사상에 대한 모욕입니다. …… 이십 년이나 병을 앓았으니 틀림없이 무슨 흔적이 남았을 것이고, 그래서 때로는…… 남의 웃음을 살 수밖에 없다고요…… 그렇지 않은가요?"(2권 40-41)

이 장면은 슬픔을 자아낸다. 뒤에 이어지는 아글라야와 관련된 에피소드에서 독자들은 다시 한번 므이쉬킨의 순진함을 볼 수 있다. 아글라야는 갑자기 공작에 대한 분노와 동정심으로 가득 차 짧고 감동적인, 공작 인간성 옹호 연설을 폭발시킨다. 아글라야는 공작이 자신이 아는 누구보다 낫다며 열정적으로 공작의 사람 됨됨이를 칭찬한다.

"당신은 누구보다 정직하고, 누구보다 고결하고, 누구보다 훌륭하고, 누구보다 선량하고, 누구보다 현명해요!"(2권 42)

따라서 아글라야는 므이쉬킨이 참석한 다른 누구보다 낫기 때문에 누구에게도 사과해서는 안 된다고 외친다. 이 말을 들은 콜랴는 갑자기 아글라야를 놀린다. 그런데 그럴수록 아글라야는 공작과 결혼하고 싶지 않다고 선언한다. 콜랴는 므이쉬킨에 대한 아글라야의 관심을 암시하면서 외친다.

"가난한 기사! 만세!"(2권 42)

그러자 아글라야는 자신이 3일 내내 괴로움(공작과 결혼하라는 주변의 암시와 요구 때문에)을 당했다고 토로하며 므이쉬킨과는 결코 결혼하지 않을 것이라고 울부짖는다. 므이쉬킨도 이에 질세라 아글라야에게 청혼한 일도 없었으며, 청혼할 의사도 없다고 대답한다. 여기서 공작은 스스로는 아글라야가 듣고 싶어 하는 말을 하고 있다고 생각하지만, 실제로는 반대이다. 공작은 아글라야의 마음을 독해하지 못한다. 그녀는 공작에게 감정적으로 접근하는(연애 감정) 자신의 움직임을 공작이 거부하고 있다고 느끼는데도 공작은 그 사실조차 모른다. 공작의 감정 파악 지능 장애는 아글라야에게 불쾌한 일이다.

아글라야와 므이쉬킨의 옥신각신을 보고 좌중의 사람들은 폭소를 터뜨린다. 아글라야는 폭소하는 다른 사람들 때문에 이 어색한 상황에서 벗어난다. 곧 밝혀지겠지만 폭소한 사람들은 아글라야가 실제로 공작에 대해 매우 특별한 감정을 느낀다는 암시적 징후를 무시하거나 모르는 듯한 의미로 폭소를 터뜨렸던 것이다. 그들은 므이쉬킨과 아글라야 사이에 형성되는 묘한 감미로운 감정선을 알아차리지 못했다. 가장 역설적인 사태는 공작 자신도 지금 아글라야와 사랑에 빠졌을 수도 있고, 그녀도 그 애모 감정을 공작 자신에게 표현할 수 있다는 사실을 전혀 인식하지 못한다는 것이다. 그에게 사랑은 설명할 수 없고, 정의할 수 없는 것이다. 마찬가지로 그에게 종교는 단순히 순수한 기쁨, 즉 하나님의 자녀들과 창조물에 대한 하나님의 기쁨을 느끼는 것이다. 사랑 역시 므이쉬킨이 아글라야와 함께 있을 때 느끼는 기쁨일 뿐이다.

이처럼 갑자기 사람들 모두가 웃기 시작하면서 아글라야를 비롯한 좌중은 음악연주회가 열리는 기차역으로 가기 위해 공원으로 나간다. 지극히 모순적이게도 아글라야는 자신에게 청혼할 의사가 없다고 선언한 공작의 팔짱을 끼고 산책을 하다가 자신의 이른 아침 산책 습관을 언급하며 자주 앉는 초록색 벤치도 보여준다. 공작도 무의식적으로 그녀의 환심을 사려고 한다. 아글라야는 자신을 초상화 보듯이 빤히 쳐다보는 공작을 놀린다.

"백치 같으니!"(2권 50)

그런데 자신을 '백치'라고 부르는 소리와 함께 전율한 공작은 한 군중 속에서 친숙한 얼굴 하나가 나타났다가 사라지는 것을 경험한다. 기차역 출구 가까이에 자리 잡고 앉아 있는 공작과 예판친 집안 사람들은 한 무리의 숭배자들(10명 정도)에게 둘러싸여 큰 소리로 걸어오며 관심을 끄는 필립포브나 일행을 본다. 므이쉬킨은 나스타시야 필립포브나를 발견하고 공포에 질린다. 그녀는 라돔스키에게 다가가 마치 이미 그를 알고 있는 사람처럼 일방적으로 말하기 시작한다. 그녀는 라돔스키의 큰아버지 권총자살 소식을 화제로 삼아 라돔스키를 자극한다. 이때 같이 있던 라돔스키의 오랜 심복 친구가 필립포브나를 향해 모욕적인 말로 되받아친다. 그러자 그녀는 그의 손에 들린 등나무 지팡이를 빼앗아 그의 면상을 내리친다. 공격을 당한 그가 나스타시야 필립포브나를 공격하려는 순간 므이쉬킨이 그를 막는다. 이때 군중 속에서 로고진이 재빨리 나타나 필립포브나를 낚아채 어디론가 사라진다. 아글라야는 스무 걸음 떨어진 거리에서 이 짧은 희극을 지켜보았다.

로고진은 한 번도 자연스럽게 필립포브나를 데려간 적이 없다. 항상 낚아채듯 납치하는 형태다. 로고진은 집착적으로 필립포브나를 소유하려고 하는데, 정상적인 모습이 아니라 폭력적 지배 방식으로 나타난다. 그런데 문제는 필립포브나도 그렇게 낚아채는 악한 손길을 받아들인다는 것이다. 필립포브나가 폭력적인 남성의 손길에 자기파괴적인 위탁을 하며 몸을 맡긴다는 것은 이 여자가 자기파괴를 기획적으로 추진하고 있음을 암시한다. 왜 이렇게 자기존엄이 파괴되었을까? 우선 그녀의 삶은 매우 고됐고, 가장 예민하고 자존감이 높았을 시기에 자존감을 송두리째 박탈당하고 토츠키의 정부(情婦)로 강요당하는 삶을 살았기 때문이다. 이 이유로 필립포브나는 자기혐오를 견디지 못하고 스스로를 죽이고 싶은 것이다. 이렇게 큰 상처를 입었기에 이성적 행동을 하기가 쉽지 않다. 이런 나스타시야 필립포브나가 므이쉬킨에게 불러일으키는 감정은 연민 혹은 공포감 중 하나이다. 므이쉬킨은 실제로 필립포브나가 그녀 안의 자기파괴의 힘에 의해 망가지는 사태를 속수무책으로 보고만 있게 될지도 모른다는 생각에 겁을 먹는다.

3장. 로고진과 결혼 날짜까지 잡아 놓고 아글라야에게 공작과 결혼하라고 종용하는 나스타시야 필립포브나

공원 가까운 기차역 음악연주회가 열린 계단 근처에서의 짧은 격투 활극이 끝나자 별장으로 돌아온 예판친 부인은 물론 큰딸과 둘째 딸도 라돔스키가 실제로 나스타시야 필립포브나와 긴밀한 관계에 있다고 확신한다. 페테르부르크에서 막 돌아온 예판친 장군도 이들의 근심을 더하는 인상을 준다. 한편 이들과 떨어져 베란다에 혼자 앉아 있는 므이쉬킨에게 아글라야가 합류한다. 그녀는 공작에게 뜬금없이 "누군가가 당신에게 결투를 하자고 제의한다면 어떻게 하겠느냐?"고 묻는다. 공작은 두렵지만 달아나지 않을 것이라고 답한다. 아글라야 역시 자신은 절대로 회피하지 않겠다고 말한다. 이어 아글라야는 공작에게 권총 결투를 위한 몇 가지 세세한 정보 곧 권총을 준비하는 방법, 권총 장전, 화약 준비에 대해 자세히 이야기한다. 아글라야는 공작에게 매일 권총 연습을 해서 과녁을 명중시키길 원한다고 말하며 물러간다.

이 부분은 중의적인 의미를 갖고 있다. 갑자기 등장하는 결투 이야기는 평면적으로 필립포브나에 의해 그 면상을 가격당한 라돔스키의 심복이 그의 반격을 막은 공작에게 결투를 신청할 것이라는 염려를 드러낸다. 그러나 더 깊게 해석한다면, 공작에게 이니시어티브(initiative : 목적 달성을 위한 새로운 계획, 진취성, 주도성)를 쥐고 목적 지향적으로 명중을 하라는, 그러니까 사랑의 이니시어티브를 쥐고 아글라야 자신을 명중시켜 달라는 암시까지 보이는 말이다. 여기에서는 권총을 중심으로 남성성과 여성성이 도치되어 있다. 여성적인 공작은 총에 관해 무지하며, 스무 살의 여성 아글라야는 총에 대해 많은 것을 알고 있다.

뒤이어 위층에서 테라스로 내려온 예판친 장군이 므이쉬킨과 함께 우연찮게 가는 길이 같은 어딘가로 가면서 자신의 부인과 딸들, 그리고 공작까지 모두 이상한 사람들이 되어 버렸다고 불평한다. 자신은 나스타시야 필립포브나 때문에 "우리 가문 전체가 치욕을 당했다."며 치를 떠는 아내를 이해할 수 없다고 덧붙이며, 경찰의 힘을 빌려서라도 필립포브나가 가족들에게 해를 끼치지 못하게 하겠다는 결심을 피력한다. 하지만 공작은 간단하게 대답한다.

"그 여자는 미쳤습니다"(2권 67).

하지만 예상과 달리 예판친은 지금 자기 집안을 불안하게 만드는 불쾌한 사태에 대해 상당히 알고 있음을 드러낸다. 그는 공원 산책 초반에 공작에게 묘한 발언을 한다. 장군 발언의 요지는 이렇다.
① 라돔스키에게 나스타시야 필립포브나가 한 발언이 부분적으로 사실임이 입증되었다. ② '라돔스키의 큰아버지가 권총자살을 했고, 실제로 국가자금이 사라졌다.'는 소문이 있다. 라돔스키 자신의 재

산은 영향을 받지 않지만 모두가 충격을 받았다. ③ 두 큰 딸에 따르면 라돔스키가 한 달 전에 아글라야에게 청혼했지만, 그녀는 그를 거절했다. ④ 그 미친 여자(필립포브나)가 아글라야를 므이쉬킨 공작과 결혼시키기 위해 라돔스키를 예판친의 집에서 쫓아내려고 한다.

3장 본문에서 전지적 작가 시점으로 가장 많은 말을 하는 사람은 입폴리트, 레베제프, 그리고 예판친 장군이다. 반면 공작은 아무것도 모른다. 항상 마지막에 소문을 듣고 소문의 진실성 여부를 분별조차 하지 못한다. 그야말로 정보 취득 면에서도 가장 느리다.

장군의 길고 다소 산만한 대화가 끝나자 므이쉬킨은 공원에 혼자 남아 이전에 아글라야가 준 쪽지를 읽는다. "다음 날 아침 7시에 공원 초록 벤치에서 만나자."는 내용이다.

이 쪽지를 읽고 흥분에 싸여 있는 공작을 미행하던 켈레르가 공작에게 접근한다. 그는 므이쉬킨에게 다가와 공작이 '결투'를 할 경우에 대비하여 두 번째 도움을 제공한다. 므이쉬킨은 웃으며 아글라야가 이전에 결투에 대해 이상한 이야기를 한 이유를 깨닫는다. 켈레르는 필립포브나에게 면상을 얻어맞은 라돔스키의 심복 친구 몰로프초프(켈레르가 잘못 알고 있는 이름으로, 실명은 쿠르므이셰프) 대위가 공작에게 결투를 신청할 것이라는 생각에 공작을 도와주려고 한 것이다.

6월 초 밤늦게(11시 반) 공원을 배회하듯이 산책(아글라야의 쪽지에 입 맞추지만 서글퍼지는 자신을 발견) 중이던 공작에게 갑자기 로고진이 나타난다. 로고진은 므이쉬킨에게 그를 만나고 싶어 하는 나스타시야 필립포브나의 의향을 전한다. 로고진은 공작이 아글라야와 사랑에 빠졌음을 확신하며, 자신과 필립포브나는 두 사람이 결혼하는 것을 보고 싶다고 말한다. 그는 공작에게 필립포브나가 로고진 자신과의 결혼 날짜를 정했으며, 그녀가 아글라야에게 편지를 보냈다는 사실도 알려 준다.

4장. 레베제프의 요한계시록 해석을 둘러싼 문명 비판, 역사 해석 담화들

로고진과 함께 공원에서 돌아온 므이쉬킨 공작은 자신이 묵고 있는 레베제프의 별장 베란다에서 샴페인을 마시는 사람들을 발견한다. 공작은 앞서 켈레르에게 집에 샴페인이 있다고 말했지만, 사람들이 모일 것이라고 기대하지는 않았다. 이미 많은 이들이 공작의 생일이라는 소식을 듣고 알고 있었다. 공작은 손님 중에 부르돕스키와 라돔스키가 있는 것을 보고 더욱 놀란다. 라돔스키는 공작에게 자신은 그의 친구가 되기를 간절히 원하며, 생일파티가 해산된 후 그와 논의할 중요한 사항이 있다고 말한다.

잠시 후 파블로비치 라돔스키가 공작을 불러 이야기를 나눈다. 파블로비치는 자신의 심복 친구 대신 공작에게 사과한다(결투 대신 사과). 그는 자신이 오늘 공작의 깜짝 생일파티에 온 이유가 공작에게서 무언가를 캐내기 위함임을 솔직히 밝히면서도 그것이 무엇인지는 명백하게 말하지 않는다. 끝으로 그는 백부 일로 페테르부르크로 가기에 파블롭스크에 3일간 부재할 것이라고도 덧붙인다. 이때부터 거의 모든 사람들이 문명 발전, 역사의 흥망성쇠, 격변 등에 대해 온갖 잡다한 변설을 늘어놓는다. 이볼긴 장군이 스스로를 의장이라고 자임하며 레베제프 등의 장광설이 전개되는 분위기를 조성한다 : 현실적인 재부(財富) 중시자 프치츤인, 묵시론적인 문명쇠락 예언자이자 복고주의자, 쑥별 저주론자이자 무신론 비판자이자 60명의 인육을 먹은 12세기 수도사들의 사례를 드는 반(反)사제주의자 레베제프, 빵을 날라다 주는 박애의 수레인 "사회주의 인류애"를 의심하는 자 입폴리트, 과학적 진보 신봉자이자 기회주의자 가냐, 세상을 구하는 아름다움의 숭배자 므이쉬킨 공작.

이 잔치에 술을 제공한 레베제프는 철도를 요한계시록이 말한 하늘로부터 떨어진 대재앙의 상징인 쑥별이라고 주장하며 인류의 도덕적 부패, 식인 풍습과 같은 다양한 주제에 대해 광범위하게 연설한다. 그는 보수적인 유신론자다. 교회에 다니며 기독교에 대해 많이 알지만, 도덕적으로 가장 타락한 인물이 레베제프이다. 그는 기독교 신앙을 희화화시키는 인물이다. 특히 요한계시록으로 운명을 표현한다는 말은 무엇일까? 시대에 적응하지 못하는 인물이라는 뜻이다.

레베제프의 문명 비판 담론을 들어 주고 실익 없는 대화에 참여하는 대부분의 사람들은 주로 재미있는 농담을 유지하기 위해 반쯤은 진지한, 반쯤은 장난스러운 태도로 자리를 지키고 있다. 므이쉬킨만이 레베제프의 장광설에 진지하게 반응한다. 이 진지한 공작의 태도가 레베제프와 다른 사람들을 놀라게 한다. 사람들은 레베제프의 말 대부분이 실제로 무의미하다는 것을 알고 있다. 그러나 레베제프는 겉으로는 진지해 보이는 한 가지 생각을 피력한다. 자기파괴의 법칙은 자기보존의 법칙만큼 인간에게도 강력하다는 것이다.[5]

칼 마르크스가 1848년에 『공산당 선언』을 썼고, 프랑스를 통해서 러시아에 공산주의 사상이 들어왔다. 이 가운데 주목받던 프랑스 공상적 사회주의자 프랑수아 마리 샤를 푸리에(F. Marie Charles Fourier, 1772-1837), 생시몽(Saint-Simon, 1760-1825) 같은 사람의 이상주의적 사회주의에 대한 비판으로서 '빵을 나눠 주는 수레가 바로 사회주의다'라는 메타포가 레베제프의 입을 빌려 제시된다. 레베제프는 이 메타포를 빌려 겉으로는 그럴듯해 보이지만, 물질적 욕구를 기계적으로 재분배하는 것으로 인류의 문제를 해결할 수 있다고 보는 사회주의의 허상적 면모를 비판하는 것이다.

5장. 아름다움이 세상을 구원한다는 공작의 사상을 비판하는 허무주의자 입폴리트의 사상

레베제프의 장광설이 끝나자 갑자기 입폴리트가 말을 이었다(동이 틀 때까지 2시간밖에 남지 않은 새벽 3시경). 그는 어젯밤 자신의 생각을 적은 내용을 모든 사람에게 꼭 읽어 주고 싶다며, 큰 봉투를 꺼내서 "불가피한 해명"(Essential Statement)을 읽는다(5, 6, 7장에 걸쳐 수십 페이지가 할애되는 성명서). 3부 5~6장에서 입폴리트는 공원에서 권총자살을 감행할 것처럼 말한다. 그의 성명서에 따르면 입폴리트는 5개월 동안 므이쉬킨을 극도로 싫어했지만 최근에는 그런 감정이 그다지 강하지 않으며, 오히려 호감을 품게 되었다. 입폴리트는 종종 나쁜 꿈들을 꾸는데, 어느 날 밤에는 괴물 꿈을 꾸었다. 입폴리트를 쏘려고 했던 끔찍한 파충류 괴물이 나타났으나, 입폴리트의 개가 괴물을 물어뜯어 둘로 나눈다. 하지만 자신의 반려견 노르마와 동일시되는 것처럼 보이는 자신도 괴물이 쏘는 공격에 시달렸음이 암시된다. 입폴리트는 자신에게 폐병이 있다는 것을 처음 알았을 때(6개월 시한부 선고) 살고 싶은 절박한 욕구를 느꼈다. 그래서 그는 다른 사람들, 즉 콜랴를 통해 사람들의 삶을 배우면서 살기로 결정했다. 입폴리트는 건강한 사람들이 어떻게 가난하거나 불행할 수 있는지 이해할 수 없었다.

입폴리트는 그런 이들을 미워하고 조롱했으며, 특히 가난 때문에 아이가 얼어 죽게 내버려두는 위층 이웃 수리코프를 미워했다. 입폴리트는 좌중을 향해 고작 18세라고 얕보지 말 것과 자신의 사상을 애송이의 생각이라며 지레 단정하지 말 것을 요청하면서 잠시 숨 고르기에 들어간다. 그는 독자들에게 호소한다.

'독자들은 적어도 내가 지금의 이 "최후의 확신"에 도달하기 위해 아마도 너무나 값비싼 대가를 치렀다는 사실만큼은 이해해 주리라'(2권 137).

특히 15세인 콜랴는 18세인 악한 입폴리트를 끝까지 이해하고 사랑한다. 콜랴는 『카라마조프가의 형제들』의 등장인물 알료샤의 작은 분신(分身)이다. 콜랴의 역할은 크지 않지만 모든 것을 이해하며 결정적인 순간마다 감동을 준다. 술에 취해서 집을 나간다고 하는 아버지를 향해 형은 욕설을 퍼붓지만, 콜랴는 울면서 아버지의 가출을 막는다.

6장. 입폴리트의 길고 지루한 해명

폐병으로 6개월 시한부 선고를 받고 고뇌하면서 쓴 18세 청년의 자기 해명은 6장에서도 계속된다. 입폴리트의 진술에 따르면, 그는 비슷한 시기(수리코프의 어린아이가 죽은 지 얼마 안 된 3월, 자신의 병세가 다소 호전된 날)의 어느 날 거리를 걷다가 앞에 있던 남자가 지갑을 떨어뜨리는 것을 발견했다. 그는 그 남자의 집까지 따라갔다가 그가 아내와 갓 태어난 아기와 함께 살고 있는 소도시의 공중보건의 임을 알게 되었다. 그 의사는 여차여차한 이유로 직위에서 해임되었고, 자신에게 일어난 일을 설명하기 위해 페테르부르크로 왔지만 그의 청원은 모두 거부되었다. 입폴리트는 정부 고위직에 있는 바흐무토프(학교 동료)의 백부에게 청해 이 불쌍한 의사를 도우려고 노력한다. 그들의 공동 노력 덕분에 그 의사는 다시 다른 현(소도시)에서 직장을 얻을 수 있었다. 이 에피소드를 통해 입폴리트는 개인의 행동이 실제로 세상을 바꿀 수 있다는 확신을 갖게 되었다. 그는 개인적인 자선을 공격하는 자들은 인간의 본성을 공격하는 것임을 역설하기까지 했다. 이 성명서에는 또 죄수들을 많이 도와 전국의 죄수들에게 유명해진 '한 늙은 장군'도 소개된다. 입폴리트는 "선행이 어떤 방향으로 자랄지 알 수는 없지만 끝내는 열매를 맺을 씨앗을 심는 것과 같다."[6]라고 말한다.

여기는 입폴리트와 므이쉬킨이 유일하게 공감대를 이룬 영역이다. 입폴리트의 사상은 80%가 저항적 무신론과 허무주의다. 그는 착한 것을 싫어하기에 착한 므이쉬킨 역시 싫어하지만, 5개월 동안 그를 관찰한 결과 점점 아름다움과 선함이 세상을 구원함을 깨닫는다. 또한 그런 공작의 사상으로 조금씩 바뀌어 가면서 자기 인생 이야기 안에도 선량함이 의미가 있다는 상상을 하게 된다. 하지만 입폴리트는 이렇게 말하면서도 므이쉬킨의 마음을 쏟아내리게 만드는 저항적 무신론을 펼친다. 이 사상으로 그는 죽음의 파괴적인 위력 앞에 맞서려는 것이다. 죽음의 파괴적인 힘, 꿈에 나타나는 괴물 파충류가 그에게는 죽음의 징조이다. 그래서 "괴물 파충류에게 몸이 물려 죽는 것보다 나 스스로 목숨을 끊겠다."라고 말하며 자살하려는 것이다. 그럼에도 이 일화는 입폴리트가 공작을 좋아하게 되는 과정과 그에게 감화받은 부분이 무엇인지 알 수 있다는 점에서 중요하다.

입폴리트의 말대로 선행은 어떤 방향으로 자랄지 알 수 없지만, 끝내는 열매를 맺는 씨앗을 심는 것과 같다. 그는 잠시 최근에 있었던 로고진과의 만남을 화제로 삼는다. 약 열흘 전 입폴리트는 로고진의 방문을 받았는데, 그가 자신이 궁금해하는 것들에 대해 모두 대답해 주고 자신도 다음 날 로고진을 답방했다고 말한다. 극과 극이 통하듯이, 자신과 로고진이 서로 통하는 것이 있었음을 암시한다. 입폴리트는 로고진의 집에서 본 홀바인의 〈무덤 속 그리스도의 주검〉이라는 그림에서 엄청난 충격을 받았다고 한다. 입폴리트는 이 그림이 죽음과 고문은 최고의 인간도 파멸시킬 수 있다는 것을 보여준다고 생각한다.

그림 속 일그러진 예수의 얼굴 앞에서 죽음의 위력을 바라보는 사람이 있는가 하면, 죽음으로 파괴되었지만 그 안에 죽음을 이기는 계기가 있다고 믿는 사람이 있는데 입폴리트는 전자이다.
그 그림은 입폴리트로 하여금 자연은 믿을 수 없을 만큼 거대한 힘('모든 것을 굴복시키는 어둡고 뻔뻔하고 무의미하고 영원한 힘'〈2권 161〉, 즉 '죽음의 힘')을 지닌 멍청하고 비인격적인 괴물일 것이라고 생각하게 만들었다. 이런 상황에서 입폴리트는 환영(幻影)을 보고 자살을 결심한다.

'나는 독거미 모습을 한 어두운 힘에 복종할 수는 없다'(2권 165).

사상과 신념 측면에서 입폴리트의 '불가피한 해명'과 반대쪽에 있는 인물이 므이쉬킨 공작이다. 입폴리트는 공작이 "아름다움이 세상을 구할 것이다."라고 말했었다는 것을 들었다고 말했다. 여기서 아름다움은 미학의 아름다움이 아니라 선량함이다. 실제로 므이쉬킨은 하나님이 자신의 창조물을 기뻐하시는 분이라고 생각한다. 그 자신도 종종 하나님의 창조로부터 기쁨을 얻는다. 예를 들어 1부에서 가냐가 그에게 사과할 때, 공작은 가냐도 사악한 사람이 아니라는 사실을 깨닫고 안도한다(회개 가능성을 믿는 공작). 그 때문에 공작과 가냐는 점차 가까워져서 친구가 된다. 심지어 공작은 로고진과도 친구가 된다. 이 모양 저 모양으로 공작은 레베제프, 켈레르, 부르돕스키, 라돔스키마저 감동시킨다. 므이쉬킨은 자주 웃으며, 사물과 사람의 아름다움을 포착하는 데 민감하다. 타인을 향한 그의 연민과 동정심은 아름답다. 본인 역시 위태로운 곤경에 자주 빠지면서도 선하고 관대하며 모성애적이다. 그의 선량함이 독자들을 아늑하게 보듬는다. 세상을 고통과 파멸로부터 구할 수 있는 아름다움은 인간의 악과 타락에만 집중하는 것이 아니라, 하나님의 형상을 찾아보려는

4부 백치

마음이다. 이 마음은 파괴되고 손상된 겉모습 안에 아직도 순결하고 고귀한 품성이 남아 있다고 믿는 아름다운 감수성이다.

이 감수성을 가진 공작은 악인처럼 보이는 사람에게도 회개, 갱생, 재활의 가능성을 보고 그것의 실현을 돕는 사람이다. 아름다움에 대한 공작의 비전은 꿈속의 괴물로 상징되는 공포와 추함에 대한 입폴리트의 비전과 극명하게 대조된다. 입폴리트는 자연을 곧 자신을 집어삼킬 어둡고 음울한 괴물로 여긴다. 그는 자연이 자신을 속였다고 느끼기 때문에 자연의 창조물을 기뻐하기를 거부한다. 공작에게는 자연의 모든 것이 행복하고 조화로운 반면, 입폴리트는 자연의 총화는 죽음의 괴물이라고 주장하며, 이 점에서 그가 자연 예찬하기를 거부하는 것은 놀라운 일이 아니다. 그는 파블롭스크의 모든 아름다운 녹색 나무들보다 마이어의 성벽을 더 좋아한다고 말한다. 나무는 그가 배제된 모든 것과 곧 더 이상 전혀 볼 수 없게 될 모든 것을 상기시켜 준다는 점에서 그렇다. 입폴리트의 자살 시도는 자연과 삶 자체에 항의하는 최후의 수단이다. 입폴리트는 자신이 고통받고 죽어야 하는, 곧 버림받은 존재라고 느낀다. 하지만 알고 보면 입폴리트가 자연에서 버림받은 유일한 사람은 아니다. 므이쉬킨도 자신이 스위스에 있었을 때를 기억하며 그 역시 자연과 그 창조물에서 소외감을 느꼈다고 말한다. 그러나 이 감정에 대한 공작의 반응은 입폴리트와 매우 다르다. 입폴리트도 사람들이 삶을 즐겨야 한다는 생각을 말하지만 간접적으로 전달한다. 1부에서 므이쉬킨의 이야기 가운데 처형 직전 살날을 1분 남겨 둔 사람이 삶을 충만하게 느끼려고 했듯이, 시한부 선고를 받은 입폴리트도 살아 있고 건강한 사람은 자신을 행복하게 만들고 삶을 즐기기 위해 모든 기회를 활용해야 한다고 주장한다. 실제로 그는 자신에 대해 부정적인 견해를 가지고 있음에도 불구하고 능력 있는 사람은 인생을 최대한 살아야 한다는 믿음을 옹호하기도 한다.

많은 설교가들이 인간은 죄인이라며 인간을 질책하는 설교를 한다. 하지만 낸시 피어시(Nancy Pearcey)는 『완전한 진리』에서 인간이 타락했음을 비통하게 느끼게 만들려면 타락하지 않은 인간의 아름다운 모습을 먼저 강조해야 한다고 말했다. 즉, 아름다운 인간이 타락했기 때문에 비참해진 것을 말해야 사람들이 하나님에 대해 공감할 수 있다는 것이다.[7]

7장. 입폴리트의 해명에 대한 조롱, 야유, 그리고 동정

자신의 마지막 자유의지 행위가 자살이라고 판단한 입폴리트는 파블롭스크에서 해가 뜨는 날 사람이 없는 공원에서 권총으로 자살할 것이라고 선언한다. 이제 그의 남은 시간은 2~3주 정도이다. 입폴리트는 내세를 믿지만 신이나 자연을 숭배하는 것은 거부했다. 그것 때문에 그는 행복과 창조세계가 선사하는 기쁨을 누리지 못한다. 그는 또한 기독교가 말하는 최후 심판의 부당함도 토로한다. 입폴리트의 말이 끝난 후('해명'은 끝났다<2권 172>.), 다른 사람들은 그의 말에 별로 감명을 받지 못하고 "아, 이제 해방되었다."는 듯이 자리를 떠나기 시작한다. (조롱, 야유, 지루, 무관심을 표하며 자살하려는 청년을 두고 가는 어른들을 비난하는 베라/콜랴, 켈레르, 부르돕스키도 베라 동조/가냐의 조롱, "자살은 무슨 자살?"/이볼긴, 페르드이셴코, 파블로비치도 가냐 동조/레베제프와 공작은 중도 입장, 자살을 좌절시킬 방도 강구) 어른들은 전부 다 야유하며 조롱하고, 어린아이들은 전부 다 입폴리트의 자살을 막아야 된다며 진지하다. 레베제프는 입폴리트에게 권총자살을 포기하라고 요구하지만, 사람들이 더 이상 그를 지켜보지 않자 입폴리트는 밖으로 나가 자살을 시도한다.

하지만 그의 노력은 성공하지 못했다. 권총에 뇌관을 장착하는 것을 잊어버렸기 때문이다. 사람들은 정신적으로 불안정한 입폴리트를 간호할 당번을 세우고 흩어진다. 손님들은 새벽 3시가 지나자 모두 자리를 뜬다. 그때까지 불안과 고독 증세('자기 혼자만이 내팽개쳐진 존재'〈2권 186〉)로 잠을 자지 못하던 므이쉬킨은 아글라야를 만나게 될 장소인 초록색 벤치로 미리 가 앉는다. 잠이 든 그는 나스타시야 필립포브나의 꿈을 꾼다. 회오와 공포가 가득 찬 얼굴("나는 죽어도 이 여인을 죄인이라고 인정하지 않을 것이다."라는 무의식에서 꾼 꿈)을 한 여인이 자신에게 손짓하며 조용히 자기 뒤를 따라오라는 듯이 손가락을 입술에 갖다 댔다. 그는 꿈속에서 그녀를 따라가려고 일어선 순간, 아글라야의 싱그러운 웃음소리에 잠이 깼다. 무의식인 꿈에서는 필립포브나에게 이끌리고, 현실에서는 아글라야의 손에 이끌리는 자아분열적 징후가 시작되었다.

8장. 필립포브나의 편지들로 공작의 진심을 테스트하는 아글라야
레베제프의 별장에서 쏟아진 입폴리트의 연설을 듣느라고 지친 므이쉬킨 공작은 새벽 3시 이후에 공원으로 나가 잠이 든다. 아글라야는 공원 벤치에서 잠들어 있는 므이쉬킨 공작을 발견한다. 그는 그녀에게 전날 밤과 아침에 있었던 입폴리트의 권총자살 미수 사건을 말해 준다. 공작은 입폴리트가 사람들의 존경을 갈망했으며, 사람들이 그의 죽음을 애석하게 여겨 주기를 원했다고 믿는다. 아글라야는 공작에게 친근한 우정을 느끼게 하며 공작을 칭찬한다. 공작의 마음은 자신의 어머니를 제외하고는 어떤 주변 사람도 이해하지 못하는 한층 더 고결한 마음이라고 치켜세운다.
아글라야가 쪽지를 통해 아침 7시에 초록색 벤치로 와 달라고 한 이유가 자세히 밝혀진다. "내 친구가 되어 주세요"(솔직하게 자기 속생각을 털어놓을 대상). 예브게니 파블로비치의 청혼을 거절했음을 밝힌 아글라야는 이제 집에서 도망치기로 결정했다고 말하며 그때 자신을 도와 달라고 요청한다. 공작은 그녀의 생각이 터무니없다고 말한다. 그러자 아글라야는 여차하면 자신은 가냐와 결혼해 버릴 수도 있다는 폭탄선언을 덧붙인다. 그녀는 공작에게 "자신과 결혼할 수 있다."는 생각을 아예 품지도 말라고 경고한다. 공작이 그런 생각(아글라야와 결혼하려는 혼자만의 궁리)은 불결한 생각이라고 단언하자, 아글라야는 곧장 반박한다. 그렇다면 어떻게 감히 자신에게 6개월이 지난 후 콜랴를 통해 '연애편지'를 쓸 생각을 하게 되었는지 묻는다. 공작은 그것은 연애편지가 아니었으며, '가장 괴로운 순간 존경의 마음'을 가득 남은 편지였다고 대답했다. 이때 아글라야는 더욱 충격적인 말로 므이쉬킨을 되받아친다. 아글라야는 공작이 그 더러운 여자 필립포브나와 한 달 동안 함께 지내며 사랑행각을 벌이고 다녔다는 것을 다 알고 있다고 말한다. 아글라야가 말한다. "나는 당신을 조금도 사랑하지 않으며 오히려 가냐와 사랑에 빠졌어요." 최근에 이 공원 초록색 벤치에서 가냐가 자신에게 사랑을 고백했으며, 자신도 그와 결혼을 약속했다고 한다. 그녀는 가냐가 그의 사랑의 힘을 증명하기 위해 자기 손가락을 지지기도 했다고 말한다. 공작은 전날 본 가냐의 손이 완벽한 상태였음을 기억하면서 지금 아글라야가 거짓말을 하고 있다고 지적한다. 아글라야도 즉시 그것은 거짓말임을 인정한다.

그런 다음 그녀는 "가난한 기사"라는 시를 낭독한 경위를 말해 준다. 그 시 낭독을 통해 자신은 공작에게 나스타시야 필립포브나와 공작 사이에 일어난 일에 대해 모든 것을 알고 있다는 것을 보여주고 싶었다고 말한다. 즉, 공작을 힐책하기 위함이었다는 것이다. 이런 대화 끝에 두 사람은 나스타시야 필립포브나에 대해 이야기하기 시작한다. 므이쉬킨은 비록 그가 그녀 때문에 파블롭스크에 왔지만, 그 여자를 사랑하는 것은 아니라고 말한다. 또한 필립포브나도 이것을 알아챘다고 말한다.

"내가 자기를 동정할 뿐…… 결코 사랑하는 게 아니라는 걸요"(2권 208).

이어 아글라야는 나스타시야 필립포브나가 그녀에게 편지를 보냈음을 털어놓으며 므이쉬킨에게 편지를 보여준다. 나스타시야 필립포브나의 편지 요지는 이렇게 요약된다. "아글라야 당신과 공작이 결혼하는 것을 보고 싶습니다. 나 자신은 즉시 로고진과 결혼할 것입니다." 이 기막히고 긴장 넘치는 대화 끝에 공작은 자신이 파블롭스크에 온 이유는 필립포브나 때문이며, 사실 그녀가 미쳐 가고 있다고 진단한다. 격분한 아글라야는 미쳐 가는 그 여인에게서 온 세 통의 편지를 다시 공작에게 주면서 그녀에게 되돌려 주라고 요구한다. 그 순간 갑자기 예판친 부인이 벤치에 앉아 있는 두 사람을 발견한다. 아글라야는 어머니에게 자신은 가냐와 결혼할 것이며 내일이라도 집을 나가겠다고 소리치며 자리를 뜬다. 이것이 아글라야와 므이쉬킨의 마지막 일대일, 면대면 만남이었다.

이 초록색 벤치 공원 만남은 아글라야와 공작 사이의 관계를 명확히 하고(그럼에도 불구하고 다른 등장인물들과 독자들에게는 꽤 혼란스럽다.), 아글라야의 성격을 극적으로 변화시킨다. 그녀는 여기에서 매우 변덕스럽고 미성숙한 어린아이로 묘사된다(막내의 피해의식, 누적된 피억압감정). 그녀는 성숙하고 실용적인 어른들(기성세대)에게는 터무니없어 보이는 매우 이상주의적이거나 낭만적인 생각(교육사업 종사)에 사로잡혀 있다. 심지어 공작처럼 비실용적인 사람에게도 그녀의 미래 계획은 터무니없게 느껴질 정도이다. 예를 들어,

가출을 원하는 아글라야는 매우 추상적으로 므이쉬킨에게 친구가 되어 달라고 요청한다. 이 도움 요청은 본질적으로 부모와 언니들의 권위에 도전하려는 청소년기의 욕구를 대변하는 것처럼 보인다(그녀는 20세이다). 같은 맥락에서 아글라야는 나이 든 어른들이 청소년들이나 청년들이 읽지 못하도록 금지한 책을 읽었다고 자랑한다. 그녀는 무엇보다도 가족의 눈에 자유롭고 독립적인 어른으로 자신을 세워 보려는 열정에 차 있다. 그러나 아이러니하게도 아글라야가 이 독립을 쟁취하려고 시도하는 수단(가출 등)은 유치하다.

아글라야의 낭만주의적 성향을 보여준 또 하나의 예는 그녀가 "가난한 기사"에 매혹된 점이다. 그녀는 자신이 읽은 "가난한 기사"에 나오는 기사와 므이쉬킨을 연관시킨다. 그녀는 자신이 선택한 이상적인 여성을 위해 목숨을 바치는 "가난한 기사" 이미지를 통해 공작과 나스타시야 필립포브나의 관계를 이해하고 있는 것처럼 보인다. 그러나 이러한 해석은 궁극적으로 지나치게 단순화된 해석임이 곧 드러난다.

8장에서는 빛과 어둠의 모티프가 좀 더 진전된 수준에서 부각된다. 『백치』 전체에서 므이쉬킨과 로고진이 나스타시야 필립포브나와 함께 보내는 시간은 어둡다. 반면 아글라야는 빛과 연관된다. 예를 들어, 공작은 빛에게 쓰듯 아글라야에게 편지를 쓴다. 영어판의 문장은 이렇다. "He wrote to Aglaya-as to the light." 그는 또한 나스타시야 필립포브나와 겪었던 어둠이 지나고 새벽이 오기를 바랐다고 말한다. 아글라야의 이름도 '빛'을 의미한다. 빛과 어둠의 대비는 므이쉬킨이 직면한 나스타시야 필립포브나와 아글라야 사이의 선택, 즉 본질적으로 연민과 낭만적 사랑 사이를 대비하는 또 다른 표현이다. 얼굴이 붉어진다거나 기분이 좋아지는 것과 같은 로맨틱 감정은 공작이 아글라야와 함께 있을 때 느낀다. 그렇다면 정상적으로 이 사랑을 선택해야 한다. 그럼에도 공작은 자기파괴적으로 필립포브나에게 끌린다. 검게 아름다운 이 유혹의 힘(a darkly beautiful and alluring power) 앞에 무너져, 결국 공작도 마지막에 부서진다. 공작에게도 자기파괴가 있는 것이다. 그것은 '동정의 이름으로 행해지는 필립포브나에 대한 사랑 시도'이다.

나스타시야 필립포브나를 알면 알수록 공작은 그녀를 자멸로부터 구할 수 없다는 사실 때문에 끊임없는 두려움과 고통에 시달린다. 반면에 아글라야를 알아 갈수록 소박한 행복의 갈망을 품게 된다. 카드 게임도 하고 장기도 두면서 아기자기한 행복을 아글라야와 누린다. 아글라야의 기발하고 괴짜 같은 성격, 모욕적이고 돌발적인 언동, 임기응변형 거짓말 습관에도 불구하고, 그녀는 므이쉬킨을 행복하게 만든다. 그녀를 만나고 돌아올 때 그는 항상 놀라운 기쁨에 휩싸인다.

나스타시야 필립포브나가 아글라야에게 보낸 편지들은 필립포브나의 내면적 고통을 여실하게 보여준다. 그 편지들은 자기혐오, 자기 정죄로 차 있다. 필립포브나는 자신의 수치스러운 과거로 인해 자신을 한없이 파괴한다. 그래서 므이쉬킨을 사랑함에도 결코 자신이 그의 아내가 될 자격이 없다고 믿는다.

그럼에도 불구하고 공작은 필립포브나라는 깊은 호수에 빠져 있다. 그리스 영웅 신화로 말하면 사이렌에게 끌려가는 오디세이와 같다. 공작은 밝은 사람 대신 어둡고 처절한 불행을 겪었던 여인을 구원하려는 동정과 연민의 마음을 따라가다가 필립포브나라는 거대한 늪지대에 빠져 버렸다. 그의 이러한 자기파괴적 면모는 간질 발작으로 이어지고, 공작과 아글라야는 끝내 맺어지지 않는다.

9장. 도덕적으로 무너지는 이볼긴 장군의 4백 루블 절도 시도 아글라야가 필립포브나와 공작의 기묘한 관계 때문에 극도로 신경질적인 반응을 보이며 공작을 떠나자, 아글라야의 어머니 리자베타가 공작에게 온다. 공작은 예판친 부인을 따라 예판친의 별장으로 가서 자신이 왜 오랫동안 벤치에서 아글라야와 함께 있었는지를 설명하고 레베제프의 별장으로 떠난다. 오전 9시가 넘은 시각, 레베제프의 별장에 당도한 므이쉬킨은 두 손으로 얼굴을 감싼 채 소파에 앉아 있다가 필립포브나가 아글라야에게 준 세 통의 편지를 꺼내 읽으려고 한다. 그런데 콜랴가 도착하여 그날 아침 7시에 집을 떠난 페르드이센코에 대해 뭔가를 경계시키듯이 경고한다(그가 혹시 레베제프가 도난당한 돈을 훔쳤을지 모르는 상황을 알려 준다). 콜랴가 나가자 레베제프가 들어와 전날 밤 누군가가 자신의 코트에서 4백 루블을 훔쳤다고 불평한다. 그는 이볼긴 장군, 켈레르 및 페르드이센코를 잠재적인 용의자로 생각한다. 처음에는 페르드이센코를 가장 확실한 용의자로 생각하는 것처럼 말하지만, 용의자를 추적하는 더 세밀한 과정을 거치면서 레베제프와 공작 두 사람은 이볼긴 장군이 범인임을 거의 확신한다.

> "무절제와 술과 대위 부인(*내연녀*), 그리고 이 모든 것이 한 인간에서 함께 겹치면 무슨 일이든 저지를 수 있다는 데에 공작님도 동의하실 겁니다"(2권 236).

가냐는 아버지의 도덕적 파탄(거짓말: "그가 거짓말을 하는 것도 단지 자신의 감격을 이겨내지 못해서이니까요."〈2권 238〉, 술, 절도)에 절망하고 분노한다. 하지만 우여곡절 끝에 이볼긴은 다시 4백 루블을 레베제프에게 돌려줬거나 원래 그 돈이 있던 자리에 가져다 놓았다. 레베제프와 공작은 이 절도 사건을 조용히 덮기로 한다('덕성의 승리'). 이볼긴에게도 마지막 양심은 있었던 것이다.

10장. 아글라야와 공작을 결혼시키려는 필립포브나의 진정한 의도
이제 홀로 남겨진 공작은 나스타시야 필립포브나가 아글라야에게 쓴 세 통의 편지를 읽는다. 편지는 길지만, 거기에 담긴 나스타시야 필립포브나의 요지는 이것이다. "아글라야 당신은 나보다 훨씬 아름다우며 완벽하다. 따라서 아글라야 당신이 므이쉬킨의 신부가 되는 것을 보고 싶다." 그날 늦은 저녁 공작은 자정이 지난 0시 30분경 (그는 밤 9시 30분인 줄 안다.) 예판친의 집으로 걸어가지만 너무 늦어서 아무도 만나지 못한다. 그들 대부분은 자고 있거나 막 잠자리에 들려고 한다. 예판친의 가족과 의미 있는 만남을 갖지 못한 므이쉬킨은 다시 공원으로 산책을 나간다. 그런데 거기서 마지막으로 그를 만나러 온 나스타시야 필립포브나와 마주한다.

"지금 마지막으로 당신을 보는 거예요, ……"(2권 250).

그녀는 공작에게 행복하냐고 묻지만 그가 대답도 하기 전에 도망친다. 그녀와 함께 있던 로고진은 필립포브나를 낚아채듯이 데려가면서 공작에게 자신들은 다음 날 파블롭스크를 떠날 계획이라고 말한다. 로고진이 필립포브나를 인격체가 아니라 낚아채는 사물로 보는 장면이 다시 한번 나온다.
므이쉬킨과 로고진은 나스타시야 필립포브나 대신 그녀의 질문에 대해 말한다.

"……'그래 자넨 행복한가, 아닌가?'", "아니, 아니, 아니야!" 공작은 한없는 비애를 느끼며 외쳤다(2권 251-252).

4부
끝내 열매 맺지 못한 사랑들

4부는 세상 속 범용한 사람들에 대한 작가의 논평을 도입하면서, 아글라야와 공작의 결혼식이 공개적으로 선포된 상황에서 벌어지는 극적 반전을 다룬다. 아글라야는 자신의 마음이 공작에게 쏠리는 것을 알고도 공작을 조롱하며 자신의 애정을 부인하려고 한다. 그럼에도 므이쉬킨 공작은 아글라야에게 사랑을 느끼고 결혼할 생각으로 행복감을 느낀다. 이 결혼을 성사시키기 위해 예판친 가족들은 신랑감에 대한 최후 검증 절차를 기획한다. 므이쉬킨 공작이 과연 셋째 딸 아글라야의 신랑감이 될 수 있을지 친척 벨로콘스카야와 다른 어른들을 초청하고, 가족 예의입문교육 파티를 개최해 공작을 데뷔시킨다. 이 시험을 치르는 동안 아글라야가 공작에게 "제발 침묵을 지켜 달라."고 간청함에도 어느 순간 므이쉬킨 공작은 일장 사상가적 연설을 퍼부어(러시아 정교회 옹호, 가톨릭 비판) 좌중을 경악하게 만든다. 자신에게 재산을 상속해 준 파블리셰프가 가톨릭으로 개종했다는 이반 페트로비치의 말을 듣고 흥분한 나머지 예판친 가정의 보물 같은 비싼 중국 화병을 깨뜨리기도 한다. 공작의 두 번째 장광설(러시아 귀족 비판적 옹호)이 시작된 지 얼마 되지 않아 그의 뇌전증적 발작이 일어난다. 아글라야는 쓰러진 공작을 데리고 급히 나가고, 파티 참여자 모두에게 공작에 대한 깊은 부정적인 인상만 남긴 채 파티는 끝난다.

다음 날 입폴리트와 레베제프, 가냐 등이 역할을 분담해 아글라야-공작 대(對) 필립포브나-로고진의 만남이 이루어졌다. 아글라야가 이 모임에 나타난 것은 공작에 대한 자신의 마음을 필립포브나 앞에서 확실히 밝히고, 그녀가 자신에게 편지를 보낸 의중을 따지고 질책하기 위해서였다. 그 자리에서 두 여인 사이에 격한 단죄와 모욕의 언어들이 수수되고, 공작은 필립포브나를 모욕하는 아글라야를 책망한다. 아글라야가 고통과 증오심으로 가득 찬 시선으로 공작을 쳐다본 후 떠나 버리자 공작이 뒤따라간다. 그 사이에 필립포브나는 공작에게 제발 아글라야를 따라가지 말라며 필사적으로 말리면서 기절하고, 므이쉬킨은 그녀에게 머문다. 그녀의 소원에 따라 아글라야와 결혼하겠다고 청혼까지 한 마당에 공작과 필립포브나 둘은 약혼한다. 공작의 행동은 사회적 공분을 일으키고, 예판친 가족 모두 그와 절교한다. 순식간에 벌어진 이 사태는 공작을 공공의 적으로 만들지만 예브게니 파블로비치 라돔스키만은 예외이다. 공작은 파블로비치에게 자신이 지금 필립포브나를 떠나면 그녀는 죽을 것이며, 자신이 아글라야에게 해명할 수 있다면 아글라야도 자신의 행동을 이해할 것이라고 말한다. 처음에는 파블로비치도 므이쉬킨이 미친 사람이 되었다고 의심한다.

마침내 므이쉬킨과 필립포브나의 결혼식 당일이 도래했다. 므이쉬킨이 부르돕스키와 켈레르의 옹위를 받으면서 결혼식으로 가는 마차에 오르려는 순간에 로고진이 나타난다. 필립포브나는 로고진에게 달려가 자신을 이 결혼식에서 구출해 달라고 소리치고, 로고진은 필립포브나를 가로채 역으로 질주한다. 공작은 충격을 받았으나 이 사태에 대해 특별히 경악하지 않았다. 다음 날 공작은 페테르부르크의 로고진의 집에 가서 충격적인 장면에 직면한다. 그는 로고진의 칼에 찔려 죽은 필립포브나의 시신을 본다. 로고진과 공작은 그녀의 시신을 한가운데 두고 밤을 새운다. 4부 12장 에필로그는 두 주인공의 서로 다른 유배를 다룬다. 로고진은 15년 시베리아 유형을 선고받아 유형지로 떠나고, 므이쉬킨 공작은 파블로비치 라돔스키의 주선으로 다시 스위스 정신병원 요양원으로 되돌아간다. 예판친은 해외로 나가고, 아글라야는 폴란드 사기꾼에게 속아 결혼한다. 공작이 예상한 최악의 일이 그녀에게 일어난다. 폴란드 남편에게 속아 가톨릭으로 개종했기 때문이다.『백치』의 중심 등장인물들은 이처럼 불행하고 고립된 채 뿔뿔이 흩어진다. 그 인물들은 죽거나(필립포브나, 입폴리트, 이볼긴), 추방되거나, 해외로 이주한다(로고진, 므이쉬킨, 아글라야).『백치』는 이런 점에서 기독교적인 의미의 구원이 좌절되는 이야기이다.

1장. 시야가 좁은 사람들, 처세에 능하고 영리한 사람들 촌평. 이볼긴 집안의 내분과 불화. 가냐에 대한 비판적 논평. 아글라야와 므이쉬킨의 점진적 감정 동기화

4부는 '평범한' 사람들에 대한 논의로 시작된다. 이야기의 화자는 세상에는 두 개의 진영으로 나누어진 평범한(어중간한) 사람들이 있다고 주장한다. 더 똑똑하고 자신이 평범하다는 것을 깨닫는 사람들과 덜 똑똑해서 자신이 평범하다는 것을 깨닫지 못하는 어중간한 사람들이다. 어중간한 사람들이 세계 인구의 대다수를 구성하고 있으며, 소설 속 인물들 중 다수가 그런 사람들이다. 가냐, 바랴 및 프치츠인은 모두 매우 평범한 사람들이다. 가냐는 제법 영리한 사람인데도 그 영리함으로 자신의 평범함(범용성, mediocrity)을 깨닫기 때문에 비참해지는 인물이다. 그는 평생 독창적이고자 노력했지만 성공하지 못했다. 그는 돈에 대한 욕망은 물론이요, 다른 다양한 욕망도 극단적으로 만족시키려고 노력했다(싫어하는 나스타시야 필립포브나와의 결혼 포함). 그러나 가냐는 그러한 욕망을 충족시키기에는 항상 너무 어중간한 노선을 취해 왔다. 자신의 평범함과의 끊임없는 싸움이 그의 짜증과 고통의 주된 이유가 되는 셈이다. 그는 항상 실패할 운명에 처해 있는 인물이다. 므이쉬킨 공작은 가냐에게 말할 수 있는 최악의 말이라는 것을 깨닫지 못한 채 가냐를 '범용한 사람'(어중간한 사람)이라고 부르는데, 입폴리트는 그를 모욕하려는 분명한 의도를 가지고 가냐를 '평범함의 전형'이라고 규정한다. 이 에피소드는 가냐 캐릭터의 본질을 다시 한번 강조할 뿐만 아니라, 공작과 입폴리트 사이의 또 다른 비교를 가능하게 한다. 므이쉬킨은 순진하고 친절한 반면, 입폴리트는 자신을 모욕한 가냐에게 동등한 굴욕감을 되갚아 주는 복수를 즐긴다. 가냐의 여동생 바랴 역시 자신이 좀 더 독창적이기를 바라며 끈질기고 실천적인 행동을 통해 자신의 욕구를 실현하려고 노력한다. 예를 들어, 아글라야와 그의 오빠 가냐의 결혼 가능성을 탐색하고 실현시키기 위해 예판친 가족들과 친구가 되며, 느리지만 확실하게 정보를 수집하고 예판친의 딸들에게 그녀의 오빠를 선전하기 위해 노력한다.

줄거리를 문학적 전진의 관점에서 보자면, 4부 1장은 공원 벤치 근처에서 므이쉬킨 공작과 아글라야가 만난 지 일주일 이후의 상황을 다룬다. 바랴는 예판친 집에서 우울한 소식을 갖고 자신의 집으로 돌아온다. 방금 아버지와 또 다른 싸움을 벌인 오빠 가냐를 찾은 그녀는 그에게 므이쉬킨과 아글라야가 공식적으로 약혼했음을 선언한다. 약혼은 오늘 저녁, 많은 하객들이 참석하는 만찬회에서 발표될 예정이라는 말도 덧붙인다.

바랴는 므이쉬킨과 아글라야가 실제로 서로에 대해 진지한 감정을 가지고 있다고 생각하지만, 한편으로는 아글라야가 단지 가족을 자극하기 위해 공작을 신랑감으로 선택했다고 본다. 그러는 사이에 이볼긴 장군이 내연녀인 대위 부인에게 주기 위해 4백 루블을 훔쳤음이 밝혀진다(가냐의 추론). 바랴와 가냐는 이 사실을 어머니에게 알리지 않으려고 노력했지만, 결국 그녀도 알게 되었다. 가냐는 최근에 바랴의 주선으로, 그리고 본인의 고집으로 프치츠인-바랴의 집(곧 가냐 가족이 사는 집)으로 거처를 옮겨 온 입폴리트가 자신의 어머니이자 이볼긴 장군의 부인인 니나 알렉산드로브나에게 일러바쳤다고 생각한다(2장 첫 문장, 닷새 전에 이사. 입폴리트는 가냐가 아글라야와의 결혼 계획을 추진할 때 자신을 조력자로 이용하려고 불러들였다고 본다). 가냐는 입폴리트가 그의 어머니(이볼긴 장군의 내연녀 격인 대위 부인)에게 이볼긴이 4백 루블을 주기로 약속했다는 말을 들었을 것이라고 본다. 심지어 가냐는 입폴리트가 아글라야를 연모해 그녀에게 여러 차례 편지를 썼다고 생각한다.

이런저런 이유로 가냐는 입폴리트를 싫어한다. 이런 상황에서도 바랴는 남편 프치츠인과 함께 현재 가냐, 이볼긴 장군, 니나 알렉산드로브나, 콜랴, 심지어 입폴리트까지 칡넝쿨처럼 한데 어울려 살고 있다. 이 인간 군상의 조합은 인화성이 낮은 시한폭탄 같은 분위기를 자아내기에 충분하다.

2장. 입폴리트와 이볼긴 사이에 벌어진 갈등, 아글라야와 가냐의 버성김[8]

입폴리트가 프치츠인의 집으로 이사한 지 5일 후(레베제프의 집에 살던 공작과는 친구처럼 헤어진다.), 그는 이볼긴 장군의 이야기 중 하나(군대 시절의 무공 자랑 일화)가 사실이 아니라고 주장해 장군을 격분시킨다. 여드레째 실성한 사람처럼 변해 버린 장군은 온 가족, 특히 사위 프치츠인에게 그와 입폴리트(이볼긴에게 나사못 같은 존재) 중 하나를 선택하라며 엄포를 놓는다. 이어서 이볼긴과 입폴리트 양자 사이의 비방전이 지루하게 이어진다. 가냐가 그의 아버지에게 아마도 입폴리트가 옳았을 것이라고 말하자(가냐가 보기에도 '이볼긴이 자기 군대 시절 공덕을 자랑할 때 등장하는 인물인 카피톤 예로페고프〈중령〉는 존재한 적이 없는 사람이다'.) 이는 또 다른 열띤 논쟁으로 이어진다. 격분한 장군은 집을 떠나겠다고 선언한다. 가냐는 입폴리트에게 화를 내며 장군을 자극하지 말았어야 했다고 말한다. 이볼긴이 집을 나간 후 가냐는 어머니의 말에 동조하며 입폴리트를 더 격하게 비난한다.

"당신이 쓰레기 같은 인간이기 때문이오. …… 두 발로 걸어다니는…… 넘쳐흐른 담즙이란 말이오"(2권 287).

가냐는 실패한 권총자살까지 언급하면서 입폴리트를 모욕한다. 이에 질세라 입폴리트는 가냐가 평범함과 범용함의 완벽한 대표자이기 때문에 자신은 가냐를 싫어한다고 대답한다(입폴리트의 긴 비난 연설 : "당신은 범용 중의 범용이라고요!"〈2권 291〉). 그런 다음 입폴리트는 가냐가 아글라야를 아내로 얻을 수 없을 것이며, 자신은 즉시 프치츠인의 집을 떠나 그의 어머니가 그를 위해 임대해 준 자신의 아파트로 이사할 것이라고 말한다. 입폴리트는 밖으로 나가고 가냐와 바랴 둘만 남자, 가냐는 아글라야가 자신에게 쓴 쪽지를 바랴에게 보여준다.

"내일 아침 일곱 시 정각에 초록색 벤치에서 당신을 만나고 싶습니다. …… 바르바라 아르달리오노브나도 꼭 함께 나와 주셨으면 하고요. …… A. E"(2권 292).

가냐는 자신이 아글라야를 아내로 맞을 가능성이 없다고 단정한 입폴리트를 생각하며 회심의 반전 미소를 흘린다. 누이는 아글라야가 아직도 오빠 가냐를 신랑감으로 간주하고 있다는 증거라며 반전의 단초가 될 수 있다는 생각에 들뜬다.

"그 여자가 여섯 달 만에 처음으로 오빠를 다시 만나겠다고 한 거야. ……

이건 오빠에게…… 너무나도 중대한 사건이라고!"(2권 293)

이볼긴은 가출하는 자신을 향해 악담을 퍼붓는 가냐와 돌아와 달라고 애원하는 가족들을 향해 외친다.

"이 집에 내 저주가 내릴 줄 알아라!"(2권 294)

3장. 이볼긴의 가출과 다시 찾은 레베제프의 4백 루블
이볼긴 장군에게 이런 일이 일어난 것이 처음은 아니었지만, 이번 가출은 특이하다. 장군이 사흘 내내 이상한 행동을 했고 갑작스러운 기분 변화를 보이며, 전체적으로 매우 흥분되고 긴장된 행동을 보였기 때문이다. 화자는 인간의 동기(특히 장군이나 입폴리트의 언동의 동기들)가 너무 복잡하기 때문에 사건이 일어난 그대로 말할 것임을 강조한다. 아마도 이볼긴은 가출한 후 레베제프의 집(위층)에 와 있었던 것으로 보인다(장군의 목쉰 저음). 어느 순간 장군은 므이쉬킨에게 와서 논의할 중요한 것이 있다며 한 시간 동안의 만남을 요청했고, 공작은 장군의 요청에 따라 다음 날로 약속을 잡았다.

"그 대화를 나누는 시간은 내 최종적인 운명의 시간이 될 거요"(2권 302).

한편 레베제프는 므이쉬킨을 방문하여 의자 아래에서 4백 루블이 들어 있는 지갑을 발견했다고 말했다. 그는 그것을 눈치채지 못한 척했다. 24시간 후, 지갑이 찢어진 코트 주머니 속으로 떨어져 코트 자락에 다시 나타났다. 레베제프는 다시 한번 그것을 눈치채지 못한 것처럼 행동했다. 므이쉬킨은 분명히 레베제프의 용서를 구하는 장군을 불쌍히 여기며 그에게 친절하게 행동해 달라고 요청한다. 레베제프는 최선을 다하는 데 동의한다.

4장. 이볼긴 장군의 날조된 나폴레옹 시동 경험 일화. 거짓말쟁이 이볼긴의 말을 끝까지 경청하는 공작

앞에서 언급했듯이, 이볼긴 장군의 인격 파멸은 누적적이고 점진적이면서도 동시에 극적이다. 그는 멸망으로부터 자신을 구하기 위해 위로나 도움을 얻으려고 므이쉬킨을 찾는 많은 사람들 중 하나이다. 장군은 공작이 구원할 수 없는 인물 중 한 명이다. 공작의 아름다움도 그를 구원하기에는 역부족이다. 이볼긴 장군은 소설 첫 부분에서부터 자기파멸적 요인들을 안고 등장한다. 술고래이고 거짓말쟁이이며 주변 사람들에게 무례하고 민망하게 처신하는 성인 아이 유형의 인물이다. 소설이 끝날 무렵, 그는 절도범이라는 새로운 최저점으로 떨어진다. 그는 레베제프에게서 훔친 돈을 돌려주었지만, 이 절도 미수는 그의 도덕적 자아를 심각하게 손상시켰고, 남아 있던 자존심을 완전히 파괴한 것처럼 보인다. 이볼긴 장군은 술을 끊고 레베제프와의 관계도 끊은 후 가출한다. 갈 곳도 없지만 집을 떠난 것이다. 막내 콜랴만이 절망적으로 발버둥치며 아버지의 붕괴를 멈추려고 애쓴다. 콜랴는 어느 순간 아버지가 이전처럼 행동하지 않는다는 것을 알아차렸지만, 그것은 아버지가 최근 며칠 동안 술을 마시지 않았기 때문이라고 생각한다. 매우 긴장되고 동요된 상태의 이볼긴 장군은 므이쉬킨에게 다음 날 한 시간의 면담을 허락해 달라고 요청한다. 장군이 자신의 고민을 당장 언급하지 않고 별도의 약속을 요구한 것만으로도 사태의 심각성을 말해 준다. 장군의 므이쉬킨 방문은 도움을 청하는 일종의 절박한 외침으로 보인다.

약속에 약간 늦은 공작에게 이볼긴은 초조한 기분을 주체하지 못한 채 자신은 이제 레베제프와의 모든 관계를 끊었다고 말한다. 레베제프가 갓난아이였을 때인 1812년 나폴레옹 전쟁 중 그의 진짜 다리 한쪽이 날아가 나무다리(의족)를 가지고 있다는 터무니없는 거짓말을 했기 때문이다. 이볼긴은 레베제프의 거짓말이 장군 자신의 거짓말을 상기시키려는 것임을 알고 모욕을 느낀 것이다. 므이쉬킨은 레베제프가 단지 농담으로 말한 것이라며 장군을 설득하려고 시도하지만 그는 설득되지 않는다. 드디어 이볼긴 장군은 자신의 가장 장엄한 거짓말 드라마를 숨막히는 동화 구연 기법으로 전개한다. 프랑스군이 모스크바에 있을 때, 열 살배기였던 자신이 나폴레옹의 시동(侍童) 역할을 했다는 것이다. 므이쉬킨은 장군이 스스로 행복한 기분에 잠겨 있는 것을 도와주기 위해 스스로 압도당한 감격과 자기도취의 장단에 맞춰 가며 이 기막힌 거짓말 이야기를 경청한다. 또 나른 한편 공작은 생각한다.

'그가 그렇게까지 도취의 경지에 이르게 내버려둔 게 더 큰 잘못이 아니었을까?'(2권 333)

실제로 장군은 이 장엄한 창작동화 구연을 마친 후 기분 좋게 떠난다. 그러나 나중에 이볼긴 장군은 공작이 자신을 진심으로 믿지 않았다는 사실을 깨닫고 굴욕감을 느낀다. 아니나 다를까 그날 저녁 장군은 공작에게도 최후의 절교편지를 보내고, 마지막으로 예판친의 집에 나타나 가냐를 악평하다가 추방되는 굴욕을 겪는다. 가냐와의 싸움 후 장군이 가족을 떠나 방황하는 가운데, 막내아들 콜랴만이 순진무구한 사랑을 보인다. 콜랴는 아버지가 방황하는 곳마다 쫓아가서 집으로 돌아오도록 설득하려고 한다. 갑자기 장군은 나폴레옹 이야기에 나오는 한 구절을 계속해서 반복하기 시작한다. 자신이 나폴레옹의 시동이었음을 호소하기 위함이었으리라. 그는 갑자기

리어 왕 행세를 하면서 콜랴 앞에서 쓰러진다. 뇌졸중이었다.

이 장면은 셰익스피어를 오마주한다. 인물의 심리 전체를 분석하는 것은 셰익스피어의 희비극의 묘사 방식이기 때문이다. 이 마지막 장면은 완전히 리어 왕의 한 장면이다. 그는 과거의 영광과 현재의 비참함 가운데 절망하는 리어 왕 역할을 한다. 자기가 리어 왕이 된 것처럼 행동하는 이볼긴의 모습은 희극적인 요소로 작용한다.

5장. 아글라야에게 구두로 청혼하는 공작

바랴가 가냐에게 공작과 아글라야가 약혼했다고 말한 것은 그녀가 문제의 확실성을 크게 과장했음에 따른 것임이 드러난다. 사실 예판친의 딸들은 공작과 아글라야의 약혼 가능성을 암시했을 뿐이었다. 예판친의 가족들은 아글라야의 감정 동선들에 대해서는 명확하게 알지 못했지만, 모든 사람들은 그녀가 공작과 사랑에 빠졌으며 곧 그와 약혼할 것이라고 믿는 분위기였다. 예판친 부인인 리자베타 프로코피예브나는 '병든 백치'와 아글라야의 결혼에 반대한다.

'저런 사위를 얻으려고, 지금껏 아글라야를 키웠단 말인가?'(2권 341)

그러나 그러면서도 자신이 왜 그렇게 느끼는지 실제로 알지 못한다. 자신의 마음속에 또 다른 항변이 꿈틀거리고 있기 때문이다.

'어째서 공작이 너희가 원하는 그런 사윗감이 아니란 말인가?'(2권 341)

아글라야의 언니들은 이 둘의 혼담에 찬성하는 것처럼 보인다. 그녀들과는 달리 집안 어른이자 아글라야의 대모인 벨로콘스카야는 오히려 라돔스키와 아글라야가 맺어지지 못한 것에 대해 아쉬워하고 있다. 그녀는 라돔스키와 아글라야를 부부로 맺어 주려고 한 사람이었기 때문이다.

이런 뒤숭숭한 분위기에서 사태는 전혀 다른 방향으로 흘러간다. 리자베타가 집을 비운 어느 날 므이쉬킨이 아글라야를 방문해 장기와 카드놀이를 하고 있지 않은가! 둘이 다정하게 놀이 하는 것 자체가 리자베타를 긴장시킨다. 장기에서는 공작이 졌지만, 카드놀이에서는 그가 아글라야를 이긴다. 그래도 아글라야는 므이쉬킨을 놀리며 자리를 떠났다가 아무도 예기치 않게 콜랴에게서 산 고슴도치를 공작에게 보낸다. 공작은 이 동물을 평화의 상징으로 이해하고 기쁨에 넘쳐 황홀해한다. 콜랴의 평가가 공작의 기분을 들뜨게 한다.

"그 여자가 당신한테 반한 거예요, ……"(2권 348).

그날 저녁 그는 다시 아글라야를 방문한다. 나머지 가족 앞에서 아글라야는 므이쉬킨에게 자신에게 청혼할 것인지 묻는다. 공작은 그녀를 매우 사랑하며 청혼하겠다고 대답한다. 그녀는 계속해서 그의 재산과 직업 계획에 대해 묻는다. 진짜 결혼하기 위해 면접을 보는 것이다.

"무엇으로 나를 행복하게 해 주실 셈인가요?"(2권 352)

"가정교사 자격시험을 볼 생각이었습니다만……"(2권 353).[9]

이 광경을 지켜본 언니들이 웃기 시작하고 아글라야도 함께 웃는다. 공작은 아글라야가 또 자신을 조롱하는 것 같아 마음이 상한다. 아글라야는 뛰쳐나가서 운다(행복한 울음? 연극적 울음? 공작을 모욕한 것에 대한 미안한 마음?). 아글라야의 모습을 지켜본 가족은 그녀가 실제로 공작을 사랑한다고 확신하기에 이른다. 아마도 자기가 결혼한다는 사실에 감동을 받아서 울었던 것 같다. 하지만 그들이 다시 응접실에 들어갔을 때 그녀는 므이쉬킨에게 사과하는 중이었으며, 방금의 일이 아무 소용 없는 일이었다고 말한다. 그런데 공작은 행복의 절정에 이른다. 방해받지 않고 아글라야에게 다시 올 수 있는 상황, 그녀와 함께 이야기를 나누고, 함께 앉고, 함께 산책할 수 있다는 사실만으로도 한없이 행복하다고 느낀 것이다. 그 후 며칠 동안 같은 에피소드가 계속해서 반복재생된다. 아글라야가 공작과 다투고 그를 모욕한 다음 그에게 용서를 구하는 식이다.

여기서 독자들은 아글라야와 므이쉬킨 공작이 영혼 깊은 교제와 사랑에 이르지 못하는 상황을 간파하고 답답해한다. 므이쉬킨 공작과 아글라야의 사랑 이해와 표현법에 도저히 공감이 안 되기 때문일 것이다. 5장 후반부로 갈수록 공작과 아글라야의 관계는 계속해서 매우 격동적이고 향방을 예측하기 힘든 행보를 드러낸다. 그녀는 공작과 사랑에 빠진 것 같으면서도 동시에 공작을 모욕하며, 결코 그와 결혼하지 않을 것이라고 말한다. 아글라야는 계속해서 버릇없고 미성숙한 아이처럼 행동한다. 그녀는 자신의 진정한 감정들을 정확하게 분별할 수 없거나, 그것들을 인정하는 것을 거부하며 그 감정들에 따라 행동하지도 않는다. 그러나 므이쉬킨은 이런 유치하고 미성숙한 처녀 아글라야를 맹목적으로 사랑한다. 그는 그녀의 우유부단함을 인식하지 못하는 것처럼 보이며, 그녀에게 화를 내거나 당혹스러운 처지에 빠질 수도 없다. 므이쉬킨이 오로지 관심을 갖는 것은 아글라야를 보고 함께 지내는 것뿐이다. 그녀가 자신을 모욕한 후 화해하자마자 공작은 다시 한번 행복한 상태로 회복된다.

아글라야와의 관계에서 계속 행복한 기분을 누리던 므이쉬킨은 어느 날 프치츠인의 집을 떠난 입폴리트를 만난다. 입폴리트는 아글라야를 아내로 얻는 길목에서는 여전히 가냐가 공작의 잠재적 경쟁자임을 암시한다. 공작은 가냐와 자신을 이간질하려는 입폴리트에게 거리를 둔다. 누구도 정죄하지 않고 진지하게 대하는 공작은 입폴리트도 같은 방식으로 대하며 가시 돋친 말들을 쏟아내는 그를 위로한다. 그는 그 청년에게 가장 고결한 죽음은 다른 사람의 행복을 너그럽게 봐주며 죽는 것이라고 말한다.

"우리 옆을 그냥 지나가세요, 그리고 우리의 행복을 용서해 주시고요!"(2권 368)[10]

6장. 예판친의 별장 야외에서 열린 귀족들의 파티에 초청받은 공작

6~7장은 가장 슬픈 장이다. 6장은 아글라야의 신랑감이 되기 위해 므이쉬킨 공작이 넘어야 할 마지막 허들 게임을 다룬다. 그것은 다음 날 예판친의 별장에서 열릴 만찬 파티이다. 여기에는 벨로콘스카야 공녀와 다른 상류사회 지인들 및 가족 후원자들이 참석할 예정이다. 아글라야를 포함한 예판친 가족들은 므이쉬킨이 이 파티에서 어떤 인상을 남길지 걱정하고 있다. 공작도 그 분위기를 느끼고 매우 불안해진다. 그러다 자신을 보는 아글라야의 얼굴이 침울한 것을 본 공작은 "우리 사이에는 여전히 한 인물이 개재되어 있다."라는 말을 해 버린다. 아마도 그 인물은 나스타시야 필립포브나를 가리키는 말일 것이다.

이렇게 말하며 아글라야와 헤어지고 난 그 밤, 공작은 고열에 시달렸다. 다음 날 만취한 상태로 방문한 레베제프는 공작에게 나스타시야 필립포브나의 행동을 알리는 익명의 편지들을 예판친 부인에게 보낸 사람이 바로 자신이라고 고백한다. 레베제프가 예판친 부인에게 보낸 가장 최근 서신은 아글라야가 레베제프의 딸인 베라를 통해 가냐에게 보낸 편지였다. 레베제프는 공작에게 이런저런 모양으로 그녀의 비밀정보원 노릇을 하던 자신을 예판친 부인이 더 이상 신뢰하지 않고 쫓아냈다는 사실 또한 털어놓는다. 레베제프는 모든 정보를 다 채집하여 사람들을 조종하고 지배하는 것을 즐기는 인물인데, 예판친 부인이 그에게 정신적인 따귀를 날린 것이다. 레베제프는 아글라야가 가냐에게 보낸 그 마지막 편지(4부 2장에 언급된 바로 그 편지)를 공작에게 건네주고, 므이쉬킨은 콜랴를 통해 가냐에게 그 편지를 돌려준다.

공작은 이볼긴의 문안 차 니나 알렉산드로브나의 집에 머물렀고, 그날 저녁 9시가 되어서야 예판친의 만찬회에 간다. 그는 말없이 조신하게 처신해 손님들에게 매우 좋은 인상을 준다. 손님들이라는 작자들은 예판친의 가족들과 교제해 줌으로써 그들에게 큰 영예를 안겨준다고 생각하는 오만하고 으스대는 사람들일 뿐이었지만, 공작은 그들의 속사정을 전혀 알지 못한 채 자신이 세상에서 가장 따뜻한 사람들과 함께 있다고 믿는다.

> 그는 거의 말을 하지 않았으며 질문에 답하는 게 고작이었고, 나중엔 아예 입을 다물고 앉아 줄곧 듣기만 했으나, 보아하니 희열에 잠겨 있는 듯했다. 하지만 그의 내면에선 어떤 감흥과도 같은 무언가가 서서히 준비를 갖추고서 기회가 오면 분출할 참이었다……(2권 395).

전체적으로 6장은 작가가 예판친의 집 만찬 분위기와 공작의 정신세계가 충돌하는 장면을 묘사하는 데 치중한다는 인상을 준다. 예판친의 집 만찬 장면 묘사는 공작이 '귀족들의 사회'에 완전히 속고 있음을 드러내고 있기 때문이다. 정직함과 순진함의 소유자인 그는 귀족들의 가장된 공손함과 관심을 진실한 우정으로 착각한다. 상류사회는 타인을 향한 공작의 개방성과 성실함과는 완전히 반대되는 세련된 피상성을 완벽하게 표현하는데도 공작은 전혀 눈치채지 못한다. 소설 밖에 있는 독자들은 아예 소설 속으로 들어가 예판친의 만찬장에서 공작을 데리고 나와 충고를 해 주고 싶을 정도로 답답함을 느낀다.

7장. 파티에서 벌어진 일 : 므이쉬킨 사상의 폭발과 그 계기

7장은 므이쉬킨의 사상이 대폭발하는 상황과 그의 뇌전증 발작을 절묘하게 병렬시킨다. 므이쉬킨 공작은 저녁 만찬 내내 대부분 침묵하며 좋은 인상을 주는 데 성공하는 것처럼 보인다. 적어도 손님 중 한 명(영국광 신사 이반 페드로비치, 파블리셰프의 먼 친척, 어린 시절 므이쉬킨 공작이 파블리셰프의 후원을 덧입는 과정 스토리를 아는 자)이 가톨릭과 관련하여 자신의 후견인이었던 파블리셰프를 언급할 때까지 공작은 모든 사람에게 다소 호의적인 인상을 준다. 파블리셰프에 대한 언급 이후 므이쉬킨은 매우 흥분해 자신의 어린 시절에 대해 이야기하고, 로마가톨릭에 맹렬하게 반대하는 자신의 사상을 설교한다(가톨릭 반대, 사회주의 반대, 러시아 정교회 옹호, 예수회 반대). 그의 연설은 고음처리 된 음악연주 같은 데가 있다.

> 이 열띤 장광설, 혼란스럽게 뒤엉켜 서로 밀치며 서로 먼저 튀어나오려 하는 열정적이고 흥분한 말들과 환희에 찬 사상의 세찬 분류(奔流), 이 모든 것은, 겉보기에 이렇다 할 아무런 이유도 없이 정말 느닷없이 흥분해 버린 이 청년의 내면에서 뭔가 위험하고 뭔가 유별난 어떤 일이 일어나고 있음을 예감케 했다(2장 410).

실로 놀랍고 예리한 관찰이 아닐 수 없다. 간질 발작이 임박한 사람의 내면을 어떻게 이렇게 예리하게 분석했을까? 먼저 튀어나오려고 하는 "열정적이고 흥분한 말들과 환희에 찬 사상의 세찬 분류"(흐름)라는 표현은 이 청년의 내면세계에서 무언가 심상치 않은 일이 일어나고 있음을 예감케 한다.

이런 자아도취적인 연설 도중에 그는 격렬하고 부주의하게 몸짓을 하다가 우연히 아름다운 중국 화병을 깨뜨렸다. 공작은 겁에 질렸지만, 오히려 다른 사람들은 화를 내지 않고 그를 위로하며 별일이 아니라고 확신시킨다. 므이쉬킨은 그들의 선의에 대한 감사로 압도된다. 그는 자신을 '백치'라고 무시하는 사람들을 생각하며 다소 위축되어 이 자리에 왔음을 먼저 밝힌 후, 항상 상류층 사람들이 피상적이고 오만하고 무식하다는 말을 들었기 때문에 만나고 싶었지만, 이제 그 의견이 얼마나 잘못된 것인지 깨달았다고 말한다. 또한 그는 푸시킨도 다 읽었음을 자랑하지만,[11] 자신의 우스꽝스러운 태도가 자신의 사상을 욕되게 할까 두려워하고 있다는 말도 덧붙인다. 그는 이렇게 계속해서 흥분되고 열광하는 상태에서 마가복음 9 : 35을 인용하며 참된 선구자론을 설파한다. "누구든지 첫째가 되고자 하면 뭇사람의 끝이 되며 뭇사람을 섬기는 자가 되어야 하리라" 연설 말미에서 자연과 하나님의 창조물에 대한 아름다움과 사랑에 대한 자신의 견해를 펼치던 므이쉬킨은 갑자기 간질 발작을 경험한다. 손님들은 곧 떠나고, 이는 아글라야와 이 병약한 청년 사이의 약혼이 우스꽝스러운 사태로 귀결될 것임을 예기케 한다.

벨로콘스카야는 돌아가는 길에 공작에 대해 불합격 판정을 내리고, 예판친 부인 역시 그런 결혼은 절대 허용하지 않겠다고 맹세한다. 하지만 하룻밤 뒤 리자베타는 인간적으로 오히려 공작을 옹호하는 자가당착에 빠진다.

"나는 어제 그 사람들을 죄다 쫓아 버려도, 그 사람만큼은 붙들어 두고 싶은 심정이다, 그 사람은 그런 분이야! ……"(2권 425).

리자베타의 마음은 너무 분주하다. 공작이 좋은 사람이라는 것은 알지만, 백치 같은 그와 딸을 결혼시켜 위신에 손상을 입을 것을 염려한다. 그 때문에 그녀는 벨로콘스카야의 입을 통해 백치를 거부하는 자신의 마음에 확신을 강화하려고 한다. 그러면서도 막상 그 말을 들으니 오히려 공작을 옹호하게 되는 내면의 음성으로 분열을 겪는다.

8장. 최종 결판 2 : 2 태그매치(로고진-필립포브나 대 므이쉬킨 공작-아글라야)
발작은 그다지 심하지 않았다. 므이쉬킨은 나음 날까시 서의 성상석으로 생활할 수 있었다. 레베제프, 베라 레베제프, 콜랴, 심지어 예판친 가족들도 그를 위문하기 위해 방문한다. 예판친 부인은 므이쉬킨의 마음이 내킨다면 평소처럼 그들을 방문해도 좋다고 말한다. 그들이 떠난 직후 레베제프의 딸 베라가 들어와 아글라야가 그에게 남긴 구두 메시지를 전한다. "오늘 저녁 7시나 9시까지 집을 떠나서는 안 됩니다." 30분 후, 입폴리트가 므이쉬킨에게 작별 인사를 하러 온다. 그는 공작에게 가냐(그리고 바랴도 함께)와 아글라야가 만나는 것을 목격했지만, 둘 사이에 아무 일도 일어나지 않았다고 말해 주었다. 그 이후 한 시점에 아글라야는 입폴리트에게 나스타시야 필립포브나와 만나게 해 달라고 요청하고, 입폴리트가 둘의 만남을 주선했다. 양자 회동은 그날 저녁에 열릴 예정이다. 입폴리트가 떠난 직후 아글라야는 므이쉬킨에게 와서 나스타시야 필립포브나가 파블롭스크에서 머물고 있는 집으로 함께 가자고 부탁한다. 이렇게 해서 자연스럽게 나스타시야 필립포브나-로고진이 므이쉬킨 공작-아글라야를 만나는 구도가 형성된다.

두 여자는 서로를 라이벌처럼 바라보고, 그들의 대화는 곧 노골적인 상호 증오 스피치로 변한다. 아글라야는 나스타시야 필립포브나가 헛되고 수치스러운 여성이라고 비난하며, 자신의 혼사에 대해 이러쿵저러쿵하는 편지들을 자신에게 보내서 므이쉬킨과의 관계를 방해할 권리가 없다고 말한다. 나스타시야 필립포브나는 아글라야를 자신이 그렇게 높이 평가한 것이 잘못이었다고 대답함으로써 아글라야의 인간 됨됨이에 실망했음을 밝힌다. 그리고 "만약 내가 므이쉬킨 공작에게 나와 함께 있어 달라고 요청하면, 즉시 공작은 그렇게 하고 아글라야 당신 곁을 떠날 것이다."라고 말함으로써 아글라야를 자극한다. 그리고 자신이 공작을 아주 높이 평가하고 공작을 사랑함에도 그를 버려두고 도망친 이유와 논리를 아글라야에게 해명한다. 자신은 고결한 공작의 사랑을 받을 자격이 없기 때문에 공작을 자유롭게 해 주려고 공작을 떠났다는 것이다. 필립포브나는 내기를 한다. "공작이 지금 너를 버리고 내게 다가와 나를 잡아 주지 않는다면, 네가 그이를 갖는 것이다. 하지만 내게 와서 나를 잡아 준다면, 너는 저이의 신부가 될 수 없다." 이제 공작의 결단이 중요해졌다. 두 여성 모두 므이쉬킨을 본다. 그는 잠시 머뭇거렸지만 이미 때는 너무 늦었다. 아글라야가 뛰쳐나간다. 필립포브나의 말을 듣고 공작의 선택을 기다리는 것은 그 자체로 아글라야에게 모욕이다. 말하는 사람보다 아글라야가 입은 상처가 훨씬 크다. 아글라야를 쫓아 나가려던 공작을 나스타시야 필립포브나가 입구 근처에서 멈춰 세운다.

"당신은 내 거야! 내 거!", "그 거만한 아가씨는 가 버렸나? ……"(2권 457).

필립포브나는 공작의 팔에 안겨 기절한다. 이미 주사위는 던져졌다.

공작은 필립포브나와 함께 머물며 어린아이를 돌보듯이 그녀를 돌본다. 하지만 이 회동이 므이쉬킨에게 끼친 파괴적 영향이 점차 눈에 띄기 시작한다. 이 4자(2 : 2) 회동 후 므이쉬킨도 조금씩 미쳐 가기 시작한다.

9장. 2주일 후 필립포브나와 결혼식을 올리는 므이쉬킨의 필연적 돌진과 그것을 분석하는 예브게니 파블로비치 라돔스키

자신과 결혼을 앞두고 있는 므이쉬킨 공작이 너무 예상 밖의 행동을 한 모습에 큰 모욕을 당한 아글라야는 집에 가기가 너무 부끄러워 프치츠인의 집으로 달려간다. 아글라야가 그곳에 있는 동안 가냐는 그녀에 대한 자신의 사랑에 대해 이야기할 기회를 갖지만, 그녀는 그를 비웃을 뿐이다. 바랴는 예판친 부인에게 나스타시야 필립포브나, 로고진, 공작, 그리고 아글라야 네 사람 사이에 무슨 일이 일어났는지 알려 준다. 예판친 부인은 두 딸과 함께 프치츠인의 집으로 가서 아글라야를 집으로 데려간다. 그 2 : 2 회동이 파탄 난 지 2주가 지났다. 이 기간에도 공작은 매번 입장을 거부당하면서도 자주 예판친의 가족을 찾아간다. 하지만 그 사이 므이쉬킨은 나스타시야 필립포브나와 많은 시간을 보낸다. 필립포브나와 공작은 6주가량 함께 있었다. 모스크바에서 한 달, 파블롭스크에서 2주의 기간이다. 그러나 공작은 이 사태를 정확하게 해석하고 판단하는 능력이 결여되어 있었으며, 스스로 관계 파악 지능이 낮은 백치임을 입증한다. 그는 정상인과 너무 다르게 행동한다.

예판친 가족은 최근의 일과 그 일과 관련한 소문(필립포브나와 공작의 결혼)으로 가득 찬 파블롭스크를 떠난다. 므이쉬킨과 나스타시야 필립포브나의 약혼식이 있었고, 곧 결혼식이 열릴 것이다. 공작의 돌연스러운 결혼이 준비되는 과정, 즉 공작에 대한 악소문이 진동할 때 라돔스키는 공작을 방문해 그를 책망한다. 공작을 사랑하기에 다른 여자와 공유할 수 없었던 아글라야를 공작이 망쳤다고 비난한다. 공작은 필립포브나 곁에 머무른 이유를 그녀가 졸도했기 때문이라며 나름대로 해명하면서 오히려 예판친의 가족들이 자신을 만나 주지 않은 것에 대해 불평한다. 공작은 상황을 합리적으로 평가할 수 없는 처지였다. 확실히 여기서 독자들은 아글라야의 감정에 대한 공작의 둔감함과 공감 결여를 보고 절망한다. 독자들의 마음을 대변하는 이가 라돔스키이다. 므이쉬킨의 병증과 그에 따른 기이한 행동 패턴을 심리학적으로 치밀하게 분석한 라돔스키의 분석은 탁월하다 : ① 선천적 무경험, ② 보기 드문 순박함, ③ 적정선에 대한 감각의 극단적 결여, ④ 머릿속에 만들어진 신념의 거대하고도 혼란스러운 누적, ⑤ 비할 바 없는 신실함.

이런 판국에도 순진하기 짝이 없는 공작을 보고 독자들은 놀란다. 므이쉬킨은 여전히 자신이 아글라야를 만나기만 하면 그녀에게 자신의 행동을 납득시킬 수 있을 것이라고 주장한다. 이런 공작의 태도는 선천적 무경험일까? 혼란의 누적일까?

아글라야는 끝내 공작을 이해하지 못했다. 그가 그녀와 나스타시야 필립포브나 사이의 선택을 망설임으로써 그녀를 배신한 후에, 아글라야는 공작과 다시는 함께하지 않는다.

그럼에도 불구하고 공작은 라돔스키에게 자신과 함께 아글라야를 만나러 가자고 설득하려고 하지만 라돔스키는 불가능하다고 말한다. 그는 공작이 약간 머리가 이상해진 것 같다고 생각하며 떠난다. 공작의 딜레마는 이것이다. "자신이 없으면 필립포브나는 죽을 것이다." 그러나 "자신은 아글라야가 없으면 죽을 것이다". 이것은 악한 연쇄고리이다. 자신이 없으면 필립포브나가 죽을 것이고, 자기는 아글라야의 사랑을 받지 못하면 죽을 것이다. 그 누구도 구제를 받지 못한다.

10장. 결혼식 당일에 자발적으로 로고진에게 납치되는 필립포브나
므이쉬킨 공작과 나스타시야 필립포브나의 결혼식은 라돔스키가 공작을 방문한 날로부터 일주일 뒤 예정되어 있다. 이볼긴 장군은 첫 번째 뇌졸중이 있은 지 8일 만에 두 번째 뇌졸중으로 사망했다. 장군의 장례식에서 므이쉬킨은 로고진을 보았다고 생각한다. 므이쉬킨은 결혼식 준비와 동시에 이볼긴 장군의 가족들과 로고진에 대해 경고하는 입폴리트와 많은 시간을 보낸다. 한편 레베제프는 공작에게 자신이 그를 정신병원에 가두려고 계획했음을 알린다. 그가 의사를 부르기도 했지만, 의사는 므이쉬킨의 정신 건강이 매우 좋다고 진단했다.

결혼식 며칠 전, 공작은 나스타시야 필립포브나가 몹시 괴로운 상태에 있는 것을 발견하고 그녀를 진정시키기 위해 함께 있어 준다. 하지만 결혼식 당일 그녀는 정말 아름다워 보인다. 많은 군중이 교회와 그녀가 있는 다리야 알렉세예브나의 집, 그리고 레베제프의 별장 근처에 모였다. 나스타시야 필립포브나는 계단을 내려오면서 군중 속을 바라보다가 로고진을 본다. 갑자기 그녀는 그에게 달려가 자신을 데려가 달라고 요청한다. 이번에도 로고진은 필립포브나를 신속하게 낚아채 함께 페테르부르크로 떠난다.

11장. 살해당한 필립포브나의 시신 옆에 나란히 누운 로고진과 므이쉬킨 공작
다음 날 아침, 므이쉬킨도 페테르부르크행 첫 기차를 탔다. 그는 곧장 로고진의 집으로 갔지만 그 남자가 집에 없다는 말을 들었다. 공작은 나스타시야 필립포브나가 페테르부르크에 있는 동안 자주 머물던 그녀의 친구 집으로 간다. 므이쉬킨은 그녀가 거기에도 없다는 말을 듣고 다시 로고진의 집으로 돌아왔다. 하지만 다시 한번 그곳에는 그녀도, 로고진도 없다는 말을 들었다. 공작은 로고진의 집과 나스타시야 필립포브나의 지인이 있는 여러 집 사이를 오가지만 필립포브나의 행방을 찾지 못했다. 마지막으로 저녁에 므이쉬킨은 지난번에 묵었던 여관, 즉 자신이 간질 발작을 경험했던 바로 그 여관으로 이동한다. 그는 로고진이 자신을 필요로 한다면 그곳에서 그를 찾을 것이라고 생각했기 때문이다. 공작의 판단은 틀리지 않았다. 그는 저녁에 여관 밖에서 로고진을 만나 그의 집에 가서 몹시 어두운 서재로 들어간다. 거기에서 므이쉬킨은 시트에 덮여 소파 위에 누워 있는 나스타시야 필립포브나를 발견한다. 로고진은 전날 밤에 그녀를 찔러 살해했던 것이다. 로고진은 공작을 시체 맞은편 바닥에 눕도록 초대한다. 나중에 문이 열리고 사람들이 들어오자 그들은 정신이 이상해진(섬망증에 빠진) 로고진과 그를 부드럽게 쓰다듬는 므이쉬킨을 발견한다. 므이쉬킨은 "백치"의 모습 그 자체였다.

12장. 에필로그 : 로고진의 15년형 시베리아 노동교화형, 다시 스위스 병원으로 영구 추방되는 므이쉬킨 공작

로고진은 재판을 받고 15년의 시베리아 중노동형을 선고받는다. 입폴리트는 나스타시야 필립포브나가 죽은 지 2주 후에 사망한다. 므이쉬킨은 스위스에 있는 슈나이더 박사의 요양병원으로 다시 보내졌다. 그는 몇 년 전 처음 병원에 왔을 때와 동일하게 몸이 좋지 않은 상태로 돌아간다. 때로 예판친 가족과 라돔스키가 스위스의 요양병원까지 가서 므이쉬킨을 방문하지만, 그는 그들을 잘 인식하지 못한다. 아글라야는 자신의 귀족 신분과 재산에 대해 거짓말을 한 것으로 밝혀진 폴란드 백작과 결혼해 함께 도망친다. 라돔스키는 예판친 가족과 계속 연락하며 공작을 방문한 후에 그의 근황을 담은 편지를 그들에게 보낸다. 라돔스키는 또한 콜랴 및 베라 레베제프와의 연락도 유지한다. 그는 특히 이를 계기로, 베라와 긴밀한 우정을 나누는 사이가 되었다.『백치』의 마지막 부분은 이렇게 불꽃이 다 꺼져버려서 무대가 완전히 어두워진 느낌이 든다. 읽는 이의 마음도 황량해진다.

4부 백치

5부 카라마조프가의 형제들

알료샤가 웃기 시작했다.
"자, 그럼 갑시다! 자, 이제 이렇게 손에 손을 잡고 갑시다."
"영원히 이렇게, 평생 이렇게 손에 손을 잡고! 카라마조프 만세!"
_『카라마조프가의 형제들』중

БРАТЬЯ КАРАМАЗОВЫ

РОМАНЪ

Истинно, истинно говорю вамъ: если пшеничное зерно, падши въ землю, не умретъ, то останется одно; а если умретъ, то принесетъ много плода.
(Евангеліе отъ Іоанна. Глава XII, 24.)

ОТЪ АВТОРА.

Начиная жизнеописаніе героя моего, Алексѣя Ѳедоровича Карамазова, нахожусь въ нѣкоторомъ недоумѣніи. А именно: хотя я и называю Алексѣя Ѳедоровича моимъ героемъ, но однако самъ знаю что человѣкъ онъ отнюдь не великій, а посему и предвижу неизбѣжные вопросы въ родѣ таковыхъ: чѣмъ же замѣчателенъ вашъ Алексѣй Ѳедоровичъ что вы выбрали его своимъ героемъ? Что сдѣлалъ онъ такого? Кому и чѣмъ извѣстенъ? Почему я, читатель, долженъ тратить время на изученіе фактовъ его жизни?

Послѣдній вопросъ самый роковой, ибо на него могу лишь отвѣтить: „Можетъ-быть увидите сами изъ романа". Ну а коль прочтутъ романъ и не увидятъ, не согласятся съ примѣчательностью моего Алексѣя Ѳедоровича? Говорю такъ потому что съ прискорбіемъ это предвижу. Для меня онъ примѣчателенъ, но рѣшительно сомнѣваюсь успѣю ли это доказать читателю. Дѣло въ томъ, что это пожалуй и дѣятель,

『카라마조프가의 형제들』초판본의 첫 번째 페이지(1880)

"『카라마조프가의 형제들』과 그 아버지 표도르 카라마조프가 살아가는 방식"

· 카라마조프적 대지의 원시적 욕망에 매인 아담의 후손들

메시지   인간은 하나님의 형상이라는 불꽃으로 하늘로 상승하는 존재이면서도 광활한 자기애적 욕망의 대지로 추락하는 존재이다.

질문   아버지를 죽이려는 아들 드미트리와 아버지를 죽이고 싶어 하는 이반의 동기는 무엇인가? 그들이 대표하는 인생관은 무엇인가?

· 아버지를 죽인 범인을 찾아가는 수사, 재판, 변론, 그리고 판결 : 드미트리의 전락과 고난
· 그루셴카의 아름다움은 아버지를 살해할 동기가 되었는가?

메시지   관능적인 아름다움에 미혹당하는 세대들은 투쟁과 갈등의 동력으로 살아간다.

질문   드미트리가 끝내 부친의 살해범으로 유죄판결을 받게 된 가장 결정적인 이유는 무엇인가?

- 알료샤와 이반, 그리고 드미트리의 헤어짐과 다시 만나는 여정
- 무능한 것 같아도 강한 기독교 신앙의 알파와 오메가

메시지 지옥은 갱생의 자리이자 그리스도의 십자가 보혈을 마시는 잔치이다.

질문 조시마 장로의 유언에서 그려진 아름다운 러시아를 창조할 세대는 누구인가?

- 조시마 장로, 알료샤, 그리고 드미트리의 구원
- 지난날의 과오에 대한 가열찬 회개와 참회로 빚어진 조시마의 유언

메시지 자신의 과오를 뉘우치고 돌이키는 자들이 역사를 상속하는 최후의 승리자들이다.

질문 드미트리의 회심, 갱생, 그리고 부활을 도운 사람들은 누구인가? 그들의 사상은 무엇인가?

『카라마조프가의 형제들』 작품 소개

러시아의 도스토옙스키 박물관에 가면 문학선구자 네 사람의 초상화가 걸려 있다. 알렉산드르 푸시킨, 오노레 드 발자크, 윌리엄 셰익스피어, 찰스 디킨스이다.[1] 도스토옙스키는 그의 작품들에서 투르게네프, 고골, 톨스토이 등 선배 및 동시대의 작가들을 언급하지만, 그의 작품들에 영향을 끼친 정도에 있어서는 이 네 명의 작가들이 도스토옙스키의 선구자라고 할 수 있다. 셰익스피어는 부서지고 망가져 모순에 가득 차 살아가는 인간 심리를 잘 표현했다. "인간은 모순적이다. 음란한데 또한 거룩하다." 표도르 파블로비치 카라마조프는 음란한 사람이었지만, 수도원에 돈을 기부했다. 『죄와 벌』의 노파도 아주 인색한 사람이었지만, 자신의 남은 유산을 수도원에 주라는 유언을 남겼다. 이러한 인간성의 모순, 그러한 인간 본성의 분열상을 비상하게 주목한 근대 작가는 셰익스피어였다. 그 다음이 알렉산드르 푸시킨이다. 그는 페테르부르크 고향 도시의 문학 선배로서 러시아 현대문학의 선구자이며, 시, 소설, 희곡, 평론 등 모든 분야에서 탁월한 사실주의 문학을 개창했다. 사랑과 배신, 파란만장한 반전과 영고부침(榮枯浮沈), 그리고 시베리아 유형지로 유배되는 주인공 등 여러 가지 면에서 푸시킨의 사실주의적 역사 응시 기풍이 도스토옙스키에게서 엿보인다.[2] 그 다음은 발자크다. 그가 쓴 90여 권의 소설은 주인공의 이름이 같고, 캐릭터가 약간씩 바뀌어 등장한다. 같은 이름을 쓰지만, 캐릭터의 색감을 달리해서 그가 만들어내는 다른 역할을 맡은 채 세계에 들어오게 한다. 발자크의 주인공들은 현실의 제약을 넘어 보려고 하지만, 커다란 장벽 앞에 좌초한다. 인간을 믿지만 그 믿음 때문에 상처를 받는다. 마지막으로 찰스 디킨스는 사회소설 장르 개척 면에서 도스토옙스키의 선배이다. 그는 여러 가지 이유로 가난하고 망가진 불행한 사람들을 등장인물로 한 소설들을 발표했다. 『카라마조프가의 형제들』이 기독교 고전이라고 불리는 이유는 명시적으로 드러나는 등장인물의 사상 때문만이 아니라, 기독교적 주제를 담고 있는 줄거리와 그 형식 면에서도 기독교적 신앙과 신학을 웅장하게 대변하기 때문이다. 질과 양 모든 면에서 이 소설은 가장 기독교적 고전소설이라고 평가할 만하다. 이 책을 읽은 독일, 영국 학자들은 독일과 영국의 모든 소설가들을 다 합쳐놓아도 도스토옙스키에 미칠 수 없다고 말했을 정도이다.

『카라마조프가의 형제들』을 읽으면서 독자들은 앞에 나왔던 잠깐의 장면이 마지막에 가서 엄청난 의미를 획득하는 식의 미세하고 촘촘한 기호학적 구도를 만드는 작가의 소설 작법에 경탄하게 되는 경우가 적지 않다.

『카라마조프가의 형제들』(The Brothers Karamazov)의 러시아어 제목은 브라챠 카라마조피(Brat'ya Karamazovy〈Братья Карамазовы〉)이다. 1879~1880년까지 2년간 〈러시아 통보〉에 연재된 소설로, 도스토옙스키의 마지막 소설이다. 그는 이 소설이 출간된 지 네 달 만에 죽었다. 이 책은 가족 범죄 추리소설, 사회소설, 그리고 신학적-철학적 논변이 가득 찬 신학적-철학적 소설이다. 19세기 러시아 동방정교회 중심 수도원이었던 코젤스크 소재 옵티나 수도원(Optina Monastery)[3]이 소설의 많은 부분에 영감을 준 것으로 알려져 있다. 조시마 장로의 자서전적 부분은 옵티나 수도원의 성(聖) 암브로시 장로의 생애(1812-1891)에서 영감을 얻었던 것으로 알려져 있다.

또한 1878년 5월, 도스토옙스키의 세 살 된 아들 알료샤가 발작으로 죽은 사건이 이 소설의 비극적 색채를 더하는 데 기여한 것으로 보인다(소설에서는 일류샤의 죽음으로 형상화). 그해 늦게 옵티나 수도원을 방문한 도스토옙스키는 이 작품을 신학적 드라마로 완성할 기획에 착수한다. 표도르 파블로비치 카라마조프와 세 아들은 노아와 그 세 아들, 더 멀리는 아담과 그 세 아들을 생각나게 한다.

아버지 카라마조프는 흙에 속한 자의 형상, 욕정의 중력에 매인 인간이다. 그는 욕정의 문법을 벗어나지 못하는 아담형 인간이다(고전 15 : 47-49[4]). 그 욕정 충동은 맏아들 드미트리에게 계승되었으며, 욕정과 불의가 가득 찬 세상을 보고 무신론을 배운 이반은 신의 부조리극 같은 세상을 조롱하고 야유한다(가톨릭 신앙을 무신론의 원천으로 보는 작가의 세계관이 반영되어 있다).[5] 막내아들 알료샤는 조시마 장로의 영향으로 욕정의 중력, 흙에 속한 자의 중력을 이기고 그리스도를 따라 승천하는 영혼이다. 알료샤는 플라톤적인 러시아 정교회적 영성의 상징으로, 욕정 충동과 다른 문법으로 세상을 이해하고 행동한다.

요약하면 『카라마조프가의 형제들』은 겉으로 볼 때, 범죄심리소설, 또는 친부 살해라는 소재를 다루는 비극이지만, 또 다른 한편 이 비극적 스토리는 작가의 하나님 담론 혹은 기독교 구원론을 진전시키는 중심 줄거리 역할을 한다.[6] 이 소설은 전형적인 죄인, 양심과 이성이 거의 마모된 채 호색과 방탕에 탐닉하는 55세의 늙은이 표도르 카라마조프와 그의 세 아들(드미트리, 이반, 알료샤), 그리고 그의 사생아로 추정되는 하인 스메르쟈코프 사이에 벌어지는 애증의 드라마로서 장엄한 인간 갱생과 구원 이야기이다.

『카라마조프가의 형제들』은 모두 네 개의 부(部), 총 12편(각 부 세 편씩)과 에필로그로 구성되어 있다.[7] 한국어 번역본은 3권, 4부, 12편, 93장과 에필로그 3장으로 나눠져 있다(총 96장). 1권은 2부 5편까지, 2권은 2부 6편부터 3부 9편까지, 3권은 4부(10-12편)와 에필로그를 담고 있다. 각 장별 요약에 앞서 각 편별 요약을 하고자 한다. 처음 읽는 독자들로 하여금 전체 줄거리의 숲을 조망하는 것을 돕기 위함이다.

번역서 기준으로 한국어판(민음사)에는 부별 제목은 물론이요, 장의 소제목이 있어 다른 도스토옙스키 소설들보다 읽기가 쉽다. 모두 네 부로 구성되어 있으며 각 부는 세 편으로, 모두 12편으로 구성되어 있다. 1~4부 총 12편을 요약하면 다음과 같다.[8] 1부 1편은 다섯 장, 2편은 여덟 장, 3편은 열한 장으로 구성되어 있다. 1부는 스물네 장이다. 2부는 4, 5, 6편으로 구성되어 있는데 4편은 일곱 장, 5편은 일곱 장, 6편은 세 장으로 구성되어 있다. 2부는 모두 열일곱 장이다. 3부는 7, 8, 9편으로 구성되어 있는데 7편은 네 장, 8편은 여덟 장, 9편은 아홉 장으로 구성되어 있다. 3부는 모두 스물한 장이다. 4부는 10, 11, 12편과 에필로그로 구성되어 있는데, 10편은 일곱 장, 11편은 열 장, 12편은 열네 장, 에필로그는 세 장으로 구성되어 있다. 4부는 서른네 장이다.

『카라마조프가의 형제들』 등장인물

알료샤

출현 빈도나 말의 무게, 사건 관여 등에서 볼 때 핵심 주인공은 아니지만 작가의 사상과 비전을 구현하는 주인공. 카라마조프가의 형제들의 구도에서 볼 때, 그는 미완의 과업을 남기는 주인공이다. 그의 정신적 대부인 조시마 장로에 따르면 그에게는 여전히 방황할 일이 남아 있으며 세상에 들어가 수행해야 할 과업이 있다. 그는 파블로비치 카라마조프의 막내아들이지만, 영적이나 정신적인 면에서는 형과 같은 지도자의 역할을 수행한다. 상냥하고 선량하며 배려심이 많고 지혜롭다. 그는 거칠고 비열하며 색욕적인 아버지의 돌연변이적인 대항자이다. 참 하나님에 대한 경건을 보유한 그는 인류애와 연결되지 않은 폐쇄적이고 관념적인 기독교 신앙을 극복한 인물이다. 소설 전반에는 약 20세가량의 청년으로 나오며, 조시마 장로를 사부로 모시면서 수도원 안팎을 오가는 세속 수도사로서 화해자, 조정자, 중보자의 역할을 수행한다.

이반

파블로비치 카라마조프의 둘째 아들로서, 어머니 이바노브나로부터 중간 이름을 가져온 저항적 무신론의 대변인이다. 그는 볼테르적인 명민한 지성의 사람이면서 기독교 신앙의 본질에 누구보다도 정통한 이해를 드러낸다. 그는 예리할 정도로 논리적인 지성을 가졌으며, 우주에서 일어나는 모든 일들을 이성적으로, 합리적으로 설명해야 할 것을 자신과 타인에게 다그친다. 그래서 억울하고 부당하게 고난당하는 사람이 너무 많은 현실과 이 세계를 다스리시는 사랑이 많으신 하나님을 조화시키는 데 성공하지 못한다. 정통 기독교인의 입장에서 볼 때, 그는 의심에 시달리는 저항적 무신론자이지만 단순한 무신론자가 아니다. 그는 아주 성질이 고약한, 그러나 능력은 많은 신이 존재하는 것이 아닌가 하는 생각도 떨쳐 버리지 못한다. 인류에 대한 신의 잔악한 악행 혹은 인간의 잔악한 악행을 중지시키지 않는 신의 태만, 무감각, 초월적 거리 두기 등은 이반에게 도저히 참을 수 없는 현실이다. 그의 안에는 존재하지 않는 신에 대한 분노로 가득 차 있다. 너무나 역설적이다. 존재하지도 않는 신에 대해 분노를 터뜨리는 이성적 사유의 모순을 그는 알고 있다. 그는 실제로 아버지를 죽이지는 않았지만, 스메르쟈코프에 대한 철학적 가스라이팅을 통해 아버지를 죽이도록 몰아간 유책 사유가 있다. 아버지를 죽인 사람은 하인이자 아버지의 사생아인 스메르쟈코프이지만, 그는 자신이 아버지를 죽인 실제 살인범이라는 죄책감에 시달리다가 미쳐 간다. 한 가지 위안은 형의 약혼녀였던 카체리나의 사랑을 받으면서 미쳐 간다는 것이다.

드미트리(미챠)

파블로비치 카라마조프의 장남으로, 아버지의 자연적 기질과 성향을 가장 많이 상속받은 아들이다. 그는 색욕추구적이며 절제력이 모자라고, 쉽게 외부 사물에 자극받으며 감정과 열정에 지배받는 인물이다. 그는 이미 카체리나라는 아름다운 여인과 약혼한 상태이면서도 더 매혹적인 여성 그루셴카를 보자마자 열정적인 사랑에 빠져 버린다. 이처럼 격렬한 감정의 흐름, 정서적 가변성에 휘둘리는 드미트리는 죄를 짓고 죄짐을 무겁게 지고 가는 인물이며, 소설 내내 그 자신의 생래적 약점, 육욕지향적 성향(쉽게 유혹받는 성향)을 극복하고자 분투하고 좌절하며 절망한다. 그러나 끝내 그는 로마서적인 이신칭의를 경험하고 영적 속량을 맛본다. 그는 시베리아 유형을 가는 절망의 여정에서 참된 구원을 경험하는 역설의 순례자이다.

표도르 파블로비치 카라마조프

카라마조프 가문의 부유한 가부장으로서 기독교 신학의 원죄설이 상정하는 보편적 인간 유형이다. 그는 노아처럼 세 아들을 두었으나, 자신과 정반대의 인생 행로를 가는 아들도 있는 반면에 자신의 육욕과 죄성을 그대로 상속하는 아들이 있는 것을 보고 어찌할 바를 모른다. 그는 거칠고 비열하며 탐욕적이고 인색하며 육욕적이다. 그는 부유함에도 불구하고 고귀함이 모자라서 주변 모든 사람들로부터 미움을 받거나 멸시를 받는다. 오로지 그의 막내아들 알료샤만이 이런 아버지를 견디고 참아내며 직접적으로 정죄하거나 단죄하거나 멸시하지 않는다. 그는 수도원에 가서도 가장 세속적이고 육욕적인 생각을 하느라 그 분위기에 어울리지 않는다. 조시마 장로 앞에서도 그의 육욕적인 성향과 음란한 마음은 수그러들지 않는다. 그는 그의 세 아들들을 향해 정상적인 부모라면 가져야 할 부성애가 거의 없으며, 그 세 아들이 각각 어떤 엄마로부터 태어났는지에 대해서도 무관심하다. 이것은 그가 정상적인 아내 외에 여러 여자들을 편력했음을 암시하는 대목이다. 그의 유일한 인생의 목적은 돈을 많이 모아 그루셴카와 같은 관능적이고 매혹적인 젊은 여인들을 침대로 불러 성애의 향연을 마음껏 즐기는 데 있다. 소설의 많은 부분에서 그는 그루셴카에 대한 육욕적인 애정을 노골적으로 드러낸다. 그는 이반의 철학적 사주를 받은 하인이자 그의 사생아로 추정되는 스메르쟈코프에 의해 살해된다.

그루셴카

후견인 삼소노프에 의해 시골도시에서 파블로비치 카라마조프의 동네로 이사한 아름답고 젊은 여인이다. 그녀는 사랑하는 남자로부터 배신당한 상처를 안고 소설의 중심무대로 등장한다. 오만하고 불같은 성격에 완강하고 고집까지 센 그루셴카는, 그 도시의 모든 남자들이 한번 품어 보았으면 좋겠다고 생각하는 육욕 분출의 대상이 된다. 심지어 아버지 파블로비치 카라마조프와 그의 장남 드미트리 사이에서 삼각관계, 치정관계를 유발하는 주인공이 된다. 즉, 아버지와 장남이 같은 여자 그루셴카를 놓고 적대적인 연적이 되어 버린다. 그녀는 성적으로 매우 관능적이고 육욕적인 여자라고 알려져 있으나, 실제로는 자신에 대한 자부심이 너무 강하여 자기를 사랑한다고 고백하는 남자들에게 쉽게 자신을 허락하지 않는다. 그녀는 영리한 사업 투자 등을 통하여 자신의 부를 늘리는 데 훨씬 더 관심이 많다. 그루셴카는 아버지 파블로비치, 장남 드미트리 등과 같은 혼탁한 인간을 만난 후 그녀의 영혼도 심히 혼탁해졌음을 발견한다. 그런데 알료샤를 만나고 나서 간접적으로 자신의 존엄에 눈을 뜨게 되고, 그의 상냥한 친절과 선한 인간성, 그리고 사랑의 배려심을 보면서 인간다움을 조금씩 회복해 간다.

카체리나

드미트리의 약혼녀로 등장하지만, 드미트리가 그루셴카와 사랑에 빠지자마자 드미트리를 버린다. 군장교의 딸로서 자부심 넘치는, 그리고 감수성이 예민한 딸로 자란 카체리나는 드미트리가 자신을 함부로 대하고 천대하는 듯한 모습을 보일 때마다 번뇌하며 내면의 고통을 크게 느낀다. 하지만 그녀는 괴로움 속에서 인내와 배려심, 희생적 사랑을 배워 간다. 그는 자신에게 상처를 준 사람들을 영원히 단죄하거나 배척하지 않고, 그런 사람들에게마저 신실한 충성심을 과시함으로 오히려 그들을 천박하게 보이게 만든다. 그녀는 점점 이반을 사랑하는 자신을 발견한다. 그녀는 마지막 순간에도 이반이 아버지의 살인범이 아니며, 자신이 받은 드미트리의 편지(드미트리가 아버지를 죽였다고 고백한 편지)를 재판부에 제출하면서까지 이반의 죄책을 벗겨 주려고 애쓴다. 하지만 소설이 끝날 때까지 이반에 대한 자신의 사랑을 충분히 표현하는 데는 성공하지 못하고 머뭇거린다. 독자들은 이반이 카체리나의 사랑 안에서 광인으로 전락하는 장면을 보게 된다.

스메르쟈코프

카라마조프가에서 요리사로 일하는 하인으로, 정신박약한 처녀 리자베타와 파블로비치 카라마조프 사이에서 태어난 혼외자로 추정된다. 그는 카라마조프가 집안에서 일하는 하인 그리고리와 그의 아내 마르파에 의해 양육되지만, 결국은 카라마조프가의 하인으로 일하게 된다. 스메르쟈코프는 비열한 성품의 소유자로, 때로는 적의를 노골적으로 드러내고, 때로는 굽신거리는 태도 속에 그 적의를 감추기도 한다. 또한 하인이지만 이반과 철학적 대화를 하는 것을 즐기면서 지적 열등감을 극복하려고 애쓴다. 이반의 사상 중 기독교에 대립하는 반기독교적·반도덕주의적 세계관을 열렬히 수용하는 스메르쟈코프는 끝내 집주인이자 자기 아버지인 표도르 파블로비치를 살해하기에 이른다. 그는 간질병을 앓고 있으며, 발작 도중 아버지를 살해한 것처럼 보인다. 그는 표도르 파블로비치 카라마조프의 돈을 훔쳐 프랑스에서 요리를 배워 요리사가 되기를 열망한다.

조시마

소설의 무대가 되는 도시 근교의 수도원 원장으로서, 알료샤의 영적 멘토이자 스승이다. 그 또한 젊은 날 연인을 얻기 위하여 권총 결투를 감행할 만큼 무모하고 열정적인 사람이었으나, 회개하고 기독교 신앙에 귀의함으로써 완성된 인간으로 자라 가는 인물이다. 매우 이지적이면서 열정적이며, 진정한 기독교 신앙에 뿌리를 박고 있는 조시마는 적극적으로 인류를 사랑하는 데 투신된 기독교 메시지를 설교한다. 그의 인류애 메시지의 핵심은 타인의 죄를 용서하는 인류애이면서, 동시에 하나님의 창조세계를 소중하게 여기는 인류애이다. 임종 시 쏟아내는 그의 유언은 아름다운 설교이자 신학강연이다(6편). 조시마 장로의 유언 강론은 21세기 독자에게도 영감과 예지로 가득 찬 대명문으로 읽힌다. 그에게 항구적 영향을 준 인물은 그의 형 마르켈로서, 그는 회개하여 새 사람이 된 전형적인 개종 스토리를 가진 인물이다. 조시마의 신앙은 그의 영적 통찰력으로 표현된다. 그는 자신이 만나는 사람들의 속마음을 훤히 꿰뚫어 보는 통찰력으로 사람들을 놀라게 하고 감동시킨다.

호흘라코바

조시마에게 자주 상담하러 오는 마을의 부유한 지주 여성으로, 카라마조프 가문과 서로 흉허물 없이 알고 지내는 사이이며 드미트리의 약혼녀 카체리나의 친구이기도 하다. 그녀는 허영심은 있을지언정 악인은 아니다. 그런데 그녀는 피상적이고 자기중심적이며, 그녀의 딸 리자가 버르장머리 없이 구는 것, 철딱서니 없이 구는 것에 대해 지나치게 강박적으로 근심하는 모습을 보인다. 그녀는 젊은 남성인 신학대학원생 라키친의 사랑을 은근히 촉발시키는 여성스러움을 과시하기도 한다.

라키친

알료샤의 친구이면서 장차 사제가 될 젊은 신학대학원 학생. 알료샤를 친구로 여길 때도 있지만, 알료샤를 은근히 깔보기도 하는 사이이다. 냉소적이고 다소 허세를 부리는 듯한 라키친은 너무 복잡한 사고의 소유자라서 알료샤 수준의 진실한 신앙에 이르는 데 어려움을 겪고 있다. 다만 그는 최신 유행하는 신학과 철학 이론들을 피상적으로 섭렵하면서 마치 자기 사상인 양 떠벌리는 것을 좋아한다. 그는 니체를 인용하는가 하면 자신이 사회주의자라고 공공연히 주장하기도 한다. 알료샤의 순전한 도덕적 순결함 앞에 위협을 느낀 라키친은 알료샤가 육욕적인 사람으로 전락해 타락하는 것을 은근히 보고 싶어 한다. 그래서 알료샤와 그루센카 사이에 묘한 분위기를 조장하거나 유도하기도 한다. 알료샤가 그루센카의 관능적 아름다움을 보고 나면 그의 심신이 약간 자극받아 흔들릴 것이라고 기대한 것이다. 그 자신 또한 부유한 지주인 호흘라코바 부인의 사랑을 갈망하며 그녀의 집을 자주 출입한다.

리자(리즈)

리자는 호흘라코바 부인의 철딱서니 없는 딸로서 장난꾸러기이며 변덕이 심한 소녀이다. 그녀는 성의 없긴 했지만 이런저런 모양으로 알료샤를 좋아하다가 그의 약혼녀가 된다. 리자는 엄마만큼이나 피상적이고 자기중심적이긴 하지만, 사물을 지나치게 집착적으로 진지하게 생각하는 성향을 보이다가 마침내 자기파괴적인 절망에 빠져 버리기도 한다. 그녀는 일부러 알료샤의 동정심을 촉발시키기 위하여 손가락을 문에 사정없이 끼워 다치게 함으로써 자신의 장난꾸러기 같은 악동다움을 스스로 징벌하려고 하는 유치함을 드러내기도 한다. 전반적으로 알료샤와 리자의 대화는 약혼한 사이였다고 보기 힘들 만큼 평행선을 달린다. 교감 능력과 지적 수준의 평준화가 전혀 이루어지지 않는 대화이다.

미우소프

표도르 파블로비치 카라마조프의 첫째 부인의 사촌으로, 부유한 지주이다. 그는 잠시 어린 드미트리의 법적 후견인이었지만, 그마저도 충실히 수행하지 못했다. 드미트리가 돈을 빌리러 가서 애걸복걸해도 조금도 친절하게 대하지 않는다. 자신을 정치적 지성이 좋은 사람이라고 여기지만, 자기 친척의 남편이었던 표도르 파블로비치 카라마조프를 멸시·천대한다. 그는 파블로비치 카라마조프가의 가정 불화를 타결 짓기 위하여 조시마 장로의 수도원까지 간 방문단의 일원이었음에도 누구에게도 가깝게 다가가지 않고, 누구의 사랑도 받지 못한다.

페르코친

드미드리의 친구이자 젊은 관리로서 표도르 파블모비치가 살해되는 그날, 이런저런 이유로 드미트리를 몰래 추적하는 인물이다. 그래서 드미트리가 아버지를 살해하지 않았음을 간접적으로 증언해 주는 역할을 맡는다.

쿠지마 삼소노프

연인에게 버림받은 그루센카를 카라마조프가 마을로 데려온 늙은 상인이다. 그루센카가 삼소노프의 정부(情婦) 역할을 하면서 재정적 지원을 받았음을 추정하게 하는 언급이 나온다.

리자베타

스메르쟈코프의 생모로서 정신적 장애를 가진 마을의 백치녀로 통한다. 그녀는 스메르쟈코프를 낳다가 죽는데, 사람들 대부분이 이 백치 소녀를 잉태시킬 유일한 후보자는 표도르 파블로비치 카라마조프밖에 없다고 믿는다. 사람들은 그 남자가 그녀를 유혹해서 성관계를 가졌거나 강간했을 것이라고 생각한다.

페츄코비치

드미트리를 법정에서 열정적으로 변호하는 모스크바 출신 유명 변호사. 그의 변론은 독자들까지는 설득하여 드미트리가 죄인이 아님을 밝혔지만, 소설 속 법정의 재판관들과 배심원들을 설득하는 것에는 실패한다.

이폴리트 키릴로비치

드미트리의 재판에서 드미트리의 유죄를 논증하기 위해 애쓰는 피상적인 논리 전개자인 검사

니콜라이(콜랴) 크라소트킨

친구 일류샤가 병들자 일류샤의 대부인 알료샤와 친해지는 매우 대담하고 지적인 소년. 그는 동급생 친구 일류샤를 괴롭히는 인물이었으나, 알료샤를 만나고 회개하여 새 세대의 대표자로 일어서는 인물이다.

일류샤

퇴역한 대위의 아들로서 병약하여 또래 아이들에게 늘 괴롭힘을 당하는 소년. 그는 괴롭힘을 당할 때마다 대항하여 자기를 지키려고 애쓰면서 떼로 덤벼드는 덩치 큰 소년들이 위협해도 기죽지 않는다. 그런 일류샤는 자기 아버지가 드미트리에게 매를 맞는 것을 보고 충격에 빠지며, 처음에는 알료샤가 자기 아버지를 때린 드미트리의 동생임을 알고 적대적으로 대한다. 그러다가 그는 알료샤의 진심을 알고 나서 알료샤와 친구가 되며 화해한다. 그러나 그는 병 들어서 소설 마지막 때쯤 죽게 되고, 그를 괴롭혔던 악동 친구들은 알료샤가 주는 감동과 사랑의 실천을 보면서 그의 미래 동역자가 될 것이라

기대하게 만든다. 일류샤는 죽었지만 그를 괴롭혔던 친구들을 새사람으로 만들면서 죽어 간 것이다.

스네기료프

일류샤의 가난한 아버지이다. 퇴역 대위로서 자존심이 강하나 가난하기 짝이 없는 남자이다. 그는 드미트리에게 매를 맞고도 그 억울함을 풀지 못한 채 살다가, 알료샤의 비현실적인 친절함을 맛보고 용서를 비는 그의 태도에 매료된다. 둘은 친구가 되고, 일류샤의 죽음을 계기로 알료샤는 스네기료프 집안의 친구로 발전한다.

그리고리 바실리예비치

스메르쟈코프가 태어나자마자부터 부모처럼 기르고 양육한 카라마조프가의 하인. 그는 아내 마르파와 함께 끝까지 신실하게 하인 역할을 수행하여 독자들의 감동을 자아낸다.

페라폰트

조시마 장로와 같은 수도원에 있는 라이벌 수도사로, 조시마 장로를 싫어하며 엄격하고 금욕적이지만, 경쟁심 또한 적지 않다. 수도원 밖 사람들에게 대중적으로 인기가 높으며 선하고 자비롭게 상담하는 조시마 장로의 활동을 수도사의 일탈로 보는 자기폐쇄적, 자기고행적 수도사이다. 즉, 돈독한 기독교 신앙과 세상에서도 소통될 수 있는 인류애를 구별 짓는 기이한 기독교 수도사이다. 그는 조시마 장로의 시신에서 심한 악취가 나자, 그의 믿음과 덕망으로 시신조차 향기로울 것이라 기대했던 대중들의 미신적 믿음이 산산이 깨지는 상황을 기뻐한다.

『카라마조프가의 형제들』 줄거리 요약

1부
한 여인을 놓고 다투는 아버지와 아들

1부는 아버지 표도르 파블로비치 카라마조프의 악행과 타락한 본성이 결실하여 그와 관련된 모든 자들이 불행에 빠진 상황을 다룬다. 아모스 2 : 7^{9}은 북이스라엘의 타락상의 한 사례로 '아버지와 아들이 한 여인에게 홀려 다니는' 사태를 지적하고 개탄한다. 창세기 3장은 인류의 태고사의 첫 장면이 '악'이었음을 말한다. 카라마조프 가문의 태초에는 파블로비치 카라마조프의 욕정과 무책임, 잔혹한 자녀 방기, 가정 파탄이 있었다. 그는 마을의 지적 장애 소녀를 성폭행해 사생아를 낳고도 양심의 가책이 전혀 없는 지주이다. 그는 부를 탐하며, 그 모든 부로 젊은 여자들을 침대에 초청하여 육욕을 발산하는 향연을 시도 때도 없이 상상하는 자이다. 그는 코냑을 마시며 유산을 달라고 찾아오는 장남을 박대한다. 장남 드미트리 카라마조프는 아버지의 호색한적 열정 한 움큼을 상속받았으며, 관능미의 화신인 그루셴카를 놓고 아버지와 갈등한다. 아버지와 형과 정반대의 인성의 극을 대표하는 막내아들 알료샤와 그의 영적 스승인 조시마 장로가 그들의 갈등을 화해시키려고 해도 역부족이다. 다른 모든 사람들에게는 조시마의 영적 감화력이 작동하지만, 카라마조프가의 유산 갈등을 해소시키고 아버지 카라마조프의 타락한 삶을 개과천선시키기에는 역부족이다.

1편(Book One) : 어느 작은 가족의 기구한 사연(A Nice Little Family)
다섯 장으로 구성되어 있는 1편은 주요 등장인물과 그들의 관계에 대한 역사를 제공하여 독자들로 하여금 2편의 주요 이야기로 바로 건너갈 수 있도록 돕는다. 소설을 끌어가는 화자는 1~5장에 설명된 모든 사건을 실제로 자신의 이야기가 시작되기 전에 이미 발생한 사건들인 것처럼 제시하며, 앞으로 전개될 사건을 일반적으로 잘 알려진 정보를 이용해 설명하고, 자세히 듣지 못한 독자들의 편의를 위해 반복한다. 화자는 대체적으로 이 다섯 장에서 강력한 존재감을 드러낸다. 하지만 화자가 절대적 의미에서 전지적 시좌를 확보한 채 이야기를 풀어 가지는 않는다. 작가는 어떤 때에는 "아는 만큼 말해 보겠다.", "우리는 나중에야 알았다.", "그 시대에는 잘 알려졌다."와 같은 문구를 삽입하여 자신이 말하는 이야기가 널리 알려져 있음을 나타내고 있기 때문이다.

1편 첫 부분은 카라마조프가와 구성원들의 멀고 가까운 과거사를 처음으로 등장시킨다. 표도르 파블로비치의 두 번에 걸친 결혼과 그 과정에서 태어난 세 자녀 양육 책임의 방기 과정이 연대기적 형식으로 비교적 자세하게 진술된다. 이야기의 화자는 3인칭 관찰자요 참여자로서 대체로 전지적 작가 시좌를 확보해[10] 세 형제의 상이한 성격들을 소개하며, 그들이 아버지가 사는 소도시로 귀향하게 된 상황들을 말해 준다. 알료샤라고 불리는 알렉세이 표도로비치 카라마조프는 어둡고 폭력적인 행실로 유명한 표도르 파블로비치 카라마조프라는 잔인한 지주의 셋째 아들이다. 1편은 알료샤가 헌신적으로 소속되어 있는 신비한 러시아 장로제 수도원 제도의 역사를 기술하며 끝난다.

1장. 표도르 파블로비치 카라마조프

화자는 표도르 파블로비치의 과거 이력부터 말한다. 청년 시절, 그는 음란한 광대로 알려져 있었다. 그는 아주 적은 양의 토지를 소유하고 있으며, 다른 사람들을 괴롭히는 것으로 악명이 높았다. 어떻게 해서 그렇게 됐는지는 모르지만 그는 아젤라이다 이바노브나 미우소바라는 부유하고 아름다우며 지적인 소녀와 결혼하는 데 성공한다. 젊은 시절 미우소바는 표도르 파블로비치처럼 대담하고 냉소적인 남자와 사랑에 빠지는 것이 낭만적인 일이라고 스스로 확신했다. 결혼 후, 아젤라이다 이바노브나는 자신이 표도르 파블로비치에 대해 경멸밖에 느끼지 않는다는 사실을 깨닫고, 아들 드미트리가 세 살이 되자 버려두고 가난한 신학생과 함께 도망쳐 버린다. 표도르 파블로비치는 아내의 가출과 외간 남자와의 도주 행각에 대해 원통한 눈물을 흘리며 탄식하면서 지방을 여행하기 시작한다. 그 후 그는 아젤라이다 이바노브나의 부재로 인해 성적 방종과 타락으로 일주하기 시작한다. 표도르 파블로비치는 그의 집을 하렘[11](여러 명의 여자들과 난교하는 집)으로 바꾸고 아젤라이다 이바노브나에게서 훔친 재산으로 자금을 조달해 난잡한 만취 향연을 자주 열어 그것들을 즐기는 데 많은 시간을 보낸다.

어느 날 표도르 파블로비치는 아젤라이다 이바노브나가 상트페테르부르크 다락방에서 기아나 질병으로 사망했다는 소식을 듣고 술에 취해 그의 자유를 축하하며 거리로 달려나간다. 그런데 이 이야기의 또 다른 버전이 전해지고 있다. 그 다른 버전에 따르면 표도르 파블로비치가 어린아이처럼 울었다고 한다. 화자는 두 가지 버전의 이야기가 모두 사실일 수 있다고 말한다. 표도르 파블로비치는 아내의 죽음을 기뻐하면서도 동시에 애도했을 수 있기 때문이다.

도스토옙스키는 그의 소설에서 끝까지 이런 관점을 유지한다. 악인의 뒷면에 선이 남아 있다는 것이다. 우리는 최후의 심판을 내리고 끝장을 보고 싶어 하지만, 도스토옙스키의 마음은 너그러운 편이다. 아버지를 살해한 스메르쟈코프도 책임감이 강한 인물로 서술된다. 『죄와 벌』의 스비드리가일로프 역시 스토리 전개 내내 악한 일을 하다가 마지막에는 약간의 선함을 보이고 죽는다. 표도르 파블로비치와 같은 사악한 사람들조차도 일반적으로 생각하는 것보다 더 순진하고 단순한 면이 있을 수 있다는 것이다. 이것이 작가의 인간관으로 보인다. 이 가변적 인간성을 선량함으로 발전시키면 알료샤나 조시마 장로와 같은 인물이 되고, 냉소적으로 발전시키면 인간성을 부정적으로 보는 라키친이나 이반 같은 인물이 된다. 인간성의 가변폭에 대한 작가 특유의 너그러운 이해가 등장인물들에 대한 촌평에서 빈번하게 등장한다.

2장. 어머니의 상속재산을 청구하기 위해 아버지를 방문한 거칠고 집착적인 청년 드미트리

아젤라이다 이바노브나가 표도르와의 결혼생활에 종지부를 찍고 가출하자마자 표도르는 세 살배기 아들의 존재에 대해 모든 것을 잊어버린다. 그래서 그의 하인이 1년 동안 방치된 드미트리를 키운다. 그 후 드미트리는 어머니의 사촌 표트르 알렉산드로비치 미우소프를 포함한 어머니의 친척 집을 이리저리 전전하게 된다. 친척들은 어린 드미트리에게 그가 어머니로부터 재산의 일부를 상속받았으며, 현재는 아버지가 그것을 관리하고 있다고 말해 준다. 드미트리는 말의 진실성 여부에 상관없이 그들의 말을 믿게 된다. 거친 청년기를 보내고 군대에서도 궁핍하게 보내다가 전역한 드미트리는 자신의 상속재산에 대해 자세히 알아보려고 아버지를 방문한다. 표도르 파블로비치는 드미트리의 질문을 피하고, 그를 진정시키기 위해 약간의 돈을 준다. 드미트리가 떠난 후, 그의 아버지는 그에게 또 다른 소액을 보내 줌으로써 그를 조종하는 데 성공했다. 하지만 아버지의 기대와는 반대로 이를 계기(아버지가 이따금씩 돈을 보내 주는 일)로 드미트리는 자신이 상당한 상속재산을 물려받았을 것이라고 믿게 되었다. 한데 이 믿음은 오래가지 못했다. 드미트리가 아버지를 두 번째로 방문했을 때, 표도르 파블로비치는 아들에게 그가 받을 몫을 이미 모두 지급했으며, 오히려 드미트리가 아버지에게 소액의 빚을 지게 될 수도 있다고 말했다. 깜짝 놀란 드미트리는 재빨리 아버지가 자신을 속이려 한다고 결론 내리고, 자신의 재산을 넘겨주지 않으려는 아버지에 맞서 싸우기 위해 마을에 남아 있기로 결심한다.

3장. 이반이 이복형 드미트리와 아버지 표도르와 함께 살게 된 경위

표도르 파블로비치는 4세였던 드미트리를 쫓아낸 후 소피야 이바노브나와 결혼해 약 8년 동안 결혼생활을 유지하였다(드미트리가 12세일 때까지). 그녀는 표도르 파블로비치가 한때 출장 갔던 다른 지방 출신의 16세 고아였다. 표도르 파블로비치는 소피야에게 보호자 몰래 자신과 도망치자며 설득하여 결혼했지만, 정작 결혼 후에는 그녀를 천대하고 심지어 그녀의 목전에서 집에 거주하는 다른 여성들과 공개적으로 성적 향연을 벌이기도 했다. 표도르 파블로비치의 학대로 인해 소피야는 긴장하고 히스테리에 빠지게 되지만, 남편은 오히려 그녀를 '비명을 지르는 사람'(비명녀)이라고 부르며 괴롭혔다. 이토록 불안정한 상황에도 불구하고 소피야는 이반과 알료샤라는 별명을 가진 알렉세이를 낳는다. 알료샤가 4세가 되었을 때(이반과 알료샤는 서너 살 차이), 소피야는 죽고, 두 소년은 잠시 드미트리를 맡았던 하인의 짧은 보살핌을 받게 된다.

그 후 어머니의 전 후견인이자, 장군의 미망인이 그들을 받아들여 키운다. 그 미망인은 곧 죽었지만 알료샤와 이반의 교육을 위해 재원을 남겼기에 소년들은 후원자(미망인)의 재산을 받은 한 상속자의 돌봄을 받으며 자라게 된다. 이반은 뛰어난 학생이 되어 교회법원에 대해 쓴 기사로 문학계에서 명성을 얻고, 청년이 되어 아버지를 찾아온다. 이반은 평생 아버지를 부끄러워하면서도 아버지와 함께 살기 위해 아버지의 마을로 돌아간 것이다. 이제 피후견인으로서 독립할 나이이기도 했다.

이 기괴한 상황은 드미트리에 의해 부분적으로 주선되었다. 드미트리는 자신의 상속재산을 아버지가 탕진했음을 듣고, 이반이 혹시 자신과 아버지의 재산 분쟁을 중재하는 데 도움이 될 수 있지 않을까 하는 기대로 동생 이반에게 함께 살기를 청했다.

이 세 형제는 사이가 좋다. 서로에 대해 각각 은근한 사랑, 숨은 사랑과 숨은 존경이 있다. 드미트리는 이반의 뛰어난 지성의 힘에 존경을 보낸다. 이반은 굉장히 냉소적이면서도 동생 알료샤에게는 마음을 연다. 이반은 바람둥이이자 난폭한 형이 잘되기를 바라며 형의 약혼자 카체리나를 형과 떨어뜨려 단념시키려고 하다가 사랑에 빠졌다. 어쨌든 이 세 형제 사이는 파열이 일어나지 않고, 굉장히 묘한 우애의 기류가 흐른다.

4장. 셋째 아들 알료샤

드미트리가 아버지 집으로 이사했을 때 알료샤(처음 등장 시 19세)는 20세였다. 알료샤는 형들이 아버지의 집에 합류하기 약 1년 전부터 아버지 마을의 수도원에서 살고 있었다. 그는 김나지움(Gymnasium)을 다 마치지 못하고 수도원으로 왔으니, 학력이 높지는 않다.[12] 그러나 그는 경건한 사람으로, 신비적이거나 미신적인 크리스천이 아니라 리얼리스트이다.[13] 인류에 대한 관대하고 타고난 사랑에서 비롯된 영성이 그의 인격적 특성을 대표한다. 알료샤는 심지어 그의 아버지마저 사랑하는 것처럼 보인다.

"내가 느끼기에 알료샤 너는 이 세상에서 나를 비난하지 않는 유일한 피조물이다"(영어판 23/민음사 1권 54).

그는 결코 아버지를 비판하거나 아버지에게 불친절하지도 않다. 그래서 모두가 알료샤를 좋아한다. 다른 사람들과 떨어져 생활하는 그의 수도사적 성향에도 불구하고 주변 사람들에게 일종의 행복한 평온함을 발산하기 때문이다. 그는 소극적인 성격과 천진난만함에도 불구하고 학생(김나지움을 졸업하지는 못하지만)으로서는 엄청난 인기를 얻는다. 다른 학생들이 그를 놀리는 유일한 방법은 여성이나 성에 관한 대화 소재를 꺼내 그를 극심한 당혹감에 몰아넣는 것뿐이다. 알료샤는 아버지의 마을로 돌아온 어느 날 어머니의 무덤을 방문한다. 그 후 알료샤는 아버지가 그의 성품과는 어울리지 않게 수도원에 많은 돈을 기부한다는 사실을 알게 된다. 이 일이 주요 동기가 되었겠지만 알료샤는 구제불능적인 죄인으로 살아가는 아버지와도 빠르게 가까워진다. 표도르 파블로비치는 알료샤가 수도원에 들어가 조시마 장로 밑에서 공부할 계획이라고 말하자 매우 감상적인 정조에 빠져든다. 이 장면은 그가 아들의 교육에 쓰이기를 기대하면서 돈을 기부했음을 암시하는 대목이다.

5장. 조시마 장로 앞에서 유산 논쟁을 벌이려는 아버지와 드미트리, 그리고 알료샤의 불안

5장은 채 100년이 되지 않았지만, 러시아에 깊이 뿌리내린 장로제의 역사를 서술하면서 시작된다. 장로제는 영적 카리스마(통찰력, 예지, 감화력) 등으로 수도사들을 훈련시키고, 민중과 하나님 사이를 중개하고 중재하는 장로들을 선출하여 계승시키는 제도이다. 책에는 장로가 얼마나 엄청난 지배력을 갖고 있었는지 보여주는 예가 나온다.

"장로란 수도승의 영혼과 의지를 취해 자신의 영혼과 의지 밑으로 복속시키는 사람이다. 일단 장로를 선출하고 나면, 수도승은 절대 순종과 완전한 자기부인의 자세로 자신의 의지를 버리고 그것을 그에게 위탁한다. 이 신입 수도승의 훈련, 즉 자기부인의 끔찍한 훈련은 자기정복과 자기통제의 희망 안에서 자발적으로 수행된다. 그것의 목적은 순종의 삶을 거친 후 완전한 자유, 즉 자기 자신으로부터의 자유를 얻는 데 있다. 또한 한평생을 살면서도 자신의 내면에서 참다운 자신을 발견하지 못한 자들의 운명을 피하는 데 있다"(영어판 25/민음사 1권 60).

19세기 러시아 장로제는 그리스 동방정교회 수도원 전통의 러시아적 복원 버전(version)에서 작동한 영적 지도자 배출, 승계 제도이다. 영적 감화력 측면에서 장로는 동방정교회의 교황적 영성 지도자이다. 장로는 총대주교나 행정 최고직인 수도원장은 아니다. 영적 감화력이 큰 민중밀착적 영성 지도자이다. 조시마는 약 4대 장로로 선출된 지도자로서, 죽음에 가까워진 노인이다(약 65세).

알료샤는 형들의 아버지 집 합류와 동거 결정에 크게 감동했다. 그는 드미트리와 금세 가까워지지만, 이반의 냉철한 지성주의 때문에 거리감을 느끼기도 한다. 알료샤가 보기에 드미트리는 대하기가 쉽다. 워낙 구멍이 많은 죄인이기 때문이다. 그러나 이반은 바늘로 찔러도 피가 나지 않는 사람이니 거리감을 느낀다.

알료샤가 보기에는 이반의 냉철한 지성주의자 면모가 스스로를 다른 사람들과 멀어지게 한다. 알료샤는 이반이 스스로를 외부 세계에 무관심하게 만들 만큼 내부 목표를 향해 고군분투하고 있음을 감지한다. 드미트리와 이반은 서로 다른 유형의 사람이지만, 알료샤는 드미트리가 이반에 대해 따뜻함과 존경심을 가지고 말하는 것도 알아차린다. 이반을 은근히 존경하는 마음자락, 이것이 드미트리의 갱신 단초가 된다. 여기서 드미트리와 그의 아버지와의 차이점이 발견된다. 드미트리는 엉망진창 유형의 인간이지만 외부에는 열려 있고, 그의 아버지는 열려 있지 않다. 아버지는 개과천선의 가능성이 제한되어 있는데, 드미트리는 선한 것을 보고 그 영향의 흔적을 지우지 못한다.

이런 와중에 드미트리는 유산을 놓고 아버지와 갈등을 겪는 단계에 이르렀다. 마침내 두 당사자가 조시마의 암자에서 토론을 벌인다. 영향력 있는 사제의 존재가 그들의 차이점을 해결하는 데 도움이 될 수 있었기 때문이다. 이 만남이 어떻게 끝날지 전망하는 알료샤는 불안에 빠진다. 그는 아버지가 그런 일에 냉소적으로 동의할 뿐이라는 것과 이반이 무신론자라는 것을 알고 있기 때문이다. 그는 아버지와 형들의 행동이 자신이 매우 높이 평가하는 수도원에서 영적 지도자 조시마의 마음을 상하게 할까 봐 걱정한다.

이상에서 살펴본 것처럼 1편 다섯 장은 아버지와 세 아들, 즉 소설 주인공들의 복잡하게 얽힌 관계들을 소개하는 데 치중하고 있다. 그래서 독자들은 처음부터 『카라마조프가의 형제들』이 문학평론가들에 의해 사실주의 소설이면서도 철학소설이라고 불리는 이유를 어느 정도 납득하면서 읽을 수 있다. 등장인물들은 극도로 복잡하고 난해한 심리를 갖고 있으면서도, 각각 특정한 삶의 태도와 사상을 대변한다. 작가는 사실주의와 철학적 상징주의의 절묘한 조합을 통해 각 등장인물이 대변하게 될 보다 추상적인 개념과 신념을 세심하게 드러낸다. 1장에서 소개된 아버지 표도르 파블로비치 카라마조프는 난잡한 파티에 진심이며 가정을 내팽개친 인물이다. 자신의 애욕을 충족시키는 데는 혈안이 되어 있으면서도 자신의 아내와 자녀들은 천대한다. 그는 비도덕적이고 불쾌한 쾌락주의를 구현하는 인물이다. 2장의 주인공 드미트리는 지성보다는 감정에 기반하여 행동하는 맏아들로서 아버지를 제일 많이 닮은 듯 보인다. 그는 아버지에게 천대받은 아들로, 어머니가 남긴 상속재산을 찾기 위해 아버지와 대립한다. 3장의 주인공 둘째 아들 이반 카라마조프는 뛰어난 정신을 보유하며 급성장하는 문학적 명성을 얻은 지성적 청년으로서 지성과 종교적 신념을 조화시키려는 투쟁을 구현한다. 아버지에 대한 드미트리 카라마조프의 격렬한 증오와 이반의 비판적 능력은 잘 어울리지 않지만, 소설에서는 이 둘이 공존한다. 마지막으로, 4장의 주인공은 막내아들 알료샤이다. 도스토옙스키가 소설의 주인공으로 묘사한 알료샤는 아버지 표도르 파블로비치 카라마조프와는 거의 정반대의 인물이다. 인류에 대한 그의 사랑은 신비주의적이지도 않고, 광신적이지도 않으면서 순수하고 경건하며 고결한 경지를 보여준다.

이 네 인물은 각각 서로에 대해 모종의 상보적 역할을 수행한다. 각 인물은 서로를 돋보이게 하는 역할 또는 대조 역할을 한다. 이 소설의 철학적 주제는 등장인물들의 성격과 직접적으로 연결되기 때문에 주인공들 사이에 벌어지는 갈등과 그를 통해 드러나는 대조는 인간 존재의 가장 근본적인 문제를 표현한다. 예를 들어, 이반과 알료샤의 차이는 믿음과 의심 사이의 갈등을 대표한다. 결국 카라마조프가 형제들의 이야기는 문명 자체의 기반이 되는 사상 드라마의 일부를 축소된 포맷으로 구현하고 있다.

단, 이 다섯 장에는 카라마조프 가문이 속한 러시아 정교회 회원이 아닌 현대 독자들에게 생소할 수 있는 몇 가지 종교적 개념이 나온다. 첫째, 이야기가 시작되기 전에 이반이 명성을 얻게 된 기사가 언급되는데, 그것은 '교회법원'의 문제를 다루고 있다. 이 기사에서 상정된 교회법원은 국가의 사법권을 행사하는 법원이 아니라, 종교법과 교회규율에 기초하여 소송사건을 판결하는 법원이다. 이 소설이 쓰였을 당시 러시아의 교회법원은 범죄자를 재판하거나 처벌할 권한이 없었다. 이반의 기사는 교회법원에 형사소추 및 처벌에 대한 권한이 부여되어야 한다고 주장한다. 범죄자들이 자신이 범죄를 저질렀을 때 국가가 아니라 하나님을 거역하고 있다는 사실을 알면, 그들 중 많은 사람이 법을 준수하고자 하는 더 큰 동기를 갖게 될 것이기 때문이다. 종교적 의심이 많다고 알려진 이반의 평판을 고려하면, 그를 아는 많은 사람들은 과연 그가 자신의 주장을 완전히 믿고 쓴 것인지 혹은 믿지도 않으면서도 교회의 사법적인 역할을 옹호했는지 의심하게 된다. 이런 의심이 공연한 의심은 아니다. 단, 이반의 주장은 처벌하려는 욕구가 아니라, 역설적으로 인류에 대한 연민에서 비롯되었다는 점이 중요하다. 그는 종교적 권위가 없으면 사람들이 불법과 혼란에 빠질 것이라고 믿는다. 동시에 이반은 교회를 믿지 않기 때문에 구속력 있는 도덕이라는 개념을 거부한다. 이런 점에서 이반의 교회법원 관련 기사는 자기배반적이다. 그의 교회법원 관련 기사는 자신의 권고가 인간의 상태를 개선할 것이라고 믿는다는 점에서는 진정성이 있지만, 자신의 권고가 실행될 때 요청되는 체계적 도덕과 사상(하나님을 두려워하면 죄를 덜 지을 것이다.)과 그 제도(교회)를 자신은 믿지 않는다는 점에서는 일관성이 없는 기고문인 셈이다. 따라서 교회법원에 대한 이 기사와 그것과 관련된 더 큰 논쟁은 이반이 가진 괴로운 마음의 본질에 대한 예비적인 통찰력을 제공하는 데 도움이 된다. 그는 지적인 논리에 너무 전념하여 자신이 마음으로 믿지도 않는 사상을 옹호하는 심리적 궁지에 내몰려 있다.

2편(Book Two) : 부적절한 만남(An Inappropriate Gathering)

여덟 장으로 구성된 2편은 드미트리와 아버지 사이에 벌어진 유산

문제로 인한 갈등을 중재하기 위해 열린 가족 모임에 카라마조프 가족 구성원들이 참여하는 장면부터 시작된다. 성스러운 수도원의 영적 지도자인 거룩한 장로 앞에서 가족 회합을 해서라도 이 문제를 해결해 보고자 장난스럽게 제안한 아버지의 착상으로 이 모임이 성사되었다. 장남 드미트리가 제일 늦게 나타나고, 가족 모임의 분위기는 점점 악화되다가 마침내 드미트리와 아버지 표도르 사이의 갈등으로 파국을 맞은 채 끝나 버린다. 2편에는 조시마 장로가 세 살 난 아들의 죽음을 슬퍼하는 한 여인을 위로하는 장면이 소개된다. 그녀의 슬픔은 작가가 아들 알료샤를 잃고 슬픔에 빠졌던 비극을 생각나게 하는 일화이다.

아들의 죽음에서 오는 슬픔이 작가의 그 웅어리진 언어를 토해 내게 만드는 것처럼 보인다. 남의 슬픔을 공감하는 감수성 함양, 이것은 소설 읽기가 우리에게 주는 가장 큰 배움 중 하나이다. 『다시, 책으로』, 『프루스트와 오징어』의 작가 매리언 울프(Maryanne Wolf)가 지적하듯이, 소설 읽기는 비판적 사고, 자기성찰, 그리고 타인에 대한 공감과 이해를 심화시켜 주는 평생학습과목이다.[14]

1장. 수도원에 어울리지 않는 남자 군상(群像) : 표도르 파블로비치 카라마조프와 미우소프 사이에 흐르는 적의

8월 말의 따뜻하고 맑은 날, 표도르 파블로비치와 이반 카라마조프 등은 조시마와의 만남을 위해 수도원에 도착한다. 좋은 마차를 탄 미우소프와 칼가노프가 당도하고, 얼마 후 아버지 카라마조프와 이반을 태운 허름한 마차가 왔다. 그들 모두는 미사에는 참석하지 않고 미사가 끝날 무렵에 왔다.

첫 마차를 타고 온 사람들은 어린 드미트리를 잠시 입양했던 표트르 알렉산드로비치 미우소프(첫 번째 부인의 사촌)와 그의 젊은 먼 친척 칼가노프였다. 대학 입학을 준비하면서 미우소프와 함께 살고 있는 칼가노프는 알료샤와 친구 사이였다. 칼가노프는 미사가 끝나자 구걸하러 온 거지들 중에 여자 거지 한 명에게 10코페이카 은화를 주었다. 하지만 남자들 중 종교에 대해 잘 아는 사람은 아무도 없다. 무신론자인 미우소프는 30년 동안 교회에 간 적이 없는 인물이다. 남자들은 호기심 가득한 얼굴로 수도원을 둘러본다. 그런데 수도원에 들어와 보이는 파블로비치의 행동거지가 미우소프의 비위를 거슬리게 하고, 미우소프는 파블로비치에게 적의를 느끼기 시작한다. 파블로비치는 수도원에서도 경거망동한 모든 행위를 보여줄 기세였다. 미우소프가 그를 자제시키기 위해 경고하지만, 파블로비치는 막무가내였다. 미우소프는 표도르 파블로비치를 혐오하고, 두 사람 사이의 적의가 고조되는 이 상황에도 드미트리는 아직 도착하지 않았다.

그 사이에 모두 조시마 장로를 면담하러 승방으로 들어오라는 전갈을 받는다. 그들을 안내하는 작은 수도승은 모두에게 회의가 끝난 후 수도원의 원장 신부와 함께하는 점심식사에 초대받았다는 말을 덧붙인다.

2장. 늙은 어릿광대 표도르 파블로비치

남자들은 조시마와 함께 침실에서 나온 소수의 수도승들과 함께 조시마를 맞이한다. 수도승들은 정중하게 조시마의 손에 입을 맞추고 그의 축복을 구했지만, 다른 사람들은 그렇게 하지 않고 다소 뻣뻣하게 절만 하기도 한다. 알료샤는 이러한 어색한 무례함에 당황하지만 조시마는 문제가 없다는 듯이 넘어간다. 표도르 파블로비치는 드미트리가 지각한 것에 대해 마치 자기 잘못이라도 되는 것처럼 건성으로 사과하고, 방 안의 어색한 침묵을 수다로 채운다. 표도르 파블로비치는 통제할 수 없을 정도로 우스꽝스러운 자신의 행동에 대해 사과하는 척하면서 점점 더 신성모독적인 재치와 이야기를 연달아 쏟아내고, 그로 인해 다른 사람들, 특히 그가 끊임없이 성가시게 했던 미우소프를 당혹하게 하며 짜증나게 만든다. 그는 이 상황을 의도적으로 연출한다. 미우소프는 표도르가 의도적으로 자신을 괴롭히려고 하는 어릿광대 짓을 견뎌야 했다. 하지만 표도르 파블로비치의 기괴한 이야기가 지속되자 미우소프는 더 이상 참을 수 없어 화를 냈다. 자신이 이런 어릿광대의 일행이 되어 조시마 장로를 방문했다는 사실 자체를 부끄럽게 여기며 조시마에게 용서를 구했다. 덩달아 파블로비치도 조시마 장로에게 용서를 구하는 소동을 벌였다. 조시마는 두 사람 모두에게 "제발 염려하지 말고 편안히 계시다가 가시라."고 권고했다. 그러자 표도르 파블로비치는 왜 자신이 사람들 모임에 가면 어릿광대 짓을 하는지 그 심리적 기제를 설명하기 시작했다. 그러면서 느닷없이 "장로님, 제가 영생을 얻으려면 무엇을 해야 합니까?"라고 묻는 게 아닌가? 조시마는 파블로비치에게 몇 마디 정곡을 찌르는 조언을 해 준다.

> "취할 때까지 술을 마시지 말 것이며 절도를 벗어난 말을 하지 말고, 육욕에 빠지지 마십시오. 특히 돈을 사랑하지 마십시오. 그리고 당신의 술집들을 폐쇄하십시오. …… 그리고 무엇보다도 거짓말하지 마십시오. …… 자기 자신에게 거짓말하지 마십시오"(영어판 38/민음사 1권 92).

거짓말은 만악의 근원이라 말하는 조시마는 자신의 충고를 건성으로 듣는 파블로비치를 일으키며 책망한다.

> "자, 일어나 앉으세요, 제발 부탁합니다. 이 모든 것 또한 속임수가 깃든 태

5부 카라마조프가의 형제들

도입니다……"(영어판 39/민음사 1권 93).

이런 책망을 듣고도 파블로비치는 머리가 잘렸지만 목이 없는 채 걸어다니며, 심지어 잘린 자기 머리를 들어올려 입을 맞췄다고 전해지는 한 성자의 전기를 인용하면서(거짓된 인용) 이 성자 이야기가 진짜 일어난 일이냐고 묻는다. 장로가 그런 일이 없다고 부인하자, 즉시 파블로비치는 자신에게 이상한 성자의 전기를 이야기한 사람이 바로 옆에 있는 미우소프라고 거짓말을 함으로써 장로와 미우소프 둘을 일시에 경악시킨다.

"그래요. 표트르 알렉산드로비치, 당신이 이 대단한 타락(파블로비치 자신의 타락)의 원흉이었소!"(영어판 39/민음사 1권 95)

이 거짓말 한 방으로 파블로비치는 일순간에 미우소프를 극단적인 분노에 빠뜨렸다. 그의 천박함과 저속함은 미우소프를 더 이상 참을 수 없게 만든다. 하지만 놀랍게도 미우소프는 표도르 파블로비치가 자신을 괴롭히게 된 상황에 화가 나서 스스로를 질책한다.

이 과정을 처음부터 지켜본 알료샤는 아버지의 행동에 수치를 느끼지만, 조시마는 그것을 신경 쓰지 않는 것 같다. 표도르가 자신이 직면한 문제에 대하여 조시마에게 영적인 조언을 요청했을 때 알료샤는 더욱 굴욕감을 느꼈다. 앞에서 봤듯이, 조시마는 단지 그에게 영생을 얻고 싶다면 거짓말, 특히 자기 자신에 대한 거짓말을 멈춰야 한다고 말할 뿐 다른 조언을 주지 않았다. 놀랍게도 조시마는 표도르 파블로비치가 자신을 부끄럽게 여기고 부끄러워하기 때문에 스스로 이 수치감을 극복하려고 일부러 어릿광대 놀음을 했다고 진단함으로써 표도르를 더 편안하게 만들기 위해 진지하게 노력한다. 조시마의 눈에는 표도르 파블로비치가 자존감이 매우 낮기 때문에 어릿광대 역할을 쉽게 한다고 보인 것이다.

3장. 믿음으로 살아가기 위해 고투하는 시골 아낙네들을 위로하는 조시마 장로
3장은 장로 제도에서 말하는 장로가 무엇인지, 영적 지도자로서의 장로의 역할을 말한다. 수도원에 모인 일행이 드미트리를 기다리는 동안, 조시마는 영적인 조언과 축복을 구하러 온 군중(특히 여성들)을 면담하기 위해 밖으로 나간다. 여성 내방객 대부분은 큰 어려움을 견뎌 왔는데, 조시마 장로의 영적 지도를 받기 위해 수도원에 왔다. ① 조시마는 한 히스테리적 여성을 그의 영대(領帶 : 성직자가 성례 집행 시 어깨에 걸치는 긴 헝겊 띠-스톨)로 덮어 주며 달래기도 한다. ② 또한 조시마는 자신을 만나기 위해 약 320킬로미터를 여행한 여성의 이야기를 듣는다. 세 살배기 아들이 세상을 떠난 뒤 슬픔에 잠긴 그녀는 남편과 헤어졌다. 조시마는 그녀에게 아들을 위해 울되, 눈물을 흘릴 때마다 이제 아이가 하나님과 함께하는 천사가 되어 있음을 기억하라고 말한다. 그리고 그 남편에게 돌아가서 아들의 영이 그 부모 곁에 머물 수 있게 하라고 권고한다. ③ 군대와 함께 시베리아로 간 아들을 둔 한 여성은 일체 소식이 없는 아들이 원망스럽다. 그녀는 차라리 아들의 이름을 교회에 죽은 자로 등록하여 아들에게 수치심을 불러일으켜서라도 엄마인 자신에게 소식을 전하게 하는 것이 과연 용납될 수 있는지 묻는다. 조시마는 그녀에게 그렇게 하는 것은 큰 죄가 될 것이라고 말한다. ④ 한 초췌한 여자는 조시마에게 자신을 구타한 남편에 대해 이야기한다. 그런 다음 그녀는 조시마의 귀에 무언가를 속삭이며 자신이 실은 남편을 살해했음을 암시한다. 조시마는 그녀에게 하나님께서 모든 죄를 용서하시며, 그녀가 끊임없이 회개하며 하나님을 사랑한다면 그녀의 죄도 용서

받을 것이라고 말한다. ⑤ 또 다른 여성은 자신보다 가난한 여성에게 주라고 말하며 조시마에게 약간의 돈을 건네는데, 조시마는 그녀와 그녀의 어린 딸을 축복한다.

4장. 믿음이 약한 여지주 귀부인에게 충고하는 조시마 장로

그런 다음 조시마는 이전에 그를 만난 적이 있는 부유한 여지주인 호흘라코바 부인과 장난스러운 표정을 짓고 있는 그녀의 딸 리즈와 이야기를 나눈다. 호흘라코바 부인은 조시마에게 그(조시마)의 기도로 병이 낫서 걸을 수 없는 딸이 치료되었다고 말하지만, 그는 그녀의 말을 액면 그대로 믿지 않는다. 조시마가 보기에 리즈의 회복이 불완전하기 때문이다. 호흘라코바 부인은 자신이 종교적 의심에 사로잡혀 있다고 말한다. 그녀는 영혼불멸을 믿는 데 어려움을 겪을 뿐만 아니라, 사람들의 칭찬과 감탄을 기대하지 않고는 자선사업을 수행하는 것이 불가능하다는 사실을 알게 되었다고 말한다. 조시마는 그녀에게 걱정하지 말고 인류를 위해 적극적이며 헌신적인 사랑을 실천하라고 말한다. 하나님께서는 그녀가 자신의 결점들을 의식하고 있다는 사실만으로도 그것들을 용서하실 것이기 때문이다.

"적극적인 사랑의 경험을 통해 영혼불멸을 믿을 수 있습니다. 당신의 이웃을 적극적으로 그리고 지치지 말고 사랑하려고 노력하세요"(영어판 49/민음사 1권 118).

조시마는 사랑을 실천하면 사랑하는 영혼도 불멸할 수밖에 없다고 말하는 셈이다. 사랑하는 행위가 불멸하다면, 사랑하는 행위에 참여하는 영혼도 불멸해야 된다는 것을 논리적으로 설명한다.

"사랑 안에서 자라 갈수록 당신은 하나님의 살아 계심과 당신 영혼의 불멸도 더욱 확신하게 될 것입니다. 자신이 이웃을 사랑한다는 사실도 완전히 잊어버리고 이웃을 사랑할 수 있다면 당신은 의심 없이 하나님의 존재하심과 영혼불멸을 믿게 될 것입니다. 어떤 의심도 당신의 영혼에 들어올 수 없을 것입니다. 이것은 검증된 사실입니다. 이것은 확실합니다"(영어판 49/민음사 1권 118-119).

그 사이에 리즈는 자의식이 강한 알료샤를 놀린다. 리즈는 어린 시절 친구였던 알료샤가 수도원에 온 이후로 더 이상 자신을 방문하지 않는다고 불평하며 서운한 감정을 드러낸다. 조시마는 알료샤가 곧 그녀를 방문할 것이라고 따뜻하게 약속한다.

5장. 범죄를 고발하고 징벌할 수 있는 유일한 권위, 양심 법정
알료샤는 조시마를 따라 그의 승방으로 돌아간다. 그곳에서 이반과 수도사들은 교회법원에 관한 이반의 기사에 관해 토론하고 있다. 자신을 정치적 지식인이라고 생각하는 미우소프는 계속해서 논쟁에 동참하려고 하지만, 다른 사람들은 자신들의 토론에 몰두하느라 대체로 그를 무시한다. 이미 표도르 파블로비치의 조롱에 화가 난 미우소프는 거의 참을 수 없을 정도로 짜증을 낸다. 이반은 자신은 교회와 국가의 분리를 믿지 않는다고 말하며, 자신의 교회법원 역할론에 대해 설명한다. 그는 교회가 국가를 포섭하여 종교 당국이 법률을 집행하고 교회법원이 사법절차를 처리해야 한다고 믿는다. 이반은 지금 종교재판, 그러니까 국가의 사법권과 형벌 소추권을 다 빼앗아 버리는 극단적인 상태를 주장하는 것이다.
이반의 주장은 '울트라몬타니즘'(ultramontanism)이다. 이것은 극단적 수도원지상주의로, 로마 교황의 권위가 국민적 주교단이나 세속 국가의 권력보다 높다는 것을 강조하는 운동이다. 이반은 수도원의 영감 깊은 사람이 사법부의 역할을 장악할 것을 주장하고 있다. 역사적으로 이것은 러시아 정교회에서 일어난 것이 아니라, 로마가톨릭에서 일어난 운동이었다. 작가는 이반의 입을 통해 로마가톨릭이 행한 것을 이상화시킴으로써 오히려 로마가톨릭이 얼마나 비난받아야 하는가를 은근히 전달하고 있다. 하지만 미우소프는 이 상황이 순전한 울트라몬타니즘이 될 것이라 지적하며 토론에 끼어들고자 한다.

그가 이반의 이론에 반대하는 이유는 이반의 제안이 교황이 절대적인 권력을 갖는 상황을 초래할 것이라고 믿기 때문이다. 울트라몬타니즘은 교황의 본거지인 로마가 문자 그대로 러시아 정교회의 '산들 너머'에 있다는 사실을 가리킨다. 미우소프는 울트라몬타니즘이 러시아 정교회보다 더 위에 있는 교회가 되기를 원하는 로마가톨릭의 야심을 대변할 수 있다고 본다. 그러나 다른 사람들은 미우소프를 무시하며 그의 이견에 아랑곳하지 않는다. 이반은 자신의 주장을 고집하며 한 걸음 더 나아간다. 그는 유일한 법원이 교회법원이라면 범죄에 대한 개념 자체가 천천히 바뀔 것이라고 주장하며, 이렇게 되면 가장 먼저 나타나는 효과로 사람들이 범죄를 저지를 가능성이 훨씬 줄어들 것이라고 강조한다. 범죄를 저지르는 것은 정부나 국가에 대항하는 행동에 그치는 것이 아니라, 신(하나님)에 거슬러 행동하는 것이 되기 때문이다. 방에 있던 다른 사람들이 놀랍게도 조시마가 이반의 분석에 동의했다. 그러나 조시마는 범죄를 처벌할 수 있는 유일한 실제 권력은 양심뿐이라고 주장한다. 그는 각 개인의 도덕감각이 진정한 권위임을 알기 때문에 국가의 사법행정에 관여하지 않기로 결정한 교회의 역사를 언급한다. 남자들은 토론에 너무 열중해 드미트리가 지각했다는 사실도 잊어버리고 있다가, 드미트리가 갑자기 문으로 뛰어들자 그를 보고 살짝 놀란다.

조시마와 이반의 논쟁은 사회변혁 담론이다. 5장에서 이반이 수도승들과 벌인 논쟁은 앞 장에서 조시마가 주장한 적극적인 사랑과 대조되는, 세상 문제에 대한 접근 방식을 예시한다. 개인의 양심의 역할을 강조하는 조시마와 달리, 이반은 특정 결과를 촉진하기 위해 고안된 전면적인 외부적·사회적 변화를 우선시한다. 조시마는 모든 사람이 선을 행하기 위해 노력해야 한다고 믿으면서 개인의 선행이 누적되면 사회가 변화된다고 본다. 이반은 문명이 범죄를 줄이기 위해 교회와 국가의 구별을 없애야 한다고 주장한다. 이반의 입장은 세 가지 면에서 조시마의 입장과 다르다. 첫째, 조시마는 개인의 경험에 관심이 있지만, 이반은 사회와 대규모 집단에 관한 추상적인 개념에 관심이 있다. 조시마는 더 나은 세상을 만들 수 있는 개인적이고 일상적인 삶의 방식을 제안하며, 사람들이 이것을 따르면 더 나은 세상을 만들 수 있다고 본다. 개인이 조금씩 착한 일을 누적시키면, 사회 구조에 상관없이 그 사회는 좋아진다는 것이다. 반면 이반은 세계 질서의 변화가 개인의 삶 변화를 강제하거나 추동한다고 본다. 구조를 먼저 만들어 놓고, 그 구조 안에서 사람이 착한 행동을 할 수밖에 없도록 하자는 것이다. 이 대목은 사회주의에 관한 작가의 비판적 관점이 나오는 부분이다.[15]

둘째, 조시마는 종교를 긍정적인 힘으로 생각하지만, 이반은 종교가 인간성의 악을 통제하는 데만 동원되는 부정적인 힘이라고 믿는다(죄 억제 장치로서의 종교). 종교에 대한 조시마의 접근 방식은 개인이 선을 행하기 위해 행동할 수 있는 방법을 제안하는 것이고, 이반의 접근 방식은 종교가 개인의 악행을 방지할 수 있는 방법을 제안하는 체제라고 보는 것이다. 이반의 논리를 다소 무리하게 확장하면 종교재판도 정당성을 얻는다. 종교 당국자들이 판단하는 악을 행하지 못하게 하기 때문이다. 이반 식으로 말하면 교회법원이 권력을 가지고 개인의 악행을 막는 것이 종교재판이다. 이미 로마가톨릭이 실험했지만, 이반의 판단은 옳지 않았음이 드러났다.

반면에 조시마는 인간을 천성적으로 사랑이 많고 긍정적인 존재라고 믿기 때문에 사람들이 서로를 위해 할 수 있는 선을 강조한다. 이반은 인간을 천성적으로 의심이 많고 부정적인 존재라고 믿기 때문에 사람들이 서로에게 행하는 악을 방지하는 것이 선을 행하는 것보다 더 우선시되어야 한다고 말한다.

셋째, 진정성의 수준이다. 조시마는 자신이 말하는 것을 진심으로 믿는 반면, 이반은 자신의 주장과 자신의 속마음이 분리되어 있기에 순전히 관념적인 관점에서만 자기의 이론을 주장한다. 이반은 강력한 교회법원이 사회를 개선할 것이라고 믿는다. 그러나 정작 그는 하나님을 믿지 않으며, 종교사회에 대한 그의 열망도 그의 실제 신념과 동떨어져 있는 것처럼 보인다. 그럼에도 이반은 종교 자체가 거짓이라 할지라도 교회법원이 대중을 통제하는 데 가장 효과적이라고 생각한다. 이반이 종교적 권위의 강화를 주장하는 와중에 조시마는 이반의 종교적 의심을 간파한다. 이것은 인간 본성에 대한 조시마의 예리한 이해를 보여준다.

이 장은 인류에 대한 단순한 사랑과 인류에 대한 복잡한 이론화 사이의 투쟁으로서, 신앙과 의심 사이의 갈등을 나타낸다. 조시마와 이반은 둘 다 자신들의 생각을 설득력 있게 주장하지만, 조시마의 단순한 믿음은 매우 복잡한 이반의 의심보다 더 인상적이다.

6장. 어떻게 표도르 파블로비치 같은 악한 사람이 아직도 살아 있을 수 있을까!

드미트리는 조시마에게 축복을 구하며 아버지의 사환이 약속 시간을 잘못 알려서 늦었다고 변명한다. 이미 진행 중인 토론을 방해하고 싶지 않은 드미트리는 의자를 찾아 조용히 앉는다. 이반은 계속해서 자신이 보기에 도덕성의 전체 개념은 영혼불멸이라는 개념에 달려 있다고 주장한다. "사람들이 내세를 믿지 않는다면 도덕적으로 행동하는 것에 대해 걱정할 이유가 없을 것이다.", "내세를 믿지 않는 사람들은 단순히 자신의 욕구를 충족시키기 위해 행동할 수밖에 없다."

도덕의 전체 개념이 영혼불멸이라는 생각에 달려 있다는 이반의 주장은 표도르 파블로비치의 성격과 직접적인 관련이 있다. 이반이 제안한 것처럼 선과 악의 개념이 신의 존재에 달려 있다면, 표도르 파블로비치의 극심한 관능적 애욕 추구는 그가 신을 믿지 않는 것처럼 행동하는 것이 무엇인지를 완벽하게 예해하는 논리적인 장치이다. 표도르 파블로비치의 모든 행동은 영혼불멸을 믿지 않는 사람에게 가능한 일이다. 이반은 아버지가 이반 자신이 품고 있는 신념의 논리적 확장에 따라 살고 있음을 이해하는 것 같다. 두 인물의 이러한 관계는 이반이 아버지에게 느끼는 사랑과 증오를 동시에 설명하는 단초를 제공한다. 이반은 도덕성에 대한 자신의 주장이 아버지 표도르 카라마조프와 같은 혐오스러운 인물의 삶을 설명하는 데 유용함에도 불구하고 아버지를 싫어한다. 영혼불멸을 믿지 않는다는 자신의 논리대로라면, 그의 아버지의 방탕한 삶은 문제될 것이 없었다. 그래서 이론적으로는 아버지 표도르 파블로비치 카라마조프를 용납하지 않을 수 없다. 아버지를 비판하면, 이반 자신의 주장이 약화될 것이기 때문이다.

이러한 이반의 도덕 사상이 미우소프를 성가시게 하고, 드미트리를 괴롭힌다. 조시마는 온화한 분위기를 드러내며 이반 자신이 의심에 휩싸여 있고, 자신이 전적으로 믿지도 않는 입장을 옹호하면서 단지 자신의 절망을 가지고 장난치고 있음을 지적한다.

논쟁이 잠잠해지자 표도르 파블로비치는 드미트리를 비판하고 모욕하기 시작한다. 그는 아들이 약혼자인 카체리나를 속이고, 다른 여자 그루셴카와 사랑에 빠진 후 약혼녀를 버렸다며 비난한다. 다른 사람들이 당황한 표정으로 그들을 바라보는 동안, 드미트리는 화가 난 상태에서 자신과 그의 아버지 사이의 갈등을 설명하는 데 도움이 될 대답을 제시한다.

드미트리는 표도르 파블로비치 또한 자신이 이미 사랑하는 그루셴카에 대한 욕정을 품고 그녀의 환심을 사기 위해 바보짓을 했기 때문에 자신을 비난한다고 말한다. 즉, 자신의 아버지 표도르 파블로비치가 그루셴카에 대한 자신의 사랑을 질투한다는 것이다. 드미트리는 표도르 파블로비치가 그루셴카에게 자신과 협력하여 드미트리를 감옥에 보내 버리자고 설득하기까지 했다고 말한다. 그 자리에 있던 남자들이 계속해서 서로에게 뭔가 소리치는 중에 갑자기 조시마가 일어선다. 그는 드미트리에게 다가가 그 앞에 무릎을 꿇고 절한다. 그러고는 말없이 방을 나간다. 다른 사람들은 이 행동에 당황한다.

이러한 조시마의 수수께끼 같은 행동은 다양한 해석이 가능하다. 조시마는 그의 신앙이 논리적이고 명료하기 때문에 다른 사람의 마음을 이해할 수 있다(러시아 정교회 '장로'의 특별은사와 카리스마). 그가 드미트리 앞에 무릎을 꿇고 절한 것은 아직 다른 어떤 인물도 꿰뚫어 볼 수 없는 것에 대한 그의 통찰력 넘치는 예지력과 이해를 나타낸다. 즉, 드미트리는 구원받기 전에 깊은 내면의 고통을 겪게 될 선한 사람이라는 것이다. 이 소설이 진행될수록 독자들은 조시마의 통찰력이 7장에서 제시되는 라키친의 교활한 이론("수도원장답게, 조시마 장로는 의인에게는 지팡이를 휘두르고, 살인자의 발치에 몸을 구푸리시네"〈영어판 66/민음사 1권 164〉.)보다 훨씬 더 정확하다는 것을 깨닫게 될 것이다. 조시마는 드미트리의 실제 미래를 예측할 수 있는 반면, 이성적인 라키친은 드미트리가 폭력적인 종말을 맞이할 것이라고 예측한다.[16] 이런 식으로 조시마의 인간 내면 통찰은 드미트리의 최종 운명을 선고한다. 또한 이는 소설 전반에 걸쳐 도덕적 갈등의 순간에 만들어지는 비슷한 기이한 몸짓을 예시한다.[17] 수도원 방문자들을 포함한 다른 사람들이 모두 수도원장 신부와 함께할 점심식사를 준비하는 동안에 표도르 파블로비치는 화를 내며 그 자리를 떠나 버린다.

7장. 영적 갈망이 큰 수도사 알료샤를 세상에 파송하는 조시마 장로
7장은 조시마를 중심으로 모여 있던 사람들이 흩어지는 상황을 다룬다. 그런데 알료샤만이 그냥 흩어지는 존재가 아니라, 파송받는 인물이다. 조시마가 드미트리에게 무릎을 꿇고 절한 후 방을 떠나자, 알료샤가 그의 뒤를 바짝 따라온다. 알료샤가 따라잡았을 때 조시마는 알료샤가 수도원을 떠나 세상으로 다시 돌아가 아내를 찾아 가정을 이루기를 원한다고 말한다. 이 말을 듣고 화가 난 알료샤에게 조시마는 미소를 지으며 "너의 길은 수도원 밖에 있다."라고 말한다. 조시마는 알료샤에 대한 큰 믿음을 가지고 있다고 말한 다음 그를 보낸다.

8장. 추문(醜聞)으로 끝난 표도르 파블로비치의 수도원 방문
표도르 파블로비치는 수도원을 떠나기 전에 또 다른 당혹스러운 사태를 일으킨다. 그는 수도원장 주최 오찬석상에서 화를 터뜨리며 수도원 생활의 어리석음과 위선에 대해 길고 저속하며 장황한 장광설을 쏟아낸다. 그 후 표도르는 마침내 수도원을 떠나고, 이반은 그를 마차에 태워 떠나보내며 알료샤에게 "수도원을 떠나 즉시 집으로 오라."고 소리친다. 그러나 마차에서도 표도르는 집에 돌아가 마실

코냐을 생각하며 고민에 빠진다.

3편(Book Three) : 육욕주의자들(Sensualists)

『카라마조프가의 형제들』은 체계적으로 잘 정리된 소설이다. 모두 4부 12편으로 구성된 이 소설의 각 편은 이야기 전개의 특정 단계를 기록하고, 특정 각도에서 이야기에 접근한다. 1편은 표도르 파블로비치 카라마조프의 과거와 세 형제의 어린 시절을 자세히 서술하면서 소설의 배경을 설명한다. 2편은 수도원에서의 만남을 다루고, 소설을 관통하는 주요한 철학적 갈등을 간략하게 설명하며, 표도르 파블로비치와 드미트리 사이의 갈등의 근원, 즉 그루셴카를 차지하기 위한 경쟁 관계를 등장시킨다. 3편에서는 마침내 소설의 주요 사건이 일어나는 마을이 소개된다.

2편에서 표도르 파블로비치, 라키친, 드미트리가 제시한 간접적인 시선과는 대조적으로 3편은 주인공들 사이의 상황을 직접적으로 보여준다. 3편은 표도르, 드미트리, 그리고 그루셴카 사이에 있던 사랑의 삼각관계를 자세하게 묘사한다. 그루셴카가 그의 아버지 표도르의 집에 오는지 감시하기 위해 아버지의 집 근처에서 망을 보다가 알료샤와 나눈 대화에서 드미트리의 성격이 아주 자세하게 탐색된다. 그날 저녁 좀 늦은 시간에 드미트리가 아버지의 집에 당도해 아버지를 공격하며, 다시 돌아와 언젠가는 죽여 버리겠다고 위협하는 사태가 벌어진다.

모두 11장으로 구성된 3편에는 스메르쟈코프와 그의 출생 기원, 그리고 그의 어머니 '악취 나는 리자베타'를 등장시킨다. 3편의 말미에서 알료샤는 그루셴카가 드미트리의 약혼녀 카체리나를 표독하고도 잔인하게 모욕하는 장면을 본다. 그 사건은 이 오만한 여성에게 끔찍하게 당혹스러운 사태였고, 부끄러운 소문거리가 되었다.

1장. 하인 방에서 자란 사생아 스메르쟈코프의 출생 비밀

화자는 표도르 파블로비치 카라마조프의 하인 그리고리의 아이 양육 이야기를 들려준다. 그는 카라마조프 세 형제가 어렸을 때 잠시나마 보살펴 주었던 사람이다. 그리고리의 아내는 여섯 개의 손가락을 가진 아이를 낳는데, 그 아이는 태어난 지 2주 만에 사망한다. 그리고리가 그 영아를 묻던 날 밤, 그의 아내는 멀리서 한 아기가 우는 소리를 듣는다. 누가 우는지 조사하러 간 그리고리는 죽어 가는 어린 소녀 곁에 갓 태어난 아이가 누워 있는 것을 발견한다. 스메르쟈코프로 자라 갈 아기였다.

이 스메르쟈코프의 출생 이야기는 표도르 파블로비치가 도덕법을 얼마나 무시했는지를 보여준다. 무력한 바보 소녀에 대한 유혹과 강간 가능성, 그리고 태어난 아이에 대한 천인공노할 대우(신생아 유기)가 표도르의 인간성이 얼마나 구제불능적인 악에 빠져 있는가를 예시한다. 선과 악에 대한 개념 없이 살았던 그의 악한 삶의 결과가 바로 스메르쟈코프의 출생이다.

이 타락한 존재인 표도르 파블로비치는, 이반의 도덕사상에 따르면 불행하게도 하나님을 믿지 않는 사람의 논리적 행동 과정의 끝에 나타나게 될 유형의 인간이다. 이런 유형의 사람은 갱생이 안 된다. 표도르 역시 회개와 갱생 기회를 얻지 못한 채 살해되어 생의 무대에서 퇴장당한다. 종교가 구원하지 못하는 사람도 있는 것이다. 반면에 그와 갈등했던 아들 드미트리는 구원을 받는다.

간질의 저주를 받은 사생아이자 뒤틀린 심성의 소유자인 스메르쟈코프는 표도르 파블로비치의 기형적인 삶을 일부분 상속한다. 그는 아버지의 사악한 행동에서 직접적으로 초래된 사생아의 비열한 기질과 건강하지 못한 몸을 갖고 태어난다. 이 병든 채 태어난 아이는 표도르의 최악의 요소만 상속했다는 상징적 표현이다.

2장. '악취 나는 리자베타' 스메르쟈쉬야 : 스메르쟈코프의 생모(生母)

그리고리가 목격한 막 출산을 마친 그 산모는 종종 '악취 나는 리자베타'라고 불리는 소녀였다. 그녀는 매우 둔하고 말도 제대로 못하는 수준의 사람이었다. 마을 사람들은 누군가가 이 무력한 어린 소녀를 유혹했다는 사실에 경악하며, 그렇게 할 만큼 사악한 유일한 남자는 표도르 파블로비치뿐이라는 사실에 동의했다. 그리고리와 그의 아내는 그 소녀가 낳은 아기를 입양하고, 표도르 파블로비치는 아기의 이름을 스메르쟈코프라고 지었다.

3장. 시의 형식으로 표현된 드미트리의 열렬한 고백

알료샤는 조시마와 그의 아버지의 명령에 따라 수도원을 떠난다. 카라마조프 가족의 지인이자 부유한 여지주인 호흘라코바 부인은 드미트리의 버림받은 약혼자인 카체리나가 쓴 쪽지, 즉 자신(카체리나)을 방문해 달라고 요청한 쪽지를 알료샤에게 전달했다. 알료샤는 아버지의 집으로 돌아가기 전에 무슨 일이 일어날지 다소 긴장된 마음을 가지고 카체리나의 집으로 출발한다. 알료샤는 카체리나의 집에서 이반이나 드미트리를 만나지 못할 것이라고 가정하며, 그녀를 만나기 전에 드미트리와 이야기를 나누고 싶다고 생각한다. 카체리나의 집으로 가는 지름길을 택한 그는 길을 가로막는 드미트리를 보고 깜짝 놀란다. 3장 후반부에는 드미트리의 고해성사적인 시 낭송이 길고 다양하게 이루어진다. 자신은 욕정의 원형질이며, 벌레 같은 자임을 고백하는 시 낭송이다. 이 시에서 '카라마조프적인 인간론'이 펼쳐진다. 여기에 보면 '카라마조프'의 뜻을 열 가지 이상으로 인용하는데, 카라마조프는 인간성을 구성하는 이원적 요소의 양방향으로 끌리는 존재를 의미한다. 짐승 같은 야수적 원시생명력과 거룩한 것을 사모하는 열망이 카라마조프를 구성한다. 자신을 벌레라고 한탄하면서도 자신이 벌레 이상이기를 소망하는 아우성이 카라마조프 드미트리의 심장에 내재되어 있다. 자신을 벌레라고 소리치는 드미트리의 자기조소가 슬프게 터져 나오는 이 장면은 자기비하적 자기경멸감에 가득 찬 드미트리의 망가진 내면을 보여준다.

드미트리는 알료샤와 표도르 파블로비치에 의해 각각 대표되는 인생관의 묘한 조합을 구현한다. 그에게는 표도르 파블로비치의 쾌락주의적인 관능미에 대한 집착 성향과 알료샤의 도덕성과 신앙에 대한 추구 성향이 혼재하며 공존한다.

라키친이 드미트리에게 표도르 파블로비치와 동일한 관능주의적 탐욕과 정욕을 가지고 있다고 비난하자, 드미트리도 자신의 행동에 대한 뿌리 깊은 혐오감을 드러낸다. 그는 카체리나를 형편없이 대하는 자신을 미워하는데, 이 사실이 드미트리를 표도르 파블로비치보다 도덕적으로 우월하게 만든다. 표도르 파블로비치가 그와 비슷한 후회를 했다고 상상하기는 어렵기 때문이다. 또한 드미트리가 카체리나를 협박하여 그와 함께 동침하도록 시도하는 행위를 포기한 이야기는 표도르 파블로비치에게는 상상할 수 없는, 나름대로 고결한 도덕성의 표현을 대변한다. 이런 드미트리의 진면목을 처음부터 알아본 사람은 조시마이다. 즉, 자신의 열정과 욕망의 힘으로 인해 죄에 빠지지만, 양심에 따라 살기 위해 분투하고 고뇌하는 혼란스러운 청년다운 면모가 드미트리에게 있다는 것을 조시마가 인정했다는 것이다. 이 부분에서 마태복음 21 : 31~32[18]에서 "세리와 창녀가 너희들(서기관과 바리새인들)보다 먼저 천국에 들어간다."고 했던 예수님의 말씀을 떠올리게 된다.

3장은 긴 시간 동안 진행된 상황을 알료샤의 관점을 중심으로 전개한다. 화자는 알료샤를 소설의 '주인공'으로 묘사하지만, 그는 지금까지의 이야기 전개 과정에서는 미미한 참여자로 머물고 있을 뿐이다. 그런데 스토리가 진행될수록 알료샤의 존재감이 점차 커져 간다. 『카라마조프가의 형제들』의 주요 주장 중 하나는 인간에 대한 알료샤의 비(非)판단적인 사랑이 그가 접촉하고 만나는 사람들의 삶을 향상시킨다는 것이다. 특히 그는 드미트리와 카체리나 사이의 의사소통 격차를 해소하고, 리즈에게 희망과 사랑을 제공하며, 드미트리에게 공격당한 아버지 표도르 파블로비치까지 돌본다. 도스토옙스키는 알료샤가 어떻게 다른 인물들이 연루된 갈등과 그로 인해 표출되는 오래 쌓인 증오에 영향을 받지 않는지, 그리고 위안과 안도감을 주는 그의 인격적 현존이 그들 사이에서 어떻게 평화와 해결을 장려하는지를 반복적으로 보여준다. 알료샤는 부분적으로는 『백치』의 므이쉬킨 공작과 비슷한데, 그보다 훨씬 더 성숙하고 무흠한 백치라는 인상을 준다.

이 소설의 결말부에는 알료샤가 대표하는 "새 세대가 희망이다."라는 외침이 터져 나온다. 그는 아버지 카라마조프를 대신하여 새로운 카라마조프가를 창조한다. 알료샤와 표도르 파블로비치의 대비는 믿음과 사랑의 삶이 의심과 이기심의 삶보다 얼마나 우월한가를 보여준다. 그래서 알료샤의 선행 능력을 신뢰하는 조시마 장로는 알료샤를 수도원에서 내보내고 세상으로 파송하고자 시도한다. 비록 2편에서는 이런 조시마의 결정의 이유가 미스터리로 남아 있었지만, 3편에서는 그의 동기가 더 명시적으로 나온다. 알료샤가 세상에 나가 선한 일을 하도록 허용하는 것, 그것이 조시마의 알료샤 환속 파송 목적이라는 것이 분명해졌다. 알료샤는 조시마의 사상을 현실 세계에서 실현하기 위해 노력하는 인물로서, 조시마가 묘사한 단순하고 사랑이 넘치는 종교적 신앙뿐만 아니라 세상에서 실제로 선을 행하는 신앙의 힘도 대변하고 체현한다.

4장. 스토리텔링 형식으로 이루어진 드미트리의 뜨거운 마음의 고백

드미트리는 카체리나와 만나게 된 과정과 그녀와 자신 사이에 진전된 관계를 알료샤에게 이야기한다. 드미트리는 자신이 군인으로 주둔했던 군부대 소재 수용소에서 지휘관의 딸이었던 카체리나를 처음 만났다. 카체리나는 드미트리가 그녀의 아버지의 빚을 갚기 위해 4천 5백 루블을 제공함으로써 그녀를 속여 그와 함께 동침하도록 시도할 때까지 드미트리를 무시했다. 드미트리는 자신의 계획을 실행에 옮기기 시작하면서 갑자기 자기혐오감에 사로잡혔고, 아름답고 순진한 카체리나를 보자 정작 그녀를 유혹할 시도조차 하지 않은 채 그녀에게 돈만 주기로 결정했다. 이런 일이 있은 후 카체리나는 한 친척으로부터 많은 재산을 상속받고, 스스로 드미트리에게 결혼하자고 제안했다. 드미트리는 나쁜 방식으로 카체리나를 대하려고 했으나 마지막 순간에 수치심 때문에 멈추었고, 그것이 오히려 카체리나의 마음을 움직였던 것 같다.

그러나 표도르 파블로비치의 마을로 돌아온 드미트리는 재빠르게 그루셴카에게 반했다. 그는 심지어 그루셴카와의 방탕한 생활에 자금을 조달하기 위해 카체리나로부터 3천 루블을 '훔쳤다'.

5장. 나락으로 떨어지는 드미트리의 뜨거운 마음의 고백

드미트리는 알료샤를 통해 카체리나에게 자신과 그녀의 약혼이 공식적으로 끝났다고 전해 달라고 요청한다. 그는 또한 알료샤에게 카체리나에게 돈을 갚고 양심을 편하게 할 수 있도록 아버지로부터 3천 루블을 조달해 달라고 요청한다. 드미트리는 표도르 파블로비치가 그루셴카의 애정을 사기 위해 그 정도의 돈을 모아 두었으며, 따라서 아버지 표도르 파블로비치가 즉시 사용할 수 있는 3천 루블을 가지고 있다는 것을 알고 있었기 때문이다.

6장. 스메르쟈코프의 두 얼굴

한편 아버지의 집에 간 알료샤는 아버지가 술을 마시고 있는 것을 발견한다. 이반은 불만스러운 표정으로 표도르 파블로비치 옆에 앉아 있다. 스메르쟈코프와 그리고리가 논쟁을 벌이고 있고, 이반과 표도르 파블로비치는 그들의 논쟁을 듣고 있다. 스메르쟈코프는 양부모(그리고리)를 포함하여 집에 있는 모든 사람을 경멸하는 음침하고 우울한 청년이다. 그는 표도르 파블로비치의 요리사로 일하고 있는데, 대부분의 가족은 그의 냉담한 태도에도 불구하고 그를 책임감 있는 사람으로 간주한다. 표도르 파블로비치가 술에 취해 무감각하여 3백 루블을 잃었을 때, 스메르쟈코프가 그 돈을 찾아 돌려주었기 때문이다. 아마 스메르쟈코프도 그가 친아버지라는 것을 알았던 것 같다.

7장. 그리고리와 스메르쟈코프의 논쟁 : 생명을 지킬 것이냐, 믿음을 지킬 것이냐?

그리고리와 스메르쟈코프는 생명을 구할 수 있다면 하나님에 대한 믿음을 포기하는 것이 도덕적으로 허용되는지의 여부를 놓고 논쟁을 벌이고 있다.[19] 스메르쟈코프는 누구도 완전한 믿음을 갖고 있지 않기 때문에 그것이 허용될 수 있다고 주장한다. 산을 옮겨 달라고 하면 하나님께서 산을 옮기실 것을 믿을 만큼 큰 믿음을 가진 사람은 아무도 없기 때문이다. 그러므로 스메르쟈코프는 누구도 자신이 갖고 있는 믿음을 위해 죽어서는 안 되며, 생명을 구하기 위해 믿음을 버린 사람은 나중에 자신의 죄를 회개할 수 있다고 말한다. 그는 그리고리와 논쟁을 벌이고 있지만 대부분의 관심을 이반에게 쏟고 있는 것으로 보이며, 이반이 자신의 추론을 지지해 주기를 바라는 눈치를 보인다. 스메르쟈코프가 이 논쟁을 벌이는 이유는, 이반에게 자기의 지적인 깊이를 보여주기 위함이다. 즉, 이반에게 호의를 얻기 위함이다.

8장. 코냑을 마시며 신앙을 논하는 아버지와 두 아들

표도르 파블로비치는 하인들의 다툼에 싫증을 느끼고 그들을 내보내 버린다. 그는 이반에게 그의 종교적 신념에 대해 묻는다. 이반은 자신은 신이나 영혼불멸을 믿지 않는다고 말한다. 알료샤는 신이 존재하며 영혼은 불멸이라고 주장하면서 종교를 옹호한다. 술에 취한 아버지와 볼테르와 같은 지성인인 아들, 그리고 매우 착한 아들의 종교 토론은 묘한 분위기를 만든다.

이 논쟁에도 금방 싫증이 난 표도르 파블로비치는 논쟁을 진전시키는 대신, 두 아들의 어머니를 두고 알료샤를 조롱하기 시작한다. 표도르 파블로비치는 그녀의 종교적 신앙을 공격하며 그녀의 발작을 묘사한다. 이 공격에 너무 화가 난 알료샤는 발작을 일으킨다. 이 문맥에서 '발작'은 남성적 공격에 저항하는 약자의 저항으로 읽힌다. 알료샤의 발작은 생모의 발작을 이어받은 것처럼 보인다.

화가 난 이반은 표도르 파블로비치에게 그와 알료샤가 같은 어머니를 두고 있다는 사실을 상기시킨다. 표도르 파블로비치는 둘 다 두 번째 결혼한 아내의 자녀라는 사실을 잊고 있었음을 깨닫는다. 그 사이에 갑자기 드미트리가 방으로 들어와 아버지에게 소리를 지르며, 그루셴카를 집에 숨겼다고 주장한다.

9장. 음탕한 사람들 : 아버지와 아들의 육탄전

드미트리는 그루셴카를 찾기 위해 방을 뛰어다니고, 표도르 파블로비치는 역으로 드미트리가 그루셴카의 돈을 훔쳤다며 비난한다. 그러자 드미트리는 아버지를 땅바닥에 내동댕이친 후 죽이겠다고 위협한 뒤 밖으로 도망친다. 알료샤와 이반은 표도르 파블로비치의 상처를 치료하고 그를 침대에 눕힌다.

5부 카라마조프가의 형제들

10장. 두 여자가 한자리에 : 그루셴카와 카체리나의 만남

저녁 7시경 알료샤는 드미트리와 아버지가 육탄전을 벌이는 현장을 떠나 카체리나가 머물고 있는 집으로 갔다. 그 집은 카체리나가 이모 두 명과 빌려 사는 아주 넓은 집이었다. 카체리나는 알료샤를 요란하게 환영한다. 그는 카체리나를 처음 본 3주 전을 잠시 회상한다. 그때 알료샤는 자신을 맞이하는 카체리나의 도도하고 고압적이고 오만한 언동에 놀랐고, 아름다운 카체리나의 눈에서 무언가를 감지했다.

> 그는 그녀의 멋지고 불타오르는 검은 눈이…… 갸름한 얼굴에 잘 어울린다고 생각했다. 이 눈과 그녀의 고혹적인 입술선에는 그의 형(드미트리)을 열정적인 사랑에 빠지게 할 수는 있었겠지만, 오랫동안 사랑받을 수는 없는 그 뭔가가 있었다(영어판 124/민음사 1권 305).

그 후 드미트리가 알료샤에게 카체리나를 만난 소감을 말해 보라고 부탁했을 때, 그는 이렇게 대답했다.

> "드미트리 형은 그녀와 함께라면 행복할 테지만, 어쩌면…… 그건 순탄한 행복은 아닐 거예요. …… 아마도 형은 그녀를 영원히 사랑하려고 할 거예요. 하지만 아마도 형은 그녀와 함께 있으면 늘 행복하지만은 않을 거예요……"(영어판 124/민음사 1권 305).

그런데 이번 만남은 이 확신을 흔드는 것 같았다.

> 이번에는 그녀의 얼굴이 저절로 우러나오는 선량한 친절함과 직접적이고 따뜻한 진실함으로 빛나고 있었다(영어판 124/민음사 1권 306).

그런 카체리나에게 알료샤가 형의 작별 인사를 전한다. "형은 앞으로 당신에게 더 이상 오지 않을 것입니다. 머리 숙여 인사하라고 말했습니다." 또한 알료샤는 드미트리가 카체리나의 친척에게 부쳐야 할 돈 때문에 괴로워하고 있음을 넌지시 말한다. 그러자 카체리나는 이미 드미트리가 자신이 모스크바에 사는 친척에게 보내 달라고 부탁한 3천 루블을 보내지 않고 가로챘다는 것을 알고 있었다는 말로 응대한다. 더 나아가 카체리나는 드미트리를 용서할 것이며, 자신의 3천 루블을 모스크바에 보내지 않았다는 것 때문에 너무 자책하거나 수치스럽게 여기지 않도록 할 것이라고 확언하기까지 한다. 알료샤는 드미트리가 그루셴카에게 갔다고도 강조하지만, 카체리나는 그가 그루셴카와 결혼하지는 않을 것이라고 자신 있게 말한다. 그리면서 그루셴카를 부른다.

"아그라페나 알렉산드로브나, 나의 천사!"(영어판 126/민음사 1권 311)

그러자 옆방에서 기다리던 그루셴카가 환하고 밝은 분위기를 연출하며 다가오는 것이 아닌가? 알료샤는 그루셴카가 카체리나의 집에 있다는 사실에 놀랐다. 둘은 이미 협약을 종결지었던 것이다. 그루셴카는 방금 카체리나에게 자신은 전 애인을 위해 드미트리를 떠날 것이며, 카체리나가 곧 드미트리를 남편으로 되찾을 수 있게 해 주겠다고 약속했다. 카체리나가 알료샤에게 자신과 그루셴카 사이에 있었던 일(그루셴카가 카체리나를 모욕한 일)을 말했기 때문에 알료샤는 두 여자의 화기애애한 관계가 선뜻 이해되지 않았다. 그럼에도 두 여자의 관계는 원만하게 정리된 것처럼 보였다. 그래서 카체리나는 약혼자 드미트리를 되찾을 수 있다는 희망으로 일순간 감사하고 기뻐하고 있었다. 하지만 알료샤가 낮에 일어난 부자간의 육탄전을 자세히 보고하자, 두 여자는 동시에 변했다. 그것을 들은 그루셴카가 먼저 돌연 카체리나를 모욕하고, 결국 자신은 드미트리와 함께 있기로 결정할 수도 있다고 말한다. 두 여자는 다시 파국에 이른다.[20] 이 어수선한 파열을 목격하고 심란해진 알료샤는 집에서 나가는 길에 리즈가 자신에게 보낸 하녀를 만나 편지를 건네받는다.

11장. 또 하나의 짓밟힌 명예

수도원으로 돌아온 알료샤는 그루셴카의 행동에 대한 보고를 듣고 비웃는 드미트리를 만난다. 갑자기 후회의 감정에 복받친 드미트리는 알료샤에게 자신이 자기혐오감에 사로잡혀 있다고 말한다. 그날 밤 수도원에서 알료샤는 조시마의 건강이 급격히 악화되고 있으며, 그가 죽음에 거의 이르렀다는 사실을 알게 된다. 알료샤는 가족 갈등의 해결을 돕기 위해 가정으로 돌아가는 대신, 자신이 아버지처럼 사랑하는 조시마와 함께 있기로 결정한다. 그는 자신을 향한 사랑의 고백이 담긴 리즈의 편지를 읽는다. 그녀는 언젠가 알료샤와 결혼하고 싶다고 썼다. 알료샤는 행복하게 웃으며, 어려움에 처해 있는 모든 사랑하는 사람들을 위해 기도한다. 이런 다사다난한 하루를 보낸 그는 깊은 잠에 빠진다.

2부

파열되고 망가지는 인간 존재들 속에서 엿보이는 인간 존재의 고양, 갱생의 빛

4~6편, 세 편으로 구성된 2부는 인간들 사이에서 일어나는 파열, 파탄, 불화, 그리고 인간들 사이를 구원할 고귀하고 자기극복적인 인간 갱생을 대조적으로 보여준다. 4편은 수도원에서 조시마 장로와 맞서 파열을 일으키는 페라폰트 신부 이야기에서부터 호흘라코바 부인 거실에서의 파열(알료샤와 리즈), 스네기료프의 누추한 오두막

에서 벌어지는 알료샤와 스네기료프의 파열을 다룬다. 5편은 하나님의 무관심과 방치 속에서 고통스럽고 불행하게 살아가는 자들의 고통 백태와 그것을 바탕으로 제기되는 저항적 무신론 담론을 다룬다. 6편은 부조리하고 억울한 이 고통 넘치는 세상에서 작동하는 하나님의 치유의 손길을 찬미한다. 2부는 파열, 파탄, 고통과 아우성, 그리고 하나님의 응답 이야기이다.

4편(Book Four) : 갈라지고 부서지는 인간 군상(Lacerations/Strains)[21]
모두 일곱 장으로 구성된 4편은 소설 후반부에 더 자세히 전개될 하나의 곁가지 이야기를 도입한다. 그것은 알료샤가 일류샤라는 병든 또래 친구에게 돌을 던지는 악동들을 관찰하는 장면부터 시작된다. 알료샤는 악동 소년들을 타일러 병든 친구에게 돌을 던지지 말라고 요구하지만, 일류샤가 알료샤에게 돌을 던지고 손가락을 깨물어 버리는 일이 벌어진다. 일류샤의 아버지인 전 2등 대위 스네기료프가 알료샤의 형 드미트리에게 공격을 받았으며, 드미트리가 그의 수염을 잡고 술집에서 끌고 나가는 일이 있었다는 사실이 나중에 알려진다. 알료샤를 공격한 일류샤를 이해하려면 드미트리의 폭행 사건을 알아야 한다. 알료샤는 스네기료프 집안의 또 다른 곤경들과 불행들을 발견하게 되고, 그의 형이 범한 잘못에 사과하는 셈으로 퇴역 대위에게 돈(2백 루블 : 카체리나가 준 돈)을 제공하여 병든 아내와 자녀들을 돕고자 하지만 거절당한다. 스네기료프는 처음에는 돈을 받았다가 자존심 때문에 그 돈을 집어던지며 자기 집으로 되돌아간다. 일류샤의 이야기는 이 소설의 큰 줄거리의 곁가지처럼 보여도 실상은 중심 줄거리의 일부로 볼 수도 있다. 큰 톱니바퀴 안에 작은 톱니바퀴가 돌아가듯, 수십 개의 이야기가 맞물려 돌아가기 때문에 작고 단편적인 이야기들이 서로 연결되기도 하고, 연결되지 않기도 한다.

또 다른 대표적인 예로 2부 5편 5장 "대심문관"도 깊은 신학담론을 전개하는 또 하나의 작은 소설이다. 이처럼 『카라마조프가의 형제들』은 작은 액자소설 수십 개가 연방형식 대소설을 이룬다.

1장. 페라폰트 신부 : 조시마와 맞서는 탈세상적 금욕주의자
자신이 곧 죽을 것이라는 사실을 깨달은 조시마는 한 무리의 학생과 친구들을 곁으로 불러 믿음, 사랑, 선함에 대한 마지막 대화를 나눈다. 그는 적극적으로 인류를 사랑하는 것, 그리고 다른 사람들을 향하여 보편적인 사랑을 실천하는 삶의 중요성을 강조한다. 그는 또한 지구상의 모든 사람은 다른 사람의 죄책에 대한 책임을 공유한다고 말하면서, 그의 청중에게 다른 사람들에 대한 심판자 자세를 취하지 말도록 권고한다.
그런데 조시마 장로는 죽음을 앞두고도 왜 이렇게 전 인류를 생각했을까? 이것은 19세기 사회소설의 특징이다. 특히 도스토옙스키의 소설은 러시아적 역사 토양에서 피어난 문학이지만, 인류 자체의 삶과 그 파국, 그리고 그것을 극복할 비전을 모색한다.

"서로 사랑하십시오. 우리가 이곳에 와서 이 벽 안에 스스로를 가둬 놓았다고 해서, 우리가 밖에 있는 이들보다 더 거룩한 것은 아닙니다. 오히려, 우리가 이곳에 온 그 사실 자체로 우리 각자는 자신이 다른 이들보다, 이 땅의 모든 사람들보다 더 나쁘다는 것을 스스로 고백한 것입니다…… 그리고 수도승이 그의 은둔 생활을 오래 하면 할수록, 그만큼 그는 그 사실을 더욱 뼈저리게 깨달아야 합니다"(영어판 139/민음사 1권 340-341).
"친애하는 이들이여, 우리 각자는 의심할 여지없이 지상의 모든 인간과 만물에 대해 책임이 있습니다. 이는 단순히 피조물의 보편적 죄악성 때문에 느끼는 책임이 아니라, 각자가 온 인류와 모든 개별 인간에 대해 느끼는 책임감 때문입니다. 이 인식이야말로 수도승과 지상의 온갖 사람이 추구해야 할 인생의 면류관입니다. 수도승은 뭔가 특별한 부류의 사람이 아니라, 모든 사람들이 마땅히 추구해야 할 것을 이루려고 애쓰는 사람이기 때문입니다. 오직 이 지식을 통해서만 우리의 마음은 무한하고 보편적이며 고갈되지 않는 사랑으로 부드러워집니다. 그러면 여러분 각각이 사랑으로써 온 세상을 얻을 수 있고 여러분 자신의 눈물로 세상의 죄를 씻어 버릴 수 있는 힘을 갖게 될 겁니다……. 여러분 각자 자신의 마음을 지키며 자기 자신에게 끊임없이 고해하십시오"(영어판 139-140/민음사 1권 341).

이 장엄한 조시마의 설교를 마음으로 받은 알료샤는 조시마의 침대 옆을 떠나면서 장로의 임박한 죽음을 곰곰이 생각하고, 확실히 하나님께서는 그러한 현명한 사람의 죽음을 일종의 놀라운 기적으로 장식하지 않고는 죽도록 내버려두지 않으실 것이라고 생각한다. 알료샤는 조시마의 적이자 그의 따뜻한 마음의 사랑과 용서 교리와는 하나도 닮지 않은, 가혹하고 금욕적인 형태의 경건을 옹호하는 페라폰트 신부를 제외하고는 수도원의 모든 사람이 자신과 같은 감정을 가지고 있을 것이라고 확신한다. 조시마는 알료샤를 자신의 수도원 승방으로 다시 부른다. 그는 알료샤에게 가족을 돕고 마을에서 좋은 일을 하기 위해 수도원을 떠나라고 다시 요청한다. 이번에는 알료샤도 그렇게 하기로 동의한다.

2장. 아버지 표도르 파블로비치의 구제불능 수준의 타락상

집으로 돌아온 알료샤는 미래에 대해 궁리 중인 아버지 표도르 파블로비치를 만난다. 표도르 파블로비치는 알료샤에게 자신이 오랜 세월 동안 살 계획을 하고 있으며 그의 유일한 연인이 죽을 때까지, 즉 자신이 죽을 때까지 관능주의적 호색한으로 남을 계획이라고 말한다. 그러나 그는 결국 자신이 젊은 여성들을 유혹하기에는 너무 쇠약해지는 날이 올 것이므로 더 늦기 전에 그들을 침대로 유인하려면 많은 돈이 필요할 것이라고 말했다. 그는 또한 이반이 드미트리가 그루셴카와 결혼하는 것을 돕기 위해 카체리나를 유혹하려 한다는 사실을 슬쩍 흘린다. 이반이 카체리나를 유혹하는 데 성공하면 표도르 파블로비치 자신은 그루셴카와 결혼할 수 없을 것이며, 이반은 그가 받을 가족 재산의 일부가 표도르 파블로비치가 얻게 될 새 아내에게 넘겨질까 봐 두려워한다는 것이다. 표도르 파블로비치는 알료샤 앞에서 자신의 사악함을 인정한다. 하지만 알료샤는 그는 악하지 않고, 단지 왜곡되어 있는 것뿐이라고 말한다.

3장. 초등학생 악동들과 일류샤의 투석전에 끼어드는 알료샤

이반과 드미트리를 비난하는 아버지 표도르 파블로비치의 취중 객담을 들어 주느라 고생한 알료샤는 호흘라코바 부인의 집으로 출발한다. 도중에 그는 어린 불량배 무리가 연약한 소년에게 돌을 던지는 것을 본다. 그 연약한 소년은 자신의 불리한 점들에도 불구하고 상대에게 사납게 돌을 되던지고 있다. 그 소년이 도망가자 알료샤는 그와 이야기를 나누고 싶어 그를 뒤쫓는다. 하지만 알료샤가 소년을 붙잡자 소년은 그에게도 돌을 던지고 그의 손가락을 물었다. 그러고 도망친 소년을 본 알료샤는 혼란스러워하며 고민에 빠진다. 무엇이 그 어린 소년에게 이런 야만적인 행동을 일으켰는지 궁금해한다.

4장. 호흘라코바 부인의 집에서[22] 옥신각신하는 알료샤와 리즈

호흘라코바 부인의 집에 간 알료샤는 이반이 이미 그 집에 있는 카체리나를 방문 중인 사실에 놀란다. 두 사람은 위층에 있었다. 알료샤가 그들과 합류하기 전, 그는 호흘라코바 부인에게 손가락을 싸

맬 헝겊조각을 달라고 요청한다. 그녀가 상처를 치료할 물품을 찾으러 갔을 때, 알료샤는 자신에게 말을 걸어오는 리즈를 본다. 그녀는 자신이 알료샤에게 쓴 연애편지를 다시 돌려 달라고 고집을 피운다. 그녀는 그것이 단지 농담이었다고 말했다. 알료샤는 자신이 농담을 진담(알료샤는 리즈랑 결혼할 생각)으로 여겨서 편지를 가져오지 않았다고 둘러대며 편지 돌려 주기를 거부한다.

5장. 거실에서 일어난 카체리나와 이반의 감정적 파열

알료샤는 이반과 카체리나와 대화하기 위해 위층으로 올라간다. 알료샤의 눈에는 이반과 카체리나가 사랑에 빠진 것이 분명하지만, 그들은 도덕적 장벽(형의 약혼녀를 사랑해서는 안 된다는 도덕)을 만들고 서로를 떼어 놓으며 서로를 괴롭히고 있다. 카체리나는 알료샤에게 드미트리가 그녀를 버리고 그루센카와 결혼하기로 결정하더라도 자신은 이반과 결혼하지 않을 것이며, 드미트리에게만 충실할 것이라고 말한다. 이반도 드미트리에 대한 그녀의 헌신이 올바른 결정이라고 생각한다고 말한다. 이 둘의 말과 논리에 좌절한 알료샤는 그들이 서로에 대한 사랑을 인정하지 않음으로써 서로를 상하게 하고 있다는 사실을 깨닫게 해 주려고 노력한다. 이반은 자신이 카체리나를 사랑한다는 것을 인정하지만, 그녀의 삶에 드미트리가 필요하다고 생각한다고 말하며 카체리나에 대한 자신의 애정을 부인하려고 애쓴다.

아니나 다를까 이반은 다음 날 모스크바로 떠나기로 결정했다고 말하고 작별 인사를 한다. 하지만 알료샤는 카체리나에게 이반에 대한 사랑을 인정하고 사랑을 결실하라며 권고한다. 그러자 카체리나는 알료샤를 철부지 유로지브이(거룩한 바보)라며 핀잔을 준다. 이반은 착한 동생이 자신과 카체리나 사이를 오해했다고 발뺌하면서 자리를 떠난다. 이반이 떠난 후 카체리나는 한때 드미트리의 분노를 불러일으켰던 한 늙은 대위(아버지 표도르가 고용했던 2등 대위 스네기료프)에 대한 이야기를 알료샤에게 들려준다. 드미트리는 그 대위의 어린 아들 앞에서 그를 심하게 때렸고, 어린 아들은 드미트리에게 아버지를 살려 달라며 간청했다. 카체리나는 드미트리의 폭력을 배상하기 위해 '선량하기 그지없는' 알료샤에게 2백 루블을 주며 그 대위에게 가져다주라고 요청하고, 알료샤는 동의한다. 카체리나의 속 깊고 고결한 면모가 보이는 대목이다.

6장. 가난한 늙은 대위 스네기료프의 소박한 오두막에서의 파열
알료샤는 불쌍한 대위의 오두막으로 찾아갔고, 그곳에서 놀랍게도 그의 아들인 일류샤가 자신의 손가락을 깨물었던 그 어린 소년이라는 사실을 알게 된다. 그는 자신이 일류샤의 아버지를 폭행한 남자의 동생이기 때문에 일류샤가 자신을 공격했다는 사실을 깨닫는다. 형의 폭행을 사죄하러 간 알료샤는 늙은 퇴역 대위 스네기료프와 가족들 모두에게 냉대를 받는다. '어설픈 죄책 고백 시늉은 걷어치우라'는 식의 냉대였다. 나머지 가족들까지 알료샤에게 분을 터뜨리자 스네기료프가 그를 데리고 밖으로 나간다.

7장. 신선한 공기 속을 걸으면서도 알료샤의 사죄 요청을 거부하는 스네기료프
밖을 걸으면서 알료샤는 스네기료프에게 무지개빛 100루블짜리 새 지폐 두 장을 그에게 내밀었다. 배상금, 위로금 조로 준 것이다. 처음에 늙은 대위는 2백 루블을 받을 것이라는 생각으로 매우 기뻐했다. 그러나 그는 고민 끝에, 자랑스럽게 그 돈을 땅바닥에 던지며 짓뭉갠다.

"당신을 보낸 사람들에게 말해 주시오. 이 '털복숭이'는 자신의 명예를 팔지 않는다고요!"(러시아어판 143/영어판 179/민음사 1권 443)

그는 만약 자신이 그것을 받으면 그의 아들이 결코 자신을 존경할 수 없을 것이라고 설명한다.

"내가 우리가 받은 치욕의 대가로 당신네들한테 돈을 받는다면 내 아들한테 뭐라고 말하겠습니까?"(영어판 179/민음사 1권 444)

이것도 정곡을 찌르는 말이다. 알료샤는 돈을 카체리나에게 돌려주려고 그녀에게 되돌아간다.

5편(Book Five) : Pro and Contra

5편은 스네기료프에게 보낸 위로금 2백 루블 전달 심부름 경과보고를 위해 알료샤가 다시 호흘라코바 부인 집에 머무는 카체리나를 방문하는 상황에서 시작된다. 1장은 알료샤와 리즈의 혼담을 다루고, 2장은 그루셴카를 차지하기 위해 아버지 집을 배회하는 형 드미트리를 붙잡아 아버지와 충돌하는 것을 막으려고 조바심을 내는 알료샤가 예기치 않게 자신의 미천한 출생 비밀을 한탄하면서 웬 여자와 함께 기타를 치며 노래를 부르는 스메르쟈코프를 목격하는 상황을 다룬다. 스메르쟈코프는 드미트리의 행방을 묻는 알료샤에게 이반이 드미트리를 광장에 있는 한 술집으로 불러냈다고 말해 준다. 이반 카라마조프가 동생 알료샤를 이 술집에서 만나 나누던 대화에서 당시 러시아를 풍미하던 합리주의와 허무주의 이데올로기가 열정적으로 옹호된다. '반역'이라고 붙여진 4장에서 이반은 하나님이 창조하신 세계가 억울하고 원통한 자들의 '고통 위에 구축되어 있다'는 이유로 하나님에 대한 신앙을 거부한다. 여기서 '고통'은 애매한 고통, 죄 없는 자들의 고통이다.

이 소설에서 가장 유명한 5장 "대심문관"(The Grand Inquisitor)에서 이반은 알료샤에게 그가 지은 산문시를 들려준다. 이 산문시는 16세기 스페인의 한 도시에서 90세 된 대심문관과 조용히 재림한 나사렛 예수의 조우를 다룬다. 여기서 대심문관은 로마가톨릭교회가 인간을 노예화함으로써 구원을 베풀어 주었다고 주장한다. 그러므로 대심문관은 "이 땅의 인간 구원은 로마가톨릭교회에게 맡기고 예수, 당신은 다시 하늘로 귀환하세요."라며 압박한다. 대심문관은 예수를 다시 지하감옥에 투옥하면서 말한다. "당신은 우리를 방해하려고 왔지요? 당신은 우리가 당신과 함께 일하는 것이 아니라, 당신을 대적했던 사탄과 함께 일하고 있다는 것을 알고 있습니다. 우리는 사탄으로부터 당신이 조소하며 거절했던 것을 취했습니다. 사탄이 당신에게 지상의 왕국들을 보여주겠다고 제의했던 마지막 선물을 우리 가톨릭교회가 취했습니다. 사탄으로부터 우리는 로마와 시저의 칼을 얻었으며, 우리 스스로를 지상의 유일통치자들이라고 선포했습니다. 우리는 승리할 것이며, 시저들(Caesars)이 될 것이며, 인간의 보편적 행복을 계획할 것입니다." 대심문관은 예수에게 당신이 인간에게 자유의지라는 무거운 '짐'을 넘기지 말았어야 했다고 말한다. 이 모든 논쟁의 끝에, 예수는 조용히 그 늙은 대심문관에게 다가가 그의 입술에 입 맞춘다.[23] 너무나 망연자실하고 감동이 된 대심문관은 그에게 다시는 이 지상에 내려오지 말라고 말하며 그를 풀어 준다.

이 이야기를 듣고 알료샤는 이반에게 가서 조용히 입 맞춘다. 그것은 대심문관과 이반의 모든 논리와 추론보다도 더 깊은, 설명할 수 없는 감정을 담은 행동이었다. 이반은 알료샤의 행동이 그의 시를 들고 직접 추동된 행동이었기에 기쁨으로 소리친다. 형 이반의 "대심문관" 담론을 듣고 알료샤가 혐오감에 빠지거나 형을 무신론적으로 비난한 것이 아니라, 입 맞춘 행위는 이반의 항변을 수긍하고 동정하는 하나님의 마음일 것이다. 형제들은 작별한다.

1장. 알료샤와 리즈 사이에 오간 혼담(婚談)

호흘라코바 부인의 집으로 돌아온 알료샤는 드미트리가 자신을 떠나기로 한 결정 때문에 극심한 굴욕을 느낀 카체리나가 열병에 걸렸다는 사실을 알게 된다. 알료샤는 리즈와 이야기를 나누고, 그 늙은 대위가 카체리나의 돈을 받도록 자신이 설득하는 데 실패했음을 말한다. 알료샤의 온화한 지혜에 깊은 감동을 받은 리즈는 갑자기 자신의 연애편지가 진심이었다고 인정한다.[24]

알료샤 또한 리즈를 사랑한다고 말한다. 두 젊은이는 결혼 계획을 세우기 시작한다. 알료샤는 또한 그 연애편지에 대해 리즈를 속였다고 고백한다. 그는 편지를 그녀에게 돌려주기를 거부했는데, 이는 그가 주장한 대로 그것을 갖고 있지 않았기 때문이 아니라, 포기하기에는 그에게 너무 중요한 것이었기 때문임을 털어놓았다. 알료샤가 떠나려고 하자 호흘라코바 부인이 그를 막는다. 그녀는 리즈와의 대화를 듣고 알료샤가 리즈와 결혼할 것이라는 생각에 자신이 몹시 불행해진다고 말한다. 최근 리즈가 점점 더 신뢰할 수 없고 어려운 상태로 악화된 상황 때문임을 암시한다. 심지어 자신의 딸이 결혼하면 엄마인 자신은 죽음 외에는 기대할 게 없다고 말한다. 알료샤는 결혼이 앞으로 1년 반 동안은 이루어지지 않을 것이라고 말하면서 일단 그녀를 진정시키려고 노력한다. 하지만 그녀가 리즈의 편지를 보여 달라고 압력을 가하자 그는 단호하게 거절한다.

2장. 자신의 비천한 출생 비밀을 한탄하면서 한 여성과 함께 노래를 부르는 스메르쟈코프

알료샤는 드미트리의 폭력적이고 열정적인 행동에 대해 생각하고, 그가 원래 바랐던 바와 달리 수도원에 있는 조시마의 임종병상 옆으로 돌아가 임종을 지키는 대신 그의 형을 돕기로 결정한다. 알료샤는 드미트리가 자신을 피하는 것 같다고 생각하고, 그가 그루셴카를 감시하기 위해 자주 아버지 표도르의 집을 방문한다는 사실을 알고 드미트리의 돌발 행동을 방지하려고 아버지의 집으로 간다. 가는 도중에 알료샤는 우연히 스메르쟈코프가 벤치에 앉아 기타를 연주하며 가정부의 딸을 위해 노래를 부르는 것을 듣는다. 알료샤는 잠정적으로 이 장면을 중단시키며, 스메르쟈코프에게 드미트리의 행방을 알고 있는지 묻는다. 스메르쟈코프는 드미트리가 이반을 만나러 술집으로 갔다고 말한다.

3장. 서로 친해지는 이반과 알료샤

알료샤가 술집에 도착했을 때 그는 이반이 혼자 테이블에 앉아 있는 것을 발견했다. 이반은 알료샤에게 합석해 달라고 요청하고, 자신이 알료샤를 존경하기 시작했으며 그를 더 잘 알고 싶다고 말한다. 알료샤는 이반이 모스크바로 떠나면 표도르 파블로비치와 드미트리에게 무슨 일이 일어날지 걱정된다고 말한다. 하지만 이반은 다른 사람들에게 일어나는 일은 자신의 책임이 아니라고 단호하게 선언한다. 사실 그는 표도르 파블로비치의 역겹고 혐오스러운 모습을 피하고, 그로부터 도망치기 위해 처음 찾은 곳이 바로 자신이 앉아 있는 이 술집이라고 말한다. 여기서 이반은 알료샤의 맑은 신심호수에 큰 바위를 던져 파문을 일으키면서도 동생에게는 자신의 곁을 내준다. 3장 마지막에서 이반이 쏟아내는 저항적 무신론 모두 발언이 매우 인상적이다.

"나는 고통이 치유되고 보상받을 것이며, 인간적 모순들의 모든 굴욕적인 부조리가 가련한 신기루처럼, 그리고 무력하고 무한히 작은 인간의 유클리드적 정신이 만들어낸 비열한 허구처럼 사라질 것임을, 세상의 마지막 순간, 영원한 조화의 순간에 모든 마음을 채우기에 충분할 만큼 소중한 그 무엇이 일어날 것이며, 모든 원한을 달래고 인류의 모든 범죄와 그들이 흘린 모든 피를 속죄하기에 충분한 그토록 소중한 어떤 일이 일어날 것임을, 인간에게 일어난 모든 일을 용서할 뿐만 아니라 정당화할 수 있는 일이 일어날 것임을 어린아이처럼 믿어. 그러나 그런 일이 모두 이루어질지라도 나는 그 종말론적 해결을 받아들이지 않을 거야. 숫제 받아들이고 싶지 않아. 비록 마주 보고 달리는 평행선이 서로 만나고 내 눈으로 직접 그것을 본다고 하더라도 — 나는 그것을 보고 만나게 되었다고 말하겠지만 — 여전히 받아들이지 않으리라. 이것이 내 뿌리 깊은 생각이야. 알료샤. 이것이 나의 신조라네"(영어판 199/민음사 1권 494-495).

4장. 반역 : 이반의 저항적 무신론

두 형제는 하나님의 존재와 영혼의 불멸성에 관한 문제를 토론하기 시작한다. 이반은 자신이 마음속으로 하나님을 거부한 것은 아니지만, 동시에 하나님이나 하나님께서 창조하신 세상을 감정적으로, 마음 깊은 곳에서 받아들일 수 없다고 고백한다. (받아들일 수 없는 것이지, 거부한 것은 아니다.) 이반은 추상적으로는 인류를 사랑할 수 있지만, 개별적인 남자와 여자를 만나면 그들을 사랑할 수 없다는 것을 알게 된다고 말한다. 더욱이 그는 지구상에서 벌어지는 고통이 부당하다는 사실에 깊이 고뇌한다. 그는 알료샤에게 어떻게 공의로운 하나님이 죄를 짓기에는 너무 어린 피조물인 어린이들에게 고통을 허락하실 수 있는지 묻는다. "하나님의 공의롭고 조화로운 세상 통치와 어린아이들에게 닥친 고통이 도대체 무슨 관계가 있는가?" 이반은 이런 천인공노할 만행과 불의한 폭력이 어린아이들에게 자행되는 사태를 방치한 하나님을 사랑하는 것은 고문을 받는 사람이 자신의 고문자를 사랑하기로 선택한 것과 같다고 말한다. 알료샤가 이반의 입장 때문에 괴로워하자, 이반은 알료샤에게 무고한 생명체의 고통이 즐비한 세상을 보고도 하나님이 지으신 이 세상은 완벽하다는 사상을 용납할 수 있는지 묻는다. 알료샤는 이반에게 그리스도의 희생을 상기시키고, 이반은 자신이 그리스도를 잊지 않았다고 주장하며 얼마 전에 자신이 쓴 산문시인 "대심문관"을 낭송한다.

이반의 "대심문관"은 볼테르의 사상을 되울린다. 보통 사람들은 볼테르를 두고 무신론자라고 하는데, 이것은 피상적인 관찰이다. 볼테르는 무신론자가 아니라, 신 없는 세상을 어떻게 살 것인가를 고민한 사람이다. 세상의 모든 고통과 부조리에도 불구하고 세상 만사는 하나님의 예정조화적 통치 아래 잘 돌아가고 있다고 말하는 어설픈 기독교 낙관론을 반박하려는 사람이다. 당시의 독일 철학자 라이프니츠(Gottfried Wilhelm Leibniz)의 예정조화설에 대한 조롱이 볼테르의 철학이다. 예정조화설은 우리가 맹목적으로 신봉해서는 안 되는 사상이다. 세상에 일어나는 일이 다 하나님의 뜻이 반영되어 일어난 것은 아니기 때문이다. 인간이 자행하는 세상의 우발적인 악행들은 하나님이 전적으로 의도하시거나 하나님의 적극적인 뜻이 반영된 것이 아니다. 하나님도 악행의 피해자이시다. 어떤 의미에서는 하나님도 나치와 히틀러의 전대미문의 인류혐오 범죄 앞에서 속수무책으로 당하신다. 이것이 성부수난설이고, 중세 유대교 신비주의 신학 중 하나인 카발라 신학의 주장이기도 하다.

몰트만(Jürgen Moltmann)은 성부수난설과 카발라 신학을 상속해

『십자가에 달린 하나님』이라는 책을 썼다. 세상의 부조리와 의로운 자들의 희생과 고통을 보고도, 그것들이 악과 고통의 희생자에 대한 하나님의 징벌이라고 주장하며 어떤 경우에서든지 "하나님은 정의롭다."라고 주장하는 신정론은 기독교의 신학도 아니고 성경 사상도 아니다. 억울한 고난의 희생자들에 대한 2차 가해이다. 하나님도 나치와 히틀러의 만행 같은 어처구니 없는 사태의 피해자이신 것이지, 가해자나 조종자가 아니며 그런 악한 세상 질서의 현상 유지자도 아니다. 나치와 히틀러의 만행으로 하나님은 최고 통치자의 자리에서 일시적으로 물러나 있는 것처럼 보인다. 인류의 죄악이 합력하여 하나님을 보좌에서 몰아냈기 때문이다. 몰트만은 이반의 가시 돋친 무신론에 이렇게 대답할 수 있다. "아니, 하나님은 이런 세계 질서의 궁극적 질서 유지자가 아니라 질서 유지권을 빼앗겼어. 하나님도 지금 십자가에 못 박혀 있어." 이런 몰트만의 신학을 포스트 홀로코스트 신학(Post Holocaust Theology), '유대인 대학살 이후의 신학'이라고 말한다. 세상의 모든 일은 하나님이 허락하셔서 일어났다는 신학이 토마스 아퀴나스(Thomas Aquinas)의 전통적 유신론 신학이라면, '이 모든 부조리한 고통은 하나님도 민망하게 여기시고 어떤 이유에서인지는 몰라도 하나님도 쉽게 해소하시지 못하는 상태'라고 말하는 신학이 포스트 홀로코스트 신학이다. 이런 신학에 호응하는 슬라보예 지젝(Slavoj Žižek)은 욥기를 예거하면서 이렇게 말한다. "그러므로 우리 인간은 하나님을 탓하지 말고 정신을 바짝 차려서 악을 제거하려고 애써야 한다."

5장. 재림한 예수를 심문하는 대심문관

이반은 그의 산문시 "대심문관"을 설명한다. 16세기 스페인의 한 마을에 그리스도가 도착한다. 지상에 다시 태어나신 것처럼 보이는 모습이다. 그가 거리를 걷고 있을 때 사람들이 그를 둘러보며 모여든다. 그는 병자를 고치기 시작했지만, 한 강력한 추기경이 도착하여 경비병에게 그리스도를 체포하라고 명령하면서 그의 사역은 중단되었다. 그날 밤 늦게, 추기경인 대심문관은 그리스도가 갇혀 있는 감방을 방문하여 자신이 왜 그리스도를 체포했는지, 그리고 왜 그리스도가 그 일을 수행하도록 허락할 수 없는지에 관해 설명한다. 대심문관의 훈계 내내 그리스도는 조용히 듣고 계신다. 대심문관은 그리스도에게 그의 일이 교회의 일과 어긋나기 때문에 지상에서 그의 일을 하도록 허락할 수 없다고 말한다. 대심문관은 사탄이 그리스도에게 세 가지 유혹을 제시했지만 그리스도가 각 유혹을 단호하게 거절했던 순간, 즉 복음서에 기록된 시험의 순간을 그리스도에게 상기시킨다. 대심문관은 "그리스도 당신이 이 세 가지 유혹을 거부함으로써 인간이 자유의지를 행사할 토대를 마련해 주었소."라고 말한다. 그런데 대심문관은 바로 이 자유의지가 인류에게 파괴적이고 불가능한 짐이 되었다고 말한다. 그리스도는 인류에게 자신을 따를 것인지 말 것인지 선택할 수 있는 자유를 주셨지만, 그의 가르침에 충실할 만큼 강한 사람은 거의 없기 때문이다. 그렇지 않은 사람(그리스도를 따르지 않을 사람)은 어차피 영원히 저주를 받을 것이고, 자유의지는 이래저래 짐이요, 하나님의 저주를 뒷받침하고 정당화하는 근거가 될 뿐이라는 것이다. 대심문관은 그리스도가 사람들에게 선택의 여지를 주지 말고, 대신 권력을 잡고 안전감을 주었어야 했다고 말한다. 그런 식으로 했더라도 처음부터 그리스도를 따르기에는 너무 약했던 사람들은 여전히 저주를 받을 것이지만, 그들은 도덕적 자유라는 불가능한 짐을 짊어지는 대신 적어도 지구상에서는 행복과 안전감을 누릴 수 있었을 것이라는 말이다. 대심문관은 이제 교회가 그리스도의 실수를 바로잡는 일에 착수했다고 말한다. "교회는 선택의 자유를 빼앗고 그것을 안전감(구원받았다는 느낌, 구원감)으로 대체하고 있다."

이렇게 대심문관은 그리스도를 감옥에 가두어야 한다는 자신의 논리가 얼마나 탄탄한지를 말하며 그의 그리스도 감금을 정당화한다. 대심문관 자신이 그리스도로 하여금 민중을 가르치도록 허용한다면 그것은 인류에게서 자유의지의 짐을 덜어 주기 위한 교회의 활동을 약화시킬 수 있기 때문이다. 이것은 로마가톨릭을 희화화한 도스토엡스키의 반가톨릭 야유로 볼 여지가 있다.

하지만 이것은 단순히 가톨릭교회에 대한 비판이라기보다는 인간 존재의 모순에 대한 정확하고 통렬한 관찰이다. 기독교의 구원론에 역설적 면이 있다는 것이다. 하나님이 우리에게 주신다는 구원 자체가 우리에게 짐이라는 것이다. 성령이 우리의 구원감을 보장해서 율법의 행위를 하게 만드는 능력이 없으면 기독교의 구원론은 무기력한 논리에 불과하다. 이 기독교 구원론의 역설의 빈틈을 가톨릭교회가 이용해 민중우민화 교리를 세웠다. 대심문관에 따르면 신비와 기적과 세속적인 칼의 권능을 갖기만 하면 교회가 이 땅에서 허우적거리며 살아가는 사람을 구원할 수 있다는 것이다. 대심문관의 요지는 가톨릭이 그 일을 하고 있으며, 예수가 거부한 것을 교황이 받았다는 것이다. 이제 대심문관이 말한 가톨릭교회의 통치도구인 신비, 기적, 그리고 권력의 실체를 살펴보자.

40일 동안 금식하신 후에 배가 고프신 그리스도는 사탄과 마주치셨다. 그리스도가 거부하신 첫 번째 유혹은 빵이었다. 사탄은 "만약 예수 당신이 정말로 하나님의 아들이라면 돌을 빵으로 바꾸어 배고픔을 만족시킬 수 있다."고 말했다. 그리스도는 "사람이 떡으로 살 것이 아니요 하나님의 말씀으로 살 것"이라 대답하며 거절하셨다. 대심문관은 대부분의 사람들이 배고플 때 하나님의 말씀에 따라 살기에는 너무 약하다고 말한다. 대심문관이 보기에는 "그리스도는 빵을 취하셔서 인류에게 선택의 자유가 아니라 배고픔으로부터의 자유를 주셨어야 했다". '빵'은 가톨릭교회가 미사 때 제공하는 그리스도의 몸을 의미한다. 가톨릭교회는 성만찬의 빵이 사제의 강복 선언으로 그리스도의 생명력이 된다고 주장한다. 이것이 '성만찬의 신비'이다.

두 번째 유혹은 기적을 행하라는 것이었다. 사탄은 그리스도를 예루살렘 성전 꼭대기에 올려놓고, 그 꼭대기에서 뛰어내려 그가 메시야임을 증명하라고 했다. 만일 그리스도가 정말로 하나님의 아들이라면 천사들이 그를 받들어 죽지 않게 할 것이기 때문이다. 그리스도는 이 제안도 거절하시고 사탄에게 "하나님은 시험하실 수 없는 거룩하신 하나님."이라고 대답하셨다. 일단 사탄은 패배를 인정한 것처럼 떠났다. 그러나 대심문관은 "그리스도께서 사람들에게 기적을 베풀어 주셨어야 했다."고 말한다. 대다수의 사람들이 종교적 믿음에 만족하기 위해서는 기적을 볼 필요가 있기 때문이다. 인간은 하나님을 예배하기 위해 초자연적인 기적을 체험해야 했지만, 그리스도는 그러한 존재로 나타나기를 스스로 거부하셨다. 대심문관은 이것이 바로 그리스도의 실수라고 주장한다.

세 번째 유혹은 권력이었다. 사탄은 만일 그리스도가 자신에게 절하면 그리스도에게 세상의 모든 왕국을 보여주고 그에게 그 모든 왕국을 통제할 대권을 주겠다고 제안했다. 그리스도는 이 유혹도 거절하셨다. 대심문관은 그리스도가 권력을 취하셨어야 했지만, 그렇지 않았기 때문에 교회가 대신 권력을 잡아야 했다고 말한다. 대심문관은 사람들이 안전감을 누리도록 하기 위해 자유의지를 포기하도록 설득하고자 예수의 이름으로 권력을 취해야 한다고 주장한다.

대심문관은 그리스도의 면전에서 이 세 가지 시험 가운데 정작 옳았던 것은 그리스도가 아니라 사탄이었다고 말한다. 대심문관은 교회가 로마제국을 점령한 이후로 은밀히 사탄의 일을 수행해 온 이유는 그것이 악해서가 아니라 인류를 위해 가장 좋고, 가장 안전한 질서를 추구하기 때문이라고 주장한다. 대심문관이 그리스도에 대한 기소를 마치자, 그리스도는 노인에게 다가가서 그의 입술에 부드럽게 입을 맞추셨다. 대심문관은 갑자기 그리스도를 풀어 주며 다시는 돌아오지 말라고 말한다.

이반은 이야기를 마치면서 신이 존재하지 않으면 인간의 행동에 도덕적 제한이 없다는 생각 때문에 알료샤가 불안해할까 걱정한다.[25] 그러나 알료샤는 앞으로 몸을 기울여 이반의 입술에 입을 맞춘다. 감동받은 이반은 알료샤가 그의 시에서 묘사된 그리스도의 행동을 모방했다고 응답한다. 길고 격렬한 대화를 마친 후 이반과 알료샤는 술집을 떠나 헤어졌다. 이반은 아버지가 있는 집으로, 알료샤는 조시마가 죽어 가는 수도원으로 간다.

여기서 우리는 이반의 종교적 입장을 잠시 생각해 볼 필요가 있다. 그는 진정 무신론자인가? 아니면 하나님께 저항하는 유신론자인가? 결론적으로 말하면 이반은 무신론자가 아니다. 그는 무신론적인 입장을 취해야만 세상에서 일어나는 일을 이성적으로 설명할 수 있기 때문에 무신론자의 '역할'을 하고 있을 뿐이다. 곧 이반은 일종의 논리적인 논쟁에서 무신론자의 역할을 함으로써 진짜 기독교 신앙의 본질을 추구하는 자이다. 하나님을 거부한다고 말하지만, 정작 그의 마음에서 하나님을 거부하지 못하는 이반은 독특한 의미에서 유신론자이다. 이반이 하나님을 믿는 방식은 이 세상에 넘치는 억울하고 원통한 고난의 희생자들을 무감각하게 방치하는 하나님은 하나님이 아니라고 하면서, '진짜' 하나님이 있으리라는 목마른 기대를 불러일으키는 것이다.

우리는 여기서 '하나님이 없다고 하는 자들이 무신론자'라고 보는 것이 일차원적 사고임을 알 수 있다. 하이데거나 니체도 무신론자로 볼 수 없는 이유는, 그들의 사상 전체가 하나님에 대한 간절한 추구를 이 모양 저 모양으로 반영하고 있기 때문이다. 그들의 무신론은 19~20세기 독일 루터교회가 대표하는 그릇된 유신론의 약점을 보완하는 무신론이다. 마르크스, 엥겔스(Friedrich Engels), 트로츠키(Leon Trotsky)도 마찬가지이다. 이들은 무신론을 표방했으나, 사실은 공의롭고 정의로운 세상이 와야 한다고 목숨을 걸고 믿었던 혁명가들이었다. 시편 14편은 '그 마음에 하나님이 없다 하는 어리석은 자들'의 특징을 말해 준다. 부패하고 가증하며 선을 행하지 아니하는 자들, 윤리와 도덕을 무너뜨리는 자들이 무신론자들이다.

많은 평론가들이 일반적으로 이반을 무신론자로 분석하지만, 그것은 피상적인 분석이라 할 수 있다. 그를 무신론자로 보는 관점은 이 소설의 근본 대지를 놓친 것으로 보인다. 이반의 말과 그 안에 담긴 내적 동기, 내적 문법에 대해 깊이 살펴보면, 이반의 분노가 '진짜 하나님'이 아니라 '교회가 표방하는 껍데기뿐인 명목상의 하나님'을 향하고 있음을 알 수 있다.

6장. 아직은 몹시 막연하지만 서서히 실체를 드러내는 살해 음모

아버지 집에 도착한 이후 이반은 스메르쟈코프와 종교 및 철학 토론을 하는 데 많은 시간을 보냈다. 그러나 이반은 스메르쟈코프를 싫어했고, 밤에 집에 돌아올 때 그를 만날 가능성을 두려워했다. 표도르 파블로비치의 집에서 이반은 스메르쟈코프가 마당에 앉아 있는 것을 본다. 이반은 스메르쟈코프 옆으로 걸어가거나 심지어 그를 모욕하려고 시도했지만 놀랍게도 멈춰 서서 그에게 아버지에 대해 묻는 자신을 발견한다. 스메르쟈코프는 그루센카가 표도르 파블로비치의 연인이 되기로 결정하면, 그 결정을 파블로비치에게 통지하기 위해 약속한 비밀신호를 드미트리도 알고 있기 때문에 표도르 파블로비치가 걱정된다고 말한다. 다시 말해 그루센카가 표도르 파블로비치에게 접근하면 드미트리도 알게 될 것이며, 아버지에게 적의를 폭발시킬 것이라는 말이다. 그 경우, 스메르쟈코프는 드미트리의 분노로부터 표도르 파블로비치를 보호할 사람이 없는 상황이 닥칠 것을 걱정한다. 스메르쟈코프는 그리고리와 그의 아내가 깊은 잠을 촉진하는 수면제를 복용하기 시작했으며, 자신은 신경과민적 긴장감으로 간질 발작이 일어날까 두렵다고 말한다.

이제 서서히 실체를 드러내는 사람, 즉 살기가 충만한 드미트리의 존재감이 키져 보이기 시작한다. 살인 현장을 객관적으로 관찰할 능력을 상실한 수면제 복용자들(그리고리 등 하인)과 살해 현장에서 책임을 물을 수 없을 만큼 간질 발작에 사로잡힐 스메르쟈코프의 모습이 언급되면서, 이제 스메르쟈코프가 표도르 파블로비치 살해 음모에 의미심장하게 연루될 것임을 암시한다.

7장. "현명한 사람과 나누는 이야기는 즐겁다." : 이반과 스메르쟈코프의 위험한 사상 교류

이반은 스메르쟈코프가 표도르 파블로비치를 위험에 빠뜨리기 위해 그루센카와 표도르 사이의 비밀신호를 드미트리에게 알려 준 장본인이 아닌가 의심한다. 그럼에도 이반은 다음 날 아침 계획대로 모스크바로 떠나기로 결심한다. 스메르쟈코프는 그에게 그리 멀지 않은 도시로 가라고 요구하지만, 이반은 먼 모스크바로 떠나려고 한다. 다음 날 아침 표도르 파블로비치도 이반에게 모스크바로 떠나지 말라고 말하며 자신을 대신해 근처 마을로 가서 숲이 딸린 황무지를 팔아 달라고 부탁하자, 이반은 마지못해 동의한다. 그가 떠난 후 스메르쟈코프는 계단에서 넘어져 그가 두려워했던 간질 발작을 겪는다. 그는 표도르 파블로비치를 홀로 남겨 두고 침대에 갇혀 있다. 노인은 오늘 밤 그루셴카가 기필코 자신에게 올 것이라고 확신하며 즐겁게 그녀를 기다린다.

이상에서 간략하게 살펴본 것처럼 스메르쟈코프가 결국 표도르 파블로비치를 살해하게 될 것을 예고하는 6~7장은 스메르쟈코프의 동선을 자세히 추적한다. 스메르쟈코프는 표도르 파블로비치를 걱정하는 것처럼 보이지만, 그의 걱정은 자신의 더 깊은 악의를 가리기 위한 것일 뿐이다. 그가 6장에서 하는 모든 일은 다음 날 밤 그의 아버지를 죽이기 위한 토대를 마련하는 세부 절차들이었음이 드러난다. 그가 이반에게 파블로비치와 그루셴카의 비밀신호를 드미트리가 알고 있음을 이야기한 실질적 이유는 파블로비치의 시신이 발견되었을 때 모든 살인 의혹이 드미트리를 향하게 하기 위함이었다. 또한 스메르쟈코프는 표면적으로는 표도르 파블로비치에 대한 두려움의 증거로 간질 발작이 일어날지도 모른다는 두려움에 대해 이반에게 예고하지만, 실제로는 살인이 일어날 밤에 자신의 알리바이를 준비하려고 한 것이다. 스메르쟈코프가 발작 여파로 무력화되어 병상에 누워 있는 간질 환자라면 그가 표도르를 죽였을 가능성이 거의 없다고 간주되기 때문이다. 책을 여기까지 읽을 때만 하더라도 독자들은 누가 범인인지 알 수 없다. 마지막 '오심' 부분까지 가야 범인이 밝혀진다.

7장에서 볼 수 있듯이 스메르쟈코프는 주변의 모든 사람을 속일 정도로 설득력 있게 발작에 의지해 자신의 행동을 능숙하게 속일 수 있다. 따라서 7장은 모든 세부사항(그리고리의 마약 복용 습관부터 이반의 임박한 모스크바 출발에 이르기까지) 면에서 볼 때 표도르 파블로비치의 살해 상황을 설정하고, 그것에 대한 긴장을 조성한다.

꼭 일어날 일의 예표로 가득 차 있다.

이반과 스메르쟈코프의 관계를 특징짓는 혐오감과 매력의 복잡한 공존은 인간 본성에 대한 이반의 증오와 자신의 철학에 대한 불만을 모두 나타낸다. 이반이 스메르쟈코프와 철학을 논할 때 그의 성격에 존재하는 상충된 세력이 분명히 드러난다.. 이반은 스메르쟈코프의 관심에 흥분하고, 스메르쟈코프의 태도에 혐오감을 느끼며, 스메르쟈코프가 원하는 모든 것을 정당화할 수 있는 비도덕적 철학을 그와 같은 적대적인 인물에게 주입시킨 자신에게 불만이 있다. 이반을 환호하는 스메르쟈코프의 행동은 이반이 표도르 파블로비치를 혐오한다는 사실을 깨달은 데서 비롯된다. 그는 이반이 무의식적인 수준에서 표도르 파블로비치를 죽이기 위해 자신을 이용하고 있다고 믿는다. 살해 실행은 스메르쟈코프가 하지만, 스메르쟈코프에게 죽이려는 마음을 고취한 사람은 이반이고, 죽이고 싶다는 열정을 표출한 사람은 드미트리였다. 그러니까 세 사람이 합력해서 표도르 카라마조프를 죽이는 것이다. 스메르쟈코프는 이반이 자신에게 새로운 도덕적 관점을 제시함으로써 자신을 살인까지 행할 사람으로 준비시킨다고 생각한다. 즉, 이반은 자신으로 하여금 신은 도덕적 통치에서는 아무런 역할을 하지 않기 때문에 선과 악이 따로 없으며, 생명을 취하는 것과 사람을 구하는 것이 도덕적으로 다르지 않다고 믿게 만든다는 것이다.

스메르쟈코프에 대한 이반의 영향은 범죄에 대한 이반의 죄책을 확정할 만큼 객관적으로 검증하기가 어렵다. 사람들이 서로에 대해 책임을 지지 않는다는 이반의 반복적인 주장은 그가 아무리 스메르쟈코프에게 많은 영향력을 행사했더라도, 그의 행동에 대해 도덕적으로나 심리적으로 죄책감이 없다는 것을 암시한다. 한편 이반이 선과 악의 부재, 책임의 무의미함에 대해 자신이 말하는 모든 것을 정말 믿는다면, 표도르 파블로비치의 죽음에 대해 죄책감을 느낄 이유가 전혀 없을 것이다.

이 과정에서 전개되는 이반의 논리는 복잡하고 정교하다. 이렇게 많은 등장인물들의 입을 통해 나오는 대사와 중얼거리는 말, 의식의 흐름 등이 진짜 작가의 뜻인지, 조롱의 의미인지, 비판의 의도인지 알 수가 없다. 문학의 언어 자체가 무한 입방체 같은 애매모호성을 가지고 있기 때문이다.

6편(Book Six) : 러시아 수도승(The Russian Monk)

모두 세 장으로 구성된 6편은 조시마가 임종이 다가오는 시점에 그의 승방에서 자신의 생애와 자신을 형성한 사건들의 역사를 구술하는 이야기부터 시작한다. 조시마는 반역적 기운이 충일했던 젊은 날, 자신이 기독교 신앙에 귀의하게 된 배경을 설명한다. 한 여인을 놓고 지체 높은 장교와 결투를 벌이게 된 사건, 자신의 당번병을 때린 사건 등 자신의 죄악된 행동으로 양심의 고통을 겪다가 수도승이 된 과정을 설명한다. 또한 17세에 죽은 자신의 형 마르켈의 회심 이야기도 곁들인다. 조시마의 사상은 하나님의 창조세계 자체를 거부했던 이반의 사상에 응답하는 철학과 기독교 신앙을 대표한다.

1장. 조시마 장로와 그의 손님들

수도원으로 돌아온 알료샤는 조시마가 그의 제자 및 추종자들과 함께 침대에 앉아 있는 것을 발견한다. 조시마는 드미트리가 어떻게 지내는지 묻고, 알료샤에게 드미트리가 곧 고통과 고난의 큰 시련을 겪을 것이라고 예상했기 때문에 그에게 절을 했다고 말한다. 조시마는 드미트리의 운명이 알료샤의 운명은 아니라고 말하면서 알료샤에게 이제 어느 정도 선을 행할 능력을 갖추었으므로 다시 수도원을 떠나 세상에서 선한 일을 하도록 격려한다.

2장. 수도원의 큰 스승이자 장로인 조시마의 전기(傳記)에서 나온 일화 : 한 박애주의자의 숨은 죄와 공개적인 죄 고백

2장은 알렉세이 표도로비치 카라마조프가 조시마의 전기에서 발췌한 일화들을 담고 있다. 승방에서 임종이 다가오는 시점에 자신의 생애와 자신을 형성한 사건들의 역사를 구술하는 조시마의 이야기부터 시작한다. 지금 조시마는 65세가량 된 노성직자지만, 젊은 날 한 여인을 놓고 지체 높은 장교에게 결투를 신청하고 권총 결투를 벌였다. 그는 이 결투를 통해 자기의 저열한 욕망을 보고 절망하여 수도사가 됐다고 고백한다. 조시마는 자기의 죄책을 인정하고 고백함으로써 다른 사람을 용서하는 것이 기독교의 본질이라고 했다. 용서가 기독교의 본질이라는 그의 독특한 신학은 어떤 죄도 고립된 채 일어나지 않으며, 어떤 사람이 죄를 지었을 때 그 사람이 죄를 짓기까지는 모든 사회가 N분의 1의 책임이 있다고 주장한다. 그는 만인의 만인에 대한 죄인 관계를 인정하고, 심지어 새와 같은 동물들에게까지 지은 죄를 회개한다. 조시마는 17세에 죽은 형 마르켈의 회심 이야기도 들려준다. 형이 폐병으로 죽기 직전에 강력한 변화를 겪은 이야기이다. 조시마의 형은 17세에 폐병에 걸릴 때까지 종교에 대한 비평가였으며, 투병 중 어느 시점에 강력한 영적 변화를 겪었다. 그는 죽기 몇 달 전부터 하나님의 창조물과 모든 생물을 사랑하는 것에 관해 계속 이야기했다. 형은 죽음 직전 그에게 회개의 위대한 가능성을 영구적으로 각인시켰다.

조시마에게 회개의 중요성을 각인시킨 또 하나의 계기는 자신의 젊은 날 있었던 '결투 신청' 사건이었다. 그의 상대는 한 군장교였다. 조시마는 자신이 사랑했던 여자가 이 남자와 결혼하자 결투를 신청하여 그 남자를 죽이려고 계획했다. 그러나 결투 날 아침에 잠에서 깨어난 그는 세상의 아름다움을 보고 모든 생물을 사랑하라는 형의 계명을 기억했다. 그러나 그는 결투에서 물러나지 않고, 대신 상대가 먼저 총을 쏘도록 허락한 뒤 무릎을 꿇고 용서를 구했다. 여기까지가 형과 자신의 회개의 이야기로, 이 역시 자기완결성을 갖는다.

조시마는 형 외에 자신의 삶에 가장 큰 영향을 준 것이 바로 성경이라고 말한다. 그러나 그는 어른이 될 때까지 성경의 가치를 발견하지 못했다. 결투 사건 후 조시마는 빨리 군대를 떠나 수도승이 되기로 결심했다.

자신의 회심 간증을 마친 조시마는 한 박애주의자의 숨은 죄와 공개적인 죄의 고백 이야기를 들려준다. 과거 어느 날 밤, 조시마에게 신비한 방문객이 찾아온다. 저명한 자선가인 그는 개종에 대해 물으며 몇 차례 더 방문한 후 자신의 큰 범죄를 자백한다. 그는 한때 자신이 사랑했던 여자를 살해했으나, 다른 남자가 범인으로 체포되었다. 그러나 그 억울하게 체포된 남자가 재판 전에 사망하여 진범인 그 자선가는 석방되고 인생의 성공을 거둔다. 그는 인생의 성공과 사랑하는 가족이 생겼음에도 결코 만족하지 못했다고 토로한다. 연인이었던 여자를 죽였다는 죄책감에서 해방되지 못했기 때문이다. 그의 죄악은 양심 안에서 날이 갈수록 무거워졌고, 그는 늘 그 죄를 고백하고 싶었다.

조시마는 그에게 살인죄에 관한 형사시효가 끝났을지라도 공개적으로 죄를 회개하고 용서를 구하도록 격려한다. 많은 자기성찰 끝에, 그 남자는 성대한 생일파티에서 공개적으로 자신의 죄책 고백 진술서를 낭독한다. 그러나 사람들은 이렇게 착하고 훌륭한 박애주의자가 그런 죄를 지었을 리 없다고 생각하며 그가 미쳤다고 판단한다. 얼마 지나지 않아 그 남자는 병에 걸리고, 조시마는 임종병상에 있는 그를 방문한다. 그는 조시마에게 자신의 범죄를 자백한 후, 조시마를 거의 죽일 뻔했지만 하나님께서 그의 마음에 있는 마귀를 물리치셨다고 말한다. 무거운 죄책의 짐을 지던 남자는 일주일 후 사망했고, 조시마는 지금까지 그의 비밀을 지켜 왔다. 이 이야기는 죄가 얼마나 무거운 짐인가를 보여준다.

조시마가 들었던 한 살인자의 자백 일화에서 도스토옙스키는 독특한 심리적 현상, 즉 죄를 지은 사람이 자신의 죄를 자백하려는 욕구에 시달리는 현상에 주목했다. 이 일화에 나오는 살인자는 자신의 형사적 고소와 유죄 판결은 면했지만, 자신의 양심 법정 고소는 피하지 못한다. 그는 공개적으로 죄를 고백하기 위해 필사적으로 노력한다. 그전까지는 행복을 찾을 수 없었기 때문이다. 조시마가 2편에서 교회법원을 두고 이반과 논쟁을 벌이면서 지적했듯이, 양심은 우리 행동의 가장 엄격한 최고재판관이다.

도스토옙스키는 이렇게 고백되지 않은 채 양심을 무겁게 짓누르는 죄가 얼마나 무서운가를 알았다. 죄지은 사람은 국가의 형벌을 피하더라도 양심의 압박은 피할 수 없다는 것이다. 양심은 24시간 켜져 있는 CCTV와 같다. 로마서 2 : 13~15[26]에 따르면 양심이 우리 행위를 심판하는 하나님의 눈초리이다.

3장. 조시마 장로의 담화와 설교 중에서 : 수도승의 고난과 면류관

"순종, 금식, 기도는 비웃음을 받지만, 그것만이 참되고 참된 자유에 이르는 길입니다"(조시마 장로의 유훈 중에서).

조시마는 알료샤와 좌중에게 러시아 생활에서 수도승의 사명과 역할에 대해 감동적인 마지막 설교를 한다. 그는 수도승이 누구보다 민중들과 더 가깝고, 민중들의 신앙이 러시아의 희망이라고 말한다. 모든 사람은 마음이 평등하며, 모든 사람이 서로 온유하게 되어 더 이상 주인과 종이 없도록 해야 한다고 말한다. 조시마는 그의 형처럼 자신의 말을 듣는 모든 사람에게 온 인류와 하나님의 모든 창조물을 사랑하라고 촉구한다. 그는 누구도 다른 사람, 심지어 범죄자라도 정죄하거나 심판해서는 안 된다고 말한다. 대신에 사람들은 타락한 자들의 구원을 위해 경성하며, 그들을 영적인 지옥에서 구원해달라고 하나님께 기도해야 한다. 조시마는 바닥에 몸을 낮추고 세상을 포옹하려는 듯 팔을 뻗은 채 죽는다.

3부
세상 법정에서 단죄받고 양심의 법정에서 갱생의 길을 찾아가는 드미트리

모두 세 편(7-9편)으로 구성된 3부에는 긴 대사가 없고, 스토리가 다소 평이하게 흘러간다. 모두 네 장으로 구성된 7편에서는 스승 조시마 장로의 시체에서 악취가 아니라, 향기가 날 것이라고 생각했던 알료샤가 조시마의 시신이 빠르게 부패하며 풍기는 악취 때문에 실족하는 장면이 나온다. 여기서 알료샤의 신비주의적 신앙이 생채기를 입는데, 신비나 기적이 아니라 자비롭고 의로운 삶이 천국에 더 가깝다는 기독교 구원론이 옹호되고 있다. 8~9편에는 드미트리가 친부 살해범으로 몰리는 과정을 방조하는 여러 가지 변수들이 다뤄진다. 9편에서 마침내 드미트리가 체포되어 호송차를 탄다.

7편(Book Seven) : 알료샤

조시마의 죽음 이후 벌어진 상황부터 시작되는 7편은 알료샤의 짧은 전기다. 주인공들이 사는 읍이나 수도원 안팎에서는 참으로 거룩한 사람들의 시신은 그 자체가 방부력이 있어서 쉽게 부패하지 않으며, 부패 시에도 거의 악취가 나지 않는다는 민간전승이 있었다. 조시마가 죽자 그의 높은 덕과 고결한 삶에 비추어 볼 때 그의 시신은 빠르게 썩지 않을 것이라는 기대가 있었다. 그런데 조시마의 시신이 빠르게 썩는 것은 물론이고 악취까지 풍기며 부패한다는 사실이 온 도시와 수도원을 충격 속에 몰아넣는다. 죽은 첫날부터 조시마의 시신 악취는 이미 견딜 수 없는 지경에 이르렀다. 많은 사람들은 이 이유 때문에 조시마에 대한 자신들의 존숭(尊崇) 감정을 의심하기에 이르렀다. 알료샤는 단지 그의 시신 부패 속도와 악취 때문에 그의 거룩한 이름이 더럽혀지는 상황에 특별히 충격을 받고, 시험에 들었다고 말할 정도로 마음이 상했다. 알료샤는 하나님이 끝내 조시마 장로의 시신을 향기로 방부 처리해 주시지 않고 자연적인 시신처럼 썩게 만들어 악취가 나게 하신 이 사태를 쉽게 용납하지 못하고, 슬픔을 안은 채 세속으로 떠난다.

알료샤의 수도원 동료인 라키친은 쉽게 상처받는 알료샤의 예민한 감수성을 이용해 그와 그루센카의 만남을 주선한다. 그루센카는 알료샤가 삼형제 중에서 가장 어리지만 영적으로는 가장 어른임을 알고 있다. 그녀는 기구한 운명의 여인이지만 알료샤가 자아내는 따뜻함, 그 온화한 현존과 평온감을 아주 귀하게 여긴다. 라키친은 알료샤가 그루센카의 초청으로 그녀를 만나는 것을 보고 "알료샤 너도 카라마조프적인 음란한 마음이 있는 사람이야."라며 놀린다. 그러나 이는 그루센카의 요청으로 25루블을 받으며 성사시킨 만남이었음이 나중에 밝혀진다. 그루센카가 알료샤의 순결한 젊음을 파괴할 음흉한 속셈도 있었음을 고백하는 만남이다. 그만큼 그루센카의 욕정은 강했다. 하지만 알료샤는 타락하는 대신에 신선한 자기 믿음을 획득하고 희망을 얻어낼 수 있었다(그루센카가 알료샤를 더욱 견고하게 믿게 된다). 동시에 그루센카의 혼란한 마음은 알료샤의 영향으로 영적 정화의 길을 찾는 계기를 얻는다. 음탕한 그루센카는 처음에 동정을 아직 잃지 않은 청년을 약간 음란한 눈으로 바라보다가 어떤 경우에서도 중심을 지키는 알료샤의 영적 의젓함과 어른스러움 앞에 오히려 인간적으로 성숙한 사람처럼 상담과 도움을 베풀며 스스로는 영적 정화를 경험한다. 그래서 둘은 마음의 진정을 털어놓는 친구가 된다.

7편은 알료샤의 영적 갱생 이야기로 끝난다. 그는 수도원 밖에서 땅을 포옹하고 그것에 입 맞춘다(아마도 죽기 전에 조시마가 행한 지상 최후의 행동을 되울리는 행동).

1장. 조시마의 시체 썩는 냄새로 실족하는 사람들

수도원 내의 대부분의 사람들은 조시마의 죽음 뒤에 큰 기적이 일어날 것이라는 알료샤의 느낌을 공유한다. 조시마의 시신이 장례 준비를 마치자 많은 군중이 고대하던 이 신성한 광경을 목격하기 위해 그 주위로 모였다. 그러나 조시마의 시체는 기적으로 구경꾼들을 현혹하기는커녕 빠르게 부패하면서 지독한 악취를 풍길 뿐이었다. 수도승들은 경악했고, 많은 사람들은 이 악취가 수도원에 대한 불길한 징조라고 믿는다. 수도원 내의 조시마의 적들은 이 징조가 조시마가 성자가 아니라 변장한 악인이며, 도덕적으로 결함이 있다는 것을 의미한다고 무례하게 주장한다. 숨 가쁘게 기적을 기다려 온 마을 사람들은 그토록 널리 사랑받던 조시마에 대한 이런 폄하적인 뒷담화들에 불만과 혼란을 느낀다. 알료샤는 겁에 질려 혐오감을 느꼈으며, 왜 하나님께서 이러한 굴욕을 허용하시는지 이해할 수 없었다. 조시마의 가장 큰 적, 가혹하고 경건한 페라폰트는 조시마의 승방에 득시글거리는 악령들을 쫓아내려고 미친 듯이 시도한다. 마침내 페라폰트는 수도원을 떠나라는 명령을 받지만, 수도승들 사이에 퍼진 불안감이 쉽게 가시지 않는다. 알료샤도 더 조용한 곳에서 이 혼란스러운 일들을 차분하게 정리하려는 갈망으로 수도원을 떠난다.

2장. 알료샤에게 찾아온 관능의 유혹

알료샤는 사랑하는 스승이 죽은 후 그에게 가해진 비난과 폄하에 대해 비통하게 생각한다. 그는 하나님을 의심하지 않으려고 애쓰지만, 하나님의 선하심에 대한 그의 믿음은 흔들린다. 그는 자비로우신 하나님께서 왜 선한 사람이 그렇게 저속한 결말을 맞이하도록 허용하셨는지 이해할 수 없다. 빈정거리기 잘하는 알료샤의 악동 친구이자 신학대학원생 라키친은 알료샤가 힘없이 걷는 것을 보고 그의 불행한 감정과 기분에 대해 놀란다. 그는 사순절이기 때문에 수도승들이 취식하는 것이 금지된 소시지와 보드카를 알료샤에게 먹으라고 제안했고, 놀랍게도 알료샤는 그것을 받아들였다. 그런 다음 그는 알료샤에게 그루셴카를 방문하고 싶은지 묻고, 알료샤는 충동적으로 그루셴카를 보고 싶다고 대답한다.

라키친은 알료샤에게 그루셴카의 관능적 아름다움에 마음이 흔들리는지 테스트하기 위해 방문 의사를 물은 것이다. 알료샤의 충동적인 동의는 굉장히 애매모호하다. 알료샤마저도 여성에 대한 남성적인 충동을 느꼈음을 암시한다. 라키친은 알료샤에게 그루셴카의 관능적 아름다움에 완전히 흠뻑 빠진 남성적인 분위기를 느낀 것이다. 그루셴카가 모든 순결한 남자의 마음을 순식간에 흔들 수 있는 아름다움을 가지고 있었다고 볼 수 있다.

3장. 양파 한 뿌리 이야기 : 알료샤에게 바친 그루셴카의 고해성사

3장은 그루셴카의 인생 역정을 말하면서 시작된다. 이 부분은 굉장히 중요하다. 어떻게 오늘날의 그루셴카가 되었는지 그녀의 슬픈 역사가 나오기 때문이다. 자신의 인생에서 일어난 기구한 인생 스토리를 말하면서 자기정죄감에 가득 찬 그녀를 보면, 그루셴카를 좀 더 이해하고 따뜻하게 바라보게 된다.

4년 전, 그녀가 18세 때, 삼소노프라는 상인이 그루셴카를 이 마을(표도르의 마을)로 데려왔고, 한 미망인(모로조바)의 집에 살도록 주선했다. 당시 연인에게 배신당했던 그녀는 삼소노프의 보호를 받기 위해 그에게 애정을 쏟았다는 소문이 돌았다. 삼소노프는 그녀의 공개적인 후견인으로서, 자신의 '귀염둥이'(성적인 함의가 깃든 말)의 행동거지를 감시하도록 하기 위해 먼 친척인 모로조바에게 그녀를 맡겼다(18세 이전에는 정조대와 족쇄를 채웠다, 2권 138).[27] 이 질투심 많은 노인 삼소노프의 기대와 달리 그루셴카는 미망인의 감시도 받지 않고 보살핌도 거의 받지 못한 채 아름다운 젊은 여성으로 성장했으며, 자신이 가진 적은 돈을 현명하게 투자하여 짧은 시간에 엄청난 재산을 축적했다.

> 이제 4년이 지난 후, 감수성이 예민하고 망가져서 불쌍하기 짝이 없던 그 작은 고아는 통통하고 붉은 볼을 가진 러시아 미녀로 자라 있었고, 대담하고 단호한 성격의 여인이 되어 오만하고 도도해져 있었다. 그녀는 사업 수완이 뛰어나고 축재에는 탐욕스럽고 신중했으며, 정당한 수단을 쓰든 부정한 수단을 쓰든, 소문으로는 어느 정도 재산을 모으는 데 성공했다고 했다. 모두가 한 가지 점에 동의했다. 그루셴카는 쉽게 접근할 수 있는 여자가 아니었다는 것이다. 그 늙은 보호자(삼소노프)를 제외하면 그 4년 동안 그녀의 호의를 누렸다고 자랑할 수 있는 남자는 단 한 명도 없었다"(영어판 289/민음사 2권 137).

그래서 그루셴카는 마을의 많은 남자들에게 추근거림을 당하고 계속해서 추적당하고 있지만, 그들 중 누구도 그녀의 애정을 얻는 데 성공하지 못했다.
이런 기구한 세월을 거쳐 온 여자인 그루셴카를 방문한 알료샤와 라키친은 그녀가 자신들이 아니라 다른 사람(전 애인)의 메시지를 기다리고 있음을 발견한다. 그녀는 몇 년 전에 그녀를 버렸던 전 애인(폴란드 장교)이 이제 그녀를 되찾아 주기를 원하며, 그의 지시들을 기다리고 있다고 말한다. 흥분되고 긴장된 그녀는 손님들과 가볍게 농담을 하며 알료샤의 순수함과 라키친의 가시 같은 자만심을 놀린다. 알료샤가 불행한 기분에 젖어 있는 것을 본 그루셴카는 그의 무릎에 앉아 그를 놀린다. 그러나 조시마가 죽었다는 소식을 듣고 알료샤의 슬픔이 얼마나 깊고 진실한지 알게 되자, 그녀는 갑자기 정신을 차리고 덩달아 슬퍼하기 시작한다. 그녀는 자신을 끔찍한 죄인이라고 부르며 비판하기 시작하지만, 알료샤는 친절한 말로 그녀의 자기비하를 저지한다.

이 과정에서 갑자기 알료샤와 그루셴카 사이에 신뢰와 이해의 물결이 흐르는 것을 느낀다(연정이 아니다). 라키친이 두 사람 사이에 흐르는 교감으로 인해 점점 더 혼란스러워하고 짜증을 느끼는 사이, 그들은 삶에 대해 깊고 황홀한 대화를 나눈다. 황홀한 대화란 둘이 완전히 서로를 개방하고 영접한 채 대화를 나눴다는 의미이다. 드물지만 이런 영혼의 교감이 깃든 대화가 가능하다. 이 대화를 통해 알료샤는 그루셴카가 자기 자신을 부끄러워하지 않게 만들고, 그루셴카는 조시마의 죽음 이후 흔들리던 알료샤가 다시 희망과 믿음을 회복하는 데 기여한다. 알료샤는 그루셴카에게 자신은 그녀를 만나기로 결정했을 때 절망 속에서 한 죄 많은 여자를 발견할 것이라고 기대했었다는 사실을 털어놓는다. 그루셴카를 그저 죄 많은 한 여자라고만 생각했다는 것이다. "나는 당신을 처음 봤을 때 망가지고 너덜너덜한 죄인인 줄 알았습니다. 그런데 그루셴카 당신은 자기정죄와 자기비난과 자기폄하에 빠져서 자기를 너덜너덜하게 버림받은 인생이라고 말하지만, 당신은 그 이상입니다. 당신에게는 빛나는 영혼이 있습니다. 당신에게는 죄가 틈타지 못한 그 무엇이 있습니다. 죄가 손대지 못한 그 무엇이 있습니다." 이것은 조시마가 드미트리를 향해서 했던 말이며, 『백치』의 주인공 므이쉬킨 공작이 나스타시야 필립포브나에게 했던 말을 떠올리게 한다. 그 무시무시한 로고진과 토츠키에게 시달렸던 나스타시야 필립포브나를 보면서 공작이 "당신은 죄인이 아닙니다, 당신은 순결한 사람입니다."라고 말했던 것과 똑같은 관점으로 말한다.

그러자 이번에는 그루셴카가 자신의 속마음을 털어놓는다. 자신이 라키친에게 돈(25루블)을 주겠다고 약속하면서까지 알료샤를 자신의 집으로 데려와 달라고 부탁했다는 사실을 말한다. 그루셴카가 영혼이 맑은 알료샤에게 어떤 자랑도 하지 않고 순수하게 우정을 나누고 싶다고 말하는 과정에서 그에게 들려준 이야기가 '양파 한 뿌리' 우화이다. 이는 어린 시절 그루셴카의 식모(마트료나)가 그녀에게 들려준 이야기로, 천국과 지옥에 대한 러시아 정교회 민중신앙의 일단을 보여주는 예화이다. 양파 한 뿌리를 누군가에게 주는 것은 러시아 농민이 행할 수 있는 가장 소박한 이웃 사랑이다. 이 우화의 줄거리는 이렇다. 단 한 번도 선행을 한 적이 없는 할머니를 악마들이 불바다 속에 던져 넣었다. 그때 할머니를 가엾게 여긴 수호천사가 할머니가 생전에 행했던 단 하나의 선행이라도 기억하고 지옥에서 구출해 주고자 궁리하다가, 할머니가 텃밭에서 양파 한 뿌리를 뽑아 거지에게 준 것을 기억해냈다. 천사는 양파 한 뿌리의 사랑 행위를 거론하며 할머니를 지옥에서 구출해 달라고 하나님께 간청했다. 그러자 하나님은 천사에게 그 양파를 불바다 속 그녀에게 내밀어 붙잡고 기어 나오게 하셨고, 양파의 뿌리가 끊어지지 않으면 천국으로 가게 하라고 하셨다. 천사는 하나님의 결정을 할머니에게 전하고, 할머니가 양파를 붙잡고 올라가자 다른 죄인들이 할머니를 붙잡고 늘어지기 시작했다. 그러자 할머니는 사람들을 걷어차며 말했다. "이건 내 양파야! 너희들 것이 아니라고! 나를 구해 주는 것이지, 너희들을 구해 주는 게 아니야." 혼자 천국에 가려고 혈안이 된 그녀가 양파의 사유화를 선언하고 다른 죄인들을 걷어차자마자 양파 줄기가 끊어졌고, 모두가 지옥불로 되돌아갔다. 결국 천사는 울면서 떠나갔다. 구원을 사유재산처럼 여긴 할머니의 치명적 허물이 드러나는 이야기이다. 그루셴카는 알료샤에게 자신은 결코 착한 인생을 살지 않았으니 자신을 칭찬하거나 위로하지 말라고 말한다. 자신이 라키친에게 돈을 준 적이 있다고 자랑했지만, 그것은 지극히 소박한 사랑, 즉 양파 한 뿌리 정도의 희사였다고 말한다. 자신을 착한 여자라고 칭찬하는 일료사에게 그루셴카는 놀라운 고백을 한다. "나는 당신을 파멸시키고 싶었어. 이건 정말이야, 알료샤." 그녀는 틀림없이 자신을 더러운 여자라며 경멸하리라 여긴 거룩한 알료샤를 유혹해 더럽히고 싶었다는 것이다. 자신은 삼소노프에게 묶인 몸이고 팔린 몸이며, 사탄이 자신과 삼소노프를 묶어 주었다고까지 말한다. 그런데 알료샤가 자신을 누나라고 불렀을 때 자신은 너무나도 거룩한 사랑에 충격을 받고 전율했다고 고백한다.

이러한 대화 중 마침내 그녀에게 전 애인의 메시지가 도착하고, 그루셴카는 그와 합류하기 위해 떠난다. 그녀는 알료샤를 향해 드미트리에게 잠시 자신이 그를 사랑했다고 말해 달라고 부탁한다.

"알료샤, 당신의 형 미챠에게 안부를 전해 줘. '내가 비록 그에게 고통을 안겨 줬을지라도 자신에 대해서 나쁘게 생각하지 말아 달라.'고 말해 줘. 그리고 역시나 내 말을 직접 인용해 이렇게 말해 줘. '그루셴카는 당신 같은 점잖은 사람이 아니라, 불한당에게로 갔다!'"(영어판 300-301/민음사 2권 167).

그녀는 흐느낌이 가득 찬 목소리로 말을 끝맺었다. 라키친은 알료샤를 암흑 속에 혼자 내버려두고 다른 거리로 가 버렸고, 알료샤는 들판을 가로질러 수도원으로 갔다.

4장. 갈릴리 가나 혼인잔치 꿈을 꾸는 알료샤 : 그루셴카의 구원을 열망하는 알료샤

알료샤는 수도원으로 돌아가 조시마의 승방으로 간다. 그곳에서 다른 수도승이 성경을 읽는 것을 듣고 잠이 들었고, 가나의 결혼식에서 그리스도와 함께 있는 꿈을 꾸었다. 조시마도 거기에 있었는데, 조시마는 꿈에서도 알료샤에게 행복하라고 축복해 준다. 그는 알료샤가 그루셴카를 속량(贖良)하는 데 도움을 주었으며, 이제 그 젊은 여성이 자신의 구원을 찾을 것이라고 말한다.

알료샤는 묘한 가나 혼인잔치 분위기의 꿈을 꾸었지만, 이것이 무슨 뜻인지 알지 못한다. 꿈에서 나타난 결혼은 무슨 의미일까? 여러 가지 해석이 가능하지만, 그루셴카가 구원받은 그리스도의 신부가 되었음을 말한다고 본다. 이 해석의 근거는 "너도 오늘 갈증에 허덕이는 여인에게 양파 한 뿌리를 주었다."고 한 조시마의 말에 있다. 이 말은 이렇게 해석할 수 있다. "알료샤, 네가 그루셴카를 속량하는 데 도움을 줬다. 그러니까 알료샤, 너는 그루셴카가 그리스도의 신부가 되었음을 믿고 기뻐해라. 그루셴카는 드미트리의 신부도 아니고, 폴란드 장교의 신부도 아니며, 아버지 표도르 파블로비치의 신부도 아니라 그리스도의 신부가 된다." 결국 알료샤에게 품었던 그루셴카의 연정이 그리스도에 대한 사랑으로 승화되고, 다른 누군가의 신부가 아니라 그리스도의 신부가 되는 것만이 이 험난하고 기구하며 얼룩진 여자의 구원이라는 것이다. 알료샤는 이 혼인 꿈을 통해 그루셴카가 그리스도의 신부로 갱생되기를 무의식에서부터 열망했음을 보여준다.

알료샤는 마음속에 깊은 기쁨이 솟아오르는 것을 느끼며 꿈에서 깨어난다. 그는 밖으로 나가서 무릎을 꿇고 땅에 입 맞추기 시작한다. 그는 삶과 신앙과 하나님에 대해 더 깊은 이해를 갖게 된 것처럼 느낀다.

8편(Book Eight) : 미챠(Mitya)

모두 여덟 장으로 구성된 8편은 주로 그루셴카를 꾀어 아버지로부터 멀리 도망치기 위하여 돈 3천 루블을 구하려고 광분하는 드미트리의 거친 행보를 다룬다. 약혼녀 카체리나에게 3천 루블을 빚진 그는 만일 자신이 그것을 되돌려주지 않고 그루셴카와 함께 도망친다면 일생 도둑놈이라는 자의식과 죄책감을 지울 수 없다는 강박에 짓눌려 있다. 따라서 그는 카체리나에게 갚을 돈을 마련하기 위해 삼소노프, 랴가브이, 호흘라코바 부인 등을 찾아가 애걸한다. 이 미친 돈 마련 행보로 인해 그는 그루셴카의 후견인이자 정부(情夫)인 삼소노프는 물론이고, 삼소노프의 거짓된 정보에 속아 이웃 도시의 한 사업가까지 찾아가게 된다. 그러는 동안에도 그는 자신이 돈을 구하기 전에 그루셴카가 돈이 많은 자신의 아버지 표도르에게 먼저 달려가 결혼을 해 버릴 수도 있다는 생각 때문에 커다란 정신적인 경화(硬化)를 겪는다. 드미트리가 이웃 도시로부터 아무런 소득도 없이 돌아오자 그루셴카는 아버지의 집에 가지 않았으며, 오히려 자신을 은인인 삼소노프의 집으로 데려가 달라는 요청만 한다. 그래서 그는 그녀를 은인의 집으로 데려다주고 기다린다. 그러나 금세 그녀가 자신을 속이고 은인의 집을 떠났다는 것을 알게 된다. 실상 그녀는 자신의 첫사랑이었던 폴란드 남자를 만나러 갔다.

그루셴카는 한때 드미트리에게 사랑하는 감정을 느꼈다. 그러나 그녀의 마음은 자기를 정부(情婦)처럼 이용했던 삼소노프(『백치』의 토츠키 같은 역할을 하는 사람이 삼소노프, 돈 많은 남자가 여인을 어렸을 때 양육하고 후견인이 되어 성적으로 학대하는 것)에게로 기울어진 것도 아니며, 드미트리에게 사로잡힌 것도 아니었다. 드미트리는 자기를 속이고 도망치려는 이런 그루셴카의 계획을 알지 못한 채 삼소노프의 집에 그녀를 데려다주었다. 하지만 그 사이에 그녀가 떠난 것이다.

이 사실을 모르는 드미트리는 그녀가 아버지 표도르 파블로비치의 집으로 갔다고 생각하고, 황동 유봉(쇠공)을 손에 집어들고 격노하여 아버지의 집으로 달려간다. 그녀가 왔는지 알아보기 위해 창가에 숨어 감시하던 드미트리는 순식간에 종 그리고리에게 발각되어 아버지의 집으로부터 도망치는 과정에서 그와 몸싸움을 하다가 그의 머리를 황동 유봉으로 내리친다. 그리고리에게 치명적 손상을 입혔을 것이라고 생각한 그는 그루셴카가 아버지에게 가지 않았다는 것만 확인하고 도망친다.

그 후 피로 흥건히 젖은 손에는 수천 루블의 돈이 들려 있고, 황망함과 충격에 빠진 채 거리를 걸어가는 드미트리의 모습이 발각된다. 그는 이내 전 약혼자인 폴란드 남자(판 무샬로비치)의 부름을 받은 그루셴카가 자신이 있던 곳에서 가까운 여관에 갔다는 사실을 알게 되고, 마차를 빌려 음식과 와인을 가득 싣고 그곳으로 간다. 그는 그녀의 옛 애인이 보는 앞에서 그루셴카에게 공개적으로 사랑을 고백하고 표현하기 위해 거나한 술판을 벌인 후 새벽에 자살할 생각이었다. 그루셴카의 '첫 그리고 합법적인 애인'이라는 작자는 카드놀이를 하면서도 속임수로 돈을 뜯어 가는 상스럽고 촌스러운 폴란드인이었다.[28] 자신이 카드놀이에서 속였다는 사실이 드러나자 그는 도망을 치고, 그루셴카는 이내 드미트리에게 가서 자신이 참으로 사랑하는 사람은 '드미트리 당신뿐'이라고 털어놓는다. 파티는 거나하게 이어지고 드미트리와 그루셴카가 결혼 계획을 세우는 순간에 경찰이 들이닥친다. 경찰은 드미트리에게 그가 아버지 살해 혐의로 체포되었음을 알린다.

1장. 재정적 궁지에 몰린 드미트리를 농락하는 쿠지마 삼소노프

드미트리는 돈이 절실히 필요하다. 설령 그루셴카에게 자신과의 결혼을 설득할 수 있다 하더라도 카체리나와의 파약 문제가 있다. 그를 위해서는 먼저 카체리나에게 빚진 3천 루블을 갚아야 할 것이다. 그러나 그는 정당하게 자신의 것이라고 믿는 돈을 아버지로부터 얻을 수 없으며, 현재로서는 실제 수입도 없다. 드미트리는 필요한 자금을 조달하기 위한 최후의 노력으로 삼소노프를 방문하여 그와의 거래를 시도한다. 그는 늙은 상인이 만일 자신에게 돈을 주면, 법정에서 아버지로부터 얻을 수 있는 땅에 대한 권리를 그에게 넘겨주겠다고 말했다. 삼소노프는 이 초라한 거래에 관심이 없었으며, 오히려 드미트리를 속이려고 잔인하게 시도한다. 그는 이 딱한 청년에게 땅을 팔려면 다른 상인을 방문해 보라고 제안한다. 그 다른 상인은 드미트리가 모르는 사이에 표도르 파블로비치로부터 이 동일한 부동산을 구입할 계획을 세우고 있었기 때문이다.

2장. 농군 출신 장사치 고르스트킨 랴가브이에게도 농락당하는 처량한 드미트리

드미트리는 시계를 담보로 교통비를 마련해 다른 상인의 마을로 가 보지만 그 남자(농촌 출신 장사치 고르스트킨)가 술에 취해 있는 것을 발견한다. 다음 날에도 그 남자가 술에서 깨어나지 않자, 드미트리는 절박한 상황에서 어떻게 해야 할지 확신하지 못한 채 마을로 되돌아온다. 랴가브이라는 별명을 가진 술주정뱅이는 술에서 깨어

나서도 드미트리에게 취중 망언 수준의 말만 퍼부었다. 삼소노프의 농간에 드미트리가 놀아난 것이었다. 이 사태는 이 세상에 드미트리를 도울 자는 없다는 현실 자각 타임이었다.

3장. 금광에서 일해 돈을 벌어 보라고 제안받은 드미트리

드미트리는 이제 호흘라코바 부인에게 돈을 빌려 달라고 요청했지만, 그녀는 거절하고 대신 금광에서 일해 보는 게 어떻겠냐고 제안한다. '금광' 제안은 호흘라코바가 드미트리에게 돈 3천 루블을 빌려주지 않으려고 내세운 계책이었다. 실망한 드미트리는 그루센카의 하인을 만나 그녀가 집에 없다는 것을 알게 된다. 하인은 그에게 그녀의 행방을 말하기를 거부한다. 그가 평소에 알고 교제했던 사람들 중 그 누구도 그를 도와주지 않는다.

4장. 어둠 속에서 일어났지만 빛 가운데 드러날 행위

분노한 드미트리는 가루를 가는 데 사용되는 작은 곤봉 모양의 도구인 황동 유봉을 아버지를 공격할 무기로 사용하려 한다. 그는 그것을 들고 서둘러 표도르 파블로비치의 집으로 간다. 그루센카가 그의 아버지와 함께 있기 위해 그리로 갔다고 확신한 것이다. 그러나 창문을 통해 염탐하던 중 표도르 파블로비치가 혼자 있는 것을 발견한 그가 그루센카의 비밀신호를 두드리자 표도르 파블로비치는 창문으로 달려간다. 그를 본 드미트리는 그루센카가 아버지와 함께 있지 않다고 결론지었다. 마침 그 순간 지나가다가 드미트리가 정원에서 몰래 돌아다니는 것을 본 그리고리가 그에게 말을 걸었는데, 드미트리는 애꿎게도 그리고리와 난투를 벌인다. 드미트리는 유봉으로 그리고리를 때리고, 땅에 쓰러진 그리고리의 몸 아래에는 피가 고인다. 당황한 드미트리는 상처를 치료하려고 노력하다가 옷을 피로 더

럽힌다. 그는 어둠 속에 유봉을 던지고, 도망친다.

5장. 갑작스러운 드미트리의 자살 결심
드미트리는 그루셴카의 집으로 달려가 하인들에게 그루셴카가 어디로 갔는지 말하도록 강요하고, 그녀가 전 애인에게 돌아갔다는 소식에 충격을 받는다. 그는 그녀가 결코 그의 것이 될 수 없다는 것을 깨닫는다. 그루셴카 없이는 자신의 삶도 의미가 없다고 생각한 그는 마지막으로 그녀를 방문한 다음, 자살하기로 결심한다. 10분 후, 드미트리는 그날 일찍 10루블 대출을 위해 그의 권총을 담보로 취했던 지역관리인 페르호친을 방문한다.

드미트리는 이 지역관리가 놀랍게 여길 정도로 많은 양의 현금을 보여주고 대출금을 갚아 권총을 되찾는다. 드미트리를 따라 상점으로 간 페르호친은 수백 루블 상당의 음식과 와인을 마구 구입하는 드미트리를 보고 경악하며 당혹감을 감추지 못한다. 페르호친은 드미트리에게 무슨 일이 일어나고 있는지, 그가 어디서 그렇게 많은 돈을 얻었는지, 왜 그가 옷에 피를 묻히고 다니는지 여러 가지 의문에 휩싸인다.

6장. 내가 왔노라! : 그루셴카를 다시 찾으러 온 기개 높은 청년 드미트리 희화화
드미트리는 페르호친을 떠나 그루셴카와 그녀의 연인인 폴란드 장교가 머물고 있는 곳으로 여행한다. 드미트리는 격렬한 흥분을 주체하지 못하여 흥분에 찬 목소리로 자신의 마차를 운전하는 마부에게 자신이 지옥에 갈 것임을 알고 있지만, 지옥 깊은 곳에서도 하나님을 계속해서 사랑하고 찬양할 것이라고 지껄이며 신앙을 약간 희화화시킨다.

이제 자살하려고 마음먹은 드미트리의 눈에는 보이는 게 없다. 또한 그는 가는 길에 "내가 왔노라!"라며 소리친다. 이 말은 줄리어스 시저(Julius Caesar)가 갈리아(프랑스)를 정복하고 『갈리아 전기』를 쓰면서 했던 말이다. "나는 정복하러 왔노라. 나는 이기러 왔노라."의 뜻이다. 그래서 우리는 이 장에 '그루셴카를 다시 찾으러 온 기개 높은 청년 드미트리 희화화'라는 제목을 붙였다.

7장. 그루셴카의 틀림없는 옛 애인 폴란드 장교

이 장의 영어제목은 "The formal and indisputable."이다. 애인으로서 다툴 여지가 없는 확실하고 공식적인 그루셴카의 연인은 폴란드 장교라는 의미다. 그루셴카와 연인 폴란드 장교에게 드미트리의 도착은 어색한 상황을 연출하게 되는데, 당연하게도 두 연인은 그의 존재를 원하지 않는다. 그러나 드미트리가 도착하기 전에도 두 연인 사이에 형성된 분위기는 분명히 다소 어색했다. 드미트리가 가져온 와인과 음식은 세 사람 각자의 기분을 고양시키는 데 도움이 된다. 세 젊은이는 카드놀이를 한다.

8장. 헛소리(섬망)

그루셴카는 폴란드 연인이 카드놀이 중 속이는 것을 지켜보고, 그의 거칠고 천박한 말을 들으면서 자신이 그를 사랑하지 않는다는 것을 깨닫는다. 그루셴카는 폴란드 장교보다 드미트리가 훨씬 나은 사람임을 보았다. 드미트리는 그루셴카를 마지막으로 보고 자살하려고 했지만, 오히려 그루셴카의 사랑을 발견한다. 그녀 또한 자신이 드미트리를 사랑하고 있다는 것을 깨닫는다. 폴란드 장교가 그녀를 모욕하자, 드미트리는 그를 공격하고 다른 방에 가둔다. 드미트리와 그루셴카 두 사람은 함께 맞이할 미래를 계획하기 시작한다. 드미트리는 그루셴카를 얻은 기쁨을 느끼는 동안에도 자신이 그리고리에게 입힌 상처와 카체리나에게 빚진 재산에 대한 생각 때문에 괴로워한다. 황홀한 절정의 행복감과 죄책감, 후회막심한 마음이 막 뒤섞여서 드미트리를 요동치게 만든다. 바로 그때, 한 무리의 관리들이 방으로 들이닥쳐 드미트리를 붙잡아 체포한다. 표도르 파블로비치 카라마조프는 살해되었으며, 드미트리가 유력 용의자로 긴급 체포되었다는 것이다.

9편(Book Nine) : 예심(The Preliminary Investigation)

모두 9장으로 구성된 9편은 3부의 마지막 부분이다. 소설은 갈수록 단순해진다. 『죄와 벌』, 『백치』에서는 주요 등장인물들이 등장할 때 장광설 형식으로 소개하는 말이 나오고 나서 다시 스토리가 이어지는데, 여기서는 긴 대사나 긴 이론, 학설이 아니라 스토리가 중심이 된다. 사실상 파블로비치 카라마조프에 대한 살인죄가 실행되는 장면은 간략하다. 예심을 다루는 9편은 표도르의 살해 상황을 자세히 묘사하고, 아버지를 살해하지 않았다고 잡아떼는 드미트리의 친부살해 혐의에 대한 경찰과 검찰의 예심 장면을 다룬다. 검찰 추정의 살해 동기는 드미트리가 아버지의 돈을 훔치기 위함이었다는 것이다. 놀랍게도 그 사이에 표도르가 그루센카를 사기 위해 마련해 둔 3천 루블이 감쪽같이 사라졌으며, 그 살인 사건이 있던 날 초저녁까지만 해도 드미트리는 완전 빈털터리로 관찰되었는데 아버지가 살해된 시점부터는 갑자기 수천 루블을 들고 거리를 활보하는 장면이 목격되었기 때문에 검찰의 논고가 상당히 설득력 있게 들린다.
검찰의 논고가 오심이라는 것은 마지막 순간인 4부 12편에 가서야 밝혀진다. 12편까지는 그 추론이 맞는 것처럼 들린다. 10루블이 없어서 권총 한 세트를 맡겼던 사람이 갑자기 유봉과 옷에는 피를 묻힌 채 아버지가 죽고 나서 돈을 막 쓰기 시작하니 검찰과 경찰, 독자까지 드미트리를 강력한 부친 살해 용의자로 보기 시작했다.

드미트리는 죽음의 파티를 열던 그날 자신이 사용했던 돈은 카체리나가 모스크바의 여동생에게 보내 달라고 자신에게 맡긴 돈이라고 주장했으나 받아들여지지 않았다. 드미트리는 폴란드 연인에게 간 그루셴카가 다시는 자기 연인이 될 수 없다고 믿고 절망하면서 그녀를 한 번 만난 후 자살하려고 했기 때문에 종말론적으로 돈을 쓴 것이다. 드미트리는 그루셴카와의 첫 번째 만남에서 돈의 반을 사용하고(거나한 또 하나의 술판), 나머지를 부적 주머니(행낭)에 넣어 꿰맨 후 목에 걸고 다녔다. 명예라도 지키기 위해 나머지를 카체리나에게 되돌려 줄 목적으로 그와 같이 간수한 것이다. 그러나 법률가들은 이 말을 신뢰하지 못했다. 드러난 모든 증거들이 그를 범인으로 지목하는 방향으로 작동했기 때문이다. 살해가 일어난 그날 밤에 있던 유일한 다른 사람은 스메르쟈코프였는데, 그는 전날 간질 발작으로 인해 치명적인 위경에 처해 있었음이 밝혀졌다. 드미트리에 대한 압도적인 불리한 증언들과 증거들로 인해 그는 친부 살해죄로 기소되었고, 재판을 받게 되었다.

9편의 신학은 인간의 영혼은 고통을 통해 정화된다는 '고통 정화론'이다. 예수님이 십자가에서 죽으실 것을 세 번 예고하셨듯이(마가복음 8장, 9장, 10장), 이 작품 속 인물인 드미트리도 세 번의 고통을 겪는다. 첫째, 현장에서 체포돼서 죄도 없지만 죄인으로 취급받는 고통이다. 둘째, 재판석상에서 아무리 무죄를 주장해도 그 주장이 받아들여지지 않아 유죄로 인정받는 고통이다. 셋째, 3천 루블의 출처를 밝히지 못하고 시베리아 유형 징벌을 감수하는 고통이다.

1장. 관리 페르호친의 출세 역정

미친 듯이 돈을 낭비하는 드미트리가 관리 페르호친을 떠난 후, 페르호친은 드미트리에 대한 의심을 품게 되었다. 그는 드미트리가 불과 몇 시간 전만 해도 파산한 상태였음이 분명했는데 어떻게 그 많은 돈을 손에 넣었는지 궁금해한다. 드미트리 주변을 기웃거리던 페르호친은 그루센카의 하녀로부터 없어진 황동 유봉과 피투성이 손에 대해 알게 된다. 그런 다음 그는 호흘라코바 부인의 집으로 먼저 가서 그녀가 드미트리로부터 대출 요구를 받고도 거부했다는 사실도 알게 되었다. 표도르 파블로비치가 그루센카를 유혹하기 위해 3천 루블을 보관했다는 것을 떠올렸던 페르호친은 갑자기 드미트리가 아버지에게서 돈을 훔쳤을 것이라 생각하며 걱정한다.

2장. 경보

페르호친은 자신이 알고 있는 드미트리의 의심스러운 행적과 그와 관련된 모든 정황을 말하기 위해 경찰서장의 집에 찾아갔지만, 그곳은 이미 사람들로 붐비고 있음을 알게 되었다. 그리고리의 아내는 경찰에 또 다른 신고를 했다. "표도르 파블로비치가 살해당했습니다."

3장. 고통을 겪는 영혼의 여정. 드미트리의 첫 번째 수난

드미트리는 즉시 의심을 받고 신속하게 체포된다. 드미트리는 자신의 결백을 주장하며 항의하지만, 아무도 그의 말을 믿지 않는다. 그루센카는 드미트리가 살인범으로 몰려 체포되는 장면을 보면서 회개한다. 그루센카는 드미트리의 범죄에도 불구하고 그를 사랑한다고 맹세하며, 심지어 이렇게 드미트리가 의심을 받게 된 데에는 드미트리와 표도르 파블로비치의 애정들을 상대로 고의적으로 감정적인 밀당놀이를 일삼은 자기에게도 책임이 있다고 말한다. 여기서 그루센카의 고결한 마음이 빛나기 시작한다(『백치』의 필립포브나에게도 고귀한 마음이 있었다). 겉으로 볼 때 얼룩과 흠이 많고, 죄인으로 판명 났다고 하더라도 그녀의 영혼은 그 죄악됨의 일관성을 유지하지 못하고 갑자기 양심의 소리를 찾게 된다. 아무리 자기를 성찰할 능력이 없는 죄인일지라도, 우발적으로 자기성찰의 능력을 회복해 양심의 소리를 들을 수 있는 것이다. 그루셴카는 순식간에 우발적으로 착해지는 모습을 보인다. 어떤 사람이 죄를 지었을 때 그 죄책이 발생하기 전까지 모든 사람은 어떤 모양으로도 책임이 있다는 조시마의 사상이 그녀에게서 나타난다. 그루셴카는 "그의 잘못에는 내 책임도 있다."라며 조시마 사상의 일부에 동의한 것이다. 자신의 죄책을 고백하는 순간, 그루셴카의 영혼이 고상하게 빛나기 시작한 것이다. 그녀의 영혼은 이미 양심의 고소장을 받아 괴로워하고 있었기 때문에 이 급진적인 변화가 가능했을 것이다. 조시마의 구원론에 따르면, 그녀는 양심 법정에 고발되어 그곳에서 십자가에 못 박혔다.

4장. 드미트리의 두 번째 수난

드미트리는 무죄를 주장하지만 그에게 불리하게 작용하는 정황적 증거들 중 그 어떤 것도 부인할 수 없다. 그는 아버지를 미워했고, 아버지의 3천 루블에 대해서도 알고 있었다. 그는 또한 카체리나에게도 같은 금액을 빚지고 있으며, 그루셴카의 소유물 중에서 황동 유봉을 훔쳤다. 최종적인 사실은 그가 그 노인이 살해되기 직전에 아버지의 집으로 갔다는 것이다. 드미트리가 대답하기를 거부하는 유일한 질문은 아버지의 영지를 떠난 직후 얻은 현금의 출처에 관한 것이다.

5장. 드미트리의 세 번째 수난

경찰 수사관들은 계속해서 드미트리를 심문하고, 그에 대한 증거를 조사하면서 그를 공식적으로 기소할지 아니면 석방할지 결정하려고 노력한다. 진실이 그의 동맹이라고 확신한 드미트리는 그들의 질문에 솔직하게 대답하려고 노력하는 것처럼 보이지만, 돈의 출처에 대해서는 대답을 회피하는데, 이러한 회피는 그를 의심스럽게 보이게 만든다. 끝내 돈의 출처를 밝히지 않으려는 것은 인간의 마지막 자존심을 지키는 것이다. 아버지를 죽였다는 혐의를 받는 것과 7년 전 약혼녀가 맡긴 돈을 가지고 거짓말한 것 중 어떤 것이 더 수치심을 줄까? 드미트리는 후자라고 본다. 그는 3천 루블의 출처를 추궁당하지만 밝히지 못한다. 카체리나가 맡긴 돈이지만, 옛날에 자기가 돈을 보내지 않았던 그 최초의 순간부터 카체리나의 돈을 훔친 것과 마찬가지임을 인정해야 하니, 밝히지 못한 것이다. 돈의 출처를 끝내 밝히지 않아 재판에서 진 드미트리는 모든 것이 밝혀지는 3권 4부 12편 "오심"이라는 장면에 가서야 돈의 출처를 고백한다. 그 순간 이후 드미트리는 그때 형벌을 받은 것이 당연하다고 생각했고, 죄악에 대한 징벌을 경험하고 구원과 갱생을 경험했다고 말한다. 이미 그때 드미트리는 나름 성숙해졌기 때문에 감옥에 가지 않으려 애쓰지 않는다. 심지어 그를 구출하여 그루센카와 미국으로 같이 보내준다는 약속을 받고도 가지 않는다.

드미트리는 재판에서 자기가 무죄라고 주장했지만, 그 주장이 배척받는 상태를 보고 고통을 겪는다. 이것이 그로 하여금 다른 의미로의 고통과 죽음, 자기에게 가해진 징벌을 받아들이는 마음을 준다. 그는 아버지를 죽인 죄로 인해 주어진 징벌을 받아들인다. 그는 아버지를 죽이지 않았지만 벌을 받을 수밖에 없는 죄인임을 깨달았기 때문에 절차와 과정이 어떻든 시베리아에서 징벌을 받는 것에 조금도 억울해하지 않는다. "내가 가야 할 곳은 시베리아다. 시베리아에서 나는 거듭날 것이다. 시베리아에서 나는 갱생할 것이다. 나는 영혼의 고통 속에서 정화될 것이다. 죄를 징벌하는 하나님의 채찍 안에서, 하나님의 환난의 몽둥이 아래에서 나는 새사람이 될 것이다." 이것이 기독교의 인간 갱생론이 아닌가? 깊다. 하나님이 용서하시면 그와 동시에 징벌도 면제된다고 보는 이들이 있는데, 그렇지 않다. 하나님은 우리의 죄를 용서하시지만 그렇다고 죄를 징벌하지 않으시는 것은 아니다. 죄 용서에는 징벌이 포함되어 있다. 예를 들어, 과거에 내가 마약중독자였다고 하자. 아무 고통도, 반성도 없이 마약복용죄에 대해 용서를 받았다 치자. 이 경우 우리가 마약의 유혹을 끝내 극복할 수 있을까? 아닐 것이다. 마약복용죄로 복역하고 마약중독이 초래한 심신 파괴의 폐해를 뼈저리게 겪은 후에야 마약의 유혹을 이길 수 있는 것이다. 이것은 '징벌'을 맛본 후 죄 용서를 받는 경험이다. 이처럼 드미트리는 세 번의 고통을 겪으며 영혼의 재활을 맛보기 시작한다.

6장. 검사가 드미트리를 꼼짝 못 하게 하다

경찰은 드미트리의 옷을 수색하다가 피가 묻어 있는 것을 발견한다. 경찰이 그의 옷을 증거로 삼고, 그것을 돌려주지 않자 마음이 상한 드미트리는 검사들에게 격분한다. 심문이 재개되고, 드미트리는 사건 당시 범인이 도망간 출구로 여겨지는 쪽문이 열려 있었다며 그를 도망간 범인으로 확정하는 그리고리의 증언과 돈의 출처에 대한 그 자신의 집요한 침묵 고수로 인해 결정적으로 불리한 상황에 처하게 된다.

7장. 드미트리의 크나큰 비밀, 조소를 받다

드미트리는 마침내 돈의 출처를 밝힌다. 그 돈은 카체리나가 맡긴 돈이다. 그는 3천 루블 중 그루셴카에게 천 5백 루블을 썼고, 남은 천 5백 루블은 작은 행낭에 담아 목에 착용하고 다녔다고 말한다. 그러나 자신을 떠난 그루셴카를 마지막으로 한 번 만난 후 자살하기로 결정한 이상, 남은 돈도 보유할 이유가 없다고 판단하여 그루셴카와의 마지막 만남을 위해 와인과 음식을 구입하는 데 일부를 썼다고 한다.

처음에 쓴 천 5백 루블은 카체리나에게 쓴 것이 아니라 그루셴카의 환심을 사기 위해 쓴 돈이다. 자기가 원래 결혼하려던 여자로부터 위탁받은 돈을, 그녀를 배반하게 만든 여자에게 썼다는 것은 남자로서 살인했다는 고백보다 더 힘든 고백이었다. 이와 달리, 드미트리의 고백을 들은 검사와 예심판사는 사소해 보이는 일들에 치욕과 가책을 느끼는 그의 행동을 조소한다.

8장. 증인심문, 그리고 '아기'

문제는 드미트리가 항상 사람들과 그루셴카에게 3천 루블 전체를 썼다고 말했다는 점이다. 그는 카체리나에게 진 빚을 다 갚으려면 3천 루블이 필요하다고 말했고, 이제 검찰은 드미트리에게 불리한 증언을 해 줄 여러 증인을 확보하고 내세울 태세이다.

마지막으로 그루셴카가 증언을 위해 소환된다. 드미트리는 그녀에게 자신은 결코 아버지를 죽이지 않았다고 맹세하고, 그녀는 그를 믿는다고 답한다. 놀랍게도 드미트리는 돈 3천 루블로 그루셴카를 얻은 게 아니라 진실을 가지고 그녀를 얻게 되었다. 너무나도 역설적이다. 이렇게 시베리아 유형수가 되는 처절한 전락의 순간에 사랑을 얻은 것이다. 그간 드미트리는 희한하게도 돈으로 사랑을 얻으려고 했는데, 그루셴카를 얻게 한 것은 돈이 아니었다. 드미트리는 심문 가운데 잠깐 잠들고, 꿈속에서 황량한 초원 가운데 있는 오두막에서 굶주려 울고 있는 아기를 본다. 시베리아에서 신생아로 거듭날 자신의 미래를 미리 내다본 것처럼 보인다. 그래서 그는 무고한 인간의 고통에 공감하며 자신이 법적으로는 무죄임에도 자신의 죄를 받아들이고 고통 가운데서 자신의 영혼을 정화하기로 결단한다.

9장. 드미트리가 호송되다

그럼에도 불구하고 경찰은 재판을 받는 동안 드미트리를 감옥에 가두기로 결정했다. 호송되기 직전 드미트리는 그루셴카에게 작별 인사를 하며 자신이 한 모든 일을 용서해 달라고 부탁한다. 그루셴카는 드미트리를 영원히 사랑하고 충성을 다하겠다는 열정적인 약속을 전달한다. 그루셴카가 이렇게 완전히 영락한, 완전한 죄수가 되어 버린 사람에게 오히려 사랑을 느낀다는 것은 너무 놀랍고 특이하다.

9편은 전체적으로 드미트리가 표도르 파블로비치 살해 사건의 유력 용의자, 즉 범인으로 보이게 만드는 정황증거에 대한 설명에 많은 분량을 할애하고 있다. 드미트리가 유죄인지에 대한 질문은 인간 본성이 근본적으로 선한지, 악한지에 관한 더 큰 질문을 상징적으로 나타내므로 드미트리에 대한 법적 심문 및 재판 절차는 인간 본성에 대한 재판처럼 보인다. 9편은 드미트리의 과거를 자세히 설명하고, 마치 사건의 핵심에 있는 드미트리의 도덕적 결함을 요약하는 것처럼 그의 수많은 죄들을 다시 나열하고 드러낸다. 드미트리는 모든 사람에게 거짓말을 했고, 카체리나의 물건을 훔치고 그녀를 속였으며, 그리고리를 상대로 폭력을 행사했고, 그루셴카에 대한 욕정을 통제할 수 없었다. 간단히 말해서, 그는 인류에게 가장 흔하고 보편적인 죄를 지었다. 이 죄 목록 낭독에 대한 드미트리의 기이하고도 거의 유쾌한 반응은 그가 받게 될 구원의 씨앗을 드러낸다.

조시마에게 자신의 살인죄를 고백한 박애주의자처럼 드미트리는 자신을 가혹하게 판단하는 양심을 가지고 있다. 또한 그는 살인자와 마찬가지로 아버지를 죽였다는 혐의 때문이 아니라 모든 거짓말, 폭력 행위들 및 기타 모든 과거에 지은 죄들 때문에 자신에게 내려진 유죄판결을 수용한다. 박애주의자처럼 드미트리의 마음 한편에는 자신의 범죄들이 알려지고 심판되어 형벌의 고통 속에서 차라리 자신이 구원을 찾을 수 있기를 갈망한다. 9편 전체에서 드미트리가 기뻐하는 것은 부분적으로 그루센카가 그를 사랑한다고 선언한 데 기인한다. 그러나 드미트리를 근본적으로 홀가분한 해방감으로 이끈 것은 자신의 죄책 고백과 인정이었다. 그는 자신의 범죄에 대한 경찰의 공개적이고 비판적인 논의를 듣고 안도감을 느낀다. 고백되고 징벌받은 죄는 더 이상 자신을 괴롭히지 못한다. 고백되고 징벌되지 않은 죄는 자신을 괴롭힌다. 요한1서 1 : 9^{29}에서 말하듯 우리가 죄가 없다 하면 하나님을 거짓말하는 분으로 만드는 것이지만, 우리의 죄를 자백하면 미쁘시고 의로우신 하나님이 우리를 죄에서 깨끗이 씻어 주신다.

죄를 짓고도 그것을 고백하지 않으면 죄는 내 존재의 일부가 된다. 그러나 내가 죄를 짓고 그것을 고백할 때 그 죄는 나로부터 떠난다. 고백된 죄는 내 몸에 살지 못한다. 고백된 죄, 징벌받은 죄는 일사부재리의 원칙 때문에 나에 대한 지배권을 상실한다. 내가 도둑질을 했다면, 그 도둑질을 고백하고 그것으로 나를 수치스럽게 하며 내 몸에 고통의 기억을 남길 때 나는 그 죄를 이길 수 있다.

드미트리의 과거 죄들에 대한 재검토는 드미트리가 고통받음으로써 죄 많은 사람에서 충실하고 사랑이 넘치는 사람으로 변화하는 첫 단계이기도 하다. 그래서 에베소서 5 : 13^{30}은 말한다. "빛 가운데 책망받는 죄는 더 이상 위력을 발하지 않는다." 빛 가운데 책망받는 죄, 고백된 죄, 징벌을 겪고 고통의 기억을 갖게 된 죄는 내 안에 사는 죄가 아니다. 그 죄는 더 이상 나를 지배하지 못한다. 사도 바울이 로마서 7 : 21^{31}에서 말했다. "내 안에 죄가 산다. 나는 진심으로 선을 원하지만 내가 행동하는 것은 죄다."바울은 책망받고 빛으로 나오는 것마다 그 죄는 더 이상 나를 주장하지 못한다고 했지만, 여전히 우리는 우리 몸을 주장하는 죄의 권세를 알고 있다. 우리는 아직까지 속량받지 못한 몸(롬 8 : 23)을 가지고 살기 때문에 슬프게도 유혹을 받고 죄의 정욕을 무겁게 느낀다. 그래서 『카라마조프가의 형제들』에서는 인간 안에 있는 죄악의 충동, 그리고 죄를 짓고 존엄을 파괴당해 가면서도 그 존엄 파괴를 방치하는 사람과 존엄 파괴를 막아 보려고 애쓰는 사람들이 부딪친다.

4부[32]
후손 메시야주의 : 일류샤, 콜랴, 그리고 알료샤 만세!

세 편(10-12편)과 에필로그로 구성된 4부에서는 알료샤의 역할이 두드러진다. 이제 알료샤는 화해의 사도가 되어 활약한다. 그는 먼저 형 드미트리의 비행과 폭행으로 상처 입은 스네기료프를 찾아가 용서를 구한다. 알료샤는 가난한 자의 오두막에서 죽어 가는 한 소년의 임종을 지키며 러시아의 새로운 세대를 감화시키는 작은 조시마가 된다. 일류샤를 따돌리던 악동 콜랴는 알료샤와의 만남과 우정을 통해 화해를 경험한다. 콜랴는 더 이상 라키친의 제자가 아니라, 알료샤의 제자가 되어 자신이 괴롭혔던 일류샤에게 가서 용서를 빌고 새사람이 된다. 콜랴와 그의 악동 친구들은 이제 알료샤의 지도 아래 새로운 러시아를 이룰 비전을 보여준다. 또 다른 한편 이반은 아버지의 살인범으로 몰려 시베리아로 유형 가는 형 드미트리의 곤경을 앞두고 양심의 파열을 경험하며 미쳐 간다. 어떤 의미에서 이반도 미쳐 가면서 갱생을 맛보고 구원을 받는다. 시베리아 유형언도를 받은 드미트리는 영적 갱생의 길을 발견하고 기뻐한다. 소설의 대단원은 일류샤의 장례식이며, 그 장례식이 치러진 바윗돌 옆에서 행한 알료샤의 조사는 러시아에 동터 오는 희망의 빛, 새로운 세대의 출현을 앙망하며 끝난다.

10편(Book Ten) : 소년들(Boys)

모두 일곱 장으로 구성된 10편은 러시아의 새로운 세대인 어린이들을 북돋우고 감화시키는 알료샤의 활약을 그린다. 10편에서는 다시 일류샤와 그에게 돌을 던져 괴롭혔던 소년들의 이야기가 펼쳐진다(4편 이야기의 연장). 이 단원은 콜랴 크라소트킨의 이야기부터 시작한다. 그는 스스로 무신론자, 사회주의자, 그리고 유럽 사상들의 신봉자라고 선언할 정도로 똑똑하고 조숙한 13세 소년이다(두 달 뒤 14세가 된다). 알료샤를 좋아한다고 하지만 그는 이반의 정신적 궤적을 따라갈 운명에 처한 것처럼 보인다. 도스토옙스키는 알료샤와 콜랴의 대화에서 드러나는 소년의 신념들을 당대의 서구적 비평가들을 조롱하기 위해 사용한다(『백치』에서는 18세의 입폴리트가 이 역할을 한다). 그들의 사상이나 신념이 자신이 하고 있는 말이 무엇인지도 모르고 지껄이는 풋내기 소년의 미성숙하고 조야한 신념들이라고 공격하는 것처럼 보인다. 사는 것에 싫증을 내는 콜랴는 자신을 위험에 빠뜨리는 행동을 함으로써 어머니를 정신적으로 부단히 괴롭게 한다. 아이들에게 자신이 얼마나 용감한가를 보여주기 위해 기차가 지나갈 때 철로에 드러눕는 짓을 해 살아나옴으로써 또래들에게 전설로 통한다. 다른 모든 아이들은 그를 우러러보는데, 특히 일류샤가 그렇다. 4편에서 언급되었던 일류샤의 질병은 점점 더 심해지고 의사는 그가 회복되지 못할 것이라고 진단하기에 이른다. 콜랴와 일류샤는 개 한 마리 때문에 ― 일류샤가 개를 괴롭히는 장난을 쳐서 ― 싸운 적이 있는 사이다. 일류샤가 스메르쟈코프에게 배운 장난질, 곧 핀이 들어 있는 빵을 개에게 주어 먹게 한 것이다. 그러나 알료샤의 개입으로 다른 소년들과 일류샤는 점차 화해하게 되었고, 콜랴도 곧 일류샤와 화해한 소년들에게 합류한다. 모두가 병들어 죽어 가는 일류샤의 침대 곁에 옹기종기 모여 있다. 여기서 콜랴는 처음으로 알료샤를 만나고, 자신의 허무주의적 신념들을 차근차근 되짚어 성찰하기 시작한다.

1장. 콜랴 크라소트킨

11월 초 드미트리의 재판이 시작되기 직전, 칙칙하고 추운 어느 날이다. 콜랴 크라소트킨은 한때 일류샤의 친구였던 13세 소년이다. 그는 학교 친구들이 일류샤의 아버지이자 퇴역 2등 대위인 스네기료프를 '수세미'(혹은 털복숭이)[33]라고 놀리자 일류샤로부터 펜나이프로 허벅지를 찔리는 공격을 받았던 악동이다. 콜랴는 일류샤보다 두 살 연상이며, 다소 거세고 무례한 성격을 가지고 있다. 겉보기에는 자만심이 강한 것 같지만 사실은 의리 있는 친구이고, 자신보다 어린아이들을 돌보는 것을 좋아한다. 개를 사랑하는 콜랴는 그의 털복숭이 개 페레즈본에게 재주와 묘기를 훈련시키는 것을 좋아한다. 현청 서기였던 아버지가 14년 전에 죽고, 어머니(안나 표도로브나, 30세)와 함께 사는 그는 철로에 누워 지나가는 기차 아래에서 버티는 놀이를 강행하면서까지 '용감한 소년'의 명성을 얻고 싶어 하는 소년이다.

2장. 꼬맹이들을 돌보기 좋아하는 콜랴

현재 콜랴는 어머니의 집에 세 들어 사는 한 여자(의사 남편에게 버림받은 부인, 7세 남아 코스챠와 8세 여아 나스챠)가 어딘가에 가 있는 동안, 그녀의 두 아이를 돌보고 있다. 하지만 그는 조바심을 낼 정도로 일류샤를 만나러 가고 싶은 마음이 크다('극히 중차대한 어떤 일'). 병에 걸린 일류샤가 죽음에 이르렀을 수도 있기 때문이다. 콜랴는 장 보러 간 어머니의 하녀 뚱뚱한 곰보 아줌마(40세 정도) 아가피야가 돌아오고 나서야 아이들로부터 풀려난다. (소설에는 외모에 대한 설명이 계속 등장한다.) 알료샤는 다른 소년들에게 일류샤를 매일 방문하도록 설득했지만, 콜랴는 아직 한 번도 일류샤를 방문하지 않았다. 그래서 그는 아직 알료샤를 만난 적도 없다.

> "이래저래 카라마조프는 나에게는 수수께끼 같은 사람이야. 나는 오래전에 그를 알고 지내는 사이가 될 수도 있었어. 하지만 어떤 때에는 나도 개 폼이라도 잡고 싶거든. 게다가 나는 그에게 한 가지 의견을 갖고 있는데, 그것은 반드시 조사하고 그것이 참된 사실인지 점검해 봐야만 해"(영어판 445/민음사 3권 36).

3장. 초등학교 사내아이들

마침내 하인이 집으로 돌아오고 콜랴는 페레즈본을 데리고 서둘러 일류샤의 집으로 간다. 일류샤의 집 밖에서 콜랴는 두 살 어린 친구 스무로프를 만난다. 스무로프의 부모(부유한 관리인 아버지)는 콜랴가 악동(구제불능의 장난꾸러기)임을 알기에 그와 아들이 어울려 다니는 것을 싫어한다. 그 때문에 스무로프는 몰래 빠져나와 콜랴를 1시간이나 기다리고 있었다. 스무로프는 콜랴가 페레즈본을 데려온 것에 실망한다. 스무로프는 다른 소년들이 일류샤가 보고 싶어 했던 개 쥬치카를 데려오기를 바랐다고 말했다. 콜랴는 쥬치카가 어디에 있는지 모른다고 경멸적으로 선언한다. 그는 길을 걷다가 페레즈본이 다른 개들의 냄새를 맡는 자연스러운 행동을 보며, 현실을 있는 그대로 보는 리얼리즘적 관점을 언급한다. 그러면서 그는 어린 스무로프에게 자신이 라키친으로부터 사회 현실을 비판적으로 보는 진보적 사상인 사회주의를 배운 사람임을 은근히 과시한다. 일류샤의 집에 들어가기 전, 콜랴는 스무로프에게 먼저 알료샤를 불러내어 자신과 만날 수 있게 해 달라고 요청한다.

4장. 콜랴의 반려견 털북숭이 개 페레즈본으로 개명된 쥬치카

콜랴를 만나러 나온 알료샤는 진심을 다해 그를 기쁨으로 맞이하고, 이러한 모습은 즉시 그에게 깊은 인상을 남긴다. 이야기하는 동안 콜랴는 알료샤의 자의식 없는 지혜와 그의 꾸밈없는 말투에 점점 더 매료된다. 특히 그는 알료샤가 자신을 무시하지 않고 동등한 어른을 대하듯이 대화에 임한 것에서 만족해한다. 그는 알료샤에게 일류샤와의 인연에 대해 이야기한다. 그는 작고 허약한 일류샤가 자신을 괴롭히는 소년들에게 항상 용감하게 맞서 싸운 사실에 깊은 인상을 받았다고 말한다. 콜랴는 결국 일류샤를 보호하기로 결정했고, 그 후 둘은 좋은 친구가 되었다(철로에서 죽음과 삶의 경계를 뛰어넘은 콜랴는 우두머리 역할을 하고, 그의 피보호자가 일류샤이다). 그러나 일류샤는 때때로 자신에 대한 콜랴의 영향력에 분개했고 때로는 콜랴에게 반항하기 위해 악의적으로 행동했다. 예를 들어, 일류샤는 스메르쟈코프에게 배운 잔인한 속임수를 콜랴의 개에게 쓴 적이 있다. 핀이 숨겨져 있는 빵 한 조각을 개에게 먹인 것이다. 분노한 콜랴는 일류샤를 처벌하려 했다. 이어지는 난투에서 일류샤는 콜랴를 펜나이프로 찔러 우정에 치명상을 입혔지만, 콜랴는 일류샤에게 원한을 품지 않았다고 말했다. 다친 개에게는 '쥬치카'라는 이름이 붙었는데, 그 개가 살았는지 죽었는지는 아무도 모르는 것처럼 보인다. 이 일로 일류샤는 큰 상심과 낙담에 빠진다. 알료샤는 콜랴에게 일류샤가 느끼는 죄책감을 전한다. 일류샤는 자신의 질병이 쥬치카에게 핀이 든 빵을 먹인 악행에 대한 하나님의 진노로 인해 발생했다고 믿고 있다. 하지만 일류샤는 폐병으로 죽어 가고 있다. 19세기의 대표적인 질병은 폐병과 영양실조인데, 특히 폐병은 영양실조와 추운 날씨가 원인이었다.

5장. 일류샤의 침대 곁에서 : 콜랴의 속 깊은 마음
알료샤의 화해 주선으로 일류샤를 괴롭혔던 악동들은 하나씩 하나씩 일류샤와 화해하여 그의 병상을 찾아온다(열 명 정도). 일류샤의 병상은 가족들의 슬픔과 눈물의 원천이 된다. 아버지 스네기료프는 일부러 아들에게 명랑·쾌활한 기분을 고취하려고 웃긴 이야기를 들려주거나, 웃긴 몸짓들을 보여주기도 했다. 아들은 아버지에 대한 슬픈 이중감정에 괴로워했다.

> 소년은 자신의 불쾌감을 드러내지 않으려고 노력했지만, 자신의 아버지가 사회에서 멸시받는 존재라는 것을 가슴이 아플 만큼 강렬하게 의식하고 있었고……(영어판 456/민음사 3권 64).

등장하는 소년들의 나이는 11~13세 정도지만, 지금의 17~18세 정도로 볼 수 있다. 그들은 정신적으로 조숙하다.[34] 일류샤의 어머니 또한 남편과 장단을 맞추어 아들의 기분을 좋게 해 주려고 애썼다. 다만 아들의 병상 앞에서 조용해졌고, 울 때도 부쩍 조용해졌다. 2등 대위는 자신의 아내에게 나타난 이 변화를 인지하곤 쓰라린 의혹에 빠져들었다. 아내의 변화는 일류샤의 친구들의 빈번한 방문이 가져온 변화였다. 소년들의 방문이 미친 긍정적인 영향으로 그녀의 슬픔은 절망적인 슬픔에서 조용하고 깊은 슬픔으로 변화되었다.

> 소년들의 방문들이 처음에는 그녀의 화를 돋울 뿐이었지만, 나중에는 아

> 이들의 즐거운 함성들과 이야기들이 그녀를 이완시키기 시작했고, 마침내 그녀는 그들을 너무나 좋아하게 되어, 만약 소년들이 오는 것을 멈추었다면 그들 없이 쓸쓸함을 느꼈을 정도가 되었다. 아이들이 이야기를 하거나 놀이를 할 때면 그녀는 웃으며 손뼉을 쳤다. 그녀는 그들 중 몇 명을 불러다가 입을 맞추기도 했다(영어판 457/민음사 3권 64).

일류샤의 어머니에게 이렇게 사람을 사랑하고 타인에 대한 수용성이 생기자마자 아들의 죽음이 더 슬프게 다가온 것이다. 인간은 동료 인간의 체온을 느끼면서 사회화가 된다. 그러므로 다른 사람의 마음과 이어지고 연결되는 것이 중요하다. 일류샤의 어머니는 아들 또래 친구들과의 만남으로 자신의 마음이 '사랑'을 느끼는 것을 자각했다.

> 특히 그녀는 스무로프를 좋아하게 됐다. 그 2등 대위는 처음부터 기뻤다. 일류샤를 명랑하게 해 주려고 자기 집에 온 아이들의 존재가 처음부터 그의 마음을 황홀한 기쁨으로 채웠다. 그는 심지어 일류샤가 이제 자신의 우울한 마음을 이겨낼 테고 건강도 신속하게 회복될 것이라는 희망도 품게 됐다(영어판 457/민음사 3권 65).

다른 사람에게 마음을 연 그녀는 마침내 카체리나 이바노브나가 주는 2백 루블의 위로금을 기꺼이 받아들였다. 물론 이 화해가 있기 전 카체리나의 진정 어린 화해 시도가 있었다. 카체리나 이바노브나는 그들의 형편과 일류샤의 병세를 좀 더 자세히 알아냈고, 몸소 그들 집을 방문하여 가족 전체와 인사를 나누기도 했다. 그녀는 심지어 2등 대위의 반쯤 정신이 나간 부인까지도 매혹시켰다.
이런 변화된 상황에서 알료샤와 콜랴는 집 안으로 들어간다. 콜랴는 일류샤의 어머니에게 절을 하며 깊은 인상을 남긴다. 창백한 얼굴로 침대에 누워 있는 일류샤는 콜랴를 보고 기뻐하지만, 침대 주위의 모든 소년들은 그가 쥬치카를 데려오지 못한 것에 실망한다. 콜랴는 어떻게 개가 애피타이저로 핀을 먹고 살아남을 수 있겠는지 물음으로써 쥬치카를 학대한 일류사를 놀린다. 그런 다음 그는 호루라기를 불어 페레즈본을 부른다. 페레즈본이 방으로 뛰어들자 일류샤는 "쥬치카!"라고 외친다. 콜랴는 쥬치카를 다시 찾은 다음, 일류샤를 놀라게 해 주려는 자신의 계획을 아무도 눈치채지 못하게 할 요량으로 쥬치카를 페레즈본으로 불렀던 것이다. 콜랴는 페레즈본(쥬치카)과 더불어 일류샤에게 모로조프에게서 얻은 청동대포를 선물로 안겨 준다. 콜랴의 깜짝 선물로 인해 즐거운 분위기와 대화가 무르익던 도중, 의사가 도착한다. 한때 자신의 약혼자였던 드미트리가 일류샤의 아버지를 구타한 것에 대해 여전히 미안한 마음을 금치 못하는 카체리나가 이 병든 소년을 돌보기 위해 모스크바에서 의사를 불러온 것이다. 그가 도착하자 일류샤를 찾아온 친구들은 어쩔 수 없이 자리를 떠나게 된다.

6장. 너무 조숙한 13세 소년 철학도 콜랴

알료샤와 콜랴는 집 밖에서 이야기를 나눈다. 알료샤가 콜랴에게 "일류샤는 죽을 거야. 아무래도 그런 생각이 드는군."이라고 슬프게 말하자[35] 콜랴는 느닷없이 의사와 의학을 비난한다. 그러면서 콜랴는 지금 이런 곳에서라도 당신을 알게 되어 다행이라고 말한다.

"악랄한 자들! 의학은 사기예요! 하지만 카라마조프 선생, 저는 당신을 알게 돼서 기뻐요. 오래전부터 저는 당신이 어떤 사람인지 알기를 원했어요. 우리가 이렇게 슬픈 때에 만난 것이 유감일 뿐입니다"(영어판 463/민음사

3권 91).

이런 수인사를 마친 후 콜랴는 알료샤에게 자신의 인생관에 대해 말하는데, 겨우 13세임에도 심오하고 최종적으로 정립된 듯 보이는 인생관을 피력한다.

"아니요. 오히려 저는 신에 대해서 어떤 것도 적대하지 않습니다. 물론, 신은 전제된 존재입니다. …… 그래도…… 저는 우주의 질서와 모든 다른 것을 위해서 실로 신이 요청된 존재라는 것은 인정해요…… 그리고 만약 신이 없다면, 신은 발명되기라도 해야 하는 존재죠"(영어판 468/민음사 3권 92).

이 콜랴의 신 담론은 볼테르의 이신론을 피상적이고 이분법적으로 이해한 결과이다. 볼테르는 "만약 신이 존재하지 않는다면 신을 발명해야 할 것이다."라는 말을 했는데, 이는 신이 인간이 꾸며낸 거짓말이라는 의미가 아니다. 볼테르는 신에 대한 인간의 불확실성을 인정하면서도 신의 필요성을 역설하고자 했다. 다시 말해, 볼테르는 필요에 의한 신, 곧 신이 필요하다고 믿는 요청으로서의 신을 주장한다. 이는 일종의 칸트가 말하는 도덕적 실천 이성의 요청으로서의 신이라고도 말할 수 있을 것이다. 하지만 칸트가 말하는 신은 사실상 이와 다른 맥락에서 나온 것이다. 칸트는 이론적으로 증명할 수 없는 유신론적 전제를 제쳐두고, 최고선의 실현을 위한 요청으로서의 신을 말했다. 그러니까 도덕적인 삶을 사는 사람은 신이 있다고 믿을 수밖에 없다고 보는 것이다. 이어지는 담화에서 콜랴는 자신이 신을 믿지 않는 사회주의자라고 자임하며 몇 마디 어른스러운 말을 한다.

콜랴는 얼굴을 붉히며 이렇게 덧붙였다. …… "신을 믿지 않으면서도 인류는 사랑할 수 있지 않나요? 그렇게 생각하지 않으세요? …… 볼테르도 신을 믿지 않았지만 인류를 사랑했잖아요?" …… "카라마조프 선생, 저는 사회주의자입니다. 구제불능의 사회주의자죠"(영어판 468-469/민음사 3권 92-93).

알료샤는 콜랴의 '철학'이 그가 단지 라키친에게서 들었던 문구와 현대 사상의 모음에 불과하다는 것을 즉시 알아차렸다. 그러나 그는 정중하게 듣고 콜랴의 말에 동의하지 않는 부분에 관해 그 이유를 설명한다.

"나는 오직 자네처럼 매혹적인 인간성이 삶을 시작하기도 전에 이런 조야한 헛소리에 의해 왜곡되어 버린 것이 안타까울 따름이란데"(영어판 470/민음사 3권 97).

알료샤는 콜랴의 다정한 성격이 라키친에 의해 비뚤어진 점이 있다고 말하지만, 콜랴는 알료샤에게 매료되어 우정을 느끼는 친구가 되었다고 여긴다.

"멋져요! 역시 제가 당신을 잘못 본 게 아니었군요. 당신은 사람을 어떻게 위로하는지를 알고 계세요.[36] 오, 제가 얼마나 당신과 알고 지내는 사이가 되기를 갈망했던지요! 카라마조프 선생, 저는 오래전부터 당신과 만나고 싶었어요!"(영어판 472/민음사 3권 102)
"오, 카라마조프 선생, 우리는 함께 잘 어울리게 될 겁니다…… 저를 제일 기쁘게 하는 것은 당신이 저를 동등한 존재로 대우해 준다는 겁니다"(영어판 472/민음사 3권 103).

5부 카라마조프가의 형제들

알료샤도 콜랴와 같은 느낌을 갖게 되었다. 다만 알료샤는 자칭 사회주의자라고 주장하는 이 어린 소년에게 라키친의 영향력이 영구적으로 미치지 않기를 마음속으로 희망한다.

7장. 일류샤

의사가 떠나고 알료샤와 콜랴는 일류샤가 곧 죽을 것임을 깨닫는다. 의사는 병든 사람이 많은 이 가난한 퇴역 대위의 가족들에게 비현실적이고 확신 없는 처방을 일러 준다. 그는 일류샤에게 이탈리아의 시칠리아 시라쿠스에 가서 요양하고, 스네기료프의 아내에게는 카프카스의 온천 지대에서 요양하라는 등 영혼 없는 권고를 해 본다. 스네기료프는 가난한 자신의 처지에 불가능한 처방을 내리고 떠나는 의사에게 절망한다. 콜랴는 의사에게 분노를 터뜨리며 그를 자극한다. 알료샤는 절교 위협을 하면서 콜랴의 악동다운 도발적 언동을 제지한다.

> "콜랴 군, 자네가 한마디만 더 하면 자네와 영원히 절교할 걸세"(영어판 475/민음사 3권 108).

일류샤는 아버지에게 자신의 죽음에 대해 조용히 말한다.

> "아빠, 절대로 나를 잊지 마. 나를…… 내 무덤으로 와…… 아빠, 우리가 함께 산책 다니던 그 큰 바윗돌 옆에 나를 묻어 주세요"(영어판 475/민음사 3권 109).

아픈 친구의 모습에 눈물을 참던 콜랴는 마침내 대놓고 울기 시작한다. 그는 알료샤에게 가능한 자주 일류샤를 방문하겠다고 말하고,

알료샤는 그에게 약속을 지키라고 권고한다. 두 사람이 떠나올 때 스네기료프는 시편 137 : 5~6("예루살렘이여 내가 너를 잊는다면, 내 혀가 입천장에 붙을지어다"[37])을 부정확하게 인용하면서 일류샤를 잊지 않겠다고 다짐한다. 이것은 일류샤가 자신이 죽으면 또 다른 좋은 아이를 데려와 '일류샤'라고 부르고 대신 사랑해 주라는 말에 대한 스네기료프의 응답이다. 그에게 다른 좋은 아이는 필요 없으며, "나는 절대로 너를 잊지 않을 거야."라고 표현하기 위해 시편을 인용한 것이다. 한국어판의 시편 인용은 "'내가' 너를 잊는다면"이라고 표현함으로, 이 말이 하나님이 하는 말인지, 시편 기자가 하는 말인지, 스네기료프가 아들에게 하는 말인지 정확하게 알기가 어렵다. 만면 영어판에는 "아버지가 나를 잊지 말아 주세요."라는 새 인용이 덧붙어 있어, 스네기료프가 시편을 인용하여 일류샤의 유언에 대해 답하고 있음을 명확히 보여준다.

11편(Book Eleven) : 서서히 미쳐 가며 회복되는 이반 표도로비치 카라마조프 (Brother Ivan Fyodorovich)

모두 열 장으로 구성된 11편은 주변 사람들에게 끼친 이반 카라마조프의 파괴적 영향력들을 일지별로 기록하고, 그의 정신적 붕괴 과정을 묘사한다. 여기서 이반은 스메르쟈코프를 세 번이나 만나며 자신이 그에게 끼친 파괴적 영향력의 실체를 확인한다. 마지막 만남에서 스메르쟈코프는 자신이 발작을 일으키는 듯한 상태에서 표도르 카라마조프를 살해했으며, 돈을 훔쳤다고 극적으로 자백하기에 이른다. 스메르쟈코프는 자신이 표도르 파블로비치 카라마조프에게서 훔친 돈을 이반에게 내주며 가져가라고 한다. 신이 없다면, 영혼의 불멸이 없다면 모든 것이 허용된다는 이반의 신념을 학습한 스메르쟈코프는 이반이 자신으로 하여금 표도르 카라마조프를 죽이도록 정신적으로 사주했다고 믿고 살해했다고 고백한다. 스메르쟈코프는 세 번의 만남에서 이 말을 지속적으로 함으로써 이반에게 죄책감을 심어 준다. 이반은 스메르쟈코프 앞에서 자신의 아버지가 죽기를 바라는 마음을 암묵적으로나마 피력한 점이 마음에 걸려 자신의 유죄를 확신하고 서서히 미쳐 간다. 스메르쟈코프는 자신이 표도르 파블로비치를 죽일 것이라는 사실을 모르고 있었던 것처럼 행동하는 이반의 의도적 무지 태도와 놀라는 척하는 태도에 불신을 표명한다. 그는 이반이 자신에게 표도르의 집을 떠나 모스크바로 떠나는 시기를 말해 줌으로써 자신이 그의 아버지를 죽이는 데 공모적 용인을 해 주었으며, 특히 자신에게 신이 없는 세상에서는 모든 것이 허용된다는 신념을 주입시킴으로써 자신의 극악한 주인 살해 행위를 정당화해 주었다고 주장한다.

이 책의 마지막은 이반이 자신을 찾아온 악마에게 괴롭힘을 당하는 환시 경험과 환청 경험 장면으로 종료된다. 이것은 셰익스피어와 찰스 디킨스의 영향이다. 그들의 작품에는 유령들이 나오고, 주인공들의 환시와 환청이 언급된다. 이반을 찾아온 악마는 그의 신념들을 여러 가지 방식으로 조롱한다. 악마는 이반의 신념 자체가 갖는 악마적·파괴적 함의들을 경각시키는 말들을 쏟아낸다. 그 말들은 이반의 허무주의적이고, 무신론적인 세계관을 허물어뜨리는, 이반의 편에서 보면 악몽이었다. 그런데 이 악마적인 말이 이반의 양심을 일깨워서 이반을 구원받게 만드는 실마리가 된다. 알료샤는 미쳐 날뛰는 이반을 목격하고, 그에게 스메르쟈코프가 이반과의 세 번째 만남 직후 목매어 자살했다는 소식을 알려 준다.

1장. 그루셴카에게 다가오는 구원의 서광

드미트리가 체포된 지 두 달 가까이 된 지난 어느 겨울날, 알료샤는 그루셴카를 방문한다. 알료샤와 그루셴카는 드미트리가 체포된 이후 더욱 가까워졌고, 이제는 친한 친구가 되었다. 드미트리가 체포된 지 3일 만에 병에 걸려 5주 동안 앓아 누웠던 그루셴카는 거의 회복되었다. 알료샤와의 우정이 깊어지면서 그루셴카도 영적 구원의 조짐을 보이기 시작했다. 그녀의 불같은 성격과 자존심은 여전히 그대로이고 외모는 다소 나빠졌다.

그녀는 매우 많이 변해 있었다…… 훨씬 더 말랐고 얼굴빛이 다소간 누렇게 변해 있었다(영어판 477/민음사 3권 112).

그녀의 눈은 이제 새로운 온화함의 빛으로 빛나기 시작한다.

과단성과 이성적인 목적의식을 품은 표정이 그녀의 얼굴에 나타났다. 거기에는 그녀 안에 일어난 영적인 쇄신의 표지들이 있었다. 그녀 안에는 어떤 것도 흔들 수 없는 꾸준하고, 선하며, 겸허한 결심이 식별될 수 있었다(영어판 477/민음사 3권 113).

그런 중에도 드미트리에 대한 질투심을 불러일으키는 카체리나의 존재 때문에 옛 사람의 본성이 나타나곤 한다. 그녀는 알료샤에게 자신과 드미트리가 논쟁을 벌였으며 카체리나가 감옥에 있는 그를 한 번도 방문하지 않았음에도 불구하고 드미트리가 카체리나를 다시 사랑하게 될까 봐 두렵다고 말한다. 알료샤는 그루셴카에 대한 형 드미트리의 사랑의 일관성, 충실성을 강조하며 위로한다.

"그는 당신을 사랑하고 있어요. 그는 이 세상의 누구보다 당신을 더 사랑하고 있습니다. 이 점에 관한 한 오로지 당신은 저를 믿어 주세요"(영어판

5부 카라마조프가의 형제들

483/민음사 3권 129).

또한 그루셴카는 내일 있을 드미트리의 공판에 대해 변호사를 대는 문제로 알료샤에게 이것저것 물어본다. 알료샤는 전반적으로 드미트리에게 불리한 재판이 될 것 같다고 전망하는 이야기를 해 준다. 마지막으로 그루셴카는 드미트리와 이반이 그녀에게 무언가를 숨기고 있다고 믿는다. 그녀는 알료샤에게 그것이 무엇인지 알아내 달라고 요청하고, 알료샤는 그렇게 하기로 동의한다. 이제 알료샤는 드미트리를 만나러 갈 것이다.

2장. 호흘라코바 부인의 '병든 작은 발'에 대한 시를 쓴 라키친

알료샤는 드미트리를 찾아가 대화하기 전에 호흘라코바 부인과 리즈를 방문해야 했다(그녀의 요청). 조시마 장로의 역할을 알료샤가 어느 정도 계승한 것처럼 보인다. 알료샤의 방문은 호흘라코바와 리즈의 영혼을 돌보러 가는 발걸음처럼 보인다. 부유한 미망인이자 장차 알료샤의 장모가 될지도 모르는 호흘라코바는 3주째 발이 아파 침대에 누워 있었다. 그녀는 이런 상황에서도 요염하면서 기품 있는 실내복을 입고 있었다. 가슴이 푹 파인 옷을 선보이는 등 그녀가 보인 과시적인 행동을 보고 속으로 미소 짓던 알료샤는 최근에 이 집에 젊은 남자들의 출입이 잦았다는 것을 알게 되었다. 호흘라코바 부인은 알료샤에게 최근 자신의 집을 출입하는 라키친과 페르호친에 대해 지나치게 자세하게 말해 준다. 그녀는 라키친과 페르호친이 자신을 사이에 두고 연적이 된 것처럼 말한다.[38]

"그 경솔한 청년이 — 당신은 믿을 수 있겠어요? — 나와 사랑에 빠질 생각을 품었던 것처럼 보였어요. 나는 이걸 나중에야 눈치챘어요. 처음으로 —

> 한 달쯤 전에는 — 그가 나를 보기 위해 조금 더 자주 우리 집을 찾아오기 시작했어요. 거의 매일"(영어판 486/민음사 3권 137).
>
> "당신이 아는 대로, 두 달 전에 그 겸손하고 매력적이며 훌륭한 청년, 표트르 일리치 페르호친이 정기적으로 우리 집을 드나들기 시작했거든요. 그는 여기서 근무하고 있어요"(영어판 486/민음사 3권 137).

이런 상황에서 라키친이 호흘라코바의 사랑을 얻기 위해 선수를 쳤다. 누워 있는 그녀의 발을 소재 삼아 라키친이 '병든 작은 발'에 대한 즉흥시를 지어 와서 낭독하는 사이에 페르호친이 방문해 두 사람이 함께 있는 것을 본다. 페르호친이 라키친이 쓴 발 관련 시를 쓰레기 같은 시라고 논평하자, 라키친과 페르호친은 주먹다짐까지 할 기세로 서로에 대한 적의를 드러낸다. 이 어색한 상황에서 그녀는 라키친에게 더 이상 자기 집을 찾아오지 말라고 요구하고, 그 일 후 2주 동안 라키친은 그녀의 집에 발길을 끊었다. 그 사이에 라키친이 〈풍문〉이라는 신문에 '병든 작은 발'을 노래하는 시를 기고했음이 드러난다.[39] 그녀는 그 사실을 알고 알료샤에게 자신의 행동이 타당했는지 걱정하며 말한다.

호흘라코바 부인은 알료샤가 리즈를 보기 전에 그에게 매우 흥미로운 말을 한다. 그녀도 모르게 최근 이반이 리즈를 방문했다는 것이다. 알료샤는 이반이 리즈에게 영향을 주었으리라 생각한다. 이반이 리즈를 방문한 후 이미 불안정한 리즈의 기분이 더욱 불균형해졌기 때문이다. 호흘라코바 부인은 알료샤에게 리즈를 힘들게 하는 것이 무엇인지 알아내 자신에게도 말해 달라고 부탁한다.

3장. 꼬마 악마 리즈

알료샤가 리즈를 만나러 들어갔을 때 그녀는 거의 히스테리에 빠져 있었다. 알료샤는 리즈에게 왜 방문해 달라고 했는지 묻는다. 알료샤와 약혼하기로 결정한 리즈는 마음을 바꾸고 약혼을 파기했으며, 서른 번째로 생각을 정리했음을 알린다. 이제 자신은 알료샤를 존경하지도 않는다고 말한다. 그녀는 누구도 존경할 수 없기 때문이다. 그녀는 선과 악, 신앙(사랑)과 회의 가운데서 내적 갈등을 겪고 있었던 것이다. 사실 그녀가 알료샤에게 방문해 달라고 요청한 이유는 이것이었다.

> "당신에게 내 소망 한 가지를 말해 주고 싶었어요. 나는 누군가가 나를 괴롭히고, 나와 결혼하고, 그런 후 나를 괴롭히고 속이고 그러다가 떠나 버렸으면 좋겠어요. 나는 행복을 원치 않아요!"(영어판 491/민음사 3권 150)

이어서 리즈는 세상이 너무 역겨워서 죽고 싶다고 말한다.

> "나는 자살할 거예요. 나는 모든 것을 혐오해요. 모든 것을 혐오하기 때문에 나는 살고 싶지 않아요. 나는 모든 것을 혐오해요. 모든 것, 모든 것을 혐오해요. '알료샤, 왜 당신은 나를 조금도 사랑하지 않는 거죠?'"(리즈, 영어판 495/민음사 3권 159)
>
> "그러나, 나는 확실히 당신을 사랑해요!" 알료샤는 따뜻하게 대답했다(영어판 495/민음사 3권 159).
>
> "고마워요! 나는 오직 당신의 눈물만 원해요. 나머지 다른 모든 사람이 저마다 나를 벌주며 짓밟을 수도 있어요! 어떤 단 한 사람만 나를 벌주며 짓밟지 않으면 돼요. 나는 나머지 모든 사람을 아무도 사랑하지 않으니까요"(리즈, 영어판 495/민음사 3권 159).

그녀는 이 주제에 대해 '특정 남자'(이반)에게 이야기한 전후 사정을 설명하고, 그 남자가 그녀를 비웃고 떠났다고 말했다. 그녀는 그 남자가 자신을 경멸했는지 묻는다. 알료샤는 그렇지 않으며, 그가 오히려 그녀의 이야기를 믿고 있다고 말한다. 알료샤가 떠나려고 일어나자 리즈는 그에게 이반에게 보낼 쪽지를 건넨다. 알료샤가 사라지자 그녀는 손가락을 문틈에 끼운 채 문을 세게 닫아 손톱을 짓뭉갠다. 그녀는 검게 멍들고 피 묻은 손톱을 내려다보며 자신이 글렀다고 스스로 비하하며 속삭인다.

"나는 비참한 자, 비참한 자, 비참한 자, 비참한 자야!"(영어판 495/민음사 3권 160)

그녀의 모습에서 이반, 정확히 말해 그의 사상이 나이 어린 사람에게 끼치는 영향을 엿볼 수 있다.

4장. 땅 밑에서 부르는 비극적인 찬송가와 드미트리의 탈주 비밀

형을 만나러 감옥에 간 알료샤는 라키친이 자신보다 먼저 드미트리를 방문했다는 사실을 알고 당황한다. 당황한 알료샤가 드미트리에게 그에 대해 묻자, 드미트리는 라키친이 드미트리 자신의 상황 때문에 아버지를 죽일 수밖에 없었다고 주장하는 기사를 쓰고 싶다고 말했다고 한다. 드미트리는 라키친을 경멸하지만 그의 생각을 비웃을 수 있도록 감옥 방문을 허락했다고 말했다. 드미트리는 스메르쟈코프가 살인자이며, 그가 하나님께 천벌을 받으리라 호언하면서도 내일 자신의 재판 결과에 대해서는 전혀 신경을 쓰지 않는 것처럼 말한다.

"나는 그 악취녀 스메르쟈쉬야(리자베타)의 아들놈에 대해서는 말도 하기 싫다! 하나님이 그놈을 죽여 주실 거야"(영어판 501/민음사 3권 172).

드미트리는 알료샤에게 자신이 기소된 범죄에 대해 무죄임에도 불구하고, 자신이 만든 죄의 짐을 받아들이고 속죄하여 자신을 구원하기를 갈망한다고 말한다.

> "동생아, 나는 지난 두 달 간 내 안에서 한 새로운 인간을 발견했어. 내 안에서 새로운 인간이 부활했어! 그 새로운 인간은 내 안에 숨어 있었지만, 하늘에서 내린 이 타격이 없었다면 결코 표면으로 드러나지 않았을 거야! 난 두렵다! 그리고 내가 광산에서 망치로 원석을 부수며 20년을 보낸다고 해도 무슨 상관이겠는가? 나는 이것은 전혀 두렵지 않아. 지금 내가 두려워하는 건 다른 것이야. 그 새로운 사람이 나를 떠날까 봐 두려운 거야. 심지어 그곳, 지하 광산 속에서도, 내 곁에 있는 다른 죄수이자 살인자에게서 인간적인 마음을 발견할 수도 있고, 그와 친구가 될 수도 있을 거야. 심지어 그곳에서도 사람은 살고 사랑하고 고통받을 수 있기 때문이야! 누군가는 그 죄수의 얼어붙은 마음을 녹여 되살릴 수도 있고, 수년간 그를 돌보며 어둠의 심연에서 고귀한 영혼, 감정을 가진 고통받는 존재를 끌어올릴 수도 있기 때문이야. 그 죄수를 천사로 재탄생시키고 영웅으로 창조할 수도 있어! 그런 사람들은 많아. 수백 명이나 된단다. 우리 모두가 그들의 고통에 책임이 있어. 왜 나는 그런 순간에 그 '애기'에 대한 꿈을 꿨을까? 왜 그 애기는 그렇게 가난한가? 그건 그때 내게 주어진 방향표지판이었어. '나는 그 애기에게로 갈 거야.'"(영어판 501/민음사 3권 172-173).

이 장면의 '애기'는 오스카 와일드(Oscar Wilde)의 작품 속 인물을 가리키는 것처럼 보인다. 와일드의 동화『이기적인 거인』(*The Selfish Giant*)에는 손에 못이 박힌 아이가 등장해 거인을 구원한다. 이 아이는 아기 예수를 상징하는 문학적 오마주이다. 이는 '후손 메시야니즘' 또는 '아동 메시야니즘'과 맞닿아 있다. 18~19세기 낭만주의 문학에서는 찰스 디킨스와 윌리엄 워즈워스(William Wordsworth) 같은 작가들에 의해 아이를 메시야적 존재로 보는 사상이 나타났다. 그들은 때묻지 않은 아이, 곧 인류를 구원하는 아이다움을 그리고자 했다. 이것이 '아동 메시야니즘'이다. 성경에도 등장하는 '후손 메시야니즘'은 태어난 아기가 온 세상을 구원한다는 메시지이다(마 1 : 21⁴⁰). 이것은 일종의 성경적 레퍼런스(Biblical reference)로 볼 수 있다.

"나는 아버지를 죽이지 않았어. 하지만 나는 가야만 해. 나는 아버지를 죽였다는 유죄평결을 받아들인다!" …… "오, 그래, 사슬들에 묶인 우리에게는 자유가 없겠지만, 그러나 그때 우리는 우리의 큰 슬픔 속에서 기쁨으로 다시 부활할 기야. 기쁨이 없다면 인간은 살 수 없으며, 하나님도 존재할 수 없어. 기쁨을 주시는 것은 하나님만의 장엄한 대권이기 때문이야. …… 오 주여, 인간은 기도 속에서 녹아 새롭게 될 것입니다! 저기 땅 밑에서 하나님이 없다면 내가 무엇이 될 수 있겠어? 라키친은 조롱하겠지! 라키친 같은 자들이 하나님을 땅에서 쫓아내면, 우리는 땅 밑에서 하나님을 감춰 모실 수 있어! 감옥에서는 누구도 하나님 없이 살 수 없어. 감옥 밖에서 하나님 없이 사는 것은 더욱더 불가능해…… 그때면 우리 같은 지하의 사람들은 땅 깊은 곳에서 기쁨의 원천이신 하나님을 향해 영광스러운 찬송가를 부를 거야. 모든 기쁨은 하나님으로부터! 하나님과 하나님의 기쁨 만세! 나는 하나님을 사랑해! ……그래서, 삶은 충만해. 땅 밑에서도 삶은 얼마든지 존재하거든"(영어판 501-502/민음사 3권 173-174).

이 지점에서 드미트리는 그루셴카가 그와 함께 시베리아로 스스로 유배를 떠나는 것이 허용되지 않을 것이며, 그녀가 없으면 영적 쇄신에 필요한 힘이 부족할 것이라는 점을 두려워한다.

"예전에 나를 애태우게 했던 것은 그녀의 치명적으로 매혹적인 몸의 곡선뿐이었지만, 이제 나는 그녀의 모든 영혼을 내 영혼 속으로 받아들였어. 그녀를 통해서 나도 변화된 사람이 된 거야! 그들(그루셴카와 변화된 드미트리)이 결혼할 수 있을까? 만일 그들이 결혼하지 못한다면 나는 질투 때문에 죽을 것 같아. 나는 매일 결혼하는 것과 같은 상황을 상상하곤 해"(영어판 504/민음사 3권 180).

알료샤는 그날 그루셴카가 자신에게 해 주었던 말을 모두 반복해 미챠에게 전해 주었다. 미챠는 귀 기울여 들었으며 알료샤로 하여금 많은 것들을 반복하도록 했다. 미챠는 대체로 기뻐했던 것처럼 보였다(영어판 504/민음사 3권 180).

"그들(변화된 드미트리와 그루셴카)이 결혼할 수 있을까? 당국자들이 그 둘이 결혼하는 것을 허용해 줄까? 그게 문제야. 그런데 나는 그녀 없으면 못 살아……"(영어판 504/민음사 3권 180).

드미트리에 따르면, 이반은 드미트리가 살인의 죄책을 져야 한다고 믿고 있음에도 불구하고, 최근 드미트리에게 탈출 계획을 제안했다. 이 계획은 이반 등이 그루셴카에게 숨겨 온 비밀이다. 슬픔과 죄책감에 괴로워하는 드미트리는 재판이 있기 전에 탈출을 거부한다. 그는 알료샤에게 자신이 죽였다고 믿는지 묻고, 알료샤는 드미트리가 유죄라고 믿지 않는다고 말한다.

"나는 단 한순간도 형이 살인자라고 믿은 적이 없어." 알료샤는 가슴속에서 우러나오는 떨리는 목소리로 불쑥 말했다. 그는 하나님이 자기 말이 참된 말임을 증언해 달라고 요청하는 듯이 자신의 오른손을 허공 중에 쳐들었다. 미챠의 얼굴 전체가 행복감으로 빛났다(영어판 506/민음사 3권 186).

드미트리는 서서히 인간 갱생의 여정에 들어선다.

"이제 네가 내게 새로운 삶을 선사해 줬어……. 믿기 힘들지 모르지만, 이 순간까지 이렇게 요청하는 것이 두려웠어. 다름 아닌 너, 심지어 네게 이렇게 요청하는 것을 두려워했어! 이제 가! 너는 내게 내일을 맞이할 힘을 주었어. 하나님께서 네게 복 주시길! 자, 가거라. 이반을 사랑해라!" 이것이 미챠의 마지막 말이었다. 알료샤는 눈물이 고인 채 밖으로 나왔다. 미챠 안에 있는 저 지독한 불신, 그에게, 심지어 알료샤에게조차 감추었던 자신감 결핍 — 이 모든 것이 불행한 형의 영혼 속에 숨겨져 있던 깊은, 절망적인 슬픔과 비통을 알료샤에게 갑자기 드러냈다. 강렬하고 무한한 연민이 순식간에 알료샤를 압도했다. 찢어진 가슴에 찔리는 듯한 아픔이 느껴졌다. "이반을 사랑하라!" — 그는 갑자기 미챠의 말을 떠올렸다(영어판 506/민음사 3권 186).

자신의 무죄를 확신하는 선언을 한 동생의 말은 드미트리에게 용기와 희망을 불어넣는다.

5장. "형님은 결코 범인이 아닙니다!"

알료샤는 카체리나의 집 밖에 있는 이반을 발견한다. 이반은 알료샤에게 카체리나가 드미트리로부터 온 편지, 즉 자신이 살인자임을 증명하는 편지를 가지고 있다고 말하지만 알료샤는 믿지 않는다. 그는 드미트리가 결백하다고 주장한다. 이반은 살인자가 드미트리가 아니라면 누구일지 냉정하게 따져 보라고 요구한다. 자신도 분명히 이 범죄에 대해 간접적인 책임이 있다고 생각하는 이반에게 알료샤는 그 또한 그렇지 않다고 말한다. 알료샤는 이반을 안심시키려고 한다. 그는 이반의 양심을 달래기 위해 하나님께서 자신을 보내셨다고 말한다. 이반은 알료샤의 종교심에 괴로워하다가 화가 나서 자리를 떠나 버린다.

6장. 스메르쟈코프와 이반의 첫 만남

살인 이후 병에 걸린 스메르쟈코프는 이제 거의 죽음에 이르렀다. 첫 번째 방문에서 스메르쟈코프는 이반이 그의 형 드미트리가 아버지를 죽일 것이라고 의심했지만, 비밀리에 아버지가 죽기를 원했기 때문에 살인 사건이 일어날 그날에 아버지를 떠났다고 간접적이고 교묘한 방식으로 주장한다. 그는 직접적인 고발보다는 논리적이면서도 우회적인 언급으로 이반의 도덕적 양심에 압박을 가한 것이다. 이처럼 스메르쟈코프도 어떤 경우에는 치밀한 논리적 사고를 한다. 후에 스메르쟈코프의 정신박약적인 횡설수설 증언으로, 검사는 그가 정신 파격 상태에서 논리적 사고를 하지 못한다고 주장하지만, 드미트리의 변호사 페츄코비치는 그렇게 보지 않는다. 페츄코비치는 그가 이성적이고 이반과 같은 느낌을 준다고 평가한다. 스메르쟈코프의 두 가지 모습이다.

7장. 스메르쟈코프를 두 번째로 방문하는 이반

이반의 두 번째 방문에서 스메르쟈코프는 이반이 표도르 파블로비치가 죽길 바란 것은 그가 받을 유산 때문이라고 말한다. 또한 드미트리가 아버지를 죽이면 그가 받을 상속재산이 다른 두 형제에게 돌아갈 것을 이반이 기대한 것이라 말한다. 스메르쟈코프는 프랑스로 귀화하기 위해 돈이 필요했다. 이번 방문 이후, 이반은 갑자기 살인에 대한 책임이 자기에게 있다는 사실을 받아들여야만 했다.

이제 이반은 완전히 덫에 걸렸다. 자기를 정조준해서 양심을 포획하는 스메르쟈코프의 말로 인해 포박당한다. 그는 이 곤경에서 잠시나마 벗어나 보려고 카체리나를 방문한다. 그녀는 드미트리가 자신에게 진 빚 3천 루블을 갚기 위해 필요한 경우 표도르 파블로비치를 죽이겠다고 약속하는 편지를 자신에게 보냈다고 하며, 이반에게 그것을 보여준다. 이로써 이반은 드미트리가 살인에 책임이 있으며, 그 자신은 책임이 없다는 사실을 수학적으로 확신하게 된다. 정확하게는 죄책감의 한복판, 곧 이 살인 책임의 한복판에 있다고 느끼는 마음과 벗어나고자 하는 마음, 곧 책임을 인정하지 않으려는 마음이 이반의 인격을 파괴하며 서로 싸우고 있다.

8장. 스메르쟈코프와 이반의 세 번째이자 마지막 만남

이반이 스메르쟈코프를 세 번째로 방문했을 때, 스메르쟈코프는 자신이 표도르 파블로비치를 살해했다고 공개적으로 고백한다. 그러나 그는 이반과의 철학적 토론이 자신에게 살인을 정당화할 도덕적 통찰을 열어 주지 않았다면 그 일을 실행할 수 없었을 것이라고 말한다. 이러한 이유로 스메르쟈코프는 이반 또한 자신과 마찬가지로 살인에 대한 책임이 크다고 말한다. 그래서 그는 자살하는 순간에도 유서를 남기지 못한다. '내가 죽였다'는 말도, '이반의 사상에 영향을 받았다'는 말도 쓰지 못하기 때문이다. 그가 유서를 남기지 않았기에 후에 이를 두고 검사와 변호사는 논쟁을 벌이게 된다.

9장. 악마. 이반 표도로비치의 악몽

이반은 이제 내일 재판에서 스메르쟈코프와 함께 죄를 시인하여 드미트리의 결백을 증명할 수 있을 것이라고 다짐하며 집으로 돌아온다. 그러나 그는 방에서 악몽 같은 환각, 환상을 경험한다. 끔찍한 옷을 입은 중년 남성이 스스로를 악마라고 주장하는 것이다. 악마는 이반의 의심과 불안에 대해 조롱하고, 이반은 악마에 대해 가혹하게 비판하지만 환시는 결국 그를 미치게 만든다. 이 환시는 이반을 심판하는 최고재판관 양심의 또 다른 역능을 대변한다.

10장. "그놈이 스메르쟈코프의 자살을 알려 줬어!"
10장은 '그놈' 혹은 '악마'라고 불리는 유령적 존재에게 혹독하게 시달리는 이반을 자세히 묘사한다. 이반에게 '그놈', '악마'는 스메르쟈코프의 자살을 미리 알려 주고, 이반이 스메르쟈코프의 자살에 책임이 없다는 식으로 압박한다. 세 번씩이나 이반을 찾아온 그놈은 알료샤가 문을 두드리자 사라진다. 이반은 '그놈의 출현'이 실제였다고 주장하지만, 뭔가 불확실한 현상으로 보인다. 오히려 이반의 모습은 히스테리적이고 정신적인 붕괴를 겪고 있는 것처럼 보인다. 알료샤는 넋 나간 사람처럼 '악마' 타령을 하고 있는 이반을 돌보며, 그를 위해 기도하면서 밤을 보낸다.

알료샤는 이반의 인격적 분열을 지켜보면서 이반의 양심이 되돌아옴을 감지한 것처럼 보인다. 분열된 이반은 자기양심에 관해 말한다. 만약 누군가가 양심 법정에서의 재판관을 악마라고 느낀다면, 이 사람이 그 양심에 저항하기 때문이다. 이반의 마음속에서 로마서 2 : 13[41]이 역사하고 있다. 이반의 헛소리처럼 들리는 '그놈' 담론의 요지는 "내 양심의 최고 법정 재판관(그놈)이 말했다."라는 것이 아닐까? 알료샤는 이반의 병증을 이렇게 규정한다. "오만한 결단에서 우러나온 고뇌이며 또 심오한 양심이다!"(민음사 3권 309)

11편은 이제까지 등장했던 등장인물들 중 부정적인 인물들의 역할들이 어떻게 마무리되는지 보여준다.

1) 리즈와 이반
11편에 묘사되는 리즈의 비참한 행동은 그녀를 이반의 여성적 짝으로 보이게 만든다. 두 사람 모두 세상에 대한 극단적 비관과 의심으로 인해 정신적 붕괴라는 손상을 입는다. 이반처럼 리즈도 세상의 불의에 좌절하고 상처받으며, 아무것도 존중할 수 없는 상태가 된다. 그러나 이반은 자신의 좌절감에 대해 지적으로 엄격한 절망으로 반응하는 반면, 리즈는 세상과 자신에 대한 의심이 그녀를 압도하도록 허용하여, 결국 어떤 것도 진지하게 받아들이는 능력을 잃고 냉소주의에 빠진다. 그녀 역시 정신적 붕괴를 경험한 것이다. 리즈가 자신의 감정을 표현하는 것을 보고 이반이 웃는 장면은 연민과 경멸이 뒤섞인 반응이다.

2) 그루셴카에게 경험된 고통의 영혼 정화적 효능

『카라마조프가의 형제들』의 주요 사상 중 하나는 고통이 구원을 가져올 수 있으며, 고통을 통해 죄를 정화하는 사람들은 영적 갱생에 이를 수 있다는 것이다. 그루셴카는 끔찍한 병의 여파로 알료샤의 도움을 받아 영혼 정화를 겪는다. 고통은 고통을 초래한 행동을 거부하도록 몸과 마음에 반복적인 신호를 보낸다. 그래서 고통이 영혼을 정화시킨다. 하지만 고통만으로 영혼이 정화되지는 않는다. 고통의 징벌을 초래한 '죄악된 행동'을 대신할 '대안적 행동'이 있어야 한다. 그루셴카는 난봉꾼이나 호색한 같은 드미트리를 경멸했으나 영혼의 재생을 겪고 거듭난 드미트리를 사랑할 수 있기에, 그 가능성 때문에 영혼 정화를 맛본 것이다. 영혼 정화는 영혼이 귀소할 고결한 성품이나 미덕을 향해 이루어진다.

3) 이반의 정신적 붕괴

11편 마지막 부분에서 이반이 광기에 빠지는 장면은 그의 냉철한 위엄이 무너지고, 그의 철학의 중심에 있던 무서운 공허함을 드러낸다.

소설이 진행됨에 따라 이반은 '다른 인간의 행동에 대해 서로가 도덕적 책임을 진다'는 개념에 계속해서 저항하며, 대신 사람들은 자신의 행동에 대해서만 책임이 있다고 말한다. 그러나 스메르쟈코프와의 대화는 그가 표도르 파블로비치를 살해하는 데 있어 이반이 수행한 역할을 부인할 수 없게 만든다. 이반의 철학 덕분에 표도르 파블로비치를 살해할 수 있었다는 스메르쟈코프의 폭로는, 이반에게 사람들이 서로의 삶에 어느 정도 개입하는지를 분명히 해 주었다. 스메르쟈코프의 범죄는 이반의 비도덕주의가 가져온 끔찍한 결과를 조명하는 동시에, 이반이 스스로 둘러쌓아 온 벽을 무너뜨린다. 그러므로 이반은 처음으로 보편적 죄의 짐을 받아들일 수밖에 없었고, 이 짐의 고통이 그의 정신적 쇠약을 초래했다. 이반은 믿음의 위로 없이는 이 짐을 감당할 수 없다. 스메르쟈코프의 죄가 폭로된 것처럼 악마에 대한 그의 환각은 신이 없는 세상의 본질을 보여준다.

4) 스메르쟈코프의 살인 동기?

표도르 파블로비치를 죽인 스메르쟈코프의 동기는 모호하다. 첫째, 이반의 사주를 받아서 표도르 파블로비치를 살해했다고 볼 수 있다. 스메르쟈코프는 '신이 없다면 모든 것이 허용된다'는 이반의 철학을 실천하고 있는 것인지도 모른다. 둘째, 돈이나 표도르 파블로비치에 대한 증오 때문이었을 수 있다. 셋째, 스메르쟈코프는 단순히 악을 행하고자 하는 욕구에서 살인을 저질렀을 수도 있다. 표도르 파블로비치의 악한 본성의 상속자로서 스메르쟈코프는 표도르 파블로비치의 잔인한 사악함을 공유하고 있었다. 어떤 의미에서 표도르 파블로비치는 자신의 혐오스러운 생활 방식으로 인해 살해된다. 스메르쟈코프의 비통한 자살은 표도르 파블로비치의 살해 논리의 연장인가? 아니면 무신론적 허무주의의 자기파멸적 열매인가? 전체적으로 스메르쟈코프의 살인 행위는 논리적으로 설명이 되는 듯하다가 선뜻 납득하기 어려운 모호성을 남긴다.

주제 면에서 보면 『카라마조프가의 형제들』 11편의 압권은 이반의 정신세계가 무너지는 장면이다. 이반의 무신론 체계가 무너지는 과정에 도달하기까지 작가는 수십 개의 자기완결적인 스토리를 소설 여기저기에 배치하고 있다. 그것들 각각은 소설의 서사를 전진시키는 동력을 만들어내는 작은 톱니바퀴들이다. 스메르쟈코프의 인생도 그 자체가 하나의 이야기이다. 표도르 파블로비치 카라마조프, 카체리나, 그루셴카, 조시마 등 등장인물 각자의 삶의 편력 자체가 하나의 이야기이다. 일류샤와 악동들과의 돌싸움과 화해도 하나의 스토리를 구성한다. 조시마의 형이자 그에게 강하고 지속적인 영향을 끼치는 죽은 형 마르켈, 회개하는 부자의 이야기 역시 하나의 스토리이다. 조시마에게 와서 고해성사하듯 자기의 슬픈 사연을 털어놓는 다섯 명의 아낙네들도 각각 자기완결적 스토리를 갖고 있다. 이런 자기완결적인 스토리를 따로 떼어 놓고 보면 서로 연결되지 않은 것처럼 보이지만, 이 모두가 유기적으로 전체를 이루는 응집력을 발휘하면서 이 작품을 촘촘하게 지탱한다. 가장 대표적인 이야기는 "대심문관"이다. 대심문관은 그 자체가 소설이며 자기완결성을 갖는다.

수십 개의 이야기들은 크게 보아 두 개의 큰 바퀴를 구성한다. 두 개의 큰 바퀴 안에는 작은 톱니바퀴들이 서로 맞물리며 계속 돌고 있다. 첫 번째 큰 바퀴는 하나님의 현존을 부정하려는 이반의 사상이다. 하나님을 탓하면서 하나님의 세상 통치에 드러나는 결함들, 혹은 오작동을 고발하는 이반의 존재이다. 이 이반의 큰 바퀴 맞은편에는 조시마와 알료샤가 맞물리며 만드는 또 하나의 큰 바퀴가 돌고 있다. 이반이 잡고 있는 바퀴(스메르쟈코프와 리즈)와 알료샤와 조시마가 잡고 있는 바퀴(그루셴카, 드미트리)가 서로 밀어내며 동력을 발산한다. 의견이 서로 충돌하고 대립한다. 이 대립과 충돌은 결렬의 충돌이 아니다. 서로의 톱니바퀴를 물어 주는 대립이다. 이반이 대표하는 저항적 무신론, 조시마와 알료샤가 대표하는 만유를 표현하는 경청하는 하나님 신앙은 서로를 밀어내면서도 견인하며, 결국 인간 실존에 관한 더 큰 경청과 존중을 보여준다. 이반과 조시마의 대결은 무신론의 언어마저도 듣고 계신 하나님을 보여주며, 서로의 톱니바퀴에 맞물려 가면서 힘을 발휘하는 대립임을 보여준다. 결국 이 두 바퀴는 이 소설을 전진시키는 문학적 동력을 만들어낸다. 이 거대한 동력은 기독교의 장엄함을 다채롭고 세부적으로 증언한다. 기독교 신학, 기독교 구원론, 기독교의 신앙이 얼마나 인간 실존을 이해하는 데 깊은 자산이 되는지를 보여준다. 이 소설은 기독교 신앙과 신학이 죄와 죽음으로 허물어 치닫는 인간의 문명을 살려내는 데 얼마나 엄청난 창조의 동력을 창출하는가를 보여준다.

12편(Book Twelve) : 오심(誤審, A Judicial Error)

모두 열네 장으로 구성된 12편은 친부 살해 혐의로 기소된 드미트리 카라마조프의 재판 과정을 자세히 기록한다. 법정을 가득 채운 남자들은 분개에 차 있거나 원한에 찬 군중들(호기심 어린 군중들)로 묘사되며, 여자들은 드미트리가 연루된 삼각관계의 낭만적 흥취에 비이성적으로 빠져든 군중으로 묘사된다. 광기가 최종적으로 이반을 격렬하게 덮치고, 그는 스메르쟈코프와의 마지막 만남과 그의 고백을 법정에서 증언한 후 끌려 나간다. 이 재판의 결정적 반전 중 하나는 드미트리에 대한 카체리나의 악담 어린 증언이다. 카체리나는 이반의 섬망증과 광기가 드미트리에 대한 자신의 사랑으로 인해 발병되었다고 믿으며 충격을 받는다. 이에 그녀는 드미트리가 술 취한 상태에서 쓴 편지를 증거로 제시한다. 거기에는 드미트리가 아버지를 죽여 버리겠다고 말한 내용이 쓰였다. 이 단원은 검사와 변호사의 법정 공방 발언들(논고와 변론), 그리고 드미트리를 유죄로 보는 배심원의 평결로 끝난다. 드미트리에게는 20년 시베리아 유형이 선고된다.

1장. 운명의 날

호기심이 가득한 분위기 속에서 다음 날 아침 10시에 드미트리의 재판이 시작된다. 러시아 전체가 그 결과에 관심을 갖고 있는 것 같다. 전설적인 변호사 페츄코비치는 드미트리를 변호하기 위해 모스크바에서 먼 길을 떠났다. 판사는 교육받은 사람으로 알려져 있지만, 배심원은 농민으로 구성되어 있어 페츄코비치의 변호가 배심원들의 판단보다 우선시될 것이라는 예상도 나온다.

판사가 드미트리에게 항변을 요청하자, 그는 다시 한번 자신의 결백을 주장한다. 대부분의 사람들이 검사가 제출한 여러 증거들(피 묻은 와이셔츠, 손가락 사이에 흐르는 피 등)을 압도적으로 확실한 증거로 간주하는 것을 고려할 때 법정의 일반적인 합의는 그가 '유죄'라는 것이다.

2장. 위험한 증인들을 중화시키는 변호사의 심문

일련의 증인이 호출되고, 능숙한 반대심문을 통해 한 명씩 증인들의 증언을 청취한 페츄코비치는 그들의 말에 의심을 던지며 드미트리가 유죄라는 주장을 불신한다. 페츄코비치는 그리고리가 살인 당일 밤에 강한 약을 복용했으며, 그의 상황 판단력을 신뢰하기 어려울 수 있다고 지적했다.

3장. 의학 감정과 호두 한 자루 : 살인을 저지르기에 부적합할 정도로 착한 드미트리

세 명의 의사는 드미트리가 살인을 저지르게 된 원인과 그의 정신 상태에 대해 모순되는 이론을 제시한다. 이 도시에 오랫동안 살았던 독일인 의사(게르첸슈투베)는 드미트리의 어린 시절, 그에게 호두 1푼트를 사 줬고, 드미트리가 23년 만에 찾아와 감사인사를 한 이야기를 들려준다. 드미트리는 눈물을 흘리며 듣는 사람들의 마음속에 새로운 동정심을 불러일으켰다. 게르첸슈투베의 말이 중요한 이유는 드미트리의 본성이 23년 동안 감사를 유지한 상태임을 설명함으로써 살인을 저지르기에 적합하지 않은 사람임을 암시하기 때문이다.

4장. 드미트리에게 찾아온 행운 : 알료샤와 카체리나의 유리한 증언

다음으로 알료샤는 몇 가지 유용한 증거를 제시한다. 그는 드미트리가 자기혐오의 순간에 그의 가슴팍의 무언가(부적 주머니)를 치며 자신의 명예를 회복할 수단이 있다고 했던 것을 기억한다. 이것은 드미트리가 실제로 돈을 목에 걸고 있었고, 표도르 파블로비치에게서 돈을 훔치지 않았음을 암시한다. 알료샤는 또한 자신은 스메르쟈코프가 진짜 살인자일지도 모른다고 믿고 있음을 인정한다. 카체리나는 드미트리가 자신의 아버지를 감옥에서 구해 준 선행 이야기를 들려준다. 알료샤의 증언에 깊은 인상을 받은 군중은 자신을 사랑하지 않는 드미트리 앞에서 너무나 철저히 희생을 감수하며 파멸하는 카체리나에게 놀라면서도 약간 혐오감을 느낀다. 그루셴카는 심문을 받고, 드미트리의 결백을 강력히 주장한다.

5장. 뜻밖의 파국 : 스메르쟈코프를 범인이라고 주장하는 이반

법정에 호출된 다음 증인은 그를 거의 미치게 만든 질병으로 인해 고통받는 이반이다. 이반은 스메르쟈코프가 아버지를 죽였다고 주장하며 분노하고 떠들썩한 분위기를 만든다. 뜻밖의 파국이다. 결국 이반은 드미트리의 입장에 선다. 그는 스메르쟈코프가 표도르 파블로비치에게서 훔친 현금 뭉치를 법정에 보여주었다. 이반은 스메르쟈코프가 표도르 파블로비치를 죽일 것임을 알고도 그를 막지 않았기 때문에 자신도 책임이 있다고 말한다. 자기가 말하는 것이 진실임을 아는 사람은 이곳 법정 어딘가에 있을 마귀라고 말한다. 양심법정의 최고재판관 역할을 하는 그 마귀이다. 이반은 점점 더 격렬하게 생기를 띠며 흥분하는 모습을 보이다가 법정에서 퇴정 조치를 당한다. 카체리나는 이반의 명예를 지키기 위해 이선 승언을 뒤집고 드미트리의 편지를 법원에 보여준다. 그녀는 이반이 형의 죄책에 대한 슬픔으로 제정신을 잃었고, 드미트리의 책임을 갚기 위해 살인에 관한 자신의 책임을 강조했을 뿐이라고 말한다. 그루센카는 이반의 죄책 경감을 위해 드미트리의 죄책을 강조하는 카체리나를 격렬하게 모욕한다. 법정은 혼란에 빠진다.

6장. 검사의 논고, 성격 묘사

질서가 회복되면서 법률가들이 최종 연설을 한다. 검사 이폴리트 키릴로비치는 사건의 사실관계를 자세히 설명한다.

7장. 범행의 경로

키릴로비치는 드미트리가 폭력적인 행동이 가능한 기질을 가지고 있으며, 그가 제정신이 아니라고 말한다. 기질주의적 접근과 실존적인 정신적 공황 상태, 두 가지를 강조한다.

8장. 스메르쟈코프의 혐의를 벗겨 주는 검사의 논고(論告)

키릴로비치는 스메르쟈코프와 달리 드미트리는 노인을 미워하고 돈을 갈망했기 때문에 그를 죽일 동기가 있었다고 말한다. 키릴로비치는 드미트리가 카체리나에게 보낸 편지에서 보인 폭력적인 감정을 고려하면, 표도르 파블로비치를 살해했을 가능성이 이미 충분히 축적되어 있다고 말한다. 그는 스메르쟈코프의 자백들을 일방적인 자백으로 받아들여 그를 살인 용의자 선상에서 탈락시킨다. 스메르쟈코프의 발작은 연기가 아니라 실제였고, 간질 발작 중 살인을 저지를 가능성은 전무하다고 보았다. 살인 현장에 떨어져 있던 돈 봉투는 살인의도를 가진 스메르쟈코프가 행한 일일 수가 없다는 결론을 내린다. 또한 살인 현장에 있던 다섯 명(파블로비치, 그리고리, 그의 아내, 스메르쟈코프, 드미트리) 중 유일한 살인 용의자(동기, 행동노선, 증거 등)는 드미트리라고 결론을 내린다. 옛 애인과 같이 있을 그루셴카를 되찾는 데 혈안이 된 드미트리, 그래서 돈이 필요했던 드미트리가 유일한 살인 용의자라는 것이다. 배심원들은 여기서 더 이상 한 치도 나가지 않는다. 이 결정적 증거가 배심원들을 움직인다.

9장. 전속력의 심리 분석, 질주하는 트로이카, 검사 논고의 결론

키릴로비치는 여기서 드미트리의 자살 충동, 그의 카라마조프적 열정, 무절제, 연인 앞에서의 극적 권총자살로 그루셴카에 대한 자신의 사랑을 영원히 기억하게 하려는 치기 등에 대한 장황한 심리 분석을 늘어놓는다. 그에게 권총자살은 그루셴카를 다시 되찾을 수 없다는 절망, 아버지를 죽였다는 양심의 가책에서 벗어나는 유일한 출구였다는 것이다.

"배심원 여러분, 너무 성급하게 발설된 '내가 아니라면'이라는 어구를 듣고 있습니까? 이 말에 깃든 이 동물적인 교활함이, 이 카라마조프적인 어설픈 순진함과 초조함이 들리십니까? '내가 죽인 게 아니다.', '여러분은 내가 아버지를 죽였다고 생각해서는 안 됩니다.', '여러분, 나는 죽이고 싶었습니다. 나는 죽이고 싶었습니다.' 이렇게 그는 서둘러 인정합니다(그는 서두릅니다. 오, 엄청 서두르지요). '그러나 나는 죄가 없습니다. 그를 죽인 자는 내가 아니란 말입니다'"(영어판 606/민음사 3권 442).

검사는 마지막으로 질주하는 트로이카 같은 러시아[42]의 정의를 수호하기 위해 드미트리를 처벌하고, 아버지 살해라는 상상할 수 없는 가장 증오스러운 범죄의 가해자를 징벌해 줄 것을 배심원들에게 촉구한다. 검사는 피고 드미트리에 대한 도덕적 심판을 내리는 데 치중해, 배심원의 감성을 자극하려고 마지막 말미에 피고에 대한 막연한 편견과 악감정을 심어 준다.

"피고는 성질이 난폭하고 방종하여서 아마도 그는 이 도시의 많은 사람들을 해쳤을 것입니다. 그래서 많은 사람들이 미리부터 그에게 나쁜 편견을 갖게 되었습니다"(러시아어판 479/민음사 3권 456).

드미트리가 여러 사람을 폭행한 일이 평판에 영향을 끼쳤다.

10장. 검사의 논고, 양날의 칼

페츄코비치는 드미트리에 대한 모든 증거가 허술하다는 점을 지적하며 반박한다. 상황과 신뢰할 수 없는 증인들의 추측 외에는 드미트리의 유죄 증거가 없다는 것이다.

"이곳의 논적(검사 키릴로비치)은 심오하고 예리한 심리학자이며 아직 초창기에 있는 우리 법조계에서 이 자질 덕분에 이미 오래전부터 어느 정도 특별한 명성을 얻었다는 사실을 알고 있었습니다. 하지만 여러분, 심리학이란 심오한 학문이라고 할지라도 여전히 양날의 칼과 비슷한 면이 있습니다"(청중 웃음 유발)(러시아어판 480/민음사 3권 457).

11장. "돈이 없었다.", "강도는 없었다."

페츄코비치는 드미트리의 무죄를 주장하는 변론을 계속한다. 그는 표도르 파블로비치가 3천 루블로 가득 찬 봉투를 보관했다는 증거조차 없다고 지적한다. 그것은 단지 소문일 뿐이라는 것이다. 또한 드미트리가 카체리나에게 쓴 편지는 술에 취해 극도의 감정적 고통을 겪은 상태에서 쓴 것이므로, 드미트리의 진짜 의도를 진술한 것으로 받아들일 수는 없다고 주장한다. 변호사는 오히려 카체리나에게 돈을 돌려주지 않으면 자신은 비열한 놈이 되고 말 것이라는 자책감 때문에 돈을 마련해 보려고 백방으로 애를 쓴 드미트리의 모습이 그의 양심이 살아 있다는 증거이며, 그것이 그의 행동의 일관성을 보증한다고 주장한다. 지난 한 달 내내 그가 보인 폭음과 난동, 무절제는 그가 양심이 주는 고통에 몸부림치는 것이었다는 말이다.

"하지만 당신들 스스로 카라마조프가 넓다고 외쳤으며, 또 당신들 스스로 카라마조프에서 볼 수 있는 두 개의 극단적인 심연에 대해 외쳤습니다.[43] 카라마조프는 바로 그런 양면적인 성품, 두 심연을 가진 인물이라서, 가장 무절제한 방탕 욕구 속에서도 다른 쪽에서 무엇인가 그를 강타한다면 멈출 수 있다는 것입니다. 그 다른 성품이란 — 바로 사랑, 그 당시 화약처럼 불타오른 새로운 사랑입니다. 이 사랑을 위해 그는 돈이 필요했습니다. 오, 필요하다마다요! 이 연인과 화려한 술판을 벌이기 위해서도 돈이 필요하지만, 그보다 훨씬 더 필요한 데가 있습니다. 만약 연인이 그에게

'난 당신의 것이야. 표도르 파블로비치는 싫어.'라고 말하면 그는 그녀를 데리고 어디론가 가야 할 것입니다. — 그러려면 그에게 연인을 데려갈 돈이 있어야 될 것이 아니었겠습니까"(영어판 606/민음사 3권 468-469).

변호사는 도덕적으로 비열한 놈과 살인범은 다르다고 보고, 검사가 스메르쟈코프의 자백 진술에 일방적으로 의존해 증거도 없는 살인 혐의를 드미트리에게 덧씌운 것을 반박한다.

"정확히 무엇이 강탈되었는지를 설명할 수 없다면 강도혐의로 기소할 수 없습니다. 이것은 공리입니다! 하지만 정말로 그가 돈은 훔치지 않고 살인만 했던 것일까요? 이것이 증명되었습니까? 이것 또한 지어낸 기설이 아니란 말입니까?"(러시아어판 484-485/민음사 3권 471-472)

12장. 더욱이 "살인도 없었다."

페츄코비치 변호사는 검사의 논법(작은 사실들의 종합이 주는 인상)과 달리 검사가 제시한 모든 사실들(살인이 일어난 날 드미트리의 동선, 돈에 대한 동기, 황동 유봉으로 그리고리를 타격한 행위, 밤에 정원을 기웃거린 일, 절망적 심리 상태, 아버지와의 오랜 적의 등)의 총합에 압도되지 말고 하나씩 따로따로 살펴보자고 호소한다. 변호사는 검사의 논고가 안고 있는 부실함을 배심원 앞에서 지적하며 드미트리의 살인은 없었다고 주장한다. 12장이 중요한 이유는 살인이 일어난 리얼한 순간을 재구성하기 때문이다. 오히려 그는 스메르쟈코프로부터 받은 돈을 가지고 수사에 응한 이반의 증언을 중시하며, 스메르쟈코프가 살인 용의자로 더 유력하다고 주장한다. 그 돈을 받고도 판사나 검사가 수사를 하지 않았다는 것은 이 재판에 치명적 결함이 있다는 말이다. 이반이 가져간 증거를 채택하지 않았기 때문이다. 검사 측의 주장과 달리 스메르쟈코프는 변호사에게 강력한 인상을 남겼는데, 변호사가 보기에 그는 허약하고 겁 많은 자라기보다는 탁월한 지적 능력을 가진, 계산적이고 치밀하며, 자존심이 강한 자였다.

> "나는 그가 단호하게 악랄하고, 지나치게 자만심에 차 있으며, 복수심에 불타고, 불타는 듯한 질투심을 가진 존재라는 확신을 갖게 됐습니다. 나는 몇 가지 정보를 더 모았습니다: 그는 자신의 출신을 증오했고, 그것을 부끄러워했으며, 자신이 '스메르쟈쉬야에게서 태어났다'는 사실을 회상할 때마다 이를 갈았다고 합니다. 그의 어린 시절 은인이었던 하인 그리고리와 그의 아내에게 무례했습니다. 러시아를 저주하며 비웃었습니다. 그는 프랑스로 떠나 프랑스인으로 변신하는 것을 꿈꿨습니다"(러시아어판 487/민음사 3권 480).

변호사는 스메르쟈코프가 간질 발작 후 깊은 잠에서 깨어나 그리고리 영감이 드미트리의 발을 붙잡고서 온 동네가 떠나갈세라 "아비 죽인 놈!"이라고 (오해하여) 울부짖었던 바로 그 순간에, 그 적막한 어둠 속에서 경악한 주인으로부터 방금 일어났던 무서운 사건 이야기를 듣고, 그를 죽였다고 말한다. 변호사에 따르면, 스메르쟈코프는 이 정도 상황이라면 드미트리가 살인범으로 몰릴 수밖에 없다는 것을 명석하게 판단하고 죽였다는 것이다. 검사는 스메르쟈코프가 간질 발작으로 정신적으로 폭풍 상태이기 때문에 정신을 차리지 못한다고 주장하지만, 변호사는 그가 간질 발작 후에도 엄청난 평정을 유지했다고 주장한다.

> "즉, 살인을 저지르고, 3천 루블의 돈을 챙긴 후 나중에 모든 것을 도련님

한테 덮어씌우자고 생각했습니다"(러시아어판 488/민음사 3권 482).

앞에서와 마찬가지로 변호사는 작은 사실들의 조합이 주는 인상보다는 인물들의 전체 동선을 주목해야 한다고 주장한다.

"즉, 검사 측이 피고를 고발하기 위해 쌓아올린 이 수많은 모든 사실들 중에 조금이라도 정확하고 확실한 사실은 단 하나도 없습니다. 그럼에도 이 가련한 피고는 오로지 이 사실들의 누적적 인상에 의해 파멸될 것이라는 생각이 듭니다"(러시아어판 489/민음사 3권 485).

검사는 드미트리의 권총자살 미수 사건을 그에게 불리하게 해석했다. 드미트리가 아버지를 죽이고 3천 루블을 확보하여 그루센카와 같이 살 새로운 생각을 했기 때문이라고 주장했다. (검사와 변호사는 알지 못하지만 독자들은 알고 있다.) 하지만 변호사는 다르게 해석한다.

"그(드미트리)가 자살하지 않았던 것은 '어머니가 그를 위해 기도를 해 주었기' 때문이며 그의 양심이 아버지의 피에 대해 무죄했기 때문입니다. 그날 밤 그가 모크로예(그루센카가 있던 곳)에서 고통스러워하고 괴로워한 까닭은 자신이 오로지 그리고리 노인을 때려눕혔기 때문이었습니다. 그는 노인이 정신을 차리고 일어나길, 자신이 가한 일격이 치명적인 것이 아니어서 그로 인해 자신이 살인죄의 형벌을 면할 수 있기를 마음속으로 하나님께 기도했던 겁니다"(러시아어판 486/민음사 3권 477).

이것 역시 우리는 모르는 내용이지만, 변호사가 잘 재구성했다. 또한 만일 스메르쟈코프가 죽였다면, 왜 유서에서 자백하지 않았느냐고 주장하는 검사에 대해 변호사는 다음과 같이 응수한다.

"하지만 검사 측은 그렇다면 '왜, 대체 왜 스메르쟈코프가 유서에서 자신의 살인을 자백하지 않았는가.'라고 강조합니다. '어떤 일에선 양심의 가책을 느끼면서도 또 다른 일에선 그렇지 않았단 말입니까.'라는 식으로요. 하지만 사실은 양심이란 가책을 뜻하는 것인데, 자살하는 자에겐 가책이 있었을 리 없으며 오직 절망만이 있었다는 것입니다. 절망과 후회 어린 가책 — 이 두 가지는 완전히 다른 것입니다. 절망은 일체의 타협도 거부할 만큼 악의로 가득 찬 상태일 수 있습니다. 그러므로 그 자살한 자는 자기 목숨을 끊으려는 그 순간에 자신이 평생 질투해 온 자들을 갑절로 증오했을지도 모릅니다"(러시아어판 488/민음사 3권 484-485).

자살자 스메르쟈코프의 자살은 그동안 자신이 미워하고 질투해 온 자들에 대한 갑절의 증오를 표출하는 마지막 타격이었다는 것이다.

13장. '마음으로 간음한 자', 표도르 파블로비치

이 장의 첫 부분에서 페츄코비치는 드미트리가 설령 표도르 파블로비치를 죽였다고 하더라도 그것은 친부 살해가 아니라고 주장한다. 살해당한 혐오스러운 노인은 결코 그의 아버지 역할을 하지 않았고, 그가 태어난 순간 소년을 잊어버렸기 때문이다(게르첸슈투베의 증언). 드미트리가 늙은이를 죽였다고 하더라도 그는 아버지를 죽인 것이 아니라, 자기를 낳고 버린 혐오스러운 노인을 죽였을 뿐이라는 것이다. 그의 아버지는 마태복음 5 : 27~28[44]에 나오는 유력 기혼자의 간음죄를 범한 자, 곧 아들의 연인을 도둑질한 자라는 것이다.

페츄코비치는 보통 사람이 친부에게 갖는 애정과 사랑에 대비되는 드미트리의 친부관을 자세히 설명한다. 그에게는 생부이자 친부가 재앙이었고, 심지어 아들의 애인을 빼앗으려고 한 악당이라는 것이다. 변호사는 자신의 의뢰인 드미트리가 겉보기와 달리 내면적인 심지가 단단한 사람임을 적극 옹호하며 배심원들의 바른 판단을 촉구한다.[45]

"이 영혼들, 저의 의뢰인처럼 겉보기엔 잔인하고 난폭하고 자제력이 박약한 이런 영혼들이 굉장히 부드러운 마음씨의 소유자들인 경우가 참 많습니다. 다만 이것이 밖으로 드러나지 않을 뿐입니다"(러시아어판 490/민음사 3권 490).

"이런 마음은 종종 부드럽고 아름답고 정의로운 것을 갈망합니다. 자신의 원래 성품의 대척점에 있는 마음씨, 즉 자신의 난폭함과 잔인함의 반대성품을 자신도 모르게 갈망한다는 것입니다. ─ 그야말로 이것은 갈망일 따름입니다. 겉으로는 격정적이고 잔인해 보여도 그들은 뭐든 다른 것을 갈망할 수도 있다는 것입니다. 예컨대 한 여자를 고통스러울 정도로까지 사랑할 수도 있으며, 반드시 영적이며 더 고상하게 사랑할 수도 있습니다"(러시아어판 490/민음사 3권 490-491).

"반면에, 그들의 모든 열정은 급속히 해소될 수 있습니다. 그럼에도 외견상 이렇게 거칠고 잔인한 사람도 고결하고 아름다운 존재 곁에서 개과천선의 기회를 모색하며 더 나은 사람이 되고자, 고상하고 신실한 사람이 되고자 ─ 또 이 말 때문에 수많은 조롱을 받았지만 그럼에도 ─ '고상하고 아름다운' 사람이 되고자 영적 갱생을 추구하는 것입니다!"(러시아어판 490/민음사 3권 491).

결론적으로 변호사는 드미트리가 자신의 삶의 너덜너덜한 조각들 속에서 구원을 찾을 수 있는 유일한 기회는 석방되는 것이라고 주장한다. 그러나 드미트리가 보여준 놀라운 영적 변화는 시베리아 20년 유형 선고에서 비롯된 것이 아닐까? 만약 변호사의 바람대로 재판 결과가 관대했더라면, 그는 이렇게 깊은 각성에 이르지 못했을지도 모른다.

14장. 농민 배심원들의 유죄판결과 드미트리의 무죄를 믿었던 군중의 분노
14장의 첫 부분에서 검사는 13장에서 이루어진 변호사의 논리를 희화화하고 조롱한다. 키릴로비치는 페츄코비치가 복음서 몇 구절(마 7 : 1-2[46])을 인용해 러시아의 젊은 세대에게 친부 살해를 선동하는 듯한 변론을 했다고 비난한다. 재판장은 검사를 잠시 제지하고, 법정은 술렁인다. 변호사는 검사의 '창작소설들'과 '심리 분석'을 조롱하고 그를 주피터에 비유하며 말을 끝맺는다. 재판장은 피고에게 최후 발언권을 준다. 드미트리의 최후 진술은 감동의 파장을 크게 일으켰다.

"배심원 여러분! 제가 무슨 말을 하겠습니까? 제게 심판의 날이 왔으며, 나는 하나님의 오른손이 저를 향해 쳐들리는 소리를 들었습니다. 불경건한 자에게 종말이 당도한 겁니다! 하지만 나는 하나님 앞에서 고백하면서도 동시에 여러분에게 말씀드리고자 합니다. '아버지의 피에 관한 한 — 저는 절대 무죄입니다.' 마지막으로 반복합니다. '저는 아버지를 죽이지 않았습니다.' 제가 방탕하게 살았지만 하지만 동시에 아름다움을 사랑했습니다. 매 순간 나은 사람이 되고자 애썼지만 야생짐승처럼 살았습니다"(러시아어판 495/민음사 3권 506).

"여러분들이 제게 유죄판결을 내리신다고 해도 — 제 손으로 제 머리 위에 드리운 심판의 칼을 부수고 그렇게 부서진 파편에 입 맞추겠습니다! 그러나 제게 자비를 베풀어 주십시오, 제게 저의 하나님을 빼앗지 마십시오"(러시아어판 495/민음사 3권 507).

이 감동적인 드미트리의 최후 진술을 들은 대부분의 군중은 완전히 드미트리의 편으로 넘어갔다. 모두가 그가 풀려날 것이라고 기대한다. 새벽 1시경 재판이 끝나고 잠시 후 돌아온 배심원단은 새벽 2시경 드미트리가 유죄라고 선언한다. 이에 군중은 분노한다. 드미트리는 자신이 결백하며 카체리나를 용서한다고 외친다. 그루셴카는 발코니에서 소리를 질러 통곡했고, 드미트리는 끌려가게 된다.

"하나님과 그분의 최후 심판에 걸고 맹세합니다. '아버지의 피에 관한 한 저는 아무 죄도 없습니다! 카챠(카체리나), 당신을 용서합니다! 형제들, 친구들이여, 또 다른 여인에게 자비를 베풀어 주십시오!"(러시아어판 497/민음사 3권 512)

러시아 농민과 소시민(여섯 명), 상인(두 명), 관리(네 명)로 구성된 배심원 재판은 끝이 났지만, 작가는 배심원 재판의 어리석음을 반추하고 있다. 작가가 방청석에 와 있는 민중들의 이성과 상식과 법리적 추론으로 인해 그 재판을 재판한다. 재판을 재판해서 죄로 물들었던 사람을 구해내는 이야기가 바로 예수님의 재판 이야기이다. 빌라도가 내린 재판을 재판하는 것이 하나님의 재판이다(부활). 세상 법정 이야기를 한 번 뒤집는 법정이 최상위 양심 법정, 도덕 법정이라는 의미이다. 작가가 지금 주재하는 법정에서 드미트리는 무죄다. 시베리아 유형을 받아들이는 『죄와 벌』의 라스콜니코프와 달리 탈출을 제안받았을 때 드미트리가 탈출하겠다고 한 이유는, 그가 양심 법정에서 의로운 자가 된 사람이라는 데 있다. 작가는 그가 그리는 가난한 사람들, 법에 의해서 보호받지 못하는 사각지대에 놓인 사람들, 이 모든 사람들을 다시 한번 소설의 세계에서 복권해 주고 그 영혼을 구속해 주는 것이다. 러시아 사제는 이들을 속량하지 못하지만 러시아 작가가 속량할 수 있다. 이 사건의 결론은 이렇게 볼 수 있다. "아버지가 대표하는 카라마조프는 아들이 대표하는 카라마조프에 의해 속량되었다." 이것은 둘째 아담이 첫째 아담을 속량한 것(후손 메시야주의)처럼 이해할 수 있다. 성경을 보면 조상이 죄를 지었지만, 이 죄악의 역사는 여자의 후손이 해결한다(창 3 : 15-16). 소설의 마지막에는 카라마조프와 열두 명의 어린아이들이 나온다. 예수님과 열두 제자를 방불케 하는 그들의 성만찬적인 화해는 러시아의 미래를 밝히는 대서사이다.

『카라마조프가의 형제들』은 친부 살해 혐의를 입은 한 혼종적인 인간, 죄악의 열정에 지배받으면서도 여전히 그로부터 벗어나기 위해 고귀함을 추구하는 자아분열적인 한 인간이, 선한 영향을 지속적으로 받아 끝내 자기의 죄성을 인정하고 갱생하는 이야기이다.

이렇게 해서 표도르 카라마조프 살해 사건을 둘러싼 소설의 중심서사는 종결되었다. 에필로그는 후일담 형식의 부록이다. 12편에서 작가는 검사의 단죄 논리보다 변호사의 변호 논리가 훨씬 더 독자들을 매혹시키고 감동시키는 상황을 설정하고, 그럼에도 불구하고 드미트리에게 유죄평결을 내리는 러시아 배심원들을 보여준다. 독자 배심원들과는 전혀 다른 결론을 내는 소설 속 배심원들에 대한 분노가 독자들에게도 치밀어 오른다. 스메르쟈코프의 고백, 드미트리의 영적 구원, 이반의 정신적 붕괴, 스메르쟈코프의 자살 등 더욱 충격적인 일련의 사건들을 담은 11편은 이 소설 서사의 절정 같은 인상을 준다. 이에 비해 12편은 드미트리 재판에서의 지루한 공방 끝에 독자들의 기대와는 반대로 드미트리의 유죄판결로 마무리된다. 이런 점에서 12편에 나오는 드미트리의 재판은 여러 면에서 반(反)절정이다. 11편에서 드러나는 사태의 진상들과 진면목들은 소설에서 제기된 긴급한 도덕적 문제를 해결하고 드미트리의 결백을 입증하는 데 기여하지만, 실제 재판은 예기치 않은 방향으로 흘러가기 때문이다. 하지만 여기에 작가의 의도가 있을 것이다. 12편의 법정에서 일어나는 모든 일(정의감을 충족시키지 못하는 판결)은 이 소설의 보다 더 큰 주제, 양심 법정의 궁극적 위상을 생각하도록 유도하기 위함이 아닐까? 12편에서 도스토옙스키는 믿을 수 없을 정도로 길고 허풍당당한 법률가들(검사와 변호사)의 최종 논고와 최후 변론을 통해 러시아 법률 시스템을 풍자적으로 조롱한다. 그러나 소설의 핵심 전제 중 하나는 드미트리의 영혼에 대한 진정한 심판은 법정에서 일어날 수 없다는 것이다. 어떤 인간의 판단도 자신의 양심에 따른 판단을 대신할 수 없다는 생각은 이미 1편에서 등장한다. 조시마는 사람은 스스로 양심에 따라 판단해야 하며, 어떤 법정도 그것을 대신할 수 없다고 강조한다. 이러한 입장에서 조시마는 교회가 사법 기능을 맡아야 한다는 이반의 제안에 반대한다.

에필로그

모두 세 장으로 구성된 에필로그는 시베리아 강제 노동 수용소의 20년 유형살이로부터 그를 탈출시키려는 계획에서 시작한다. 이 계획이 충분히 진술되지는 않지만, 호송관들에게 뇌물을 주어 드미트리를 기차역에서 빼내려는 계획이다. 드미트리는 그루셴카와 함께 아메리카로 가 3년 정도 영어를 익히고, 완전히 변장한 모습으로 고향에서 멀리 떨어진 곳에 살고 싶다고 말한다. 여기에는 아메리카에 대한 미움과 동경, 슬라브 러시아에 대한 애국적 정서가 거침없이 피력된다. (이 시기는 러시아에서 미국으로의 이주가 많던 때이다.) 에필로그의 절정 중 하나는 드미트리와 카체리나의 화해다. 드미트리가 시베리아로 끌려갈 때가 가까워져 갈 무렵, 드미트리의 소원대로 카체리나가 병상에서 회복 중인 그를 찾아와 극적인 화해를 한다. 그들은 극적으로 서로의 손을 맞잡으며 바로 그 순간만이라도 서로 진실하게 사랑하기로 하고, 그 사랑의 진정성을 믿기로 합의한다. 비록 지금은 그들이 다른 이(그루셴카와 이반)를 사랑할지라도, 서로를 영원히 사랑할 것이라고 말한다.

소설의 대단원은 알료샤가 일류샤의 장례식 중, 바윗돌 옆에서 일류샤의 친구들에게 행한 조사(弔詞, Speech by the Stone)이다. 소년들은 경건한 마음으로 알료샤의 조사를 들으며 감격한다. 새로운 러시아를 이끌어 갈 젊은 세대를 상징하는 소년들의 얼굴에는 친구를 잃은 슬픔을 넘어서는 희망과 부활의 기대가 동터 온다.[47] 알료샤는 자기가 고향을 떠나 오랜 세월 서로를 만나지 못할지라도 자신은 콜랴와 일류샤, 그리고 소년들을 영원히 가슴속에 기억할 것이라고 약속한다. (스위스 산골마을에서 소녀 마리를 사랑하는 마음으로 뭉쳤던 아이들, 그리고 영원히 잊지 않겠다고 했던 백치 므이쉬킨과 같은 모습이다.)

무엇보다도 알료샤는 소년들을 향해 서로 사랑하고, 아버지의 명예를 위해 분연히 일어섰던 용감한 소년 일류샤를 영원히 기억하라고 간청한다. 또한 그들이 바윗돌 무덤 근처에서 순전한 우정과 사랑을 함께 맛본 이 순간을 영원히 기억해 달라고 간청한다(조시마의 유언 같은 경건한 감동을 준다). 알료샤 앞에서 열두 명의 소년들은 눈물을 흘리며 서로 사랑하고 서로를 영원히 기억할 것을 약속한다. 그들은 손에 손을 맞잡고, 일류샤의 장례식 만찬을 먹기 위해 "카라마조프 만세!"(Hurrah for Karamazov)라고 외치며 스네기료프의 집으로 돌아온다. 이 장면은 예수님과 열두 제자, 그리고 성만찬의 예전을 방불케 한다.

1장. 드미트리를 구하기 위한 계획

카체리나는 정신적 붕괴 과정에서 발광하는 이반을 그녀의 집으로 데려왔고, 알료샤는 재판이 끝난 후 그들을 방문한다. 카체리나는 법정에서 드미트리를 배신한 것에 대해 후회하며 눈물을 흘리지만, 알료샤에게 드미트리의 탈출을 위한 철통 같은 계획이 마련되어 있다고 말한다. 카체리나에 따르면 드미트리를 구출하기 위해서는 알료샤가 한몫을 해야 한다. 알료샤는 드미트리의 자유를 보장하기 위해 필요한 모든 조치를 취하는 데 동의한다.

2장. 한순간, 거짓이 진실이 되다

알료샤는 감옥에 있는 드미트리를 방문하여 탈출 계획에 대해 이야기한다. 드미트리는 고통을 통해 구원받기를 갈망하고 어떤 의미에서는 자신의 처벌에 대한 생각을 받아들였지만, 그루셴카와 함께 지낼 수 있다는 희망으로 탈주 계획에 동의한다. 그는 아메리카로 잠시 도피해야 하지만 평생 러시아를 떠나 있지는 않을 것이라고 말한다. 이러는 사이 감방에 도착한 카체리나는 드미트리와 화해한다. 그녀는 드미트리가 유죄라고 진심으로 믿지 않았음을 말한다. 그루셴카도 현장에 도착한다. 카체리나는 법정에서 드미트리에게 불리한 증언을 해 유죄평결을 받는 데 기여한 자신의 행위에 대해 그루셴카에게 용서를 구하지만 그루셴카는 거부한다. 동시에 그녀는 자신의 감정을 억누른 채 드미트리를 사랑하는 마음으로 카체리나가 드미트리를 구해 준다면 그녀의 모든 것을 용서하겠다고 말한다. 카체리나는 방에서 뛰쳐나가고, 드미트리는 그루셴카를 질책한다. 하지만 알료샤는 드미트리에게 "형은 그루셴카를 비난할 권리가 없어."라고 단호하게 말한다. 오히려 알료샤가 카체리나를 쫓는다. 카체리나는 그루셴카가 자신을 용서하지 않았다고 해도 자신은 그루셴카를 비난할 수 없다고 말한다.

3장. 일류샤의 장례식. 바윗돌 옆에서의 조사

일류샤는 죽었고, 알료샤는 그의 장례식에 참석한다. 그는 콜랴 및 일류샤의 다른 친구들과 드미트리의 사건에 대해 논의한다. 그는 그들이 지금 공유하고 있는 친밀감, 사랑, 동료애의 느낌을 항상 간직하라고 진지하게 요청한다. 많은 남학생들이 알료샤를 열렬히 응원한다. 이제 그들은 새로운 러시아의 조상이 된다. 옛 조상은 표도르 파블로비치 카라마조프로 끝이 난다. 완전히 새로운 피조물이자 새로운 러시아는 알료샤와 열두 명의 소년으로 대표된다. 굉장한 민족 서사이다.

이렇게 해서 소설 줄거리 요약이 마무리되었다. 마지막으로 우리는 주인공들이 경험하는 구원과 반구원(시베리아 유형), 일류샤의 장례식에 깃든 구원의 서광을 음미해 보고자 한다. 앞서 보았듯이, 주인공 드미트리의 구원에 대해 논의하는 에필로그 1~2장은 카체리나가 구원받았음을 암시한다. 카체리나의 구원은 그녀가 이반을 구해 달라고 외치는 재판 법정에서 시작된다. 카체리나는 정신적 붕괴의 병증에서 이반을 회복시키기 위해 그를 집으로 데려오면서 구원의 기운을 마주한다. 또한 그녀와 드미트리는 오랫동안 그들을 괴롭혔던 죄들이 깨끗하게 정화되었기에 이제 서로를 완전히 용서할 수 있었다. 드미트리는 고통을 통해 자신의 죄를 회개하려는 소망을 잃지 않았지만, 고난받는 것보다 선함과 믿음에 더 가치 있는 무엇이 있다는 성숙한 깨달음에 이르렀기 때문에 탈출 계획을 기꺼이 받아들인다. 그루셴카와 함께라면 그의 정신은 더욱 강해질 것이다. 그루셴카가 여전히 카체리나를 용서하지 못하는 것은 그녀 자신의 구원이 불완전하다는 것을 보여준다. 카체리나를 용서하지 않겠다고 말하는 그녀는 여전히 오만하지만 그럼에도 그녀는 올바른 길을 가고 있다. 마치 알료샤가 그루셴카를 질책하는 드미트리를 향해 꾸짖을 때

("형은 그루셴카를 비난할 자격이 없어!") 깨달았던 것처럼 말이다. 이 소설은 역설적이게도 어린 초등학생 일류샤의 장례식 중 느껴지는 따뜻함, 희망, 낙관주의를 내비치는 3장으로 마무리된다. 알료샤가 초등학생 사내아이들에게 한 말은 어린이들에 대한 그의 영향력이 얼마나 큰지를 부각시키며, 그들을 향한 그의 영향력이 미래에도 지속적일 것이라는 약속을 다시 한번 강조한다. 10편(3권)에서와 마찬가지로 알료샤는 평생 동안 조시마의 믿음, 사랑, 용서의 유산을 이어 갈 '타고난 교사'로 등장한다. 소설의 마지막 말은 매우 희망적이다. 사회주의자를 자처하는 조숙한 소년 콜랴는 남학생들을 이끌고 "카라마조프 만세!"를 외친다. 소설 전반에 걸쳐 등장인물들이 표도르 파블로비치의 폭력, 통제할 수 없는 열정, 정욕으로 정의되는 '카라마조프 특성'과 '카라마조프 유산'에 대해 논의했기 때문에 여기서 가족(카라마조프) 성(姓)이 누구에 의해 대표되는가가 중요하다. 소설의 마지막 말은 카라마조프의 유산이 바뀌었음을 암시한다. 이제 카라마조프는 더 이상 세 아들의 아버지, 호색한 표도르 파블로비치 카라마조프에 의해 정의되지 않고, 알료샤 카라마조프에 의해 정의되기 때문이다. 카라마조프 가문이 구속(救贖)되었다. 후손이 조상의 죄를 속량한다. 그러므로 후손에게 희망이 있다. 첫 사람 아담의 죄는 마지막 아담에 의해 속량되었다는 구약성서와 신약성서의 '후손 메시야주의' 신학서사가 여기에서 찬란하게 빛나고 있다. 이런 점에서도 이 소설은 참으로 기독교적이다.

6부 폰토스, 폰토스에스키아의 기독교 고전소설과 그 풍경

연극 "카라마조프가의 형제들"을 위한 무대 디자인(Louis Jouvet, 1922)

고전(古典)은 시대와 장소를 불문하고 인간의 궁극적 질문을 다루는 문학, 철학, 종교, 예술을 총칭한다. '고전적인'으로 번역되는 영어 'classical'은 클라스(class)에서 나왔다. 지금은 클라스가 '계급'을 의미하지만, 그리스어인 클라스의 원래 의미는 '함대'이다. 여기서 '클라스'는 약간 전의되어 함대를 동원해 나라를 지키는 데 뛰어들 정도로 고귀한 귀족을 가리키는 제유법적인 언어로 치환되었다. 그리스-로마의 문학을 '클래식'이라고 부르는 이유는 최고의 품격을 갖춘 작품이라는 의미이다. 호메로스(Homer), 소포클레스(Sophocles), 에우리피데스(Euripides), 아이스킬로스(Aeschylos) 등 그리스의 문학은 클래식의 첫 자리를 차지하고, 이어 로마의 서사시, 희곡, 그리고 산문들도 클래식이 되었다. 이런 의미로 고전은 시효가 없이 보편적으로 읽히고, 소환되며, 기억되고, 회자되는 예술작품을 가리키는 말이 되었다. 고전으로 불리는 작품은 인간의 궁극질문을 다룬다. 인간 구원, 갱생, 죽음 너머에 있는 시간의 의미 등을 추구하고 모색하는 작품들이 고전이다. 이런 점에서 도스토옙스키의 세 소설은 고전이다. 시대, 장소, 그리고 인종에 상관없이 사람들은 이 작품들을 애독하고, 음미하며, 평가하기 때문이다. 어떻게 이런 위대한 고전이 산파되었을까? 이런 고전 작품들을 창작한 작가 개인의 인생서사와 그가 맞이했던 그 시대의 서사가 중요한 역할을 했다는 것은 이미 널리 알려졌다. 이 작품들을 배태시킨 시대서사는 이 책의 서론에서 이미 다루었으므로, 여기서는 작가 개인의 인생서사를 간략히 일별하고자 한다.

도스토옙스키는 언제부터 기독교적 소설을 집필하게 되었을까? 널리 알려진 가설은 그가 사상범으로 몰리고 단죄되어, 그 인생이 두 동강 났던 시절을 전후로 기독교 신앙에 귀의했다는 것이다. 잘 알려져 있듯이, 운동권 학습 서클에 깊이 참여한 그는 서구의 진보적 사상을 받아들이는 데 관심을 갖다가 어느 날 자유주의 평론가 벨린스키의 편지를 읽고 낭독한 혐의로 체포되어 재판에 넘겨졌다. 기독교적 주제는 5년간의 죄수생활과 4년간의 시베리아 유형 기간이 지난 후부터 그의 소설에 등장하기 시작했다. 1860년대 처음 세 작품 중 두 작품에는 기독교적 주제가 다루어지지 않는다(1861년『학대받은 사람들』〈The Insulted and Injured〉, 1864년『지하생활자의 수기』〈Notes from the Underground=Записки из подполья, Zapíski iz podpól'ya〉). 그는『지하생활자의 수기』에서 종교적 주제를 집어넣으려고 시도했으나 원고를 받아 출간하려던 출판사가 거절해 실패했다. 아마도 1860년대는 사상논쟁의 불꽃이 언제든지 터져 나올 것 같은 격변기였기에 출판사는 이런 종교적 서사가 소설의 대중적 수용을 어렵게 만들 것이라고 여긴 것 같다.

이 격변의 핵심은 1812년에는 나폴레옹의 러시아 침략으로 정치적, 군사적 제방이 무너졌다는 것이다. 제정 러시아는 나폴레옹의 군대를 막아내는 데는 가까스로 성공했지만, 유럽에서 밀려오는 사상의 침략은 막아낼 수가 없었다. 알렉산드르 1세, 니콜라이 1세, 알렉산드르 2세, 알렉산드르 3세 치세 동안 러시아는 공산주의 사상의 유입에 대해서 초긴장 상태였다.『공산당 선언』이 출간된 1848년 이후에는 사상의 제방이 거의 완전히 무너졌다. 이때 러시아 귀족층은 속수무책으로 당황하여 보수 반동이 되었고, 러시아 로마노프 황실을 압박하였다.

이런 역사적 격변기에 쓰여진『지하생활자의 수기』는 본래 철학적-심리적 탐구소설이지만, 종교적 주제가 나오지 않는 세속적인 소설로 남게 되었다. 하지만 이 소설의 주제들은 반(反)합리주의/계몽주의, 반(反)공리주의 논박들을 담고 있을 뿐만 아니라, 인간의 자유에 깃든 헤아릴 수 없는 차원을 다룬다. 이 소설은 당대의 러시아 철학, 특히 니콜라이 체르니셰프스키(Nikolai Chernyshevsky)의 "무엇이 행해져야 하는가?"(What Is to Be Done?)에 관한 논박이다. 그의 결정론적 사고방식과 철학에 대한 반역이며 공격이다. 인간성과 자유를 포함해 모든 것은 자연법칙들, 과학, 그리고 수학의 법칙으로 환원·축소될 수 있다는 극단적 결정론주의에 대한 논박이다. 소설의 주인공인 지하생활자는 고독과 사회적 유기감 속에서 무언가를 부단히 중얼거리고 말을 해댄다. 그는 루시앙 골드만(Lucien Goldmann)이 말하는 '숨은 신'에게 말하고 있다.[1] 골드만은 '숨은 신'이라는 용어를 파스칼의 『팡세』에서 취하여 인용하지만, 그것의 원천 출처는 구약성경 '이사야'이다. '숨은 신'은 주전 6세기 바벨론 유배 중인 이스라엘의 한 예언자가 사용한 말이다(사 45 : 15).

> "구원자 이스라엘의 하나님이여 진실로 주는 스스로 숨어 계시는 하나님이시니이다"

이사야 예언자가 페르시아(바사) 황제 고레스를 통해 바벨론 포로들이 전격적으로 해방되는 과정을 보며 외쳤던 영탄에서 '숨은 신'이 등장한다. '고레스의 칙령' 안에 이스라엘의 하나님이 숨어 있다. '숨은 신'은 바벨론 유배라는 흑암 가운데 포로들의 아우성과 불평(사 40 : 27[2])을 들었던 신이다. 그는 고레스의 등장과 바벨론 멸망 작업 뒤에 숨어 계신 하나님이다. 또한 같은 시기에 등장한 '욥기'의 하나님도 억울한 고난의 희생자인 욥의 독백과 아우성을 처음부터 경청했던 숨은 신이다. 골드만은 파스칼, 라신느, 칸트의 작품들을 분석함으로써 비극적 작품들에는 숨은 신이 등장한다고 말한다. 그에 따르면 비극적 인간은 신의 존재를 확신하지 못하기 때문에 독백으로 자신에게 말을 건다. 이 독백은 고독한 대화이다. 김응교가 잘 지적했듯이, 『지하생활자의 수기』의 주인공도 숨은 신에게 말을 걸고 있다.[3] 그는 루시앙 골드만이 말했던(파스칼이 먼저 말했던) 비극적 인간의 전형을 보여주고 있다. 파스칼과 골드만에 따르면, 비극적 인간은 자신의 이원적 요소들의 갈등과 대립을 존재 깊은 곳에서 경험하는 인물이다. 자신 안에 도저히 화해될 수 없는 상반된 것들(천사다움과 짐승다움, 위대함과 비참함, 정언적 명령을 의식하는 도덕성과 근원적 악의 충동)을 화해시키려고 하는 존재이다.

> 이러한 인간의 이중적 본성 때문에…… 인간의 비참함에서 보면 신은 부재하지만, 인간의 위대함과 의미, 정의, 진리에 대한 인간의 요구라는 측면에서 볼 때면 그렇게 부재하는 신이 영원히 전체적으로 현존한다.[4]

그런 점에서 『지하생활자의 수기』도 기독교적 인간학과 직접 연결되어 있다. 인간은 선악을 각각 행할 잠재력을 갖고 있다는 것이다.[5] 여기서 암시된 기독교적 주제들은 1860년대 중반부터 쓰여진 도스토옙스키의 소설들에서 나타나 종횡무진으로 그의 소설 세계를 장식한다. 특히 도스토옙스키의 기독교 고전 대작들(『죄와 벌』, 『백치』, 『악령』, 『카라마조프가의 형제들』)에서 나타나는 기독교는 제정 러시아의 반동적 유럽 사상 봉쇄정책과 전혀 다른 노선을 취한다. 작가가 생각하는 기독교는 성경적·본원적 기독교이지, 제도권 교회인 러시아 정교회가 말하는 기독교가 아니다. 오히려 러시아 정교회와는 일정한 거리를 두고 있다.[6] 그는 성서적·윤리적 기독교(유럽 자유주의 기독교 : 칸트, 리츨의 기독교)를 이상화한다. 하지만 도스토옙스키의 소설에 나오는 기독교는 18세기 자유주의적·윤리적 기독교보다 한 단계 앞선다. 18세기에 꽃핀 자유주의 기독교는 칸트(Immanuel Kant)와 리츨(Albrecht Ritschl), 헤겔(Georg Wilhelm Friedrich Hegel)과 같은 사람들에 의해 대변되었다. 그들은 공관복음의 예수만이 기독교의 본질이라고 했다. 그들의 기독교는 개종을 시키려는 시도보다 사랑하려고 하고 자비를 실천하는 기독교였다. 그런데 도스토옙스키의 기독교는 예수 그리스도의 대속적 구원론도 포용한다. 도스토옙스키의 소설들은 도덕감화설에 가까운 구원론을 주로 말하지만, 동시에 하나님의 무조건적 죄사함도 부각시키기 때문이다(소냐의 기독교, 드미트리의 기독교, 조시마의 기독교). 그럼에도 불구하고 공평하게 말하자면, 그의 작품들에서 죄사함에 대한 확신을 촉진시키는 매개체는 '선한 삶'을 살아내는 '사람들'이다. 이런 점에서 굳이 말하자면 도스토옙스키의 구원론은 전체적으로 아벨라르(Pierre Abélard)의 도덕감화적 구원론에 가깝다.

이런 관점에서 우리는 1860년대 말부터 도스토옙스키의 작품들 속에 두드러지는 기독교적 주제와 동기에 주목할 필요가 있다. 이 작품들이 보여주는 심리적, 윤리적, 그리고 이데올로기적 갈등의 전개 과정에서 기독교적 주제가 의미 있는 역할을 수행하고 있기 때문이다. 그의 작품들은 사회 구원과 인격 구원의 두 갈래로 움직이는 기독교를 집중적으로 부각시킨다.『죄와 벌』다음으로 등장한 기독교 고전은『악령』(The Devils)이다.『악령』은 혁명적 이데올로기에 대한 비판으로, 테러 음모에 관한 매혹적인 이야기를 담고 있다. 따라서 이 소설은 특별한 사회적 관련성과 정치적 시사성을 지닌 것으로 입증되었다. 이 소설은 러시아뿐만 아니라 후기 공산주의 이데올로기적 사고와 행동을 사실적으로 묘사했기 때문에 예언자적 작품이라고 불려 왔다. 이것이 바로 조시마 장로의 유언과 같은 관점이다.

도스토옙스키는 정치적 사건의 과정을 예측하지는 않았지만,『악령』을 출간함으로써 대부분의 사람들이 예측하지 못하는 유토피아-전체주의적 사고의 본질적인 결과를 간파했던 것처럼 보인다. 그는 작품을 쓸수록 러시아의 미래가 사회주의, 무신론, 과학주의 등에 의해 흑암 속으로 끌려갈지도 모른다는 예언자적 예지력을 이 모양 저 모양으로 드러냈다.[7]

도스토옙스키는 마침내 1880년대 초기 작품이자 최후 작품인 『카라마조프가의 형제들』이라는 기독교적 주제가 압도적으로 두드러진 대작을 남긴다. 인류문학사의 금자탑이라고 불리는 불후의 명작을 산파한 것이다. 이 소설에는 러시아와 세계의 미래에 대한 예언자적 선견지명이 빛을 발한다. 그래서 모든 작가들이 이 작품을 소설 중의 최고로 여기는 것 같다. 『카라마조프가의 형제들』은 기독교적일수록 보편적이라는 명제를 새삼스럽게 주지시킨다. 이 작품에서 작가는 특수한 종교에 집착하는 것처럼 보이지만, 그 내용에는 만민의 마음을 얻는 보편적 초석이 있다.

우리는 이미 줄거리 요약을 통해 기독교적 주제를 부각시키는 방식으로 세 소설의 중심서사와 주인공들의 발언, 대사, 대화를 요약하고 분석했다. 여기서는 그중에서 대표적인 기독교 신학의 주제들을 다시 간추려 분석하려고 한다.

『죄와 벌』에 나타난 기독교 신학 및 신앙 주제들

1864년, 도스토옙스키는 첫 번째 부인, 형제, 절친한 친구를 잃은 직후에 이 소설을 썼다. 『죄와 벌』은 도스토옙스키의 삶에서 그가 세상과 신으로부터 단절되었다고 느꼈던 시절을 드러낸다. 『죄와 벌』의 주인공인 라스콜니코프(뱌체슬라프 이바노프〈Vyacheslav Ivanov〉에 따르면 그의 이름은 '분파' 또는 '배교자'를 의미하는 러시아어 어근에서 파생됨.[8])를 통해 도스토옙스키의 영혼 상태를 엿볼 수 있다. 전체 여섯 부와 에필로그로 구성된 이 소설은 느리게 진행된다. 1부는 주인공의 살인죄가 착상되는 과정과 그 생각이 실행되는 상황을 묘사한다. 살인의 후폭풍을 다루는 2부는 본격적으로 경찰서를 오가며 수사관들을 만나면서 시작되는 라스콜니코프의 양심이 어떻게 고통으로 반응하는지 엎치락뒤치락 보여주며, 우연한 기회에 자신을 갱생시키는 데 결정적인 도움을 주는 창녀 소냐를 깊이 만나는 계기를 다룬다. 3부는 양심의 고통스러운 외침("자수하라.")을 거부하다가 자신의 범행 일체를 아는 낯선 소시민의 등장에 자수할 수밖에 없는 처지에 내몰리는 라스콜니코프의 모습을 그린다. 4부는 라스콜니코프가 자수를 결심하기에 이르는 내외적 요인들을 다룬다. 스비드리가일로프와 자신의 범행을 안다고 소리친 낯선 소시민, 소냐, 그리고 자신을 훤히 꿰뚫어 보는 듯한 노련한 수사관 포르피리는 모두 한 가지 목표를 정조준하며 라스콜니코프를 압박한다 : "자수하라". 5부는 소냐의 감화력으로 자수를 결심하는 데 최종 동의한 라스콜니코프의 온순해지는 모습을 그린다. 소냐와 동일시되는 누이 두냐를 루쥔의 비열한 손아귀와 스비드리가일로프의 음흉한 애욕의 집착에서 구출하려는 열망이 클수록, 불행하고 막다른 골목으로 내몰린 자신의 처지를 벗어나고 싶어 하는 마음 또한 커진다. 이제 라스콜니코프는 자신이 나폴레옹 같은 초인이 아니라는 사실을 받아들이기 힘들어하면서도 자신의 살인동기의 범용성을 받아들일 수밖에 없는 처지로 내몰린다. 6부는 자신의 범행을 경찰에 고발할 수 있는 스비드리가일로프의 자살에도 불구하고, 자신의 양심을 비추는 소냐의 존재로 인해 경찰서로 가서 자수하는 라스콜니코프를 그린다. 자신의 좌절된 사랑 호소를 비통해하며 자살한 스비드리가일로프와 달리, 라스콜니코프는 아주 비영웅적으로 찌질하고 인색하게 자신의 죄책을 최소한으로 인정하면서 재판을 받는다. 에필로그는 시베리아 유형을 가서도 자신의 죄책을 100% 인정하는 데 굼뜬 라스콜니코프의 모습과 매우 느리게 변화되는 라스콜니코프의 인간 갱생 과정을 서술한다. 그러나 라스콜니코프는 선악 판단을 자의적으로 하게 만드는 선모충에 감염된 인류의 운명을 고통스럽게 감지하면서, 그 감염에서 면제된 극소수의 인류의 존재를 믿고 안도한다.

전체적으로 이 소설은 죄를 짓는 장면보다 죄를 짓게 된 동기와 그 결과 닥친 양심의 후폭풍, 인격 붕괴를 자세히 다룬다. 라스콜니코프가 사람을 죽이는 장면은 1부 7장에 가서야 등장하는데, 특이하게도 그가 살인을 저지르는 장면은 3페이지 정도에 걸쳐 짧게 묘사될 뿐이다. 현대 범죄영화와는 달리 살인하는 장면이 화면을 거의 채우지 않는다. 이 소설은 죽이고자 결심하는 마음과 살인 후 자기가 사람을 죽였다는 사실을 계속 홀로 생각하는 모습, 홀로 말하는 장면이 빈번히 등장하는 심리소설이라 할 수 있다. (책에서 혼잣말은 전부 다 작은 따옴표로 되어 있다.) 그러면서도 이 소설은 구성, 줄거리, 등장인물들의 사상과 생각 등 모든 면에서 기독교 신앙 및 신학 주제를 문학적으로 천착하고 있다.

소설 대부분은 범죄를 저지른 후에 일어나는 사건들을 다룬다. 이미 두 명을 살인한 라스콜니코프에게 마치 노력만 하면 마음먹기에 따라 앞으로 행복한 인생이 가능할 것이라고 말하는 가족과 친구들의 사랑과 친절, 지지와 돌봄이 그를 미치게 한다. 비록 자수는 최후의 순간에 하지만, 양심의 법정에서는 이미 사형선고(시베리아의 혹한 감옥에 유기된 것 같은 고립감)를 받은 것 같은 주인공의 점차적 와해 과정은 독자들의 마음을 쓰라리게 한다. 과연 그에게 구원의 여망이 남아 있는가? 마지막까지 마음을 졸이게 만드는 질문이다.

확실히 독자들은 이 소설에서 기독교 상징주의, 모호한 성경적 암시 및 우화를 자주 만난다. 가장 중요한 점은 이 소설이 죄에 눌리는 영혼의 압박감과 하나님의 은혜 안에 있는 무한한 자유를 대조하고 있다는 점이다. 도스토옙스키는 라스콜니코프를 통해 과거의 행위에도 불구하고 하나님의 사랑 안에서 새로워질 수 있다는 증거를 보이고 있다.『죄와 벌』은 하나님과 사람 사이의 분열이 아무리 클지라도 하나님의 은혜가 더욱 크다고 말한다. 투르나이젠과 칼 바르트, 발터 옌스 등 모든 신학자들이 이구동성으로 인간의 죄를 이기는 하나님의 찬란한 은혜를 『죄와 벌』에서 읽어낸 것은 우연이 아니다. 요약하면, 우리는 『죄와 벌』이 다음과 같은 다섯 가지 기독교적 주제를 소설 속에 잘 녹여내고 있다고 본다.

1. 원죄 : 선악을 알게 하는 지식나무의 실과 계명 위반

대부분의 비평가들은 『죄와 벌』의 주제가 도스토옙스키의 후기 작품들(『악령』, 『카라마조프가의 형제들』) 만큼 의도적인 기독교적 소설은 아니라고 말한다. 하지만 우리가 보기에 『죄와 벌』은 진정한 기독교적 주제를 다루는 소설이다. 『죄와 벌』은 성경의 근본 주제인 죄와 징벌을 통해 성취되는 인간 갱생을 중심서사로 설정하고 있기 때문이다. 소설 줄거리는 직선적이고 간단하다. 『죄와 벌』은 전도유망한 청년이 남루하고 가난한 생활을 강요당하다가 반사회적 인류혐오를 품고 자신이 아는 한 가장 사악하고 해로운 전당포 노파를 살해했다가 시베리아 유형의 벌을 받고 갱생을 맛보는 이야기이다. 소설은 시종일관 선악을 알게 하는 지식의 열매를 따 먹는 행위가 얼마나 무모하고 반인간적인가를 보여주는 데 진지한 열정을 나타낸다. 작가는 자신의 선악 판단 지식을 의심없이 신봉하는 주인공 라스콜니코프의 범죄 동기와 죄가 그의 인격을 어떻게 붕괴시켜 가는지를 섬세하게 묘사한다. 디트리히 본회퍼(Dietrich Bonhoeffer)가 『윤리학』에서 주장하는 것은 인간의 원죄는 선악 판단의 자의적 실행이라는 것이다. 소설 주인공인 23세의 청년은 선악을 자의적으로 판단하며, 숱한 역사적 악행이나 거대한 전쟁을 통해 인명을 살상하는 나폴레옹 같은 영웅들을 찬미하고, 동상을 세워 숭배하는 인류의 행태를 보면서 자신도 나폴레옹처럼 초인의 기개와 대의명분만 갖추면 공공선을 위해서 살인도 할 수 있다고 봤다.[9]

오므라이스를 만들기 위해서는 계란이 깨지는 것이 불가피하다고 본 헤겔처럼, 그 또한 인류 역사는 도덕적 규범과 상규를 넘는 초인적 영웅들의 대담무쌍한 사상과 실천들에 의해 한층 더 발전했다고 믿는 진보주의적 역사관을 옹호한다. 그런데 정작 살인죄를 범한 후에는 자신 안에 초인의 면모가 사라지고 혐오스러운 죄책감에 찌든 '죄인'의 정체성이 자리 잡는 것을 보고 스스로 놀란다. 이처럼 『죄와 벌』의 큰 줄거리 중 라스콜니코프의 대담한 살해 시도는 창세기 3장의 선악을 알게 하는 나무 이야기로부터 착상되었다고 볼 여지가 있다. 라스콜니코프는 선악을 알게 하는 지식의 나무 열매를 따 먹었던 것이다.[10] 라스콜니코프는 선악 판단을 자기가 할 수 있다고 믿었던 '방구석 왕'이었다. 라스콜니코프는 창세기 3장의 아담-하와처럼 자의적 선악 판단 대권 탈취자로 행세한 것이다. 그의 선악 판단 확신은 나폴레옹적인 슈퍼맨이 되려고 하는 사람 또는 사회주의 혁명가들의 과도한 자기 의의 확신 같은 것이다. 라스콜니코프가 사회주의자는 아니지만, 이렇게 역사의 진보를 위해서 사람을 죽이는 것은 사회주의자, 공산주의자, 혁명주의자가 한 일이다. 도스토옙스키는 이 이념적 살인 행위가 진보와 역사 발전의 이름으로 자행되는 세상에 대해 경고하려고 했던 것처럼 보인다.

본회퍼는 히틀러와 나치가 선악 판단을 자의적으로 한 아담의 원죄를 당대에 재현하는 현장을 목도하고 전율했다. 그는 『윤리학』 1장 "하나님의 사랑과 세상의 붕괴" 중 첫 꼭지글 '갈등의 세상'에서 기독교 윤리학의 첫 번째 과제는 '선악에 대한 지식을 지양하는 것'이라고 말하며 글을 시작한다. 기독교 윤리는 선악에 대한 지식의 가능성에서 근원으로부터의 타락을 인식한다. 근원에 속한 인간은 모든 것을 하나님 안에서 인식하며, 하나님에 대한 지식과 일치하는 가운데서 타인, 사물을 넘어 자기 자신을 알 수 있다. 그렇기에 선악에 대한 지식을 안

다는 것은 이미 그 자체로 근원과의 분열이 일어났음을 의미한다.[11]

선악에 대한 지식을 가지게 된 인간은 선택의 가능성 — 선일 수도, 악일 수도 있는 — 에서 자기 자신을 이해하게 된다. 이 인간은 하나님 '바깥'에서 하나님과 나란히 서 있는 자기 자신을 인식하게 되는데, 이는 그가 오로지 자신만 알고 하나님을 알지 못한다는 것을 의미하기도 한다. 왜냐하면 인간은 하나님을 알 때만 진정으로 자신을 알 수 있기 때문이다. 다시 말해, 하나님 안에 근원을 두었던 인간이 이제는 선택의 가능성을 통해 자신을 이해하고 자신이 마치 근원인 줄 알며 산다. 선과 악을 구별할 지식을 갖게 됨은 새로운 지식이 '더해진 것'이 아니라, 하나님에 대한 지식이 '완전히 거꾸로 뒤바뀐 것'을 의미한다. 하나님은 유일하고 영원한 근원 그 자체이자 모든 분열의 극복자이시다. 선악을 앎으로써 인간은 이 근원 자체이신 하나님만이 알 수 있는 것을 알게 되었다. 인간은 근원을 도둑질하여 하나님이 아닌 자기 자신을 선악의 근원으로 삼으며, 하나님의 구원과 선택에 자신을 맡기는 것이 아니라 스스로 선택과 구원의 근원이 되었다. 성경은 이 과정을 '금단의 열매를 먹었다'라고 해석한다(창 3 : 6, 11, 17).

더불어 인간이 획득했다고 주장하는 선악 판단 지식은 하나님께 속한 선과 악을 안다는 의미가 아니다. 인간은 근원이 아니기에 근원과의 분열이라는 대가를 치르고 선악을 아는 지식을 샀다. 즉, 인간이 아는 선악 판단 지식은 하나님을 대적하는 데 사용되는 흉악한 무기로서의 선악 판단 지식이다. 인간은 하나님을 대적함으로써 하나님과 같이 된 것이다. 이처럼 선악을 알게 된 인간은 영원한 생명으로부터 '떨어져' 나왔다. 그렇게 인간은 자신의 선택으로 하나님을 대적하게 되었고, 그 결과 하나님 안에서의 생명으로부터 떨어져 나와 사망으로 넘겨졌다. 인간은 하나님의 비밀을 훔쳐냄으로 인해 멸망하게 되었다. 선악을 알게 된 인간은 결국 분열의 길로 들어서게 되었다. 이제 인간의 삶은 하나님과 타인과 사물, 그리고 자기 자신과도 분열되어 있다. 인간은 하나님의 형상으로 지음 받았지만, 결국 자신의 선택으로 인해 하나님을 대적하는 자리에 섰다. 하나님에게서 벗어난 삶에서 보이는 것은 오직 파멸과 사망의 길뿐이다. 그렇다면 "분열된 인간은 어떻게 다시 하나님께로 돌아갈 수 있는가?"라는 질문이 생길 것이다. 하지만 우리는 이미 그 해답을 알고 있다. 바로 예수 그리스도, 그분을 통하여 다시 하나님을 우리의 근원으로 받아들일 때, 우리는 하나님께로 속할 수 있다.

요약하면, 인간이 선악을 알게 하는 지식의 나무 열매를 따 먹었다는 말은 선악 판단을 자신이 하겠다는 뜻이다. 선악 판단은 하나님에게 속한 고유 대권, 창조주의 세계통치 대권이기 때문에 선악과를 따 먹는 행위는 하나님을 왕의 자리에서 폐위시키는 반역 행위이다. 선악의 나무 열매를 따 먹지 말라는 말은 선악 판단은 하나님으로부터, 건(件)별 (case by case)로 배워야 함을 의미한다. 이것이 하나님의 선악과 계명의 핵심 근본 목적이다.

기독교 윤리학의 핵심은 창세기 2 : 16~17[12]에 나오는 바, 선악을 알게 하는 나무 열매를 따 먹지 말라는 계명을 어기기 전으로 돌아가서 선악을 아는 지식을 점진적·귀납적으로 하나하나 배워 가는 것이다. 귀납적이라는 말은 건별로, 구체적으로 선악 판단을 하는 것을 뜻한다. 하지만 아담과 하와는 연역적으로 한번에 선악 판단 지식을 확보하여 스스로 선악 판단의 보좌에 앉아, 하나님을 마음속에서 몰아내는 행위를 했다. 본회퍼의 『윤리학』은 1939년부터 1940년까지 쓰인 책이다. 1939~1940년 독일 사회에서 선악에 대한 판단을 가로채서 열매를 따 먹고 스스로 판단의 보좌에 앉은 사람은 누구인가? 바로 나치와 히틀러이다. 나치와 히틀러는 선악 판단을 도착시켰다. 이사야 5 : 20[13]이 말하듯이 악을 선하다 하며, 어둠을 빛이라 하고, 빛을 어둠이라 칭했다. 본회퍼는 히틀러의 등장과 나치의 만행을 선악을 알게 하는 계명의 나무 열매를 따 먹은 아담의 원죄와 연결 짓는다. 앞서 보았듯이, 『윤리학』에서 본회퍼가 제시하는 기독교 윤리학의 첫 번째 과제는 '선악에 대한 지식을 지양하는 것'인데 히틀러는 이 지양을 거부했다. 어떤 사람이 자의적으로 선악에 대한 지식을 안다고 주장하는 것은 이미 그 자체로 하나님과의 분열이 일어났음을 의미한다. 히틀러는 하나님과의 적대적 분리를 먼저 경험한 후 인류에 대한 만행을 자행한 것이다.

창세기 3장의 은닉된 메시지는 피조물 인간은 '너무 제한적 존재 기반'과 '편파적 지각, 인식' 능력에 속박된 존재이기 때문에 선악을 아는 지식은 귀납적으로 하나씩 하나씩 건별로 점차 습득하여 얻어야 한다는 것이다. 아담이 스스로 선악과를 따 먹었다는 것은 하나님으로부터 배우지 않고 '나 자신으로부터 유래하는 선악 판단 능력'을 과시하겠다는 말이었다. 선악 판단의 대권은 하나님께 있는데, 아담과 하와는 이 대권을 차지하여 하나님을 하나님의 자리에서 폐위시킨 것이다.

2. 범죄공리주의의 좌초와 자연법적 양심의 추궁

우리가 앞에서 살펴봤듯이, 라스콜니코프의 전당포 노파 살해 동기는 '공공선'을 행하기 위함이었다. 그의 마음속의 논리는 "사소한 죄를 지어 더 큰 공공선을 행한다면 그 죄는 정당화되는 것이 아닌가?"였다. 이것은 로마서 2장에서 바울의 대적자들이 그의 이신칭의론을 패러디할 때 구사한 논리이다. "우리의 죄가 하나님의 사랑, 용서를 더 위대하고 장엄하게 한다면, 우리의 불의 때문에 '하나님이 의롭다'는 명예를 누린다면 우리의 불의가 단죄받아야 하는가?"(롬 3 : 5[14]) "우리 인간의 죄가 하나님의 은혜와 사랑의 우주적 광대함을 드러내는 데 기여했다는 점에서, 그것은 공공의 선으로 간주될 수는 없는가?" 이것은 기묘한 논리 왜곡이다. 물론 라스콜니코프의 범죄심리는 약간 다르다. 그는 자신의 전당포 노파 살해가 '죄'나 '불의'라고 생각하지 않았기 때문이다. 소설 거의 마지막까지 그는 마음속으로 그의 살인이 가져올 더 큰 선에 비하면 자신의 살인 행위는 죄책감을 불러일으킬 죄가 아니라고 강변했다. 이처럼 선악 판단을 자의적으로 할 수 있다고 생각한 라스콜니코프의 정신착란적인 심리는 범죄공리주의적 사고로 귀결되었다. 그의 범죄공리주의는 최대 다수의 최대 행복을 위한다면 사회적인 해충인 고리대금업자급 전당포 노파(고율의 이자를 매기는 여신업무, 저율의 이자를 자급하는 수신으로 막대한 이익을 얻는 사금융업자) 살해는 정당하다는 것이다. 결론적으로 그의 범죄공리주의는 성공했는가? 그의 전당포 노파 살해는 어떤 공공선도 가져오지 못했으며, 자신을 벌레처럼 혐오스럽게 만들었다. 그가 예기치 못한 자연법적 양심이 그를 옥죄면서 그의 기획적 살인은 다른 결과를 초래했다. 주인공은 이미 살인을 저질렀지만, 가족들은 살인죄를 범한 것도 모른 채 살인자가 되기 전의 그의 모습을 기대하며 자꾸 밝은 미래를 꿈꾸고 말하기 때문에 더욱 괴로움을 주고 그를 절망으로 몰아간다. '나는 이미 살인자가 되어 버렸는데…… 태양을 향해 가다가 밀랍날개가 녹아 추락해 죽어 버린 이카루스처럼 나는 이미 추락해 죽은 자가 되어 버렸는데…….' 이것이 라스콜니코프가 당하는 고난이다. 그의 가족들과 친구, 지인 누구도 그의 초인적인 자유에 입각한 범죄공리주의에 찬동하거나 공감하지 않았다.

 이 소설은 그 제목이 주는 기대와는 달리 죄와 국가가 처분한 징벌을 거의 다루지 않고, 라스콜니코프의 내적 갈등을 부각시켜 집중적으로 묘사한다. 그를 정죄하고 그의 양심을 압박하는 것은 세상 법정이 아니라, 그의 양심이기 때문이다. 시베리아 유형이 주는 고통보다는 그의 양심이 느끼는 고통이 더 심대하고 지속적이다. 보통의 경우 양심은 자기검열적인 자기평가, 성찰, 그리고 비판 기능을 수행하는 마음의 역능을 가리킨다. 곧 로마서 2 : 14~16에서 말하는 양심이다. 그러나 라스콜니코프가 생각하는 '양심'은 합리적으로 세운 자기확신이다. 라스콜니코프가 자기양심에 따라 살인을 했다고 할 때, 그 양심은 바로 자기확신을 가리킨다. 이런 점에서 라스콜니코프가 의미하는 양심은 보통 우리가 사용하는 의미와는 약간 다른 의미 영역을 내포한다. 라스콜니코프가 합리적으로 세운 확신은 무엇인가? 그는 가톨릭교회에 내려오는 기이한 속죄론을 의지했다. "악행자를 죽이면 46가지 죄를 용서받는다." 라스콜니코프는 전당포 노파를 죽임으로 스스로 46가지의 작은 죄를 용서받을 착한 일을 했다고 생각했다. 이러한 자신에게 자수를 권하는 것, 곧 국가 형벌을 받으라는 권고는 이성으로 세우고 만든 그 확신, 자신의 양심을 단죄하는 것과 같다. 그러나 라스콜니코프는 자기 마음속에서 세운 내적 신념 체계가 용납되지 않아 괴로워한다. 자기양심에 따르면 국가의 사법적 단죄에 저항해야 마땅하다. 그런데 자기가 설정한 양심이 로마서에서 말하는 양심에 의해 압도당하고, 점차 그는 자기확신에서 뒷걸음질치며 보통 사람들에게 작동하는 양심의 고발 때문에 괴로워한다. 이성적으로 자기가 세운 확신에 따라 사람을 죽였든 혹은 어떤 다른 동기로 사람을 죽였든지, 라스콜니코프가 사람을 죽인 것이 죄라는 사실은 변함이 없다. 어떤 순수한 동기도 살인 행위에 수반된 죄책감을 벗겨 주지는 못한다.

 1부 7장에서 살인죄를 범한 주인공은 6부 8장, 즉 에필로그 앞에서 비로소 자수하고 국가 형벌을 받는다. 국가가 부과하는 형벌이 아니라, 양심의 징벌이 이 소설의 핵심 동력이기에 소설의 제목 『죄와 벌』을 "죄와 양심의 징벌"이라고 이해하는 것이 타당해 보인다. 이런 점에서 이 소설은 아우구스티누스의 『고백록』만큼이나 신학적 통찰을 준다. 심한 죄책감은 그 자신을 견디지 못해 자아분열을 초래한다. 섬망은 이러한 생각에서 시작되는 파열을 막기 위해 하나님께서 주신 것이다. 살인을 저지른 라스콜니코프는 자기 자신과 살인한 자아가 한몸에 붙어 있다. 그는 그 둘을 떼어내려고 하지만, 극단적으로 이 둘을 분리하려고 할 때마다 섬망증을 더 심하게 앓으며 쓰러져 버린다. 이와 같이 살인을 저질렀지만 자유를 얻게 된 것도 아니고, 대의명분이 진척된 것도 아니다. 아무것도 바뀐 것이 없다. 오히려 양심의 법정의 호된 소환을 당할 뿐이었다.

> "(율법 없는 이방인이 본성으로 율법의 일을 행할 때에는 이 사람은 율법이 없어도 자기가 자기에게 율법이 되나니 이런 이들은 그 양심이 증거가 되어 그 생각들이 서로 혹은 고발하며 혹은 변명하여 그 마음에 새긴 율법의 행위를 나타내느니라) 곧 나의 복음에 이른 바와 같이 하나님이 예수 그리스도로 말미암아 사람들의 은밀한 것을 심판하시는 그날이라"(롬 2 : 14-16).

신앙의 눈으로는 이 부분을 이렇게 해석할 수 있다. 죄는 하나님의 용서와 그리스도의 속량 없이는 도저히 잠들지 않고 소리 지르는 야수와 같다. 죄를 지은 인간은 죄인된 자아의 양심이 내지르는 포효로 삶이 엉망이 되고 가인처럼 황야를 유리방황하게 된다.

> "여호와께서 가인에게 이르시되 네 아우 아벨이 어디 있느냐 그가 이르되 내가 알지 못하나이다 내가 내 아우를 지키는 자니이까 이르시되 네가 무엇을 하였느냐 네 아우의 핏소리가 땅에서부터 내게 호소하느니라 땅이 그 입을 벌려 네 손에서부터 네 아우의 피를 받았은즉 네가 땅에서 저주를 받으리니"(창 4 : 9-11).
> "네가 밭을 갈아도 땅이 다시는 그 효력을 네게 주지 아니할 것이요 너는 땅에서 피하며 유리하는 자가 되리라 가인이 여호와께 아뢰되 내 죄벌이 지기가 너무 무거우니이다"(창 4 : 12-13).

라스콜니코프는 자신의 선악 판단 대권을 행사하기 전까지는 자기 숭배에 가까운 자아 과몰입적 나르시시스트였다. 그러나 그의 내면에 자리 잡은 양심의 고소에 기소되면서 그는 돌이킬 수 없는 자기혐오에 빠진다. 물론 원래부터 그는 사회와 고립된 은둔적 인물이었다. 하지만 살인 전 그의 사회적 고립은 어디까지나 그의 자유의사에 의한 고립이었다. 그러나 살인죄를 저지른 이후부터 그의 고립은 강요된 고립이 되었다. 그 때문에 그는 친구, 가족과 아주 빠른 속도로 분리되고 이격된다. 자기를 사랑하는 엄마를 쌀쌀맞게 대하고, 마음으로 너무 사랑하는 여동생을 아주 냉정하고 몰인정하게 대한다. 자기혐오와 죄책감이 강요한 이격감과 소외감이 이렇게 표현된 것이다. 그래도 한동안 라스콜니코프는 자기혐오를 하면서도 죄책감을 느끼지 않았다. 그런데 그의 자기혐오로 인한 죄책감을 에둘러 표현하는 장면이 나온다. 거울 속 자신의 모습을 보니, 어머니의 기대를 받고 도시로 공부하러 간 전도유망한 청년 라스콜니코프는 더 이상 보이지 않는다. 지금 사랑하는 연인이 생겼지만, 이미 그는 살인자가 되어 있었다. 이렇게 혐오에 빠진 라스콜니코프를 보신 하나님께서는 그가 살아 있는 의식의 상태에서 극단적으로 일으키는 행위를 막으시려고 블랙아웃을 일으키신다. 이 소설을 보면 '미망, 섬망, 기절, 혼수상태' 등의 단어가 많이 나온다. 도스토옙스키는 생전에 뇌전증을 앓았다고 하는데, 그가 간질에 가까운 발작을 앓았기 때문에 이러한 장면들을 잘 묘사할 수 있었을 것이라고 보는 해석도 있다. 무리한 분석은 아닐 것이다.

이처럼 『죄와 벌』은 죄가 얼마나 무서울 정도의 명분을 가지고 저질러지는지, 그리고 죄를 진심으로 뉘우치는 과정이 얼마나 힘든지를 깊고 지속적으로 통찰한다. 주인공의 회심이 암시되어 있지만, 회심을 추동하는 데 명시적으로 기여하는 신앙 감정에 대한 묘사는 거의 없거나 절제되어 있다. 『카라마조프가의 형제들』의 주인공 드미트리와 비교해 보면 라스콜니코프의 회심은 끝내 암시적으로만 서술된다. 자기의 언어로 표현된 명시적 신앙고백, 참회와 죄책 고백, 전당포 노파와 리자베타에 대한 유감이나 죄책, 용서 간청 언어가 없다. 철저하지 않은 회심으로 끝날 뿐이다. 그럼에도 라스콜니코프는 점차 회심 가능성을 보여주는 행동으로 나아간다. 한 번도 잘못을 뉘우치지 않다가 소설 마지막 순간에는 처음으로 잘못을 뉘우치기도 한다. 감질나는 미완성이지만 이 사람의 완악함과 완고함에 비해서는 이 소극적인 뉘우침에도 작은 희망이 있다. 이 작은 뉘우침을 촉발시킨 것은 무한한 긍휼의 화신인 소냐와 예기치 않은 건강한 민중들과의 조우였다. 어떤 연구가들은 소냐 못지않게 민중적 영성의 소유자들을 만난 충격적 경험이 라스콜니코프의 회개를 도왔다고 한다. 그들은 이 장면에 작가 자신의 개종 체험이 반영되어 있다고 본다.

> "시베리아는 흔적을 남겼다. 그곳은 대단하지는 않지만 도스토옙스키에게 기독교 신앙을 고취시킨 모종의 역할을 했다……. 시베리아는 그에게 '민중'들을 대면하게 했다."[15]

이처럼 작가도 러시아 민중의 건강한 삶을 통해 생의 아름다움을 다시 지각하고 러시아 기독교로 돌아간 것이다. 러시아 민중이 구현한 기독교에는 '나의 초월'을 통해 타자와의 자유로운 친교가 가능하며, 자만심이 배제된 참된 사귐이 가능해졌기 때문이다. 그들은 선모충의 감염에서 면제된 자들이었다.[16] 이런 민중 기독교만이 이반 카라마조프를 통해 주창된 서구 무신론에 대한 해독제가 된다.[17]

3. 유로지브이, 거룩한 바보 소냐의 중보자적 고난 감수

에필로그 2장은 마침내 꺾인 라스콜니코프를 보여준다. 그러나 어렵고 복잡한 라스콜니코프의 갱생이 극적이지는 않다. 그는 시베리아 유형 시절 초기까지 자신의 실책을 인정하되, 자신의 죄는 인정하지 않았기 때문이다. 에필로그 2장은 이 단계에서 벗어나는 과정을 비교적 담담하게 보여준다. 어떻게 그는 자신의 죄책을 인정하기에 이르렀을까? 자존심에 난 상처, 그 때문에 생긴 병이 나았기 때문이다. 한동안 '맹목적 선고의 어처구니없음과 그에 타협하고 굴복해야 하는 것이 수치스럽다.'라고 생각한 라스콜니코프는 자신의 범죄를 뉘우치지 않았다. 오히려 자신의 전당포 노파 살인을 악행이라고 단죄하는 것에 저항했다. '무엇이 악행인가?' 라스콜니코프는 유형생활 초기 한동안은 자신의 전당포 노파 살해를 악행이라고 보지 않았다. 실패한 살인일 뿐이었다. 이 저항의 신음이 라스콜니코프의 주조음이었다. 법을 파괴하고도 인류의 은인이 된 자들의 성공과 자신의 실패를 비교할 뿐이었다. 그가 보기에 성공한 법 파괴자들은 법을 파괴해 가면서도 인류 역사의 진보를 견인하는 부담스러운 긴장을 잘 견뎠다. 하지만 자신은 긴장을 견디지 못하고 실패했을 뿐이라고 평가했다. 라스콜니코프 자신은 '본능의 둔중함'(양심의 고통이 본능의 둔중함이리라.) 때문에 그 긴장을 견디지 못했다고 생각했다. 그는 스비드리가일로프도 감행한 자살을 자신이 감행하지 못한 것을 인정해야 했다.

이처럼 러시아의 형벌 체계나 감옥은 라스콜니코프의 죄책을 인정하게 만드는 데 실패한다. 하지만 소냐의 사랑이 그것을 가능하게 했다. 사랑이 죄를 회개하게 만든다. 죄를 회개하고 하나님의 사랑을 받는 것이 아니라, 정반대이다. 사랑이 먼저고, 회개가 그 후에 이루어진다. 이것은 칼빈(John Calvin)의 주장이기도 했다. 시베리아 유형수 사이의 지도자요, 성모 마리아급 성자로 부상한 소냐의 연약한 사랑, 겸손, 그리고 무한한 인내와 오래 참음이 라스콜니코프의 완강한 자아의 뼈를 꺾었다. 그는 자신과 동료 유형수들 사이에 심연이 존재하는 것을 인지했다. 자신을 불신자, 무신론자라고 비난하는 동료 유형수들로부터 비호감, 미움을 사는 자신을 응시했다. 그런 상황에서 소냐에게 감화를 받은 동료 유형수들은 라스콜니코프까지 사랑하게 된다. 소냐의 사랑에 영향을 받을수록 라스콜니코프는 점차 자신과 달리 삶을 아끼고 사랑하는 동료 유형수들을 보고 놀란다. 그는 외견상 거칠고 난폭한 강도들 가운데서 참된 인간을 본 것이다.[18]

이런 감정적 엎치락뒤치락 상황에서 사순절 후 어느 날 라스콜니코프는 문명 파괴적이고 대파국적 돌림병인 선모충 악몽을 꾸게 된다. 인류의 대다수를 습격하여 죽이는 선모충 돌림병에 걸린 자에게 나타나는 증상이 로마서 1 : 20~24[19]에서 말해진다. 스스로 현명한 자, 진리에 있어서 확고부동한 자, 극단적으로 자기만 옳다고 주장하는 독선주의자가 된다. 선악 판단을 자신이 독점하는 자가 된다. 선모충은 바로 원죄였다. 로마서 7 : 18~24이 말하는 죄다.

> "내 속 곧 내 육신에 선한 것이 거하지 아니하는 줄을 아노니 원함은 내게 있으나 선을 행하는 것은 없노라 내가 원하는 바 선은 행하지 아니하고 도리어 원하지 아니하는 바 악을 행하는도다 만일 내가 원하지 아니하는 그것을 하면 이를 행하는 자는 내가 아니요 내 속에 거하는 죄니라 그러므로 내가 한 법을 깨달았노니 곧 선을 행하기 원하는 나에게 악이 함께 있는 것이로다 내 속사람으로는 하나님의 법을 즐거워하되 내 지체 속에서 한 다른 법이 내 마음의 법과 싸워 내 지체 속에 있는 죄의 법으로 나를 사로잡는 것을 보는도다 오호라 나는 곤고한 사람이로다 이 사망의 몸에서 누가 나를 건져내랴"

이처럼 자신 속에 죄 의지, 죄 인식, 그리고 죄의 권능이 작동하는 사실을 날카롭게 의식하기 때문에 선악 판단을 독점적이고 배타적으로 하지 않는 사람들은 극소수이다. 그러나 이 극소수의 사람들은 존재하긴 하지만 어디에서도 눈에 띄지 않는다. 아무도 그들을 본 사람이 없고, 그들의 말을 들은 적도 없다. 선악 판단의 배타적 독점권을 포기한 사람들이 유로지브이, 거룩한 바보들이다.

"…… 너희 중에 누구든지 이 세상에서 지혜 있는 줄로 생각하거든 어리석은 자가 되리라"(고전 3 : 18).

이 거룩한 바보가 러시아 정교의 영성의 화신이다.[20] 이러한 영성이 이 소설이 그리고자 한 마지막 그림이 아닐까?

어느 날 병에서 치유된 라스콜니코프는 감옥 밖 강기슭 노역장에 나간다. 그는 거기서 아브라함과 그 양 떼 정경을 상상한다. 그 노역장에 조용히 나타난 소냐가 라스콜니코프의 옆에 앉는다. 라스콜니코프는 소냐의 손을 잡는다. 마침내 그는 자신이 소냐를 진심으로 사랑한다는 것을 깨닫는다. 진심으로 죄책을 뉘우친 그는 소냐의 무릎을 끌어안고 운다. 소냐는 라스콜니코프의 사랑을 확신한다.

라스콜니코프는 울면서 그의 팔들을 벌려 그녀의 무릎을 껴안았다. …… 그녀는 그가 모든 어떤 것보다 자신을 사랑한다는 것을 알았고 의심하지 않았다. 그녀는 마침내 그가 자신을 사랑하는 순간이 왔다는 것을 알았다(영어판 375/민음사 2권 496).

마침내 라스콜니코프는 자기 자신 너머를 바라보며 자신이 실수를 범했고 자신의 죄책감보다 더 많은 것이 있다는 것을 깨닫기 시작한다. 그는 죄의 노예 상태에서 해방되었다. 요컨대 소냐와의 이 짧은 만남을 통해 믿음의 씨앗이 심긴 것이다. 씨앗이 결실을 맺을지 아닐지는 두고 볼 일이다. 그러나 소냐의 사랑과 라스콜니코프의 자유에 대한 열망을 고려하면 구원이 가능할 것이다.

그들은 말을 하고 싶었지만 말할 수가 없었다. 그들의 눈에는 눈물이 맺혔다. 그들 둘 다 창백하고 여위었다. 하지만 그들의 병들고 창백한 얼굴들은 새로운 미래의 새벽, 즉 새로운 삶을 가져올 충만한 부활의 새벽이 동터 오자 빛났다. 그들은 사랑에 의해 갱생되었다. 한 사람의 마음이 또 다른 한 사람의 마음을 위해 무한한 생명의 원천을 지탱해 주었다(영어판 375/민음사 2권 496).

사변적인 변증법 대신에 삶이 그 자리에 들어섰다. 전혀 다른 그 무엇이 이제 그의 지성 안에서 뭔가를 이루게 될 것이었다(영어판 376/민음사 2권 498).

라스콜니코프의 베개 밑에는 복음서가 놓여 있었다. "겨우 칠 년!" 그들 둘 다 이 7년을 7일처럼 바라볼 준비가 되어 있었다. 살인범 청년은 한때 악행을 통한 선의 구현이라는 희한한 변증법의 신봉자였으나, 이제는 고통 감수, 죄값을 치르는 유형살이를 통해 선의 가능성, 부활을 소망할 수 있었다. 참으로 놀라운 절기에 일어난 '부활'의 구원이다. 라스콜니코프의 구원은 새로운 시작(사순절과 부활절 절기)의 시기인 봄에 시작된다.

4. 징벌을 통한 죄의 용서

『죄와 벌』이라는 제목에도 불구하고 라스콜니코프가 국가 형벌을 처분받는 장면은 여섯 장밖에 되지 않는다. 주인공 라스콜니코프는 왜 빨리 죄를 고백하지 않았을까? 이 소설을 끝까지 읽어도 카타르시스를 충분히 느낄 수 없다. 그가 속 시원하게 회개하지 않기 때문이다. 그 때문에 하나님의 찬란한 은혜의 승리는 상대적으로 간략하게 묘사된다. 악의 서사나 악의 일화는 너무 자세하고 읽자마자 가슴에 와닿는다. 이에 비해 선의 서사는 감질날 만큼 희미하고 애매하다.

아마도 그것은 라스콜니코프 안에 거하는 '죄'의 인격 장악력과 지배적 위력에서 비롯된 것이리라. 죄는 인간 심리 안에서 먼저 이루어지고(생각), 밖의 행동으로 드러난다. 죄는 인간 본성의 일부로 와 있기에 근절하기 힘들다. 앞에서 언급한 에필로그의 '선모충 감염 인류 이야기'는 로마서적 죄의 보편성을 예시하는 예화이다. 로마서 7장에서처럼 여기서도 선모충은 지성과 의지를 가진 영적 구조물이다. 죄가 사람 안에 거하듯이 선모충도 사람 안에 살고 있다. 이 선모충이 바로 죄의 메타포인 것이다. 로마서 7 : 21~24을 보면 내 안에 살고 있는 죄가 있다. 내 몸, 내 존재가 죄의 숙주이다. 선모충이 인류 전체를 나만 옳다는 생각으로, 즉 선악 판단의 배타적 독점권을 주장하는 사람들의 공동체로 만들었다. 도스토엡스키는 '죄'를 십자가에 못 박히는 고통 속에서 죽어야 하는 것으로 본다. 러시아 정교회의 속죄론에는 즉시 회개, 즉시 갱생론, 즉시 칭의론이 두드러지지 않는다. 칭의와 갱생은 점차적이고 점진적인 변화를 통해 이루어진다. 내 인격, 내 존재 중심에 사는 죄는 '고통'의 십자가 죽음을 맛보아야 '의'로운 새 피조물이 탄생된다. 옛 자아의 철저한 해체를 통해 새 피조물로서의 갱생이 기약된다.

이런 점에서 소설에 나오는 다른 악인들과 달리 라스콜니코프가 죄의 권세 아래 그 영혼이 갈가리 찢기며 갱생의 기회를 얻는 것이 즉시 칭의, 즉각 구원과 즉각 성화를 강조하는 개신교인들의 눈에는 그 구원서사가 느리고 감질나게 느껴질 수 있다. 하지만 러시아 정교회의 속죄론에 따르면 그의 고통 감수를 통한 갱생 여정은 자연스럽게 납득된다. 회개 없이 퇴장한 루쥔과 자기모멸적 자살로 자기혐오를 극단화한 스비드리가일로프와는 대조적으로, 라스콜니코프는 오히려 국가 형벌을 감수하면서 영혼의 자유를 맛보기 시작한다. 하나님의 죄 용서는 징벌 없는 용서 혹은 징벌 면피 용서가 아니라 징벌을 거친 정화를 동반한 용서이기 때문이다. 이 과정에서 가난에 못 이겨 창녀가 된 순결한 여인 소냐가 그리스도의 사랑을 화육해 라스콜니코프를 속량한다.

평론가들은 이 소냐의 영성에서 러시아의 동방정교회(988년경 기독교를 수용한 러시아) 영성을 발견한다. 곽승룡은 『도스토예프스키의 비움과 충만의 그리스도』에서 동방정교회, 특히 슬라브 정교회의 영성이 도스토옙스키의 문학에 깊은 영향을 주었다고 평가한다. 소냐의 무력함의 영성이 바로 동방정교회의 특징적인 영성이라고 본다. 이 영성은 반(反)영웅적 무기력성, 약함, 수난 수용적 영성이다.[21] 소냐는 이 동방정교회의 영성을 화육한 인물이다.

또한 핀란드 작가 오스카 폰 슐츠(Oskar von Schoultz, 1872-1947)도 도스토옙스키의 작품에는 러시아적 그리스도가 구원서사를 주도한다고 봤다.[22] 슐츠는 중세 서구신학에 영향을 끼친 단테의 『신곡』이 죄에 관한 엄정한 응징을 처분하는 "지옥편"으로 유명해졌다면, 러시아 동방정교회에서는 『성모의 고통 순례기』가 거의 동등한 비중을 가진 속죄론의 고전이라고 평가한다. 지옥과 연옥에서 죄인들의 고통을 공포스럽게 묘사하고 천국 거주자들의 지극한 행복에 대해 환희에 차서 말하는 『신곡』과 달리, 러시아에서는 비잔틴 교회로부터 건너온 『성모의 고통 순례기』가 러시아 정교회의 속죄론에 깊은 영향을 끼쳤다는 것이다. 이 책은 참을 수 없는 자비심으로, 지옥에 있는 죄인들의 고통에 대해 알기를 원하여 400명의 천사들의 호위를 받으며 지옥에서 고통당하고 있는 죄인들을 목격하는 성모 마리아를 내세운다. 지옥의 모든 고통을 살펴본 성모는 죄인들을 가엾게 여기며 대천사장에게 다음과 같이 말했다. "지옥에 가서 죄인들과 함께 고통당하게 해 주시기를 간곡히 부탁합니다." 『신곡』과 『성모의 고통 순례기』 두 책 모두 지옥에 있는 죄인들의 고통을 묘사하지만, 서유럽의 시인(단테)은 마치 고통이 그들에게 마땅하다는 것을 강조하는 듯 어떠한 결론도 이끌어내지 않는다. 그에 비해 동방 설화의 저자는 극악한 죄인들에게조차 깊은 동정을 느끼며, 죄인들과 고통을 나누고자 하는 그리스도의 어머니 소원을 강조한다. 하나님의 의가 그들을 용서할 수 없다면, 그 고통을 잠시만이라도 덜어 주기를 구하는 성모의 탄원들을 드러낸다. 이것은 죄인들이 일 년의 7분의 1 기간 동안 온갖 고통으로부터 해방되기 전까지는 결코 쉬지 않는 탄원이다. 그뿐만 아니라, 러시아 정교회 영성은 범법자들까지 불쌍히 여기는 동정적 태도를 높이 평가한다.

"범법자들에게조차 동정과 친절을 베푸십시오. 죄 없는 사람도 죄진 사람도 죽이지 말고 죽이기를 명하지도 마십시오. 모든 약한 자와 병든 자를 향한 긍휼을 행하십시오. 강한 이가 약한 이를 괴롭히는 것을 허용하지 마십시오. 무엇보다 가난한 이들을 잊지 말고, 할 수 있는 한 그들을 먹이고, 고아를 보호하며, 과부를 변호하십시오. 늙은이들을 공경하고, 병든 자를 돌보고, 죽은 자를 무덤까지 바래다 주십시오."[23]

이처럼 '러시아적 그리스도'는 선량함, 긍휼, 동정, 자비의 화신이다. 소냐는 이런 의미로 성모 마리아급 긍휼의 화신이다. 그런데 죄인에 대한 긍휼을 표현하는 맥락이 중요하다. 죄인에 대한 이 긍휼은 죄에 대한 징벌을 면제해 주는 긍휼이 아니라, 죄에 대한 징벌 고통을 감수하는 죄인들에 대한 긍휼이라는 것이다. 동방정교회의 성모 마리아적 연대, 동정심, 그리고 긍휼은 죄가 얼마나 무서운 징벌과 고통을 초래하는가를 망각하게 만드는 은혜지상주의 미덕이 아니라, 죄를 다시 범하지 않을 만큼 고통을 겪는 죄인에 대한 연대이다. 그것은 피 흘리기까지 고통 속에서 죄를 이겨내는 도상에 있는 죄인들에 대한 무한한 사랑, 긍휼, 그리고 연민인 것이다.

여기에서 개신교와 가톨릭, 정교회의 죄 용서 이론이 다르다는 것을 알 수 있다. 러시아 정교회와 로마가톨릭에서 '죄를 용서받았다'는 말에는 징벌을 거친 후 영혼이 갱생되었다는 의미가 포함된다. 즉, 징벌을 통한 죄 용서이다. 하지만 개신교인들은 죄 용서를 징벌 과정 없는 죄 용서의 확신으로 여기는 경우가 많다. 징벌 면제가 하나님의 용서라고 생각하는 것이다.

용서받은 자는 징벌을 통해 다시는 그 징벌을 초래한 동일한 죄를 짓지 않을 수 있는 자유에 이를 수 있다. 러시아 정교회 신학과 로마가톨릭의 구원론에 따르면, 라스콜니코프는 죄 용서를 받아 구원의 확신에 이른다. 하지만 그는 징벌을 감수하며 죄 용서의 실제를 경험한다. 자신의 죄악 때문에 허무하게 파괴되고 붕괴되었지만, 자신의 양심 파열 때문에 더욱 고뇌하는 주인공은 신실한 친구와 사랑하는 사람들의 옹위를 받으며 시베리아로 간다. 거기서 우리는 장엄하게 재생되는 인간을 본다.

이때 우리는 예언서를 떠올릴 수 있다. 호세아에서 이스라엘 백성은 어디에서 갱생되는가? 예레미야에서 이스라엘 백성은 어디에서 갱생되는가? 호세아에서는 광야, 예레미야에서는 바벨론에서 갱생된다. 호세아 2 : 14부터 광야가 희망의 땅이 된다.

"그러므로 보라 내가 그를 타일러 거친 들로 데리고 가서 말로 위로하고"

원래 시베리아는 인간이 살기 힘든 광야이다. 죄인을 시베리아로 보낸다는 것 자체가 형벌이다. '탈출하면 되지 않을까?' 하고 생각할 수 있지만, 그 추운 곳에서 탈출하는 것은 죽는 것과 같다. 그러나 오히려 도스토옙스키와 톨스토이의 소설에서 시베리아는 좋은 일이 일어나는 곳이다. 시베리아에 가면 인간이 되어서 돌아온다. 1~3부의 '이

성적이며 오만하고 확신에 찼던 라스콜니코프'는 시베리아에서 겸손하고 자기성찰적 라스콜니코프'로 거듭 태어난다.

이러한 내용에는 로마서 3~6장의 진실이 그 안에서 작동하고 있다. 여기에는 그리스 비극에는 거의 없는 히브리적 부활 드라마가 잘 교직되어 있다. "오르페우스", "오이디푸스", "안티고네" 등의 그리스 비극에는 부활이 없지만 히브리 성경에는 부활이 약속된다. 너무나 비현실적으로 착한 소녀가 사람을 죽인 살인범을 따라가서 끝내 그 인간을 재생시키는 데 기여한다. 이런 점에서 성경의 부활 약속은 그리스 비극이 주는 슬픈 여운을 이길 수 있는 힘을 준다.

5. 『죄와 벌』의 사회적 구원 메시지 : 하나님의 절대적 은총의 혁명

『죄와 벌』은 '인간에 대한 기독교적 해석'[24]을 담고 있으며 인간 갱생을 다루고 있지만, 또한 그 안에는 사회적 구원 비전이 있다. 앞에서 이미 말했듯이, 이 소설은 1812년 나폴레옹의 러시아 원정이 몰고 온 러시아 사회의 보수반동적 경직화, 사상 탄압, 그리고 귀족 체제의 생존 투쟁을 메타내러티브로 삼아 '새로운 러시아'를 기획하는 일탈되고 오도된 시도(반동적 귀족주의나 폭력적 사회주의)를 비판하고 있다. 도스토옙스키는 이 소설을 통해 인본주의(인간성)에 내재된 오류, 즉 극단적인 개인주의는 자기파괴적이라는 사실을 보여준다(사회로부터 고립된 엘리트 관념주의). 게다가 도스토옙스키의 작품은 고린도전서 1장에서 사도 바울이 한 말을 설득력 있게 예시한다.

"그러나 하나님께서 세상의 미련한 것들을 택하사 지혜 있는 자들을 부끄럽게 하려 하시고 세상의 약한 것들을 택하사 강한 것들을 부끄럽게 하려 하시며"(고전 1 : 27).

『죄와 벌』에서 도스토옙스키는 겸손과 사랑을 통해 가장 사악한 사람도 개혁될 수 있다는 희망적인 메시지를 제시한다. 인간이 변화하기 시작하는 것은 사랑하는 법을 배움으로써 가능하다는 것이다.

라스콜니코프는 괴테의 『파우스트』 속 대사의 화신이다. "선한 사람은 어두운 충동 속에서도 여전히 옳은 것을 의식하고 있다"(Ein guter Mensch, in seinem dunklen Drange, Ist sich den rechten Weges wohl bewusst[25]). 라스콜니코프는 자신이 도덕법의 적용을 받지 않는다는 것을 스스로 확신하려고 노력하지만, 자신이 자연법의 적용을 받는다는 사실을 피할 수 없다(양심 법정). 이것이 그가 극단적인 회개 불가능 악인으로 굴러떨어지는 것을 막아 준다. 사회주의자들은 양심법보다 자신들이 믿는 사회주의의 법, 혁명법이 더 옳다고 본다. 볼셰비키주의자들은 프랑스 대혁명 이후 단두대에서 죽은 수많은 사람을 보고 이렇게 생각했다. 그러나 어떤 이름으로 실행되었든 사람의 목숨을 죽이는 것은 악령에 사로잡힌 자들의 행동이다. 이처럼 후대 공산주의 혁명들의 역사에서 예증되었듯이, 사회주의를 이루기 위한 유혈혁명은 악령들의 고삐 풀린 활동들의 경연장이 되었다(레닌, 스탈린, 마오쩌둥, 크메르 루즈).[26] 그것이 아무리 해방적인 명분을 가졌다 해도 그 이념의 실천 과정에서 사회주의 유혈혁명가들은 악마와 손을 잡았다고 본다.[27] 다르게 말하면, 명분상 하나님의 거룩한 신성을 띤 이론이라도 그것을 실천하는 과정에서 혁명가들은 악마와 손을 잡았다. 라스콜니코프가 이런 공산주의 유혈혁명을 주도한 혁명가는 아니지만, 그에게서 이미 한 세대 안에 나타난 공산주의 유혈혁명가의 전조적 멘탈리티가 나타난다. 그는 스스로 자신의 성공을 보장하기 위해 무엇이든 하는 슈퍼맨이라고 믿고 있으며, 이 이론을 증명하기 위해 늙은 전당포 노파를 살해한다. 따라서 라스콜니코프의 가장 큰 죄는 알료나 이바노브나와 리자베타를 살해한 것이 아니라, 오만함으로 인해 인류로부터 자신을 단절한 것이다. 선악을 알게 하는 나무의 계명을 따 먹은 것, 곧 선악을 자기가 판단한 것이다.

선악 판단 대권을 남용한 라스콜니코프는 범죄에 성공했지만 혼자 살 수 없었다. 그는 인류사회로부터 고립된 채, 살인자인 또 다른 자신과 부단히 같이 지내야 한다. 행복한 인생을 살려는 자신을 살인자라고 조롱하며 야유하고 질책하는 또 다른 자아와 늘 붙어 다녀야 한다. 결국 이러한 자아분열과 자아대립의 중압감을 견디지 못하는 주인공이 소생하는 길은 '죽음'이다. 일시적으로 나폴레옹적이고 니체적인 초인이 되어 도덕과 윤리의 경계를 자유롭게 넘나들며 살인을 저지른 청년 라스콜니코프는 인격붕괴, 자아붕괴의 파국으로 내몰린다. 작가 도스토옙스키는 라스콜니코프에게서 당시에 등장했던 체제 전복적 사회 개조론자의 해악을 본 것처럼 보인다.

도스토옙스키는 1879년에 A. N. 류비모프(A. N. Lyubimov)에게 보낸 편지에서 인문주의자(인본주의자)의 종말은 '양심의 완전한 노예화'라고 말했다.

> "그들의 이상은 인간의 양심을 강압하고 인류를 가축 수준으로 전락시키는 이상이다."[28]

도스토옙스키의 비교를 적용하자면, 라스콜니코프는 자유의 이름으로 '이'(louse)[29]라고 부르는 사람을 살해함으로써 죄의 노예가 되고, 피해자보다 더 비열한 사람이 된다. 도스토옙스키는 『악령』에서 이런 체제 전복적 혁명가들을 마가복음 5장에 나오는 군대귀신 들린 자라고 묘사하고 있다.[30]

이로써 라스콜니코프의 '나폴레옹 따라 하기' 이론은 부정되고, 예기치 않게도 나폴레옹적 초인으로 변신되기보다는 쫓기는 범죄자로 전락하기 시작한다. 라스콜니코프는 사람을 죽이고, 죽인 사람의 돈으로 선한 일을 하려고 했다. 분명 자신의 살인은 역사의 대의와 진보를 위한 살인이었는데, 살인하자마자 예기치 못한 양심의 폭풍이 일어나면서 그의 발목이 잡히는 것을 경험한다. 이제 자아분열이 시작된다. 그를 괴롭힌 질문은 "어떻게 하면 죄의식을 멈출 수 있는가?"가 된다. 그의 자기파멸적 자아분열은 이 죄책감으로 악화된다.

라스콜니코프는 이 죄책감을 청산해야 했다. 죄책을 인정하고 후회하기 때문이 아니라, 자신의 살인을 정당화하기 위한 죄책감 청산 갈망이었다. 그는 한낱 살인자가 아니라, 살인을 해서라도 문명의 진보를 주도할 나폴레옹적 초인으로 행세하고 싶었다. 그러나 죄책감 청산은커녕 포르피리니 페트로비치 등의 수사와 취조를 두려워하는 신세로 전락해 버렸다.

라스콜니코프는 어떻게 변할 수 있을까?『죄와 벌』의 나머지 부분은 이 문제에 전념한다. 라스콜니코프의 이론과 이상주의는 그를 실패하게 만들었고, 그에게는 죄책감, 두려움, 그리고 양심으로부터 자유로워지려는 욕망만이 남았다. 그러나 그러한 자유는 어디에서 찾을 수 있을까? 라스콜니코프는 자신과 인류 사이에 만든 분열을 어떻게 치유하고 다시 둘을 연결시킬 수 있을까? 이러한 질문은 결국 라스콜니코프를 감옥에 가두어 하나님의 은혜로 이끌어 주지만, 먼저 그는 한 가지, 즉 겸손을 배워야 했다.『죄와 벌』에서 기독교인(그리고 도스토옙스키)의 겸손 개념의 중요성을 이해하려면 라스콜니코프가 술 취한 마르멜라도프를 만나는 1부 2장을 보면 된다.

마르멜라도프는 그의 무감각함에도 불구하고, 신의 은총의 본질을 파악하며 라스콜니코프의 궁극적인 속죄를 예고한다. 선술집에서 마르멜라도프는 우연히 가까이 앉아 자신의 말을 경청해 주는 라스콜니코프에게 희한한 장광설을 늘어놓았다. 마르멜라도프의 취중강론의 취지를 정확하게 파악하려면 그의 진술 전체를 인용해야 한다. 그는 술집에 있는 군중에게 이렇게 외친다.

"그리고 그분께서 모든 사람을 심판하고 용서하실 것입니다. 그는 선한 자들과 악한 자들, 지혜 있는 자들과 미천한 자들을 심판하시고 용서하신 후에, 우리도 불러 주실 것입니다. '너희들 또한 오라.' 그분이 말씀하실 것입니다. '너희 술주정뱅이들도 오라.', '너희 약한 자들도 오라.', '너희 수치스러운 자들도 오라.' 그러면 우리 모두 나아가 수치심 없이 그분 앞에 설 것입니다. 그리고 그분은 우리에게 말씀하실 것입니다. '너희는 짐승의 형상을 따라 창조되어 짐승의 인이 쳐진 돼지이니라. 그러나 너희도 내게로 오라.' 그러면 지혜롭고 슬기 있는 자들이 그분께 항의할 것입니다. '오, 주님! 어찌하여 당신은 이 사람들을 받습니까?' 그분이 대답하실 것입니다. '오 지혜 있는 자들아! 내가 그들을 영접하는 이유는', '오 슬기로운 자들아! 내가 그들을 영접하는 이유는', '그들 중에 누구도 하나님의 용서와 사죄를 받기에 합당하다고 생각하는 자가 하나도 없기 때문이니라"(영어판 22/민음사 1권 47-48).

2장 마지막 라스콜니코프의 중얼거림은 라스콜니코프의 일회적, 단회적, 구조주의적 사회 개량 이데올로기에 도전장을 날린다.

그는 갑자기 무의식적으로 외쳤다. "만약 정말 인간이 악당이 아니라면, 즉 인간 전체, 인간 종족 전체가 다 악하지 않다면, 그리고 나머지 모든 것은 — 편견일 뿐, 단지 공포를 부추기는 것일 뿐이면.", "어떤 장애물들도 없고, 마땅히 그렇게 되어야 한다면 어떻게 되지……!"(러시아어판 15/영어판 24/민음사 1권 55)

비열한 놈이 있고, 죽여야 될 놈이 있다고 믿었던 라스콜니코프의 확신에 소냐가 걸림돌이 된다. 소냐는 자신의 이런 '비열한 인류 전체'

가설에 들어맞지 않는다.

　마르멜라도프의 술 취한 말장난을 통해 도스토엡스키는 고린도전서 1장의 마지막 단락(특히 27절)에 드러난 바울의 감정을 반영한다. 거기서 하나님은 지혜로운 자를 어리석음으로, 강한 자를 약함으로 부끄럽게 하실 것이라고 말한다.『죄와 벌』에 있어서 이것이 복음의 핵심이다. 마르멜라도프의 비유에서 하나님께서 술 취한 자들과 약한 자들을 용납하시는 것은 '현명하고 슬기로운' 사람들의 불신을 불러일으킨다. 그러니까『죄와 벌』은 적어도 인간 갱생에 너무 많은 가중치를 두고 읽으면 안 된다. 감질나고 더디게 진행되는 라스콜니코프의 갱생 과정이 아니라, 하나님의 절대적인 은총의 위대한 힘, 이것이『죄와 벌』의 가장 큰 기독교적 주제이다. 하나님의 절대적인 은총의 힘에 대한 인간의 감수성은 '겸손'이다. 하나님의 은총은 겸손한 인간, 비천해진 인간에게 역사한다. 캄캄한 밤이야말로 하늘에 빛나는 무량대수의 별들이 밝게 빛나는 순간이다. 겸손은 인간 실존에 빛이 사라진 밤이다. 무기력, 무능력, 그리고 고립무원의 고독이 밤이다. 이런 밤의 다른 이름이 궁극비천의 겸손이다. 자신의 본질이 진토임을 자각하는 순간이 겸손이다. 도스토엡스키에게는 이런 겸손이 가장 큰 힘이다. 분명히 라스콜니코프의 구원은 자신의 약점을 인식하는 데 있지만, 살인 후 그는 자신의 힘에 너무 집착하여 마르멜라도프의 말을 기억하지 못한다. 라스콜니코프는 자신이 비참한 처지임에도 불구하고 회개하지 못한다는 것을 깨닫는다. 그는 여전히 자신이 잘못했다고 믿지 않으며 의지의 힘을 통해 자신의 죄를 용서할 수 있다고 믿는 힘 숭배주의자이다. 또한 라스콜니코프는 군사력 숭배주의자, 정치력 숭배주의자, 의지력 숭배주의자이다. 명령을 내리면 사람들을 일사불란하게 움직여 장기판의 졸병처럼 사용하면서 세계를 변화시킬 수 있다는, 위로부터의 혁명적 에너지를 숭배한다. 이것이 바로 나폴레옹적인 것이고, 그 업그레

이드 버전이 사회주의자의 폭력적 혁명론이다. 세계를 폭력에 의해 강제로 변화시키려고 하는 점에서 나폴레옹주의자와 볼셰비키주의자가 같다. 라스콜니코프는 그가 숭배하는 힘으로 사람들의 의지를 꺾어서 사회를 변화시키려고 한다.

2부 7장에서 마르멜라도프의 임종을 지켜본 라스콜니코프는 카체리나의 딸 폴렌카(소냐의 이복 여동생)와 다정한 작별 인사를 마치고 나오면서 의미심장한 혼잣말을 중얼거린다. 카체리나에게 20루블을 주고 마르멜라도프의 집을 떠나는 그에게 소냐의 여동생 폴렌카가 따라와 "소냐 언니를 좋아해요?"라고 물으며 자신의 아버지는 자신과 두 어린 동생들에게는 좋은 아버지였다고 말한다. 이어서 라스콜니코프의 인적 사항을 물어본 폴렌카는 그를 위해 기도하겠다고 말하며 떠나는데, 바로 그 순간에 라스콜니코프가 혼잣말을 한 것이다. 밤 10시경이었다. 그는 어느새 오늘 어떤 여자가 강물에 투신했던 바로 그 지점에 도달했다. 그는 스스로에게 중얼거린다. "됐어!" 그는 단호하고 의기양양하게 말했다.

"이제 됐어! …… 이제 나는 망상들, 가상적인 공포들과 유령들에서 벗어났어. 삶이 건재해! 아니, 나는 이제 막 시작한 것이 아니었어? 그 늙은 노파와 함께 내 삶이 죽어 버린 것은 아니야! 노파에게는 천국이 있으니까 됐어. 아주머니, 이제 나를 편히 좀 내버려두시오! 이제부터는 이성과 빛의 왕국이…… 의지와 힘의 왕국이…… 이제 우리는 보게 될 거야!"(영어판 134-135/민음사 1권 340)

그는 어떤 어두운 힘을 향해 도발하듯 거만하게 덧붙였다.

"나는 이미 1아르쉰(1아르쉰=71.12cm)의 공간에서 사는 데 동의할 준비가 되어 있었어!"(영어판 135/민음사 1권 340)

무슨 의미가 담긴 말일까? 아마도 자신은 자수하지 않을 것이며, 자신이 기획한 이성과 빛의 왕국을 성취하기 위해 초인의 길을 가리라고 결심하는 장면 같다. 전당포 노파 살해에 대한 죄책감을 경감시키려는 의도가 분명하다. 그는 자신의 나폴레옹적 역사 진보를 위한 투신에서 물러서지 않을 것이며, 자신에게 병약한 죄책감을 강요하는 어둠의 세력(양심)과 대결해 보리라고 결심한다. 그러나 라스콜니코프가 씨름하는 것은 어둠의 세력이 아니라 하나님이다. 라스콜니코프는 여전히 하나님께 반역 중이었으며, 그의 자아분열은 해소되지 못한 채 남아 있다.

바로 이 절체절명의 순간 신성한 무력성(無力性), 연약함의 화신이자 라스콜니코프의 궁극적인 구원의 촉매제인 소냐가 등장한다. 그녀는 마르멜라도프의 딸이다. 그녀는 가족을 부양하기 위해 매춘을 강요당하지만 가족을 부양하고 사랑하는 책임감 때문에 기꺼이 매춘을 한다. 그녀는 순종적이고, 교육을 받지 못했으며, 가난한 여자이다. 간단히 말해서 소냐는 그녀가 살고 있는 동시대 사람들이 어리석고 바보짓(바보)이라고 여겼던 바로 그 삶 자체였다.

도스토옙스키에게는 그녀 역시 신의 은총에 대한 증거였다. 소냐는 "자신이 깊은 곳으로 가라앉았다고 느끼며, 그녀를 계속해서 나아가게 하시는 분은 오직 하나님뿐이다".[31] 독자들은 소냐 안에서 라스콜니코프만큼 큰 죄인인 소냐 자신과 하나님이 평화롭게 지내는 모습을 볼 수 있다. 그녀의 비밀은 겸손과 사랑이다. 그녀의 아버지처럼 소냐도 하나님 앞에서 자신의 무가치함을 인정한다. 하나님만이 가치를 주신다는 그녀의 지식 덕분에 그녀는 라스콜니코프를 포함한 다른 사람들을 무조건 사랑할 수 있다. 요한1서 4 : 19을 의역하면 소냐는 하나님이 먼저 소냐를 사랑하셨기 때문에 다른 사람을 사랑한다.

"우리가 사랑함은 그가 먼저 우리를 사랑하셨음이라"(요일 4 : 19).

소냐의 온유함과 사랑에 맞서다가 라스콜니코프는 무너지기 시작한다. 처음에 그는 소냐의 어린아이 같은 믿음을 조롱하며 논쟁을 벌였다. "그녀는 정말 거룩한 바보야!" 라스콜니코프는 혼자 생각에 잠겨 이리저리 온갖 생각을 해 보지만 여전히 소냐의 힘에 끌린다. 마침내 라스콜니코프는 자신이 혼자가 아니라는 사실을 깨닫기 시작하고, 이 깨달음 때문에 소냐에게 자신의 살인 죄책을 고백하게 된다. 이제 이 고백에서 라스콜니코프의 강함(힘)은 신성한 연약함에 굴복하기 시작한다고 말할 수 있다. 완악한 라스콜니코프의 자아가 소생을 맛보는 것은 소냐의 사랑과 겸손을 통해서이다.

그러나 소냐에 대한 라스콜니코프의 고백만으로는 그의 갱생이 충분하지 않았으며, 소냐도 그것을 알고 있다. 뱌체슬라프 이바노프(1866-1949)는 소냐가 "자신이 사랑하는 사람에게 단 한 가지만 요구한다. …… 자신 밖에 있는 인류의 현실을 받아들여야 할 것을 요구한다. 모든 사람에게 자신의 죄를 고백하는 행위를 함으로써 이 새로운 믿음을 받아들였음을 증명해야 한다."[32]라고 했다. 소냐는 라스콜니코프에게 광장 넓은 교차로에서 몸을 굽혀 자신이 불쾌하게 만든 땅에 입을 맞추고 큰 소리로 "내가 죽였어!"라고 외치라고 말한다. 소냐는 자신의 죄를 회개한 후 라스콜니코프가 자신의 행동에 대한 결과(형벌)를 직면해야 한다고 말한다. 라스콜니코프는 자신의 죄책감을 받아들여야 치유될 수 있지만, 그는 그렇게 하려고 하지 않는다. 빛 가운데 나오기를 거절한다. 그는 에베소서 4장과 5장의 진리 앞에서 우왕좌왕한다.

"그러므로 내가 이것을 말하며 주 안에서 증언하노니 이제부터 너희는 이방인이 그 마음의 허망한 것으로 행함같이 행하지 말라 그들의 총명이 어두워지고 그들 가운데 있는 무지함과 그들의 마음이 굳어짐으로 말미암아 하나님의 생명에서 떠나 있도다 그들이 감각 없는 자가 되어 자신을 방탕에 방임하여 모든 더러운 것을 욕심으로 행하되…… 너희는 유혹의 욕심을 따라 썩어져 가는 구습을 따르는 옛 사람을 벗어 버리고 오직 너희의 심령이 새롭게 되어 하나님을 따라 의와 진리의 거룩함으로 지으심을 받은 새사람을 입으라"(엡 4 : 17-23).

"누구든지 헛된 말로 너희를 속이지 못하게 하라 이로 말미암아 하나님의 진노가 불순종의 아들들에게 임하나니 그러므로 그들과 함께하는 자가 되지 말라 너희가 전에는 어둠이더니 이제는 주 안에서 빛이라 빛의 자녀들처럼 행하라 빛의 열매는 모든 착함과 의로움과 진실함에 있느니라 주를 기쁘시게 할 것이 무엇인가 시험하여 보라 너희는 열매 없는 어둠의 일에 참여하지 말고 도리어 책망하라 그들이 은밀히 행하는 것들은 말하기도 부끄러운 것들이라 그러나 책망을 받는 모든 것은 빛으로 말미암아 드러나나니 드러나는 것마다 빛이니라 그러므로 이르시기를 잠자는 자여 깨어서 죽은 자들 가운데서 일어나라 그리스도께서 너에게 비추이시리라 하셨느니라"(엡 5 : 6-14).

에베소서 5 : 6~14이 가리키듯이 책망을 받으면 그 책망받은 행위를 멈출 힘이 생긴다. 이것이 인간 양심의 작동 원리이다. 라스콜니코프는 회개하지 않으므로 죄책감에서 벗어나지 못했지만, 결국 고백하기로 결심하고 긴장된 발작으로 센나야 광장 교차로에 엎드려 땅에 키스한다. 그러나 "내가 죽였다."라는 말은 그의 혀에서 터져 나올 정도로 준비되었지만, 끝내 입술 밖으로 나오지 못했다. 그 말들은 그의 내면에서 효력을 상실했다. 라스콜니코프는 여전히 회개하지 않는다. 그의 자존심은 그의 완전한 복종을 막고 있다. 이 소설은 참된 회개로 가는 인간의 길이 얼마나 고단하고 구불구불한 길인가를 여실하게 보여준다.

더욱 중요한 사실은 라스콜니코프는 사법 당국에 복종하여 시베리아 감옥에 갇히면서도 회개하지 않는다는 것이다. 항상 헌신적인 소냐는 그를 따르지만 라스콜니코프는 '그녀 앞에서 부끄러워'하고 그녀를 나쁘게 대한다. 라스콜니코프는 자신의 범죄를 '단순한 실수, 누구에게나 일어날 수 있는 일'로 간주하기 때문에 여전히 회개하지는 않지만, 죄책감을 느끼도록 내몰렸기 때문에 부끄러워한다. 라스콜니코프는 육체적으로 감옥에 있지만, 그의 실제 감옥은 영적인 감옥이다. 라스콜니코프는 여전히 죄책감의 노예로 남아 있으며, 회개를 통해서만 풀리게 될 사슬로 자신을 포박하고 있다.

『죄와 벌』에서는 라스콜니코프가 자신의 죄악된 본성을 일시적이고 순간적으로 돌이키는 특정 순간의 회심 장면이 없다. 도스토옙스키의 삶에서도 수년 간의 투쟁 끝에 점차 믿음이 찾아왔다. 마찬가지로, 도스토옙스키의 주인공 라스콜니코프는 '한 세계에서 다른 세계로 점진적인 전환'을 거쳐야 한다. 도스토옙스키는 신의 은총을 순간의 회심 경험으로 정의하는 것은 '값싼 것'이라고 이해했다. 회개는 아주 길고 점진적인 세월에 걸친 투쟁이라는 것이다. 이것이 바로 가톨릭과 러시아 정교회의 위대한 전통이다. 칭의를 단순한 순간 경험으로 이해하고, 구원이 마치 일순간에 완성된 것처럼 말하는 것은, 값비싼 구원의 은혜를 값싼 은혜로 변질시킬 수 있는 조급한 구원론이다.

디트리히 본회퍼는 "값싼 은혜는 죄인의 칭의가 없는 죄의 칭의"라고 말했다.[33] 『죄와 벌』의 저자 도스토옙스키는 본회퍼의 주장에 동의했을 것이다. 따라서 이 소설에는 은혜를 값싸게 하는 일이 없다. 오히려 도스토옙스키는 독자에게 믿음의 시작인 사랑을 남겨 둔다. 왜냐하면 라스콜니코프와 인류 사이의 분열이 마침내 연결되는 것은 소냐에 대한 라스콜니코프의 사랑을 통해서 실현되기 때문이다.

6. 소결론

표도르 도스토옙스키는 넓은 의미에서 기독교 소설가이다. 단, 도 도스토옙스키는 기독교 주제를 좁은 의미의 신학적 관점이 아니라 인류학적 관점에서 다룬다. 믿음과 불신, 선과 악, 자유와 결정론, 죄와 무죄, 사랑과 미움을 인간의 근본적인 문제로 다룬다. 이 밖에도 소설에는 영적 거듭남, 용서, 이웃에 대한 사랑, 창조의 기쁨, 고난의 의미, 복음적 온유, 그리스도의 형상 등 성경적 주제가 명시적으로 등장한다. 하나님, 사랑, 범죄는 문학의 영원한 관심사이지만, 도스토옙스키는 이러한 주제들을 매우 유기적이고 탁월하게 교직하여 기독교적 이상 인간(이상화된 인류: 새 세대의 러시아인)을 문학적으로 형상화한 위대한 작가였다.

도스토옙스키의 문학 작품에는 기독교에 대한 신학적 논증이나 옹호가 명시적으로 나오지는 않는다. 도스토옙스키는 기독교 교리를 설파하거나 가르치지는 않지만, 기독교를 하나의 이상적인 세계관으로 제시한다. 그에게는 십자가에 달려 고초를 당한 예수, 사랑과 용서의 화신인 예수의 삶이야말로 기독교의 핵심이다. 이런 점에서 18~19세기 자유주의 예수 연구, 예수 몰두는 도스토옙스키에게 깊은 영향을 주었을 것이다.[34] 그의 작품들 속 기독교는 추상적인 형태로 나타나는 것이 아니라, 등장인물들의 삶과 인격 속에 구체적으로 형상화되어 있다. 언젠가 표도르 도스토옙스키는 이렇게 말한 적이 있다.

> "만약 누군가가 나에게 그리스도가 진리 밖에 있다는 것을 입증하는 데 성공했다면, 그리고 실제로 진리가 그리스도 밖에 있었다면 나는 진리 안에 있기보다는 기꺼이 지체 없이 진리 밖에 있는 그리스도와 함께 있기를 원한다."[35]

도스토옙스키가 이런 결론에 도달한 것은 결코 쉬운 일이 아니었다. 젊은 날 지적인 탕자의 삶을 살았던 그는 다른 모든 가능한 믿음 체계가 소진된 후에야 하늘에 계신 아버지께로 돌아갈 수 있었다. 독실한 러시아 정교회 가정에서 자란 도스토옙스키는 젊은 시절 자신의 양육 방식에 반항하고, 19세기 러시아의 현상 유지에 격렬하게 반대하는 지식인, 급진적 학생, 중산층 지식인의 무정부주의(그리고 무신론) 철학을 받아들였다. 도스토옙스키의 사상적 급진성은 한동안 차르(러시아 황제)의 비밀경찰에 의해 포착되었으며, 1849년에 모의 처형을 선고받고 시베리아에서 약 10년간 수감생활 및 병역의 중노동을 하게 되었다. 한 평론가는 "도스토옙스키는 감옥에서 기독교를 다시 배웠다는 말이 관례였다."라고 말했다.[36] 그곳에서 그는 완악한 범죄자들에 둘러싸여 자신의 생활을 성찰하며 신약성경(그에게 허락된 유일한 책)을 읽는 시간을 충분히 가졌다(도스토옙스키는 신약성경을 일곱 번 읽었다고 알려져 있다). 그러나 도스토옙스키의 신앙이 맹아적으로 형성되기 시작한 것은 군 복무를 마치고 나서부터였다. 도스토옙스키는 군대에서 동료 장교이자 독실한 기독교인인 브란겔 남작(Baron von Vrangel)을 만났는데, 그는 아직 젊었던 도스토옙스키와 친구가 되어 그가 기독교 신앙을 재발견하도록 도왔다.[37] 도스토옙스키는 스스로 평생 동안 기독교인이라고 공언했지만 '성인군자'(plaster saint)는 아니었다(그는 죽을 때까지 신앙을 둘러싼 의심들과 도박 충동에 시달렸다). 그러나 도스토옙스키는 자신의 신앙이 오직 한 가지, 즉 하나님의 은혜에 의해 창조되고 유지된다는 것을 누구보다 잘 이해했다. 도스토옙스키가 『죄와 벌』을 통해 보여준 것은 참으로 놀라운 인간 갱생과 재창조를 허락하고 가능케 하시는 하나님의 은혜였다.

『백치』에 나타난 기독교 신학 및 신앙 주제들

『백치』는 『죄와 벌』과 『카라마조프가의 형제들』에 비해 기독교적 신학담론이나 성경의 구원서사를 생각나게 하는 중심 줄거리가 잘 드러나지 않는다. 이 소설은 현실에서 이뤄지는 구원이나 인간 갱생, 속죄와 정화 장면도 제시하지 못한다. 세상은 바보 같은 성자의 '사랑' 시도에 가혹하게 저항하며, "세상은 아름다움에 의해 구원될 것이다."라는 명제는 끝내 좌초된다. 페테르부르크 사람들은 아름다움을 보고 구원받을 준비가 되어 있지 않았기 때문이다. 다른 두 소설이 살인자 혹은 살인 용의자의 인간 갱생과 구원을 가리키는 방향으로 전진하는 데 비해, 『백치』는 중심 등장인물들이 끝내 구원받지 못하는 비극으로 탈주한다. 병약한 백치 공작이 모멸과 경원당하는 고난을 감수하면서 '사랑'하고 '구원'하려고 했던 시도들도 성공을 거두지 못한다. 이런 반(反)구원서사가 중심 골격을 이루는 이 소설이 어떻게 기독교 고전이 될 수 있을까? 명시적인 반구원서사 속에 '구원'을 가리키는 이정표들이 감춰져 있기 때문이다. 이런 구원을 갈망케 하고 예기케 하는 이정표들은 모두 '공작'의 사상, 언동, 그리고 세계관과 이 모양, 저 모양으로 연결되어 있다. 아름다움을 통한 백치 공작의 '구원 사역'은 경험적으로는 실패했으나, 원리적으로 실패한 것이 아니라는 희망이 독자들에게 남아 있는 한, 『백치』는 단순히 반구원서사가 아닐 것이다.

1. 십자가에 못 박힌 백치 : 거룩한 바보 영성의 빛과 그림자

'백치'는 영어, 러시아어로도 이디엇(idiot)이다. 므이쉬킨 공작은 도스토옙스키가 창조한 '아름다운 사람'이다. 여기서 아름답다는 말은 한국어로는 '선량하다'라는 말에 가깝다. 도스토옙스키는 이 소설을 통해 소박한 구원론을 전개한다. 그것은 "세상은 아름다움에 의해 구원될 것이다."라는 러시아 속담에서 나타난 구원론이다. мир спасет 'красота'=mir spaset 'krasota' 미르 스파세트 크라소타. 미르는 '세상'이고, 스파세트는 '구원하다'(спасáть)라는 동사의 미래수동태이다.

크라소타는 아름다움의 여격(도구격)이다. 여기서 '크라소타'는 영어 'Virtue'(미덕)에 상응하는 단어로서 '미덕'을 가리킨다. 투르나이젠도 언급했듯이, 도스토옙스키의 전체 작품에서 가장 많이 오용되는 인용문은 "세상은 아름다움에 의해 구원될 것이다."라는 문장이다. 이 문장은 종종 맥락에서 벗어나 사용자의 종교적 또는 철학적-미적 해석 틀에 배치됨으로 오용된다. 이 작품에서 작가 도스토옙스키가 상정한 백치의 아름다움은 선량함과 가장 가깝다. '크라소타'의 주격인 '크라소트'는 단순히 미학적인 '아름다움'이 아니라 성품상의 아름다움(미덕)을 가리킨다. 『백치』에서 말하는 아름다움은 적극적으로 그리스도를 닮으려고 하는 선량함에서 나온 아름다움, 하나님의 형상을 지향하는 존재상승적 선량함(플라톤적 영혼 상승)을 가리키는 말에 가깝다.

소설 『백치』의 줄거리는 '아름다운' 백치 므이쉬킨 공작의 성품, 태도, 그리고 타인을 곤경에서 구해 주려는 시도가 좌절되는 스토리이다. 백치는 주변 모든 사람들에게 바보 취급을 당하며 다소 천대받으면서도 남을 이해하고 돕기 위해 애쓴다. 스위스 요양병원 시절에서부터 백치는 동네 사람들에게 천대받고 멸시받던 소녀 '마리'를 도와주고 공감해 주었다. 1부 6장은 스위스의 불행한 소녀 마리와 스위스 어린이들의 친구 므이쉬킨 공작의 일화를 담고 있다. 예판친의 딸들이 연애 경험담을 들려 달라고 말하자 공작은 자신이 스위스 요양 시절에 사랑했던 한 가련한 소녀 이야기를 들려준다. 비참하게 살다가 억울하게 죽은 스위스 마을의 소녀 '마리'의 이야기이다(한 편의 자기완결적 단편소설). 이 일화는 공작의 천진난만함과 아동 같은 순수함을 예시한다. 작가는 여기서 마태복음 19 : 14과 11 : 25의 아동 예찬 구절을 예거한다. 므이쉬킨은 마을 사람들에게 천대받고 배척받은 병약한 마리에게 동정심을 느끼며 그녀를 위로한다. 얼마 지나지 않아 마리는 공작의 우정 중재로 마을 아이들과 친구가 되었다. 마리가 폐병으로 사망한 후에도 아이들은 계속해서 그녀의 무덤을 돌보았다. 공작이 스위스를 떠나올 때 아이들은 그와 헤어지는 것을 너무 슬퍼했다. 이 마리 이야기를 들려준 후 므이쉬킨은 예판친의 가족에게 자신은 아이들을 사랑한다고 말한다. "나는 어린아이들과 마주칠 때마다 더할 나위 없이 강렬한 행복감을 느꼈어요." 스스로도 말하듯이 그는 어른들 사이에서는 어떻게 행동해야 할지 모르기 때문에 백치로 보이지만, 아이들 가운데에서는 처신에 어려움이 없다. 공작은 어린아이들 안에서 '선한 아름다움'을 발견한다. 어린아이처럼 순수하고 선한 백치 공작은 남의 말을 들어 주는 사람, 참아 주는 사람, 함부로 남을 판단하지 않는 사람, 악한 사람의 일그러진 모습 속에서도 부서지지 않는 하나님의 형상을 찾아내는 사람이다. 그는 니스다시야 필립포브니에게시도 관능적인 아름다움이 아니라, 비참하고 불행한 삶 속에서 부서졌지만 여전히 남아 있는 고귀한 인간성과 거룩함을 찾아내는 안목을 가지고 있다. "세상은 아름다움에 의해서 결국은 구원받는다."라는 경구가 말하는 아름다움은 백치적인 선량함과 비심판자적인 온유함, 그리고 만유를 무한히 품는 사랑과 끊임없이 불화한 사람들 사이를 화해시키는 위대한 겸비와 겸손이다.

페테르부르크로 돌아온 백치 공작은 주변 사람 모두에게 비난받는 악인들마저 선입견 없이 대한다. 로고진, 입폴리트, 가냐, 가냐의 아버지 나르시시스트 이볼긴 장군, 그리고 필립포브나에게 이르기까지 므이쉬킨은 한결같이 어질고 선한 마음으로 그들을 대한다. 특히 필립포브나와는 결혼을 해서라도 로고진의 손아귀로부터 그녀를 구출해 내려고 한다. 이처럼 병약한 판단력으로 그리스도 예수를 희미하게 재현하고 모방하지만 주변 사람들 대부분은 므이쉬킨을 조롱하고 야유한다. 그들에게 므이쉬킨은 너무 착하고 선량하기에 백치로 취급된다. 므이쉬킨이 그들과 어울리면서 그들로부터 이끌어내는 인물평은 '바보', '병신', '백치'라는 품평이다. 그런데도 역설적인 현상은 페테르부르크 사람들이 또한 백치의 무한한 선량함 속에서 투명하게 드러나는 신적 성품을 감지하게 된다는 것이다. 바울이 고린도전서 1~3장에서 세상 사람들에게 어리석음으로 배척받는 그리스도의 십자가가 하나님의 구원을 매개하는 신적 지혜라고 말하듯이, 에라스무스(Desiderius Erasmus)의 『우신예찬』이 세상을 구원한 바보 구세주를 찬양함으로 끝나듯이, 도스토옙스키는 백치 므이쉬킨의 무한한 선량함 안에서 참다운 바보의 영성을 보았다. 이런 점에서 『백치』는 톨스토이의 『바보 이반』을 예기하게 한다. 이런 거룩한 바보들은 똑똑한 악인들에 의해 십자가에 못 박히지만 세상을 구원할 영성의 담지자들이다. 거룩한 바보의 영성은 선악 판단을 자의적으로 신속하게 하며, 타인의 심판자로 행세하는 인간 죄성에 대한 깊은 통찰과 비판적 성찰과 닿아 있다.

2. 므이쉬킨 공작의 실패, 퇴행, 그리고 유산

'백치'의 선량함이 그 자체로 구원의 능력이 되지는 못한다. 그를 둘러싼 사람들의 몰이해에도 불구하고, '백치' 공작은 주변 사람들을 개별적이고 우호적으로 관찰하고, 경청하며, 조언하고, 심지어 드물게 예지력을 발휘하기도 한다. 그는 병약하고 천대받으나 묘한 고상함을 보유한 덕분에 그를 둘러싸고 오가는 페테르부르크 사람들은 음양으로 영향을 받는다. 페테르부르크 사람들과 백치 공작 사이의 가장 큰 차이는 전자는 강장하고 선악 판단에 재빠르며 이해관계를 추리하고 연산하는 데 신속하지만, 백치는 느리고 더디며 자기응시적이라는 것이다. 그는 혼잣말을 많이 하는 말수가 적은 병약자이다. 그런데 오히려 '백치'의 병력(病歷)은 그의 천진난만성의 동력이 되고, 이 아이 같은 천진난만성이 치유와 화해의 가능성을 제시한다. 므이쉬킨은 아팠기 때문에 백치가 되었고, 모자란 사람이 되었는데, 이 모자란 사람이 되었기 때문에 화해를 일으키는 재능이 생겼다.[38] 그럼에도 불구하고 그를 백치로 보게 만드는 판단력 결함은 결국 그 자신을 불행으로 몰아간다. 그는 이상적 사랑과 행복을 주는 현실적 사랑 사이의 적절 경계 구분에 실패하며, 자신의 내면에 샘솟는 애정 감정과 자신이 선하다고 믿는 의무감에서 행하는 사랑을 구분하지 못한다. 그는 아글라야에게서 빛을 보며 보통 사람들이 가정을 이룰 때 누리는 행복을 느끼는 듯하면서도 블랙홀 같은 필립포브나의 악마적 매력에 붙잡힌다. 자기를 행복하게 만들 사람인 아글라야와의 혼담이 무르익은 결정적 시점에 로고진의 품으로 질주해 자폭하려는 필립포브나를 보고, 오히려 그녀를 구원하려고 결혼하자고 강청한다. 불행한 여인 나스타시야 필립포브나를 파멸로 향하는 결혼에서 건져내려는 그 거룩한 책임감 때문에 그는 자기 행복을 상실한다. 좌절하고 실패한 백치는 마침내 붕괴된다. 선량하고 거룩한 백치의 필립포브나 구원 실패는 비감을 자아낸다. 불행하게 될 결혼 직전에 필립포브나를 구원하려는 그 순간부터 백치 또한 필립포브나의 광기와 유사한 격정에 휩쓸려 간다. 불행한 여인을 구원해 주려다가 자신이 불행한 백치로 퇴행해 버린다. 백치 공작이 대변하는 아름다움(선량함의 미덕, 겸손의 미덕)으로도 나스타시야 필립포브나와 로고진, 그리고 므이쉬킨 공작 자신은 구원받지 못한다. 이런 점에서 『백치』는 답답하고 애잔한 미완료감을 남긴 작품이다.

그렇다면 건강한 정상인들(강하고 탐욕적이고 공격적인 에고를 가진 사람들) 사이에서 사랑을 실천하다가 다시 백치가 되어 버린 므이쉬킨은 실패했는가? 실패했다고 하기에는 너무 안타깝고, 성공했다고 하기에는 너무 섣부른 결론 같다. 『백치』 6부 10~12장과 에필로그는 모든 것을 잃고 다시 스위스 병원으로 되돌아가는 백치 므이쉬킨 공작의 퇴행, 좌절의 후일담으로 끝난다. 나스타시야 필립포브나는 므이쉬킨과 결혼하여 마지막으로 자신을 구하려고 시도하지만, 결국 그녀는 그것을 견딜 수 없음을 다시 한번 입증한다. 공작을 진정으로 사랑하면서도 그녀의 자기비난은 자기 사랑과 결혼하려는 열망을 압도하며 스스로를 부서뜨린다. 결혼식 직전 마지막 순간에 그녀는 자신이 죽음을 향해 달려가고 있다는 것을 알고 로고진에게 달려간다(타나토스 : 죽음 열망, 죽음 충동). 그녀는 이제 자기 인생에는 부끄러움을 안고 살거나 공작과 결혼하여 공작의 삶을 망치는 두 가지 선택밖에 없다고 생각하기 때문에 죽음을 선택한다. 그녀는 사랑을 지키기 위하여 죽음을 선택한 것이다. 그녀를 돕고 싶어 하는 므이쉬킨은 그녀와 결혼할 의향이 있었지만, 나스타시야 필립포브나를 죽음에서 구할 수 없었다. 나스타시야 필립포브나의 붕괴와 더불어 로고진도 서서히 망가진다. 그녀를 죽인 그는 시베리아 노동수용소에 갇혔을 뿐만 아니라, 더욱 비참하게도 정신질환에 빠진다. 이처럼 므이쉬킨은 나스타시야 필립포브나 또는 로고진의 파멸을 막기 위해 아무것도 할 수 없었다.

마지막으로 므이쉬킨 공작은 스스로를 구원하는 데도 실패하고 만다. 아글라야와 나스타시야 필립포브나의 만남 이후 아글라야가 떠나자 므이쉬킨은 정신적 안정의 마지막 보루를 잃기 시작한다. 그 정신적 안정의 토대, 가정을 이룰 희망이 완전히 사라지고 만다. 나스타시야 필립포브나가 살해된 후에는 공작의 정신이 쇠퇴하고 붕괴된다.

소설은 첫 장면에서 스위스의 정신병원을 떠나 상트페테르부르크에 도착했던 므이쉬킨 공작이 결국 다시 스위스의 정신병원으로 되돌아가는 슬픈 결말로 끝난다. 백치는 사랑하려다가 백치가 되었다. 이런 점에서 그는 자기희생적 사랑의 실패자다. 그러나 그 실패가 과연 실패일까?

므이쉬킨의 선량하고 거룩한 인격은 그가 만난 사람들, 특히 콜랴 및 베라 레베제프와 같은 젊은 등장인물들에게 지울 수 없는 영향을 미쳤다. 작가는 백치가 남긴 유산을 소설 결말부에 은밀히 제시한다. 백치의 아름다움의 유산을 이어받은 새로운 세대, 콜랴와 베라가 등장한다.

3. 19세기 중반 러시아의 무신론과 기독교 : 입폴리트 대(對) 므이쉬킨의 사상 대립

『백치』는 등장인물들의 말을 통해 작가의 주제적 지향이 드러나는 경우가 많다. 특히 무신론과 기독교 신앙(러시아 정교회 신앙)의 대립적 구도를 전제한 등장인물들의 대화가 소설 전체에 퍼져 있다. 3부 5장부터 시작되는 입폴리트의 "불가피한 해명"에 그의 무신론 사상이 집약되어 나온다. 5장은 아름다움이 세상을 구원한다는 공작의 사상을 비판하는 허무주의자 입폴리트의 사상을 담고 있다. 3부 5장에서 레베제프의 문명비평론적 장광설이 끝나자, 갑자기 입폴리트는 다음 날 새벽 3시경 동이 틀 때까지 "불가피한 해명"을 읽는다(6장과 7장 중반까지 장장 50페이지에 걸쳐 이어지는 성명서). 입폴리트는 자신이 세상을 비판하고 무신론자가 되는 과정에서 겪게 된 일화들을 장황하게 들려준다. 폐병으로 6개월 시한부 선고를 받고 고뇌하면서 쓴 18세 청년 입폴리트의 길고 지루한 해명은 6장에서도 계속되는데, 여기서는 약간 결이 다른 에피소드를 말한다. 자신이 참여한 자선과 사랑의 행동이 불행한 사람을 도운 이야기이다. 이 에피소드를 통해 입폴리트는 개인의 행동이 실제로 세상을 바꿀 수 있다는 확신을 갖게 되었다. 그는 개인적인 자선을 공격하는 자들은 인간의 본성을 공격하는 것임을 역설하기까지 했다. 또 죄수들을 많이 도와 전국의 죄수들에게 유명해진 한 '늙은 장군'도 소개된다. 입폴리트는 "선행이 어떤 방향으로 자랄지 알 수는 없지만 끝내 열매를 맺을 씨앗을 심는 것과 같다."고 말한다. 여기는 입폴리트와 므이쉬킨이 만난 유일한 공감대 영역이다. 그러나 입폴리트의 사상은 80%가 저항적 무신론과 허무주의다. 6장 마지막에서는 입폴리트가 로고진의 집에서 본 홀바인의 〈무덤 속 그리스도의 주검〉이라는 그림이 자신에게 준 엄청난 충격을 말한다. 입폴리트는 이 그림이 죽음과 고문은 최고의 인간도 파멸시킬 수 있다는 것을 보여주는 그림이라고 생각한다. 이 그림에서 죽음을 이긴 승리자 그리스도를 읽어내는 사람들이 대부분이지만, 입폴리트는 가장 고결한 그리스도까지 죽이는 죽음의 파괴적 위력을 보았다. 그 그림은 입폴리트로 하여금 자연은 믿을 수 없을 만큼 거대한 힘('모든 것을 굴복시키는 어둡고 뻔뻔하고 무의미하고 영원한 힘'〈2권 161〉, 즉 '죽음의 힘') 을 지닌 멍청하고 비인격적인 괴물일 것이라고 생각하게 만들었다. 이런 상황에서 입폴리트는 환영(幻影)을 보고 자살을 결심한다.

나는 독거미 모습을 한 어두운 힘에 복종할 수는 없다(2권 165).

입폴리트는 므이쉬킨보다 약 십 년 정도 연소하지만, '선한 하나님'과 '선한 하나님이 지으신 세계'에 관한 므이쉬킨의 긍정과 옹호를 비판한다. 도스토옙스키는 신을 믿는다는 것의 의미를 영혼불멸에 대한 믿음과 거의 동일시한다. 도스토옙스키는 영혼불멸의 믿음의 필요성을 강조하며, 그리스도를 '아름다움, 진리, 형제애' 혹은 '이 세 가지를 구현한 러시아의 이상'과 동일시했다. 앞에서 봤듯이,『카라마조프가의 형제들』에서 이 주제가 훨씬 명료하고 좀 더 쉽게 드러난다. 므이쉬킨 공작의 캐릭터는 원래 '고상한 (러시아) 기독교 사상'을 육화(肉化)시킨 인물로 설정되었다. 19세기 후반 러시아는 점점 더 물질주의적이고 무신론적인 세계로 변해 가고 있었다. 허무주의, 세속주의, 맘모니즘이 러시아의 혼을 잠식하고 있었다. 작가는 이 상황에서 러시아의 혼을 소생시키는 데 아름답고 선량하며 모든 허무주의, 자유주의 등의 사상들마저 포용하고 품을 수 있는 기독교야말로 러시아를 구원하는 데 쓰임 받을 수 있다고 믿었다. 므이쉬킨의 기독교는 단지 교리나 신념의 집합이 아니라, 사람들과의 관계 속에서 친절하고, 관대하며, 선하고, 고결한 인간성으로 화육된 신념이자 행동이다. 사랑으로 행동화된 기독교인 것이다. 아무리 나쁜 사람도 므이쉬킨 앞에 있는 순간에는 그 악이 억제됨을 볼 수 있다. 므이쉬킨은 그리스도적 긍휼을 발출함으로써 그를 둘러싼 사람들을 관대함, 너그러움의 중력장으로 변화시킨다.

공작의 주변에는 온갖 종류의 사람들이 다 모여 있는데, 그들은 서로 긴장, 대립, 무관심, 무관용의 관계를 맺는다. 하지만 공작은 이렇게 극단으로 치닫는 사람들까지 생명의 반경 안에 잔류시키기 위해 애를 쓴다. 공작의 성격은 사람들을 분열시키고 삶에 일탈된 열정을 부여하는 모든 것을 상대화하는 독특한 능력을 가지고 있다.

젊은 허무주의자 입폴리트는 3부의 공작 생일파티에서 읽은 "불가피한 해명"에서 므이쉬킨의 세계관에 대한 무신론적 도전을 가장 일관되게 천명한다. 그는 홀바인의 그림 〈무덤 속 그리스도의 주검〉에서 죽음의 전능한 파괴성과 파괴적 위력을 보고 사랑이 많은 하나님을 믿을 수 없다고 소리친다. 그러나 공작은 홀바인의 그림에서 기독교 신앙을 뒤흔드는 무신론에 맞설 수 있는 영감을 받는다. 이 그림이 공작(도스토옙스키)에게 특별한 의미를 지녔던 이유는, 그가 이 그림에서 '기독교 신앙을 부정하는 모든 것에 맞서려는' 신앙의 승리를 보았기 때문이다.

반면에 입폴리트는 홀바인의 그림은 하나님 안의 불멸성에 대한 비전을 이긴 맹목적인 자연(죽음)의 승리를 나타낸다고 주장한다. 입폴리트는 모든 존재의 조화로운 통일성에 대한 므이쉬킨의 직관, 즉 간질 전 아우라에 대한 설명에서 묘사된 그 직관을 공유할 수 없다. 결과적으로, 입폴리트에게는 냉혹한 자연법칙(죽음)이 괴물처럼 보인다.

특히 폐병으로 인해 죽음이 다가오는 그의 관점에서 보면 더욱 그렇다. "마치 이 그림은 모든 것을 종속시키는 어둡고 뻔뻔스럽고 무의미한 영원한 힘에 대한 생각을 표현하는 수단인 것 같다. 무의미하고 영원한 힘이 곧 죽음이다. 누군가가 내 팔을 잡고 양초를 손에 쥐고 있던 것을 기억한다. 그리고 나에게 일종의 거대하고 혐오스러운 독거미를 보여주며 이것이 바로 그 어둡고 눈이 멀고 전능한 생물이라고 확신시키며 나의 분노를 비웃었다." 그러니까 죽음의 전능성에 대한 그 충격적인 자각이 바로 입폴리트가 가진 무신론의 동력을 제공한다. 무신론은 신이 없다는 것이 아니라 죽음의 궁극적 전능성을 믿고 거기에 굴복하는 것이다. 그러나 하나님을 믿는 사람은 죽음의 파괴적 위력을 알면서도 그 너머에 하나님이 계심을 믿는다. 죽음과 신앙 사이를 메워 줄 상상력이 필요한데, 이것은 성령의 감화·감동으로 이루어지는 신앙이다. 성령 없이 현실을 보면 죽음의 파괴적 위력 앞에서 경험할 몸서리치는 고통을 넘어서는 상상력이 생기지 않는다.

이런 생각 때문에 입폴리트는 죽음보다는 자살이 더 낫다는 결론에 이른다. 자살은 인간다운 자유의 행사이기 때문이다. 하지만 공작은 호교론적인 입장으로 입폴리트를 이기려고 하지 않는다. 그는 입폴리트의 무신론적 주장에 직접적으로 반론도 하지 않는다. 이 부분은 알료샤가 이반을 대하는 태도와 비슷하다. 오히려 그는 입폴리트를 친절한 정신으로 인식하고 자신의 내면 부정과 잔인함, 아이러니 및 세계의 무관심에 대한 그의 젊은 투쟁을 공감적으로 인정해 준다. 므이쉬킨은 허무주의적이고 저항적 무신론자인 이 청년에게 마지막 순간까지 친절하고 관대하다. 공작은 자신이 입폴리트의 사유의 과정과 논리에 동의하지는 않을지언정 인정한다는 것을 보여준 것이다. 그것이 옳다고 보는 것은 아니지만, 세상을 부정적으로 보며 죽음의 위력 앞에 몸서리치는 청년의 격정의 전음계를 이해하고 영접한 것이다. 가시 돋친 언어를 분석해서 옳다고 말한 것이 아니라 그런 청년의 태도 자체를 가만히 지탱해 준다. 백치 공작은 기독교적 선량함, 관대함, 깊은 인간애를 보여준 것이다.

4. 죽음 충동(타나토스)에 휘둘리는 인간 : 로고진과 필립포브나, 이볼긴의 자기파멸

　최초의 인간인 아담과 하와는 하나님의 계명을 지킴으로써 영생을 누리는 길 대신, 그 계명을 어김으로써 죽음의 길로 탈주했다. 창세기 2 : 16~17과 3 : 15~20[39]은 인간이 스스로 선택한 계명 불순종이 죽음을 가져왔다고 증언한다. 그런데 아담이 초래한 죽음은 일순간에 일어나는 생회학적인 호흡 중단이 아니라, 하나님이 새겨 주신 고귀한 하나님의 형상이 마모되고 마멸되는 과정을 총적분시켜, 마침내 흙으로 돌아가는 과정이다. 그러나 하나님은 이 죽음의 행로로 일주하는 인간의 죽음의 완성, 허무의 완성 길목에 부활과 영생의 이정표를 세워 주신다. 기독교 신앙은 아담 이래 인간 안에 죄의 권세가 작용하고 있음을 증언한다. 죄는 하나님이 정하신 선한 길, 즉 생명의 길을 배척하는 자기파괴적인 행위로 나타난다. 죄에 휘둘리는 인간은 자기에게 파괴적인 행동을 할 수밖에 없는 강박에 포박되어 있다. 죄인은 시한폭탄 조끼를 입은 자폭 테러리스트 같은 데가 있다.

　『백치』는 병들고 약하며 신실하지 못한 채 살다가 붕괴되는 인간 군상을 다채롭게 보여준다. 이 부서지고 망가진 인간 군상의 행태는 소설에서 명시적으로 가장 기독교적이지만, 가장 간교한 인물이자 마모된 인간성의 소유자인 레베제프의 입에서 나오는 한 가지 흥미로운 사상으로 잘 설명된다. 3부 4장은 요한계시록 해석을 둘러싼 레베제프의 문명 비판, 역사 해석 담화들을 담고 있다. 여기서 레베제프는 "자기파괴의 법칙은 자기보존의 법칙만큼 인간에게도 강력하다."라는 사상을 피력한다. 이 사상이 소설 속 등장인물 중 누구에게, 그리고 어떻게 적용되는지 독자들이 지켜보는 것은 흥미와 서스펜스를 불러일으킨다. 나스타시야 필립포브나, 로고진, 이볼긴, 그리고 입폴리트에게는 자기파괴(자기파괴를 통한 자기표현!)가 매우 강력한 힘이며, 어떤 경우에는 자기보존 본능보다 훨씬 더 강력해 보인다. 로고진은 나스타시야 필립포브나가 자신과 결혼하는 이유는 그가 필립포브나 자신이 죽는 것을 도와줄 수 있다고 믿기 때문이라고 말한다. 그녀는 로고진이 조만간 자신을 죽일 것임을 알고 있기 때문에 오히려 그와 결혼하려고 한다는 것이다. 로고진 또한 자기파멸에 가까운 삶을 살고 있고, 입폴리트는 살고자 하는 열망에도 불구하고 자살을 시도한다. 이볼긴은 알코올 의존증과 방정하지 못한 품행으로 살아가다가 궁핍에 이르러 고귀한 품성을 상실하고 비참하게 죽는다. 이처럼 소설의 많은 등장인물 안에는 자기보존과 자기파괴라는 반대세력이 서로 대항하여 공존하는 것처럼 보인다. 우리는 여기서 로고진, 필립포브나, 이볼긴의 자기파괴적인 행로를 추적해 보려고 한다.

    2부 1~5장에서 우리는 로고진의 거주 환경과 사람 됨됨이에 대한 작가의 자세한 묘사를 만난다. 므이쉬킨 공작의 눈으로 본 로고진의 집은 주인과 그의 생활 방식을 암시적으로 반영한다. 어둡고 음울하며 창문에는 철창이 달려 있다. 집은 더러운 녹색으로 칠해져 있고, 내부 벽은 빨간색이다. 실제로 흙은 종종 로고진과 연관되고, 빨간색은 피의 색으로 로고진의 폭력을 예기하게 한다. 빨간색은 로고진의 서재에도 존재한다. 그의 침대는 빨간색 모로코로 덮여 있다. 전반적으로 로고진의 집은 모든 것이 어둡고 무거우며 숨이 막힐 정도이다. 마찬가지로 그의 생활 방식은 사기꾼 및 술 취한 사람들과 어울리는 데서 잘 드러난다. 나스타시야 필립포브나에 대한 로고진의 사랑은 그녀를 소유하고 싶어 하는 격렬한 열정이다(스비드리가일로프, 드미트리 카라마조프처럼). 그것은 창문의 철창만큼이나 숨막히는, 퇴로나 출구 없는 직진형 열정이다. 그 집과 소유자 사이의 유사성을 예리하게 관찰한 공작은 로고진의 집이 자신이 상상한 모습과 같다고 말한다. 이처럼 로고진의 집, 그의 정신세계로 한 걸음 더 들어간 공작은 묘하게 로고진과 대립하면서도 가까워진다. 예기치 않은 상황에서 필립포브나를 사랑하는 연적임에도 불구하고 공작과 로고진 사이에는 묘한 연대가 형성되는 것처럼 보인다.

필립포브나의 광인 행보에 대한 로고진과 므이쉬킨의 분석과 대화는 그녀에 대한 둘의 사랑이 얼마나 다른가를 부각시킨다. 로고진의 사랑은 파괴적 열정인 반면, 공작의 사랑은 연민과 동정이다. 므이쉬킨은 로고진과 나스타시야 필립포브나가 결혼하면 로고진이 그녀를 죽일까 두려워한다. 로고진의 사랑은 거의 증오와 비슷하며, 그 자신도 이러한 자기애적 열정을 부정하지 않는다. 실제로 그는 나스타시야 필립포브나가 그와 결혼하기를 원하는 것은 바로 그의 사랑이 파괴적이기 때문이라고 대답한다. 결국 그의 파괴적 사랑의 충동은 필립포브나의 사랑을 얻는 대신 그녀를 죽이고 자기파멸적 결말에 이르게 한다.

또 다른 한편 나스타시야 필립포브나는 우스꽝스러운 외모 때문에 백치라고 놀림 받는 공작의 고결한 내면을 통찰하고, 그를 사랑하게 된다. 그녀는 공작을 진정으로 사랑하지만 자신은 그의 아내가 될 자격이 없다고 생각한다. 또한 '타락한 여자'와 결혼해 공작의 인생이 망가지는 것을 보고 싶지 않다고 말하며 공작의 구혼을 거절한다. 게다가 필립포브나는 공작과의 결혼식 직전, 그것이 자살 행위와 다름없다는 사실을 알고도 스스로 로고진의 손아귀로 돌아가서 그의 손에 죽임을 당한다.

이처럼 『백치』에서 가장 충격적으로 자기파괴를 감행하는 인물은 나스타시야 필립포브나이다. 불의의 사고로 죽은 부모님에 의해 홀로 남겨진 고아가 필립포브나의 인생 이력서 첫 줄이다. 그녀는 아버지의 친구 토츠키에게 긴 시간 능욕당한 상처를 안고도 아름다운 여인으로 자랐으나, 토츠키의 성적 유린과 그녀를 향한 세상의 폭력적 시선이 필립포브나에게 자기파괴적인 욕동을 생성시켰다. 가냐와의 혼담이 오가는 과정에서 보였던 그녀의 오만한 자부심은 충격적이다. 가냐와의 혼사를 내팽개치는 필립포브나의 광인 행보는 무례하고도 예측할 수 없는 궤적을 그리며 토츠키, 예판친, 그리고 가냐 가족 모두에게 치명적인 일격이 된다. 그러나 그런 그녀는 '뿔'을 가진 악마적 지배자 유형인 로고진에게로 급격하게 경사된다. 이유가 무엇일까? 그녀가 왜 그렇게 거칠고 무례하며 자포자기적으로 로고진의 품으로 질주하는지, 그 행동 문법을 이해하는 사람은 므이쉬킨 공작이다. 므이쉬킨 공작은 필립포브나가 그를 사랑하지만 보호하기 위해 아글라야에게 양보하고, 자기 자신을 파괴하기 위해 로고진의 품으로 뛰어든다는 것을 안다. 므이쉬킨 공작은 다른 모든 사람들이 바라보는 것과는 완전히 다른 시선으로 필립포브나의 인생 역전을 바라보았다. 공작은 비난받는 수치스러운 그녀의 과거는 그녀가 스스로 책임을 져야 하는 흠이 아니라고 믿었다. 그는 그녀의 고통에 대해 동정심을 가질 뿐만 아니라, 최고의 존경을 받을 가치가 있는 여성이라고 주장했다. 하지만 다른 대부분의 등장인물들은 그녀를 수치스러운 인물 또는 미친 여자로 축소시켜 버렸다.

필립포브나를 바라보는 공작의 시선은 예수님이 사마리아 여자를 바라보셨을 때의 시선과 가까웠다. 남편이 없다고 말하는 사마리아 여자는 정오에 물을 길러 가는 고립되고 소외된 사람이다. 예수님은 그 여자에게 다가가셔서 "네가 남편이 없다는 말이 옳도다."라고 하시며 그녀에게 메시야를 대망하는 신앙의 본질을 찾아 주신다. "당신은 품행이 방정하지 못한 사람이 아니라, 목이 말랐던 사람이다. 당신은 영생의 샘물을 찾아서 헤매는 것뿐이다."이런 식으로 예수님은 그 여자를 긍정하셨고, 여자는 예수님을 선지자요, 자신의 마음을 정확하게 이해하는 분으로 보았다. 필립포브나가 공작에게 느낀 것은 사마리아 여자를 바라본 예수님의 시선 같은 따뜻하고 안온한 안식 초청이었을 가능성이 있다. 필립포브나를 향한 공작의 사랑은 결혼으로 결실되어야 할 낭만적 사랑이 아니라 연민과 긍휼의 자비로운 사랑이었다.

아글라야를 향한 낭만적 사랑 대신 필립포브나를 구원하기 위한 자기희생적 사랑을 선택했던 것은 그 자신과 아글라야, 그리고 필립포브나 모두에게 파멸을 의미했다. 어떤 면에서는 공작이나 로고진, 둘 다 자기파멸적 사랑을 감행하려고 했던 것이다. 모든 등장인물에게는 자기파멸적 요소가 있다. 공작은 지혜롭고 선한 마음을 갖고 있지만, 그의 희생적 사랑은 선한 결실을 이루지 못하고, 비극적 희생으로 끝난다. 인격의 파멸은 아닐지라도 행복한 사랑에 이르지 못하는 사랑의 파멸이다. 로고진과 다른 의미로 공작도 사랑에 성공하지 못하고 부서진다.

이볼긴 장군은 로고진, 나스타시야 필립포브나와 마찬가지로 자기파괴로 내몰린 또 다른 인물이다. 이볼긴 장군의 멘탈 붕괴 과정은 쓰라리고 처연한 연민을 불러일으킨다. 이볼긴 장군의 타락은 고주망태가 되는 알코올 의존증 수준을 넘어 인격적 순전성의 붕괴로 나타난다. 장군은 레베제프에게서 돈을 훔치고 나중에 훔쳤던 돈을 돌려준다. 그러나 그가 돈을 훔쳤다는 사실을 멸각시키지는 못한다. 그는 이제 평범한 도둑이 되었다. 소설이 진행됨에 따라 장군은 이러한 자기모멸적 파괴를 점점 더 완성해 간다. 먼저 그는 자신의 명성과 자녀들의 존경심을 잃고, 다음에는 자신이 말하는 것에 대한 통제력, 즉 언어에 대한 통제력까지 잃는다.

그의 말은 밑도 끝도 없는 문구와 엉뚱한 단어와 생각들이 빠르고 급작스럽게 튀어나오고 차례도 없이 마구 건너뛰는 것에 지나지 않았다(2권 301).

그래도 이볼긴 곁에는 므이쉬킨 공작이 남아 있다. 4장에서 이볼긴이 지어낸 나폴레옹 시동 경험 이야기를 자못 진지하게 경청하는 백치 공작의 넉넉한 마음은 색다른 감동을 준다. 하지만 4장은 므이쉬킨 공작의 자기검열적인 반성을 추적하며, 이볼긴을 향한 그의 선한 마음도 이볼긴의 인격적 순전성의 붕괴를 멈추는 데 도움이 안 된다는 것에 주목한다. 공작은 장엄한 나폴레옹 시동 시절을 회고하며 스스로 도취된 이볼긴의 거짓말을 끝까지 경청하지만, 공작 자신도 이제는 이볼긴을 자기파멸의 질주로부터 구출할 수 없다는 것을 깨닫는다. 장군과의 약속에 늦었다는 사실에서도 공작의 분투가 이볼긴의 전락을 늦출 수 없음이 어느 정도 암시된다. 공작이 진심으로 장군을 걱정하고 그를 도우려고 노력한 것은 사실이지만, 무의식적으로 장군의 문제에 대해 적절한 존경심으로 반응하지 않고 건성으로 대한 것 또한 사실이기 때문이다. 공작은 이볼긴이 자신이 10세 때 나폴레옹의 시동이었다는 등의 조작된 이야기를 늘어놓으면 건성으로 믿는 것처럼 대했을 뿐만 아니라, 이볼긴의 거짓말을 장려하기까지 했다. 그러나 그 결과는 파국이었다. 이볼긴은 대화 중에 황홀함을 느끼고 기분 좋게 떠나지만, 나중에 그는 므이쉬킨이 자신의 이야기를 의심하면서도 단지 자신의 기분을 좋게 만들려고 노력했다는 것을 깨닫고 배신감을 느끼며 공작과 절교를 선언했기 때문이다. 공작은 자신의 안일한 반응과 태도가 장군의 자존심에 또 다른 상처가 되었다는 사실을 인정하고 스스로 괴로워했다. 므이쉬킨이 이볼긴의 거짓말에 동조하는 의도는 좋았을지 몰라도, 그는 스스로 자신의 이 노선이 과연 옳았는지 자책에 빠지기도 한다. 이런 자책 가운데 공작은 장군의 뇌졸중 소식을 듣는다. 소설이 끝날 무렵, 이볼긴은 자살 시도를 하는데, 이 장면은 그의 도덕적 자아가 사실상 붕괴되었음을 시사한다. 자기파괴적인 인물이 되어 버린 것이다. 이는 입폴리트의 실패한 자살과 매우 유사한 시도이다.

5. 해체와 유배 모티프 : 반(反)구원서사로서의 『백치』

『백치』는 비극이다. 반구원서사이다. 에필로그까지 다 읽고 난 독자는 외롭고 처연한 분위기에 눌린다. 공작의 선한 의도로 시작된 사랑은 누구에게도 구원이 되지 못한 채, 주인공들은 뿔뿔이 흩어지고 공동체는 해체된다. 파국, 좌절, 그리고 혼돈이 등장인물들을 죽은 자의 땅으로 혹은 유형지, 외국, 그리고 정신병동으로 추방해 버린다.

첫째, 주인공 나스타시야 필립포브나는 산 자의 땅에서 추방된다. 그녀는 므이쉬킨과 결혼하여 마지막으로 자신을 구하려고 시도하지만, 결국 자신이 므이쉬킨 공작을 불행하게 할 것이라는 두려운 생각을 견딜 수 없어 정반대의 길로 이탈을 감행한다. 공작을 진정으로 사랑하지만, 자신의 망가진 인생에 대한 자기정죄감이 므이쉬킨과 결혼하려는 열망을 압도하며 부서뜨린다. 결혼식 직전 마지막 순간에 그녀는 죽음의 절벽으로 뛰어내린다. 사랑하지도 않고 추호의 사랑도 느끼지 못하는 로고진에게로 달려간다. 그녀 안에 초침 소리를 내며 째깍거리던 타나토스의 시한폭탄이 터져 버린다. "나스타시야 필립포브나가 공작과의 결혼식장을 '탈출'해 상트페테르부르크의 로고진의 집으로 피신했다." 로고진이 므이쉬킨에게 필립포브나의 결혼식장 탈출이 자신의 계획에 의한 것이 아님을 강조하는 맥락에서 한 말이다. "나스타시야는 로고진의 집에 가겠다고 고집을 부리기까지 했다." 이는 므이쉬킨 공작과의 결혼식장에서 탈출한 것이 그녀의 입장에서는 일종의 자살임을 보여주는 또 다른 암시이다. 그녀는 인생에서 부끄러움을 안고 살거나, 공작과 결혼하여 공작의 삶을 망치는 두 가지 선택밖에 없다고 생각했기 때문에 죽음을 선택한 것처럼 보인다. 공작이 뇌졸중

직후 사망한 이볼긴 장군을 구할 수 없었던 것처럼, 나스타시야 필립포브나 역시 죽음에서 구할 수 없었다.

둘째, 필립포브나를 돕고 싶어 한 므이쉬킨은 그녀와 결혼할 의향이 있었지만, 여전히 아글라야를 사랑한다는 것을 깨달았다. 하지만 아글라야는 2 : 2 회동 이후에 거의 실족하여 폴란드 사기꾼을 만나 공작이 그토록 혐오하는 사태, 가톨릭으로 개종까지 감행했다. 공작은 아글라야의 전락도 막을 수 없었다.

셋째, 나스타시야 필립포브나의 붕괴와 더불어 로고진도 서서히 망가졌다. 그녀가 진심으로 자신을 사랑할 수 없으며, 사랑하지 않음을 알게 된 로고진은 그녀를 죽임으로써 그녀를 곁에 두는 데 성공한다. 너무나 가혹하고 비극적인 역설이다. 그는 시신이 된 필립포브나 옆에 온순하게 누워 있었다. 살아 있는 필립포브나를 소유하는 데는 실패했으나 죽은 필립포브나는 소유할 수 있었다. 그 결과 로고진은 시베리아 노동수용소에 갇히게 되었을 뿐만 아니라, 더욱 비참하게도 정신질환에 빠졌다. 므이쉬킨은 나스타시야 필립포브나 또는 로고진의 파멸을 막기 위해 아무것도 할 수 없었다. 그가 할 수 있는 일은 아이들을 위로하기 위해 그들의 머리를 쓰다듬어 준 것처럼 로고진의 머리를 쓰다듬어 주는 것뿐이었다.

마지막으로 므이쉬킨 공작 자신도 전락했다. 아글라야와 나스타시야 필립포브나의 만남 이후 므이쉬킨은 정신적 안정의 마지막 보루를 잃기 시작했다. 필립포브나를 구원하기 위해 자신의 손안에 들어온 사랑이었던 아글라야와 행복한 가정을 이룰 기회를 잃었다. 더 나아가 필립포브나가 로고진에게 살해된 후에는 그녀를 불행으로부터 구원할 희망조차 완전히 사라지고 말았다.

소설의 비극적 행로의 절정은 므이쉬킨 공작의 스위스 정신요양병원 재입원이다. 공작은 소설의 많은 주인공들을 돕기 위해 파견된 메시야처럼 상트페테르부르크에 도착했지만, 그들을 파괴로부터 구하지 못하고 자신도 구원하지 못했다. 오히려 스스로 정신적으로 완전히 망가진 상태가 되어 병원으로 되돌아갔다. 소설의 결말부에서 중심 주인공들은 무대에서 모두 퇴장당했다. 나스타시야 필립포브나와 이볼긴 장군은 죽었고, 로고진과 아글라야의 삶도 사실상 망가졌다. 『백치』의 주인공들이 이루던 우정과 담론, 사랑과 애증의 공동체는 산산조각 났다. 미래 회복이나 구원의 가능성이 조금도 남겨져 있지 않은 채 소설이 끝나 버린 것처럼 보인다. 아름다움은 세상을 구하지 못한 채 그 시효를 다했다. 그런데도 독자들은 이 아름다운 백치의 좌절과 실패가 최종적인 스토리가 아닐 것이라는 믿음으로 소설 읽기를 끝낸다. 현실에서 위의 명제는 실패로 드러났지만, 므이쉬킨 공작의 성스러운 바보 사역이 절실히 요청되는 세상에 사는 남은 자들에게 므이쉬킨은 살아 있다. 콜랴와 베라에게 남아 있듯이!

6. 소결론

3부 5장에서 입폴리트는 "아름다움이 세상을 구할 것이다."라고 말한 므이쉬킨을 놀린다. 그는 백치 공작의 생각을 장난기 어린 생각이라며 평가절하한다. 입폴리트는 백치 공작이 사랑에 빠져서 이런 유치한 생각을 한다고 말한다. 3부 6장에서 입폴리트는 그리스도의 온유함을 모방하려는 콜랴를 조롱한다. 입폴리트는 공작이 그리스도의 온유함을 체현하려고 애쓴다는 점은 인정한다. 작가는 백치와 그를 둘러싼 모든 등장인물들을 대비시킴으로써 므이쉬킨이 아름다운 사람임을 드러낸다. 도스토옙스키는 므이쉬킨 공작이 세상의 부조리(억울하게 죽은 마리)와 자연의 냉엄한 면모(자신의 질병)를 잘 알면서도 아름다움을 견지하고 있음을 보여준다. 므이쉬킨 공작은 어떤 점에서 아름다운 사람인가? 그가 아름다운 사람이라고 해서 완전무결한 사람인가? 그렇지 않다. 므이쉬킨은 충동적이며 적시에 적절한 언동을 행할 능력이 모자란다. 므이쉬킨은 상투적인 의미에서 종교적인 인물도 아니요, 성서와 기독교 신앙을 빈번하게 말하는 사람도 아니다. 소설에서는 기독교 영성으로 그를 감화시킨 인물이나 사건이 언급되지 않는다. 그런데도 그는 소설 속 다른 등장인물들과 몇 가지 면에서 뚜렷하게 대비되는 아름다운 사람이다. 첫째, 현실의 부조리하고 억울한 고통을 초극하는 자연의 아름다움에 대한 감수성을 갖고 있다. 둘째, 어린아이들에 대한 사랑을 갖고 있다. 셋째, 천대받고 멸시받은 자들에 대한 동정을 갖고 있다. 그는 남을 심판하고 정죄하는 데 느리고 무관심하다.

이 중에서도 자연의 아름다움에 대한 므이쉬킨 공작의 예민한 감수성과 그의 독특한 간질 발작 경험이 그의 영성을 형성하는 데 기여한다. 먼저 므이쉬킨의 자연예찬적 감수성을 살펴보자. 자연의 어떠한 면이 공작에게 영향을 미쳤을까? 그는 스위스의 산 속에서 경험한 경이로운 자연의 향연에 둘러싸여 울었다. 치유의 암시이다. 입폴리트가 자신은 우주 안에서 내팽개쳐진 존재라며 비관하고 자살 난동을 피우는 과정을 보면서 공작은 자신에게 있었던 유기당한 자의 고독감을 곱씹고 곱씹었다. 자신이 스위스에서 보낸 첫 해, 이런 우주적·신적 유기감에 사로잡혔다가 스위스의 자연을 보면서 치유 같은 것을 경험했던 때를 회상하는 장면이 3부 7장의 마지막 부분에 나온다. 스위스의 자연은 그에게 치유력을 가진 신적 존재이다. 그는 아글라야를 만나기로 약속한 근처 공원의 초록색 벤치에 앉아 '스위스 자연축제'에 대한 회상에 잠겼다. '뜨거운 햇빛을 받고 있는 그 조그만 파리조차 우주 합창의 일원으로서 자신의 자리를 지키고 있는데, 자기 혼자만이 내팽개쳐진 존재'라고 한탄하던 입폴리트의 말이 그의 상념을 재촉했다. 공작 자신도 스위스에서 이런 처량한 고독감을 느꼈는데, 이 고독감은 시간이 흐른 후 상대적으로 백치 공작의 치유 경험으로 연결되었다.

그것은 그가 스위스에서 치료받던 첫해, 심지어 처음 몇 개월째에 있었던 일이었다. 그때 그는 아직 완전한 백치나 다름없어서, 말을 제대로 못하는 것은 물론이고 사람들이 그에게 요구하는 것마저 때로는 이해하지 못했다. 언젠가 햇빛이 환하게 빛나는 날, 그는 산에 올라가, 아무런 뚜렷한 형체도 띠지 않은 어떤 괴로운 상념을 품은 채 오래도록 산속을 헤맨 일이 있었다. 눈앞에는 눈부신 하늘이 펼쳐져 있고, 아래엔 호수가, 사방으로는 밝고 끝없는 지평선이 아스라이 뻗어 있었다. 그는 오랫동안 이 모든 것을 바라보며 번민에 잠겼다. 그 환하고 끝없는 푸르름 속으로 두 손을 뻗으며 울었던 일이 지금 그의 뇌리에 떠올랐다. 그때 그를 괴롭힌 것은 이 모든 것에 대해 자신은 완전히 타인이라는 사실이었다. 대체 이 향연은 무엇일까, 오래전 아주 어릴 적부터 항상 그의 마음을 끌어당기면서도 그가 힘께하는 길 절대로 허용하지 않는, 이 끝없이 펼쳐지는 무궁하고도 위대한 축제는 도대체 무엇이란 말인가. 아침마다 바로 저와 똑같은 환한 태양이 떠오르고, 아침마다 폭포에 무지개가 걸리고, 저기 멀리 하늘 끝에 솟은, 눈에 덮인 가장 높은 산봉우리는 저녁마다 자홍색 불꽃으로 타오른다. '그의 옆에서 뜨거운 햇빛을 받으며 웽웽거리는 저 조그만 파리까지도 이 우주 합창의 일원으로서, 자신의 자리를 알고 그것을 사랑하며 행복을 느끼고 있다.' 작은 풀잎 하나하나도 쉴 새 없이 자라나며 행복해한다! 세상 만물이 자신의 길을 가지고 있고, 세상 만물이 자신의 길을 알고서, 노래하며 가고, 노래하며 온다(2권 186-187).

이 스위스 자연 회상이 명시적인 치유 경험 회상은 아니다. 그런데 자연의 아름다움에 대한 순진무구한 찬미는 입폴리트의 염세주의적 자연관과는 매우 대조적이다. 공작은 입폴리트가 그의 스위스 회상을 언급하며 자신의 인생을 비관한 것 때문에 마음이 아파 다시 스위스를 떠올린 것이다. 므이쉬킨에게 고독감을 선사했지만 아름답기 그지없는 스위스는 '마리'의 추억, 그리고 자신을 이해하고 따르며 함께 마리를 돌봤던 스위스 어린이들과 함께 그에게 지속적인 영향을 미친다.

므이쉬킨은 자연의 아름다움에 대한 민감한 감수성 외에, 아주 독특한 간질 발작을 통해 초월적인 영성을 경험하는 것처럼 보인다. 소설 속에서 므이쉬킨은 표면적인 의식과 사리분별력을 잃게 만드는 간질 발작 경험에서 내면의 가장 명료한 빛을 보는 것으로 묘사된다. 이 빛은 발작 후 공작을 깊은 정적으로 인도하고, 그 결과 므이쉬킨의 "영혼은 조화로운 기쁨과 희망, 아름다움과 기도의 종합, 그리고 인생의 가장 숭고한 통합으로 가득 차게 된다".[40] 소설 앞부분에서 므이쉬킨 공작의 온유함, 정죄하지 않는 관대함은 간질 발작으로 인한 병약함에서 형성된 영성인 것처럼 말한다. 그의 병약의 영성은 그의 성품을 아름답게 조형한다. 그는 이기적이지 않으며, 쉽게 화를 내지 않는다. 남의 허물을 마음에 담아 두지 않으며, 남의 불행을 고소해하지 않는다. 진실한 마음의 회개에 기뻐하고, 사랑과 선함으로 이 세상을 구할 수 있다고 믿는다.

이 병약의 영성을 가진 고독한 공작은 상대적으로 연약한 어린아이들에 대한 사랑과 공감적 우정을 발전시킨다. 어린아이처럼 마음이 순수한 공작은 자신을 음해했던 켈레르를 용서하고, 자신과 연적이었던 로고진의 비참한 인생 나락을 보며 마음 상해 한다. 끝없이 자신을 비방하거나 악용하려고 하는 레베제프에 대한 인내와 관용도 인상적이다. 오히려 레베제프의 딸 베라에 대한 공작의 사랑은 열매를 맺는다. 이볼긴 장군의 막내아들 콜랴에게 특별한 우애를 느끼는 공작은 어린아이 같은 심성의 소유자이다. 예판친 장군의 부인은 므이쉬킨에게 백치 같은 병약함을 발견하면서도 그의 총명함과 매력에 은근히 끌린다. 한때 나스타시야 필립포브나를 사이에 두고 갈등에 빠질 뻔했던 가냐도 공작의 맑고 정직한 마음을 알고, 그를 돕는 자가 된다. 가냐는 공작이 켈레르와 부르돕스키 패거리들에게 중상모략을 당할 때, 결정적 도움을 준다. 공작에게 유산을 남긴 공작의 먼 친척과 관련된 모든 진상을 소상하게 조사해 준 가냐 덕분에 므이쉬킨은 부르돕스키에게 자신의 유산 일부를 부당하게 내어 주지 않게 되었다. 그런데도 공작은 자신의 유산 중 1만 루블을 그에게 주려고 한다.

마지막으로 공작은 자신도 천대받고 몰이해를 당해 봤기에 천대받고 멸시받은 자들에 대한 동정심이 많다. 남을 심판하고 정죄하는 데 느리고 무관심하다. 입폴리트, 이볼긴, 로고진, 그리고 나스타시야 필립포브나 모두 다른 등장인물들에게 비난받거나 저주를 받는다. 그러나 므이쉬킨은 이들 중 그 누구도 비난하지 않는다. 그는 남을 정죄하고 비판하는 데는 아직도 병약한 어린아이다. 그는 사람의 겉모습 얼굴 너머에 있는 슬프고 고통스러운 서사를 읽어낸다. 심지어 그와 전혀 다른 인생을 살아온 빌런 로고진과는 십자가를 주고받는다. 로고진의 제안에 따라 둘은 로고진의 금 십자가와 공작의 주석 십자가를 교환하며 '형제의 의'를 맺는다(로고진의 표현, 1권 400). 이때는 로고진도 일시적으로 고결해진다. 로고진은 이때 나스타시야 필립포브나에 대한 집착적 애욕을 버리고, 므이쉬킨이 나스타시야 필립포브나와 하나 되기를 빌어 준다.

"자네가 그 여자를 데려가게!"(1권 403)

공작은 로고진에게서 악인을 본 것이 아니라, 성찰하는 인간을 본다. 2부 5장에서 공작은 타인의 영혼이란 어둠 속과 같다고 생각한다. 그는 로고진이 내뱉는 말로 로고진을 심판하지 않는다. 또한 그는 로고진이 양보했다고 해서 자신이 금세 나스타시야 필립포브나를 차지할 권리가 있다고 믿지 않는다. 여기서 로고진이 단지 집착적 애욕만으로 필립포브나를 차지하려고 하는 것이 아님을 알 수 있다.

그렇다, 지금 이 모든 것을 분명히 해 둘 필요가 있다. 모두가 서로의 마음을 분명하게 읽어야 하고, 아까 로고진이 외친 것 같은 암울하고 격렬한 포기 선언은 없어야 하며, 이 모든 것은 자유롭고…… 광명하게 이루어져야 한다. 로고진이라고 해서 과연 광명을 등진 사람이겠는가? 그는 그녀를 다른 방식으로 사랑한다고, 자신의 마음속에는 동정도 없고, '그 어떤 연민도' 없다고 말하고 있다. 물론 그러고 나서 '아마도 자네의 연민이 나의 사랑보다 훨씬 강할지도 모른다'라고 덧붙였지만, 그건 로고진 자신을 중상하고 있는 거다. 흠, 책(*러시아 역사책*)을 읽는 로고진 ― 이것 자체가 이미 '연민'이 아닌가, '연민'의 시작이 아닌가? 그 책을 가지고 있다는 사실만으로도 그가 그녀에 대한 자신의 관계를 완전히 자각하고 있음을 증명해 주지 않는가? 그런데 아까 그가 한 얘기는? 아니, 그것은 단순한 욕정이라기보다는 좀 더 심오한 감정이다. 그리고 과연 그녀의 얼굴이 오직 욕정만을 불러일으킬까?(1권 414-415)

여기서 공작은 로고진이 나스타시야 필립포브나에게 품은 연정마저도 가장 선하게 해석하고 있다. 공작에게 필립포브나의 얼굴은 욕정이 아니라 고통스러운 기억을 불러일으키는데, 로고진도 이렇게 느꼈을 수 있다고 본다. 로고진 또한 연민을 품고 나스타시야 필립포브나를 사랑한다고 보려는 것이다. 오히려 공작은 로고진을 정욕의 사람이라고 속단한 자신을 책망한다.

연민은 로고진 자신을 깨우쳐 주고 가르쳐 줄 것이다. 연민이야말로 모든 인류의 가장 중요하고, 어쩌면 유일한 생존법칙이니까. 오, 그는 로고진 앞에 얼마나 용서받지 못할 죄를, 얼마나 비열한 죄를 지었는가! 아니, '러시아인(로고진)의 영혼이 어둠 속'이 아니라, 그 자신의 영혼이 어둠 속이다, …… 로고진은 그저 정욕에 빠진 영혼이 아니다. 그는 여하튼 투사이다. 그는 안간힘을 다해 자신의 잃어버린 신앙을 되돌리려 한다. 지금 그는 고통스러울 정도로 신앙의 필요성을 느끼고

있다…… 그렇다! 무엇이라도 믿고 싶은 것이다! 누구라도 믿고 싶은 것이다!(1권 416-417)

마지막으로, 나스타시야 필립포브나의 기구한 인생에 대한 공작의 해석은 다른 등장인물들의 해석과 뚜렷하게 대비된다. 그는 그녀를 방탕한 여자가 아니라 가장 고귀한 여자로, 죄인이 아니라 희생자로 본다. 그래서 그녀의 인생 전체 서사가 수치스러운 악과 허물의 서사가 아님을 공공연히 말한다. 공작은 그리스도의 온유함으로 겉모습 너머에 있는 상처 입은 영혼들의 굴곡진 행로를 하나님처럼 자애롭게 응시한다. 심판자가 아니라 옹호자가 되어 줄 마음으로 사람들의 인생을 응시하고 주목한다.

『카라마조프가의 형제들』에 나타난 기독교 신학 및 신앙 주제들

도스토옙스키의 마지막 소설 『카라마조프가의 형제들』은 흥미진진한 탐정소설일 뿐만 아니라, 기독교 신학과 신앙이 최고로 정교하게 펼쳐지는 작품이다. 도스토옙스키의 기독교 정신이 가장 잘 표현된 작품으로 인정받는 『카라마조프가의 형제들』에는 여러 가지 광범위한 기독교 담론들이 포함되어 있다. 이 중 가장 긴 것은 조시마 장로의 생애와 가르침이다. 또한 "대심문관"(대심문관의 전설)은 문학적 아이러니와 신학적 심각성을 고도로, 또한 유기적으로 엮어낸 것인데, 그 자체로도 자기완결적 작품이다.

"대심문관"은 세계 문학에서 가장 흥미로운 종교철학 작품 중 하나로서 인류 전체를 대변하는 무신론적 저항담론이다. 인간의 자유를 옹호하는 예수와 인간의 자유를 불신하는 대심문관의 갈등은 에리히 프롬(Erich Fromm)의 『자유로부터의 도피』, 장 폴 사르트르의 "자유의 비극성 철학"[41]에도 약간 결을 달리하며 나타난다.

인간은 과연 선과 악을 행할 자유가 있는가? 그 자유를 가르치려는 예수의 시도는 끝내 좌절되는가? 인간에게는 권력을 통한 통제가 더 적합한가? 대심문관은 인간의 자유를 옹호하고 자유롭게 하려고 했다는 혐의를 씌워 재림한 예수를 감금한다. 대심문관은 공산주의와 같이 자유를 감금하고, 일정하게 통제하는 것을 좋아한다.

이런 점에서 도스토옙스키의 "대심문관"은 블라디미르 솔로비요프(Vladimir Sergeevich Soloviëv, 1853-1900)의 『악에 관한 세 편의 대화』(박종소 옮김〈서울 : 문학과 지성사, 2009〉)에 실린 셋째 대화의 일부인 "적그리스도에 관한 짧은 소설"과 비교될 수 있다(202-218). 철학자 솔로비요프는 "인간에게는 자유가 없다."라는 결정론을 말했다. 더 나아가 그는 예정조화설을 신봉했다. "인간은 화학, 생물, 생화학적 호르몬에 따라 자유라고 느낄 뿐이지, 자유는 허상이다." 세계를 바라보는 두 사람의 지적 태도에는 매우 큰 차이가 있다. 솔로비요프와 도스토옙스키 사이에 있는 대조보다 더 큰 대조를 상상하기는 어렵다 : 조화로운 세계관을 추구하는 이상주의 철학자 솔로비요프 대(對) 인간의 비합리성과 씨름하는 실존주의자 도스토옙스키, 기독교 세계주의자 솔로비요프 대(對) 종교적 슬라브주의자 도스토옙스키. 그러나 이런 논쟁적인 상황에서도 1870년대 후반에 솔로비요프보다 약 서른 살 이상 연장자인 도스토옙스키와 그는 영적인 친구가 되었다.[42] 그들은 사상적 면에서 가까운 친족 같은 영혼들이었는데, 그들은 이 사실을 거의 언급하지 않았다. 하지만 주변 자료들을 통해 우리는 이 두 사람의 사상적 친연성과 근접성을 재구성할 수 있다.

신학자인 칼 바르트는 도스토옙스키의 최후 장편 대작인 『카라마조프가의 형제들』(1879-1880)이 가장 위대한 기독교 소설이라고 주장했으며, 프로이트, 프란츠 카프카(Franz Kafka), 그리고 제임스 조이스(James Joyce) 등도 이 소설의 항구적인 영향력을 정확하게 평가했다.[43] 이 소설은 요한복음 12 : 24("내가 진실로 진실로 너희에게 이르노니 한 알의 밀이 땅에 떨어져 죽지 아니하면 한 알 그대로 있고 죽으면 많은 열매를 맺느니라")을 제사(題詞)처럼 내세우며(실상 이 구절은 2부에 펼쳐질 알료샤의 생애를 설명하는 구절이다.), 죽음이 가져오는 구원과 영생을 전면에 내놓는다. 소설에서 죽음을 통해 열매를 맺는 사람은 17세에 요절한 조시마 장로의 형 마르켈, 조시마를 찾아온 신비한 양심가책증 신사, 그리고 일류샤다. 이 소설이 기독교 소설로 읽힐 수 있는 중요한 이유는 그것의 줄거리와 문학적 구조 때문이다. 죄와 죽음으로 얼룩진 한 가족의 아버지와 형제들이 애증이 교차하는 만남과 헤어짐 속에서 정화되고 구원되는 과정이 소설의 중심 줄거리다. 하나님의 사랑과 구원 가능성을 제공하는 영적 수원지는 조시마 장로의 수도원과 그의 제자 알료샤다. 조시마 장로 및 알료샤의 사랑과 인생에 대한 긍정, 너그럽고 그윽한 친절과 자애가 주변 인물들의 회심과 영적 정화에 음양으로 영향을 끼친다. 또한 이 소설은 그 줄거리 구성, 등장인물들의 개인 생애사를 담은 예화적 삽화(조시마 장로의 생애사, 그의 정신적 스승이기도 한 신비로운 방문자의 삽화, 알료샤의 생애사, 일류샤의 이야기), 등장인물들의 긴 대사, 그리고 초월적이면서도 내재적인 3인칭 전지적 작가 시점의 해설 등을 통해 기독교 신학과 성경 구원사, 그리고 기독교 세계관을 정치하게 드러내고 있다. 우리는 여기서 다섯 가지 주제를 중심으로『카라마조프가의 형제들』에 나타난 기독교 신학과 신앙의 주제들을 천착할 것이다.

1. 카라마조프적인 인간론

이 소설의 가장 위대한 문학적 성취 중 하나는 인간의 본질에 대한 심층적이고 변증법적인 이해다. 카라마조프는 아담적 인류, 범죄하여 자유를 향해 질주했으나 문 앞에 맹수처럼 엎드린 채 인간을 덮치는 야수적인 동물성에 속박된 존재다. 인간은 하나님의 형상을 따라 창조되어 불멸을 가져다줄 것 같은 사랑을 갈구하지만, 그 사랑을 얻기까지의 과정은 험난하기만 하다. 인간은 사랑을 받지 못했을 때는 존엄의 요구가 충족되지 못하기에 맹수 같은 복수심과 증오심으로 경화된다. 여인의 사랑을 갈구하는 표도르 카라마조프나 드미트리는 모두 신적 모성애의 기갈에 빠진 자들로서, 여성적 사랑에 의해 구원을 경험할 수 있을 것이라는 환상적 기대를 갖고 산다. 괴테, 도스토옙스키, 톨스토이의 소설에서 대부분의 인간성을 치유하고 구원해 줄 구원자는 여성 혹은 여성적 인물이다. 여성성이 용서의 영성을 상징한다는 뜻일 것이다. 모성애적인 영성은 용서의 영성이라 할 수 있는데, 용서와 영접의 영성, 여성성이 인류를 구원한다는 것이다. 이런 사상의 원류는 창세기이다. 이런 점에서 여자의 후손이 인류를 구원할 것이라는 창세기 3:15은 옳다. "여자의 후손이 뱀의 머리를 친다." 여자의 후손, 사랑과 긍휼의 화신만이 악마성을 격파할 수 있고 이겨낼 수 있다는 것이다. 소냐, 므이쉬킨, 알료샤는 모두 여성적 영성의 체현자들이다.

이 소설에서 여성성의 아름다움과 감미로움을 맛보고 구원을 받을 것이라고 기대하는 카라마조프와 그 아들 드미트리는 거의 같은 수준으로 아담적 인류를 대표한다. 선과 악이 뒤엉킨 원시바다 같은 광포함과 드높은 고결함을 추구하게 만드는 양심의 추적이 — 수준은 다르지만 — 이들의 인간성 안에서 일어난다. 스메르쟈코프를 제외한 대부분의 등장인물들은 이 카마라조프적인 이중성에 매여 있다. 한국어 번역판 1, 2권에 집중적으로 나오는 등장인물들(주로 드미트리와 이반)의 대사에서 카라마조프적인 인간상이 다채롭게 정의되고 기술된다. 흙으로서의 질료성과 하나님의 형상으로서의 형상성이 인간성의 이원적이며 길항적인 두 요소이다. 진료는 흙이자 동물적 욕정이다. 질료적 특성, 동물적 욕정에 매여 있는 인간은 동시에 동물적 욕정을 뛰어넘는 하나님을 닮은 불꽃 같은 형상의 지배를 받는다.

'카라마조프'는 폭풍 같은 욕정, 벌레 같은 욕망과 비열함에 지배당하지만, 이상적인 사랑을 동경하고 양심의 가책에 시달리는 존재다. 선을 지향하지만, 선보다는 악을 실행하는 자다(롬 7:21-24).

1) 수도원 동료 라키친의 카마라조프적 인간 정의

"우리의 미챠, 그는 정직할 수는 있어(멍청하긴 하지만 정직한 사람). 하지만 그는 육욕적인 사람이거든. 이깃이 그의 됨됨이에 대한 적확한 정의이며 그의 내적인 본질이야. 그에게 **저열한 육욕**을 물려준 사람은 바로 네 부친이야. 알료샤, 너는 알고 있니? 네가 어떻게 동정을 지킬 수 있는지 너에게 내가 놀라움을 느낀다는 것을. 네가 알다시피, 너도 카라마조프잖아! 너희 집안에서 육욕은 이제 질병 수준으로 발동되고 있어. 그러나 이 세 명의 육욕주의자들이 저마다 허리에 칼을 찬 채 서로를 지켜보고 있는 중이야……"(영어판 67/민음사 1권 166).

"나는 너를 오랫동안 관찰하고 있거든. 너 자신도 **카라마조프야, 철두철미한 카라마조프야**…… 아버지로부터 **육욕주의자** 성향을 이어받았고 어머니로부터 **거룩한 바보 성자** 성향을 물려받았지"(영어판 67/민음사 1권 167).

"심지어 네가 마음속으로는 육욕주의자라면, 네 형 이반은 어떻겠어? **그도 역시 육욕주의자**라는 말이지. 너희 모든 카라마조프 남자들의 본질은 너희 모두가 **육욕적이며, 뭔가를 미친 듯이 손에 넣으려고 하는 사람들**이라는 거야"(영어판 68/민음사 1권 168).

2) 알료샤와 나눈 최초의 진지한 대화에서 드미트리가 내리는 카라마조프적 인간 정의

"동생아, 바로 이 정욕의 벌레란다. …… 우리 카라마조프 남자들은 전부 이런 벌레들이지. 비록 천사 같은 너이지만, 이 벌레가 네 안에도 살고 있어. 네 핏속에서 폭풍우 같은 욕정을 격동시킬 거야. 한 가지 정욕은 폭풍우이기 때문에 여러 가지 폭풍우들은 하나의 폭풍우보다 훨씬 참혹해! 아름다움이란 섬뜩하고도 외경스러운 것이야! 섬뜩하다고 말하는 이유는 그것의 깊이는 가늠될 수 없었고, 가늠될 수도 없기 때문이야. 하나님이 우리에게 수수께끼 같은 난제들을 내려 주셨어. 여기서 욕정을 추구하는 마음과 아름다움을 추구하는 마음의 양극단들이 서로 만나고 모든 모순들이 나란히 공존하고 있어. 동생아, 나는 교양인으로 교육받지 못했지만 이 점에 대해서는 많이 생각했어"(영어판 90/민음사 1권 227).

"확실히, 인간이란 존재의 폭이 넓어. 너무 넓어. 나는 인간 존재의 폭이 더 좁아졌기를 바라. 누가 이 넓은 존재의 폭을 가진 채 어떻게 그것을 처리할 수 있을까? 이성에겐 치욕스러운 일이 마음에는 다른 아무것도 아닌, 바로 아름다움이니 말이다"(영어판 90/민음사 1권 227).

"그러니까 악마와 신이 싸우는 중이야. 그런데 그 전쟁터가 바로 사람의 마음이야"(영어판 91/민음사 1권 228).

"나는 악덕을 사랑했고 악덕의 치욕마저도 사랑했어. 나는 잔인한 짓도 즐겼지. 그런데도 내가 빈대가 아니란 말이냐, 못된 벌레가 아니란 말이냐? 사실 나는 **카라마조프**라니까!"(영어판 92/민음사 1권 229)

3) 드미트리의 카라마조프적 인간 정의에 대해 동감을 표하는 알료샤의 응답

"내가 얼굴을 붉혔기 때문에 형이 형의 말을 들을 때 놀라지 말라고 미리 말하는 거구나.", "내가 얼굴을 붉힌 건, 형이 한 말 때문도, 형이 행했던 일 때문도 아니야. **나 자신도 형과 똑같기** 때문에 내가 형의 과거사 이야기를 들었을 때 얼굴이 빨개졌어…… 우리가 올라가는 사다리는 똑같아. 나는 밑바닥 계단에 있고 형은

저 위쪽, 어디 열세 번째 계단쯤에 있을 뿐이야. 이것이 이 문제에 대한 내 관점이야. 그러나 모든 사람들이 똑같은 사다리에 서 있어. **절대적으로 똑같은 사다리**야. 아래쪽 계단에 있는 사람은 반드시 위쪽 계단까지 올라가게 되어 있어"(영어판 92/민음사 1권 230-231).

4) 카체리나를 처음 만났을 때를 회고하는 말 속에 등장하는 드미트리의 카라마조프적 인간 정의

"내게 처음 떠오른 생각은 **카라마조프적**인 관념이었어. 나는 전에 지네에 물려 열이 나서 꼬박 밤을 새운 적이 있었어. 그녀를 본 순간 지네, 그 해로운 곤충이 내 심장을 물어뜯는 것 같은 느낌을 가졌어. 이해가 되니? …… 그 순간 고결했기 때문에 그녀는 아름다웠어. 그런데 나는 야비한 놈이었어. 아버지를 위해 희생을 하겠다고 한 그녀는 너그러운 마음의 위엄을 보여주었어. 그런데 나는 한 마리 빈대였어"(영어판 96/민음사 1권 239). (고결성과 동물적 저열성)

5) 표도르 카라마조프와 알료샤의 대화 중에 표도르가 내리는 카라마조프적 인간 정의

"지금 나는 쉰다섯 살 남자로 여전히 건재하다. 그러나 이십 년은 더 사내 노릇을 하고 싶단다. 너도 알다시피. 내가 늙으면 늙을수록 멋진 남자로 남아 있기는 힘들 거야. 그때면 처녀들이 제 발로 나한테 오려고 하지 않을 거야. 그래서 내가 내 돈을 원하는 거야"(영어판 147/민음사 1권 360).
"말하자면, 나는 끝까지 **내 죄를 즐기면서 살 거야**. 죄는 감미롭거든. 다들 죄짓는 것을 비난하지만, 다들 죄 가운데 살고 있어. 오직 다른 사람들은 몰래 그 짓을 하지만, 나는 공공연히 죄를 짓지"(영어판 147/민음사 1권 361).
"지금 원하기만 하면 내가 그루센카와 결혼할 거야. 알렉세이 표도로비치야, 만

일 사람이 돈만 있다면, 원하기만 하면 가질 수 있단다"(영어판 147/ 민음사 1권 361).

6) 리즈와의 대화에서 알료샤가 내린 카라마조프적 인간 정의

"알료샤, 우리는 입맞춤하는 것을 연기해야 해. 우리는 아직 준비가 안 되어 있어. 우리는 긴 시간을 기다려야 해." 리즈가 갑자기 말을 끝맺었다. "잠깐만 리즈. 나는 조만간 수도원에서 아주 나올 거야. 내가 세상으로 나오면 결혼을 해야 해…… 무엇보다도 중요한 건 당신이 나보다 더 순수하다는 거야. 나는 이미 많은 것, 아주 많은 것들과 접촉했고 경험했어……. 아, 당신은 모르고 있어. 그러나 나 역시도 **카라마조프**가 남자야!"(영어판 185/민음사 1권 456-457)

"내 형들은 스스로 파괴하고 있어." …… "내 아버지도 역시. 그들은 자신들 곁에 있는 다른 사람들까지도 파멸시키고 있어. 여기에는 일전에 파이시 신부님이 표현하신 대로 '**카라마조프적인 대지의 힘**', **거칠고 통제되지 않는 대지의 원시적 힘**이 도사리고 있어……. 이 원시적 대지의 힘 위에서 하나님의 영이 운행하고 있을까? 심지어 나도 몰라. 오직 내가 아는 것은, 나 자신도 카라마조프라는 것뿐이야. 수도승인 나마저도! 리자, 내가 수도승이 맞아?"(영어판 187/민음사 1권 462)

대지의 광폭하고 다듬어지지 않는 힘, 이것이 흙으로 만든 인간의 질료성이다. 순치되지 않고 율법이나 교양으로 정돈되지 않는 원시적인 생의 에너지가 있다는 것이다.

7) 알료샤와의 식당 대화 중에 이반이 내린 카라마조프적 인간 정의

"나는 스스로 '내 안에 있는 **이 광적이고 어쩌면 점잖지 못한** 삶의 갈증을 압도할 만큼 강한 절망이 이 세상에 존재할까'라는 질문을 수없이 해 보았어. 그리고 나는 그런 건 없는 것 같다는 결론에 도달했어. 이 **삶의 갈증**을 어떤 철부지 같은 폐병 걸린 도덕주의자들은 가끔 비천한 것이라고 부르지. 특히 시인들이 그렇게 말하지. 이 삶의 갈증은 **카라마조프적인 특성**이지…… 의심의 여지 없이 네게도 있어. 하지만 왜 그것이 비천한 것이니? 알료샤, 우리의 행성에는 아직도 두려울 정도로 강한 구심력이 작용하고 있어. 내게는 삶의 갈증이 있어. 나는 논리를 거역해서라도 계속 이 삶의 갈증을 채우며 살고 싶어"(영어판 195/민음사 1권 482).

"죄 없는 자들, 특별히 아이들이 다른 사람 때문에 고통받아서는 안 되지! 알료샤 네가 놀랄지 몰라도 나 역시도 어린아이들을 끔찍이도 좋아해. 그리고 주목해 둬. 잔인한 사람들, 폭력적인 사람들, 육욕이 강한 사람들, 이 **카라마조프적 인간들**도 때로는 아이들을 매우 좋아한다는 것을. 아이들은 아직 어린아이인 동안, 예를 들어 일곱 살 전까지는 어른들로부터 꽤 멀찍이 분리된 채 살고 있지. 그래서 아이들은 다른 피조물, 말하자면 전혀 다른 종의 사람들 같아"(영어판 202/민음사 1권 499).

"물론 모든 각각의 사람에게는 **악마**가 숨어 있어. 격노의 악마, 고문당하는 희생자의 비명에 음욕의 열기를 느끼는 악마, 쇠사슬에서 풀려난 무법천지의 악마, 악덕, 통풍(痛風), 신장 질환 등에 뒤따라오는 각종 질병들의 악마 말이야"(영어판 204/민음사 1권 508).

"모든 것을 견뎌내게 만드는 힘이 있어!" 이반은 차가운 미소를 띠며 말했다…… **"카라마조프의 힘…… 카라마조프적인 비천함**에 깃든 힘이지. 그것은 방탕에 탐닉하는 것, 타락으로 영혼을 질식시키는 것이지, 그렇지?"(영어판 221/민음사 1권 555)

8) 카체리나와 드미트리의 첫 만남 과정에 대한 작가의 해설

내가 이미 말했듯이, 이반 표도로비치가 알료샤와 함께 카체리나 이바노브나 집을 나오면서 알료샤에게, "나는 이 여자에게 연정을 품지 않고 있어."라고 한 말, 그것은 순전히 거짓말이었다. 그는 그녀를 죽이고 싶을 정도로 증오할 때도 더러

있었지만 미치도록 사랑했다…… 이런 상황에서 자신을 그토록 사랑해 주었던 남자, 그녀 스스로 자신보다 지성과 감성이 우월하다고 존경했던 그 남자가 다시 나타난 것이다. 하지만 이 엄정한 처녀는, 그의 **카라마조프적인 격렬한 열정**과 그녀를 향한 한결같은 흠모에도 불구하고 자신이 사랑했던 그 남자(드미트리)에게 자신을 전적으로 내어 주지 않았다. 동시에 그녀는 미챠를 버렸다는 가책으로 끊임없이 괴로워했으며 드미트리와 과격한 말다툼을 벌일 때면(이런 일이 많았다.) 이런 사태를 이반에게 노골적으로 말해 버렸다(영어판 517-518/민음사 3권 214).

9) 카라마조프 집안 사람들에 대한 라키친의 분석을 소개하는 작가의 해설

그(라키친)는 카라마조프 집안 사정에 관한 한 모든 것을 알고 있는 것처럼 보였다. 그의 지식은 엄청났다. 그는 모든 현장에 있었고, 모든 것을 보았으며, 모든 사람과 말해 본 사람이었다. 표도르 파블로비치의 전기의 세부정보는 물론이고 모든 카라마조프 집안 사람들의 상세 내력을 소상히 알고 있었다……그러나 심지어 라키친마저도 미챠의 상속재산에 대해 적극적인 어떤 증언도 해 줄 수 없었다. 그 자신도 경멸스러운 총괄적 상황들을 언급하는 데 그쳤다. '과연 카라마조프 집안 사람들 중 누가 이 친부 살해 사태의 책임을 져야 하는지 말해 줄 수 있을까? 만사를 어지럽게 뒤죽박죽 섞어 버리는 **카라마조프가의 특이한 방식**(러시아 원어는 'karamazovshchina'로서 '카라마조프적인 것'을 의미) 때문에 아무도 이 사태를 제대로 이해할 수 없는데 누가 누구에게 잘못을 했다고 말해 줄 수 있겠는가?'(영어판 563/민음사 3권 332-333)

10) 검사 이폴리트 키릴로비치의 논고가 내리는 카라마조프적 인간 정의

"'그녀는 어떤 때는 미챠 카라마조프를 기억할 것입니다. 그녀는 미챠가 자신을

얼마나 사랑했는지 알게 되고 미챠를 그리워할 것입니다!' 여기서 우리는 과도하게 표출된 애모 감정, 낭만적인 절망과 감정적인 격앙, **카라마조프가 남자들의 거친 무모함**을 봅니다. 예, 그런데 여기에는 뭔가 다른 것이 더 있습니다. 배심원 여러분, 그 뭔가는 영혼 안에서 아우성치고 머릿속을 쉼 없이 두드리고 죽을 때까지 마음을 쓰라리게 만드는 것입니다. 배심원 여러분, 그 무엇은 바로 **양심이며 양심의 심판**입니다. 그것은 무서운 양심의 고문들입니다!"(영어판 603-604/민음사 3권 434-435)

"나는 카라마조프가 그 순간에 '저 너머에 무엇이 있을까?'를 궁금해했는지 궁금해하지 않았는지, 그리고 카라마조프도 햄릿처럼 '저 너머에 무엇이 있을까'에 대해 궁금해할 수 있었는지 궁금해할 수 없었는지에 대해서는 모릅니다. 아니요. 배심원 여러분, 그들에겐 그들의 햄릿들이 있지만, 우리에겐 아직 우리의 카라마조프들만 있을 뿐입니다!"(영어판 604/민음사 3권 435)

11) 최후 진술에서 드미트리가 내리는 카라마조프적 인간 정의

"배심원 여러분, 너무 성급하게 발설된 '내가 아니라면'이라는 어구를 듣고 있습니까? 이 말에 깃든 이 동물적인 교활함이, 이 **카라마조프적인 어설픈 순진함과 초조함**이 들리십니까? '내가 죽인 게 아니다.', '여러분이 내가 아버지를 죽였다고 생각해서는 안 됩니다.', '여러분, 나는 죽이고 싶었습니다. 나는 죽이고 싶었습니다.' 이렇게 그는 서둘러 인정합니다(그는 서두릅니다. 오, 엄청 서두르지요). '그러나 나는 죄가 없습니다. 그를 죽인 자는 내가 아닙니다.'"(영어판 606/민음사 3권 442).

12) 변호사 페츄코비치의 변론에서 내리는 카라마조프적 인간 정의

"하지만 당신들 스스로 카라마조프가 넓다고 외쳤으며, 또 당신들 스스로 **카라마조프에게서 볼 수 있는 두 개의 극단적인 심연**에 대해 외쳤습니다. 카라마조프는 바로 그런 양면적인 성품, 두 심연을 가진 인물이라서, 가장 무절제한 방탕 욕구 속에서도 다른 쪽에서 무엇인가 그를 강타한다면 멈출 수 있다는 것입니다. 그 다른 성품이란 — 바로 **사랑**, 그 당시 화약처럼 불타오른 새로운 사랑입니다. 이 사랑을 위해 그는 돈이 필요했습니다. 오, 필요하다마다요! 이 연인과 화려한 술판을 벌이기 위해서도 돈이 필요하지만, 그보다 훨씬 더 필요한 데가 있습니다. 만약 연인이 그에게 '난 당신의 것이야. 표도르 파블로비치는 싫어.'라고 말하면 그는 그녀를 데리고 어디론가 가야 할 것입니다. — 그러려면 그에게 연인을 데려갈 돈이 있어야 될 것 아니었겠습니까"(영어판 606/민음사 3권 468-469).

13) 카체리나와의 마지막 만남을 간청하면서 드미트리가 내리는 카라마조프적 인간 정의

"날 이해해다오. 오 하나님, 내 마음을 진정시켜 주옵소서. 나는 무엇을 요구하고 있지? '카챠를 요구합니다!' 내가 뭘 요구하고 있지? 대체 내가 무슨 생각을 하고 있는 것일까? '절제력 결여'"(러시아어판 503/민음사 3권 533).

이상에서 살펴본 것처럼 카라마조프는 폭풍 같은 욕정, 벌레 같은 욕망과 비열함에 지배당하지만, 이상적인 사랑을 동경하며 양심의 가책에 시달리는 존재다. 카라마조프는 그루셴카의 아름다움에 매료된다. 아름다움을 추구한다는 말은 관능적인 타락뿐 아니라, 자기 존재를 상승시켜 줄 것 같은 아름다움에 매료되는 마음이 있다는 것이다. 그리스 철학에서는 신을 닮아 자기 존재를 향상시키기 위해 신을 추구하는 것을 에로스(Eros)라고 한다. 신을 닮으려고 신을 향해 올라가는 인간의 열정이 에로스다. 카라마조프는 그루셴카가 이러한 신적인 아름다움을 가지고 있기 때문에 그녀를 사랑하는 것이 곧 자신의 존재가 향상되고, 자신의 존재가 황홀해질 것이라고 믿는 것이다.

사랑에는 이런 자기계발적 요소, 황홀한 자기기만이 있다. 그루셴카에 대한 집착을 단순히 음란한 마음으로 보면 안 되고, 인간 존재가 왜 아름다운 사람에게 이렇게 집착하는지를 생각해 보아야 한다는 것이다. 이러한 사랑은 참 맹목적이다. 도스토옙스키는 그것을 보았다. 대지의 광폭한 힘의 지배를 당하면서도 그 대지의 어떤 힘을 넘기 위해 신적인 아름다움에 대한 갈망을 가진 인간을! 그리스 철학(특히 플라톤)의 세계에서 아름다운 사랑에 매료되는 것은 철학적인 현상이다. 러시아 정교회는 이 플라톤에 기초한 영성으로, 그리스 정교회와 마찬가지로 신을 닮으려고 분투하는 인간의 존재 상승 운동을 높이 평가한다. 인간 존재를 상승시키는 것은 아름다운 여성, 성스러운 여성으로, 가톨릭 식으로 말하면 성모 마리아이며, 그리스 로마 식으로 말하면 헬레나, 헤라 여신이다. 그러나 성경은 신을 숭배하고 경모하는 것만으로 해소될 수 없는 결정적인 장애가 인간 본성 안에 있다고 본다.

성경적 인간관에 따르면 사람은 선을 지향하지만 선보다는 악을 실행한다(롬 7 : 21-24). 작가는 카라마조프적인 인간의 이러한 모순과 역설적인 긴장에 대해 심판적인 입장보다는 관조적인 응시의 태도를 유지한다. 이 소설 속에서 일어나는 구원은 카라마조프적인 이중성이 고결한 책임감, 존엄의 회복, 사랑의 능력 회복으로 인해 창조적으로 해소되는 과정이다. 소설 속에서 조시마 장로와 알료샤는 이 카라마조프적인 질료성을 부단히 견디며 자애롭게 용납하면서 점차적으로 하나님의 사랑에 응답하는 능력을 회복시켜 간다. 드미트리의 마지막 장면은 그루셴카에 대한 사랑의 책임뿐만 아니라 카체리나와의 화해를 도모할 정도로 책임적인 수준까지 자란다.

2. 회개, 갱생, 그리고 부활의 능력으로 입증되는 기독교 구원론

소설에는 여러 가지 이유로 상처 입은 짐승처럼 분노하다가 선하고 온순하게 바뀌는 인물들이 여럿 등장한다. 첫 번째는 어린 시절의 조시마에게 엄청난 감화를 끼친 형 마르켈이 있다. 17세에 요절한 그는 회심한 인물의 전형이다. 그는 노예들을 못살게 구는 되바라진 귀족 자제였으나 병들기 직전, 신비로운 하나님의 사랑에 접촉되어 완전히 다른 사람이 되어 죽는다. 철저하게 회개한 그는 심지어 새들에게까지 용서를 구했다. 그가 죽어 가면서 하인들에게 한 말이 어린 조시마에게 일생 동안 각인되었다.

"나의 사랑스런 이들이여, 왜 여러분은 나를 섬겨 줍니까? 왜 여러분은 나를 사랑해 주는 겁니까? 내가 여러분의 섬김을 받을 품격이 있습니까?"(영어판 250/민음사 2권 43)

두 번째는 조시마 장로의 회심과 갱생 이야기다. 2부 6편 2장 "고수도사제 조시마 장로의 성자전"은 그의 회심기를 감동적으로 증언한다. 그는 자신이 얼마나 성경을 사랑하며 성경에 의해 감화되었는가를 말한 후,[44] 유년 시절을 이야기한다. 그는 지주의 자제로 태어나 좋은 교육을 받았으나 젊은 날 음주, 방탕, 기고만장한 만용 과시 등으로 한때의 젊음을 낭비한 자였다. 그러던 중 군대 초급장교로 근무하다 만난 처녀에게 반해 그녀를 신부로 삼기 위해 사랑을 얻으려 애쓰던 중, 그녀에게 이미 약혼자가 있음을 알고 격분했다. 그래서 그녀의 애인(어떤 유명한 장군의 친척이면서 자신보다 계급도 높은 남자)에게 가서 그를 모욕하고, 결투를 요청하여 동의를 얻는다. 그날 그는 막사로 돌아와 당번병 아파나시에게 화를 내며 그의 얼굴을 두 번씩이나 힘껏 후려갈겨 피투성이로 만들었다. 결투의 날, 세 시간 정도밖에 잠을 자지 못한 그는 동터 오는 새벽을 맞으며 회심을 경험하기 시작한다. 그는 밝게 떠오르는 태양 앞에서 엄청난 수치심과 죄책감을 느낀다.

나는 떠오르는 태양을 봤습니다. 날씨는 따뜻하고 아름다웠으며 새들은 노래 부르고 있었습니다. 나는 생각에 잠겼습니다. '그것의 의미는 무엇일까?', '나는 내 영혼 속에서 말하자면 뭔가 치욕적이고 비열한 것을 느꼈습니다. 피를 흘리러 가기 때문이 아닐까? 아니다.' 나는 이런 생각 때문이 아님을 느끼고 있었습니다. '죽음이 두려워서, 죽임을 당할까 봐 두려워서? 이것이 그 이유가 될 수 있을까?' 아니었습니다. 전혀 그런 것 때문이 아니었습니다……. 그런데 나는 즉시 무엇이 그 이유인지 알게 된 겁니다. 즉, 전날 저녁에 내가 아파나시를 때렸기 때문이었습니다! …… 한 인간이 동료 피조물을 때린 것입니다! 얼마나 큰 범죄입니까! 꼭 예리한 단검이 내 영혼 전체를 관통한 것 같았습니다. 나는 얼빠진 사람처럼 벙어리가 된 채 서 있었습니다. 그런데 햇살은 빛나고, 나뭇잎들은 기뻐하면서 반짝이고, 새들은 여러 음역대를 오르내리며 하나님 찬양에 열중하고 있더군요……. 나는 두 손바닥으로 얼굴을 가리고 침대 위에 쓰러져 폭풍우 같은 눈물을 쏟으며 울기 시작했습니다. 그때 나는 나의 형 마르켈과 그가 임종병상에서 자신의 하인들에게 했던 말을 기억했습니다. "나의 사랑스런 이들이여, 왜 여러분은 나를 섬겨 줍니까? 왜 여러분은 나를 사랑해 주는 겁니까? 내가 여러분의 섬김을 받을 품격이 있습니까?"(영어판 249-250/민음사 2권 42-43)

그날 아침 조시마는 울면서 사람은 누구나 죄인임을 깨닫고, 진정으로 자신은 그 어떤 사람보다 더 많은 죄를 지었다고 고백했다. 결투 현장에 가서도 그는 상대방의 공격을 받았지만, 자신은 쏘지 않고 자신이 일으킨 소동에 사죄한다. 또한 당번병에게도 사죄하며 즉시 그날로 전역서를 제출한 후 수도원으로 들어갈 결심을 했다. 형의 회심 사건이 그의 회심으로 연장된 것이다. 그는 재산을 수도원에 기부하고 수도사제가 되었다.

세 번째로 회심하고 갱생을 맛본 인물은 조시마를 찾아온 신비스러운 방문객이다. 그는 한 여인의 사랑을 차지하기 위해 정욕을 불태우다가 그 여인을 죽이는 범죄를 자행한 후 14년 동안 양심의 가책에 시달리던 미하일이라는 인물이었다. 그의 회심은 조시마의 회심이 일으킨 연쇄반응이었으나, 해피엔딩으로 끝나지 않고 죄를 보속하는 연옥 같은 고통을 감수하는 형식으로 끝났다. 그는 자신의 죄를 가족과 자신을 존경하는 모든 사람들에게 고백하고 8일 만에 죽었다. 처음에는 인류의 고립과 소외를 걱정하던 사상가다운 면모를 보이던 노신사는 젊은 조시마에게 큰 정신적 감화를 끼친 스승같이 등장했으나, 조시마 앞에서 고해성사를 하지 않으면 안 되는 죄인이었다. 조시마의 죄책 고백과 회심의 결단을 목격한 그는 조시마에게 말한다.

"'우리 모두는 자기 자신의 죄에 대해서는 물론이고 모든 사람들의 죄, 모든 잘못된 것들에 대해서도 책임이 있다.'라는 신부님의 말씀은 전적으로 옳습니다. 그런데 어떻게 당신께서 갑자기 그리고 모든 의미에서 그런 생각을 품을 수 있었는지 놀라울 따름입니다. 참으로 진정으로, 사람들이 이 생각을 이해하기만 한다면 그때부터 천국은 그들에게 꿈이 아니라, 살아 있는 현실이 될 것입니다"(영어판 254/민음사 2권 54).

조시마 장로가 자신이 죄인이라는 사상을 어떻게 그렇게 쉽게 전폭적으로 포용하는지 놀랐다는 것이다. 14년 전, 그는 자신이 연정을 품었던 한 여인이 자신의 사랑을 받아 주지 않는다는 이유로 살해하고도 완전 범죄에 성공했다. 14년 동안 잘 살아온 그는 사랑스러운 두 자녀와 단란한 가정을 이루었고 주변의 존경을 받는 시민이었다. 그는 아무도 자신을 살인죄의 죄책을 뒤집어 쓴 사람으로 믿지 않을 것을 걱정할 정도로 상당한 덕망을 갖춘 인물로 행세하며 살아왔다. 그는 3년 전에 자기의 죄를 고백하고 광명을 되찾을 것을 결단했으나 실행하지 못하다가 조시마 회심 이야기를 듣고 자극을 받았다고 고백했다.

"신부님의 회심 이야기는 오로지 제 죄책 고백의 최후 자극제였을 뿐입니다. 신부님을 보면서 저는 자책했고 신부님을 부러워했습니다"(영어판 258/민음사 2권 64).

하지만 그는 자신의 죄책 공표가 가족들을 파멸로 이끌 것이라는 이유 때문에 동요한다.

"제 아내와 제 아이들이 문제였습니다! 제 아내는 저의 죄책 고백을 들은 후 어쩌면 괴로워하다가 죽을지도 모르고, 비록 제 아이들은 귀족 작위와 영지를 빼앗기지는 않을지라도, 영원토록 죄수의 자식으로 평생 살아가야 할 테죠. 내가 그들의 마음속에 이런, 이런 기억을 남겨 주다니요!"(영어판 258/민음사 2권 64)

조시마가 공개적인 죄책 고백을 통한 자유와 구원의 획득을 이야기하자 그는 대답한다.

"저는 내가 죄책을 공개적으로 고백하기만 하면 당장 제게 천국이 현실이 될 것을 알고 있습니다. 저는 십사 년 동안 지옥에 있었습니다. 고통당하고 싶습니다. 나는 징벌을 받아들이고 살기 시작할 것입니다. 잘못을 범하면서도 세상을 살 수 있습니다. 하지만 세상에는 되돌아갈 길이 없습니다. 이제 저는 가까운 이웃은 물론이고 제 아이들마저도 감히 사랑하지 못하겠습니다. 선하신 하나님, 아마도 제 아이들은 제가 받는 징벌이 어떤 대가를 치르게 하는지를 이해하여 저를 비난하지 않기를 원합니다! 하나님은 힘이 아니라 진리 속에 계시니까요"(영어판 259/민음사 2권 65).

이런 와중에 그는 병이 날 정도로 괴로웠고, 그의 영혼은 눈물로 가득 찼으며, 심지어 밤에 잠을 이루지 못할 정도였다. 조시마는 그에게 요한복음 12 : 24을 읽어 주며 공표의 결단을 실행하도록 촉구한다.

"내가 진실로 진실로 너희에게 말한다. 밀알 하나가 땅에 떨어져 죽지 않으면 한 알 그대로 남고, 죽으면 많은 열매를 맺는다"(영어판 259/민음사 2권 67).

이어 그는 히브리서 10 : 31을 노신사에게 보여주었다.

"살아 계신 하나님의 손에 떨어지는 것은 무서운 일입니다"(영어판 260/민음사 2권 68).

천국에서 만날 것을 약속한 노신사는 내일 공표할 것을 통보하며 떠난다. 그러나 그의 공표에도 경찰은 믿을 수 없다는 반응을 보였다. 오히려 그의 아내는 그에게 정신병 감정을 받게 했다. 그 사이에 그는 갑작스러운 심장장애를 일으켜 생명이 위독해졌다. 마지막으로 그는 조시마의 문병을 요청한다. 임종의 자리처럼 위중한 병상에 조시마가 찾아갔을 때, 그는 말했다.

"하나님이 제게 자비를 베푸셔서 저를 당신 곁으로 부르고 계십니다. 저는 제가 죽어 가고 있다는 건 알지만, 오랜 세월 이후 저는 처음으로 기쁨과 평화를 맛보고 있습니다. 제가 범했던 일을 고백하는 바로 그 순간 제 마음에 천국이 임했습니다. …… 이제 저는 하나님이 가까이 계심을 느낍니다. 제 마음은 꼭 천국에 있는 것처럼 즐겁습니다……"(영어판 261/민음사 2권 72).

그는 일주일 후 죽었고, 조시마는 사건이 있은 지 5개월쯤 뒤 주 하나님에 의해 확고하고 장엄한 길, 수도승의 길로 들어서게 되었다. 노신사 미하일이 자신의 길을 분명하게 지시해 준 하나님의 손가락이라고 믿게 된 그는 후에 미하일을 자신의 스승이라고 부른다. 미하일이 그와의 대화에서 전개한 사회사상 때문이었을 것이다. 미하일은 인류의 고립과 소외를 극복하기 위해서는 우애와 사랑의 실천이 요청된다고 주장했다.

> "세상을 쇄신하고 그것을 재창조하려면 사람들 자신이 심리적으로 또 하나의 다른 길로 들어서야 합니다. 사람들 각자가 현실적으로 정말로 서로에 대해 형제가 되기 전까지는, 형제애도 도래하지 않을 겁니다. 어떤 학문적 가르침이나 어떤 공통의 이익을 추구하자는 대의명분도 사람들로 하여금 자신의 재산과 권리를 서운함 없이 나눌 수 있도록 교화시키지 못할 겁니다. …… 이것이 언제 실현될지 당신은 묻고 있습니다. 실현되긴 하겠지만, 우선은 인간의 고립의 시기가 종말을 고해야만 합니다"(영어판 254-255/민음사 2권 54).

미하일은 부에 대한 무분별한 축적이 자살 충동으로 이어지는 상황을 주시하며, 배금주의를 떨치고 일어나 서로 분리된 인류가 사랑과 우애로 통합될 시대를 선취해야 한다고 주장했다.

> "오늘날 인류의 지성이 어디에서나 참다운 인간 생활을 보장해 주는 것은 고립된 개개인의 노력이 아니라, 인류 전체의 연대에 있다는 사실을 납득하며 경청하지 않고 조롱합니다"(영어판 255/민음사 2권 55).[45]

네 번째는 드미트리이다. 그루셴카,[46] 카체리나,[47] 이반도 성격 변화를 어느 정도 겪으나 드미트리의 변화에 비하면 이들의 변화를 회심이나 갱생이라고 부르기에는 불명료하다. 실제 분량상이나 이야기 전개상 소설의 주인공은 드미트리이다. 소설은 드미트리의 구원과 갱생 이야기다(1부는 드미트리, 2부는 알료샤였는데, 도스토옙스키는 2부를 쓰지 못했다). 드미트리는 카라마조프적인 특성을 가장 다채롭게 보여주는 인물로, 알료샤에게 가장 많은 사랑을 받고 점진적으로 변화되어 간다. 그의 변화는 그루센카로부터 받은 인정과 순전한 사랑 고백, 알료샤의 부단한 사랑과 이해, 용납과 친절로 인한 것이었다. 그는 그루센카의 사랑과 하나님이 주시는 신앙의 힘으로 시베리아 유형까지도 받아들일 준비가 되어 있다. 감옥에 갇힌 그를 찾아간 알료샤에게 드미트리는 다음과 같이 고백한다.

> "'동생아, 나는 지난 두 달 간 내 안에서 한 새로운 인간을 발견했어. 내 안에서 새로운 인간이 부활했어! 그 새로운 인간은 내 안에 숨어 있었지만, 하늘에서 내린 이 타격이 없었다면 결코 표면으로 드러나지 않았을 거야! 난 두렵다! 그리고 내가 광산에서 망치로 원석을 부수며 20년을 보낸다고 해도 무슨 상관이겠는가? 나는 이것은 전혀 두렵지 않아. 지금 내가 두려워하는 건 다른 것이야. 그 새로운 사람이 나를 떠날까 봐 두려운 거야. 심지어 그곳, 지하 광산 속에서도, 내 곁에 있는 다른 죄수이자 살인자에게서 인간적인 마음을 발견할 수도 있고, 그와 친구가 될 수도 있을 거야. 심지어 그곳에서도 사람은 살고 사랑하고 고통받을 수 있기 때문이야! 누군가는 그 죄수의 얼어붙은 마음을 녹여 되살릴 수도 있고, 수년간 그를 돌보며 어둠의 심연에서 고귀한 영혼, 감정을 가진 고통받는 존재를 끌어올릴 수도 있기 때문이야. 그 죄수를 천사로 재탄생시키고 영웅으로 창조할 수도 있어! 그런 사람들은 많아. 수백 명이나 된단다. 우리 모두가 그들의 고통에 책임이 있어. 왜 나는 그런 순간에 그 '애기'에 대해 꿈을 꿨을까? 왜 그 애기는 그렇게 가난한가? 그건 그때 내게 주어진 방향 표지판이었어. '나는 그 애기에게로 갈 거야'"(영어판 501/민음사 3권 172-173).

드미트리의 회심에는 '일찍 죽임을 당한 어린 양', '아기' 예수가 관여했음을 암시하는 고백이 들어 있다. 용서, 죄로부터의 영혼 해방,

하나님과 화해한 새로운 자아의 탄생은 항상 내면 깊숙한 곳에서 하나님과 영혼 사이에 일어나는 어떤 일이다. 시베리아의 20년 유형도 그에게 찾아온 새 인간을 파괴할 수 없을 것이라는 희망을 안겨 주는 온전하고도 진실한 갱생이 일어난 것이다. 실로 드미트리는 뉘우치고 집으로 돌아오는 탕자이다. 자신은 비록 아버지의 살해 사건에 대해서는 무죄하지만, 자신이 살아온 방탕과 욕정의 삶을 청산하는 의미에서 죄벌을 받겠다는 태도가 나온다. 여기서는 죄와 벌의 이항대립을 넘는 보속적(補贖的) 고난, 영적 정화와 속죄 사상이 엿보인다. 드미트리는 자신이 시베리아로 가는 도중에 탈옥한다고 하더라도 자신의 죄를 씻기 위한 기도는 멈추지 않을 것임을 강조한다.

최후 진술에서 드미트리는 자신이 아버지의 죽음에 대해서는 무죄하지만, 자신이 죄인으로 확정되어 감옥살이의 처벌을 받는 것에 대한 신앙적 정당성은 옹호한다. 그 자신 또한 어떤 의미에서 죄 없이 도살장으로 끌려가는 어린 양이 된 것이다.

"배심원 여러분! 제가 무슨 말을 하겠습니까? 제게 심판의 날이 왔으며, 나는 하나님의 오른손이 저를 향해 쳐들리는 소리를 들었습니다. 불경건한 자에게 종말이 당도한 겁니다! 하지만 나는 하나님 앞에서 고백하면서도 동시에 여러분에게 말씀드리고자 합니다. '아버지의 피에 관한 한 — 저는 절대 무죄입니다.' 마지막으로 반복합니다. '저는 아버지를 죽이지 않았습니다.' 제가 방탕하게 살았지만 하지만 동시에 아름다움을 사랑했습니다. 매 순간 나은 사람이 되고자 애썼지만 야생짐승처럼 살았습니다. …… 여러분이 제게 유죄판결을 내리신다고 해도 — 제 손으로 제 머리 위에 드리운 심판의 칼을 부수고 그렇게 부서진 파편에 입 맞추겠습니다! 그러나 제게 자비를 베풀어 주십시오, 제게 저의 하나님을 빼앗지 마십시오"(러시아어판 495/민음사 3권 506-507).

드미트리의 최후 변론 요지는 배심원들에게 자비를 베풀어 달라는 호소였으며 만일 배심원단이 자신에게 아버지 살인범으로 유죄평결을 내린다면, 그것은 여전히 부조리한 고통의 강요라는 것이었다. 단, 그것은 법의 관대한 처분이 주어진다면 새사람이 되겠다는 결심의 피력이었다. 그러나 그의 최후 변론은 배심원을 설득하는 데 역부족이었다. 그런데 마침내 '시베리아 유형' 언도를 받고 고통을 감수하기로 결심하면서 드미트리의 영혼은 조금씩 자유해진다. 고통은 추잡하고 난폭한 드미트리를 십자가에 못 박고, 그 죽은 드미트리에게 신생의 기회를 제공하는 것으로 소설은 끝난다.

3. 무신론과 무신론의 반명제(antithesis)로서의 실천적 사랑

『카라마조프가의 형제들』은 "하나님이 없다면 모든 것이 허용된다."는 이반 카라마조프의 명제에 대한 도스토옙스키의 응답으로 읽힐 정도로 무신론의 해악과 파괴적 결과를 예의 주시한다. 이 소설의 시대적 배경이 되는 1861년의 농노해방부터 1880년까지는 급속히 확산되는 무신론, 가치관의 붕괴 등으로 러시아 사회가 급격하게 해체되고 있었다. 19세기 후반 러시아는 민중으로부터 경원시되는 기생충 같은 귀족층, 반동적 교회, 근대화된 서구적 지식 계급, 신앙심과 함께 선악 판단 기준도 내팽개친 젊은 청년들과 학생들이 이리저리 갈등하고 충돌하는 사회였다. 이런 총체적인 모순 가운데서 의지할 데 없는 가난한 민중들이 음산하게 배회하는 묘지 같은 분위기는 이반의 저항적 무신론이 배태되는 정신적 토양이었다.

무신론의 가장 명료한 천명은 1권 5편 4장 "반역"과 사탄과의 협동을 통해 그리스도 없는 기독교를 구축한 대심문관 종교를 묘사하는 5장 "대심문관"에서 이루어진다. 소설의 중심 갈등은 이반이 내세우는 현대적이며 계몽적인 서구 무종교성(불신의 화신이자, 이반의 하수인이자, 하인인 스메르쟈코프)과 계몽적이고 그리스도교적인 알료샤의 종교성의 갈등이다. 이반은 현란한 무종교성을 대변하지만 여전히 사랑의 열병을 앓는 자이며, 자신의 논리를 초월하는 삶의 긍정 논리를 부인하지 않는다. 이반은 그의 무신론을 조롱하는 제2의 자아인 악마의 현현과 조롱 앞에서 자신의 무신론의 기초가 붕괴됨을 느꼈고, 자신의 무신론이 아버지 살해를 초래했다는 죄책감으로 광기에 빠진다. 이것이 정신적 갱생과 소생을 암시하는지 아니면 죽음을 암시하는 정신적 질환으로 굴러떨어진 것인지는 애매모호한 면이 있다. 어떻든 이반의 마지막 장면은 무신론의 자가당착적 파산임과 동시에 무신론의 극복임이 암시된다. 이 소설은 조시마 장로와 알료샤를 통해 무신론의 해독제로 실천적인 사랑을 제시한다.

2편 4장 "믿음이 약한 귀부인(여지주)"편에 나오는 리자의 어머니이자 여지주인 카체리나 호흘라코바는 조시마 장로에게 인생의 무의미성, 고통, 죽으면 모든 것이 끝난다는 허무주의 등으로 인생 상담을 받는다. 그녀가 인생이 온통 고통뿐이라고 말하자 장로는 하나님에 대한 불신 때문이라고 진단한다. 하나님과 영생이 존재하는지 어떻게 증명할 수 있는지를 따져묻는 그녀에게 장로는 대답한다. "하나님과 영생을 증명할 수는 없지만 하나님의 살아 계심과 영생이 있을 것임을 충분히 확신할 수 있습니다." 호흘라코바는 "뭘 통해서요?"라고 되묻는다. 그때 장로는 "실천적인 사랑의 체험을 통해 하나님과 영생을 믿을 수 있습니다."라고 말한다.

"부인의 이웃들을 실천적으로, 끊임없이 사랑하도록 노력하십시오. 사랑 안에서 자라 갈수록 당신은 하나님의 살아 계심과 당신 영혼의 불멸도 더욱 확신하게 될 것입니다. 자신이 이웃을 사랑한다는 사실도 완전히 잊어버리고 이웃을 사랑할 수 있다면 당신은 의심 없이 하나님의 존재하심과 영혼불멸을 믿게 될 것입니다.

어떤 의심도 당신의 영혼에 들어올 수 없을 것입니다. 이것은 검증된 사실입니다. 이것은 확실합니다"(영어판 49/민음사 1권 118-119).

앞서 말했듯이, 『카라마조프가의 형제들』을 관통하는 하나의 부정 명제가 있다면 그것은 "하나님이 존재하지 않는다면 모든 것이 허용된다."는 무신론적 명제다. 이반의 철학적 무신론이 스메르쟈코프의 표도르 살해를 사주한 명제임이 드러난다. 살인, 심지어 친부 살해까지 가능하다는 것이 무신론의 극한적 함의이다. 그에 따르면, 세상에 동족을 사랑하게 만드는 계기란 존재하지 않는다. 인간이 인간을 사랑해야 한다는 자연법칙은 존재하지 않는다. 그런데도 아직 세상에 사랑이란 것이 있다면, 그것은 자연법칙 때문이 아니라 인간이 자신의 영생을 믿기 때문이다. 만약 누군가가 인간에게서 영생에 대한 믿음을 지워 버린다면 인간은 사랑뿐만 아니라 이 세상에 살아남을 힘마저 잃고 말 것이다. 이런 경우 이기주의, 심지어 범죄까지 허용되며, 더 나아가 그런 범죄가 불가피하게 가장 합리적이고도 고귀한 것으로 간주된다는 것이다. 물론 이반의 무신론은 이 간단한 주장보다 훨씬 더 복잡하다. 이반의 무신론이 어떻게 형성되었는지는 확실하지 않으나, 몇 가지 단서가 보인다.

첫째, 그는 모스크바 김나지움에서 공부하면서 서구의 계몽주의적 무신론(신의 조화를 비판하는 볼테르의 『깡디드』를 되울리는 주장, 니체의 무신론적 주장 반향)의 영향을 받았을 것이다. 이 점은 알료샤가 이반을 '스물세 살밖에 안 된 샛노란 젊은 주둥이'라고 놀리는 장면에서 잘 드러난다.

둘째, 그의 무신론에 교회의 세속화, 권력기관화에 대한 반론의 성격이 있다는 것이다. 이반은 소설 전반부에 나온 수도원 가족 회합에 우연히 동석한 자유주의적·서구적 무신론자 표트르 알렉산드로비치 미우소프(수도원과 토지 문제와 벌목권으로 수도원과 갈등 중인 이해 당사자)와 수도원 사제들과 토론하면서,[48] 교회가 유럽의 이교국가화를 전혀 막지 못했을 뿐만 아니라 세속국가의 한 기관으로 전락한 것에 대한 비판을 제기한다. "대심문관"은 사실상 이반의 무신론적 테제가 아니라, 엄청난 예수 찬양가로 들릴 수 있다. 그는 예수 그리스도 없는 기독교에 대한 중대한 도전을 던지며, 자유를 억압하고 인간을 경멸하는 로마가톨릭교회 체제와 전체주의적 이데올로기 일반에 대한 가장 통렬한 비판을 제기한다. 그의 무신론이 그리스도 없는 기독교의 유신론적 세계관에 대한 반발로 이해될 수 있는 실마리가 여기 있다. 그는 신이 자신에게 준 세상을 누릴 입장권을 반납하겠다고 하지만, 인생 자체를 혐오하거나 부정하지 않는다. 그는 사랑의 가치를 알고, 알료샤의 영적 몰입을 우호적으로 바라본다. 알료샤의 말대로 그의 삶이 그의 논리에 앞선다.

셋째, 그의 무신론은 무고한 어린이들의 고통을 방치하는 신의 세계에 대한 입장 거부다. 하지만 그는 무신론자 이상의 복합적인 사유의 틀을 갖고 있다. 자신의 회의주의에도 회의적인 반응을 보이는 이반은 하나님 신앙을 둘러싸고 씨름하는 무신론자의 불확실성과 다중인격성을 노정한다. 이반은 하나님 자체를 반박하기보다는(삼차원적 유클리드 세계에 갇힌 오성을 뛰어넘는 하나님의 전지성과 우리에게 알려지지 않는 하나님의 목적까지 인정. "Pro and Contra"에서 알료샤와의 대화) 하나님이 만드신 이 세계에 대항하는 편이 훨씬 효과적이라고 생각한다. 이반의 논거는 순결한 어린이들이 당한 불행에 대한 끝없는 이야기에서 발견된다. "알료샤, 나는 하나님을 거부하는 게 아니야. 하나님께 내 입장권을 공손하게 되돌려드리는 것뿐이야!" 이반의 무신론의 논거는 바로 이것이다. "내가 무엇 때문에 고통을 당하고 있는가?" 이 물음이 근대 무신론의 초석이다. 이반의 논리를 반박하는 알료샤의 대답은 간결하다. "형은 그분을 잊고 있어."

이처럼 이반의 무신론은 자신에게는 다층적이며 복합적인 층위를 가진 세계관이었으나, 그것의 조야하고 폭력적인 형식은 윤리적·도덕적 무정부주의를 방조하는 세계관으로 전용된다. 스메르쟈코프는 이반의 무신론적 사상의 성육신이다. 모스크바 지식인의 미적 허무주의적 이데올로기가 친부 살해를 정당화하는 논리를 제공했으므로, 주범은 이반 외에 다른 그 누구일 수도 없다. 그래서 스메르쟈코프는 이반에게 말한다. "나리가 그를 죽인 거예요. 나리가 살인자란 말입니다. 전 그저 나리의 충복 하수인일 뿐이죠. 나리의 소원대로 그 일을 실행했을 뿐입니다." 이 충격적인 스메르쟈코프의 단죄선언에 충격을 받은 이반은 자신의 무신론이 급기야 아버지의 죽음을 초래했다는 것을 깨닫고 양심의 폭풍에 시달린다. 모든 것이 허용될 수 없다는 것을 깨달은 것이다. 이런 점에서 이반은 더 이상 무신론자로서 존재할 수 없다. 그는 양심의 기습을 받아 괴로워하는 신의 세계 안에 있는 존재로 드러난 것이다. 아버지의 죽음에 대한 그의 반응, 곧 형 드미트리가 억울하게 살인죄의 누명을 쓰고 감옥에 가는 것에 대한 그의 반응은 그가 더 이상 자신이 천명한 무신론자가 될 수 없음을 증시한다.[49]

이반은 재판이 시작되기 전에 공개적인 고백을 하고, 자신의 광기를 작렬시키기 전에 악마와의 희극적이고 비밀스러운 대화를 통해 자신의 심연을 경험한다. 제2의 자아인 악마와의 대화를 통해 "이미 진리를 깨달은 사람에게는 전적으로 자기 의사에 따라, 즉 전혀 새로운 원칙에 따라 행동할 자유가 있다. 이런 의미에서 그에게 모든 것이 허용된다."라는 자신의 논리가 사탄의 논리임이 밝혀진다. 이반은 미쳐가면서 신의 존재를, 사랑의 값을, 형의 무죄를, 그리고 자신의 유죄를 자책하는 유신론적인 인간으로 재주형되는 도상에 들어선 것이다. 무신론자로서의 죽음을 목전에 둔 것 자체가 이반의 재탄생을 암시하는 무대 설정일 수 있을 것이다.

작가는 궁극적 신학적 문제 앞에서는 합리적 논증이 힘을 잃는다는 방식으로 신의 현존을 지극히 우회적으로 표현한다. 알료샤는 이반과, 조시마 장로는 표도르 카라마조프와, 그리스도는 대심문관과 논쟁을 벌이지 않는다. 그들은 논쟁해야 할 때마다 사랑의 징표와 행동으로 대답한다.[50] 반박을 위한 논거를 제시하지 않고, 존재 방식을 제시한다. 조용한 입맞춤이나 절을 함으로써 표독스러운 무신론적 살기를 끌어안는다. 이처럼 이 소설은 조시마 장로와 알료샤를 무신론의 반명제로 제시한다.

소설 전편에 걸쳐 러시아적으로 채색된 계몽된 기독교적 종교성이 부각된다.[51] 그것은 조시마의 인간애 전파, 참된 인간성의 보존 강조, 자기 존중, 율법 준수 등에 대한 가르침을 통해 부각된다. 조시마는 늙은 호색한 카라마조프에게 친절한 태도로 음주와 육체적 쾌락과 황금 숭배를 삼가도록 충고한다. "가장 중요한 것은 거짓말을 말아야 한다는 것입니다."

조시마는 이웃에 대한 구체적인 사랑의 실천만이 하나님과 영생에 대한 확신을 가져다줄 수 있다고 말한다.

> "하나님이 창조하신 모든 각각의 잎사귀와 햇빛도 사랑하십시오…… 동물들을 사랑하십시오. 하나님이 그들에게 생각의 싹과 평온한 기쁨을 주셨습니다. 그들을 슬프게 하지 말고 그들에게서 하나님이 주신 기쁨을 빼앗지 마십시오…… 하나님의 뜻을 거슬러 살지 마십시오. …… 특히 어린아이들을 사랑하십시오(이반의 무신론 핵심 논거는 어린이들의 고난이다). 그들은 천사처럼 순결하며 마치 우리 마음을 감동시키고 깨끗하게 교화하기 위해서 존재하는 것처럼 보이기 때문입니다. 어린아이들을 괴롭히는 자에게 화가 있을 것입니다"(영어판 268/민음사 2권 87-88).

조시마는 그의 형 마르켈의 죽음에서 얻은 통찰을 바탕으로 "우리 모두가 지상의 모든 인간, 모든 것에 대해 죄를 짓고 있다."라는 사상을 설파한다. 이런 논리를 확장하면 카라마조프가의 네 형제 모두가 아버지의 죽음에 책임이 있다. 더 나아가 소송에 참여한 모든 사람들(부인들, 방청객들 포함)도 책임이 있으며, 따라서 그들 역시 용서와 동정에 의존해서 살 수밖에 없는 존재이다. 조시마 장로는 자유, 평등, 박애를 선포하며 현대사회의 고립, 고독, 소외를 극복하는 길은 박애의 실천 외에는 없다는 점을 강조한다.

4. 수도원적 영성

이 소설이 가장 위대한 기독교 소설로 평가되는 이유 중 하나는 조시마와 알료샤 같은 계몽된 기독교적 영성가를 창조했기 때문이다. 특히 조시마는 계몽된 기독교 영성가이다. 합리주의, 진보 사상을 다 알고 있으면서 대안을 제시하는 기독교를 대변한다. 작가는 조시마와 알료샤 같은 인물들의 영향력 아래서 새로운 러시아, 즉 온 인류의 소외와 고립을 타파한, 새로운 민중적·박애적 형제자매 공동체가 탄생될 수 있다고 믿는다. 이런 점에서 도스토옙스키가 바라보는 이상적 기독교와 톨스토이가 바라보는 이상적 기독교는 같다. 이 두 작가 모두에게 이상화된 기독교는 민중영성 고양적 기독교이면서, 박애적이고 공의로운 사회에 대한 비전을 제시하는 민중친화적 기독교이다. 조시마 같은 민중친애적이고 사회변혁적 영성을 육화시킨 인물을 길러내는 산실이 수도원이다. 도스토옙스키에게 수도원은 은둔과 고립의 음지가 아니라, 온 세상의 죄를 속죄하는 대속적 봉사를 일생 동안 추구할 사람들의 공동체다. 성경으로 러시아 민중들을 교화시켜 다가올 무신론의 파괴적 위력으로부터 러시아를 구해낼 사랑과 박애의 총 본산이다. 이 소설은 여러 차례에 걸쳐서 무신론적이고 민중혁명적 이념의 투사들이 초래할 전체주의적 사회주의의 도래에 대한 경계를 음양으로 제시한다. 2부 6편 "러시아 수도승"에 나오는 조시마의 유언적 담화들은 수도원적 영성으로 민중을 교화하고, 민중에게 하나님을 맡기고 가르치는 교육의 중요성을 힘 있게 강조한다.[52] 또한 2부 5편 "Pro and Contra"의 5장에 나오는 이반의 "대심문관"은 빵을 미끼로 한 기적 호소와 신비와 권위에 의존하여 사람들을 압제적으로 다스릴 민중 우민화 사회의 도래를 경계하고 그것을 비판한다.[53] 소설은 개인주의, 고립주의, 인류의 통합을 의심하는 회의주의의 모든 것을 배척하고, 수도원적 민중영성을 대안으로 내세운다. 민중들은 성경 메시지를 듣고 결실할 비옥한 밭으로 이해된다. 조시마 장로는 보수가 적다고 불평하는 러시아 전역의 사제들의 소식을 듣고, 가난과 푸대접을 슬퍼하지 말고 사제들이 민중교육 곧 성경교육에 힘써서 러시아와 세계의 미래를 개척할 것을 권고한다.

> 신부님들, 민중의 스승님들…… 오직 작은 씨앗이 필요합니다. 그것(성경)을 농민의 마음밭에 뿌리면, 그것은 죽지 않고 그 마음속에서 평생토록 살고 자랄 것이며, 밝은 점처럼, 위대한 기억 환기자처럼 그들의 흑암이나 죄악들의 수렁 속에서도 숨어 있을 것입니다(영어판 246/민음사 2권 34).
> 이 평범한 (성경) 이야기를 통해 민중들의 마음속으로 뚫고 들어가십시오. 여러분의 가난에도 불구하고 일주일에 한 시간, 오직 한 시간만이라도 민중들 마음속에 뚫고 들어가십시오. 그러면 여러분은 우리의 민중이 자비롭고 은혜를 아는 자임을 눈으로 보게 될 것이며, 그들은 백 배나 더 그것에 대해 여러분에게 감사하게 될 것입니다. …… 하나님을 믿지 않는 자는 하나님의 민중도 믿지 못할 것입니다. …… 민중과 곧 도래할 민중의 정신적인 힘만이 우리 조국 땅으로부터 유리된 우리 동포 무신론자들을 신앙으로 되돌려 놓을 수 있을 것입니다. …… 더군다나, 우리가 신앙의 본보기를 제시하지 못한다면 그리스도의 말씀을 전한

들 그것이 민중에게 무슨 도움이 되겠습니까? 하나님의 말씀이 없다면 민중은 하나님께 잃어버린 자가 됩니다. 민중의 마음은 하나님의 말씀과 온갖 아름다운 것들을 깨닫기를 갈망하는 갈증 그 자체이기 때문입니다(영어판 246/민음사 2권 35).

조시마 장로는 러시아의 수도승과 그 가능한 의의에 관하여 논하면서 수도원을 은둔과 관조의 처소요, 생계노동에서 면제된 정신적 귀족들의 본거지라고 비난하는 입장들을 적극적으로 논박한다. 그러면서 수도원의 핵심 역할은 속죄의 기도를 드리며 속죄의 섬김, 즉 사랑과 봉사의 실천이라고 주장한다. 그는 "고립된 기도를 갈구하는 온순한 이들 덕분에 다시 한번 러시아 땅이 구원될 것"이라고 본다. 수도사들은 러시아의 구원을 위해 정적 속에서 '한 시간, 하루, 한 달, 일 년을 위하여' 단련했던 사람들로서 고대 신부들, 사도들, 순교자들로부터 전해진 하나님의 진실의 순수한 모습, 그리스도의 형상을 동시대인들에게 구현하는 데 투신된 인물들이라는 것이다.

> 자신들의 고립 속에서도…… 하나님의 순결한 진리 가운데서 그리스도의 형상을 아름답고 순전한 모습 그대로 간직하고 있다가 때가 되면 이 세상의 동요하는 교리들 앞에 그 그리스도의 형상을 나타내 보일 것입니다(영어판 263/민음사 2권 75).

여기서 나오는 서구의 몰락한 기독교 문명권마저 구할 영성의 별이 동방(러시아)에서 떠오를 것이라는 예언 때문에 도스토옙스키를 슬라브적 민족주의 작가라고 평가하는 견해가 나올 정도다. (이것 때문에 톨스토이와 차이가 난다. 톨스토이는 제도권 종교 전체를 비난했다.)

조시마 장로는 빈부격차로 나뉜 러시아 사회가 부유한 자들에게는 고립과 정신적인 자살을 부추기고, 가난한 자들에게는 질투와 살인을 불러일으키는 병든 사회라고 본다. 그러나 이런 중병이 든 러시아를 건져내겠다고 나선 사회주의적 혁명 이념의 투사들이 담배를 피우고 싶은 하나의 욕망조차 해결하지 못해 혁명의 이념을 배반하는 경박함에 빠져 있다고 비판한다. 그들은 감옥에 갇혀 담배를 빼앗겼을 때 그 박탈이 너무도 고통스러운 나머지, 담배만 준다면 즉시 자신의 '이념'을 배반할 수 있는 사람들이라는 것이다. 이런 경박하고 취약한 사람들이 "인류를 위해서 투쟁하러 간다."는 사람들이라는 것이다. 이 소설은 사회주의 혁명가들의 내적 모순을 벌써 간파하고 있다.

이처럼 빈부격차로 나뉜 러시아 사회에 폭력적 사회주의 이념, 무신론적인 사상이 먹구름처럼 몰려오고, 민중이 무지몽매함에 빠져 있을 때 조시마는 수도승들의 대속적 기도와 영적 정련, 그리고 사랑과 봉사의 실천을 대안으로 내세운다. 복종과 금욕과 기도가 비웃음을 사기도 하지만, 수도승이야말로 참된 자유로 가는 길을 개척하는 사람들이라는 것이다. '자기 자신으로부터 쓸데없고 불필요한 욕구들을 떨쳐내고', '자존심에서 비롯되는 오만한 의지를 복종으로써 다스리고 채찍질하여 이로써 하나님의 도움으로 정신의 자유에, 그와 더불어 정신적인 명랑함에 다다르는 자들'인 것이다! 조시마는 고립된 부자가 아니라 물질들과 습관들의 전횡으로부터 해방된, 고립을 자초한다는 힐난을 듣는 수도승이 형제애를 실현하기 위해 힘쓰고 있으며, 러시아를 무신론의 창일한 물결로부터 건져낼 애국적 시민임을 강조한다.

> 이 겸허하고 유순한 금욕 수도승, 묵언 수행자들이 들고 일어나 위대한 일(민중교화)을 주도할 것입니다. 러시아의 구원은 민중으로부터 나옵니다. 러시아의 수도원은 태곳적부터 민중과 함께했습니다(영어판 264/민음사 2권 78).

수도원은 러시아의 민중영성의 보양지요 수원지라는 것이다. 조시마는 이렇게 건강하고 자기희생적인 수도승의 지도를 받은 각성된 민중들, 자유하게 되어 이웃 사랑을 위해 묵묵히 사랑을 실천하는 민중들이 무신론자들을 극복할 수 있을 것이라고 말한다. 무신론자들은 아무리 천재적이며 진실이 가득 차도 러시아에서 어떤 위대한 일도 해내지 못할 것이라고 예언한다.

> 믿음이 없이 행동만 하는 사람은 비록 그 마음이 아무리 진실되고 그 머리가 아무리 천재적일지라도 우리 러시아에서는 아무 일도 하지 못할 것입니다. 이것을 유념해 두십시오. 민중이야말로 무신론자에 맞서서 그를 무찌를 것이며, 그리하여 단일한 러시아 정교로 통일된 러시아가 도래할 것입니다. 민중을 돌보고 또한 민중의 마음도 수호해 주십시오. 조용히 민중을 계속 교화시켜 주십시오. 바로 이것이 우리 수도승의 위업이 될 것입니다. 이 때문에 러시아 민족이 하나님을 품은 민족이 될 것입니다(영어판 264/민음사 2권 78).

이 민중적 수도원 영성에 대한 담화를 마친 조시마는 주인과 하인에 관하여, 주인과 하인이 정신적으로 서로 형제가 될 수 있는가에 관하여 자신, 즉 참된 러시아 수도승의 견해를 밝힌다. 오늘날 한국의 민중신학에 가해지는 비난이 이미 19세기 말 러시아에서도 있었다는 점이 놀랍다. 조시마는 민중을 이상화한다고 비판하는 사람들에게 자신은 민중을 죄 없는 메시야라고 보는 것이 아니라, 민중 자체의 심성이나 영성도 심각하게 황폐화되어 가고 있는 현실을 인정한다고 말한다. '민중에게도 죄가 있으며', '부패의 불꽃은 심지어 눈에 뜨일 만큼 증가하여 시시각각' 귀족층으로부터 기층민중, 즉 아래로 내려오는 점을 인정한다. 부패한 귀족층에서나 볼 수 있는 고립과 탐욕적 이웃 소외와 배제가 민중 속에도 도래하고 있다는 점을 인정한다. 그렇지만 조시마는 공장에 내몰린 어린아이 노동자들이나 민중들은 회개 가능성에 열린 자이며, 따라서 그들이 하나님께 돌이켜 러시아를 구원하는 하나님의 동역자가 될 것이라고 말한다. 그는 어린아이들에 대한 러시아 기성사회의 학대와 유린을 러시아 수도승이 막아야 할 것을 강조하면서, 동시에 평민들의 영적 전향에 러시아의 미래가 달려 있음을 다시 한번 강조한다.

수도승들이여, 더 이상 아이들을 고통스럽게 해서는 안 됩니다. 일어나 농민들에게 가 '아이들을 더 이상 고통스럽게 하지 말라.'는 설교를 하세요. 서두르세요. 서두르세요. 하지만 비록 농민들이 타락하여 자신들의 더러운 죄들을 포기할 수 없을 지라도 하나님은 러시아를 구원할 것입니다. 하지만 그들은 죄를 지음으로써 지신들이 히믈을 범하는 것 자체가 하나님께 저주받았음을 보여주는 사실임을 압니다. 그래서 우리 민중은 정의를 믿고 하나님에 대한 신실함을 간직하고 있으며 인정하고 헌신을 다짐하는 눈물을 흘립니다. 상류층 사람들은 다릅니다. 그들은 과학을 좇아 예전처럼 그리스도 없이 오직 이성적 사고에 의지해 공의를 세우기를 원합니다. 일찍이 그들은 이 세상에는 기독교가 말하는 범죄도 없으며, 죄도 없다고 선포했습니다(영어판 265/민음사 2권 79-80).

여기서 조시마는 유럽의 유혈 민중혁명의 대의에 반대한다. 무력으로 부자들에게 대항하고 민중을 유혈로 이끌어 가면서 민중의 분노가 정당하다고 가르치는 혁명 지도자들을 비판한다. 조시마는 그들의 분노가 잔혹하기 때문에 저주받은 것으로 본다. 러시아의 구원은 유혈 민중 폭동을 통해서가 아니라 주님께서 이루실 대사임을 강조한다.

유럽에서는 민중이 폭력으로 부유층 사람들에게 대항해 일어나고 있습니다. 민중의 지도자들은 도처에서 그들을 유혈사태로 이끌어 가며 그들의 분노는 정당한 분노라고 말하고 있습니다⋯⋯ 이미 여러 번 구원했듯이 하나님이 러시아를 구원하실 것입니다. 그 구원은 민중으로부터, 민중의 신실함과 겸손으로부터 나올 것입니다(영어판 265/민음사 2권 80).

조시마는 이제야 자신의 영성적 수련의 배경을 말한다.

…… 신부님들, 민중의 스승님들, 민중의 신실함을 잘 지켜 주십시오. 신실한 민중, 이것은 꿈이 아닙니다. 나는 우리의 위대한 민중 속에 깃든 그들의 인격적 위엄, 그들의 진실하고 보기 좋은 위엄에 늘 깨우침을 받아 왔습니다. 내 눈으로 그것을 보았으며 나는 그것에 대해 증언도 할 수 있습니다. 나는 보았고 놀라움을 금치 못했습니다. 그 타락한 죄들과 우리 농민들의 가난에 찌든 외양에도 불구하고 나는 그들의 인간적 위엄을 봤습니다. 심지어 두 세기에 걸친 농노 신분을 강요당한 후에도 그들은 비천하지 않습니다. 그들은 예의범절과 몸가짐에서 자유롭습니다. 하지만 그들에게는 뻔뻔스러움이 없습니다. 그들은 복수심이나 시기심에 사로잡혀 있지도 않습니다(영어판 265/민음사 2권 80).

여기서 우리는 조시마의 영성은 러시아 민중의 영성에서 자양분을 받고 자랐다는 것을 알 수 있다. 이것은 남미의 해방신학이나 한국의 민중신학을 뛰어넘는 신학적 착상으로 보인다. 다만 조시마 장로의 담화가 갈수록 수도원 영성에서 러시아적 겸허와 러시아적 정신성을 강조하는 방향으로 나아가는 것이 비평가들에게 논란을 일으키는 부분이다.

우리 러시아 사람은 가난하면 할수록 고요한 진실함이 그만큼 더 잘 눈에 띕니다. 러시아 사람들 중 부자들은 이미 대부분 타락했기 때문에 더욱 그렇게 보입니다. 그렇게 타락한 이유의 상당 부분은 타인들에 대한 우리의 배려 결여와 무관심 때문입니다! 하지만, 하나님이 당신의 백성을 구원할 것입니다. 러시아는 자신을 낮추는 겸비에 진심이기 때문입니다(영어판 265/민음사 2권 81).

이런 혐의에도 불구하고, 러시아의 수도원 영성은 빈부를 초월하여 모든 러시아인들을 구원하게 될 것이다(좋은 의미의 선민주의). 가장 타락한 우리의 부자도 결국에는 가난한 자 앞에서 자신의 부를 부끄러워하게 될 것이며, 가난한 자도 이 겸허함을 보고 그를 이해하여 기꺼이 양보하고 그의 숭고한 수치심에 다정하게 화답하게 될 것이다. 빈자와 부자 사이에 민중 유혈혁명이 일어나는 것이 아니라 수도원적 영성에 감화되어 서로 형제가 되는 박애혁명이 일어나야 부의 합당한 분배가 일어날 것이다.

우리가 서로에게 형제들이라면 형제애가 있을 것입니다. 형제애가 형성되기 전에는 우리는 부의 분배에 대해 결코 합의하지 못할 것입니다. 우리는 그리스도의 형상을 간직하고 있습니다. 그 그리스도의 형상은 귀중한 금강석처럼 온 세상에 빛날 것입니다……. 그렇게 될지어다! 그렇게 될지어다!(영어판 265/민음사 2권 81)

그는 그리스도의 형상을 간직한 러시아 민중들이 부의 자발적 분배를 실행할 수 있을 것이라고 본 것이다. 이런 점에서 『카라마조프가의 형제들』은 거룩하고 승화된 '러시아'를 불러내는 비저너리의 신탁이다. 발터 옌스도 이 점을 잘 포착했다.

도스토옙스키의 『카라마조프가의 형제들』은 다성적일 뿐만 아니라…… 다층적이기도 하다. …… 이 소설은 단순한 범죄소설이나 심리소설이 아니다. 시대소설, 사회소설, 이념소설이기도 하다. …… 우리는 이 소설이 역동적으로 전개해 나가는 정신적, 윤리적, 종교적 근본 상황을 보아야 한다. …… 그럴 때만 이 소설의 근본을 이루는 다음과 같은 이데올로기적 기본 대립을 확인할 수 있다. 즉, 이반이 내세우는 현대적이며 계몽적인 서구 무종교성(사생아요 경멸당하고 버림받은 이반의 이복형제인 스메르쟈코프, 그는 선천적으로나 후천적으로나 불신의 화신으로서 이반의 하인이자 하수인이다.)과 계몽적이고 기독교적인 알료샤의 종교성(알료샤의 대변인이자 정신적인 대부는 조시마이다.) 사이의 대립이 그것이다.[54]

작가 도스토옙스키가 행한 이 연설은 새로운 러시아에 대한 비전을 싹트게 했다. 그리고 이 비전은 백여 년이 지난 오늘의 시점에서 너무나도 달라진 러시아를 대면하고 있는 우리를 전혀 다른 방식으로 감동시킨다. '과학, 기술, 민주주의를 가진 서방 유럽은 새롭고 자유로운 공동체를 이루기 위해서 러시아의 영성과 화해적인 힘을 필요로 한다.' 이것이 도스토옙스키의 확신이었다. '칼로써 얻는 통일'이 아니라 '박애와 재통일을 향한 형제애적인 우리의 노력으로 실현되는 통일!' 그렇다. 그것은 이 위대한 러시아 작가의 위대한 이상이며, 말하자면 그의 유언이다.

"나는 확신합니다. 미래의 우리, 아니 우리가 아니라 미래의 러시아인 모두가 예외 없이, 진정한 러시아인이 된다는 것은 유럽의 모순을 궁극적으로 해소하고, 모든 것을 화합시키는 러시아 정신 속에서 유럽의 꿈의 해결책을 찾아 주기 위해 노력하며, 이 정신 속에서 모두를 박애로 포용하고 모든 민족이 그리스도가 주신 복음의 계명에 따라 한데 어울리는 위대한 보편적 조화를 이루어내는 최후의 약속을 하게 된다는 뜻임을 이해하게 될 것이라고."[55]

5. 화해와 새 시대에 대한 희망

『카라마조프가의 형제들』은 1861~1880년을 살던 러시아인들에게 들려진 성경적 구원사의 서사적 변용이다. 그것은 혼돈상태의 가족 불화에서 시작되어 살해 사건과 사랑의 파국과 파열, 재판과 단죄, 불화와 반목을 거쳐, 인간 갱생과 회심, 그리고 종말론적 희망을 간취하게 하는 화해 이야기로 종료된다. 새 하늘과 새 땅, 즉 서로 사랑하는 민중적 사랑의 시대를 열어 갈 일류샤의 친구 소년들에게, 알료샤 카라마조프의 덕과 사상을 찬양하는 새로운 세대에게 독자의 기대가 집중된 채 끝난다. 일견 소설 속에는 음탕, 호색, 허무주의적 쾌락주의, 깊이를 알 수 없이 추락하는 인간성, 쓰레기 같은 인간의 어리석음이 등장인물들을 추동해 가는 것처럼 보인다. 하지만 이 혼돈과 무질서적 정열을 응시하면서 갱생과 화해, 사랑과 자기희생의 가치를 육화시키는 인물들이 종말론적인 화해와 갱생의 도래를 기대하게 만든다. 세계의 궁극에 죄와 벌의 악순환, 자기파괴적 무질서와 혼돈이 아니라 사랑과 정의로 가득 찬 인격적인 하나님이 계심을 믿게 만든다. 가장 극심한 회의주의자이면서 무신론자인 냉소주의자 이반은 자신을 찾아온 악마에 의해 자신의 철옹성 같은 무신론, 회의주의, 냉소주의가 공격당하는 고문을 겪으면서 그 자신의 논리보다 더 삶의 진실, 곧 알료샤적 사랑의 진실에 가깝게 접근한다. 그가 섬망증에 걸린다는 것, 극심한 병을 앓는다는 것은 희망의 징조다. 드미트리나 그루셴카, 카체리나 모두 심각한 병을 앓고 난 후에 회심과 갱생을 경험한다.

이처럼 『카라마조프가의 형제들』이 다루는 화해 주제는 새 피조물의 등장, 더 나아가서는 새 세대의 도래 기대와 연결된다. 소설 여러 군데에 회개와 화해 일화가 등장한다. 첫째, 젊은 시절 장교였던 조시마와 그의 부관 당번병과의 화해다. 조시마는 자신의 변덕스러운 기분을 이기지 못하고 당번병을 때린 것을 후회하며, 그에게 용서를 구한다. 그는 40년 동안이나 뉘우치며, 자신이 당번병을 이유 없이 폭행한 것을 부끄러운 과거로 간직한 채 모든 사람에게 죄지은 자처럼 수도원의 수도생활을 통해 속죄의 길을 준비한다. 그에게 수도원은 세상을 등지는 삶이 아니라, 세상 그리고 이웃과 진정으로 화해하는 길을 제공하는 영적 수원지다.

둘째, 드미트리와 그루셴카 사이에도 화해가 있다. 불완전하고 일방적인 사랑으로 시작된 드미트리와 그루셴카의 관계는 역설적이게도 그가 가장 필사적으로 사랑을 갈구할 때이면서도 사랑의 실현 가능성이 급격하게 소멸되는 소설의 말미에 진정을 통하며 화해한다. 표도르와 드미트리를 갖고 놀고자 하는 오만하고 지배적인 감정에 빠졌던 그루셴카는 자신의 사랑을 얻기 위해 파티를 열어 준 드미트리에게 마음을 연다. 드미트리는 그토록 갈구하던 사랑을 손에 넣고도 그 실현 가능성을 빼앗기는 고통 속에서 하나님과도 화해한다.

셋째, 에필로그에서 우리는 온갖 참담하고 추악하고 비열하고 전율스러운 장면들 끝에 영적 정화를 경험하는 드미트리와 카체리나의 마지막 만남을 목격한다. 둘은 서로를 용서하고 화해한다. 이 마지막 만남을 통해 드미트리의 약혼녀 카체리나는 그와 그루셴카의 사랑을 인정하고, 드미트리는 카체리나와 이반의 사랑을 승인한다.

> 그는 갑자기 참을 수 없이 카챠를 향해 두 손을 뻗었다. 이것을 본 그녀는 격렬하게 그에게 달려들었다. 그리고 그녀는 그의 두 손을 붙잡고 거의 강제적으로 그를 침대에 앉힌 후 그녀 자신도 그의 곁에 앉았다. 그녀는 여전히 떨면서 그의 손을 꽉 쥐고 있었다(러시아어판 503/민음사 3권 533).

카체리나는 채권자가 아니라 채무자의 자리에서 드미트리를 배반하고 이반을 사랑하는 자신을 용서해 달라고 요청한다.

> "오히려 내가 당신을 용서해 줄 게 아니라, 당신이 나를 용서해 줘야 돼"(러시아어

판 504/민음사 3권 534).

카체리나는 자신이 드미트리를 찾아온 목적을 말한다.

"당신의 발을 껴안고 손을 움켜쥐고, …… 또다시 당신에게 '당신은 나의 하나님이고 나의 기쁨'이라고 말하기 위해서, 당신을 미칠 듯 사랑한다고 말하기 위해서야"(러시아어판 504/민음사 3권 534).

그녀는 고통에 겨워 신음하듯 말하며 눈물을 쏟고는 갑자기 드미트리의 손에 입술을 갖다 댔다.

"사랑은 지나가 버렸어, 미챠! …… 하지만 지나가 버린 그 사랑이 나에겐 고통스러울 정도로 소중해"(러시아어판 504/민음사 3권 534).
"당신도 지금은 다른 여자를 사랑하고, 나도 다른 남자를 사랑하지만, 그래도 나는 당신을, 당신은 나를 영원히 사랑할 거야. 당신도 나도 이건 알고 있었지? 듣고 있어? 나를 사랑해 줘. 당신의 삶이 끝날 때까지 나를 사랑해 줘야 돼!"(러시아어판 504/민음사 3권 535)
"사랑할게. …… 그리고 카챠." 미챠도 한마디 한마디 숨을 고르며 말하기 시작했다. "알아. 나도 당신을, 닷새 전 그날 저녁에도, 나는 당신을 사랑했어…… 당신이 쓰러져서 사람들이 당신을 옮길 그때도…… 평생 내내! 그렇게 될 거야. 영원히 그럴 거야"(러시아어판 504/민음사 3권 535).

끝으로 드미트리는 카체리나에게 자신의 유죄를 믿느냐고 묻는다. 카체리나는 드미트리에게 불리하게 증언했던 닷새 전의 그 증언을 취소했고, 드미트리의 무죄를 확신한다는 말을 덧붙였다. 드미트리와 카체리나 둘 다 하나님의 구원에 가까운 사랑과 화해에 접근한 것이다.

넷째, 『카라마조프가의 형제들』 중 가장 큰 화해가 일류샤를 중심으로 일어난다. 여기에는 스네기료프와 알료샤의 화해, 일류샤와 콜랴 및 그의 급우들 간의 화해가 일어난다. 이 화해의 중심에, 알료샤가 있다. 알료샤는 소설 첫 부분에 수도원에서 조시마 장로의 중재로 가족 간의 불화, 특히 유산 문제로 갈등에 빠져 있던 아버지와 큰 형 드미트리를 화해시켜 보려고 하지만 실패한다. 그러나 소설의 마지막 부분에서는 그가 스스로 화해의 중보자로 활약한다. 술에 취한 드미트리가 술집에서 2등 퇴역 대위 스네기료프의 수염을 끌고 나가 때린 사건이 알료샤와 일류샤를 만나게 해 준 사건이다. 알료샤는 우연히 길을 가다가 일류샤와 또래 소년들이 돌을 던지며 싸우는 장면을 본다. 그는 홀로 싸우는 소년을 도와주려다가 소년에게 손가락이 물리는 사고를 당했다. 일류샤는 아버지의 복수를 대신하는 마음으로 아버지를 도발한 이의 동생인 알료샤를 공격한 것이다. 영문을 몰랐던 알료샤는 드미트리의 행패로 자존심이 상하고 굴욕당한 가난한 2등 대위 스네기료프에게 위로금 2백 루블을 주려는 카체리나의 부탁을 들어주기 위해 그의 집에 갔다가 일류샤를 만난다. 일류샤는 아버지의 명예와 자존심이 상처를 입는 장면을 보고, 아버지를 조롱하는 사람들과 맞선 것이다. 그의 급우들도 예외가 아니었다. 그는 콜랴라는 가장 똑똑한 아이와 그의 수하에 있던 또래 소년들 모두를 상대로 싸운 것이다. 그는 폐결핵을 앓고 있었음에도 불구하고, 아버지를 위해 용감하게 싸웠다. 자초지종을 들은 알료샤는 카체리나의 돈을 거부하는 스네기료프의 마음에 깊이 공감하며, 그 가정을 둘러싼 갈등을 푸는 데 개입하기 시작한다. 그는 카체리나의 돈을 다시 스네기료프에게 가져다주고, 스네기료프는 알료샤와 카체리나의 진심을 받는다. 카체리나는 외지에서 좋은 의사를 초빙해서 병든 일류샤를 살리기 위해 애를 쓴다. 또 한편 알료샤는 일류샤와 싸웠던 콜랴와 또래 친구들을 서로 화해시키기 위해 모종의 중재 역할을 하고, 마침내 일류샤의 임종석상은 대(大)화해의 자리가 되었다. 그는 심지어 그 소년 집단의 우두머리 격인 조숙한 소년, 자칭 무신론적 사회주의자인 콜랴마저도 감동시키는 사랑과 지혜의 표상으로 떠오른다.

　소설 서두에는 조시마 장로가 알료샤의 장래를 내다보면서 그에게 자신이 죽고 나면 세상에 나가 큰 봉사를 하라며 축복하는 장면이 있다.

　"네겐 아직도 많은 방황이 기다리고 있다. 또 결혼도 해야 한다. 암 그래야지. 너는 다시 태어날 때까지 모든 일을 겪어야 해. 할 일이 아주 많아질 테지. 하지만 난 너를 굳게 믿는다. 그러니까 너를 밖으로 내모는 거란다. 그리스도께서 너와 함께 계신다. 그분을 지켜 드려라. 그러면 그분도 너를 지켜 줄 거야. 너는 커다란 고통을 보게 될 것이고, 이 고통 속에서 행복을 느낄 것이다. 이것이 내 유언이다. 고통 속에서 행복을 찾아라. 일해라. 쉬지 말고 일해라."

　일류샤가 요한복음 12 : 24에 나오는 한 알의 썩은 밀알이 될 것을 암시하는 강복선언이었던 셈이다. 일류샤의 장례식은 알료샤의 공생애 첫 사역이다. 여기에는 열두 제자를 생각나게 하는 열두 명의 소년이 있고, 제자들과 예수의 이별을 생각나게 하는 이별이 있으며, 예수의 죽음이 가져오는 화해를 생각나게 만드는 일류샤의 죽음이 있고, 성만찬을 생각나게 만드는 장례식 후의 만찬이 있다. 조시마 장로부터 알료샤, 일류샤 모두 한 알의 썩은 밀알의 자리를 차지한 셈이다. 조시마의 분신인 알료샤는 새롭고 더 즐거운 기독교적 초상이며 "밝고 탁트인 눈을 가진 열아홉 살의 의젓한 젊은이다". 그는 영적 건강미와 카라마조프적인 대지의 힘을 동시에 갖고 있다. 인간을 신뢰하지만, 너무 순진하지는 않다. 많은 일에서 쓰라린 일을 맛보지만, 인간에 대한 심판관의 자세를 취하지 않는다. 광신자도 신비가도 아니며 가장 분명한 현실주의자다.[56] 그는 자기 영혼의 온 힘을 다해 진실에 직접 다가서고 싶어 한다. 그는 근대적인 지성인이면서도 성실한 그리스도인이다.

일류샤가 묻힌 바위 옆에서 행한 알료샤의 조사는 그가 드넓은 세상에서 외칠 복음의 핵심이 다 들어 있다. 일류샤의 친구들, 어린 학생들의 이 모든 사랑스럽고 해맑은 얼굴들을 하나하나 훑어보던 알료샤는 갑자기 그들에게 말했다.

"여러분, 우리는 곧 헤어지게 될 겁니다. …… 여러분. 하지만 여기, 일류샤의 돌 곁에서 잊지 않기로 약속합시다. 첫째는 일류셰치카를, 둘째는 서로서로를 절대로 잊지 않기로 약속합시다. 그리고 훗날 우리에게 무슨 일이 일어나더라도 비록 우리가 앞으로 스무 해 동안이나 만나지 못할지라도…… 우리는 한 가엾은 소년을 묻었다는 것을 기억할 것입니다…… 그는 멋진 소년, 선량하고 용맹스러운 소년이었으며, 명예를 존중했고 아버지의 명예가 치욕을 겪었다고 생각했기 때문에 분연히 떨치고 일어났지요. 그러니 첫째, 이 소년을 평생토록 기억합시다. 여러분, 우리가 아무리 중대한 일에 몰두할지라도, 아무리 높은 지위에 오를지라도, 또 아무리 큰 불행을 겪을지라도 어쨌거나 우리가 한때 이곳에서 아름답고 선량한 감정으로 하나가 되어 그것을 공유하면서 아름다운 시절을 보냈다는 사실을 절대로 잊지 맙시다…… 이처럼 어린 시절부터 간직해 온 아름답고 성스러운 추억이야말로 그것이 무엇이든 간에 가장 훌륭한 교육이 될 것입니다. 인생에서 그런 추억들을 많이 갖게 된 그 사람은 평생토록 구원받은 셈입니다"(러시아어판 509/민음사 3권 550-551).

"그럼요, 그렇고 말고요. 영원히, 엉원토록!" 소년들은 모두 감동에 겨운 얼굴을 하고서 낭랑히 울리는 목소리로 외쳤다. "일류샤의 얼굴, 그 옷, 그 초라한 신발, 그 관, 그 불행하고 죄 많은 아버지를, 일류샤가 아버지를 위해 혼자서 용감하게 온 학급을 상대로 분연히 떨치고 일어섰음을 기억합시다!", "…… 기억하고 말고요!" 소년들이 다시 소리쳤다. …… "아, 아이들이여, 사랑스러운 친구들이여, 삶을 두려워하지 마십시오! 뭐든 참되고 좋은 일을 한다면 삶이란 정말 좋은 것입니다!", "그래요, 그래요!" 소년들이 기쁨에 차서 이렇게 반복했다. 대부분의 소년들 눈에는 눈물이 고였다. "카라마조프 선생 만세!" 콜랴가 환희에 차서 외쳤다. "그리고 죽은 소년을 영원히 기억합시다!" 애정에 가득 찬 어조로 알료샤가 다시 덧붙였다(러시아어판 510/민음사 3권 554).

크게 감동을 받은 콜랴는 부활 가능성에 대해 질문했다.

"카라마조프 선생! …… 정말로, 진짜로 기독교에서 말하듯, 우리 모두가 죽은 자들 가운데서 되살아나 생명을 얻고 서로서로를, 모든 사람을, 일류셰치카를 다시 볼 수 있게 될까요?"(러시아어판 510/민음사 3권 555)

알료샤는 대답한다.

"꼭 되살아나서 꼭 다시 보게 될 것이며 그동안 있었던 일을 즐겁고 기쁘게 서로서로 얘기하게 될 것입니다"(러시아어판 510/민음사 3권 555).

    소설은 알료샤와 소년들의 친구 일류샤가 죽은 뒤(부활 소망) 즐거운 마음으로 묘비로 가는 것으로 종료된다.
    한 알의 썩은 밀알이 된 일류샤의 무덤 곁에 모인 아이들은 그 자체로 작가가 그리는 러시아의 미래요, 인류의 미래가 아닐까? 알료샤와 그의 어린 소년 친구들은 우정과 연대를 통해 미래를 개척할 것이다. 파괴적인 자기 중심주의에 맞서서 예수의 자세, 상부상조, 선물, 봉사, 아껴 주기, 용서라는 근본 자세를 지향하는 것이다. 이 소설은 이런 실천적인 사랑을 구현한 기독교가 인간을 변화시킨다고 본다. 러시아의 미래를 책임질 소년들에게 끼친 알료샤의 영향력은 즉각 열매를 맺는다. 열두 제자를 떠올리게 하는 열두 소년이 성만찬을 방불케 하는 장례식 만찬으로 가면서, 또한 아버지의 명예를 지키기 위해 애쓴 일류샤, 화해의 아이, 한 알의 썩은 밀알을 영원히 기억하겠다고 다짐하면서 일류샤의 죽음을 화해의 자리로 만들어 준 평화중보자 알료샤를 찬양한다.

도스토옙스키에게 기독교의 본산은 교회나 종교 권력 체제가 아니라 하나님의 말씀에 순종하는 사람들의 삶 자체다. 기독교회는 하나님 나라의 이상이 실현될 때까지 쉼 없이 영감을 고취하시는 성령의 지휘 아래 순례하는 도상의 존재다. 시와 소설, 드라마와 음악예술 등은 하나님이 인간을 가장 심층적으로 감화·감동시키실 때 사용하시는 도구다. 기독교가 한 나라에 토착화되었다고 판단할 때 그 준거가 되는 것은 교회의 숫자나 교인들의 숫자가 아니라 기독교 문학의 산출과 확산 수준이다. 기독교적 가치, 성경적인 이상을 문학적으로 형상화한 문학 작품이 출현했느냐 출현하지 않았느냐의 판단이 중요하다는 말이다. 서구 역사를 통해 볼 때 고전의 반열에 오른 기독교 문학은, 죄와 구원의 문제, 순례와 구도의 문제, 초월과 영원의 문제, 우정과 사랑, 희생과 자기부인의 영성 등을 다룬 저작물이다. 이런 기독교 문학은 기독교 신앙의 진수를 보이는 성자급 기독교인들이나 영성의 수원지 역할을 하는 아름다운 교회 공동체가 다수 존재해야만 가능하다. 감동적인 기독교인의 삶이 기독교 문학의 토양이라는 것이다. 더러는 아름다운 기독교 문학이 감동적인 기독교적 삶의 선구자가 될 수 있을 것이다. 한국에서 기독교 문학은 아직 일천한 분야다. 성령의 감화·감동이 있어야 위대한 시인, 예술가, 예언자, 그리고 작가들이 탄생한다. 하나님만이 인간의 영혼을 감동시킬 언어를 창조하실 수 있다. 인간은 인간적 관심사에 기반된 채 땅의 것을 추구하는 경향에 빠지기 쉽지만, 하나님의 아들 예수 그리스도는 위엣것, 초월적 지평을 응시하도록 격려하신다. 기독교 문학은 가장 영속적인 감동을 일으킬 작품을 산출할 영역이 될 가능성이 많다. 『카라마조프가의 형제들』은 하나님의 물리지 않는 사랑에 대한 확신을 심화시켜 준다. 인간이 처한 곤경에 대한 신학적 통찰을 문학적인 서사 구조 안에 잘 녹여 둔 이 책은 보편적인 문학언어로 하나님과 기독교 신앙의 정당성을 대담하게 옹호한다. 이 작품은 하나님의 은혜로 가능한 인간 갱생과 구원의 희망을 주창(主唱)한다.

6. 소결론

19세기 사회소설은 19세기 사실주의 문학의 진수이다. 19세기 사실주의 문학은 '사회'라는 독특한 공간을 발견한 소설이다. 19세기 사회소설 전에는 희곡이 있었다. 희곡은 귀족들과 궁정에 있는 왕 등 당시 신분이 높은 사람들이 주인공으로 나왔다. 19세기 사회소설은 1830년대를 전후해 발흥한 산업혁명이 일어나면서 농촌에 있는 농민들이 도시에 등장하는 사회적 격변기에 태동된다. 이 시기가 굉장히 중요했다. 한 번도 만나 본 적 없는 익명의 대중들이 '사회'를 이루며 공존하기 시작했기 때문이다. 이 시대 사람들의 인생은 태어날 때부터 같이 자란 또래 친구들과 일생을 살다가 죽는 인생이 아니다. 19세기 중반부터 유럽 사회는 전통사회의 급속한 해체를 경험한다. 도시 노동자로 전락한 사람들은 출신 성분이 다르고 고향이 달랐지만 한데 모여서 인위적으로 조성된 도시를 구성한다. 그때 도시로 몰려든 뿌리 뽑힌 난민들이 19세기 사회소설의 중심서사를 제공한다. 전통적인 농경지 고착적인 삶을 떠나 임금 노동자가 되기 위해서 떠돌이가 된, 뿌리 뽑힌 개인들의 삶의 근거지가 도시이다. 19세기 사회소설에 나오는 빈민들은 저생산성 농업사회에서 평등한 가난을 누리던 사람들이 갑자기 시간 단위로 노동을 하며 임금이 불안정한 노동자들로 변하는 시대상을 포착한다.[57] 이런 사람들의 절망, 삶의 위기, 이것들이 19세기 소설가들이 본 광경이다. 그래서 19세기 사회소설에서는 가난한 사람들, 어린 아이들, 노인들을 많이 다룬다. 이런 사람들의 삶의 처지가 너무 열악하여 사회소설가들의 눈을 사로잡고 동정심을 촉발시킨다. 그들이 그렸던 스토리텔링이 19세기 사회소설이다.

마르크스의 『공산당 선언』이 출간된 1848년부터 1900년까지가 19세기 사회소설들이 집중적으로 산파된 시기였다. 19세기를 열어 준 것은 1789년 프랑스 대혁명, 1775년에 시작된 미국 독립전쟁(1775-1783)이다. 유럽인들에게 미국은 신세계였다. 미국 독립전쟁으로 인해 앵글로색슨 영국과 아일랜드의 농촌 지역이 해체되면서 미국으로 떠나는 이주민들이 늘어났다. 유럽인들이 미국으로 대규모 이주하면서 유럽의 전통적인 촌락 공동체 역시 해체된다. 미국 독립전쟁의 영향으로 1789년 프랑스 대혁명이 일어났다. 1796년부터 1805년 사이에는 나폴레옹이 등장하는데, 그는 프랑스 대혁명의 성과를 바탕으로 무너진 절대 왕정 대신 민중의 지지를 받아 줄리어스 시저와 같은 황제가 된다. 향후 10년 동안 나폴레옹은 온 유럽의 전통적 왕정 체제에 큰 충격을 주었다. 나폴레옹은 러시아 원정(1812)을 포함한 유럽 정복 전쟁을 통해 절대 왕정 체제와 농노해방에 영향을 끼쳤다. 그의 유럽 정복은 농민들이 자유를 경험하는 계기가 되었다.

결국, 19세기 사회소설은 전통적인 삶의 근거지였던 농촌을 떠나서 도시의 임금 노동자가 된 사람들, 신대륙 이주민이 된 사람들, 도시의 빈민가로 모여드는 불쌍한 사람들이 주인공으로 나오는 소설이다. 19세기 사회소설은 영국에서 시작하여 러시아에서 정점을 맺었는데, 그 마지막 작품 중 하나가 바로 1879~1880년 도스토옙스키가 쓴 『카라마조프가의 형제들』이다.

19세기 러시아 사회소설가들은 1848년에 정체를 드러내는 서유럽의 공산주의와 사회주의 체제가 러시아로 유입되는 위태로운 시대를 예리하게 주목했다. 이 시대는 그 생의 중년 이후를 보내는 작가 도스토옙스키에게, 계급 투쟁적인 사회주의자들이 러시아 사회를 위협할지도 모른다는 두려움으로 가득 찬 채『카라마조프가의 형제들』을 쓰게 만든다. 이 소설에 이런 역사적 격변기를 직접 언급하는 역사적 서사가 명시적으로 빈번하게 나오지는 않는다. 그러나 소설을 정확하게 읽고, 소설 등장인물들이 행동하는 패턴을 보면 그런 전환기적인 위기감과 불안감이 고스란히 드러난다는 것을 알 수 있다.

『카라마조프가의 형제들』은 외견상 범죄소설이다. 방탕하고 음란하며 호색한 아버지를 둔 아들이 세 살배기였던 자신을 버린 아버지를 찾아가 상속재산을 요구하는 데서 중심서사가 준비된다. 이 소설은 호색한이자 무자비한 아버지와 비뚤어진 채 자란 아들이 돈을 두고 옥신각신하는 갈등서사이자 동시에 그루셴카라는 여자를 놓고 다투는 이야기이다. 즉, 한 여성을 놓고 다투는 부자간의 치정 갈등이다. 아버지를 죽여 버리고 싶다고 외치는, 아버지를 죽여야 될 이유가 있는, 아버지에게 물리적 폭력을 행사하는 드미트리가 끝내 아버지를 살해했다고 체포되는 이야기이다. 아버지를 죽이고 싶다고 하고, 아버지를 때리기도 하며 아버지에게 폭력을 행사했던 맏아들이 아버지가 죽은 다음 날 살해범으로 체포되는 상황이 1~2권의 마지막 장면이다. 3권은 표도르 파블로비치 카라마조프를 죽인 진짜 범인이 드미트리 카라마조프가 아니라 그 집에 있던 하인이자 죽은 자의 사생아로 여겨지는 스메르쟈코프임이 밝혀지는 이야기이다. 3권 마지막은 진범 스메르쟈코프가 아니라 드미트리가 살인범으로 단죄되는 사법적 오심이 내려지는 장면이다. 그 지방법정의 재판은 맏아들 드미트리를 죄인이라고 했지만, 작가의 전지적 시점에 의하면 그는 범인이 아니다. 하지만 법정에서 내려진 재판은 번복되지 않는다. 여기서 반전이 일어난다. 실제로는 아버지를 죽이지 않았지만, 아버지를 죽인 살인죄로 재판을 받아서 시베리아 유형을 떠나는 맏아들 드미트리는 놀랍게도 자기가 아버지를 죽인 것과 마찬가지라고 고백하며 죄책을 받아들인다. 아버지를 물리적으로 죽이지는 않았지만, 자신이 살면서 저지른 모든 악행과 죄는 시베리아 유형 징벌을 받아야 될 만큼 나쁜 죄라고 생각한다.

"내가 아버지를 죽이지는 않았어. 아버지를 죽였다는 그 죄책감에서 나는 자유로워. 그러나 나는 아버지를 죽이고 싶어서 그를 죽이겠다고 말했고, 아버지를 때리기도 했어. 그리고 난 그 외에도 그만큼 나쁜 죄를 저질렀어. 거짓말을 했고, 돈을 훔쳤고, 온갖 종류의 악행을 일삼았기 때문에 내가 죄인이 아니라고는 말할 수 없어. 나는 죄인인 것이 맞아. 이런 내가 아버지를 죽이지는 않았지만, 아버지를 죽였다는 죄를 뒤집어쓰고 가는 시베리아 유형은 불공평할까? 아니야."

드미트리가 보기에 자신의 시베리아 유형 징벌 처분은 전체적으로 공평하다는 것이다. 자신은 죄인이기 때문이다. 자신의 죄성을 예리하게 자각하는 드미트리 카라마조프에게는 하나님의 구원이 시작된다. 이처럼 드미트리 카라마조프의 참회록이 소설의 후일담을 채울 것이라는 기대를 주면서 이야기는 끝난다. 여기가 바로 기독교 구원론의 희망이다.

『카라마조프가의 형제들』은 왜 기독교 소설인가? 첫째, 중심 줄거리가 죄와 징벌과 그것을 통한 인간 갱생의 이야기이기 때문이다. 이 소설은 로마서적 구조를 따라간다. 죄와 심판, 징벌을 통한 인간 구원과 갱생이다. 정반합이다. 죄를 짓고, 징벌받고, 세찬 고난을 받으면서 죄의 뿌리를 대면한 후에 죄를 이길 힘을 얻고 갱생된다. 소설의 플롯과 스토리의 뼈대가 기독교적이다.

둘째, 등장인물들이 내뱉는 대사가 기독교적이기 때문이다. 등장인물들의 입에서 나오는 많은 대사가 기독교 신학을 대변하고 예시한다. 등장인물들은 기독교적인 신앙 또는 기독교적인 신학을 육화시키거나 체현하고 있다. 대표적으로 조시마 장로, 알료샤, 드미트리 카라마조프, 심지어 이반 카라마조프도 기독교 신학을 대변한다. 특히 이반은 겉으로는 무신론을 표방하면서 하나님께 저항하고 하나님을 의심하는 유신론자이다. 이반은 무신론적 삶을 실험하다가 정신이 탈구된 '무신론자 호소인'이다. 마음으로는 하나님을 거부하지 않지만, 겉으로는 영원 불멸도 믿지 않고 신을 믿지 않는 사람으로 행동하고 자처하는 이반의 본마음은 무엇일까? 하나님이 이 세계의 부조리한 고통을 너무 많이 허락하신다고 비판하며 하나님에 대한 서운한 감정을 토로하는 것이 하나님을 믿지 않는 것일까? 하나님께 섭섭한 마음을 표하는 것이 무신론일까? 이 세상에 억울한 고난이 넘쳐나도록 방치하시는 하나님을 탓하는 것은 하나님을 믿는 것일까, 믿지 않는 것일까? 하나님을 믿는 것이다. 이반의 정신세계는 저항적 무신론의 외피를 쓰지만, 그는 욥 같은 저항적 유신론자이다. 하나님이 부재하신 것 같은 세상을 바라보면서 하나님이 계시지 않는다고 소리치는 행위, 그것은 하나님이 존재하지 않는다는 사상의 피력이 아니라, 하나님이 부재하신 것처럼 느껴진다고 말하는 것이다. 하나님이 계시지 않는다는 선언 그 자체가 진짜 무신론의 천명일까? 무신론을 표방함으로써 하나님을 자극하고 요청하는 행위일까? 후자일 것이다. 이반은 하나님의 부재를 원망하면서 하나님의 현존을 그리워한다. 그는 하나님의 부재를 탓하고 그것을 원망하면서 하나님의 현존을 요청하고 있다. 이런 이반이 무신론자일까? 아니다. 욥과 같은 가시 돋친 무신론의 언어를 쓰면서 하나님의 사보타주, 하나님의 태업, 하나님의 게으른 세상 통치를 비난하는 것이다. 그 말은 무엇을 의미하는가? 어처구니 없을 정도로 불의한 이 세상 탓에 생기는 피해자들에 대한 연민 때문에 하나님을 탓하는 것이다. 이반의 무신론적 저항 언어는 이 세상의 부조리성 때문에 희생당하는 사람을 향한 연민의 표현이다. 이것은 부조리한 희생자가 많이 나는 재난을 보고도 모든 것은 신의 예정 안에서 일어나는 조화로운 일이며, 신이 허락하지 않으면 어떤 억울한 희생자들도 발생하지 않을 것이라고 보는 완고한 하나님 정의옹호론(신정론)보다 낫다. 이반의 이런 저항적 무신론의 언어는 욥과 같은 사람을 위로하는 힘이 있다. 억울한 고난을 당한 욥이 그의 친구들로부터 "네가 이렇게 고난을 당하는 것은 네 죄 때문이지 하나님은 아무 잘못이 없다. 하나님이 잘못 하실 리가 없다. 속히 회개하라."라는 2차 가해적 언동을 당할 때 이반은 욥의 변호사가 되어 줄 사람이다. 제도권 교회의 하나님 옹호 논변을 대변하는 욥의 세 친구들에 대해 이반은 욥 옹호 논변으로 응대하는 셈이다.

이반처럼 이 세상의 부조리함과 불의함에 대한 예리한 인식을 가졌음에도, 이 모든 상황을 민망하게 여기시는 하나님의 마음을 대변하는 알료샤의 현존은 이 소설을 기독교 고전으로 읽을 수 있도록 이끄는 중심요소 중 하나이다. 알료샤는 이반의 말을 가만히 들어 준다. 이 가만히 들어 주고 경청해 주는 모습은 바로 하나님의 마음을 대변한다. 그토록 거친 이반의 언어를 가만히 들어 주고 이반의 이마에 입을 맞추는 알료샤야말로 하나님의 마음을 상징한다. 이러한 알료샤의 행동에서 우리는 기독교 신앙의 진수를 본다. 이반마저도 가만히 사랑으로 바라보는 알료샤가 바로 작가가 생각하는 기독교이다. 더 나아가 자기 손가락을 깨무는 악동 일류샤를 사랑으로 용서하면서 끝내 화해를 일구어내며, 병든 친구에게 돌을 던졌던 악동들을 감화시켜 러시아의 미래를 이끌 새로운 세대를 준비시키는 알료샤의 마지막 화해사역 역시 기독교적이다.

조시마 장로 또한 처음 방문한 수도원에서 온갖 난잡한 소리를 퍼붓는 아버지 카라마조프를 가만히 참아 준다. 러시아 민중들을 사랑해 달라고 부탁하는 그의 마지막 유언 설교는 정말 기독교적이며 뜨거운 감동을 일으킨다.

셋째, 이 소설은 기독교 신앙으로 새로운 세계를 창조하고 새로운 세계를 잉태하려는 종말론적 비전을 주창하기 때문이다. 러시아의 희망은 화해하는 어린아이들, 선량한 어린아이들이다.

결론

오늘날 말과 글은 현실을 생동감 있지만 편파적으로 보여주는 이미지와 영상물들에 의해 주변화되어 간다.[58] 이런 추세를 반영하듯이, 소설 읽기는 영화 등의 영상 보기로 대체되고 있다. 특히 장편소설은 숏폼이나 틱톡, 짧은 글들로 소통하는 것을 선호하는 현대인들에게 고답적이고 답답한 장르로 치부된다. 언뜻 보면 독서가 영상 시청보다 고단한 노동으로 보이기 때문이다. 하지만 그렇지 않다. 책 속에 들어가기만 하면, 소설 읽기가 영상 시청보다 덜 고단하다. 더 나아가 책 읽기는 영상 시청보다 훨씬 더 영혼을 풍요롭게 한다. 왜 그럴까? 말과 글이 자아형성적이며 의사소통적인 능력을 길러 주는 도구이기 때문이다. 한강 작가의 노벨문학상 수상에서도 엿보듯이, 말과 글로 직조된 소설은 보편적인 호소력을 가진 문화적 매체이다. 그러므로 길게 보면 소설 문학에 대한 수요는 결코 감소되지 않을 것이다. 영적 존재는 말과 글을 통해 의사소통을 시도하는 존재이기 때문이다. 창조주 하나님은 그분의 형상대로 사람을 창조하셨다. 인간이 하나님의 형상으로 창조되었다는 것은, 인간이 총체적이고 전인적인 인격적 의사소통 역능을 보유하고 있다는 것을 의미한다. 인간은 영적 차원의 의미 깊은 의사소통에 목마른 존재이면서, 타자와의 소통과 연대 경험을 통해 자아가 성장하게 된다. 인간은 홀로이면서 타자와 연결된 존재이다. 그 타자와의 연결을 가능하게 하는 것이 말과 글이다. 말과 글의 세계에 들어오면서 개인은 인간답게, 즉 하나님의 형상을 덧입은 존재답게 성장한다. 자아는 타자와의 교감, 공감, 그리고 어울림 속에서 하나님의 형상을 구현하는 존재이다. 하나님이 처음부터 사람을 타자와의 교제와 소통 속에서 자라는 영적 피조물로 창조하셨기 때문이다. 하나님은 거룩한 절대타자로서 동료 타자를 이해하는 데 결정적인 준거를 제공하시는 분이다. 절대타자인 하나님과 교감하면 다른 사람과도 교감할 수 있다.

이런 의미에서 하나님의 관점은 다른 사람의 관점을 이해하는 준거가 된다. 하나님의 관점으로 다른 사람들을 바라보는 연습 중 하나가 작가의 눈으로 세상과 동료 인간들을 바라보는 것이다. 장편소설은 작가의 눈으로, 다른 사람들을 바라보는 상상의 공간이다. 장편소설 읽기는 세계와 그 안에 사는 살아 있는 인간들의 삶을 명료하게 이해하는 문해력을 기르는 공감 연습이며, 인류애적 연대의식을 확산하는 데 유익한 통로이다. 책을 읽는 행위는 정신적 공감과 연대의 세계로 들어가는 것이기 때문이다. 이런 상상의 대화 속에서 책을 읽는 사람은 현실보다 더 나은 세계를 상상하고, 급기야 그것을 현실에 불러내려고 시도하게 된다. 이처럼 독서는 현실보다 더 아름답고 의로운 평행세계를 상상하는 힘을 길러 준다.

특히 성경 읽기에 몰두하는 독자에게는 현실 세계보다 하나님 나라가 훨씬 더 사실적으로 다가온다. 문학이나 성경을 골똘하게 읽는 독자들일수록 현실 너머의 대안사회를 상상하는 능력도 강해진다. 헤르만 헤세가 "안개 속에서"라는 시에서 갈파했듯이, 인간은 무릇 짙고 어두운 안개 속에서 저마다 홀로 헤매는 고독자이다.

신기하여라. 안개 속을 헤매는 것은 숲마다 돌마다 고독하게 어느 나무도 다른 나무를 보는 일 없고 모두가 다 외롭기만 하다……. 신기하여라. 안개 속을 헤매는 것은 인생이란 고독한 것. 아무도 남을 모른다. 모두가 다 고독하기만 하다.

도스토옙스키는 그 스스로 어둡고 고립된 안개의 세계에 처절하게 노출된 사람이었다. 그렇기 때문에 그는 어둠에 처한 사람을 감별하는 능력이 탁월했다. 지주들의 방탕한 삶을 잘 그렸던 대지주 문학가 톨스토이와 이반 투르게네프와 달리, 도스토옙스키는 비참한 사람들을 주목하여 그려냈다.[59]

라스콜니코프는 안개 속에서 헤매는 고립된 영혼이었다. 하지만 고립되어 죽어 가기에는 아까운 청년이었다. 감옥 같은 좁은 옥탑방에서 사는 가난한 23세 청년은 어두운 안개 속에서 헤매다가 살인을 저지르고 시베리아 유형지로 추방된다. 죽음의 안개 속으로 던져진 것이다. 도스토옙스키는 이 청년의 인생을 여러 겹으로 휘감은 농무를 파헤친다. 도스토옙스키 자신이 아내와 친한 친구, 아들을 잃었을 때 쓴 작품이 『죄와 벌』이다. 하나님과 사람에게 버림받아 유기당한 자, 그 자가 바로 라스콜니코프, 곧 자기 자신이다. 도스토옙스키는 이렇게 비참한 사람을 위대한 예술의 주인공으로 등장시켜 그의 중얼거림, 탄식, 한숨, 그리고 절망과 희망을 자세하게 추적한다.

『백치』를 읽을 때 독자들은 '어둡게 아름다운' 여주인공 나스타시야 필립포브나의 가련한 삶에 동정심을 갖게 된다. 나스타시야 필립포브나의 '움푹 꺼진 눈'은 그녀가 거쳐 온 고단한 인생서사에 대한 연민을 불러일으킨다. 이처럼 아름답고 심오한 문장들이 불러일으키는 상상력은 무궁무진하다. 특정 배우가 나스타시야 필립포브나를 연기하는 영화로 『백치』를 보는 것과 소설을 읽으며 나스타시야 필립포브나를 마음에 그려 보는 것은 전혀 다르다.

『카라마조프가의 형제들』에서 발견하는 청년 드미트리의 방황은 독자들에게 격한 동정심을 자아낸다. 사랑하는 여인을 놓고 아버지와 다투어야 하는 이 가난하고 궁벽한 청년의 소박한 사랑은 끝내 좌절되고 파산된다. 그루센카를 만나고 구원을 누리려던 꿈은 무참히 무너지고, 지옥의 끝자락 시베리아 유형 열차에 던져진다. 이 애달픈 청년의 슬픔을 영상으로 표현할 수 있을까? 말과 글이 촉발시키는 상상력을 통해 독자는 드미트리를 묘사하는 작가의 따뜻한 시선을 자신의 시선 위로 살포시 포갠다.

이처럼 소설 읽기는 소설의 등장인물들을 마음으로 보고, 듣고, 눈으로 보는 행위이다. 아무리 읽어도 등장인물들의 감정과 마음을 알 수는 없다. 항상 독자에게 소진되지 않는 무언가의 잔여분이 등장인물들에게 어느 정도 남아 있다. 소설 주인공이 영화의 주인공보다 훨씬 우리에게 오랫동안 영향을 미치는 이유는 보이지 않기 때문이다. 소설 주인공은 독자의 상상 속에 있다. 시각은 그 친근성으로 인해 우리의 상상력을 쉽게 소진시키고 희석시킨다. 보는 행위는 보여지는 대상을 통제하고, 축소하며, 조작할 수 있다. 눈으로 '보는' 자가 눈에 보이는 것에 대한 인식과 지각 구성에 있어서 주도권을 쥔다. 이런 이유 때문에 인간은 하나님의 눈에 보이지만 그 반대는 될 수 없다. 하나님은 우리 눈에 보이지 않는다. 하나님은 늘 우리를 감찰하시지만 인간은 하나님을 볼 수 없다. 하나님은 볼 수 없기 때문에 신비화되어 있다. 하나님은 보이지 않기 때문에 우리의 두려움을 자아내고, 우리의 경배를 받으신다. 하나님이 우리 눈에 포착되면 우리에게 경배할 감정이 없어지게 된다. 그런데 소설을 읽을 때 작동하는 마음의 상상 화면은 훨씬 더 많은 주사선(走査線)으로 움직이는 스크린이다. 매우 조밀하게 포착된 주인공들의 현존이 독자들에게 현실감 있게 다가오고, 그만큼 주인공에 대한 독자들의 공감도도 커진다. 심지어 어떤 독자들은 자신이 애독한 소설의 주인공이 살았던 도시로 찾아가기도 한다. 1900년대에는 톨스토이 소설의 주인공을 만나기 위해 많은 독자들이 러시아에 방문했다고 한다. 이처럼 독자들은 소설 속의 허구적인 인물 안에서도 아름다운 사람을 발견하고, 그를 만나고 싶은 마음을 갖는다. 소설은 그런 점에서 과잉 시각 경험으로 상상력이 소진된 이 시대에 문자라는 무한한 주사선을 가지고 무한한 영상을 만들어낸다. 이 과정에서 독자들은 등장인물들에 대한 공감적인 일치감을 경험한다.

　이처럼 인간이 겪을 수 있는 슬픔에 주목하고, 그것에 공감하는 법을 가르치는 것이 문학의 역할이다. 이웃을 사랑한다는 것은 이웃의 비참한 삶의 처지를 작가적 시각으로 볼 수 있는 안목을 획득하는 것이다. 도스토옙스키가 위대한 이유는 비참한 사람들에 대한 지속적인 관찰과 동정심을 가지고 자신과 그들을 정신적으로 친근한 사이가 되게 만들었기 때문이다. 우리는 비참한 상황에 처하지 않았더라도 비참한 사람들의 이야기들을 마치 내 이야기처럼 읽는다. 왜 그럴까? 우리 안에 고귀한 하나님의 형상이 있기 때문이다. 그래서 비참하고 이상한 사람들이 주인공인 작품에도 몰입하게 된다. 우리는 정숙하지만 『닥터 지바고』나 『채털리 부인의 사랑』을 읽는다. 문학은 그의 삶의 처지와 상관없이 인간이라는 존재가 가진 고도의 공감능력이라는 보편성에 호소한다. 비참한 사람들이 느끼는 삶의 무게에 함께 눌리며 그들에게 공명하면서 소설을 읽어낸다. 이것이 문학의 힘이다. 문학의 아름다움에 가장 빨리 눈뜰수록 얼마나 언어가 아름다운지 알 수 있고, 그 아름다운 언어가 우리의 영혼을 얼마나 뜨겁게 만드는지 알 수 있다. 성경과 문학을 동시에 읽으면 성경 이해도 깊어진다. 둘 다 스토리의 세계이기 때문이다. 스토리는 참여, 공감, 소통, 교감을 불러일으킨다. 특별한 사람의 스토리이지만, 거기에는 항상 보편적 호소력이 있다. 이 땅을 살아가는 많은 사람들의 슬픈 이야기를 읽는 것은 참 중요하다. 특별히 감동적이고 아름다운 이야기를 날마다 묵상하면 하나님 나라에 대한 갈망을 심화시켜 갈 수 있다. 앞에서도 살펴보았듯, 사회소설의 특징은 리얼리즘이다. 실제 우리의 삶을 다루기에 독자들은 금세 이런 소설 주인공들의 인생서사를 자신의 이야기로 읽을 수 있다.[60]

요약컨대 기독교 고전 장편소설을 읽음으로 당장 얻을 수 있는 유익은 세 가지이다. 첫째, 다른 사람의 삶을 입체적으로 관찰하고 그것을 적절하게 묘사하는 법을 알게 되며, 다른 사람의 삶에 살가운 시선을 보낼 수 있는 법을 배우게 된다. 둘째, 악인의 행로를 보면서 우리가 어떻게 행동했어야 한다고 반추할 수 있다. 러시아 소설을 기준으로 하면, 19세기 러시아 사회가 인간을 왜 이렇게 비틀고 왜곡하는지를 깨닫게 된다. 19세기 러시아를 돈에 집착하는 사회로 만든 요인들을 보면서, 병든 세상에 어떻게 대응하는 것이 하나님의 자녀다운 방식인지를 고민할 수 있다. 셋째, 더 자애롭고 의로운 사회, 즉 하나님 나라에 근접하는 '사회'를 상상하는 상상력과 창조하는 실천력을 함양할 수 있다. 높은 수준의 기독교 문학은 기독교가 꿈꾸는 리얼 소사이어티(real society)를 대안사회로 제시할 수 있다.

기독교의
눈으로
고전 읽기

도스토옙스키 편

미주

1부

1. 이 글은 2024년 5월 감리교단의 월간지인 『기독교세계』에 기고된 글 "기독교 문학의 진수, 성경" 14~17을 수정한 것임을 밝힌다.

2. 1~2, 4~6부 도입에 실린 사진들은 Wikimedia Commons의 자료임을 밝힌다.

3. Northrop Frye, *The Great Code* (London : Ark, 1982), 220-233. 성경은 언어를 통해 현실 너머의 세계에 대한 비전을 창조하고 고취하는 중재적 계시 기능을 행사한다 ; A. C. Hamilton, "Northrop Frye on the Bible and Literature," *Christianity and Literature* 41/3(Spring 1992), 255-276. "The Old and New Testaments are a Great Code of Art"(255). 이 인용문의 원전 출처는 다음과 같다. Nothrop Frye, *Fearful Symmetry*, 110 ; C. S. Lewis, *Reflections on the Psalms* (Glasgow : Collins, 1962). "A person must submit to Scripture wholly, 'steeping ourselves in a Personality, acquiring a new outlook and temper, breathing a new atmosphere, suffering Him…… to rebuild in us the defaced image of Himself'"(95-96).

4. 현길언, 『문학과 성경』(서울 : 한양대 출판부, 2002), 38-40. "성경은 하나님의 존재성을 언어화한 작품이다. …… 이 책은 양식 면에서도 인간이 쓴 모든 소설 작품의 총화이고 전범이다. 또 내용으로도 모든 소설의 내용을 다 포함하고도 남는다. …… 하나님 언어의 힘은 문학언어에서 발현된다"(38-39).

2부

1. 도스토옙스키의 작가 및 작품 연보는 표도르 미하일로비치 도스토예프스키, 『가난한 사람들』, 석영중 옮김(파주 : 열린책들, 2010), 229-245와 『악령』, 채수동 옮김(3쇄 ; 서울 : 동서문화사, 2020), 863-869에 빚지고 있다.

2. 페트라솁스키(Mikhail Petrashevsky, 1821-1866)는 도스토옙스키 당대의 외무부 관리이자 공상주의적 사회주의를 주창하던 인물이다. 그는 1848년부터 자신의 집에서 페트라솁스키 모임(the Petrashevsky Circle)을 주도했는데, 푸리에의 공상주의적 사회주의를 공부하던 모임이었다. 도스토옙스키는 평등주의적

공산주의나 테러리즘에는 반대했지만, 농노제에 반대하여 농노제를 해체하는 혁명과 그것의 선전활동에 투신된 결사에 합류했다.

3. 석영중, 『도스토옙스키의 명장면 200』(파주 : 열린책들, 2022), 12.

4. J. E. Lubering, "social problem novel," *Encyclopedia Britannica Online Academic Edition*(1 November 2007), https://www.britannica.com/art/social-problem-novel). Accessed 15 September 2024.

5. 아르놀트 하우저, 『문학과 예술의 사회사 3』, 백낙청, 염무웅 옮김(개정 2판 ; 파주 : 창비사, 2021), 18-20.

6. W. J. 레더바로, "도스토옙스키와 문학 : 1840년대 작품들", 게리 솔 모슨 외(공저), 『도스토옙스키』(서울 : 우물이 있는 집, 2018), 99-131. 『가난한 사람들』에서 도스토옙스키는 선배 작가 고골이나 푸시킨과 전혀 다른 방향으로 가난한 자들의 세계를 깊이 있게 파헤치며 가난한 자들의 목소리를 회복시켜 준다.

7. Upton Sinclair(ed.), *The Cry for Justice: An Anthology of the Literature of Social Protest. The Writings of Philosophers, Poets, Novelists, Social Reformers, and Others Who Have Voiced the Struggle Against Social Injustice* (Philadelphia : The John C. Winston Co., 1915), 181-182.

8. 노스럽 프라이, 『비평의 해부』, 임철규 옮김(서울 : 한길사, 2000), 28.

9. 도로시 데이, 『고백』, 김동완 옮김(서울 : 복있는 사람, 2010). 가톨릭 노동자 운동의 사회사적 의의에 대한 분석을 보려면 이 책의 끝에 실린 김회권의 "해설의 글"을 참조하라. 1930년대 미국 대공황기 민중들의 고난을 그린 존 스타인벡의 『분노의 포도』는 미국 민중사를 꿰뚫는 대표적인 사회소설이다. 이 소설은 유럽 사회소설을 그대로 모방했다고 할 만큼 사회적 저항을 문학적으로 승화시킨 소설이다. 이 소설의 제목은 요한계시록 14장의 하나님의 악인(포도) 추수 심판 이미지에서 착상되었다. 여기서 천사들은 날카로운 낫을 가지고 무르익은 포도를 추수한다. 하나님의 진노를 경험한 악인들이 포도로 은유된다. 『분노의 포도』를 읽는 독자들은 오클라호마에서 로스앤젤레스 너머, 서부의 광활하고 황량한 베이커스필드까지 올라가는 미국 민중들의 피눈물에 마음을 적실 것이다.

10. 위의 책, 13-15.

11. "새로운 사태"는 교황 레오 13세가 1891년 5월 15일에 발표한 자본과 노동에 관한 회칙이다. 총대주교, 수석주교, 대주교, 주교, 그리고 지역의 다른 주교들에게 전달한 공개서한이며, 노동계급의 상황을 다룬 문서이다.

12. 1980년대 중반 폴란드 자유노조 운동과 민주주의 체제 전환, 그로 인해 야기된

소련 고르바초프의 개혁 개방노선은 로마가톨릭의 사회적 지향과 전회에 직간접적으로 영향을 받았다. 1979년 6월 2일, 교황 요한 바오로 2세는 조국 폴란드의 바르샤바 광장에서 요엘 2:28~32로 설교했다. "성령이여, 이 조국을, 이 대지를 가득 채우소서. 하나님의 남종과 여종에게 성령을 부으소서."라는 매우 유명한 강론이다(미하엘 벨커,『하나님의 형상으로 창조된 인간 : 영(靈) 인간학』, 김회권, 이강원 옮김〈서울 : PCKBOOKS, 2022〉, 51). 그때, 그단스크 조선소(Stocznia Gdańska, 이전 명칭은 레닌 조선소)의 노동자였던 청년 레흐 바웬사(Lech Wałęsa)가 그 자리에 참여한다. 그는 교황의 강론을 듣고 나서 자유노조인 '솔리다르노시치'(Solidarność, 폴란드 인민공화국 사상 최초의 비공산계열 자유노조 연대)를 창설한다. 교황의 설교에 대한 응답이었다. 1985년, 6년 만에 폴란드는 자유화가 된다. 폴란드는 소련의 배후지인데, 소련의 배후지가 뚫림으로 그 유명한 페레스트로이카(perestroika, 시장주의 도입)와 글라스노스트(гласность/Glasnost, 개방정치)가 일어났다. 그러고 나서 4년 후인 1989년에 동독군 창건 40주년 기념식에 미하일 고르바초프가 참여한다. 자유주의에 영향을 받은 동독 공산당의 충성심이 와해된 것을 본 고르바초프는 KGB에게 말한다. "어떤 인민의 시위도 진압하지 말라.", "어떤 인민의 자유주의 외침도 진압하지 말라." 고르바초프는 동서독이 통일되는 것을 방조한다.

13. 김회권,『사도행전』(개정판 ; 서울 : 복있는 사람, 2024), 36-52. 사도행전은 '개인과 도시'를 동시에 변혁하고 갱신시킴으로써 이 땅에서 이루어지는 하나님 나라 비전을 제시한다. 이 땅에서 이루어지는 하나님 나라는 나사렛 예수를 주로 고백하고 그의 성령감화통치를 받는 사람들 사이에서 실체화된다.

14. 이 단원은 온라인 브래태니커 백과사전에 투고한 게리 솔 모슨(Gary Saul Morson)의 글 "Fyodor Dostoyevsky Russian author"에 일부 빚지고 있다.

15. 안데르센의 여러 단편소설들(특히『성냥팔이 소녀』), 디킨스의『크리스마스 캐럴』,『데이비드 코퍼필드』,『올리버 트위스트』,『어려운 시절』,『위대한 유산』의 주인공은 전부 비참한 사람들이다.

16. 구본일, "도스토예프스키를 만나다"(1),『기독교사상』581(2007년 5월), 218-223(특히 221).

17. 러시아의 위대한 시인이자 소설가이다. 외조부는 표트르 대제를 섬긴 아비시니아(에티오피아) 흑인 출신 귀족이었다.

18. 러시아 고전 작가들 중 가장 서구적인 작가로 알려진 소설가이다. 그의 작품들은 1840~1870년대의 사회 문제를 주제로 삼는다.

3부

1. Mikhail Petrovitch Klodt, "Raskolnikov and Marmeladov"(1874), https://picryl.com/media/klodt-michail-petrovich-raskolnikov-and-marmeladov-026993.

2. 1888~1974년. 스위스의 신학자이자 목회자로, 칼 바르트와 함께 변증법적 신학을 발전시킨 대표적인 인물이다.

3. 에두아르트 투르나이젠, 『도스토옙스키, 지옥으로 추락하는 이들을 위한 신학』, 손성현 옮김(서울 : 포이에마, 2018), 11-13.

4. 위의 책, 80-81.

5. 한스 큉, "무종교 항쟁과 종교", 발터 옌스, 한스 큉, 『문학과 종교』, 김주연 옮김(왜관 : 분도출판사, 1997), 277.

6. 발터 옌스, "그러나 나는 보리라. 피살자가 살아나 살해자를 껴안는 것을", 발터 옌스, 한스 큉, 위의 책, 309-310.

7. 같은 글, 313.

8. 같은 글, 314-315.

9. 필립 얀시, 『내 영혼의 스승들 1』, 나벽수 옮김(서울 : 좋은씨앗, 2002), 248-251.

10. 상트페테르부르크(Saint Petersburg) : 모스크바에서 북서부로 약 700킬로미터 떨어진 서쪽 소재 도시로서, 핀란드의 수도 헬싱키와 비교적 가깝다. 제정 러시아 시대의 대부분의 기간 동안 수도였으며, 항구도시인 상트페테르부르크는 '베드로의 도시'라는 의미이다. '페테르'는 'Peter', '부르크'는 도시를 뜻한다.

11. 모스크바에 본거지를 둔 권문세가 중 하나로 보는 설이 유력하다.

12. 섬망(譫妄, delirium) : 의식장애와 내적인 흥분의 표현으로 볼 수 있는 운동성 흥분을 나타내는 병적 정신상태(서울대학교병원 의학정보).

13. 우리 책 6부에서는 라스콜니코프의 이름 어원을 '분파, 배교자'로 서술했다. 라스콜니코프 이름의 뜻을 '라스콜=분열'로 보는 것이 대체적인 시각이지만, 여기서는 라주미힌과 비교해서, 라스콜니코프를 '이성 일탈자' 혹은 '이성 분열자'로 해석하기도 한다.

14. 이 번역은 현대 러시아어로 편집된 총 275쪽 구텐베르크 전자책 Федор Достоев-

ский : «Преступление и наказание» Федор Михайлович Достоевский Преступление и наказание, 6쪽에 나온 본문을 직역한다. 현대 영어로 번역된 구텐베르크 전자책, Fyodor Dostoyevsky, *The Project Gutenberg eBook of Crime and Punishment*, trans. Constance Garnett(Release date : March 28, 2006〔eBook #2554〕 Most recently updated : June 10, 2025)(총 376쪽), 11쪽에 나온 영역을 참조했다. 민음사가 '학생'이라고 번역한 러시아 단어는 바튜슈카(батюшка)는 러시아의 남자 존칭어이다. '나으리'에 가까운 말이다. 영역본은 'sir'이라고 번역해 러시아 원문을 어느 정도 살렸다. 따라서 전당포 노파가 라스콜니코프에게 반말을 한 것으로 번역한 것은 무리하고 어색한 번역이다. 앞으로 러시아 원문을 직접 번역하며 필시 영역본을 참조하려고 한다. 현대 러시아어 편집본 구텐베르크 판본과 구텐베르크 전자책 영역본을 번역하는 경우 각각 그 쪽수를 표시할 것이다.

15. 이 당시(19세기) 1루블은 1만 5천 원에서 2만 원 정도다. 그러니까 1루블은 100코페이카다. 15루블, 30루블을 엄청나게 큰돈으로 여겼던 라스콜니코프를 비롯한 등장인물 대부분의 삶은 매우 가난했다.

16. '양심'이라고 번역된 러시아어는 십자가(креста)이다. '자네는 크리스천이 아니네.' 혹은 '자네는 양심도 없네.'라는 정도의 의미이다.

17. '아나스타샤'의 의미는 부활이다.

18. 한국어판은 경찰서 내 인물을 대위, 중위라고 칭한다. 경위, 경사의 명칭이 적절해 보인다.

19. 한국어판에는 '젊은 칠장이'로 되어 있으나 영문판은 'Old Painter'로 되어 있다.

20. "아주 달달 외웠군! 거창한 자기소개야."(민음사 1권 269)라는 번역은 러시아어판의 문장(Затвердил! Рекомендуется, - произнес вдруг Раскольников)의 직역과는 상당히 다르다. 이 러시아 문장의 직역은 "맞습니다. 추천합니다." 정도의 의미이다. 주인공이 일리야 페트로비치를 조롱하는 맥락에서 혼자 중얼거리듯이 외친 말이다. 민음사역은 영어판에 가까운 번역이다. 영어판은 "그는 자랑하기 위해 외웠군."이라는 의미이다.

21. 구본일 박사에 따르면, 포르피리 페트로비치의 직책은 러시아어로 'следователь'(슬레다바쩰, Sledovatel)로, 직역하면 수사관 또는 조사관 정도 된다. 19세기 러시아 제국 사법제도에서 следователь은 오늘날의 수사판사(investigating judge) 또는 예심판사(inquisitorial magistrate)의 역할에 가까웠고(오늘날 한국과 다르게 프랑스만 해도 예심판사와 검사가 분리되어 있다.) 경찰과는 별도로 범죄의 예심을 담당했다. 작품 속 포르피리는 특히 형사범죄 중에서도 '중대한 사

건'을 전담하는 위치로 설정되어 있다. 19세기 러시아에서 следователь은 오늘날 한국의 수사 검사에 가까운 기능을 했지만, 명칭은 검사(прокурор)가 아니었고, прокурор는 더 상위에서 수사 감독과 기소를 담당했다. 따라서 예심판사 제도가 낯선 한국 독자에게 예심판사라는 번역보다 '수사관'이라는 번역을 사용하는 것이 좋다고 생각된다.

22. 표도르 도스토옙스키, 『죄와 벌 2』, 김연경 옮김(서울 : 민음사, 2023), 김연경의 '작품 해설' 참조.

23. 줄리어스 시저 등 '영웅'으로 불리는 이들을 떠올리게 한다. 이문열은 『영웅시대』(서울 : 민음사, 1984)에서 이를 조롱한다. 공산주의 이념에 빠져 미치광이 짓을 하며 살인을 범하는 아버지의 좌익 편력을 이야기하는 것이 『영웅시대』이다. 『영웅시대』에도 이념에 미쳐 살상하는 이야기 기법이 사용되고 있다.

24. 프리드리히 쉴러는 나이는 어리지만 괴테와 동시대 사람으로, 『군도』라는 소설을 썼다. 『군도』는 '강도들'로, 나폴레옹적인 용어이다. 동생이 떼도둑이 되어서 형의 성을 침략하여 약탈하는 이야기이다.

25. 유로지브이는 '거룩한(성) 바보'라는 뜻으로, 『백치』 앞부분에도 나온다.

26. 마태복음 19 : 14 "예수께서 이르시되 어린아이들을 용납하고 내게 오는 것을 금하지 말라 천국이 이런 사람의 것이니라 하시고"

27. 도스토예프스키, 『罪와 罰』 하권, 이철 옮김(서울:범우사, 1994 2판), 5부, 214.

28. 19세기 러시아는 프랑스 대혁명과 나폴레옹 전쟁의 영향으로 자유주의 사상의 확산을 극도로 경계했다. 니콜라이 1세는 데카브리스트의 반란 이후 사상을 통제하고, 정치적 검열을 대폭 강화했기에 진보적 모임에 가담한 것만으로도 유형이나 사형선고를 받을 수 있었다. 당시 오스트리아 등의 국가들도 나폴레옹 전쟁의 충격 속에 보수적 질서를 유지하고자 했다.

29. 구본일, "심미적(aesthetic) 범죄에 대한 고난 : 희생의 신비", 『기독교사상』(2007년 9월 585), 142-154(특히 148).

30. 도스토옙스키는 프로이트보다도 더 프로이트적인 글을 프로이트의 선구자로서 썼다.

31. 구본일, "심미적(aesthetic) 범죄에 대한 고난 : 희생의 신비", 152.

32. 로마서 1 : 20~24 "창세로부터 그의 보이지 아니하는 것들 곧 그의 영원하신 능력과 신성이 그가 만드신 만물에 분명히 보여 알려졌나니 그러므로 그들이 핑계하지 못할지니라 하나님을 알되 하나님을 영화롭게도 아니하며 감사하지도 아니하고 오히려 그 생각이 허망하여지며 미련한 마음이 어두워졌나니 스스로 지혜

있다 하나 어리석게 되어 썩어지지 아니하는 하나님의 영광을 썩어질 사람과 새와 짐승과 기어다니는 동물 모양의 우상으로 바꾸었느니라 그러므로 하나님께서 그들을 마음의 정욕대로 더러움에 내버려두사 그들의 몸을 서로 욕되게 하게 하셨으니"

33. 로마서 7 : 21~24 "그러므로 내가 한 법을 깨달았노니 곧 선을 행하기 원하는 나에게 악이 함께 있는 것이로다 내 속사람으로는 하나님의 법을 즐거워하되 내 지체 속에서 한 다른 법이 내 마음의 법과 싸워 내 지체 속에 있는 죄의 법으로 나를 사로잡는 것을 보는도다 오호라 나는 곤고한 사람이로다 이 사망의 몸에서 누가 나를 건져내랴"

34. 구본일, "심미적(aesthetic) 범죄에 대한 고난 : 희생의 신비", 152.

35. 히브리서 11 : 10 "이는 그가 하나님이 계획하시고 지으실 터가 있는 성을 바랐음이라"

4부

1. 토머스 머튼, 『칠층산』, 정진석 옮김(서울 : 바오로딸, 2009), 85-86.

2. 마태복음 11:25 "그때에 예수께서 대답하여 이르시되 천지의 주재이신 아버지여 이것을 지혜롭고 슬기 있는 자들에게는 숨기시고 어린아이들에게는 나타내심을 감사하나이다"

3. 마태복음 19 : 14 "예수께서 이르시되 어린아이들을 용납하고 내게 오는 것을 금하지 말라 천국이 이런 사람의 것이니라 하시고"

4. "그래도 레베제프만은 패거리 중 누구보다 담력과 확신을 지니고 있어 로고진과 거의 나란히 걸어 들어왔는데, 140만 루블이라는 순자산과 지금 바로 수중에 있는 10만 루블이 실제로 어떤 의미를 갖는지 잘 알고 있었기 때문이다"(1권 288).

5. 도스토옙스키는 이미 지그문트 프로이트보다 반세기 정도 앞서 리비도와 타나토스(죽음 열망, 죽음 충동)의 관계를 통찰했다.

6. 요한복음 12 : 24 "…… 한 알의 밀이 땅에 떨어져 죽지 아니하면 한 알 그대로 있고 죽으면 많은 열매를 맺느니라" 이것은 도스토옙스키의 필생 요절이자 『카라마조프가의 형제들』의 주제 성구이기도 하다.

7. 낸시 피어시, 『완전한 진리』, 홍병룡 옮김(서울 : 복있는 사람, 2013).

8. 2장 번역, 특히 입폴리트와 가냐의 대화 번역은 이해하기 힘들 정도로 어색하다.

9. 당시 가정교사는 가정교수였다. 가정교사는 당당한 직업이었으며, 생계를 해결할 수 있었다. 『국부론』을 쓴 애덤 스미스는 글래스고 대학교 교수직을 그만두고(월급이 적었다.) 한 부잣집 자녀를 가르치는 가정교수로 전직했다. 장 자크 루소 등 많은 철학자들도 가정교수였다.

10. 27세인 공작과 더불어 나이 지긋한 인물들이 18세의 청년에게 깍듯한 존칭어를 구사하는 것은 다소 어색해 보인다.

11. 푸시킨을 읽었다는 표현은 한 세대 전 문화의 아버지인 그의 책을 읽음으로 최첨단 사상, 교양의 최고 단계까지 안다는 의미이다.

5부

1. 이정식, 『도스토옙스키, 죽음의 집에서 살아나다 : 러시아 문학기행 2』(서울 : 한결미디어, 2021), 104-105.

2. 『카라마조프가의 형제들』의 소재는 작가가 당대에 일어난 사건들에서 취했다는 주장이 있다. 『카라마조프가의 형제들』은 부친 살해 사건을 담은 1875년 러시아 신문들(당시 〈노브고로드 신문〉에 실린 부친 살해 사건)의 기사에서 모티프가 착상되었다는 것이다. '도스토옙스키가 스타라야루사에 살던 1875년, 이 신문들에 부친 살해 사건이 보도되었고 그것이 소설 카라마조프 씨네 형제들의 모티프가 되었다.' 하지만 이 사건이 소설의 모티프를 제공한 유일한 단서는 아니라는 주장도 있다. 이미 작가는 1862년에 출간된 『죽음의 집의 기록』에서 자신이 시베리아에서 억울한 살인범(부친 살해범)을 만난 경험을 언급하고 있기 때문이다. 『죽음의 집의 기록』에서 도스토옙스키는 드미트리처럼 부친 살해범으로 몰려 단죄된 억울한 유형수를 만난 경험을 다음과 같이 술회한다 : "귀족 출신이었던 그는 품행이 아주 방탕해서 빚더미에 올라앉고 말았다. 아버지가 그를 붙들고 설득했지만, 아버지에게는 집도 있고, 농장도 있으며, 돈도 많아 보였기 때문에 아들은 유산이 탐나 아버지를 살해했던 것이다. 이 범행은 한 달 만에 들통이 나 버렸다. 자기 아버지가 알리지도 않은 채 어디론가 사라졌다고 살인자 자신이 경찰에 신고를 했던 것이다. 이 한 달 내내 아들은 몹시 방탕한 생활을 했는데, 그가 집을 비운 틈에 경찰은 마침내 시체를 찾아내고 말았다. 마당에는 더러운 시궁창을 판자로 덮은 하수도가 마당의 길이만큼 길게 지나가고 있었다. 시체는 이 하수도에 버려져 있었다. …… 그는 자백을 하지 않았다. 그러나 귀족의 신분과 관직을 박탈당했고, 20년의 징역이 선고되었다. …… 나는 결코 한번도 그에게서 어떤 특별한 잔혹성을 발견하지 못했다"(『죽음의 집의 기록』, 이덕형 옮김〈파주 : 열린책들, 2010〉). 부친 살해 사건의 범인으로 옴스크 감옥에서 도스토옙스키와 함께

억울한 유형살이를 한 사람은 토볼스크 출신의 육군 소위 일린스키였다.

3. 표도르 도스토예프스키, 『카라마조프가의 형제들 1』, 김연경 옮김(서울 : 민음사, 2007), 59, 5장 "장로들"에서 '코젤스카야 오프치나 수도원'이 언급된다. 오프치나 수도원은 옵티나 수도원을 가리키는 것처럼 보인다.

4. 고린도전서 15 : 47~49 "첫 사람은 땅에서 났으니 흙에 속한 자이거니와 둘째 사람은 하늘에서 나셨느니라 무릇 흙에 속한 자들은 저 흙에 속한 자와 같고 무릇 하늘에 속한 자들은 저 하늘에 속한 이와 같으니 우리가 흙에 속한 자의 형상을 입은 것같이 또한 하늘에 속한 이의 형상을 입으리라"

5. 러시아어 이반(Ivan)을 영어로 표현하면 요한(John)이다.

6. David L. Larsen, *The Company of the Creative* (Grand Rapids, MI : Kregel, 1999), 463.

7. 머리말에서 작가가 밝히고 있듯이, 이 소설은 〈한 위대한 죄인의 생애〉라는 제목의 원대한 장편 대하소설의 1부 격에 해당되는 작품이다. 알료샤를 중심으로 펼쳐질 2부는 끝내 빛을 보지 못하고, 도스토옙스키는 이 작품 출간 후 네 달 만에 각혈로 죽는다.

8. 일부 한국어판은 아쉬운 대목이 많다. 소제목 번역도 각 장 주제를 효과적으로 전달하는 데는 역부족처럼 보인다. 부분적으로 오역으로 보이는 소제목들도 다수 눈에 띈다. 본서에 표시된 장별 소제목은 장한 옮김, 더클래식 세계문학 컬렉션(2019) 버전을 김회권의 방식으로 수정한 버전임을 밝힌다.

9. 아모스 2 : 7 "힘없는 자의 머리를 티끌 먼지 속에 발로 밟고 연약한 자의 길을 굽게 하며 아버지와 아들이 한 젊은 여인에게 다녀서 내 거룩한 이름을 더럽히며"

10. 이 소설은 대체로 전지적이며(omniscient) 내재적·참여적 3인칭 작가 시점을 취하지만, 작가가 주인공들과 어떤 관계에 있는 사람인지는 분명하게 나타나지 않는다. 그는 마지막 재판정 어딘가에 공간적 위치를 점유한(3권, 313) 주인공들의 지인 혹은 주인공들을 자신이 일방적으로 아는 지인이다.

11. 아랍어 하렘(harem)은 원래 술탄의 여인들이 머무는 격리된 공간이다. 남자의 성적 만족을 위해서 동원된 품행이 방정치 못한 여자들의 집합소를 가리키기도 한다.

12. "그 무렵 알료샤는 균형 잡힌 몸에 발그스름한 뺨과 해맑은 시선을 지녔으며 쇠도 녹일 만큼 건강한 열아홉 살의 미성년이었다. 그는 그 무렵엔 아주 잘생겼다고 해도 과언이 아니었고 평균보다 큰 키에 늘씬했으며 짙은 아마빛 머리칼에 약간 갸름하긴 하지만 윤곽이 뚜렷한 계란형 얼굴, 반짝반짝 빛나는 짙은 잿빛의

커다란 두 눈을 지녔으며 몹시 사려 깊고 몹시 침착해 보였다"(민음사 1권 55).

13. 신비주의자와 리얼리스트의 차이 : 신비주의자는 믿음을 위해서 기적을 필요로 하는 사람이고, 리얼리스트는 믿음으로 기적을 만들어내는 사람이다. 이런 점에서 작가는 알료샤를 긍정적인 의미의 '리얼리스트'라고 평한다.

14. 매리언 울프,『다시, 책으로』, 전병근 옮김 (서울 : 어크로스, 2024).

15. 표도르 도스토예프스키,『카라마조프가의 형제들 1』, 57 참고, 알료샤가 신과 영혼불멸을 믿지 않았다면 무신론자와 사회주의의 길로 나갔을 것이라고 언급한 내용이다.

16. 표도르 도스토예프스키, 위의 책, 162-176에 나오는 인간성 조롱, 야유하는 라키친의 장광설.

17. 예를 들어, 대심문관에게 키스하는 그리스도와 5편에서 이반에게 키스하는 알료샤가 있다.

18. 마태복음 21 : 31~32 "그 눌 중의 누가 아버지의 뜻대로 하였느냐 이르되 둘째 아들이니이다 예수께서 그들에게 이르시되 내가 진실로 너희에게 이르노니 세리들과 창녀들이 너희보다 먼저 하나님의 나라에 들어가리라 요한이 의의 도로 너희에게 왔거늘 너희는 그를 믿지 아니하였으되 세리와 창녀는 믿었으며 너희는 이것을 보고도 끝내 뉘우쳐 믿지 아니하였도다"

19. 이 소설의 특징은 지적 수준이 낮아 보이는 등장인물도 말을 시작하면 볼테르 수준의 말을 하는 능력을 드러낸다는 데 있다. 위대한 작가에게 창조된 등장인물일수록 똑똑하다.

20. 세 작품에서 도스토옙스키는 여성 인물을 주변화시킨다는 혐의를 벗어나기 힘들다. 그의 소설들에는 여성 등장인물들은 말을 길게 하지 않고, 남성 주인공들이 긴 말을 한다. 또한 여성은 악마적인 매력의 소유자거나 도덕적으로 천한 사람들로 나온다. 왜 이렇게 그렸는가? 그 시대가 그렇게 보았기 때문에 작가가 그대로 반응한 것인가? 그렇다면 작가의 책임은 없는가? 도스토옙스키는 계속 이런 비난을 받는다. 그루셴카는『백치』의 나스타시야 필립포브나보다 훨씬 더 자아가 약한 사람으로, 매혹과 탐욕의 대상으로 그려진다. 그녀의 사상이 무엇인지 알 수 없다. 카체리나 역시 주변화되어 있다. 그 때문에 여성주의에서 도스토옙스키를 엄청나게 비판하는 것이다. 이에 비해 거의 같은 시대(1847)에『제인 에어』를 쓴 샬롯 브론테(Charlotte Bronte) 등의 여성 작가들의 작품들에서는 여성 주인공들에게 일관된 서사를 준다. 여성 주인공들은 여성의 사상과 자기 해명적인 도덕적 원칙을 가지고 행동한다.『오만과 편견』등도 여성 안에 아이디어가 있다. 그런데 도스토옙스키의 작품들에서는 여성 주인공들이 분열되어 있고, 항상 뭔가

토르소(〈이탈리아어〉 torso, 머리와 팔다리가 없이 몸통만으로 된 조각상)처럼 처리되어 있다. 이것이 도스토옙스키가 현대 여성주의자들에게 비판받는 이유다.

21. 표도르 도스토옙스키, 『카라마조프가의 형제들』, 장한 옮김(서울 : 더클래식, 2019)에서는 '착란'이라고 번역되어 있다.

22. 일부 번역본에는 경어체를 엉뚱한 곳에 붙이는 실수가 있다. 여기서는 호흘라코바 부인이 나이가 어린 알료샤에게 깍듯한 존칭어를 사용한 것처럼 번역했다.

23. 사르트르가 이 부분을 인용한다. "인간은 자유롭도록 저주받았다"(장 폴 사르트르, 『구토』, 방곤 옮김〈서울 : 문예출판사, 1999〉, 230). 신오현은 『자유와 비극』(절판)에서 사르트르의 비극적 자유의 철학을 요약했다.

24. 그러나 소설 속에서 두 사람의 결혼은 이루어지지 않는다. 이는 『백치』의 므이쉬킨과 아글라야의 이야기를 떠올리게 한다.

25. "대심문관"은 로마가톨릭에 대한 작가의 반감 어린 편견을 집약적으로 표현하고 있다.

26. 로마서 2 : 13~15 "하나님 앞에서는 율법을 듣는 자가 의인이 아니요 오직 율법을 행하는 자라야 의롭다 하심을 얻으리니 (율법 없는 이방인이 본성으로 율법의 일을 행할 때에는 이 사람은 율법이 없어도 자기가 자기에게 율법이 되나니 이런 이들은 그 양심이 증거가 되어 그 생각들이 서로 혹은 고발하며 혹은 변명하여 그 마음에 새긴 율법의 행위를 나타내느니라)"

27. "그루셴카는 삼소노프에게 자신의 정조에 대한 무한한 신뢰를 심어 줌으로써 그에게서 해방될 수 있었다"(민음사 2권 138).

28. 폴란드 사람에 대한 작가의 편견이 엿보인다. 『백치』에서는 아글라야가 폴란드 백작에게 속아서 결혼했다.

29. 요한1서 1 : 9 "만일 우리가 우리 죄를 자백하면 그는 미쁘시고 의로우사 우리 죄를 사하시며 우리를 모든 불의에서 깨끗하게 하실 것이요"

30. 에베소서 5 : 13 "그러나 책망을 받는 모든 것은 빛으로 말미암아 드러나나니 드러나는 것마다 빛이니라"

31. 로마서 7 : 21 "그러므로 내가 한 법을 깨달았노니 곧 선을 행하기 원하는 나에게 악이 함께 있는 것이로다"

32. 민음사 역본으로 3권에는 4부가 실려 있다. 3권에는 어색한 번역들이 다수 발견된다.
    (1) 12편 13장 '사상의 밀통자' : 이 번역은 오역처럼 보인다. 마태복음 5 : 28에는 '마음에 이미 간음한 자'라는 말이 나오는데, 민음사 역자는 '마음'을 '사

상'이라고 번역했다. 영어번역본에는 '아들의 연인을 훔친 간음자 파블로비치'라고 되어 있다. 변호사 페츄코비치는 "이 사람은 아버지가 아니다. 아들의 연인을 훔친 간음자다. 마음으로 간음한 자다."(마 5 : 28)라고 말하며 마태복음 7 : 1~2을 인용한다. "비판을 받지 아니하려거든 비판하지 말라 너희가 비판하는 그 비판으로 너희가 비판을 받을 것이요 너희가 헤아리는 그 헤아림으로 너희가 헤아림을 받을 것이니라"

    (2) '촌놈들이 자기 고집을 피우다' : 어색한 번역이다. '농민 배심원들의 완강한 고집'이라는 번역이 더 정확하다.

33. 민음사 역이 '수세미'(1권 443)라고 번역한 단어는 러시아어로 모찰카(мочалка)이다. 이 단어는 '수건'을 의미한다. 은어로 쓰이는 경우 모찰카는 '턱수염'을 가리키기도 한다. 여기서는 턱수염이 많은 사람을 일컫는 비칭 제유법으로 보인다.

34. 이병주의 소설『지리산』에는 20대가 되지 않은 진주농림전문학교 아이들이 조국의 슬픔에 관해 완전히 동일시하는 모습이 등장한다. '조숙'이라는 말은 소년가장을 뜻하는데, 상담심리학에서 소년가장은 '부모화 된' 아이들이라고 불린다. 곧 자녀가 부모가 되어 버림으로 부모와 아동의 역할이 역전되는 슬픈 현상이다.

35. 민음사 역본은 지속적인 존칭어를 남용하는 번역의 난맥상을 보인다. "일류샤는 죽을 겁니다. 아무래도 그런 생각이 드는군요."(민음사 3권 91). "당신을 경멸한다고요?"(민음사 3권 97) 20세가 넘는 청년이 13세 소년에게 경어체로 말하는 것은 어색하다.

36. 『백치』에서 백치 므이쉬킨의 역할과 알료샤의 역할이 30% 이상 겹친다.

37. 민음사 역본, 3권 110쪽 각주는 시편 136 : 5~6으로 오기. 시편 137 : 5~6 "예루살렘아 내가 너를 잊을진대 내 오른손이 그의 재주를 잊을지로다 내가 예루살렘을 기억하지 아니하거나 내가 가장 즐거워하는 것보다 더 즐거워하지 아니할진대 내 혀가 내 입천장에 붙을지로다"

38. 표도르 도스토옙스키,『카라마조프가의 형제들 3』, 김연경 옮김(서울 : 민음사, 2007), 169 라키친의 흑심, 170-171 라키친이 쓴 호홀라코바 부인의 발 풍자시 참고.

39. 그 신문은 "스코토프리고니예프스크의 카라마조프 소송에 관하여"라는 기사도 싣고 있는 지방지이다. 이것은 드미트리와 40세의 호홀라코바 부인 사이에 염문이 있는 것처럼 조작하여 쓴 라키친의 기사이다. 살인범 미망인과 도망을 가려고 한다는 내용의 이 기사는 일관되게 악한 라키친을 보여준다.

40. 마태복음 1 : 21 "아들을 낳으리니 이름을 예수라 하라 이는 그가 자기 백성을 그들의 죄에서 구원할 자이심이라 하니라"

41. 로마서 2:13 "하나님 앞에서는 율법을 듣는 자가 의인이 아니요 오직 율법을 행하는 자라야 의롭다 하심을 얻으리니"

42. 니콜라이 고골이 쓴 대하소설 『죽은 혼』에 등장하는 트로이카의 이미지를 이용해 사법정의를 세우는 일의 중요성을 강조하는 문맥에서 검사 키릴로비치는 "지금 러시아가 무너지고 있다."라고 말한다. 그는 고골이 비판적으로 말했던 것을 이용해서 '이번 재판이 잘못되면 러시아의 도덕이 무너져 큰일 난다.'라는 요지를 말하는 것이다. 키릴로비치는 고골이 트로이카에 빗댄 러시아의 이미지를 지적하며 러시아의 정의와 사법체계를 수호해 달라고 배심원에게 요청한다. 고골의 작품에 나오는 말은 이렇다 : "루시, 너도, 무서운 속도로 질주하는 트로이카와 같은가? …… 루시, 도대체 어디로 달려가는가? 답을 다오, 답을 주지 않는구나". 유럽으로부터 오는 선진 진보사상으로부터 러시아의 전통 가치를 보수하려는 검사를 조롱하는 도스토옙스키의 의도가 보인다. 영국이 러시아를 농단하려는 국제정세를 염두에 둔 키릴로비치의 발언인 것처럼 보인다. 이에 비해 페츄코비치는 이 재판을 제대로 하면 러시아의 미래를 밝게 만드는 엄청난 좋은 재판이 될 것이라고 말한다(고골의 "트로이카" 19쪽 각주 참고).

43. 카라마조프는 '대지에 속한, 흙스러운, 질료스러운, 진토스러운'이라는 뜻이다. (시편 103:14에 '인간은 진토〈히브리어 아파르〉'라는 말씀과 창세기 2:7에 흙〈히브리어 아파르〉으로 사람을 지은 말씀 참조)

44. 마태복음 5:27~28 "또 간음하지 말라 하였다는 것을 너희가 들었으나 나는 너희에게 이르노니 음욕을 품고 여자를 보는 자마다 마음에 이미 간음하였느니라"

45. 우리는 목회자로서 변호사의 예리한 시선에 도전을 받는다. 그래서 상투적 판단에 두려움을 갖고 문학을 읽는다. 문학을 읽으면 우리의 상투적이고, 확신에 찬 판단이 흔들린다.

46. 마태복음 7:1~2 "비판을 받지 아니하려거든 비판하지 말라 너희가 비판하는 그 비판으로 너희가 비판을 받을 것이요 너희가 헤아리는 그 헤아림으로 너희가 헤아림을 받을 것이니라"

47. 19세기 말 전통사회의 붕괴로 새로운 러시아 건설에 대한 열망이 지식인들과 예술가들에게 충일했다. 파편화된 인간 군집이 아니면서도 개인의 자유를 억압하지 않는 조화로운 공동체 건설은 시대의 난제였다. 이 소설은 이런 새로운 러시아적 우애공동체를 이끌고 갈 조화로운 새 인간을 모색하던 작가의 후기 작품들 전체의 흐름 안에서 쓰여졌다(구본일, "시대의 아들 도스토예프스키", 『기독교사상』 〈2007년 5월〉, 218-234〈222〉).

6부

1. 루시앙 골드만, 『숨은 신 : 비극적 세계관의 변증법』, 송기형, 정과리 옮김(서울 : 여강출판사, 1984), 48-49. '2장 비극적 세계관-신'(29-54), '4장 비극적 세계관-인간'(85-123)을 참조하라.

2. 이사야 40 : 27 "야곱아 어찌하여 네가 말하며 이스라엘아 네가 이르기를 내 길은 여호와께 숨겨졌으며 내 송사는 내 하나님에게서 벗어난다 하느냐"

3. 김응교, 『그늘 : 문학과 숨은 신』(서울 : 새물결플러스, 2012), 35-36.

4. 루시앙 골드만, 『숨은 신 : 비극적 세계관의 변증법』, 86.

5. Wil van den Bercken, *Christian Fiction and Religious Realism in the Novels of Dostoevsky* (London et al. : Anthem Press, 2011), 1-164.

6. 위의 책, ix-xiv.

7. 얼마나 사회를 깊이 들여다보면 이런 글을 쓸 수 있을까? 우리는 한국 목회자들의 설교에도 이런 예언자적 통찰력과 예지력, 그리고 신적 염려가 녹아들 수 있기를 바란다.

8. Vyacheslav Ivanov, *Study in Dostoevsky* (New York : Farrar Straus Giroux, 1957), 72.

9. 이런 라스콜니코프의 초인사상은 1860년대 중반 러시아 지성인들을 흔들었던 나폴레옹 3세의 『율리어스 카이사르의 역사』에서 주창된 '강자의 권리' 사상과 깊이 연결되어 있다. 수사관 포르피리 페트로비치가 내뱉은 대사 중 하나도 라스콜니코프 시대에 '나폴레옹적 초인주의'가 얼마나 득세했는지를 보여준다. "요즘 우리 러시아에서 자신을 나폴레옹으로 생각하지 않는 사람이 누가 있겠습니까?"(구본일, "'노파 살해'라는 선악과〈善惡果〉", 『기독교사상』 584〈2007년 8월호〉, 216)

10. 구본일도 노파 살해를 선악을 알게 하는 선악과로 본다(위의 글, 211-223). 라스콜니코프는 우연히 싸구려 선술집에서 4등 문관의 과부이자 고리대금업자인 알료나 이바노브나에 대한 적의를 토해내는 한 대학생과 장교의 대화를 엿듣는다. 사회적 해충 같은 자를 죽여 더 정의로운 대의를 추구하자는 공리주의적 사고방식이 당시의 '대기를 떠도는 생각'의 일종이었다(214).

11. 구본일에 따르면, 선악과 계명을 어기고 그 계명 바깥에서 살아가는 스비드리가일로프와 루쥔은 라스콜니코프의 분신이다(위의 글, 219).

12. 창세기 2:16~17 "여호와 하나님이 그 사람에게 명하여 이르시되 동산 각종 나무의 열매는 네가 임의로 먹되 선악을 알게 하는 나무의 열매는 먹지 말라 네가 먹는 날에는 반드시 죽으리라 하시니라"

13. 이사야 5:20 "악을 선하다 하며 선을 악하다 하며 흑암으로 광명을 삼으며 광명으로 흑암을 삼으며 쓴 것으로 단 것을 삼으며 단 것으로 쓴 것을 삼는 자들은 화 있을진저"

14. 로마서 3:5 "그러나 우리 불의가 하나님의 의를 드러나게 하면 무슨 말 하리요 [내가 사람의 말하는 대로 말하노니] 진노를 내리시는 하나님이 불의하시냐"

15. A. Boyce Gibson, *The Religion of Dotoevsky* (Reprint ed. ; Eugene, OR. : Wipf and Stock, 2016), 21.

16. 위의 책, 27-31.

17. 위의 책, 39-41.

18. 구본일, "도스토예프스키를 만나다"(1), 218-230. "도스토예프스키는 러시아 지식인층으로부터 유리된 세계에서 '인간'을 발견한다. 그는 계속해서 '심오하고 강인하고 매우 아름다운 성격들이 있음을 보게 되는 것이 거친 외피 밑에 있는 금을 발견하는 것처럼 흥겨웠다.'고 적고 있다"(220).

19. 로마서 1:20~24 "창세로부터 그의 보이지 아니하는 것들 곧 그의 영원하신 능력과 신성이 그가 만드신 만물에 분명히 보여 알려졌나니 그러므로 그들이 핑계하지 못할지니라 하나님을 알되 하나님을 영화롭게도 아니하며 감사하지도 아니하고 오히려 그 생각이 허망하여지며 미련한 마음이 어두워졌나니 스스로 지혜 있다 하나 어리석게 되어 썩어지지 아니하는 하나님의 영광을 썩어질 사람과 새와 짐승과 기어다니는 동물 모양의 우상으로 바꾸었느니라 그러므로 하나님께서 그들을 마음의 정욕대로 더러움에 내버려 두사 그들의 몸을 서로 욕되게 하게 하셨으니"

20. Louis Bouyer, *Orthodox Spirituality and Protestant and Anglican Spirituality* (London : The Seabury Press, 1969), 33, 116-126. 루이스 부예에 따르면, 러시아 정교회 역사상 최초의 '그리스도를 위한 바보들'은 13~14세기에 등장했다. 그 '바보 행세 수도사들'은 인간의 연약함, 악에 무능하고 이해타산에 무능한 어리석음을 받아들임으로써 바보처럼 행동했다. 『죄와 벌』은 모욕과 고통을 감수하면서도 한없이 자비로운 소냐가 바보 영성을 구현한다. 『백치』에서는 탈이해타산적이고 함부로 사람을 정죄하거나 비판하지 않는 병약한 백치 므이쉬킨 공작이 바보 영성을 체현한다. 톨스토이의 『바보 이반』에서는 이반이, 『카라마조프가의 형제들』에서는 알료샤가 각각 이 바보 영성을 실천한다. 또 다른 한

편 19세기 러시아 수도원들에는 비천한 사람들을 위한 상담과 조언을 수행하는 사부 사역이 있었다. 조시마 장로는 이 유형의 사부였다. 사부는 건조해진 정교회에서 친교를 회복해 줄 수 있는 마지막 보루였다(곽승룡, "후기 도스토예프스키와 동방 슬라브 그리스도교 영성", 『복음과 문화』〈1997〉, 241).

21. 곽승룡, 『도스토예프스키의 비움과 충만의 그리스도』(서울 : 가톨릭출판사, 1998), 26, 85-87. 이 책은 『죄와 벌』, 『백치』, 그리고 『카라마조프가의 형제들』 등에 나타난 '그리스도' 이미지를 연구한다. 특히 2장은 동방 슬라브 정교 전통에 기초한 도스토옙스키적이고 러시아적인 그리스도론, 겸손과 어리석음, 무저항과 친교, 그리고 화해 추구 등 그리스도의 영성을 다룬다. 3장은 위 세 편에 등장하는 주인공 소냐와 므이쉬킨 그리고 조시마와 알료샤가 체현한 자기비움(불완전한 인성)을 분석한다. 호교론적인 논조가 두드러진 이 책은 세 작품 전체를 소개하거나 그것들의 문학사적 의의, 그리고 고전으로서의 가치 등을 논하지는 않는다.

22. 이 단락에의 오스카 폰 슐츠의 "러시아적 그리스도" 논의는 구본일의 미간행 번역 원고 "러시아적 그리스도"에 빚지고 있다. 1932년 10월 4일, 오스카 폰 슐츠가 헬싱키 대학에서 러시아어로 강의했던 내용이 실린 〈18-20세기 러시아 문학에서의 복음서 텍스트 : 제2차 국제학술대회(1996) 발표 논문집〉(뻬뜨로자봇스크, 1998)을 대본으로 해서 구본일이 편집하고 번역한 미간행 에세이, "러시아적 그리스도"는 오스카 폰 슐츠에 대한 이 단락에 요약되어 있다(구본일, "러시아적 그리스도").

23. 이 인용은 슐츠, 구본일, "러시아적 그리스도"의 요지를 요약한 것이다.

24. A. Boyce Gibson, *The Religion of Dostoevsky*, 102.

25. 이 속담은 괴테의 『파우스트』의 서론에도 인용되고 있다. Johann Wolfgang Goethe, *Faust-Der Tragödie erster Teil* (Tübingen : Wotta, 1808), 28.

26. 인류 역사상 사회주의를 무신론적인 방향으로 급진화시킨 공산주의 이데올로기는 사람을 엄청나게 죽였다. 그것은 도덕적으로 타락한 사람의 살인이 아니라 라스콜니코프와 같은 이념 살인형 인류 학살이었다. 스탈린(Iosif Vissavionovich Stalin)과 마오쩌둥(毛澤東, Mao Zedong)은 수천만 명을 죽였다. 진보를 위해서 그에 장애가 되는 모든 부류를 다 죽인 것이다. 도스토옙스키는 이 공산주의를 낭만화하는(romanticize) 경향을 부단히 경계하고 있다. 그는 매우 깊은 철학적, 신학적, 심리학적 조예를 보여주면서 반이성주의자, 반계몽주의자, 반진보주의자, 반사회주의자의 입장을 취하고, 보수 세력으로서가 아니라 인류의 지혜와 예지를 담은 선지자적 관점에서 비판했기에 예언자의 비판이라 할 수 있다. 그런 점에서 솔제니친(Aleksandr Solzhenitsyn)도 『카라마조프가의 형제들』에 나온 조시마 장로를 본받아서 사회주의를 예리하게 비판했다. 1983년 템플턴상 수상

연설이 너무 유명한데, 그 연설은 조시마 장로의 유언을 방불케 하는 비장한 울림이 있다. 그는 참담한 인류 대학살의 이유를 사람들이 '하나님을 잊어버렸기' (Man have forgotten God) 때문이라고 말했다. 솔제니친의 이 연설은 도스토옙스키의 말을 반향한다. 여기서 우리는 도스토옙스키의 어떤 선지자적인 통찰, 시대를 꿰뚫어 보는 안목을 배울 수 있다. 도스토옙스키의 『악령』이라는 작품도 굉장히 기독교적이다. 『카라마조프가의 형제들』보다 약 20년 먼저 출간된 빅토르 위고의 『레미제라블』은 1832년 프랑스의 프롤레타리아의 6월 혁명을 은근히 비판한다. 사랑과 동정심, 불쌍히 여기는 마음만이 인류의 진보를 견인한다고 한다. 도스토옙스키는 아름다움이 세계를 구원한다고 한다.

27. 이 문제의식이 도스토옙스키의 1871~1872년 작 『악령』에 잘 드러난다. 도스토옙스키는 마가복음 5장의 거라사 광인 이야기가 누가복음에서 나온 이야기로 알고 있었다. 이 소설에는 사회주의 유혈혁명가들이 바로 군대귀신 들린 2,000마리의 돼지 떼처럼 자기파괴적인 집단이라는 암시가 들어 있다. 1830년 푸시킨이 쓴 "악령"에서 이 제목을 착상한 것으로 알려져 있다(도스토옙스키, 『악령』, 채수동 옮김〈서울 : 동서문화사, 2020〉, 850).

28. Joseph Frank, *Dostoevsky : A Writer in His Time* (Princeton : Princeton University Press, 2012), 469.

29. '이' 뿐 아니라 비열한 사람이라는 의미도 있다.

30. 1945년에 영국 소설가 조지 오웰(George Orwell)이 실제로 스탈린을 나폴레옹에 비유해서 가축 떼로 인간을 전락시킨 소설이 『동물농장』이다. 작가들은 서로 오마주를 한다. 후대 작가들은 선배 작가의 이미지를 오마주하며 그들의 개념을 받아 온다.

31. A. Boyce Gibson, *The Religion of Dostoevsky*, 94.

32. Vyacheslav Ivanov, *Study in Dostoevsky* (New York : Farrar Straus Giroux, 1957), 80.

33. Dietrich Bonhoeffer, *The Cost of Discipleship* (New York : Macmillan, 1966), 46.

34. 김회권, 『청년설교 4』(서울 : 복있는 사람, 2019), 184-188, 욥기 24장 강해 부분을 보라. 여기에는 대만의 문필가 임어당(린위탕, 林語堂)이 18세기 자유주의자들의 예수 연구를 대표하는 에르네스트 르낭(Ernest Renan)의 『예수의 생애』를 읽고 거듭나는 이야기가 길게 소개되어 있다.

35. Joseph Frank, *Dostoevsky : A Writer in His Time*, 68.

36. A. Boyce Gibson, *The Religion of Dostoevsky*, 19.

37. Joseph Frank, *Dostoevsky : A Writer in His Time*, 4.

38. 곽승룡, 『도스토예프스키의 비움과 충만의 그리스도』, 92-94. 백치의 병약함은 "구원을 위한 겸손함의 힘이 되고, 구원적 연민으로 나아간다"(94).

39. 창세기 2 : 16~17 "여호와 하나님이 그 사람에게 명하여 이르시되 동산 각종 나무의 열매는 네가 임의로 먹되 선악을 알게 하는 나무의 열매는 먹지 말라 네가 먹는 날에는 반드시 죽으리라 하시니라"
창세기 3 : 15~20 "내가 너로 여자와 원수가 되게 하고 네 후손도 여자의 후손과 원수가 되게 하리니 여자의 후손은 네 머리를 상하게 할 것이요 너는 그의 발꿈치를 상하게 할 것이니라 하시고 또 여자에게 이르시되 내가 네게 임신하는 고통을 크게 더하리니 네가 수고하고 자식을 낳을 것이며 너는 남편을 원하고 남편은 너를 다스릴 것이니라 하시고 아담에게 이르시되 네가 네 아내의 말을 듣고 내가 네게 먹지 말라 한 나무의 열매를 먹었은즉 땅은 너로 말미암아 저주를 받고 너는 네 평생에 수고하여야 그 소산을 먹으리라 땅이 네게 가시덤불과 엉겅퀴를 낼 것이라 네가 먹을 것은 밭의 채소인즉 네가 흙으로 돌아갈 때까지 얼굴에 땀을 흘려야 먹을 것을 먹으리니 네가 그것에서 취함을 입었음이라 너는 흙이니 흙으로 돌아갈 것이니라 하시니라 아담이 그의 아내의 이름을 하와라 불렀으니 그는 모든 산 자의 어머니가 됨이더라"

40. 말콤 V. 존스, "도스토옙스키와 종교", 게리 솔 모슨 외(공저), 『도스토옙스키』, 조주관 옮김(서울 : 우물이 있는 집, 2018), 313.

41. 신오현, 『자유와 비극』(서울 : 문학과 지성사, 1987)(절판).

42. 어떤 연구가들은 블라디미르 솔로비요프가 도스토옙스키의 기독교 개종을 도왔다고 보지만 적극적인 증거를 제시하지는 못한다(곽승룡, "후기 도스토예프스키와 동방 슬라브 그리스도교 영성", 216-243. 특히 220, 각주 8, 234-235).

43. 지그문트 프로이트는 『카라마조프가의 형제들』이 당시까지 쓰인 가장 장엄한 소설이라고 불렀으며 오이디푸스 콤플렉스 주제(Oedipal themes)로 인해 도스토옙스키의 인간 심층심리 묘사에 매혹되었다. 1928년 발표한 "도스토옙스키와 친부 살해"(Dostoevsky and Parricide)라는 논문에서 이 소설이 작가 자신의 신경증적 증상을 보여준다고 생각하고 그것을 탐구했다. 프로이트는 도스토옙스키의 간질 발작은 자연적인 간질 증상이 아니라 실제 자신의 부친의 죽음에 대한 죄책감의 신체적인 표현이었다고 주장했다. 프로이트에 따르면 도스토옙스키와 다른 아들들 모두 어머니를 차지하고 싶은 잠재 욕망 때문에 아버지의 죽음을 원했다는 것이다. 프로이트는 그의 간질 발작이 아버지가 죽은 해, 즉 그의 나이 18

세부터 나타났다는 점을 그 증거로 내세운다. 이반의 친부 살해 관련 죄책감의 형식을 통해 문학적으로 형상화되어 있는 친부 살해 주제와 죄책감은 프로이트가 주장한 이론의 문학적 증거라는 것이다. 그러나 도스토옙스키의 자녀들도 간질 발작을 유전으로 받았다는 점에서 이 이론은 설득력이 없는 것으로 평가된다. 도스토옙스키와 마찬가지로 아버지와의 관계가 파국과 일탈로 발전되는 경험을 가졌던 프란츠 카프카는, 실존주의적 주제들을 잘 소화하여 문학적으로 형상화한 도스토옙스키에 대해 '피를 나눈 친족관계'라고 칭했다. 카프카는 표도르의 아들들이 아버지에게 품은 증오심에 공감했다('심판'). 제임스 조이스도 도스토옙스키가 자신의 문학저작에 끼친 다대한 영향을 인정했으며, 『카라마조프가의 형제들』의 등장인물들은 비록 아주 극단적으로 광기를 드러내며 행동하지만, 그들의 행동은 충분히 현실적인 근거를 갖고 있다고 평가했다. 광기 속에 내장된 천재성을 본다는 것이다. 광기는 정신적 고양(exaltation)의 극점에서 맛보는 정신적인 경지라는 것이다. 광기가 배제된 이성적이기만 한 인물은 아무것도 성취하지 못하지만, 광기에 근접하는 정신적인 한계 경험에 다다른 사람들은 위대한 인물이 된다는 것이다.

44. "성경이란 얼마나 놀라운 책이며 이것이 인간에게 준 기적과 힘은 또 얼마나 위대한지요! 꼭 세계와 인간, 인간의 성격들이 오롯이 새겨진 것 같고 모든 것이 세세토록 명명되고 지시된 것 같습니다. 게다가 얼마나 많은 비밀들이 해결되고 또 계시되었습니까"(민음사 2권 30).

45. "그러니, 젊은 시절 나의 신비스러운 방문객이자 나의 스승이었던 그분이 나에게 말했던 대로, 이런 자들('이념의 투사들')이 자유 대신 노예적 굴종에 빠져들고 형제애와 인류의 합일에 봉사하는 대신 오히려 단절과 고립 속에 빠져들게 되었다고 해도 놀랄 일은 아닙니다"(민음사 2권 77).

46. 드미트리가 체포된 충격으로 그루셴카에게는 다소간의 정신적인 대전환이 나타났고, 영원히 돌이킬 수도, 변화시킬 수도 없을 것 같은, 어떤 겸허하고도 선한 결의가 생겨났다. 카체리나에게 느끼는 질투심은 해결하지 못했으나 적어도 드미트리와 알료샤에게는 진정한, 헌신적인, 책임감 넘치는 사랑의 능력을 구비해 가는 모습을 보여준다. 시베리아 유형을 선고받은 드미트리에게 사랑을 주고 따라갈 생각까지 하는 그루셴카는 『죄와 벌』의 성녀 소냐를 생각나게 한다.

47. 이반에 대한 카체리나의 사랑은 처음부터 일관성과 신실성을 유지했으나, 드미트리에 대한 그녀의 감정은 사랑, 복수심, 경멸감, 질투심 등 복합적이고 다층적이었다. 카체리나는 종심의 마지막 증언에서 드미트리의 유죄를 확정 짓는 결정적인 편지를 법정에 제시함으로써 드미트리에 대한 배반을 완성한다. 그러나 마지막 장면에서는 시베리아로 떠나기 전 자신을 용서하는 드미트리를 찾아가 마지막

화해를 시도한다. 드미트리와 카체리나는 아마도 가장 진실한 모습으로 서로의 사랑을 확인하고 승인해 준다. 물론 각자가 서로 다른 사람을 사랑할 수밖에 없다는 점은 인정했으나, 둘은 화해한다.

48. 이반은 교회와 사회의 재판 관할 문제와 관련된 논문을 쓸 정도로 기독교 신앙에 정통한 인물이다.

49. Stephen Bullivant, "A House Divided against Itself : Dostoevsky and the Psychology of Unbelief," *Literature & Theology*, Vol. 22/1 (2008 March), 16-31(esp. 27).

50. 이반이 제기하는 신정론의 문제에 대한 이 소설 자체의 응답은 논리적이고 매끈한 설명이 아니라, 고통당하는 자들과 함께 있음으로 주는 현존의 응답이다. 알료샤는 언제나 고통으로 아우성치는 사람들 곁에 가만히 있어 준다. 일류샤의 장례식 장면이 대표적이다. 애매하고 부조리한 고통에 대한 이반의 신정론적인 항변에 알료샤는 가만히 침묵으로 동조하며 함께 있어 준다. "형이 그분을 잊었어." 라는 말이 유일한 대답이다(스코트 W. 거스답슨, "신정론으로부터 제자의 길로", 『목회와 신학』〈1998년 7월〉, 169-179).

51. 발터 옌스, 한스 큉, 『문학과 종교』, 295.

52. 아르놀트 하우저, 『문학과 예술의 사회사 3』, 229. "도스또옙스끼는 당대의 사회 문제들 ― 무엇보다도 사회구성원의 원자화와 계급 간의 점점 깊어 가는 심연 ― 을 지식인의 관점에서 보고, 그 해결책을 교육받은 사람들이 거기서 스스로를 소외시켜 버렸던 소박하고 신앙심 깊은 민중과 다시 하나가 되는 길에서 찾았다."

53. 이종진 편역, 『대심문관』(서울 : 한국외대 출판부, 2004), 9, "이종진 머리말", 343-354(Semion L. Frank, "대심문관과 혁명적 사회주의").

54. 발터 옌스, 『문학과 종교』, 320.

55. 위의 책, 335.

56. 조시마 장로, 그의 형 마르켈, 그리고 알료샤의 신앙을 보고, 그들을 윤리와 동떨어진 신비주의적 기독교를 대표하는 인물이라고 판단하는 것은 무리가 있어 보인다. 캐리 로젠쉴드는 한 논문에서 이 세 사람을 윤리와 계명 실천으로 승화되는 유대교의 신비주의와는 다른, 비정통적인 신비주의적 기독교인으로 보는데, 우리는 그의 평가에 동의할 수 없다(Gary Rosenshield, "Mystery and Commandment in The Brothers Karamazov. Leo Baeck and Fyodor Dostoevsky," *JAAR* 62/2〔1994〕, 483-508〔esp. 489〕).

57. 석영중, 『도스토옙스키의 명장면 200』, 60. "사람들이 점점 더 불어날 때였고 모

든 종류의 날품팔이 공장노동자들이 증오에 가까운 걱정스러운 표정들로 하루 일과를 마치고 각자 집으로 돌아가는 시간이었다"(『지하로부터의 수기』 제2부 제8장).

58. Jacques Ellul, *The Humiliation of the Word*, trans. Joyce Main Hanks (Grand Rapids, MI : William Eerdmans Pub Co, 1985), 1-26, 155-182.

59. 도스토옙스키, 『악령』, 863.

60. 게리 솔 모슨, "결론 : 도스토옙스키 읽기", 게리 솔 모슨 외(공저), 『도스토옙스키』, 409-410.

참고문헌

1. 외국어 자료

Достоевский, Федор Михайлович. *Преступление и наказание*. Москва : AST, 2006(The Gutenberg ebook. https : //archive.org/details/prestuplenieinak0000dost_u4h5).

Достоевский, Федор Михайлович. *Братья Карамазовы*. Москва : АСТ, 2007(http : //www.litres.ru/pages/biblio_book/?art=171949).

Dostoyevsky, Fyodor. The Project Gutenberg eBook of *Crime and Punishment*. trans. Constance Garnett. New York : The Lowell Press, 2009.

Dostoevsky, Fyodor Mikhailovich. *The Brothers Karamazov*. Moscow : AST Publishing House, 2007(http : //www.litres.ru/pages/biblio_book/?art=171949).

Dostoyevsky, Fyodor Mikhailovich. https://commons.wikimedia.org/w/index.php?search=The+Brothers+Karamazov&title=Special%3AMediaSearch&type=image.

Bonhoeffer, Dietrich. *The Cost of Discipleship*. New York : Macmillan, 1966.

Bouyer, Louis. *Orthodox Spirituality and Protestant and Anglican Spirituality*. London : The Seabury Press, 1969.

Bullivant, Stephen. "A House Divided against Itself : Dostoevsky and the Psychology of Unbelief." *Literature & Theology* 22/1 (2008 March), 16-31.

Ellul, Jacques. *The Humiliation of the Word*. trans. Joyce Main Hanks. Grand Rapids, MI : William Eerdmans Pub Co, 1985.

Frank, Joseph. *Dostoevsky : A Writer in His Time*. Princeton : Princeton University Press, 2012.

Frye, Nothrop. *Fearful Symmetry : A Study of William Blake*. Princeton : Princeton University Press, 1969.

Frye, Northrop. *The Great Code*. London : Ark, 1982.

Goethe, Johann Wolfgang. *Faust–Der Tragödie erster Teil*. Tübingen : Wotta, 1808.

Gibson, Alexander Boyce. *The Religion of Dostoevsky*. Eugene, OR. : Wipf and Stock, 2016.

Hamilton, A. C. "Northrop Frye on the Bible and Literature." *Christianity and Literature* 41/3(Spring 1992), 255-276.

Ivanov, Vyacheslav. *Study in Dostoevsky*. New York : Farrar Straus Giroux, 1957.

Klodt, Mikhail Petrovitch. "Raskolnikov and Marmeladov"(1874)(https ://picryl.com/media/klodt-michail-petrovich-raskolnikov-and marmeladov-026993).

Larsen, David L. *The Company of the Creative*. Grand Rapids, MI : Kregel, 1999.

Lewis, C. S. *Reflections on the Psalms*. Glasgow : Collins, 1962.

Lubering, J. E. "social problem novel." *Encyclopedia Britannica* Online Academic Edition(1 November 2007). https ://www.britannica.com/art/social-problem-novel.

Morson, Gary Saul. "Fyodor Dostoyevsky. Russian author." *Encyclopedia Britannica* Online Academic Edition(1 November 2007). https ://www.britannica.com/art/Fyodor Dostoyevsky. Russian author.

Rosenshield, Gary. "Mystery and Commandment in *The Brothers Karamazov*. Leo Baeck and Fyodor Dostoevsky." *Journal of the American Academy of Religion* 62/2(1994), 483-508.

Sinclair(ed.), Upton. *The Cry for Justice : An Anthology of the Literature of Social Protest. The Writings of Philosophers, Poets, Novelists, Social Reformers, and Others Who Have Voiced the Struggle Against Social Injustice*. Philadelphia : The John C. Winston Co., 1915.

van den Bercken, Wil. *Christian Fiction and Religious Realism in the Novels of Dostoevsky*. London et al. : Anthem Press, 2011.

2. 번역자료

도스토옙스키, 표도르. 『죄와 벌 1』. 김연경 옮김. 서울 : 민음사, 2023(2012).

　　　　　　　　　　『죄와 벌 2』. 김연경 옮김. 서울 : 민음사, 2023(2012).

도스토옙스키, 표도르. 『백치 1』. 김희숙 옮김. 파주 : 문학동네, 2023(2021).

　　　　　　　　　　『백치 2』. 김희숙 옮김. 파주 : 문학동네, 2023(2021).

도스토예프스키, 표도르. 『카라마조프가의 형제들 1』. 서울 : 민음사, 2007.

　　　　　　　　　　『카라마조프가의 형제들 2』. 서울 : 민음사, 2013(2007).

　　　　　　　　　　『카라마조프가의 형제들 3』. 서울 : 민음사, 2013(2007).

도스토예프스키, 표도르. 『罪와 罰』 하권. 이철 역. 서울 : 범우사, 1994.

도스토예프스키, 표도르 미하일로비치. 『가난한 사람들』. 석영중 옮김. 파주 : 열린책들, 2010.

도스토예프스키, 표도르 미하일로비치. 『악령』. 채수동 옮김. 서울 : 동서문화사, 2020.

도스토옙스키, 표도르. 『죽음의 집의 기록』. 이덕형 옮김. 파주 : 열린책들, 2010.

도스토옙스키, 표도르. 『카라마조프가의 형제들』. 장한 역. 서울 : 더클래식, 2019.

거스답슨, 스코트 W. "신정론으로부터 제자의 길로." 『목회와 신학』(1998년 7월), 169-179.

골드만, 루시앙. 『숨은 신-비극적 세계관의 변증법』. 송기형, 정과리 옮김. 서울 : 여강출판사, 1984.

벨커, 미하엘. 『하나님의 형상으로 창조된 인간 : 영(靈) 인간학』. 김회권, 이강원 옮김. 서울 : PCKBOOKS, 2022.

데이, 도로시. 『고백』. 김동완 옮김. 서울 : 복있는 사람, 2010.

레더바로, W. J. "도스토옙스키와 문학 : 1840년대 작품들." 게리 솔 모슨 외. 『도스토옙스키』. 조주관 옮김. 서울 : 우물이 있는 집, 2018, 99-131.

모슨, 게리 솔 외. 『도스토옙스키』. 조주관 옮김. 서울 : 우물이 있는 집, 2018.

모슨, 게리 솔. "결론 : 도스토옙스키 읽기." 게리 솔 모슨 외. 『도스토옙스키』, 조주관 옮김. 서울 : 우물 있는 집, 2018, 403-454.

사르트르, 장 폴. 『구토』. 방곤 옮김. 서울 : 문예출판사, 1999.

솔로비요프, 블라디미르. 『악에 관한 세 편의 대화』. 박종소 옮김. 서울 : 문학과 지성사, 2009.

얀시, 필립. 『그들이 나를 살렸네』. 최종훈, 홍종락 옮김. 서울 : 포이에마, 2013.

투르나이젠, 에두아르트. 『도스토옙스키, 지옥으로 추락하는 이들을 위한 신학』. 손성현 역. 서울 : 포이에마, 2018.

옌스, 발터. 큉, 한스. 『문학과 종교』. 김주연 옮김. 왜관 : 분도출판사, 1997.

옌스, 발터. "그러나 나는 보리라. 피살자가 살아나 살해자를 껴안는 것을." 발터 옌스, 한스 큉. 『문학과 종교』. 김주연 옮김. 왜관 : 분도출판사, 1997, 303-321.

울프, 매리언. 『다시, 책으로』. 전병근 옮김. 서울 : 어크로스, 2024.

존스, 말콤 V. "도스토옙스키와 종교." 게리 솔 모슨 외(공저). 『도스토옙스키』. 조주관 옮김. 서울 : 우물이 있는 집, 2018, 284-330.

큉, 한스. "무종교 항쟁과 종교." 발터 옌스, 한스 큉. 『문학과 종교』. 김주연 옮김, 왜관 : 분도출판사, 1997, 277-301.

프라이, 노스럽. 『비평의 해부』. 임철규 옮김. 서울 : 한길사, 2000.

프랑크, 세몬 L. "대심문관과 혁명적 사회주의." 『대심문관』. 이종진 편역. 서울 : 한국외대 출판부, 2004, 343-353.

피어시, 낸시. 『완전한 진리』. 홍병룡 옮김. 서울 : 복있는 사람, 2013.

하우저, 아르놀트. 『문학과 예술의 사회사 3』. 백낙청, 염무웅 옮김. 파주 : 창비사, 2021.

3. 한국어 자료

곽승룡. "후기 도스토예프스키와 동방 슬라브 그리스도교 영성." 『복음과 문화』 (1997), 216-243.

곽승룡. 『도스토예프스키의 비움과 충만의 그리스도』. 서울 : 가톨릭출판사, 1998.

구본일. "도스토예프스키를 만나다(1). '시대의 아들' 도스토예프스키." 『기독교사상』 581호(2007년 5월), 218-230.

구본일. "심미적(aesthetic) 범죄에 대한 고난 : 희생의 신비." 『기독교사상』 585호 (2007년 9월), 142-154.

구본일. "'노파 살해'라는 선악과〈善惡果〉-장면 『죄와 벌』(上)."『기독교사상』 584호 (2007년 8월호), 211-223.

구본일. "러시아적 그리스도"(미간행 원고).

김응교.『그늘 : 문학과 숨은 신』. 서울 : 새물결플러스, 2012.

김회권.『청년설교 4』. 서울 : 복있는 사람, 2019.

김회권.『사도행전』. 서울 : 복있는 사람, 2024.

김회권. "기독교 문학의 진수, 성경."『기독교세계』(2025년 5월), 14-17.

석영중.『도스토옙스키의 명장면 200』. 파주 : 열린책들, 2022.

신오현.『자유와 비극』. 서울 : 문학과 지성사, 1987.

이문열.『영웅시대』. 서울 : 민음사, 1984.

이종진 편역.『대심문관』. 서울 : 한국외대 출판부, 2004.

이정식.『도스토옙스키, 죽음의 집에서 살아나다 : 러시아 문학기행 2』. 서울 : 한결미디어, 2021.

현길언.『문학과 성경』. 서울 : 한양대 출판부, 2002.

기독교의
눈으로
고전 읽기 도스토옙스키 편

초판발행 2025년 9월 25일

지 은 이 김회권
펴 낸 이 강성훈
발 행 처 PCKBOOKS
주　　소 03128 / 서울시 종로구 대학로3길 29, 신관 4층(연지동, 총회창립100주년기념관)
편 집 국 (02) 741 - 4381 / 팩스 741 - 7886
영 업 국 (031) 944 - 4340 / 팩스 944 - 2623
홈페이지 www.pckbook.co.kr
인스타그램 pckbook_insta　　　　**카카오채널** 한국장로교출판사
등　　록 No. 1-84(1951. 8. 3.)

책임편집 정현선
교정·교열 이슬기, 김은희, 이가현, 강수지　　**표지·본문 디자인** 남충우 김소영 남소현
경영지원 박호애 서영현　　　　　　　　　　**마케팅** 박준기 이용성 이현지

ISBN 978 - 89 - 398 - 8010 - 8
값 33,000원

PCK BOOKS 는 한국장로교출판사의 출판 브랜드입니다.

※ 이 출판물은 저작권법에 의해 보호를 받는 저작물이므로 무단전재와 무단복제를 할 수 없습니다.